Housing Security Issues in The Course of
China's
Modernization

中国城镇化进程中的
住房保障问题研究

中国发展研究基金会

中国发展出版社
CHINA DEVELOPMENT PRESS

图书在版编目（CIP）数据

中国城镇化进程中的住房保障问题研究/中国发展研究基金会著.
北京：中国发展出版社，2013.4
ISBN 978-7-80234-920-9

I. 中… II. 中… III. 住房政策—研究—中国 IV. F259.22

中国版本图书馆 CIP 数据核字（2013）第 054627 号

书　　　名：中国城镇化进程中的住房保障问题研究
著作责任者：中国发展研究基金会
出 版 发 行：中国发展出版社
　　　　　　（北京市西城区百万庄大街 16 号 8 层　100037）
标 准 书 号：ISBN 978-7-80234-920-9
经 销 者：各地新华书店
印 刷 者：北京科信印刷有限公司
开 本：670mm×980mm　1/16
印 张：28.5
字 数：520 千字
版 次：2013 年 4 月第 1 版
印 次：2013 年 4 月第 1 次印刷
定 价：60.00 元

联 系 电 话：(010) 68990630　68990692
购 书 热 线：(010) 68990682　68990686
网 络 订 购：http：//zgfzcbs.tmall.com//
网 购 电 话：(010) 88333349　68990639
本 社 网 址：http：//www.develpress.com.cn
电 子 邮 件：bianjibu16@vip.sohu.com

目　录

陈清泰 序

　　3600 万套大规模保障性住房建设，是中国政府在 2011 年开始实施的重大社会经济政策，受到社会各界的广泛关注。2011 年 9 月，中国发展研究基金会成立课题组，开展保障性住房政策研究项目，为中国保障性住房政策实施建言献策。

　　一年多以来，基金会开展了一系列研究工作。基金会课题组先后赴辽宁、四川、广西等地调研，了解保障性住房政策实施情况；赴香港考察公屋和居屋政策，为国内保障性住房政策提供借鉴；通过公开竞标的方式，组织政府研究部门、机构和大学的研究力量，完成招标课题 16 篇，内容涵盖保障性住房政策的各个领域；邀请资深专家共同撰写课题总报告，提出系统性、前瞻性、操作性的政策建议。基金会开展的"中国保障性住房政策研究"项目取得丰硕成果。

　　在研究工作的基础上，基金会于 2012 年 8 月 7 日在北京主办"推进住房保障，实现住有所居——保障性住房政策"国际研讨会，邀请中央财经领导小组办公室、国务院发展研究中心、住建部、国土资源部、发改委、财政部等部委政策制定参与者，国内城市的实际操作者，各大学、研究机构的专家学者，以及来自德国、新加坡、美国等国外住房机构的管理者共 120 余名中外代表。参会代表对基金会的研究成果给予高度评价，并围绕中国保障性住房政策的各个方面进行深入讨论，提出了很多富于启发性、建设性的观点和建议。

　　当前，中国保障性住房政策已经取得初步成效，但也存在一些突出的困难和问题，正面临从短期应急任务转向长期持续推进，从"以建为主"转向建房、分配、维护、退出的全面管理，从以户籍人口为主转向逐渐覆盖全体城镇常住居民的战略重心转变，政策正在不断改进和完善。值此契机，基金会将项目研究成果结集成册，希望这些成果能为政府政策完善提供有益借鉴，使我国保障性住房政策实施得更好、更快、更科学严密，并引起社会各界对这一重大政策进一步的关注和支持。

在本项目的研究和研讨中，得到了国务院发展研究中心、住建部等部委的指导和帮助，得到了辽宁、四川等一些省市住建部门和城市政府的大力配合；全国人大预算工委王全斌副巡视员以其深厚的专业理论知识、对政策实践的全面了解完成了主报告的执笔工作，住建部政策研究中心、国家发改委经济研究所等研究机构，北京大学、清华大学等大学的专家学者，高质量地完成并提交了各自承担的招标课题报告；中国发展研究基金会卢迈秘书长、赵树凯副秘书长、崔昕副秘书长对研究工作进行规划和设计，赵俊超、都静、徐瑾瑾、冯文猛、俞建拖、任晶晶、谢萌、雷颖、王晔、李帆、陈浩、郝景芳等同志不仅出色完成了项目组织工作，还承担了实地调研、会议组织、资料整理等大量实际工作。

值此本书付梓之际，谨代表中国发展研究基金会，对全体课题组成员及为本研究提供支持和帮助的单位和个人致谢！

英国高富诺集团为本项目提供了慷慨资助和智力支持，在此一并致以诚挚的谢意！

国务院发展研究中心原党组书记、副主任
中国发展研究基金会副理事长
陈清泰
2013 年 2 月

杨伟民 序

未来中国城市化能不能健康发展，是不是可持续，关键问题之一就是如何解决好城市居民的住房问题，特别是以农民工为主体的新进入城市人口的居住问题。现在很多农民工在家乡盖起了舒适漂亮的房子，却没有时间住，因为他们要常年在城市打工。然而，他们在城市里的居住条件又非常恶劣，很多人大多数时间，甚至一生当中的很大一部分时间可能要住在城里的地下室、工棚里。城市化要发展，但这不是我们要发展的城市化。

推进城市化，必须把提升城市化质量作为首要任务。现在城市化速度很快，但质量不高，主要表现在三个方面：一是人口，1.6亿多农民工不能市民化，仍然处于"半城市化"状态，没有享受或者没有完整享受城市居民应有的国民教育、医疗卫生、社会保障、社会救助、住房保障以及市民权利。如果扣掉2亿多以农民工为主体的没有真正融入城市生活的人口，中国实质的城市化率只有36%。二是布局，布局的混乱主要表现在一些城市不顾及资源环境承载能力的物理极限，盲目扩张城市功能，做大城市规模，增大经济总量。这使全国跨区域、大跨度调水、输电、输气、治污的压力越来越大，其中特别是水及其带来的问题尤为突出。全国657座城市中，有400多座缺水，必须依靠地下水维持，其中110座属于严重缺水，不得不靠超采地下水维持或等待跨区域调水。三是形态，城市形态不科学，平原地区的城市多数以原来的城区为中心进行环形扩张，大江大河两岸的城市多向江河两岸扩展。这种"摊大饼"式的空间形态直接或者间接地带来或加重了包括交通拥挤、房价过高、污染严重等"城市病"。

提高城市化质量，必须把农民工定居问题作为推进城市化的主要任务。农民工面问题的核心或根本是农民工定居问题。解决好这一问题，对我们转变经济发展方式、真正把经济发展建立在内需特别是消费基础之上至关重要。此前我国有两次面临生产过剩、扩大内需：一次是98年的亚洲金融危机，一次是08年的国际金融危机。第一次扩内需把政策重点放在城市居民上，第二次把政策重点放在促进农民消费上。但都忘记了最应该政策关怀、最需要国家阳光雨露的农民工群体。如果农民工及其家庭成员拥有同城市居民一样的权利和相同的保障，他们就会会城市逐步改变消费模式，模仿城市居民进行消费，就会把有限的收入用于改善当期生活质量。尽管农民工每一个个体的消费能力有限，但数量庞大，总消费力及对经济增长的贡献率不应小视。

提升城市化质量，必须统筹考虑农民工市民化、城市化形态和布局问题，也就是农民工在哪里定居，也涉及到今后在哪建设保障性住房问题。在城市化从数量扩张转向质量提升的阶段，可以考虑这样一种顶层设计，即像过去提升工业化质量那样，实行"上大压小"。所谓"上大"，就是在外来人口密集的地区，打破行政区界限，进行政府规划、政策引导、市场配置，集中力量建设新的百万人口量级的大城市，使其与周边原有的特大城市形成空间形态紧密相连、城市功能互补的城市群，最终走向紧凑、集约的城市化模式。所谓"压小"，不是说消灭小城市，而是压缩那些规模小、分散型的新的城市新区扩张项目、房地产项目、工业园区，改变目前每个级别的行政区都在本辖区、围绕原有中心城镇扩大城镇面积，每个新开发的新区规模都很小，低密度、摊大饼、蔓延式的城市化做法。当然不同的地方情况是不一样的，在具体操作中要因地制宜，不能一概而论。

基金会此前开展城市化课题研究，对中国城市化进行了具有战略眼光的、前瞻性的研究。此次又针对中国城市化中最棘手的农民工住房问题开展了深入细致的研究，相关成果具有理论和实践的双重价值，已经产生十分积极的社会影响，将对妥善解决1.6亿农民工的住房问题、促进中国城市化的健康进行起到非常积极的作用。

我非常高兴看到本书的问世。祝本书出版成功！

中央财经领导小组办公室副主任　杨伟民

2013年2月

仇保兴 序

在中国保障性住房建设中，生态和环保是一个非常值得重视的问题。

中国政府提出在未来几年内新建3600万套保障性住房，但是中国城镇化还有15～20年时间，如果我们用更长远的眼光来看，保障性住房建设仅仅是个开始。在未来相当长的历史时期内，每年都要建造巨量的保障性住房。研究这一课题可以从多种角度，比如从政策角度研究哪些人应该享受保障性住房，从金融角度研究资金从哪里来，从社会角度研究保障性住房如何分配和管理。但我认为有一点是非常重要和不容忽视的，就是保障性住房的生态环保。如果现在建设的大量城市建筑都是高碳排放的非绿色建筑，那么在建成后的长期使用过程中都将难以纠正，而如果要将这些高能耗的建筑拆除重建，就将浪费巨大。建保障性住房，就要建成生态宜居的社区，这里我想提出建设低碳生态城的目标。

低碳生态城是应对我国资源环境问题的系统工程。中国以占全球7%的耕地、7%的淡水资源、6%的石油储量、4%的天然气储量，推动的是在占全球21%人口的城镇化，这是一个非常巨大的矛盾。城市消耗了约75%的能源与资源，同时也排放了同等比例的废气、废水、废物和温室气体，流经城市的河道80%受到了污染。现在中国总能耗中建筑能耗占近30%，交通能耗占约10%。这就要求在建设保障性住房的过程中，一定要结合城市发展规划，选择好何种形式的城市布局、何种形式的公共交通、何种形式的建筑，应当按照规划先行、未雨绸缪、整体配套、重点落实的原则，建设低碳生态城。

中国城镇化已经进入中后期，这个时期的城镇化有一个特点，即从前期的数量扩张型城镇化要走向生活质量型的城镇化，此时必须把生活质量的提高与低碳生活结合起来。到目前为止，低碳生态城已经成为全国各地城市发展新的潮流，如天津、上海、唐山、株洲、合肥、深圳、保定等城市已经开始进行生态城市的规划建设，同时还有40多个城市宣布要将它们各自的卫星城建成低碳生态城市。低碳生态城是未来城市建设的发展方向，也是中国生态环保的希望。我们将对新的低碳生态城市建设和既有城市的生态化转型做出及时的评价，并一步步引导既有城市和新的城市通过低碳住宅、绿色交通、绿色建筑和绿色产业，走向生态、低碳、园林式的城镇化，使城市居民的生活更美好。

中国生态城市的规划建设模式应是渐进式、多样性的，成本应是可控的，其经验应是可复制、可推广的。在中国生态城市道路的选择和创建过程中，必须把从上到下的指导和从下而上的创新结合起来。中国必须加强与世界各国的广泛合作，吸收规划建设生态城市的成功经验。与已经完全城市化的先行国家相比，目前在中国创建生态城具有最低的成本，而二氧化碳的排放是面向全人类的，所以，中外生态城市合作基于共同的利益——应对气候变化，这种合作将是长远和成功的。

城市化、保障性住房建设和生态环保的三位一体，是我们未来的政策和努力方向，在中国经济社会发展中具有良好的前景。我们很高兴地看到，在基金会保障性住房课题的研究成果中，已经对此进行了研究和阐述，提出了切合实际的建议，这是非常难得的。希望本书的出版对相关政策的完善产生积极的作用。

住房和城乡建设部副部长　仇保兴

2013 年 2 月

Lesley Knox 序

飞速的城市发展将在未来数十年里决定世界的格局。诚然，城市化进程中伴随着巨大的经济、社会以及文化效益；但同时，我们也需要在此过程中密切关注城市发展与生态环境及社会人文的平衡。

世界范围内，很多城市面临着由于统筹规划的缺失而带来的污染和住房资源短缺等问题。举例来说，预计到2030年，全球居住于贫民窟的人口数量在总城市人口中的占比，将从2001年水平的32%上升至41%。寻找城市扩张进程中伴随的住房问题的解决方案，对于我们避免目前正困扰诸多国家的劣质住房建设发展问题至关重要。

房地产发展涉及了住房、商业、办公、娱乐、餐饮、运动、交流互动，以及社区发展等方方面面。对中国这个正在经历有史以来最大规模的从农村向城市的人口迁移的国家而言，这无疑是最重要的议题之一。每年中国有近2000万人涌入城市，全世界最大的30个城市群中，中国已占据4席。在现行的城市化扶持政策下，在中、西部地区，相信有更多的超大型城市将一一涌现。国家已经开始着手解决住房需求问题，在最新的"十二五"规划中，计划在5年内将对低收入家庭提供3600万套保障性住房。保障性住房起到了社会不可或缺的作用，这个举措十分正确。

经济合作组织成员国范围内，保障性住房在房屋总量的占比超过30%。高富诺集团在伦敦有着超过300英亩的顶级优质开发区域：Mayfair和Belgravia。其中，大约27%的住房可以归为保障性住房。更准确地说，这些房屋建成后，会以远低于市场的价格出租。高富诺集团向来相信，城市及其周边村镇应该确保其所有的居民享有合理的生活水平，否则将滋生疾病、犯罪等社会问题。这些问题一旦生成，将花费几代人的时间去根治。

高富诺集团有着超过300年的历史，我们相信长期的房地产发展无论对个人还是对社会，都将带来价值的创造。这个原则同样适用于保障性住房的建设理念。中国正在努力创造一笔辉煌的遗产，而当下的城市格局和环境则是经久发展的基础，需要我们用长远的眼光对待。很多西方国家都曾在保障性住房问题上有过教训和经验，值得中国学习。开展保障性住房建设满足了社会当下的切实需求，这将使城市更加宜居，同时确保其长远可持续发展。

我们非常高兴能够参与目前正在开展的对保障性住房最佳实践的研究工作。中国的城市发展无疑是有史以来最意义深远的"房地产发展"，作为着眼于全球城市开发的专家，高富诺集团真诚希望能够在此进程中对城市的健康发展做出我们的贡献。

高富诺集团董事长　Lesley Knox

2013 年 2 月

"推进住房保障，实现住有所居"
国际研讨会领导致辞和会议总结

陈清泰主任致辞

尊敬的各位来宾、女士们、先生们：

上午好！

首先我代表中国发展研究基金会对各位嘉宾的出席表示热烈的欢迎。2011年2月中国政府宣布在"十二五"期间建设保障性住房3600万套，这是世界上规模最大的保障性住房建设项目。这一政策的实施将惠及上亿中低收入人群，是在住房领域实现社会公平、促进城市化和保障经济稳健增长跨出的一大步，是到2020年实现全面小康社会的重要组成部分。

中国发展研究基金会自1998年由国务院发展研究中心发起成立以来，一直以"支持政策研究、促进科学决策、服务中国发展"为宗旨，围绕国家重大经济和社会政策开展研究。自2011年7月基金会开展中国保障性住房研究项目以来，受到社会各界的广泛关注和支持，这一课题得到住建部以及很多省市住建部门的指导和帮助。课题组先后赴辽宁、四川、广西等地进行实地调研，赴香港考察公屋和居屋政策，在此基础上邀请资深专家共同撰写课题报告并提出政策建议，还组织政府部门研究机构和大学的研究力量，完成招标课题报告16篇。中国保障性住房政策研究项目开展一年多，已经取得了有益的研究成果。

保障性住房工作一直受到政府的高度重视。"十一五"期间，全国开工建设各类保障性住房和棚户区改造住房1630万套，基本建成1100万套。"十二五"计划中，保障性住房的目标和责任进一步明确，建设力度进一步加大。2011年，中央财政分批补助1713亿元，国土部门落实保障性安居工程用地4.36万公顷。各级住建部门积极筹措建设资金动员各方力量落实建设任务，全年实现开工1043万套，基本建成432万套，超额完成了年初设定的目标。各地积极探索保障性住房的分配和管理办法，防范和打击骗租骗购、权力寻租等行为。保障性住房建设

陈清泰：国务院发展研究中心原党组书记、副主任，中国发展研究基金会副理事长。

对增加住房供应量、改善低收入家庭住房条件、促进社会和谐和经济增长起到了积极作用，工作初见成效。

然而，在保障性住房建设过程中也存在一些突出的难点和问题。目前我国保障性住房仍然具有应急性、临时性的特征，尚未形成长期、稳定、成熟、有效的机制。同其他领域的改革一样，保障性住房我们采取的是"摸着石头过河"的方式，边探索、边设计、边建设，因而保障对象、保障类型、运行机制等均未最终成型，仍然有一些亟待改进和完善的地方。

比如，如何合理界定保障对象，使真正需要保障的居民受益。界定保障对象是涉及城市发展和规划布局的一个基本因素。2007年党的十七大提出住有所居，但一直以来住有所居的对象局限于城市原居民，不考虑进城务工的农民，认为他们的住房已经通过农村宅基地解决了，这就使一些大城市为获取农民工的流动性红利而毫无顾及地扩大劳动密集型产业。当2011年中央提出解决夹心层住房问题，将已在城市稳定就业的农民工纳入住房保障范围之后，一些地方政府跟不上这种思路，缺乏必要的准备。目前，廉租房、经济适用房都是只面向户籍人口，甚至有些只面向回迁居民、公务员等特定人群，公租房政策是有突破的，但是它也是试图以新就业的大学生为主，而将一般意义上的外来农民工排除在外。

再比如，如何科学制定规划，使保障性住房的供给与需求相匹配。尽管住房保障主要在地方和城市，但由于它涉及到中央财政的补贴和土地供应，国家也必须制定保障性住房规划。保障性住房既要从供应侧满足当期各城市保障对象的需求，也要从需求侧规划未来保障对象增长的过程。因此，保障性住房规划必须考虑我国城市化过程中农村人口的流向，通过国家的产业布局政策引导农村人口的合理流向。

再比如，如何制定适当的保障水平，使政府的财力和居民家庭都可以负担。由于绝大多数城市原住居民已经通过过去的福利分房和1998年以来的商品住房市场解决了住房问题，到2010年住房自有率已经达到89%，无房户是少数，所以，最初设计住房保障的时候主要采取了廉租房的方式，租金的水平是非常之低的，很多省份一套廉租房一个月的租金只有20、30元，北京也不超过100元。但是当将较多的外来人口考虑进来的时候，这种保障水平就难以为继了。之后，出现了公租房的方式，但是现在公租房的价格比廉租房高出几十倍，与市场价格几乎相差无几，由于价格高、位置偏、配套设施不全，大家对它不太欢迎，一些城市首批公租房入住率只有20%多一点，造成了很大的浪费。

还有如何调动各方积极性，形成保障性住房的良性建设机制。保障性住房建设任务量巨大，即便无偿划拨土地也需要强大的财力。2011年投入1.3万亿，按规划未来四年还需要资金3.4万亿，如果单纯依靠政府财力投入难以持续。现在一些地方政府将保障性住房的任务分配给大型国企，这虽然有助于完成任务，但也引发了人们对又一轮的福利分房和体制回归的担忧。如何使政府的资金投入和政策投入通过市场产生杠杆效应，调动社会的力量进行保障性住房的建设和管理，同时又不使保障性住房失去它的初衷，这也是一个很值得研究的问题。

现在我们面临的一项任务，就是总结几年来在保障性住房领域探索实践中的经验和不足，对保障性住房政策整体进行梳理、完善，借鉴国际经验，制定出适合中国国情的保障性住房的规划、建设、分配、管理等政策和制度，形成长期、稳定、成熟、有效的机制。

今天，出席我们这次会议的有国家保障性住房政策制定的参与者，也有来自城市一线的实际操作者；有来自国外住房机构富有经验的管理者，也有来自各大学、研究机构的专家和学者。这次研讨会的目的就是提供一个舞台，希望大家评估我国保障性住房面临的形势，总结成功的经验，分析存在的政策、体制和规划、管理中的问题，提出政策建议。基金会将把大家的真知灼见收集整理报送政府部门，促进我国保障性住房政策的有效实施和适合国情的保障性住房体制机制的建设。

在这里，我再一次欢迎和感谢大家参加这次研讨会。谢谢大家！

杨伟民副主任午餐演讲

尊敬的各位来宾、各位专家、各位代表:

大家中午好!

非常高兴参加中国发展研究基金会主办的保障性住房国际研讨会。卢迈秘书长给我出的题目叫城市化进程当中的住房保障问题,我觉得这是非常重要的课题。未来中国城市化能不能健康发展,是不是可持续?我觉得非常关键的问题就是如何解决好城市居民的住房问题,特别是以农民工为主体的新进入城市人口的居住问题。先举一个例子,2008年下半年我们在中央党校学习时参加一次调研,到江西吉安县永阳镇蒋坊村,这是一个行政村,有老、中、新三个村。老村基本上是解放前盖的房子,看起来比较旧,人气还可以,但居住的主要是老人。中村是八、九十年代盖的水泥板房子,一看就是缺乏特色的建筑。新村是近年请专业人员统一规划设计,由农户按照通路、通水、通电话、通有线电视、通沼气和绿化的"五通一化"要求自建的二层小楼,每户占地180平方米。但22栋小楼中仅有4户有人居住,其他房屋无人居住,这些房主都是常年在城市打工的农民工。这就是目前中国城市化的现状,农民工在老家拥有比较宽裕甚至奢华的住房,但却没时间住,一年甚至一生大部分时间,不得不住在城市棚户区、城乡结合部、地下室、建筑工棚、集体宿舍。城市化要发展,但是这些人究竟住在哪里?

下面我从宏观上讲三点个人看法。

一、推进城市化,必须把提升城市化质量作为首要任务

任何事务的发展都有质和量两方面,我国的发展往往是质与量不成比例。工

杨伟民:中央财经领导小组办公室副主任。

业化，按照数量指标考察，可能已经进入工业化后期，但按照质量指标考察，可能只是工业化中期。城市化的质与量更成问题、可以说严重失调。从城市化进展量的指标看，城市化进展很快。改革开放 30 多年人口城市化速度每年提高 1 个百分点以上，2011 年突破 50%，达到 51.27%。土地城市化速度更快，全国城市的建成区面积由 1981 年的 7438 平方公里，增加到 2010 年的 4 万多平方公里，增加 4.4 倍；建制镇的建成区面积由 1990 年的 8220 平方公里，增加到 2008 年的 3 万平方公里，增加 2.6 倍。

但是，我国城市化的质量不高。今年 7.21 北京大暴雨暴露了很多问题，但还只是微观层面的。从宏观层面看，城市化质量不高突出表现在三个方面。

一是人口。1.6 亿多农民工不能市民化，处于"半城市化"状态，没有享受或没有完整享受城市居民应有的国民教育、医疗卫生、文化、社会保险、最低生活保障、社会救助、住房保障等公共服务以及选举权、被选举权等市民权利。扣除 2 亿多以农民工为主体的没有真正融入城市的"半城市化"人口，中国的实际城市化率只有 36%。

二是布局。布局的混乱主要表现在，许多城市不顾及资源环境承载能力的物理极限，盲目扩张城市功能、做大城市规模，增大经济规模，使全国大跨度调水、输电、输气、治污的压力越来越大。特别是水及其带来的问题尤为严重，全国 657 座城市，400 多座缺水，110 座严重缺水，不得不靠超采地下水维系正常生产生活的城市越来越多，由于地下水超采造成的地面沉降面积越来越大。

这里我举一下北京的例子。北京年地表水资源 7.3 亿，地下水资源 13.7 亿，总量为 21 亿立方米，但实际年均用水 36 亿，缺口 15 亿。今年北京雨量大，截至目前，北京唯一的水源地密云水库蓄水也才增加到 11.22 亿立方米，比去年同期仅多了 1.32 亿立方米。在南水进京之前，2003 年在怀柔、平谷、昌平等开采地下水建立应急水源，开采初期地下水埋深是 10 米，目前埋深超过 40 米，已近开采极限。近十年北京地下水累计超采 56 亿立方米。地下水严重超采，带来地面大幅沉降，据 21 世纪经济报道文章，2010 年北京累计地面沉降量超过 200 毫米的面积已占北京平原面积的 1/3。地面沉降 200 毫米是一个临界点，意味着将对地质环境产生很大影响。不仅是北京，全国累计地面沉降量超过 200 毫米的面积达到 7.9 万平方公里，是目前全国城市建成区面积的 1 倍。当然这 7.9 万平方公里不都是城市，但主要是城市及其周边地区，涉及的城市已经超过 50 个。

三是形态。对全国有代表性的 55 座城市 20 世纪 70 年代以来扩张过程的遥感监测表明，平原地区的城市，多以原城区为中心环带扩展，即便是原来纵横交错布局或放射状布局的城市，也在填满原来的空白处并环形扩大；位于大江大河的城市，多数向河流两侧拓展；更多城市都是郊区向城市中心区、中心区向郊区双向连接拓展。总之，越来越多的城市形成环城布局的空间形态。这种"摊大饼"式的城市扩张，直接带来或加剧了交通拥堵、房价过高、污染严重等"城市病"。摊大饼，相对于组团式、放射状、掌型、双核等空间形态，很容易造成一点堵车、全线瘫痪、几点堵车、全城瘫痪的交通问题。摊大饼，意味着每向外拓展一圈，新拓展地区与主城区的级差地租就缩小一圈，与中心区的房价就缩小一圈，每建成一圈环路，全城的平均房价可能就会抬高一圈。摊大饼，就是逐步填满城市外圈或原有城市水泥地之间的耕地、湿地、湖泊、滩涂、林地、山地等绿色生态空间的过程，使城市这块水泥板越来越大，当水泥板的面积扩张和开发强度提高到达到一定程度时，雨水无处躲无处存，更多变成径流甚至洪水，污染物无处吸附升到空中还会放大热岛效应。而且还有一个问题，因为城市空间绿地面积越来越少，就会带来一种恶性循环，现在大家对生态空间或者叫生态产品的需求，越来越迫切，越来越多的市民们必须驱车到越来越远的地方呼吸清醒空气，又增多了污染物。

30年前我刚到北京的时候，感觉北京最拥挤的地方是王府井、前门，因为那时候物质紧缺，人们都到那里去买东西。但是现在最拥挤的地方已经成了香山，人们为什么都跑到香山去了？因为要去呼吸清新空气，去看绿色、去养肺，而这些城里是没有的。前两天看到一个介绍纽约中央公园的纪录片，纽约建设初期也像北京这样扩张，但当时有人觉得不能这样搞，必须留住一块绿色空间，所以就圈出一块地建了中央公园，现在纽约人都会到中央公园去呼吸清新空气。由此可见绿地对城市生活的重要性。

中国已经到了必须大力提高城市化质量的阶段。相对于追求统计意义上的城市化率，提高城市化质量对中国经济发展、社会进步、生态文明等，更重要、更必要、更迫切。实际上，中央关于"十二五"规划的《建议》已经把加强城镇化管理，优化城市化布局和形态，合理确定城市开发边界等提升城市化质量的要求非常明确地提了出来。现在的问题是，统一认识、抓紧落实、赶快行动，行动越早，代价越小。

二、提升城市化质量，必须把农民工市民化作为主要任务

2008年下半年国际金融危机发生、国家采取扩大内需政策时，我写了一篇文章，《实行积极的财政政策和积极的改革措施，积极解决农民工定居问题》。当时写到，我们实行扩大内需政策、改善民生时，不要忘记农民工这一最需要政

策关怀的群体，积极的财政政策的阳光雨露应该洒在农民工身上。农民工面临问题的核心或根本是农民工的定居问题。应调整城市化的政策，允许农民工及其家庭成员在打工地定居，并通过积极的财政政策和积极的改革措施，帮助自愿在打工地定居的农民工建立起定居的物质条件和制度基础。农民工定居可以破解或有助于破解许多我们面临的发展难题，其中一条就是有利于把经济增长建立在消费基础上，有助于解决内外需不平衡、投资与消费失衡等结构问题，促进发展方式转变。建国60多年来，我们有两次大规模扩大内需，但往往重点放在投资上，刺激消费的政策，98年时重点放在城市居民身上，08年这次放在了农民身上，但两次都漏掉了农民工这一很有潜力的消费群体。如果农民工及其家庭成员拥有和我们一样的权利和相同的保障，他们就会在城市逐步改变消费模式，模仿城市居民进行消费，就会把有限的收入用于改善当期生活质量。尽管农民工消费能力有限，但数量庞大，总消费力及对经济增长的贡献率不应小视。

目前全球经济不景气，中国经济发展也面临内外需全面减速，经济增长下行压力。所以，很多人说，城市化是中国最大的内需，城市化是包括房地产在内的刚需。这些说法，也对也不对，关键是看如何推进城市化，是不是把农民工定居当作城市化本来的含义。

目前推进城市化的普遍做法是，政府圈地扩大城市面积、吸引房地产开发、卖地获取财政收入、靠土地溢价支撑融资平台并融资、再建设城市基础设施或再开发土地。这种靠开发土地扩大城市面积、靠高房价支撑土地财政、靠高投资带动增长的经济循环，是不可持续，走不了多远的。因为支持这种循环的关键点是高房价，而高房价老百姓已承受不起，特别是城市化的主体——农民工买不起，最终将是供需规律决定这种高房价难以维持。

我们来看看城市化和房地产的供需。从供给看，据有关部门数据，至今未竣工的房地产用地的面积有4000平方公里，这相当于目前全国所有城市建成区面积4万平方公里的10%，相当于目前城市所有居住用地1.2万平方公里的三分之一，相当于按现在人均30平方米住房面积计算可供2亿人居住。再看需求，全国13.47亿人，城镇总人口是6.9亿，其中城市人口4.2亿，镇区人口2.7亿，农村人口6.57亿。很多的分析不区分城市人口和镇区人口而大而化之地说城市化有刚需是有问题的，除长三角、珠三角、京津地区的少数小城镇外，全国1.9万个小城镇的镇区人口绝大多数可能不是房地产市场的刚需，因为他们56%是自己盖房子。4.2亿城市人口中包括了1.3亿农民工，剩下的3亿左右城市人口，其中拥有自有住房的比例大概是70%左右，也就是说1亿左右的人是大家所说的无房刚需，改善型刚需有多少无法统计。1亿人的需求，2亿人的供给，这一供需规律能支撑多久的高房价呢?

要认识到,农民工中的绝大多数人是不会再回原籍的,即使这一代人回去了,他们的后代还会再来的,农民工的总量是不会减少的。城市化率的提高主要靠农民工,2010年包括农民工在内的外来人口对我国城市化的贡献率已达87%。如果仍是过去的推进城市化的方式,也就是农民工仍游离于城市化之外,进得了城,定不了居,住不起房,那么靠城市化的内需、房地产的刚需刺激经济增长的结果,很可能和原来的传统方式一样,扩大了投资需求,扩大了房地产的投机需求。如果住房制度把农民工挡在城市化之外,可供2亿人居住的住房建设规模可能就是过剩的,如果让农民工进来,可能又是不足的。因此,我们要继续推进城市化,但一定要按照"十二五"规划的要求,把符合落户条件的农业转移人口逐步转为城镇居民作为推进城镇化的重要任务。

三、提升城市化质量,必须统筹考虑农民工市民化、城市化形态和布局问题

解决农民工市民化,建设保障性住房,必须考虑农民工在哪定居、在哪建设保障性住房问题。我们面临的难题是:

第一,最需要大规模建设保障性住房的城市,往往是资源环境承载能力下降、"城市病"已经显现的城市,城市中心区开发强度已经过高,很拥挤了,再围绕城市中心区扩大面积、大规模建设保障性住房,又是摊一圈大饼。北京的平原的开发强度已近50%,上海扣除三岛面积的开发强度也已近50%。北京、上海是外地人口最多的城市,都是千万的量级,而这两块"水泥板"的面积已多达3000多平方公里了,已经没有多少可再扩大的空间了。

第二,我们已经开始大规模建设保障性住房,但目前还没有把外地人口纳入保障体系,一旦把外地人口纳入保障体系,可能带来的矛盾是,一方面,外来人口很多、最需要保障房的特大城市、城市群地区可能无法满足需要;而外来人口较少或人口净流出的一些中小城市,则可能面临建了保障房以后没人住的尴尬。

第三,现在的土地指标是按照行政区分配,不管这个城市或小城镇的资源环境承载能力如何,每年都有一定的占地、卖地指标,土地能卖钱,就相当于给了一部分财源,所以,657座城市,2856座县城、1.9万个小城镇都强烈反映缺地、缺用地指标。给钱,谁会认为够呢?永远都不够。过去各个城镇以工业化的名义大搞开发区,现在以城市化的名义大搞城市新区,一些城市动辄上百、几百、上千平方公里地规划建设城市新城。带来的问题是,处处都是房地产项目、产业园

区，但每一个小的城市建设片区、产业园区的功能都不完备，没有集聚效应，土地严重浪费；产业布局混乱，到处都有工厂、住宅小区，都要建设污水处理厂、垃圾填埋场，到处都要拉电网、建轨道交通、高速公路。但尴尬的局面是，越来越没有地方建了，老百姓不让建了，环境群体事件越来越多了。这种城市化、建设新城的出发点是带动增长，所以地价高、房价高，在城市功能不完备、远离城市中心区的地方，房价却极高，普通市民买不起，农民工更是买不起。

推进城市化，要统筹考虑农民工市民化、"城市病"治疗，包括在哪里建设保障房等问题，要有一个顶层设计。在城市化从数量扩张转向质量提升的阶段，应该像提高工业化质量一样，实行"上大压小"。"上大"，就在外来人口密集的城市群地区，打破行政区界限，选择资源环境承载能力相对较好的中小城市，通过政府规划、政策引导、市场配置，集中力量建设容纳百万量级的新的大城市，使之与原来的特大城市等组成空间形态紧密相连、城市功能互为补充的城市群，形成紧凑型、集约型的城市化模式。"压小"，也不是让中小城市衰败，而是压缩那些新的、规模小、分散型的城市化扩张项目，就是改变目前每个级别的行政区都在自己的辖区、在自己的圈圈里扩大城镇面积，每个新开发的项目都很小，低密度、摊大饼、蔓延式的城市化做法。

从具体措施上看，一是停止该区域范围内各城镇分散的城市扩张、房地产开发等，划定现有城市中心区的红线，不再扩张。二是将该区域原来分散的、分配给各级行政区的土地指标，集中起来用于新城市，采取人地挂钩方式，进多少人，给多少地，在更大区域考虑耕地占补平衡。三是改变建设新城以卖地筹资为主的开发方式，在居住用地的结构上，更多用于保障性住房建设，少部分用于商品房用地，采取主体功能区、混和用地方式规划设计城市功能分区。四是中央支持该区域的保障房资金主要用在新城市建设，同时采取人钱挂钩方式，进多少人，补助多少资金，用于公共服务和基础设施建设。五是新城市主要是解决周边特大城市中心区或开发区已经就业的外来人口的居住问题，不是任何人都给保障性住房，同时也解决部分当地户籍人口居住问题。六是适度分散周边特大城市中心区的城市功能到新城市，如商贸、物流、交通、仓储以及教育、医疗、体育、服务业外包特别是制造业等。七是在新城和连接特大城市中心区的周边地区，要退耕还林，成片建设森林或湿地森林，增强水源涵养能力和容纳污染能力，补充地下水，防止地面进一步沉降。八是统一规划该区域范围的交通、电网、供水、污水、垃圾等基础设施，重要的是预留好基础设施用地。

胡存智副部长致辞

女士们，先生们，各位来宾，朋友们：

首先，我谨代表国土资源部祝贺中国发展研究基金会主办的中国保障性住房政策国际研讨会的召开。

保障性住房是中国住房制度的重要组成部分，保障性住房政策关系到保障房的建设、分配、运营、管理、退出等工作的成败与发展。这次研讨会围绕中国保障住房政策的实施与成效，保障房与房地产市场，保障房的国际经验，保障住房建设的资金等问题展开研讨，将对完善我国保障性住房政策起到推动作用。各位与会代表、专家学者对保障住房的建言献策，也将有力地帮助中国不断地对保障性住房政策进行完善和改革。

近年来，党中央、国务院作出加快保障性住房建设，确保中低收入住房困难群众住有所居的重大决策以后，国土资源部积极配合住建等有关部门，努力贯彻中央精神，将大力实施保障性安居工程放到扩大内需、拉动投资、调整结构、改善民生的高度，结合我国的土地资源基本国情现状，按照应保尽保、节约集约、民生优先的原则，积极地参与保障性住房政策的顶层设计和制度供给。通过政策研究和管理实践，确定了将保障性安居工程用地纳入土地利用总体规划统筹管理，对所需的新增建设用地指标实行单列安排，加强用地供应的计划管理，以划拨为主，通过多种方式落实建设用地，加强对用地落实进展情况的组织和调度，对改变保障性安居工程用地性质的行为进行严格查处等政策和做法。这些政策符合中国的住房保障和土地管理的实际需要，确保了保障性安居工程所需用地的应保尽保。

一是在土地利用规划和计划管理中确保保障性安居工程用地的需求。按照我国土地管理法律法规，占用土地涉及农用地转为建设用地的必须符合土地利用总

胡存智：国土资源部副部长。

体规划，并取得土地利用计划指标。当前国内各行各业建设用地需求旺盛，土地利用计划指标比较紧缺，在这种情况下，国土资源部按照国务院的要求，改革保障性安居工程用地计划指标管理的方式，审定并直接安排报国务院批准用地的106个城市的保障性住房用地计划指标，其他城市的保障性住房用地计划指标，各地在下达计划中先行安排，年内根据具体落实情况报国土资源部核销。

二是加强土地审批和供应管理，保障住宅用地的供应。对三类住房——廉租房、经济适用房以及中低价位中小套型普通商品住房的用地进行重点管理，要求各个城市在报批城市建设用地需要的时候单独列出住宅用地，其中三类住房的用地不得低于住宅用地总量的70%，各地在制定年度土地供应计划时要确保三类住房用地的年度计划的供应总量，不得低于住宅用地计划供应总量的70%，并落实到具体地块，明确供应的时序，给予优先供应。针对住房保障对象相对分散的特点，采取在商品住房项目中配建保障性住房的形式，适当分散布局，优化供应的结构。

三是增量和存量并重，采取多种方式落实保障性安居工程用地。按照我们国家土地管理的法律法规，目前对保障性住房中的廉租房、经济适用房所需用地实行划拨方式供应。也就是说，经过县级以上人民政府依法批准，土地使用者在缴纳补偿、安置等费用以后，取得国有土地建设用地使用权，对于公共租赁住房中的非市场运营部分也可以使用划拨方式供应土地，对于其中市场运营部分可以使用协议作价入股或出资等非竞争性有偿出让国有建设用地使用权。对于限价的商品住房也可以使用协议方式出让国有建设用地使用权，各级国土资源部门在用地落实过程中加强与规划、建设等部门的协调，落实拟供应的地块，并将政府储备的土地优先用于保障性安居工程的建设。在国有林区、垦区、煤矿等棚户区的改造过程中，积极实行原址建设和集中建设，提高用地效率，改善职工群众的居住条件。在城市棚户区改造过程中通过棚户区土地的置换和盘活利用，改善了城市面貌，提升了城市的土地功能，让原城市区的居民得到实惠。

四是切实加强监管，严格落实用地的政策。国土资源部要求各地国土资源部门，充分利用信息化的手段，加强对保障性住房用地供应计划的实施，以及已供土地开发利用情况的全程监管，严格执行公共租赁住房单套建筑面积以40平方米左右的小户型为主、经济适用房单套建设面积控制在60平方米以内的规定，禁止借保障性安居工程为名以划拨方式取得土地以后改变用途用于商品住房等商品开发。对于没有按照约定开工建设和竣工的要依法依规提出处理意见，敦促企业限期完成开发。对没有按处理意见进行整改的企业要禁止其参加土地招标、拍卖、挂牌活动购置新的土地。通过上述措施确保已经供应的土地尽快形成有效的住房用地供给，满足住房困难群众居住的需求。

五是加强组织领导，将调控政策落到实处。我们要求各地的国土资源部门高度重视加强与有关部门的协调配合，认真贯彻落实国家提出的各项宏观调控政策措施，市县人民政府是土地供应的主体，市县国土资源管理部门要切实采取措施，进一步加大土地供应的力度，调整土地供应的结构，保障廉租房、经济适用房和中低价位中小套型普通商品住房建设用地的供应，省级国土部门要加强对市县工作的指导、监督和检查，确保各项政策措施在市县落到实处。国土资源部连续对保障性安居工程用地落实情况进行调度和督察，取得了比较好的效果。

通过以上措施，国土资源部门在保障性安居工程新开工任务最重的近三年以来，都实现了保障性安居工程用地的应保尽保。全国 2010 年共落实了用地 2.51 万公顷，2011 年共落实了用地 4.36 万公顷，2012 年已经安排准备供应土地 4.76 万公顷，这个数量为年度测算用地需求的 1.76 倍，目前已落实到两万多公顷。

我非常高兴地看到今天在座的有理论界长期从事住房保障政策研究的专家，也有来自新加坡、德国等已经取得了成功经验的一些先行国家的代表，同时，这次会上既有德高望重的老领导，也有房地产业界年轻的精英人士。由于住房保障措施主要由地方各级人民政府负责，这次研讨会我看到还有很多来自地方政府的领导和专家出席，可见这次会议的主办方考虑之周全，用心之细致。中国的住房保障工作刚刚起步，保障性住房的用地政策还有需要不断丰富和完善的空间，国土资源部将继续在党中央、国务院的部署下，坚持民生优先的原则，坚定不移地确保保障性安居工程用地的需求，希望今天的研讨会帮助我们进一步深化交流、共享成果、形成共识、改进工作。

最后，祝此次研讨会圆满成功。谢谢大家。

韩俊副主任致辞

尊敬的各位来宾、各位专家、各位代表:

大家上午好!

首先,我要代表国务院发展研究中心对中国发展研究基金会举办的这次保障性住房政策国际研讨会的召开表示祝贺,对各位专家、各位代表参加这次研讨会表示热烈的欢迎。

近年来,中国发展研究基金会对保障性住房政策开展了非常深入的调查研究,可以说取得了十分有价值的成果。这次研讨会邀请了国内外这一领域最资深的专家、学者和一些实际工作者,围绕这些成果来进行研讨。我相信这次研讨会一定会取得丰硕的成果,这次研讨会的成果一定会为中央制定、完善有关政策提供非常有价值的参考。

下面,我想结合我们最近几年对农民工住房问题的研究谈几点看法。农民工是中国特有的一个概念,像新加坡、德国那样的国家可能很难理解这个概念。但是,农民工在中国是一个很庞大的群体,现在总量已经达到2.53亿人,外出的农民工1.59亿人,举家外出的农民工3200多万人。解决好农民工的住房问题,是我们在制定中国的住房保障政策时需要优先考虑的问题,可以说中国保障性住房政策的难点和重点是在农民工身上。

解决农民工的住房问题是中国扩大内需的一个重要手段。目前,在中国的城镇常住人口当中每4个中就有1个是农民工。根据国务院发展研究中心开展的大规模的调查,在新一代农民工中,80%的农民工希望留在城镇,真正想回到农村居住的新一代农民工连10%都不到。现在在城镇生活6个月以上的农民工已经接近1.6亿人,未来20年还有3亿左右农村人口向城镇迁移,大家可以算一下,加上现有的农民工,在今后20多年的时间里,会有上亿个家庭要在各类城镇居

韩俊:国务院发展研究中心副主任。

住，我们不要低估了农民工对住房的购买力。比如说大家可以到宾馆旁边的小餐馆做一个调查，一个初中毕业的小孩，他来北京后到一个餐馆打工，现在一个月的工资可以达到400美金，相当于美国同行工资的1/6～1/7，而且这个差距还在缩小，当他的工资相当于美国同行1/3的时候，我想用不了10年就会达到这个水平，他们当中会集聚极大的购买力。我们说扩大内需，内需就在人民中间，只要收入增长能够持续下去。我们大体上有一个测算，这些想在城镇定居的农民工有六成是希望在地级市以上的大中城市定居，有四成是希望在县城或者小城镇定居。大家可以做一些简单的推算，如果1亿人有需求我们应怎么样去满足。中国要让农民工在城市有稳定的住所，要满足这些人的消费、住房和基础设施的需求，特别是住房的需求会创造巨大的内需，所以说中国最大的内需是跟城市化的发展直接相关的。

第二点，解决农民工的住房问题是改善民生的迫切需要。现在面临的最大问题就是农民工的住房支付能力跟现在的市场房价还有很大的差距，包括房租，他愿意支付的房租，和现在市场房租的水平差距也很大。比如根据我们的调查，大多数农民工能够承受的平均商品房的房价，每平方米是2214块钱，这个价格在小城镇在县城是可以买房了，农民在家盖一个房子跟在县城买一个房子价格差不多，但他在老家盖的房子可能十年后就得拆掉重盖。农民工可以承受月租金的平均水平是292块钱，这不是一平方米，而是一个单间房，大家可以调查一下，现在附近楼宇地下室的一个床位一个月300块钱租不到，据说北京有100多万人住在地下室里，但一个床位的租金都超过了他们可以承受的水平。所以说大量的农民工现在是居住条件非常简陋，甚至可以说不少农民工的居住条件非常恶劣，能够在城市稳定有尊严地居住已经成为亿万农民工最迫切的要求。

第三点，解决农民工的住房是我们建设和谐社会的重要标志。使数亿农民工享有居住权是政府的重大职责，解决农民工的住房问题可以为农民工融入城市创造一个真正的条件，我们说城镇化的核心是农民要真正融入城市，如果第一代、第二代甚至第三代都住在地下室的话，你不能说他已经真正融入城市了。解决农民工的住房问题，有利于遏制农民家庭分离的趋势，有利于缓解农村留守儿童和农村日益严重的老龄化问题。

目前，农民工的住房政策有一定的进展，可以说有了积极的进展，但是还没有形成完整、清晰、系统的政策框架。2006年，国务院出台了《关于解决农民工问题的若干意见》，这是中国政府第一个关于农民工问题的政策蓝图，这个重要的政策性意见提出要多渠道解决农民工的居住问题，要保障农民工的居住场所符合基本的卫生和安全条件。去年9月份，国务院又提出要将在城镇稳定就业的外来务工人员纳入公租房保障范围，虽然这个政策要求提出来了，但是真正能够做到的城市还是寥寥无几。我们注意到，一些地方在这个问题上进行了积极探索，主要是三方面：一是将符合条件的外来务工人员纳入公共租赁住房的保障范围，还没有纳入廉租房。如天津市滨海新区的公共租赁房60%是针对外来务工人员的。二是在很多省份对招用农民工比较多的企业和工业园区，在符合规划的前提下，企业可以在依法取得的土地上建设一些农民工宿舍楼，有的叫打工楼，湖北、重庆、江苏、浙江很多省份这方面有很多探索。三是为农民工缴纳住房公积金，这个政策住建部提出来了，但是落实得还不够好。解决农民工住房问题要创新思路，基本的方向就是要逐步将符合条件的农民工纳入城镇住房保障体系，这一句话我觉得是分量很重的，但是中国就怕说"逐步"两个字，一逐步就退后了好几步，起码在今后20年这是我们需要探索的一个大课题。同时也要发挥企业和市场的力量在解决农民工居住问题方面的作用。

最后做几点归纳。第一点就是刚才强调的要把符合条件的农民工纳入住房保障范围，我希望我们这次研讨就这个问题提出一些更具体、更有针对性的好的政策建议，能纳入到住建部的顶层设计当中。第二点要健全覆盖农民工的常住人口的住房供应体系，主要问题就是现在这个高房价他根本买不起，这个高房租他根本租不起。比如说我的秘书一个月工资5000多块钱，他现在在单位旁边租了45平方米的住房，月租金4000块钱，还是70年代很简陋的房子。你想象一个农民工一个月挣2000多块钱，怎么能在城市留下来呢？当然，我们不鼓励农民工都到北京来，我觉得还要认真研究一下怎么鼓励农民工回到县城和小城镇去定居。实际上今后比如说有1亿家庭要在城镇定居的话，起码有4000万家庭是在小城镇和县城定居，小城镇和县城平均房价他们是可以承受的，不是说完全，但大多数农民工是可以承受的。现在，中西部县城商品房的主要购买者是农民工，是打工回到家乡的农民工或者当地的农民，我们政策设计上要考虑鼓励四五千万个家庭能够在县城和小城镇定居，而不是在村庄里不断盖房子不断地拆，这需要大的政策设计。第三点是我同意住建部这几年一直鼓励的把符合条件的农民工纳入住房公积金制度，虽然现在对住房公积金制度有很多批评。当然对农民工公积金缴纳要实行灵活的缴存政策。第四点是要完善农民工住房的支持政策，包括土地政策，包括农资政策，包括税费政策，我觉得完全有必要采取一些倾斜式的政策。

预祝我们这次重要的国际研讨会取得圆满成功。

谢谢大家！

倪虹司长：应对新的挑战，同心协力实现住有所居

——在"中国保障性住房政策国际研讨会"上的总结发言

在我国正在加速推进保障性住房建设，加强房地产市场调控，加快建立完善符合国情的住房顶层制度设计的关键时刻，由中国发展研究基金会主办的保障性住房政策国际研讨会召开了。正如陈清泰理事长致辞开宗明义地讲到，这次会议的意义在于总结国内保障性住房的实践和研究成果，借鉴国外的有益经验，为我国住房保障制度建言献策。一天下来很受启发、很受教育，特别是两本成果和领导专家的精彩发言，不仅有实践经验的提炼总结，像北京、黄石、无锡、焦作、美国、英国、德国、新加坡，这些好的经验，也有从不同角度分析预判和担心，不仅有对住房制度顶层设计和法律法规建设的建议，也有对规划、建设、管理、准入、分配、退出、资金、土地、税收等方方面面的具体建议，都很值得深思和进一步梳理，是一场高水平的研讨。

由于我是去年从地方交流到中央部委来的 66 个人之一，有多年在地方执行政策的酸甜苦辣的深刻体会，也有今天调过头来研究顶层设计和相关政策的艰辛和苦恼，下面，和大家分享一下我今天的收获和体会。

第一，反复出现的问题要在规律上去找原因，普遍存在的问题要在制度上找原因，这是一句名言。大家在不少的发言当中提到了住房制度的顶层设计和法制建设，我也有同感，改革已进入深水区，确实到了这个时候。从国内外的实践看，住房制度的顶层设计，我认为不仅要回答在供给方式的层面，到底是补砖头还是补人头，到底提供实物还是提供货币，到底解决产权还是使用权的问题，更要回答作为住房制度要保障谁、怎么保、谁来保，这个法律层面的顶层设计问题。

第二，还是一句名言。中国叫天时、地利、人和，西方叫时间、地点、条件，这是成事的要素。那么用这样的观点来看中国的住房问题，我觉得需要正确

倪虹：住建部住房改革与发展司司长。

地认识和把握它的特点和难点，用我们的智慧来解决它的问题。这里有三个挑战，第一个是快速的城市化给我们带来的冲击和挑战，这是别的国家没有的，或者说别的国家在现在和我们碰到的问题是不一样的。中午杨伟民主任讲了中国城市化的问题非常好，我觉得中国的城市化给我们带来了人口的红利，但是也带来了青春期的烦恼，这相当于一个国家发展的青春期，所以我们很多政策的制定就和人的青春期一样，衣服买正好，身高长得快，衣服很快就小了；衣服买大了，过段时间合适，但现在穿着不舒服，所以这个调整期要过这么一段时间。第二个是计划经济向市场经济转轨，我国住房政策的变迁是别的国家没有的。我们在计划经济时期，实行的是实物分配住房，基本上都是单位和政府提供，相当于公租房；转为市场经济以后，停止了实物分配住房，变成了以市场为主、政府保障为辅的情况。出现了没有房改过的人和住房房改的人比公平，和符合保障的人比效率，这就是我们政策的难点，公平和效率鱼和熊掌不能兼得的问题。第三个是住房本身功能的复杂性给我们带来了新的挑战。住房有居住功能，安居才能乐业。但是也有经济属性，现在我们讲发展经济的三驾马车，我有一个比喻，投资是推车，消费是拉车，进出口是拖车，学力学的人知道效率最高的是拉车，因为水平力向前，拉车力向上，减少了轮子和地面的摩擦力；而作为推车的投资，对于推动经济发展的效力，是要有一个折扣；拖车的作用如何，得看作为车头的出口需求有多大。在最有效的拉车当中，按梯级消费理论，吃饭、穿衣是几十到几百，几百到几千元级的消费，家电是几千到几万元，汽车几万到几十万元，住房几十万到几百万元的消费，所以住房是拉动力最强的消费。要认识住房的本质，确实在居住功能和经济属性上都不可偏废，也不可过分。所以希望中央一个政策、一个模式能解决所有的问题，是不现实的；但是国家也不可能对一个一个地方出政策，所以只能出原则，让地方结合实际落实。我从地方来的，我的体会是要理解中央政策不可能为你都设计的严丝合缝，但是中央看地方，也要多理解和允许地方的创造和创新。

第三，他山之石可以攻玉，应当同心协力解决住有所居的问题。第一点要把握我国住房制度的三个基本政策，第一市场供给与政府保障相结合，以市场供给为主的政策，这是我们的基本政策。第二满足基本住房需求，购置与租赁相结合。第三鼓励自住型，节能省地环保型和小户型的政策。第二点在会上大家谈了非常多关于准入、分配、建设、质量、运营、退出等等一系列问题，和大家通报一下，国家也十分关注这些问题，去年9月28日国务院办公厅专门下发了45号文件，对于保障性安居工程的建设、管理做了明确的要求，总体目标确定到"十二五"末全国保障性住房覆盖面达到20%左右，力争城镇中等偏下和低收入家庭住房困难问题得到基本解决，新就业职工住房问题得到有效缓解，外来务工人员居住条件得到明显改善。同时，还明确了基本的原则，如重点发展公租房，根据实际情况安排经济适用房和限价房，把权力交给地方，加快棚户区改造。并提出要落实相关用地投入、信贷、税费等政策，同时强调规划设计、质量责任、准入审查、销售管理、使用退出，以及政府问责等都做了规定。

综上所述，在中国文化当中，民以食为天，以住为地，安居才能乐业。住房问题又是立体的、多维的，在当今信息化时代，时空被压缩的当今，这些挑战也是给我们学者、专家和政府的官员带来了难得的施展才华和贡献智慧的机遇，让我们共同努力，为实现全国人民的住有所居再努力，再奋斗。

谢谢大家！

卢迈秘书长：关于住房保障政策的若干争议问题

住房保障是中国社会主义市场经济体系中社会福利体系建设的重要组成部分。住房具有两个方面的功能，既可以满足人对居住的基本需求，也是一种重要的财产资源，这也是保障性住房引起各方高度关注的原因所在。中央提出"住有所居"的政策目标，大力推行保障性住房建设，是非常必要和重要的。

今天的讨论我们有政策的阐释、理论的探讨、地方实践的总结、国际经验教训，各种观点都有发表，我觉得是一次非常好的交流。通过讨论交流，我们可以看到在哪些方面大家有共识，在哪些方面还存在争议并需要进一步讨论。对于大家认为是共识的东西，这里只简单说一点，我的重点是总结大家还有争议和分歧的方面。

在共识方面，我们看到廉租房的建设很少有人质疑。廉租房是应对城市贫困问题的一项有效策略，对其意义应该有充分的认识。目前城镇户籍人口中已经有超过6%享受廉租房实物配租和领取廉租补贴，所覆盖的主要是家庭经济困难、成员罹患疾病或残疾的贫困人口。我们在调研中发现，提供廉租房使城市贫困家庭的生活条件有了非常大的改善，有利于他们医疗康复，至少有利于他们下一代在比较良好的环境中成长，这是一项非常大的德政。中国的城市贫困问题，现在应该引起我们更多的注意，而廉租房在这方面是起了重要作用的一项措施。

但是对于保障性住房建设政策，在很多方面还存在认识上的分歧，概括起来有十个方面。

第一，保障性住房为谁建？根据陈淮所长的介绍，我们是根据人口财富分布状况和房价水平，得出大概需要20%的住房是保障房。但是这20%保的是谁并不是很明确。如果说是保贫困户，那么现在贫困户在城市里到底占多少，是两千多万领低保的家庭，还是说有其他人？如果把流动人口算在内，现在有2.3亿流

卢迈：中国发展研究基金会秘书长。

动人员，他们的住房问题多数没有解决。还有另外 1.5 ~ 1.7 亿人在未来 10 年会移到城市。这 4 亿多人，相当于要有 1 亿多套住房，谁来解决？如果他们都在保障房范围内，那 20% 显然不够。对于流动人口，我们从价值观念上讲，对现在的半城市化状态应该说是很不满意。但是地方政府有自己的考虑，城市和农村保障水平很不一样，如果在医保等各方面保障都按城市的标准来做，那对整个福利体系将有灾难性的影响，这个问题还需要好好探讨。贾康所长提出的由租到售是一种渐进的办法，也是一个很好的设想。但是农民工怎么把他们包括在内，根据什么条件把他们纳入城市的户口体系？在保障房条件里，许多地方都有一个户籍限制，起码要求家庭成员至少一人有当地户口，而且要待了多少年，这个户籍给得又很不容易。

第二个，保障房建设如何规划，建在哪儿？杨伟民副主任提到了，城镇化需要在全国范围内的规划。城镇化是在大城市摊大饼还是新建城市？建在南方水资源丰富但人口已经很密集的地方，还是建在北方相对空旷但是水资源很紧缺的地方？我们城市里需要不需要这些工业？如果把工业挪出去，现在又已经建了这么多园区了，这些地方怎么办？有人愿意去偏僻地方再办工业吗？住房问题也一样，从全国的规划上还没有一个说法，我们究竟是大城市、都市圈、中等城市还是回到县城去自己买房？由于没有全面规划，在许多县城本来不需要那么多保障房，有些县城还是分到建设一千套、两千套的指标，结果建了教师宿舍什么的，这个和老百姓的实际需求之间，和我们所服务的主要目标之间，和救助贫困的目标之间，差距是很大的。

地方对保障性住房也要有规划。我们现在的规划中，比如说北京市的规划有很好的布局，但是这个布局中，保障性住房建在哪？现在应该把这个考虑进去。各地方对保障性住房的建设需要考虑长远，这不是今年建 1000 万，或者五年建 3600 万的问题，可能是最少十年、十五年持续的工作。

第三，法规的问题。中国有自己的特色，就是地方实验，摸着石头过河。但是如果我们长期这样干，很难保证所有的地方，比如说一个地区级的市政府有足够的人力、足够的聪明。我们需要适当集中一些，哪怕有一个粗一点的法规也好，大家可以按照这个办。如果大家都认为农民工可以享受，那么规定得具体一些，什么样的农民工，多少年，我们怎么样给他户口，真正落实实处，要有个明确的说法。

第四，资金的问题。现在每年保障房的资金投入需求大约 1.3 万亿，在未来 15 年里，大概需要二三十万亿的资金。这么大的投入需求，到底怎么解决？今天有人说从资本市场，建议了多种方式，我觉得都很好。

第五，土地怎么供应。现有的城市化面积是 4 万平方公里，基金会的报告中提出，按每平方公里一万人的城市人口密度，容纳未来的 4 亿城市人口还需要 4 万平方公里。所以土地是个极度稀缺的资源，应该把它用好。今天有人在敲警钟，地方政府对于拿地，原来办园区大家有积极性，现在有了保障性住房做借口又在拿地，对此我们有没有很好的评估办法？

第六，农村集体土地入市问题。北京唐家岭试验集体建设用地建设保障性住房是很有意义的尝试。现在低端的农民工都住在城中村里，我们各个城市正在和他们角力，要把他们清除出去，把低端人口连着城中村从城市布局中抹掉，实际上他们的工作还是不可或缺，所以只能是不断地往远处搬。他们能够付的房租是多少呢？今天韩俊主任说了一个调查的数据，290 块，和他们的收入相比大体相当于 15%，这是他们能够支付的。我们现在需要考虑到这些人怎么住，国家给他建这么便宜的房子不太可能，那么让农民的集体土地进入这个市场是不是可能？我们在日本看见他们在阪神地震后的规划，在私有产权下可以做到住房有很好的规划，个人和政府分摊土地规划整治的成本和收益，这个经验值得借鉴。我们能不能在集体土地的产权前提下把它规划好、建设好。

第七，关于配建问题。张曙光教授强烈质疑配建可能会损害商品房购买者的利益，但是美国麦肯锡的介绍，还有平新乔老师的意见认为不会，配建是一种好办法，对此我们可以讨论。如果要是没有配建，它的土地价格一定还会再上升，所以商品房的购买者一定是要用那个价格购买的，不管你有没有配建。只不过有了配建，土地增值收益由房地产开发商、商品房的住户直接给了低收入者，而不是给了财政然后再转很多圈到低收入家庭。

第八，关于风险。我们现在的问题是创新不足，需要金融创新、财政创新，但是也要注意这里有一个长期的风险。新加坡代表介绍，各次金融危机都和房地产市场有关系，我们需要注意这方面的风险。财科所的陈穗红讲到，要注意地方的财政风险，这些风险都值得高度重视。中国的房地产市场不会永远短缺，价格不会永远上涨。房地产开发商曾经有过估计，2017 年供需大体达到平衡，然后这之后是稳步的增长。当然，我们现在实行的限价可能会一定程度上推迟最终达到平衡的时间，但需求特别旺盛这种情况不可能无限持续。

第九，关于社会公平。房地产是一项重要的资产。房子分给了谁，对社会财富的分配是有重要影响的。2005 年基金会在做社会公平方面的报告时就特别提到，我们国家财产分配的不公远高于收入分配不公，财产分配不公就是那次房改分房严重不公平。现在还有这种情况，官员住房、军官住房，这个现在确实很值得研究。本来官员的住房是一种职务性住房，现在直接变成了个人福利，这么大一个房子就交给他了，好几百万，这个东西谁也没有讨论过。包括经济适用房、限价商品房在内，都涉及到财富的分配，都值得从社会公平的角度加以考虑。

第十，保障房和商品房市场的关系。倪虹司长讲到了几个原则，我们以商品房市场为主，保障性住房为辅，这两者之间有没有关系呢？我们设计 3600 万套的时候，其中有一条，是不是就想出台对房地产进行一种调控？恒隆集团主席陈启宗先生说，香港的两个市场是截然分开的，他的公屋建多少对那个高端市场没有影响，但是他说中国大陆可能不一样，可能两边是有影响的；平新乔教授则认为保障房建设对商品房市场有负面的影响，是压抑商品房市场，因为土地就这么多。我们必须处理好保障性住房和商品房市场的关系，要对商品房市场进行规范和完善。限购肯定是一条，我们不能光考虑它的财产属性，还应该更多考虑社会、家庭对住房的基本需求。在这个前提下我们还应该考虑，利用税收等手段，鼓励将空置的住房出租。

今天的会上大家还有很多真知灼见，我很难用有限的时间把它们都概括出来，但是大家提出这些问题都是值得我们来关注、研究的，大家提出的各种建议也是富有启发性、建设性的。我们非常感谢住建部、国土部、国务院发展研究中心、财政部等部委对这项研究，以及对今天研讨会的支持，我们感谢来自德国、美国、新加坡的朋友给我们贡献了很好的意见，我们感谢今天参会的各位代表，大家都是怀着真切的兴趣，从早晨一直讨论到现在。同时我们也感谢今天媒体的朋友，对研讨会进行了实时的、热情的报道，我们感到非常欣慰。

谢谢大家！

会 议 综 述

◎ 中国发展研究基金会

2012 年 8 月 7 日，中国发展研究基金会在北京主办了"推进住房保障，实现住有所居——保障性住房政策"国际研讨会。出席会议的有来自中央财经领导小组办公室、国务院发展研究中心、国家发展和改革委员会、住房和城乡建设部、国土资源部等政府部门和中国社会科学院、北京大学、清华大学等研究机构的专家学者代表，来自地方政府的代表，以及来自新加坡建屋发展局、德国住房协会等国外代表共计 100 余人。会议围绕"中国保障性住房政策的实施与成效"、"国内各地保障性住房建设实践"、"保障性住房的资金与土地"等议题进行了深入研讨。

一、保障性住房政策整体框架的完善

与会代表高度认同 3600 万套保障性住房建设的必要性和重大意义，认为这一政策的实施将惠及上亿中低收入人群，是在住房领域实现社会公平、促进城市化和保障经济稳健增长的重大举措，也是到 2020 年实现全面小康社会的重要组成部分。同时，与会代表从不同的角度出发，对我国保障性住房的整体政策框架提出了各自的判断和建议。

中国发展研究基金会副理事长、国务院发展研究中心原党组书记陈清泰认为，保障性住房政策成效已经初步显现，但尚未形成长期、稳定、成熟、有效的机制，在合理界定保障对象、科学制定保障水平、调动地方积极性等方面仍需进一步改进和完善。

住房和城乡建设部住房改革与发展司司长倪虹认为，从国内外的实践看，目前保障性住房的整体政策框架设计不仅要回答"术"的层面问题，如到底是"补砖头"还是"补人头"、到底提供实物还是提供货币、到底解决产权还是解决使用权，更要回答保障谁、怎么保、谁来保等"道"的层面问题。中央在政策设计时，不可能和每个地方的具体情况都严丝合缝地对应上，应是中央出原则和规划，同时允许地方结合实际进行创新和创造。

中国城乡建设经济研究所所长陈淮认为，住房保障体系并不仅限于通常所说的保障性住房建设，而是包括四个层次：第一个层次是最低层次的保障性住房，属于救助型的；第二个层次是援助型政策，对有一定住房自保能力但还不充分的群体进行帮助，手段包括公租房、房租补贴、贴息等；第三个层次是互助型政策，如住房公积金；第四个层次是自助型政策，比如住房储蓄银行，人们往自愿开设的银行账号存款可以减免个人所得税。现在第三和第四类的政策工具还很缺乏或者不完善，不能把政府提供保障性住房当作唯一的手段。

中国社会科学院城市发展与环境研究所所长潘家华认为，住房有三个属性，第一是资本品属性，现在这个属性是被放大的，一个人拥有三五套住房的情况并不少见；第二是消费品属性，现在这个属性是被扭曲的，一毕业就要举三代之力买个大房子，拔高、超前消费很普遍；第三是公共品属性，这个属性是被忽略的。目前，中国的住房总量已经很大，2011 年平均家庭住房面积已经达到 116.4 平米，比美国、日本、韩国都大。现在资源环境的压力已经很大，不能再简单地做大蛋糕，而是要强调分蛋糕，让广大城市边缘人口都能住上合适的房子。

二、保障对象的确定和促进城市化

中央财经领导小组办公室副主任杨伟民认为，中国城镇扩张速度很快，目前城市建成区面积达到 4 万平方公里，建制镇面积超过 3 万平方公里，但质量并不高。提高城市化质量必须统筹考虑农民工市民化，而其中的最大难题是住房问题，必须考虑到几个背景：第一，需要大规模建设保障性住房的城市往往都是资源环境承载能力开始下降、城市化病开始显现的城市；第二，当把外来人口纳入保障性住房体系以后，可能面临外来人口数量非常多的情况，特别是长三角、珠三角的大城市；第三是建设用地指标非常缺乏，所有的城市都要土地，都要搞开发区和房地产。因此，必须统筹考虑农民工市民化和城市化病的治理，建议在城市建设中"上大压小"，"上大"就是在人口密集的地区打破行政区的界限，通过政府规划、政策引导、市场配置，集中力量建设一些百万量级的特大城市，使它与原来的特大城市形成空间形态紧密相连、城市功能互补的城市群。"压小"就是压缩那些每个城市都在扩张的新的房地产开发项目，制止分散的"摊大饼"型的城市化扩张方式，走向紧凑、集约的城市化模式。

陈清泰认为，保障性住房既要从供应侧满足当期各城市保障对象的需求，也要从需求侧规划未来保障对象增长的过程。因此，保障性住房规划必须考虑我国城市化过程中农村人口的流向，通过国家的产业布局政策引导农村人口的合理流动。

国务院发展研究中心副主任韩俊认为，解决农民工的住房问题是扩大内需的重要手段。目前，我国农民工群体已经非常庞大，流动人口总量已达2.53亿人，外出农民工1.59亿人，其中举家外出的农民工3200万人，在城镇常住人口中每4个就有1个是农民工。调查显示，新一代农民工中80%想留在城镇，想回到农村居住的连10%都不到。让农民工在城市有稳定的居所、满足其住房需求会创造巨大的内需，因此，中国最大的内需来自城市化，内需就在人民中间。

全国人大常委会预算工作委员会副巡视员王全斌认为，我国保障性住房政策的定位包括了保增长、抑房价、舒民生这些政策目标，但更重要的目标应当是城镇化。现有的城镇化道路是以地融资的建城模式，突出表现是土地财政、土地金融和土地的闸门化，导致城镇化的低效扩张，从2000年到2010年城市面积扩张了78.5%，而城市化率仅提高了13.6%。必须转化为以人为本的城镇化模式，将农民工纳入到城镇住房的保障范围，实现完全城镇化。

国务院发展研究中心金融研究所副所长巴曙松认为，应当把保障房放在整个城市化发展的历史中，放在整个工业化和产业结构演进的趋势中来考察。2011年保障性住房任务量最大的是吉林，但吉林并不是产业和人口大量集中的地区。目前保障性住房仍只考虑当地户籍人口，在深圳、苏州、杭州等地建的保障性住房对本地人已经饱和，房子空着，大量的流动人口想住却不具备资格，所以保障性住房必须随着人口迁移流动方向而调整。目前我国有1.58亿农民工，2011年这部分人口的收入流量是3.9万亿，按照这个速度，2015年将达到7万亿，对应的消费达到4万亿，这是一个非常大的市场，会对拉动内需起到十分积极的作用。

三、关于保障性住房和商品房市场的关系

北京大学教授平新乔认为，保障性住房调控房价的能力非常有限。从需求看，低收入人群本来就不是商品房的客户，而中高收入人群的绝大部分又不是保障性住房的对象，保障性住房分流商品房需求的能力较低。从供给上讲，短期内保障性住房供给的高涨，将对土地供给造成巨大压力，对商品房市场的供地产生"挤出"效应，这可能推高商品房地价，进而推高房价。因此，保障性住房只能

解决房价上升背景下，穷人住得起房子的问题，它并不能够对当前房地产市场的价格进行有效调控。

无锡市委副秘书长王安岭认为，能否形成满足需求的住房保障机制，关键在于提高城市的供给能力，保障性住房供给水平要和整个城市住房体系发展有机结合。无锡市积极探索经济适用房、农民拆迁安置房等小产权房的"确权改性"，逐步将多元、多层次住房体系变成商品房和公共廉租房双轨供给体系。"确权改性"既有利于增加农民的置业收入，又可以缓解城市住房的结构性矛盾。

国家发展和改革委员会投资研究所所长罗云毅对新加坡和香港近30年房价变动的研究发现，尽管新加坡和香港一直大力推进保障性住房建设，新加坡保障性住房比例达到82%，香港达到近50%，但商品房价一直在持续上涨，新加坡达到年均7.8%。从长期来看，随着经济发展和收入水平的提高，商品住房价格必然是上涨的。由于享受保障性住房的人与商品房市场不搭界，因此保障性住房供给对商品房价没有影响。两者"桥归桥路归路"，不应让保障性住房去承担调控房价的责任。中国社会科学院农村发展研究所研究员冯兴元也认为，不应用保障房工具来打压商品房价。

中国人民大学公共政策研究院执行副院长毛寿龙认为，现在住房市场面临的问题，不是过度市场化，而是市场化不足，类似于当年的粮票。因为房地产市场不完善，存在垄断和人为控制因素，导致价格虚高。应该提高房地产的市场化水平，而不是单纯提供保障性住房。

四、住房保障水平和保障形式

韩俊认为，解决农民工的住房保障问题，现在面临的最大问题是农民工的住房支付能力，与现在的市场房价和市场租金的水平还有很大差距。据调查，大多数农民工能够承受的平均商品房价为每平方米是2214元，可以承受的月租金水平是292元一间，而现在北京楼宇地下室的一个床位的月租金都要300元，超过了农民工的可承受水平。所以，大量的农民工现在居住条件非常简陋，甚至可以说不少农民工的居住条件非常恶劣，能够在城市稳定而有尊严地居住已经成为亿万农民工最迫切的要求。

中国发展研究基金会秘书长卢迈认为，中国廉租房建设目前已经取得公认的成效。至2011年底，廉租房实物配租和领取廉租补贴超过1000万户，超过城镇户籍人口的6%。这是应对城市贫困问题的有效策略，意义重大。调研显示，住房的改善使城市低收入家庭的生活条件有了非常大的改善，有利于他们的医疗康复，可以使他们的下一代在比较良好的环境中成长，这是一项非常大的德政。廉租房对中国的反贫困、消除城市贫困问题起到了非常重要的作用。

中国社会科学院经济研究所所长裴长洪认为，应当变"补砖头"为"补人头"。不能对保障性住房的价格有太大扭曲，应当让社会资本的投资能够得到回报，房子才能盖得起来。在维护中，租赁公司去经营它也要有利可图，租金和保障对象支付能力之间的差额，应由政府补贴到被保障人的身上。补贴的标准按照被保障对象的收入和财产状况，同时也依据政府可以承担的财力，由这两条决定每年可以保障的对象的数量。

清华大学副教授刘志林认为，目前在户籍制度尚未完全取消的情况下开展保障性住房建设，形成了廉租房给户籍人口、公租房给非户籍人口的现象，这使得政策实施更加复杂化。应当建立统一的公租房或者社会住房的模式，再通过政策设计将不同的人群有所区分。最好能形成供给方补贴和需求方补贴相结合的模式，参照美国经验采取准市场化租金，提供统一的房租标准，然后依据保障对象收入的不同，实行梯度补贴。

财政部财政科学研究所所长贾康认为，保障性住房是从最低端的棚户区改造开始，进而提供出在定义和实际形态上都很好把握的廉租房和公租房，来给低收入阶层住有所居托底。经济适用房这个概念应该尽可能地淡化，一些地方政府愿意用它也可以，但必须明确应该是有限产权，不能像北京天通苑、回龙观那样倒卖赚钱。今后一般也不要再搞限价商品房，限价房容易出现寻租，谁有本事谁有关系就能把拿到好处，造成事与愿违。

中央财经大学城市与房地产管理系主任易成栋认为，在特大城市里，租赁性保障性住房的牟利空间不大，并不十分拥挤，但是销售性的保障性住房、经济适用房、限价房牟利空间太大，居民对此趋之若鹜。冯兴元也认为，在整个商品房市场大幅上涨的情况下，提供限价房是不恰当的，因为这是一个特权，给谁都不公平，这种制度应该完全取消。经济适用房也应该取消掉，而代之以小户型的商品房。

五、保障性住房资金问题

国务院发展研究中心市场经济研究所所长任兴洲认为，各城市保障性住房资金筹措探索可分为四类：第一类是搭建政府保障性住房投融资平台，吸纳社会资金。包括以下措施：①吸引政策性金融参与；②打捆项目进行整体融资；③地方政府、保障房开发企业联合商业银行和投资银行，以股权或者债权的形式设立保障房基金管理公司，发行保障房基金信托计划；④通过发行债券吸引资金投资；⑤创新直接融资方式，如私募债。第二类是积极争取公积金贷款。第三类是通过改变土地出让方式筹集银行信贷资金。第四类是鼓励各类企业和开发区以代建或者自建的方式参与。目前来看，资金问题尚未全部解决，最大的问题是还没有真正找到一个支持保障性住房建设的可持续的资金来源。

平新乔认为，保障房最后的财力保障，还是取决于地方政府的财力，尤其是土地财政的规模。如果保障房占整个供房比例太高，如土地增量一半以上给了保障房，那么土地出让金就会下降，政府收入就会减少，建设保障房的资金链就会断裂。从长远看，为使保障房建设可持续，应该走"以房养房，以地养地"的道路，即以发展商品房市场获得的税收和土地出让金来建设保障房。只要坚持在新增居民住宅用地中20%用于保障房建设，在动态中保证保障房占到新住宅的20%，并把保障房的建设资金与土地财政、城市化过程中的公共收入挂钩，将保障房建设过程长期化，成为两、三个五年计划的任务，则保障房的资金压力就会趋缓。

四川省委政策研究室副主任吴成钢认为，目前地方在进行保障性住房建设时面临巨大的资金压力，主要是两个方面，一是投资巨大，地方财政性资金持续投入力度不足；二是社会资金参与有限，金融支持严重不足。保障性安居工程项目总体收益低，回报周期长，甚至没有收益，而企业和银行遵循的是商业持续原则和防范风险的原则，阻碍了各类社会资本和金融资本参与的积极性。

北京市住房和城乡建设委员会委员邹劲松介绍了北京市保障性住房的资金筹集方式，主要是：①在2011年6月成立北京市保障性住房建设投资中心，财政注资100亿元，成立一年来，共完成融资136亿元，2012年投资平台计划融资260亿元以上。②公积金贷款，截至2011年底已累计利用公积金贷款150多亿元，2012年拟新申请贷款200亿元。③2011年安排500亿元私募债，截至目前已累计发行226亿元。④争取银行优惠贷款约300亿元。⑤积极争取发行房地产投资信托基金（REITs），破解公租房长期资金来源问题。

住房和城乡建设部政策研究中心处长周江认为，目前来看保障性住房建设主要资金来源是贷款，尽管目前有关政策对金融机构贷款已有明确规定，比如说政府可以有两个点的贴息、允许贷款年限加长、允许贷款利率打九折等，但调研发现，金融机构的贷款优惠在保障性住房建设中很难获取，实际还是参照商品房贷款来做。而且，对公租房的贷款还是以开发贷款为主，没有体现长期贷款的支持。公租房项目里，土地使用权有的是划拨，有的是出让，由于土地使用权不一样或者不明确，增加了申请抵押贷款的难度。

财政部财政科学研究所研究员陈穗红认为，应该从法律上允许地方政府举债，发行保障性住房专项债券，通过规范的预算程序和使用方式来进行投资，这比现在投融资平台迂回曲折的投资方式更加有效、透明、易于控制。保障性住房的维护，应该"以房养房"，即开征房产税，以房产税收入来为保障性住房提供后续的公共服务。

六、保障性住房土地问题

国土资源部副部长胡存智对保障性住房用地政策进行了介绍。为了全面落实3600万套保障性住房建设任务，国土资源部将保障性安居工程用地纳入土地利用总体规划，对所需新增建设用地实行单列安排，在新开工任务最重的近三年以来，都实现了保障性安居工程用地的应保尽保。全国2010年共落实用地2.51万公顷，2011年共落实用地4.36万公顷，2012年准备安排供应土地4.76万公顷，这一数量为年度测算用地需求的1.76倍，目前已落实到两万多公顷。保障性住房用地政策正在不断丰富和完善过程中。

邹劲松介绍了北京市化解土地供应难题的一些做法，包括：①利用政府储备用地，规定每年50%以上住宅供地要用于保障性住房，而且要优先选址在轨道交通沿线以及产业功能的聚集区；②鼓励一些社会单位利用自有土地建设公租房和其他保障性住房；③鼓励集体经济组织利用集体土地建设公租房，目前正在唐家岭进行试点。这一尝试给政府提供了新的土地空间，改善了城乡接合部的环境面貌，提升了整个城市化水平。

王全斌认为，需要明确保障性住房建设用地的公共利益性质，在城镇规划中，保障性住房优先布局，取得具有交通、环境等方面优势的地块，优先配套学校、医院、商场等公共配套设施；另一方面，政府土地应无偿划拨或低价供应，降低保障性住房建设的成本。保障性住房应封闭运行、精心设计，既要调动各方面参与的积极性，又好又快地建设，又要通过小户型设计和严格的管理，确保这些优质土地专门用于保障性住房，防止和杜绝对公共利益可能的侵蚀，确保保障性住房的持续发展。

七、保障性住房分配和管理问题

冯兴元认为，在保障性住房分配中，应遵循"相对收入结构不扭曲"的原则，即在分配前后，保障对象在收入结构中所处的位置不应发生变动。

易成栋认为，在保障性住房分配环节，对保障对象申请资格审核尚存在难度，在北京和上海这样的大城市，对保障对象的现有住房情况审查是容易查清楚的，但对其收入和财产则很难查清楚，要查保障对象有没有车、银行存款、股票，实际收入多少，这些必须连接其他信息系统，但目前连接还存在困难。

陈淮认为，在北京每多建一套保障性住房，会引来三户半符合这样条件的人进入城市。清华大学副教授郑思齐认为，各个城市之间存在竞争，如果某个地方的福利水平比较高的话，会导致很多低技能和低收入的人口涌入该地区或者该城市。这可能会导致这个城市的平均素质下降，而且会增加财政负担，所以地方政府不愿意为外来人口提供住房保障。

河南焦作市财政局副局长张继东认为，地方政府"重建设、轻管理"的现象在当前保障性住房建设中比较普遍。商品房一般都建在城市中心区域、黄金地段、主干道周边，属于成熟生活圈。而保障性住房基本上都在近郊边缘地区，与居民生活相关的交通、购物、就医、上学等配套设施不齐全，增加了生活成本，加大了管理难度。

刘志林认为，目前人们更多是测算保障性住房在建设环节需要多少资金，然而，后期管理环节的长期资金需求会更大。从美国的情况来看，正是由于这种后期维修或者管理运营资金的不足，才导致其公共住房后来出现老化、衰败、设施不足等，最终导致了这类公共住房社区的衰败，并产生居住隔离和犯罪率上升等城市社会问题。

毛寿龙认为，住房在二三十年后都要大修，商品房可以由居民个人修，但如果保障性住房都要由政府来修，可能会引发整个财政的危机。

八、保障性住房建设方式

平新乔认为，"配建"是一种较好的保障性住房建设方式。在政府进行商品房土地拍卖过程中，将"建设保障房"的任务作为一个拍卖条件放入拍卖过程，由拍得土地的开发商承担保障房的建设任务。"配建"会大大缓解地方政府在建设保障房过程中的资金紧张程度，也是学习香港、新加坡等政府引进市场力量建设保障房经验的一种尝试。但从实践来看，"配建"也引发了新的管理问题，尤其是道德风险问题，如开发商对"配建"保障房项目消极怠工、政府拖欠回购款项等，应该进一步规范和加强管理。

陈淮认为"配建"的方式不合理，因为"配建"实际是把保障性住房的成本摊入商品房，让买商品房的人为穷人分担风险和代价。天则经济研究所学术委员会主席张曙光也认为，"配建"方式存在粗放管理和抬高商品房价两大问题。

贾康认为，保障性住房建设应当是"插花设计"、"插花建设"，避免出现大片连片的低端住房。虽然不能完全把保障性住房和高档住宅组合在一个小区内，但至少要考虑其和一般商品住宅的混搭设计，探索相对合理的中国式、群落式的居住关系，避免社会问题。

湖北黄石市市长杨晓波介绍了在保障性住房建设方面的一些经验做法。黄石市在房源筹集上采取了"双向配建"的方式：一方面，在商品房开发中规定配建5%的保障性住房；另一方面，在大规模集中建设保障性住房时配建约10%的商品房，不仅可以用商品房的收益支撑保障性住房的建设成本，还有助于把保障性住房的品质做得跟商品房一致，避免由于品质太差形成新的贫民区。

张继东认为，部分廉租房项目面向社会低收入家庭，形成了城区低收入群体聚居的空间，很有可能形成新时期的"贫民窟"。由于这些小区一般都位于城市边缘，交通、医疗、教育等服务设施提供不足，特别在小区内部，聚居人群的特殊性在事实上扩大了贫富差距。同时，从管理层面看，住宅所属地不愿接收和管理这部分居民的户籍，造成了社区管理中的问题。在现有户籍制度下，子女的就学受到影响，社会资源配置的不公平对孩子的成长和心理有较大的负面影响，容易积累社会不稳定因素。

郑思齐对深圳等城市的"城中村"进行了调研，她认为，"城中村"向外来人口提供了大量廉价住房，承担了低成本社会住房的角色，对解决城市住房问题具有积极的一面。但另一方面，"城中村"这种市场自发供给的低收入群体住房，在没有政府帮助的情况下，无法有效供给社区所需的各项公共服务——例如治安、规划、排污、教育等，这使得外来务工人员聚集的"城中村"普遍存在居住拥挤、环境恶劣、治安混乱、教育资源匮乏等问题。如果政府实施大规模的"城中村"拆迁，同时不补充具有可替代性的面向非户籍低收入人口的保障房供给，就会加剧住房供给的结构失衡。这些外来务工人员只能被挤到另外的"城中村"，有效供给的减少会抬高租金，使他们的福利受损。实际上，改造原则应当是不减少这类住房的有效供给数量，同时改善其居住质量。

九、保障性住房建设中的政府定位

黄范章认为，应当把土地和财政分开。他建议统一成立新的国家资源委员会管理土地资源，土地出让金由该委员会收取，而不是由财政收取，这样就避免了土地财政。

　　裴长洪认为，尽管土地财政是个事实，但在短期内很难避免这种现象，如果游离开地方政府，城市规划就没法做，而且，土地的整理也需要成本，它和财政实际是无法完全分家的。目前，政府最大的问题是背负了太多的责任，地方政府投资，将来分配主体、经营主体也都是政府，整个保障房体系都变成政府主导甚至是政府经营，把所有矛盾都揽在自己身上，这是无法持续的。现在应当强调以政府为主导、市场运作，政府要从投资经营主体角色里退出来，当裁判员而不是当运动员。刘志林认为，政府通过财政补贴、税收金融以及土地规划等各种手段来激励保障性住房建设，由私营部门或者社会性机构来供应和管理，这样的模式应当成为未来的发展方向。

　　易成栋认为，目前大城市的保障性住房建设中，地方政府并不积极，开发商也不太积极，最大的原因在于地方政府的负担太重。以建设公租房为例，中央政府给大城市下达公租房指标，并且每平方米补助 400 元，但是在这些城市公租房的成本价非常高。在北京，土地是划拨的，地价是零，但拆迁成本要 4000 元，加上建安、维修和管理成本又要 8000 元，与此相比中央的补助实在是杯水车薪，因此地方政府没有积极性。

　　巴曙松认为，应更多地把住房保障的责任、权利下放到地方政府，而不是由中央政府自上而下地设定目标。地方政府在第一线，更清楚当地的产业需要什么，自己能够提供什么水平的保障，这样也可以使不同素质的流动人口，在不同城市之间流动的同时形成竞争，促使地方政府有动力来改善流动人口的住房状况。地方政府的这种竞争，可以实现产业的吸引力和聚拢能力，有利于产业结构、区域结构的调整。

　　裴长洪认为，保障性住房占总住房的比例不宜由中央政府一刀切地定为 20%，而应综合考虑各城市就业人口压力，由各个城市自己来制定。

　　王全斌认为，应当从三个方面入手调动地方政府积极性。一是财政体制改革，中央对各地的转移支付以"人"为唯一基数均衡分配，各城镇得到的转移支付要与居民数成正比；二是城镇规划中批准的建设用地规模与城镇人口数和引进农民数挂钩，城镇土地在优先保证保障性住房和其他公共利益的需求后再走向市场；三是调整地方城镇政府考核指标体系，把净移入人口数作为重要业绩指标。促使地方政府"以人为本"建城，积极主动把保障性住房作为基本的民心工程来建设。

课题报告

我国城镇化进程中的住房保障问题研究

◎ 中国发展研究基金会课题组

引 言

我国正在大规模建设城镇保障性住房。国家"十二五"规划纲要提出了五年内城镇保障性安居工程建设 3600 万套住房的约束性指标。2011 年开工建设 1043 万套，到 2015 年，我国城镇住房保障覆盖面将达到 20% 以上。

近几年来，人们对保障性住房建设有了很多的认识，也有不少疑问。

保障性住房建设是重大民生工程，着力解决城镇中低收入群众住房困难，群众的住房条件将得到基本保障和改善。保障性住房建设是房价和经济的稳定器，能抑制房价过快上涨，破除房地产泡沫，使过热的经济平稳下来。保障性住房建设处在投资和消费的结合点上，是促进经济增长的重要手段。2008 年末，我国开始大规模保障性住房建设，就是作为应对国际金融危机"保增长"刺激措施的第一条政策出台的。那么，保障性住房建设的作用到底是什么呢？

国家一直高度重视城镇住房保障问题。在城镇住房制度改革历程中，在推进住房市场化、大力发展房地产业的同时，对住房保障进行了专门设计。应该看到，住房保障取得了一些进展，但真正大规模建设还是近几年的事情，原因是什么？相比过去，今天大规模建设任务更为艰巨，能完成吗？怎么完成？

城镇化是保障房建设的时代大背景。我国正处于城镇化快速发展的进程中。一座座新城拔地而起，城市面貌日新月异。但城镇发展也存在许多问题，住房困难是突出问题之一。大量的棚户区、城中村，仿佛是城市难以愈合的伤疤；大量

中国发展研究基金会"中国保障性住房政策研究"课题组，顾问：陈清泰，组长：卢迈，成员：赵树凯、崔昕、王全斌、赵俊超、都静、冯文猛、俞建拖等。本报告由王全斌、申鹏执笔。

的"蚁族"和"房奴",诉说着城市生活的艰难和痛苦。保障房建设是城镇化的重要内容。从本意上说,保障性住房建设就是要通过政府之手解决住城市房困难问题。那么,我国城镇化的持续发展对保障性住房建设准备了哪些条件,提出了什么要求?

本报告研究我国在城镇化大背景下的保障性住房建设问题。先回顾我国城市住房制度改革历程,作为制度背景,然后从发展过程、保障体系、运行机制等几个方面,介绍保障性住房建设的总体情况。再选取一些有代表性地方解析具体情况。接着带着存在的困难和问题,考察国际上的经验和教训,以资借鉴。最后,从把握城镇化健康发展方向的新要求,提出我国保障性住房建设的战略定位、制度框架和政策取向的思考。

一、我国保障房建设的总体情况

保障性住房建设是城市住房制度改革的继续和发展,城市住房制度改革为保障性住房建设准备了市场环境和制度背景。为此,先从城市住房制度改革说起。

(一) 城市住房制度改革历程

我国城市住房制度改革的对象和起点是计划经济体制下的福利住房制度。在福利住房制度下,以"低租金、高福利、无偿分配"为指导思想,公共住房由政府统一建造,无偿分配给个人,国家只收取少量的租金。到改革开放之初,国家出现财政负担沉重、城市住房供应不足的严峻局面。1980 年 4 月,邓小平就城市住宅问题发表谈话:"要提高租金标准,鼓励个人购买住房,并鼓励通过多种形式建房",提出了城市住房制度改革的要求,指明了改革的方向。30 年多来,我国城市住房改革一直是改革的重要内容,总体上以市场化为方向,大体分为三个阶段。

1. 住房市场化的试点阶段(1979～1990 年)

一是全价售房试点。1979 年,国家支持西安、柳州、梧州和南宁四个城市开展新建住房向职工出售试点。1980 年 6 月,公有住房出售的试点扩大到全国主要城市。到 1981 年底,试点扩大到 23 个省(区、市)的 60 多个城市及部分县镇。然而,相对当时的房租水平,新建住宅的售价过高,加之当时城市居民收入水平有限,全价售房的政策执行得并不好。1980～1981 年,两年间出售的新建住宅仅占同期新建住宅的两千分之一,1982 年全价售房改革基本停止。

二是补贴售房试点。在总结全价售房试点经验的基础上,1982 年,国务院有关部门设计了"三三制"补贴出售新建住房的方案，即原则上个人购房只需支付房价款的1/3，其余部分由政府和所在单位分担补贴。国家批准郑州市、常州市、四平市和沙市进行补贴售房试点。1984 年 10 月，在总结四城市试点的基础上，国务院决定在全国扩大城市公有住房补贴出售试点。到 1985 年底，已有27 个省（市、自治区）的 160 个城市和 300 个县镇进行试点。尽管由于得到了政府和单位的补贴，居民个人负担压力减轻，购房热情得到了激发，但补贴售房的效果仍不够理想。原因有几方面：一是政府和单位负担太重，不少单位不愿意或是无力负担补贴部分；二是低租金的公房制度使得大家宁愿租房也不愿意买房，已经分到房的居民没有购房的积极性；三是部分领导干部，尤其是住房较宽裕的领导，对补贴售房存在不同看法。到 1985 年，补贴售房政策逐渐停止。

三是提租补贴试点。1986 年，国务院提出我国房改的重点是逐步提高房租，要把提租补贴作为住房制度改革的基本问题。1987 年，常州、唐山、蚌埠和烟台以提高房租补贴水平为原则开始改革。1988 年 2 月，国务院下发了《关于在全国城镇分期分批推行住房制度改革方案》，提出了用 3～5 年的时间在全国城镇分期分批推行住房制度改革。改革的目标是："实现住房商品化，从改革公房低租金着手，将现在的实物分配逐步改变为货币分配，通过商品交换，取得住房的所有权和使用权，使住房进入消费品市场，实现住房投资投入产出的良性循环"。提租补贴政策在试点地区取得了积极的效果，既保证了维修养护的资金需要，又较为有效地扼制了不合理的住房需求。但到了 1988 年 2 季度，由于我国发生了恶性通货膨胀，国家财政无力承担住房改革对资金的需要，提租补贴方案没能继续下去。

2. 住房市场化的逐步成形阶段（1991～1997 年）

1989 年和 1990 年，由于政治原因，住房制度改革基本停顿。1991 年 6 月，国务院发布《关于继续积极稳妥地进行住房制度改革的通知》，提出要发展房地产业，逐步实现住房商品化，在继续合理调整现有公房租金、出售旧房的同时，实行新房新政策，使新房不再进入旧的住房制度，以利于今后住房改革的深化。11 月，国务院《关于全面推进城镇住房制度改革的意见》，提出了城镇住房改革的总目标和分阶段目标。此前，1991 年 5 月，上海市在借鉴新加坡公积金制度成功经验的基础上，率先开始了住房制度改革。改革的主要措施：推行公积金制度、提租发补贴、配房买债券、买房给优惠、建立房委会。到 1992 年 7 月，公积金制度开始在全国范围内推开。这一时期，我国的房地产市场也发展迅速，特别是在广东、海南等地，房地产市场出现了投资热潮。房地产市场的兴起为住房制度改革提供了良好的市场环境。

1994 年 7 月，国务院发布《关于深化城镇住房制度改革的决定》，提出了我国要建立与社会主义市场经济体制相适应的新的城镇住房制度。一是明确把住房建设投资由国家、单位统包的体制改变为国家、单位、个人三者合理负担的体制；二是把住房实物福利分配的方式改变为以按劳分配为主的货币工资分配方式；三是建立以中低收入家庭为对象、具有社会保障性质的经济适用住房供应体系和以高收入家庭为对象的商品房供应体系；四是建立住房公积金制度。1994 年 11 月，为解决中低收入者收入不足以购买自己房子的问题，国务院有关部门联合下发了《建立住房公积金制度的暂行规定》，标志着我国住房公积金制度的建立。《关于深化城镇住房制度改革的决定》出台后，在全国范围内兴起了住房制度改革的浪潮，在建立住房公积金、提高公房租金、出售公房等方面取得了较大进展。1998 年 6 月，城镇自有住房比例已经超过 50%。

3. 住房市场化的正式推出（1998 年至今）

1998 年，尽管我国住房制度改革已推行了近 20 年，但仍然没有形成规范的房地产市场，全国半数左右的房屋还是各级政府的福利房，这成为了房地产市场进一步发展的障碍。1997 年 12 月，袭卷东南亚的亚洲金融危机爆发。1998 年，我国面临着严峻的经济形势，外贸下滑、外商直接投资下降、产能过剩、有效需要不足成为经济中的突出问题，如何启动内需是现实而又紧迫的问题。进一步深化住房制度改革，推进房地产市场发展，既可以引导个人消费，又可促进建材、家具、家电等相关行业发展，从而带动整个国民经济的发展。正是在这一背景下，国务院正式启动了住房市场化改革。

1998 年 7 月，国务院下发了《关于进一步深化城镇住房制度改革加快住房建设的通知》，明确停止住房实物分配，逐步实行住房分配货币化；建立和完善以经济适用住房为主的多层次城镇住房供应体系；发展住房金融，培育和规范住房交易市场。至此，中国房地产市场开始全面发展。《通知》内容包括以下几个方面：一是停止住房实物分配，逐步实行住房分配货币化。从 1998 年下半年开始停止住房实物分配，逐步实行住房分配货币化，新建经济适用住房原则上只售不租。全面推行和不断完善住房公积金制度，建立健全职工个人住房公积金帐户，进一步提高住房公积金的归集率。二是建立和完善以经济适用住房为主的住房供应体系。对不同收入家庭实行不同的住房供应政策。最低收入家庭租赁由政府或单位提供的廉租住房；中低收入家庭购买经济适用住房；其他收入高的家庭购买、租赁市场价商品住房。调整住房投资结构，重点发展经济适用住房（安居工程），加快解决城镇住房困难居民的住房问题。三是继续推进现有公有住房改革，培育和规范住房交易市场。从 1998 年下半年起，出售现有公有住房，原则上实行成本价，并与经济适用住房房价相衔接。同时保留足够的公有住房供最低收入家庭廉价租赁。四是采取扶持政策，加快经济适用住房建设。经济适用住房建设用地应在建设用地年度计划中统筹安排，并采取行政划拨方式供应。五是发展住房金融。扩大个人住房贷款的发放范围，所有商业银行在所有城镇均可发放个人住房贷款。调整住房公积金贷款方向，主要用于职工个人购买、建造、大修理自住住房贷款。六是加强住房物业管理。建立业主自治与物业管理企业专业管理相结合的社会化、专业化、市场化的物业管理体制，加强住房售后的维修管理，建立住房共用部位、设备和小区公共设施专项维修资金，并健全业主对专项维修资金管理和使用的监督制度。

《关于进一步深化城镇住房制度改革加快住房建设的通知》下发后，有关部门又出台了一系列相关配套政策。1999 年 2 月人民银行下发了《关于开展个人消费信贷的指导意见》。1999 年 8 月中共中央办公厅、国务院办公厅转发了《在京中央和国家机关进一步深化住房制度改革》。2002 年 4 月国土资源部发布《招标拍卖出让国有土地使用权规定》，重点是改革土地出让方式，由协议出让为主转向招标、拍卖、挂牌公开出让的方式。2003 年 8 月，国务院下发的《关于促进房地产市场持续健康发展的通知》，第一次明确房地产是支柱产业。

4. 城市住房制度改革的成果与问题

1998 年以来，我国房地产市场快速发展，城市住房制度改革取得了一些积极成效。

一是城市居民住房条件明显改善。住房市场化改革推出后，我国城镇居民的居住水平和居住质量明显提高，人均住房建筑面积增加较快。在城市人口大幅增加的情况下，2010 年，城镇人均住房建筑面积从 1998 年的 18.7 平方米提高到 2010 年的 31.6 平方米。2010 年我国住房自有化率达到 84.3%。从总体上看，我国城镇居民已告别了住房严重短缺的年代，进入了增加住房面积和改善住房质量的发展阶段，城市居民开始更加注重住房的建筑质量、环境要求和人文关怀。

二是形成了规模庞大的房地产行业。随着住房制度改革的深化，房地产业取得了巨大发展，成为国民经济的支柱产业之一。表现在：房地产开发投资增长速度持续超过全社会固定资产投资增速，1998 年到 2009 年房地产投资年均增长 23.4%，高于固定资产投资增速 2.7 个百分点。即便是国家对房地产市场进行调控的 2010 年和 2011 年，房地产投资增速仍达到 33.2% 和 27.9%。1998 年以后房地产对国民经济的贡献率显著提高，近几年单纯房地产投资对 GDP 的拉动作用即在 1.5 个百分点左右，如再考虑到对相关产业的带动作用，对经济增长的拉动作用会更大。形成了一批规模庞大的房地产企业，直接和间接从事房地产相关行业的从业人员上百万。

三是住房金融体系初步形成。我国建立起以住房公积金制度为主要内容的政策性住房金融体系。到2011年末，全国缴存的住房公积金达2万多亿元。以商业银行住房信贷为主的商业性住房金融市场同时也繁荣起来，金融机构支持住房建设和住户消费，2001年商业银行个人住房抵押贷款仅5598亿元，占全部贷款余额的5.0%，到2009年达到了47600亿元，占全部贷款余额的11.9%。商业银行的贷款还大大支持了房地产开发商的开发和建设。我国基本形成了政策性住房金融和商业性住房金融相结合的住房金融市场体系。

当然，城市住房制度改革也存在一些问题，突出表现在城市房价过快上涨。

随着住房市场化改革深入发展，我国城市住房价格持续攀升，不少地方房价泡沫化严重，远远超过普通群众的购买能力。主要原因：一是住房制度改革触发了居民对住房的需求。住房市场化改革激发了城市居民长期压抑的住房需求，使得居民的住房需求急剧膨胀，房价在需求的推动下快速攀升。加上保障性住房供给不足，居民的住房需求完全依靠商品住宅来满足，更加剧了房价攀升。二是城市化进程的加快强化了房地产供需失衡的矛盾。城市化进程快速推进，城市规模扩大、人口增加，新增城市人口对住宅的需求、老市民对住房的改善性需求、投机客对住房的投资性需求，共同推动了房价上涨。从政府方面来说，为保持房地产市场稳定发展，结合保护耕地的政策需要，也加强了对土地供应的管理，这固化了土地稀缺的观念，间接推高了房价。三是投资性和投机性需求拉高房价。房价高企使得房地产行业利润率居高不下，加剧了开发商对土地的竞争，"地王"不断出现，扩大了房地产投资规模，也拉高了房价。在金融等政策的支持下，对住房的投资性需求增加，进一步推高房价。四是开发商囤地导致住宅有效供给不足。开发商通过多征少用、分割开发、延迟开发等囤地行为，直接获取了土地增值和区位条件改善带来的增值收益，但阻滞了土地供给向房产供给的转化，使得原本就缺乏弹性的土地供应更加不能满足增长的住房需求。

城镇房价过快上涨，使得住房保障问题凸显出来。

（二）保障性住房政策体系

1. 保障性住房发展历程

保障性住房作为城市住房制度改革的一部分，一直在探索发展中。

1994年，《国务院关于深化城镇住房制度改革的决定》中首次提到"建立以中低收入家庭为对象、具有社会保障性质的经济适用住房供应体系和以高收入家庭为对象的商品房供应体系"，"房地产开发公司每年的建房总量中，经济适用住房要占 20% 以上"。从此，我国开始了保障性住房建设。但在 1998 年之前，经济适用住房发展非常缓慢，城镇职工住房主要通过单位实物分配解决，住房的供给主要是各单位购建住房，此时仍然以福利分配为主要的住房保障方式。

1998 年，国务院《关于进一步深化城镇住房制度改革加快住房建设的通知》提出"建立和完善以经济适用住房为主的多层次城镇住房保障供应体系"，并提到"最低收入家庭租赁由政府或单位提供的廉租住房"，但这一时期存在执行不到位、政策表面化的问题，如经济适用住房开发建设占房地产开发投资的比重逐年下降；经济适用住房供应对象范围扩大、面积扩大、价格过高；经济适用住房保障人群错位，多数经济适用住房落入有较高购买能力的阶层手中，而廉租住房则出现发展缓慢、保障面窄等问题。

2007 年 8 月，《国务院关于解决城市低收入家庭住房困难的若干意见》，标志着我国住房保障体系的建设再次提上日程，国家开始调整以市场化为主的住房政策，探索建立健全住房保障制度。文件提出："进一步建立健全城市廉租住房制度，逐步扩大廉租住房制度的保障范围，合理确定廉租住房保障对象和保障标准；改进和规范经济适用住房制度，合理确定经济适用住房供应对象、标准；逐步改善其他住房困难群体的居住条件等"，这标志着我国住房制度改革的方向已从"重市场、轻保障"转向了"强调保障"，政府调整了住房保障发展的重点地位。同时，将经济适用住房的供应对象确定为城市低收入住房困难家庭，并与廉租住房保障相衔接。

2008 年下半年，为应对国际金融危机的冲击，我国实行了积极的财政政策和适度宽松的货币政策，出台了稳定经济增长、扩大国内需求的十大措施，其中第一条就是要加快建设保障性安居工程，提出要加大对廉租住房建设支持力度，加快棚户区改造，实施游牧民定居工程，扩大农村危房改造试点。国务院提出，要用 3 年时间基本解决城市低收入住房困难家庭及棚户区改造问题。

2010 年，为解决城镇"夹心层"群体住房困难问题，《国务院办公厅关于促进房地产市场平稳健康发展的通知》提出要加快发展公共租赁住房，解决中等偏下收入家庭以及新就业职工、外来务工人员基本住房需要。我国正处于城镇化快速发展时期，每年新增城镇人口 1500 多万人，城镇新就业职工和常住外来务工人员由于积累少，住房支付能力弱，针对这一群体的特点，今后一段时期需要大力发展公共租赁住房，为其提供住房保障。

2011 年，《国家"十二五"规划纲要》提出，"十二五"期间（2011 - 2015），"要建设城镇保障性安居工程 3600 万套"，"加快构建以政府为主提供基本保障、以市场为主满足多层次需求的住房供应体系"，"加大保障性住房供给，多渠道筹集廉租住房房源，完善租赁补贴制度，重点发展公共租赁住房，逐步使其成为保障性住房的主体。"

2. 我国保障性住房的类型

经过几年的探索和实践，我国已基本形成了市场供给与政府保障相结合，以市场供应为主的城镇住房政策框架，初步建立了住房保障制度。住房保障有实物保障和货币补贴两种方式。实物保障性住房按照供应方式，可以归纳为租赁型保障性住房和购置型保障性住房。租赁型保障性住房有廉租住房和公共租赁住房；购置型保障性住房有经济适用住房和限价商品住房（见表1）。以上各类保障性住房加上各类棚户区改造住房，统称为"保障性安居工程"。

表1   各类保障性住房基本情况

类别	保障对象	保障标准	保障方式	房源筹集	资金来源	土地供应
经济适用住房	初期为中低收入家庭，后改为低收入家庭	60平方米左右	出售	新建、改建、购置	社会资金	行政划拨
廉租住房	初期为最低收入家庭，后改为低收入家庭	50平方米以内	货币补贴、实物配租、租赁	新建、改建、购置、租赁	各级财政预算、住房公积金增值收益、10%的土地出让净收益、社会捐赠和其他资金	行政划拨
公共租赁住房	中等偏下收入住房困难家庭、新就业职工、居住满一定年限的外来务工人员	单套60平方米以内，套均40平方米左右	出租	新建、改建、收购、长期租赁	财政资金、中长期贷款、中长期企业债券、住房公积金贷款、保险资金、信托资金、房地产信托投资基金	行政划拨
④限价商品住房	中等偏下收入住房困难家庭	90平方米以内	出售	新建	社会资金	招拍挂

（1）廉租住房

廉租住房由公共财政出资建设，以低廉的租金面向城镇低收入住房困难家庭配租，建筑面积控制在50平方米以内。

发展廉租住房是我国城市住房制度改革的重要内容。1998年，《国务院关于进一步深化城镇住房制度改革加快住房建设的通知》明确提出"最低收入家庭租住由政府提供的廉租住房"。2003年，建设部、财政部等几个部门联合下发了《城镇最低收入家庭廉租住房管理办法》，提出"地方人民政府应在国家统一政策指导下，根据当地经济社会的实际情况，因地制宜，建立城镇最低收入家庭廉租住房制度"。2006年，国务院关于促进房地产健康发展的六点意见，提出"重点发展中低价位、中小套型普通商品住房、经济适用住房、廉租住房，各地都要制定和实施住房建设规划，对新建住房结构提出具体比例要求"、"加快城镇廉租住房制度建设，规范发展经济适用住房，积极发展住房二级市场和租赁市场，有步骤地解决低收入家庭的住房困难"。2007年8月，《国务院关于解决城市低收入家庭住房困难的若干意见》又提出了"进一步建立健全城市廉租住房制度，逐步扩大廉租住房制度的保障范围，合理确定廉租住房保障对象和保障标准"。

廉租住房保障实行实物配租和租赁住房补贴相结合，以实物配租为主的保障方式。廉租住房由政府全额投资建设，资金来源主要包括：住房公积金增值收益、土地出让净收益的10%、市县财政预算安排的资金、省级财政预算安排的补助资金、中央预算内投资中安排的补助资金、中央财政安排的专项补助资金、社会捐赠等。按照规定，廉租住房建设用地应当在土地供应计划中优先安排，并在申报年度用地指标时单独列出，采取划拨方式，确保供应。

（2）经济适用住房

经济适用住房由政府提供政策支持，主要由企业投资建设，面向有一定支付能力的城镇低收入住房困难家庭配售，建筑面积控制在60平方米左右。购买后不满5年，不得上市交易，确需转让的，由政府按照原价、考虑折旧等因素回购；购买后满5年，可以转让，但要按规定交纳增值收益，并规定在同等条件下政府优先回购。

早在1991年6月，国务院在《关于继续积极稳妥地进行城镇住房制度改革的通知》中就提出要"大力发展经济适用的商品房，优先解决无房户和住户困难户的住房问题"。1994年，《国务院关于深化城镇住房制度改革的决定》中首次提到"建立以中低收入家庭为对象、具有社会保障性质的经济适用住房供应体系和以高收入家庭为对象的商品房供应体系"，"房地产开发公司每年的建房总量中，经济适用住房要占20%以上"，这是经济适用住房概念首次提出。1998年《关于进一步深化城镇住房制度改革加快住房建设的通知》，也明确提出要建立和完善以经济适用住房为主的多层次城镇住房供应体系，这成为了这段时期住房保障发展的方向和目标。2003年8月，国务院《关于促进房地产市场持续健康发展的通知》首次明确，"经济适用住房是具有保障性质的政策性商品住房"，要通过土地划拨、减免行政事业性收费、政府承担小区外基础设施建设、控制开发贷款利率、落实税收优惠政策等措施，切实降低经济适用住房建设成本。

（3）公共租赁住房

公共租赁住房由公共财政投资或企业和其他机构投资建设，面向城镇中等收入住房困难家庭、新就业无房职工和在城镇稳定就业的外来务工人员出租，建筑面积控制在 40 平方米左右。

公共租赁住房的起步较晚。2010 年 6 月，国务院七部门印发《关于加快发展公共租赁住房的指导意见》，才明确提出要大力发展公共租赁住房。

公共租赁住房的建设由市、县人民政府通过直接投资、资本金注入、投资补助、贷款贴息等方式投入，省、自治区人民政府要给予资金支持，中央以适当方式给予资金补助，其中，中央财政补助资金根据有关地区上年度财政困难系数和年度筹集套数等因素，按照公式法计算分配。从 2010 年起，各地在确保完成当年廉租住房保障任务的前提下，可从现行从土地出让净收益中安排不低于 10% 的廉租住房保障资金，以及住房公积金增值收益中计提的廉租住房保障资金，统筹用于发展公共租赁住房，包括购买、新建、改建、租赁公共租赁住房，贷款贴息，向承租公共租赁住房的廉租住房保障家庭发放租赁补贴。公共租赁住房建设用地纳入年度土地供应计划，予以重点保障。面向经济适用住房对象供应的公共租赁住房，建设用地实行划拨供应。其他方式投资的公共租赁住房，建设用地可以采用出让、租赁或作价入股等方式有偿使用。

（4）限价商品住房

限价商品住房政策主要在我国部分房价较高城市实行，面向中低收入无房或住房困难家庭供应，建筑面积控制在 90 平方米以内。

2006 年 5 月，建设部等九部门发布了《关于调整住房供应结构稳定住房价格意见》，提出了"要优先保证中低价位、中小套型普通商品住房（含经济适用住房）和廉租住房的土地供应，其年度供应量不得低于居住用地供应总量的 70%；土地的供应应在限套型、限房价的基础上，采取竞地价、竞房价的办法，以招标方式确定开发建设单位。"首次提出以"限套型、限房价、竞地价"的方式建设中小套型普通商品住房。对限价商品住房的土地，政府以"招、拍、挂"方式公开出让，针对限价商品住房，政府没有任何政策优惠。限价商品住房由开发商建设，在住房市场中销售。

（5）棚户区改造安置住房

2007 年 8 月，《国务院关于解决城市低收入家庭住房困难的若干意见》提出要加快集中成片棚户区的改造，城市人民政府要制定改造计划，因地制宜进行改造。2008 年 12 月，国务院办公厅出台《关于促进房地产市场健康发展的若干意见》，提出要加快实施国有林区、垦区、中西部地区中央下放地方煤矿的棚户区和采煤沉陷区民房搬迁维修改造工程，解决棚户区住房困难家庭的住房问题。2009 年，国务院有关部门又提出要推进城市和国家工矿棚户区改造。2012 年，又将铁道、有色金属、黄金等企业的职工危旧住房纳入城市和国有工矿棚户区改造计划。

棚户区改造安置住房可采取多渠道筹措资金，通过财政补助、银行贷款、企业支持、群众自筹、市场开发等办法筹集资金。中央采取适当方式，对城市和国有工矿棚户区改造给予资金支持。省级人民政府可采取以奖代补方式，对本地区城市和国有工矿棚户区改造给予资金支持。市、县人民政府负责棚户区改造的资金投入，主要从城市维护建设税、城镇公用事业附加、城市基础设施配套费、土地出让收入中，按规定安排资金用于符合条件的棚户区改造项目。国家鼓励采取共建的方式改造国有工矿棚户区，涉及棚户区改造的国有工矿企业应积极筹集资金，棚户区居民应合理承担安置住房建设资金，并积极引导社会资金投入城市和国有工矿棚户区改造，支持有实力、信誉好的房地产开发企业参与棚户区改造。城市和国有工矿棚户区改造安置住房用地纳入当地土地供应计划优先安排，安置住房中涉及的经济适用住房和廉租住房建设项目可以划拨方式供地，对于配套建设的商业、服务业等经营性设施用地，必须以招标拍卖挂牌出让方式供地。安置住房实行原地和异地建设相结合，以就近安置为主；对异地建设的，应选择交通便利、基础设施齐全的区域。

（三）保障性住房的工作机制

国务院明确规定，我国保障性住房实行"由省级人民政府负总责，市、县人民政府抓落实的工作责任制"，中央政府通过财税、土地和信贷等政策给予支持。在中央政府财政投入方面，住房保障资金纳入到中央财政年度预算中安排，主要由财政部和发改委牵头负责。廉租住房由各地方政府直接投资，财政部安排的补助资金根据有关地区年度发放租赁补贴户数和购买、改建、租赁廉租住房套数等因素以及权重，结合财政困难程度，按照公式法计算分配。发改委安排的新建廉租住房补助资金，按照计划新建廉租住房建筑面积以及每平方米补助标准分配。公共租赁住房和棚户区改造中央政府给予补助，其中，公共租赁住房补助资金由财政部安排，主要根据各地新增公共租赁住房套数、新增公共租赁住房任务完成情况以及财政困难程度等因素，按照公式法进行分配，专项用于补助政府组织实施的公共租赁住房投资补助、贷款贴息和政府投资项目的资本金以及相关基础设施配套建设支出。城市棚户区改造补助资金由财政部安排，主要根据各地城市棚户区改造户数和面积、城市棚户区改造任务完成情况以及财政困难程度等因素，按照公式法进行分配，专项用于补助政府主导的城市棚户区改造项目，包括拆迁、安置、建设以及相关的基础设施配套建设等开支。国有工矿棚户区改造、国有林区棚户区改造、国有林场棚户区改造、国有垦区危房改造、中央下放煤矿棚户区改造等由发改委根据实际测算的各地投资规模，分东中西部，按照不同标准分别安排投资补助。2008年至2011年间，中央共安排保障性安居工程补助资金3153亿元，各年分别为168亿元、470亿元、802亿元和1713亿元，补助资金增长非常明显。2012年，中央安排1787亿元，比上年增长4.3%。

在土地供应方面，中央政府由国土资源部牵头负责。对符合规定条件的廉租住房、公共租赁住房、经济适用住房、棚户区改造安置住房建设用地，在土地供应计划中优先安排，依法以行政划拨方式供应。在税费政策方面，中央政府由财政部牵头。对廉租住房、公共租赁住房、经济适用住房、棚户区改造安置住房的建设、买卖、经营等环节涉及的城镇土地使用税、土地增值税、契税、印花税、营业税、房产税等予以减免；对涉及的城市基础设施配套费等各种行政事业性收费和政府性基金予以免收，努力降低保障性住房工程建设和运营成本。在金融政策方面，由人民银行、银监会牵头负责。对廉租住房、经济适用住房、公共租赁住房建设和棚户区改造项目，根据项目特点，分别明确借款主体、条件、利率、期限等信贷政策。在风险可控的前提下，按照商业可持续原则，优先给予贷款支持，并制定了保障性安居工程建设项目在贷款利率、项目资本金等方面的优惠政策。

2009年7月，经国务院同意，成立了由住房城乡建设部牵头，发改委、财政部、民政部等20个部门参加的保障性安居工程协调小组。自2010年起，保障性安居工程协调小组每年与各省级人民政府签订工作目标责任书，明确各地的年度建设任务。按照国务院提出的要求，各省区市也建立了保障性安居工程领导和组织协调机制。目前，有不少市、县把保障性安居工程作为"一把手工程"、"一号工程"，列入地方政府目标责任考核内容，明确了工作责任机制，制定了考核问责办法。

（四）初步成效和存在的困难与问题

通过城市住房制度改革，我国已基本形成了市场供给与政府保障相结合，以市场供应为主的城镇住房制度框架。作为城镇住房制度的一个支柱，经过近20年的探索和实践，特别是近年来大规模建设，积累了较为丰富的经验，建设了相当可观的可用的保障房源，住房保障的方式不断发展，政策不断完善，形成了许多行之有效的制度，住房保障工作初见成效。

保障性住房建设，改善了低收入家庭住房条件，对促进经济增长与社会和谐发挥了重要作用。"十一五"期间，全国开工建设各类保障性住房和棚户区改造住房 1630 万套，基本建成 1100 万套。到 2010 年底，累计用实物方式解决了近 2200 万户城镇低收入和部分中等偏下收入家庭的住房困难，占城镇家庭总户数的 9.4%，还有近 400 万户城镇低收入住房困难家庭享受廉租住房租赁补贴。

"十二五"期间，国家提出了建设城镇保障性住房和棚户区改造住房 3600 万套的目标，到"十二五"末全国保障性住房覆盖面达到 20% 左右。其中，2011年开工建设保障性住房 1043 万套，包括廉租住房 165 万套、公共租赁住房 227万套、经济适用住房 110 万套，限价商品住房 83 万套和各类棚户区改造 415 万套。2012 年计划开工建设 700 万套，包括廉租住房 95 万套、公共租赁住房 227万套、经济适用住房 59 万套，限价商品住房 58 万套和各类棚户区改造 259万套。

尽管取得显著的成效，但仍存在一些突出问题。

1. 尚未形成系统性、整体性的政策体系

具体表现在三个方面：一是认识不够到位。没有把保障性住房建设作为城镇化健康发展的一项基础性工程，而过于强调依靠市场来解决住房问题，出现过度市场化现象，城市商品住房价格过快上涨，大量中低收入居民住房困难，城镇化进程迟滞。二是基础工作不够扎实。没有对城镇住房存量和居民居住条件进行普查，基本情况不甚明了，还无法对我国居民的住房结构和需求作出全面、准确、科学的判断，更无法据此制定科学的城市住房规划和长远住房保障规划。三是保障性住房政策变化频繁。在许多情况下，保障性住房建设是作为应急性的措施，目标和任务经常变动，采取边探索、边设计、边建设的方式。因而保障性住房的类型、运行机制、保障范围、保障方式等问题，尚未最终成型。

2. 供需矛盾仍然突出

我国正处于城镇化快速推进期，多数地区城市人口激增，加上住房消费正从生存型向舒适型转变，使得近年来城市住房需求持续上升。1998 年以来商品房建设规模的高速增长，解决了不少群众的住房问题。但是由于商品房价格上涨也较快，不少地方价格已超过普通群众承受能力，出现群众住房难等问题。随着城镇化的推进，大量涌入城市的新就业职工、进城务工农民支付能力不足，无力通过市场自主解决基本住房问题。但我国的保障性住房不仅存在规模总量不足、区域分布不均衡、类型配置不合理等问题，而且仍以满足城市户籍人口的住房需求为主，没有保障在城市生活和工作的大量外来人口，尤其是没有解决进城务工农民的住房问题，导致许多群众既买不起房又租不起房，保障性住房的供需矛盾仍然十分严重。

3. 一些地方政府不够积极主动

1998 年，我国推进住房制度改革时提出，要"建立和完善以经济适用住房为主的住房供应体系"的城市住房制度改革方案，但在实际上，各地注重商品房市场的发展，忽视经济适用住房等保障性住房的建设。主要原因是发展房地产市场可在短期内发展经济、创造政绩，不仅可以带来规模庞大的土地收入，还可创造大量税收收入；而保障性住房建设负担重、见效慢，并不符合地方政府的"理性选择"。2007 年，国务院《关于解决城市低收入家庭住房困难的若干意见》规定，由各级地方政府负责筹集保障性住房资金，中央政府根据情况给予一定的补助。在实际执行中，各地任务艰巨，面临筹集巨额资金和提供大量土地等困难，建成后还有后续管理的问题。在政绩考核依然侧重发展经济的情况下，地方对保障性住房建设的意愿不足。2010 年以来，通过签订工作目标责任书的形式下达各地保障性住房建设指标，年度终了进行考核，并给予相应奖惩。尽管如此，不少地方对保障性住房的认识不到位，积极性不高，只是被动地开展工作，这从根本上不利于我国保障性住房的建设和管理。

4. 管理工作亟待规范

近年来，保障性住房陆续建成并分配给居民，但在建设、分配和管理中存在不少问题。一是建设把关不严，质量有待提高，有的甚至不能入住；二是政府部门难以准确掌握居民的实际收入情况，公示制度流于形式，难以真正做到公平、公正，容易出现骗租、骗购和权力寻租等问题；三是随着保障房大量投入使用，保障对象原有住房的处理，保障对象费用分担，不合条件者的退出等问题，日益突出。

二、各地保障性住房建设情况

近年来，党中央、国务院高度重视住房保障工作。在中央统一部署下，各地区结合本地实际情况，因地制宜地确定保障性住房类型，解决土地、资金、管理等问题，形成了不同特点的保障性住房体系。其中，重庆作为西部地区大城市，北京作为特大城市，江苏作为东部发达地区，保障房建设情况各具特色又具有一定的代表性，特作专门介绍以说明地方情况。

（一）重庆

重庆把解决城乡居民特别是中低收入群体的住房问题作为重要的民生问题，保障性住房供给已经不是单纯的"建设和提供住房"模式，而是一项系统浩大的民生工程。综合考虑重庆处于中西部、土地广阔、城市化进程较慢、房价相对较低等方面有利因素，重庆市积极探索保障性住房建设模式。按照"市场归市场，保障归保障"的双轨制原则，提出了"低端有保障，中端有市场，高端有保障"的思路，低端的低收入者主要靠政府保障，中等收入阶层主要靠市场供给，高收入阶层住房通过房产税予以适当调节。重庆市的保障性住房着力解决约占城市总人口30%以上的中等偏下收入群体的住房困难，60%以上的中高收入群体由市场提供的商品房解决。保障性住房供应体系中，公共租赁住房对应的是真正需要住房而又买不起住房的夹心层人群。重庆市尤其重视公共租赁住房的建设，并在实践中形成了自己的公共租赁住房模式。同时，重庆市采取无差别的"插花"混建方式建设公共租赁住房，具体是将公共租赁住房、廉租住房、经济适用住房"三位一体"混建，高标准、高品质规划建设，与商品房巧妙有机融合，让中低收入群体住房拥有与商品房住户同样的生活起居环境，减少贫富差异感。

根据规划，从2010年开始的3年中，重庆市将建设4000万平方米公共租赁住房，平均每年开工建设1300多万平方米。重庆的公共租赁住房涵盖了过去的廉租住房和经济适用住房，实现公共租赁住房与廉租住房、经济适用住房的一体化。此后，重庆不再单独集中新建廉租住房，符合廉租住房保障对象的家庭可申请租住公共租赁住房，租金按廉租住房租金标准支付。公共租赁住房承租以5年为一租期，其间随时可退出。租满5年之后，需要续租的需提前3个月重新申请；符合条件的，也可按经济适用住房标准购买，转换成有限产权的经济适用住房。重庆公共租赁住房有其鲜明的特点。

一是坚持公有、公建、公营、公益的方向。公共租赁住房建设所需土地全部由政府划拨，由具有政府背景的国有企业承建并持有产权。政府在优化布局、完善配套、减免税费等方面发挥作用，目的是最大限度地降低成本，体现公益属性。建设用地以划拨方式提供，并享有减免政府性基金、税费优惠等政策，全部体现在公益方面。公共租赁住房租金主要兑抵贷款利息、房屋维修管理费用和空置损耗，原则上不超过同品质商品房市场租金的60%。为实现公共租赁住房公营，重庆专门组建了公共租赁住房管理局，改造房源储备、审核配租和监督管理等职责，确保公共租赁住房申请、配租阳光操作，在政府和市场之间找到结合点，避免纯市场化的逐利行为。

二是构建政府先导、社会补充的投融资格局。重庆建设的4000万平方米公共租赁住房，需要1100多亿元资金。重庆采用了"1+3"的投融资模式，"1"即财政投入300多亿元，这300亿元资金有三个来源：政府储备地拿出一部分；

每年新发生的土地出让金拿出一部分，包括房产税也可以拿出来；政府预算内的财政收入。另外700亿元融资则主要可以通过三个渠道：银行贷款、保险公司融资、社保基金融资。

三是建立租售并举、动态平衡的偿债模式。偿债能力及债务偿还的期限、方式等，直接关系融资收益和资金安全。重庆对社会融资的700多亿元，采取三种方式逐步偿还：公共租赁住房租金扣除维护和管理费用后仍有盈余，可用于平衡贷款利息；在建造4000万平方米公共租赁住房的同时，至少建造300万平方米的商业配套设施，政府在配套设施的买卖差价上可以收回300亿元，用来还本金；4000万平方米租给老百姓后的三五年里，总会有老百姓拿较低的价格把房子买下来，作为自己的产权房，这一部分预计能实现约400亿元收入。这三个来源就可以平衡700亿元的本金和产生的利息。在归还完本息后，政府还是有大部分房子出租的，公共租赁住房系统完全能够实现保值增值，不会出现坏账。

四是形成公共租赁住房体内循环的有效机制。重庆市公共租赁住房坚持"封闭运转"，努力实现在保障性住房体系内的良性循环：由政府组建的公共租赁住房建设企业作为承建主体并拥有产权，有效控制开发建设成本。建成后，由公共租赁住房管理局专司管理、配租和服务；购买公共租赁住房有限产权者，不能将公共租赁住房进入商品房市场交易，只能以购房价加同期银行利息由公共租赁住房管理局回购，再作为公共租赁住房流转使用；对不再符合公共租赁住房租住条件的承租人，启动必要的退出程序，由公共租赁住房管理局收回再转租，避免资源沉淀和低效率[1]。

（二）北京

北京市的保障性住房种类多、结构分明，形成了由廉租住房、经济适用住房、公共租赁住房、限价商品住房和中低价位普通商品住房构成的多层次保障性住房体系。

"十一五"期间，北京市先后出台了廉租住房、经济适用住房、限价商品住房管理办法，2009年在全国率先出台了公共租赁住房管理办法，大力推行"租售并举"的住房保障原则，基本建立形成衔接合理、层次清晰的住房保障政策与管理制度体系。"十一五"期间，北京市保障性住房建设完成投资达到1035亿元，是"十五"期间的2.7倍。从2006年到2010年，保障性住房新开工面积分别是115万、592万、803万、938万和1200万平方米，呈明显上升态势。"十二

① 《求是》，2011年24期，第36页。

五"期间，北京市将进一步加快实施保障性安居工程，计划建设、收购各类保障性住房100万套，比"十一五"期间翻一番，全面实现住有所居目标。

北京市保障性住房建设工作大体可分为两个阶段。

第一阶段（1998～2006年）。

按照国务院23号文件，北京市停止实物分房，实行住房货币化，开始逐步建立经济适用住房和廉租住房制度。1998～2006年，通过实施廉租住房制度，5000多户住房困难家庭享受了廉租住房政策（包括租赁补贴、实物配租、租金减免），解决了住房困难。批准经济适用住房建设项目52个，约2000万平方米，解决了20多万户家庭的住房问题。

第二阶段（2007年至今）。

2007年，国务院《关于解决城市低收入家庭住房困难的若干意见》颁布后，北京市进一步创新体制、完善政策，相继出台了新的廉租住房、经济适用住房、限价房、公共租赁住房管理办法和40多个配套文件，建立了廉租住房、公共租赁住房、经济适用住房、限价房合理衔接的住房保障政策体系：廉租住房主要针对没有购房支付能力的低收入家庭；公共租赁住房主要针对夹心层和过渡期住房需求；经济适用住房主要针对有一定支付能力的低收入住房困难家庭；限价商品住房主要针对中等收入家庭的自住需求。

北京市在推进保障性住房工作的过程中，形成了一套规范的做法，总结起来有几个特点。

一是创新体制机制，多方筹措资金，形成了一套有效的资金保障制度。在建设资金上，北京市安排落实专项资金，用于廉租住房建设和租金补贴、首都功能核心区定向安置住房建设、棚户区改造等。保障性住房资金缺口主要来自廉租住房和公共租赁住房，北京市主要从土地出让净收益和住房公积金收益中筹集资金。通过这种方式，北京市政府还筹集100亿元资金，成立了北京市保障性住房建设投资中心，这是北京有史以来一次性注资最大的国有企业，也是目前全国最大的保障性住房建设投资企业。该中心具体负责保障性住房的投融资、建设和运营管理，通过多元化融资手段，为社会资金支持保障性住房建设提供承接平台。保障性住房建设投资中心的成立，缓解了财政资金对保障性住房投资的压力，有效地解决了保障性住房资金短缺问题。

二是健全廉租住房制度，逐步扩大覆盖面，实现"应保尽保"。北京市坚持实物配租与租金补贴相结合的保障方式，扩大廉租住房保障覆盖面。建立准入标准动态调整机制，实现与城市低收入家庭认定标准挂钩。实物配租制度，对符合实物配租条件的廉租家庭实现"应保尽保"。租金补贴由"暗补"变"明补"，并根据廉租家庭的收入水平计发租金补贴。

三是大力发展公共租赁住房，建立租售并举的住房消费模式。北京市运用土地供应、投资补助、财政贴息或注入资本金、税费优惠等政策措施，吸引机构投资者参与公共租赁住房的建设和运营。鼓励房地产开发企业在普通商品住房建设项目中配建一定比例的公共租赁住房，持有、经营或由政府回购，扩大公共租赁住房供应规模。以公共租赁住房的组织实施为重点，大力培育和发展住房租赁市场，在满足夹心层和过渡期住房需求的同时，推动住房供应和消费模式从"以售为主"向"租售并举"转变，形成住房买卖和租赁市场互相促进、共同发展的格局。"十二五"期间，北京市制定"两个60%"的目标，即保障性住房占整个住房供应的60%，公共租赁住房占保障性住房供应的60%。

四是严格资格审核，加强房源分配管理，推行阳光配售制度。房源分配是住房保障工作的核心环节，事关政府公信力和社会和谐稳定。在对保障性住房申请人资格审核上，北京市严格执行"三审两公示"制度，并进一步改进审核手段，提高审核的准确性和工作效率。2009年住房保障资格审核系统实现与房屋交易、权属和住房公积金系统的数据对接。2010年又建立了资格审核系统与民政、公安车管、社保、地税等系统的信息比对机制，资格审核管理手段进一步完善。在房源分配过程中，严格执行公开摇号、顺序分配制度，做到了政策、程序、房源、配租配售对象、摇号过程、摇号结果"六公开"。特别是摇号过程主动邀请人大代表、政协委员和新闻媒体监督，摇号结果由公证部门进行公证，通过政府网站、新闻媒体向社会公示。

（三）江苏

江苏是我国东部经济大省，辖区面积较大，经济较发达，外来人口多，住房保障问题是困扰江苏经济发展的老问题。目前，江苏初步构建起由廉租住房、公共租赁住房、经济适用住房、限价商品住房和棚户区改造安置住房构成的保障性住房体系。

到2010年底，江苏省累计形成解决89.5万户城镇家庭住房困难的保障能力，占全省城镇家庭的比例达9.84%。其中，供应各类保障性住房43.1万套，发放廉租住房租赁补贴6.4万户，完成棚户区危旧房改造40万户。"十二五"期间，江苏拟解决139万户家庭的住房困难，其中：新建廉租住房2万套、公共租赁住房48万套（间），新开工经济适用住房15万套，发放廉租住房租赁补贴4万户，通过棚户区危旧房改造和建设限价商品住房解决70万户。2011年，江苏省实际新开工保障性住房39.5万套、发放租赁补贴5.8万户。2012年，保障性住房建设目标任务是新开工建设 31.5 万套（户）、竣工 13 万套（户），发放廉租住户租赁补贴 4.5 万户。

江苏的保障性安居工程工作，形成了自身的特点。

一是着力构建具有江苏特点的住房保障体系。根据国务院有关文件精神，江苏省出台了《关于切实加强民生工作若干问题的决定》等若干地方性法规，明确了推进保障性安居工程建设的指导思想、基本原则和政策措施，并将廉租住房、经济适用住房、公共租赁住房和住房公积金制度确定为住房保障工作的基本制度，并推动住房保障工作走上法制化轨道。在这个总体构架下，积极鼓励各地方结合实际，大胆创新。苏州、常州等市对符合条件购买经济适用住房的低收入家庭发放一次性购房补贴，鼓励低收入家庭自主选购住房。泰州市为低收入住房困难家庭在银行建立补贴专户，按月足额发放租赁补贴，保证租赁补贴专门用于住房消费，并为低收入家庭购买经济适用住房提供贷款担保，解决了购买经济适用住房贷款难问题。常州、连云港、泰州市要求在普通商品住房小区中按 2% ~ 3% 的比例配建保障性住房。无锡、淮安、泰州等地对保障性住房实行共有产权管理，允许保障家庭先行取得部分产权，减轻一次性购房支付压力。

二是加强对各地保障性安居工程建设的考核。江苏省政府对各地保障性安居工程建设实行目标责任管理，年初将建设任务分解到各市县，年底进行考核验收。通过建立形势分析、情况通报、现场推进、专题督查等工作制度，每季度都要召开形势分析会，每月都要通报保障性安居工程建设进展情况，对进度较慢的地方进行约谈，督促建设任务的落实。

三是提高保障性住房的覆盖范围。从 2011 年起，江苏省逐步将廉租住房实物配租由城镇低保住房困难家庭扩大到低收入无房家庭，经济适用住房由城镇低收入住房困难家庭扩大到中等偏下收入住房困难家庭，公共租赁住房主要用于解决买不起经济适用住房的城镇中等偏下收入家庭、新就业和外来务工人员的住房困难，各类棚户区危旧房改造以及限价商品住房主要用于解决城镇拆迁家庭的住房问题。

四是通过金融等方法支持各地推进保障性安居工程。江苏省引导和鼓励各类金融机构，对廉租住房、经济适用住房、公共租赁住房建设和棚户区改造项目，给予优先贷款和利率优惠支持。鼓励各地成立保障性安居工程建设投融资平台，通过银行贷款、发行债券、信托投资等多种方式，筹集金融资金和社会资金参与公共租赁住房建设。如常州市就组建了由常州市人民政府全额投资组建的常州公共住房建设投资发展有限公司，注册资本 10 亿元，是常州市住房保障工作的投融资平台，主要负责筹集市区经济适用住房货币化补贴、廉租住房租金补贴、建设和收购廉租住房和公共租赁住房、老住宅区整治与长效管理等所需资金。江苏省财政设立住房保障专项补助资金，支持经济薄弱地区推进保障性安居工程。2007～2011年累计安排8.9亿元，年均递增51.6%，支持力度逐年增大。

三、国际经验

城市住房是世界性问题。总的看，发达国家都较好地解决了，发展中国家有些得到解决或正在解决，有些解决得不好造成发展停滞。这些经验和教训值得研究和借鉴。

（一）西方发达国家的经验

18、19世纪，在工业革命引领下，西方发达国家开始了城市化进程。城市化进程，意味着大量人口涌向城市，需要大量住房，但在相当长时间内，城市居民住房都通过市场自发解决，许多人住房困难。进入20世纪，英、美政府先后开始对住房市场进行干预。二战后，法国、德国、英国、日本等国因战争破坏，住房不足，也都加快推进了保障性住房建设。

1. 对于居民住房的定位

最早开始重视住房问题的是英国。19世纪的英国，工业经济大发展，大量的农村人口及外来移民涌向城市。1851年，英国城市化率达到50%，到1911年时有近80%的英国人居住在城市地区。但此时的英国仍然奉行自由主义政策，政府对住房问题不愿干预，希望通过市场自身调节和个人自己努力来解决住房问题。然而，实际情况却是英国因城市住房问题引发了一系列社会问题，如失业、环境污染、传染疾病、犯罪等。住房危机和由其带来的各类问题，使英国社会各界逐渐提高了对住房问题重要性的认识。1919年，英国率先建立现代住房制度，即建立一个政府支持与居民合理的住房消费相结合的住房制度。美国在20世纪30年代以前，住宅建设完全由民间和市场解决，30年代由于经济危机的影响，政府开始着手解决中低收入阶层的住房问题，1937年设立的公共住房项目，完全是为了解决低收入家庭的住房困难问题。二战后的德国和日本，大批居民无家可归。政府认识到，这些无家可归者单凭个人力量根本无法解决住房问题，开始大规模建设保障性住房，以缓解住房危机，就此逐步形成各自的保障性住房制度。可见，西方发达国家对保障性住房的认识是逐步得到深化的，但最终都认识住房并不完全是商品，不能完全通过市场来解决，住房保障是政府的责任和义务。

2. 政府在保障性住房的建设、管理和调控中的作用

一是政府十分注重对保障性住房建设的资金投入。美国二战后的住房政策经过多次变迁，但不变的是联邦政府和州政府对住房建设和发展的各项投入，联邦政府每年会编制 150 亿美元的住房发展计划，向约 400 万户低收入家庭提供住房补贴和资助建设 4400 套左右的住房。法国的廉租住房建设已上百年，但政府每年投资上百亿元建造住房。德国战后长期重视对保障性住房建设的投入，1949～1979 年，共建造公共住房 780 万套，占同期新建造住房总数的 49%，到 80 年代住房问题基本解决后，仍通过其他财政政策扶持保障性住房。日本在战后通过九个五年计划，根据当时的住房形势，逐步投入完善保障性住房的各项政策。二是政府积极通过财政和税收政策解决中低收入阶层的住房问题。美国通过对购买自用住房者的税收补贴和住房投资商的税收补贴支持住房保障的发展；对低收入家庭发放租房券；通过各项优惠措施鼓励私人机构参与出租房的建设。德国对开发商建设公共住房进行补助，鼓励建造居住标准和租售价格适中的住房；政府通过财政贴息鼓励私人自建住房、合作建房；对低收入家庭住房进行补贴；对购建自用住房实行所得税减免等。日本对公共住房的补贴主要有财政拨款补贴公营住房建设、用于低收入家庭的租房和购房补贴，同时日本政府为促进住房建设，对财产登记税、不动产所得税、城市建设税进行减免，以刺激住房建设、鼓励个人拥有住房。法国对房产开发商给予税收优惠政策，对公共住房管理机构实施低税率政策，以降低建筑成本和维持最低的租金。

3. 十分注重发挥金融体系的作用

保障性住房在开发建设、流通经营和服务管理的过程中，需要大量的资金投入，没有金融机构的支持，保障性住房的建设会受很大影响。发达国家十分重视保障性住房建设中金融机构的作用，建立了一套有效的住房金融体系。比较典型的代表是美国、德国和日本。美国形成以住房抵押贷款为核心的公共住房金融政策模式，住房抵押已成为了房地产抵押的主体。住房抵押贷款基本上是由各种私人金融机构，这类机构主要有住房储蓄贷款银行、储蓄贷款协会、互助储蓄银行、商业银行、储蓄贷款分社、美国住房住房管理局以及其他金融机构，自发、自主经营，风险也由私人金融机构承担。这些金融机构可向国内任何单位和个人提供住房贷款。美国房地产抵押市场还拥有发达的二级抵押市场，二级抵押机构主要有联邦国民抵押协会、政府国民抵押协会和联邦住房贷款抵押公司等。中等收入者购买公共住房，可采取政策性贷款和商业性贷款相结合的办法，以所购住房为抵押。美国的初级市场和次级市场共同构成其住房金融市场，两者相互衔接、相互促进。德国建立了以储蓄为资金来源的公共住房金融政策模式，法律规

定年满18周岁的德国公民必须参加建房储蓄，并和储蓄机构签订建房储蓄合同。住房储蓄体系实行先存后贷，贷款的资金来源于众多的储户，十分稳定，资金有保证。德国政府通过住房储蓄、无息和低息贷款、分期付款等多种方式支持私人建房和购房，使得德国的私人建房热潮经久不衰，较好地促进了德国房地产市场发展。日本采取了混合型的住房金融政策模式，采取由政府系统和民间系统共同组成住宅金融体系的办法。住房金融公库、住房公团、住宅融资保证协会等官办住房金融机构，是政府向自建或购买住房的国民提供长期贷款，并为民间住房信贷机构提供贷款保险的政府金融组织，行使政府的住房金融职能。日本私人的住房金融机构有商业银行、互助储蓄银行、信用机构、住房金融专门公司、住房金融公团以及住房金融公库等，主要业务是提供购建住房资金贷款。

4. 有专门的法律保障公民的住房权利

西方发达国家普遍通过立法确立住房法律体系来规范住房制度发展，保障居民的居住权。美国从1934年制定《国民住宅法》开始，先后通过了《综合住房法》、《开放住房法案》、《社区再投资法》、《国民可承担住宅法》、《公房管理改革法》等多部法案，涵盖了公共住房补贴、房租补贴、都市重建、消除贫民窟、低收入住宅贷款、抵押贷款保险等方面。英国自1979年实施住房私有化改革后，通过《住房法》、《住宅与建筑法》、《住房协会法》、《住宅与规划法》、《地方政府和住房法》等法律，推动公民申请购买公房。日本为了解决住房问题，在1951年就颁布了《公营住房法》，之后又根据形势陆续通过了《绿色储蓄法》、《日本住宅公团法》等多部法律。德国战后为解决房荒问题，1950年颁布《住宅建设法案》，之后又通过《联邦建设法》、《城市建设法》、《住宅改善法》、《建设法典》等一系列法律。

（二）"亚洲四小龙"的经验

20世纪60年代开始，亚洲的香港、新加坡、韩国和台湾推行出口导向型战略，重点发展劳动密集型的加工产业，实现了经济的腾飞。所谓"东亚模式"引起了全世界关注，它们也因此被称为"亚洲四小龙"。这些国家和地区实现经济腾飞的过程中，城市化进程大大推进，住房问题都曾十分突出。有的较好地解决了，有的还有待继续努力。他们先行一步，经验和教训特别值得关注。

1. 保障性住房建设规划先行

1959年，取得自治地位的新加坡住房严重短缺。新加坡政府制定了第一个建房五年计划，后来又推出多个五年计划，到目前为止，新加坡80%的人口住进了政府提供的公共组屋。二战后，大量逃难居民和大陆居民涌入香港地区，使得住房严重供不应求，许多居民不得不住入用简易材料搭建的木屋中。香港政府从 1954 年开始，每隔十年就推出下一阶段住房发展的计划，如"徒置计划"、"低成本建屋计划"、"十年建屋计划"、"夹心层住房计划"等，致力于解决住房问题。到目前为止，约有一半的香港市民居住在公营的租住公屋和资助出售的居屋中。我国台湾地区早在 1947 年就开始了国民住宅的开发建设，重点是解决大量大陆来台军眷住宅问题。但在 1975 年之前，国民住宅建设一直较缓慢，平均每年只建造 4500 套。1975 年台湾当局颁布《国民住宅条例》后，先后推出国民住宅建设"六年计划"和"四年计划"，加快国民住宅的建设。1987 年后，由于台湾房价飞涨，加之要求解决住房问题的政治运动影响，台湾当局进一步加快了国民住宅建设，制定了中低收入住宅方案。到目前，国民住宅计划支持的住房在台湾住房总供给中的比重约在 8% 左右。20 世纪 60 年代，韩国政府制定了长远的国家经济发展计划，并把住宅建设纳入其中。进入 70 年代后，由于自然人口的增加、家庭的小型化、地区间的人口流动，住房需求不断增加。为了解决住房问题，政府把住房政策目标放在了按收入阶层的有效需求，扩大供给住房、改善住房质量和居住水平。为此，提出了《住房建设 10 年计划》（1971～1981）来扩大住房建设，随后又采取了扩大小规模住房的供给、提高效率、抑制投机需求等措施。自从 1988 年实施《200 万套住房建设计划》以来，韩国缺房和价格问题得到改善，住房普及率逐渐增加。

2. 重视对保障性住房的组织和管理

为解决住房问题，新加坡在 1960 年就成立了建屋发展局，隶属于国家发展部，专门为低收入阶层提供廉价住房。该局不仅负责新加坡公共组屋区的总体规划、住宅的设计和建造，还是最大的房地产经营管理者。同时，新加坡政府为公共组屋的建设提供土地保障，土地的开发利用基本上由政府控制，由国家发展部下属的城市重建局具体负责，确保新加坡有限的土地资源得到有效利用。香港地区政府在 1955 年就成立了徒置事务署，开始兴建徒置房。从 60 年代开始，香港地区政府每十年就要推出适应当时居民需要的建屋计划，着力解决住房方面的问题。为加强对公共住房的管理，香港形成两大专业化的公共住房管理体系，香港房屋协会主要是集中社会力量，为低下层市民提供、建造、营运其经济条件许可的房屋；香港房屋委员会主要负责推行公屋和居屋计划，策划和兴建公共住房，把公共住房出租或出售给低收入家庭。台湾国民住宅完全由台湾当局主导，1954年设立了行政院国民住宅建设委员会。在 1975 年之前，建设资金主要来自于银行资金、各县市提取的土地增值税、政府预算和福利基金拨款。1977 年度起设置中央国宅基金，拨贷各省市政府兴建国民住宅，1979 年起，为达成预期兴建目标，解决收入较低家庭的居住问题，又明确规定土地增值税的 20% 提作国民住宅基金。韩国公共住房的供应以政府为主导，但同时也注重通过各类优惠政策调动民间资本积极性。永久性租赁住宅和 60 平方米以下的国民租赁住宅主要依靠政府财政投入来实现，其他公共住房的建设则由政府主导、调动民间资本，通过国民住宅基金的低息贷款和住宅建设用地的供应等方式来实现。1962 年韩国设立了专门承担公共住房建设的大韩住宅公社；1969 年设立了韩国住宅银行，承担住宅金融问题；1979 年设立韩国土地开发公社，为国民住宅提供低价土地；80 年代后期设立了租赁住房管理公团，推进租赁住房的建设。2009 年 10 月 1 日，韩国大韩住宅公社和韩国土地开发公社合并，成立了韩国土地住宅公社①，负责韩国中低收入者的住房保障。

3. 运用税收等调控工具调节房地产市场

健康的商品房市场是解决公民住房问题的根本，保障性住房只是起到辅助作用，主要解决中低收入群体的基本住房保障。鉴于此，"亚洲四小龙"都通过房产税、资本利得税、遗产税等税种来调节商品房市场。新加坡涉及住房的税种主要有不动产税、遗产税和印花税等。不动产税规定不动产的所有者需要按照土地或建筑物的价值缴纳不动产税，税率为 23%，不动产税的税基以其租金总收入计算。遗产税的税率按不动产的市价估值确定，遗产不足 50 万新元的免税，1000 万新元以内为 5%，其余为 10%。香港涉及房地产的税种有利得税、物业税、遗产税、差饷和地租。如果税务局认定房地产转让或买卖行为属于投机或商业行为，则须按规定扣除法定项目后，按 16% 缴付利得税。拥有土地或楼宇的业主，如将房地产出租，按照香港税法规定要按照 15% 的税率缴纳物业税。遗产税是对所有因死者去世而转移的财产征收的税种。我国台湾地区与房地产有关的税收主要有：土地使用税，耕地税（田赋），土地增值税，契税，房产税和遗产赠与税等。土地使用税是地方市镇财政收入的基础，以官方公布的标准地价为基础征收。土地增值税是在土地流转过程中征收的一种资本利得税，目的是让大众分享地方进步和繁荣的收益，同时抑制土地投机。房屋税是依据房屋价值来征收，税率依据房屋的不同用途确定，业主自用房屋税率不超过 1.38%，公寓楼税率为 1.38%～2%，商业用房税率为 3%～5% 之间，非盈利性质的医院等公用机构的房屋税率为 1.5%～2.5%。韩国采用重税政策打击房地产市场的投机行为。对于拥有两套以上住宅的家庭，房地产交易价格超过政府制定的各地房产基准价 10 万美元时，转让所得税税率为 50%，高价高档住宅的转让所得税率则更高。

---

① "韩国公共住房供应模式探析和启示"，《兰州学刊》，2011 年第 1 期。

从 2007 年起，对出售第二套房产的卖主征收 50% 的资本收益税，对拥有第三套住房的卖主征收 60% 的资本收益税。调整房地产所有税的起征点，2006 年已把房地产所有税的起征点，由过去的 9 亿韩元下调到 6 亿韩元。目前税率为 1% ~ 3%，计划从 2008 年起，每年以提高 5%，直到提高到适当水平。

4. 法律为保障性住房提供支持

新加坡的公共住房立法体系是公共组屋发展的重要保障。1955 年通过《中央公积金法》，解决居民购买能力不足的问题。1960 年通过《新加坡建屋与发展法令》、《建屋局法》、《特别物产法》，明确了政府发展住房的方向和目标。1967 年通过《土地征用法令》，为政府兴建公共组屋获得土地提供法律上的保障。台湾国民住宅的首部正式立法是 1957 年颁布的《兴建国民住宅贷款条例》，1975 年制定的《国民住宅条例》为日后的相关立法奠定了基础，之后产生的、与之相配套的法规包括《国民住宅出售出租及商业服务设施暨其他建筑物标售标租办法》、《国民住宅贷款办法》、《中央国民住宅基金收支保管及运用办法》、《国民住宅管理维护基金收支保管及运用办法》、《国民住宅管理规则》等。同时，台湾当局还不断对上述法律进行补充完善，如 2005 年，对《国民住宅条例》、《国民住宅贷款办法》等几部法律进行了修正。韩国在《宪法》就提出"使所有国民得到人所应有的生活权利"、"国家应通过住宅开发政策等努力使国民能够享受舒适的居住生活"。围绕宪法制定的基本目标，韩国陆续出台了许多法律，其住宅政策法规体系以 1972 年颁布的《住宅建设促进法》为基本法规，规定了住宅政策的基本原则和方向、住宅政策核心内容等。其他法律还包括《城市再开发法》、《宅地开发促进法》、《租赁住宅建设促进法》、《租赁住宅法》等特别法规。

（三）拉美城市化中的住宅问题

西方发达国家和一些新兴国家较成功地解决了居民的住房问题，但在广大的亚非拉国家，居民的住房问题却是严重的社会问题。这其中尤以拉美国家的问题具有典型性。从 20 世纪 30 年代开始，拉美国家逐步推行"进口替代"工业化战略，开启自主现代化进程，经济一度持续高速增长，出现了被世界赞誉的"发展奇迹"。70 年代中期地区多数国家人均 GDP 达到 1000 美元，步入中等收人国家行列，展现出良好的发展态势。但进入 80 年代以后，经济持续低迷，发展能力不断下降，社会财富分化日趋严重，政治社会动荡不安等问题交织互动，拉美国家整体发展出现阶段性滞缓，至今仍徘徊在发展中国家行列。这一现象被称为"拉美陷阱"。

与经济发展的"拉美陷阱"相伴而生的是拉美的过度城市化，20 世纪后半叶，拉美国家城市化进程非常快，中美洲城镇化率从1950年的39.2%猛增至1980年的60.2%，南美洲则从42.8%猛增至67.4%，到2000年，拉美国家平均城镇化达到发达国家水平。但拉美国家的人均国民收入远低于发达国家，是一种低收入水平的城镇化，"贫民窟"密布，居民居住条件恶劣，公共设施缺乏。拉美的过度城市化有几方面原因①。

一是产业发展失误导致城市过度化。首先，拉美国家走的是农业现代化模式，也就是在保持大地产制的前提下，通过农业机械化、化学化、绿色革命来改变传统农业的经营模式。因土地资源的高度垄断，部分中小农户因而失去依靠农业生存的可能，纷纷涌向城市寻找生机。但拉美的农业企业仍是粗放的土地经营模式，土地资源浪费严重，而且随着农业机械化水平的不断提高，部分农业工人也被机器迅速排挤出来，不得不涌向大城市。其次，尽管拉美国家是劳动力充足、资金和技术短缺的发展中国家，但这些国家仍然选择进口替代发展模式，实行对资金、技术要求较高的耐用消费品和资本货物进口替代战略，放弃能大量吸纳劳动力的劳动密集型产业，不仅导致经济下滑，还使得就业岗位明显不足。再加上国企改革，使得部分国企职工失业，更加加剧了拉美地区的失业状况。最后，第三产业的畸形发展。在进口替代工业化时期，大量农村剩余劳动力纷纷涌入城市，而城市工业并不能完全吸纳持续增多的劳动力，于是被农业排斥且不被工业吸纳的农村人口便流向传统第三产业，导致第三产业畸形膨胀。多数劳动力被吸收在低效益的传统服务业，实际上形成了隐性失业。在工业化进程较慢的情况下，国家经济还不足以支撑如此多的城市人口，更遑论保障性住房的建设和提供。

二是城市基础设施建设水平低、城市规划不合理。首先，城市基础设施建设薄弱，保障性住房缺失。完善的基础设施供应能保障城市正常运转，拉美国家进入城市化快速发展期后，人口快速增长产生的对住房和基础设施的需求提升很快，但许多拉美国家基础设施供应不足，许多国家的住房等公共服务供应体系实际上处于半瘫痪状态，不少城市出现了无家可归者搭建的简易住宅，形成了大面积的贫民窟，滋生了许多社会问题。其次，土地规划是城市总体规划的主要内容，土地政策也是保障性住房的重要手段。拉美国家由于系统性的土地规划缺失、政策僵化、相关法规不完善、土地政策管理体系混乱，使土地开发和管理不能有效解决棘手的土地问题，出现了土地资源浪费、公共土地私人侵占猖獗以及与土地相关的社会冲突加剧，影响了保障性住房的建设。

① "拉美国家过度城市化的政策失误分析"，《中国特色社会主义研究》，2011年第1期。

从上述分析可知，拉美国家城市化过程中出现了严重的住房问题，保障性住房严重短缺，这固然与经济发展出现问题有关，但更重要的是国家城市化战略选择的失误和在城市化过程中政府职能的"缺位"所致，这些经验和教训值得所有的发展中国家和地区借鉴。

（四）国际经验和教训

1. 城市住房是个普遍问题

城市化意味着大量农村人口向城市集聚。各国在城市化和工业化过程中，都经历了城市人口大量增加的过程，城市化过程中的住房问题是都曾面临的问题。在城市化和工业化早期，西方国家对农民大量涌入城市带来的住房问题缺乏深刻的认识，坚持认为住房要由居民自己通过市场来解决，导致住房问题逐渐演化为严重的社会问题。为此，发达国家从 19 世纪就开始采取了措施来解决住房问题。进入 20 世纪后，西方国家逐步认识到住房是特殊的商品，既是消费品，又是投资品，住房价格上涨往往要快于工资上涨，进城的中低收入者难以完全从市场解决住房问题。住房问题是个复杂的问题，解决住房问题是个历史的、渐近的过程，各国解决住房问题都是在具备了一定的经济基础之后。这时，如果任由市场来自发调节房地产市场，依靠广大居民自己的力量是很难解决好住房问题的。各国逐步认识到，住房问题本质上是社会问题，政府在解决中低收入者的住房问题上负有无可推卸的责任。通过政府制定政策和法律，可以规范政府、企业和居民的行为；通过经济手段，增加保障性住房投入，或为居民提供补贴，或为住房实施税费减免政策，这样可促使各方力量来共同解决住房问题。事实上，各国对政府责任都有很清晰的定位，有的国家，如新加坡，很明确政府是保障性住房建设和管理的主体；有的国家尽管没有明确政府是唯一主体，但保障性住房工作也是由政府主导，引进社会资本参与，以发挥市场和企业的作用。从实际情况来看，政府资金投入比例高的地区，住房保障问题解决得相对较好。改革开放三十多年来，我国城市化率已由 1980 年的 19.4% 提高到 2011 年的 51.3%，也不可避免地遇到了城市住房问题。此时住房问题解决得好，可进一步提高推进城市化，带动经济发展；解决不好，会导致大量在城市工作的人无法留在城市，影响城市化推进，阻碍经济发展，滋生出严峻的社会问题。对此，政府要有清醒的认识，应合理确定政府与市场的边界，担负起保障人民基本住房需要的责任，科学合理设计我国的保障性住房制度。

2. 保障性住房要因地制宜、形式多样

纵观世界各国，国情千差万别，在解决居民住房问题上，都根据现实情况，

设计出了适合国情的保障性住房制度。从这些国家来看，多数国家人口和面积不太大，有的国家还是城市国家，在解决保障性住房问题上容易形成统一的模式，解决住房问题的难度相对较小。而我国不同，城乡之间、东中西部地区之间、各省市县之间经济发展的水平和特点不同，各地的人口面积不同，对保障性住房的需求不同，难以用统一的模式来限定和规范各地保障性住房的建设。应当允许各地根据本地经济社会发展情况的需要，结合土地、人口、财力等因素设计规划适应本地情况的保障性住房模式。

3. 解决居民住房离不开健康的房地产市场

从西方发达国家和新兴国家的发展经验来看，无不把保障基本住房需要与调控房地产市场相结合，只有合理、理性的房地产市场才能从根本上解决居民的住房问题，而保障性住房只能起到满足基本住房需要的作用。如果商品房价格太高，多数民众的住房需求都要由政府来保证，政府显然是难以做到的。许多国家和地区普遍在房屋保有和销售的环节制定了相关税种，如房屋保有税、房屋交易利得税等，来扼制过高的商品房价格和打击投机炒房行为。从我国来看，改革开放以来的住房市场化改革，刺激了人民对住房的需求，到 2009 年时住房市场化程度已很高，不少地方房地产市场泡沫严重。由于我国没有严格调控房屋保有和投资的收益，在全社会形成了依靠房屋投机来谋利、享受的不良态势。此时，尽管政府已开始推进保障性住房的建设，但是由于各地土地和商品房价格已相当高，各地严重依赖房地产市场发展，导致保障性住房建设面临拆迁、土地出让、资金压力大等诸多问题，也就是说，过高的商品房价格阻滞了保障性住房的建设。事实证明，只有健康的房地产市场才有利于保障性住房的建设。

4. 要加强保障性住房的法制建设

发达国家和新兴国家地区解决住房保障问题十分注重发挥法律的作用。如美国的《国民住宅法》、英国的《住房法》、德国的《联邦建设法》、日本的《公营住宅法》、新加坡的《建屋与发展法令》、韩国的《住宅建设促进法》等，各国保障性住房法都是国家比较大的法律。围绕基本的保障性住房法，各国还制定了一系列的法律，通过法律来解决保障性住房在资金、土地、管理等方面的问题，同时对违反法律的行为予以严惩。反观我国，住房保障制度的规定还停留在行政法规、行政规章和地方性法规的层面，没有提高到国家法律的地位。由于缺乏法律的规范，住房保障制度的运行和管理很容易出现无法可依、政出多门、管理混乱的问题。因此，我国要加快制定适应国情的住房保障法律制度。在宪法层面要明确国家应保障公民的基本居住权，在具体的单行法律上要对保障性住房的建设政策、供应政策以及补贴政策等作出具体规定。

四、战略定位、制度框架和基本政策取向

发达国家和发展中国家地区的经验和教训表明，城市住房保障是弥补城市住房市场缺陷的必要举措，是城市化健康发展的重要保证。在我国，面对城镇保障性住房建设中的种种困难和问题，不能就事论事。城镇保障性住房建设是国家城镇化发展战略的重要组成部分。其战略定位，必须在准确判断我国城镇化发展状况的基础上，依据城镇化发展的方向和路径加以确立。

（一）保障性住房建设处于城镇化道路的分岔口

我国城镇化发展正处于"以地为本"和"以人为本"道路的分岔口。在这个岔口上，保障性住房建设要成为扳道工，将城镇化从"以地为本"转向"以人为本"的发展道路。

我国城镇化已经取得了相当进展。近年来，城镇化快速发展，每年城镇化率都提高1.3%左右。2011年是我国城镇化进程中具有里程碑意义的一年，根据国家统计局年度统计公报，年末城镇人口为6.9亿人，占人口比重首次超过一半，达到51.3%。我国开始迈入城镇时代。

然而，我国城镇化存在着严重的问题。突出表现在城镇化显著滞后于工业化进程。在我国，工业化推进的城镇化，远不及世界平均水平。根据世界银行的数据，2010年全球平均的城市化率为50.9%，工业化率是26.1%，全球的平均比值是1.95（50.9%/26.1%），我国两率的比值是1.07（49.7%/46.6%）。发达国家的比值普遍在2以上，许多达到4以上，差别更为显著。

我国城镇依然处于人为分割的状态。长期以来，我国实行城乡分割的户籍管理制度。户籍有不同的含金量，意味着公共服务的不同。今天，在户籍制度下，城镇里的人被分成在籍和流动人口，进城农民不再从事农业但户籍仍在农村老家，称作农民工。农民工和其他流动人口较少能享用当地政府提供包括就业、教育、医疗、社保等多方面的服务和保障，他们只是作为打工者的劳动力存在。其实，前面我国城市化水平是按统计的常住人口计算的，若按城镇户籍人口计算，2011年率为34.1%。占到城镇常住人口的1/3的以进城农民工为主的流动人口，身子进了城却在城里安不下家，实际上是半城市化或城市边缘化的状态。如果考虑到这些情况，那么我国城镇化进程则显得更加滞后。比较改革开放后工业化与城镇化进程，原先在计划体制下两者的差距甚至可能并没有得到应有的缩小。

为什么我国城镇化进程滞后呢？在于我国目前城镇化走的是"以地为本"

的道路。城镇政府懈于提供公共服务，热衷于"经营"城镇，形成了以地融资的城镇建设和发展机制。地方政府垄断城镇建设用地供应，通过征地获得高额城乡土地价差，城镇土地资产化、资本化和"闸门"化，形成所谓的"土地财政"和"土地金融"。地方政府成为经营城镇的"地主"，尽力抬高地价和扩大城镇建设面积。其结果，"地"进城的速度远快于人的速度。据统计，2000～2010年，我国城市建成区面积从22439平方公里提高到40058平方公里，扩大78.5%，而同期居住在城镇的人口数从4.58亿增加到6.66亿，增长45.2%，占全国人口比例从36.1%提高到49.7%，上升13.6%。

以地融资建城模式是"以地为本"的"地主"建城模式。虽然能够有效地解决城镇化的土地供应和资金筹措问题，在一定程度上推动着城镇建设发展。但是存在着寅吃卯粮、财政金融风险高和强化城乡分割、引发尖锐社会矛盾等内在问题，难以持续的。它为建城而建城，外延式扩张，有着推动地价从而房价不断上涨的内在机制，抬高了"人"进城的门槛，迟滞着"人"进城的进程。"人"与"地"相矛盾，"地"优先于"人"，是不协调的。相比之下，在工业化进程中，地方政府有意压低地价，以招商引资。低廉的地价，加上低廉的劳动力，增强了我国产业发展的吸引力和竞争力，加速了我国工业化进程。两相比较，导致城镇化严重滞后于工业化。

"地主"建城的模式逆时代潮流而动。随着工业化、城市化，从而现代化程度的不断提高，作为自然因素的土地，其作用应该日益弱化，对生产生活的制约越来越少，在工业化进程中如此，在城市化进程也同样应当如此。"以人为本"是现代化的本质要求。今天，工业化应该"以人为本"，城市化也应该"以人为本"。

从"以人为本"的视角来看，城镇化归根结底就是对农民的再次解放。

农民问题始终是我国革命和建设的基本问题，因为农民是我国人口的大多数。在党的领导下，我国农民已经经历两次解放。第一次是土地改革，把农民从封建土地制度下解放出来，分得田地；农民成为革命的主力军，农村包围城市，革命取得胜利，建立起人民政权。第二次是改革开放以后，实行家庭联产承包责任制，农民获得生产的自主权，从人民公社的制度中解放出来，可以自由迁徙；富余农民逐步离开田地，亿万农民最终摆脱田地的束缚，投身工地和车间，中国发展成为"世界工厂"。

城镇化是第三次也是彻底地解放农民。城镇化使农民市民化，彻底消除土地和身份对农民的限制和束缚，彻底转变农民的生产生活方式，大规模减少农民，变农民社会为市民社会；数亿农民变成真正的市民，将释放出巨大的消费能量，带来巨大的投资需求，现代城市国家将中国造就为"世界市场"。

比较"以地为本"与"以人为本"的城镇化道路之后，可以看出，保障性住房建设处于两条道路的分岔口，是城镇化道路走向的风向标。

（二）保障性住房建设把握着城镇化道路的方向

"以地为本"的城镇化道路制约着保障性住房建设的进展和发挥作用的范围。城市是现代文明的结晶，城市生活是亿万农民的向往和不懈追求。离开田地的农民投身工业化后，已经为城市生活做好了生产方面的必要准备，迫切要求市民化。可是一直以来，进城农民工市民化却面临着重重困难和阻力。横亘在进城农民工面前最现实、最直接、最突出的就是住房问题，住房是农民工市民化的拦路虎。高房价让农民工对商品房望而止步，户籍制度又让农民工得不到政府提供的住房保障。

在我国城市住房制度改革的历程中，国家一直高度重视中低收入家庭的住房问题。早在1998年全面推进住房改革时就专门设计以经济适用住房为主、廉租住房为辅的保障体系。可是，实际情况并不理想，各地政府提供的住房保障极为有限。在以地融资建城的模式下，地方政府很多是应付任务，不愿多划拨土地建设保障性住房，而是尽力卖地建设商品房。

2008年底开始大规模保障性住房建设以来，从各地情况看，多数地方仍以当地城镇户籍人口为限，非在籍的外地人口被排除在外。住房是份量最大的财产，近年来的高房价进一步加重了保障性住房的份量，已经成为城镇户籍最大的含金量。大规模保障性住房建设有力地缓解了当地在籍人口的住房困难问题，但对农民工和其他绝大多数处于收入中低端的外地人口来说，保障性住房的阳光还没有普照到他们身上。他们的住房需要通过市场解决，高房价把他们变成了"蚁族"，推到城中村和更远的郊区。从这个角度看，保障性住房建设某种程度上强化了户籍的分割作用，扩大了城镇里的鸿沟。

"以人为本"的城镇化道路对城镇保障性住房建设提出了新的发展方向，那就是以"住有所居"为目标，保障包括农民工在内的城镇居民的基本居住权。基本居住权，是工业化推动的劳动力在城镇安身立命的要求，是劳动者在城镇"住有所居"的权利。正如劳动力的自由迁徙权是工业化的要求和条件，居民的基本居住权是城镇化的要求和条件。

保障基本居住权，就是政府排除户籍等人为因素和高房价等市场因素的干扰，赋予城镇所有居民基本的居住条件。尽管形式多样，涉及方面很多，但核心的物质基础还是城镇土地。保障性住房，对政府来说，任务很重，对居民来说，分量很重，主要是城里的地贵。以公共租赁房为例，一套 40 平方米的公租房，建安成本大约 4 万元，再加上公共配套设施大约 1 万元，共计 5 万 ~6 万元左右。这样的成本原本是包括农民工在内的居民都可以想象的。建设保障性住房，政府最主要的投入就是土地。因此，保障性住房建设中土地政策和实施情况，大体可以反映城镇化道路的方向。

对农民来说，最后的解放，在城镇生存和发展，仍然需要一小片土地的支撑。从某种意义上说，基本居住权就是工业化后的农民工在城镇有立足之地的权利。这是平均地权的实现和发展，是又一次土地改革，是城市的土地革命。

保障性住房建设的新发展，推动城镇化发展道路的变化。随着居民的基本居住权逐步、全面地得到保障，就降低了农民工市民化的门槛，同时也加大了政府公共服务均等化的程度，还可以抑制地价高涨的市场自发倾向。这意味着"人"在"地"先，也意味着城镇化进程中政府职能的重要转变，地方政府减少经营的冲动，着力提供公共服务，并逐步使之均等化。结果，城镇化面向普通大众，而不是服务于少数人。

由此可见，保障性住房建设是从"以地为本"转向"以人为本"城镇化道路的扳道工，是农民工市民化的枢纽，是公共服务均等化的重要推进器。保障性住房建设不仅是增长工程、民生工程，更是民心工程，是巩固工农联盟和党的执政基础的政治工程，体现了党立党为公、执政为民的政治本色。

总之，保障性住房建设把握着城镇化的方向。城镇化事关我国的经济社会发展和现代化建设的全局，是当前我国转变发展方式、改革攻坚的结合点和着力点，是实现工业化、城镇化、农业现代化同步发展的战略关键。为此，保障性住房建设必须坚持"以人为本"，必须发扬党的优良传统，像革命年代抓农村土改那样，重视和抓好城市土地改革，实现所有居民的基本居住权的有效保障，以推动和保证城镇化健康发展，加快农民工市民化，彻底解放农民，造就"世界市场"，成功跨越中等收入陷阱。

（三）制度框架和基本政策取向

从统筹城乡发展、保证城镇化健康快速发展的战略视角来看，保障性住房建设把握着我国城镇化道路的方向。根据这个战略定位进行顶层设计，本文提出起我国住房保障的制度框架和基本政策取向的考虑。

1. 以基本居住权保障为目标

在近几年大规模建设过程中，保障性住房建设先后被赋予了不同的目标：保增长、抑房价和舒房困等等，结果也都得到了相当程度的实现。这些充分说明，保障性住房建设事关重大，影响广泛而深远，既是增长工程，民生工程，还是民心工程；既是经济问题，社会问题，也是政治问题。前面的分析，从协调工业化与城镇化发展、统筹城乡发展、彻底解放农民等国家实现现代化的内在要求，从把握城镇化健康发展方向的战略要求，提出了保障性住房建设的根本目标是保障居民的基本居住权。

基本居住权是时代的要求，国家进步的重要标志。这是"以人为本"，从房、地等"物"到"人"的提升，是对户籍等种种身份限制形成的特权的破除和普遍化，是以权利这个法的语言对保障性住房在经济、社会和政治等方面目标的综合。它既保证广大人民群众共享发展成果，又保障较为平等地获取进一步发展的机会和条件。居民的基本居住权得到保障，就可以基本实现"住有所居"的目标。

基本居住权需要依法保障。作为城镇化新时代的重要标志，基本居住权以及自由迁徙权应当进入宪法，成为公民的基本权利之一，并明确国家相应的保障责任。在宪法保障的基础上，还要通过其他法律法规加以贯彻、落实和规范。这样，就可以使住房保障成为党的主张、国家意志和人民愿望的统一，为保障房建设保持长期、稳定、健康发展奠定制度上的基础。

基本居住权中的"基本"是对保障的水平而言，指的是基本的居住条件。为什么是基本的居住权的保障呢？一方面，城镇住房要坚持两条腿走路，市场供应和政府保障相互协调，政府保障既不能缺位，也不能越位。另一方面，住房保障是民生事业，要与经济发展水平和政府公共服务供应水平相适应，不能超越阶段，否则欲速不达。更为重要的是，必须在保障范围和水平之间保持合理平衡，"保基本"，才能"广覆盖"。当前，城镇住房困难面还很大，而且我国城镇化正在快速发展，需要和应该保障的居民越来越多，保障对象的面会相应扩大。面对巨大而迫切的保障需求，为了"应保尽保"，只能"保基本"，雪中送炭，还不能锦上添花，奢求"改善"。应当明确，住房条件的"改善"主要依靠市场解决。当然，随着经济社会发展水平提高，政府保障能力的增强，住房保障水平也应该逐步提高。

2. 以打破户籍限制为前提

基本居住权的提出和保障，意味着是对过去的住房改革历史的终结。十多年来，经过城镇住房改革，机关、事业单位、企业职工都先后购买了原先的福利分房。同时，随着保障性安居工程建设，特别是近年来大规模开展廉租住房建设和棚户区改造，其他城镇户籍人口的居住条件也逐步得到基本保障。尽管还有一些人可能有这样那样的困难，但多是住房"改善"类的要求和希望。总体上判断，城镇当地户籍人口的居住问题已经基本得到解决，当地户籍人口住房保障的任务基本完成。因此，各地保障范围以户籍为限的藩篱应该而且可以打破，保障重点应该转变。

当前，保障性住房建设应该着力解决农民工和新就业人员的住房困难问题。农民工一般处于收入的中低端，一直被排除在住房保障范围之外，他们的居住条件往往是最差的，大多谈不上"基本"。近年来许多新就业特别是跨市的流动人员，收入稍高可能达到中等水平，但面对不断飞涨的房价和租金，只能成为"蚁族"，也没有基本居住条件。他们是劳动力和生产者，城镇建设和发展的生力军，是城镇活力乃至国家竞争力的重要源泉。他们是城镇不可缺少的部分，城镇也是他们的城镇，基本居住权理应是他们付出的汗水和智慧的结晶。对农民工和其他流动人员开始住房保障，意味着基本居住权不再是某种身份所有的特权，而是面向所有居民的普遍的权利。这是"以人为本"的城镇化道路的基本要求，也为城镇化进一步发展提供了坚实有力的支撑和持久的力量源泉。

保障目标和重点对象的变化，意味着保障性住房建设新阶段的开始。户籍管理制度改革正在稳步推进，为住房保障范围的扩大和保障重点的转变创造了条件。保障方式在相应的变化，先后从经济适用住房、廉租住房为主，到2010年，国家明确以公共租赁房为主。公共租赁房的方式有利于调动各方面力量，大规模解决农民工和其他流动人口的暂时的住房困难。各地都在积极探索中，近来许多城市甚至一些大城市开始为外来人口申请公租房打开了门……

保障覆盖面要科学规划。按照循序渐进的原则，在逐步打破户籍的限制过程中及以后，保障性住房仍然需要设立必要的门槛。各地要综合考虑工作时间、参加社会保险、居住条件、收入水平等方面的情况，确定优先保障顺序。同时根据政府保障能力和城镇住房状况，确定保障覆盖面和水平。既要尽力而为，又要量力而行，防止保障不足或过度。当然，随着城镇之间公共服务均衡发展，城乡逐步一体化，保障性住房的门槛要逐步降低，直至最后取消。

3. 以优质土地为基石

基本居住权的核心的物质基础是城镇土地，保障性住房建设的基石在于城镇土地制度和政策。

"土地是财富之母"，这句经典名言突出强调了土地的基础作用。这是农业社会的真实写照，土地是农民的命根子，是最大的财富所在。可是，到了工业社会，相对于资本、劳动力、技术和管理等其他要素，土地的重要性大大下降。但在城镇化进程中，土地的突出作用再次显现。城镇化进程是大量人口集聚的过程，带动着城镇土地价格不断上涨，房价也随之不断上涨。房地产快于工资上涨是市场的自发倾向，城镇房地产成为城市化时代的财富的最重要载体。世界城市化的经验表明，为限制土地私有化对城市化发展的障碍，多数国家和地区提出了城市土地利用公共利益优先的原则，制定了"涨价归公"、"平均地权"取向的政策措施。住房保障就是通过政府之手以弥补市场缺陷、体现公共利益的重大举措。

我国城镇土地属于国家所有，为保障所有居民平等享有基本居住权提供了有利条件，也应该是其内在的本质要求。鉴于保障性住房建设在我国城镇化进程中的战略意义，需要明确保障性住房建设的公共利益性质，在城镇土地利用中与学校、医院等公用设施一样较之商品房具有优先地位。为此，需要采取两个方面的措施：一是在城镇规划中，保障性住房优先布局，取得具有交通、环境等方面优势的地块，优先配套学校、医院、商场等公共配套设施；二是政府土地优先投入，无偿划拨或低价供应，降低住房保障建设的成本。

优质土地是保障房建设的坚实基石。优质、低价的土地，应当会吸引企业和社会力量积极投入保障性住房建设，这就为"政府主导、市场运作"的体制确立了基础和条件。目前，保障房建设的资金和入住等方面的困难和问题，很多就是因为地块没有吸引力，只是政府在自弹自唱。如果有了优质地块这个香饽饽，投资的问题、没人住的问题都应该会迎刃而解，问题的焦点就会转变为如何发挥住房保障的应有作用。因此，为了保证这个基石的稳固和持续可靠，保障房必须封闭运行。需要精心设计，既要调动各方面参与的积极性，又好又快地建设，又要通过小户型设计和严格的管理，确保这些优质土地专门用于保障性住房，防止和杜绝对公共利益可能的侵蚀，保证住房保障的持续发展。

4. 调动地方是关键

住房保障事关全局，中央需要从全局出发，建立健全基本制度框架，但事权主要属于地方，城镇政府负责具体安排和运作。长期以来，地方城镇政府走的是"以地为本"的城镇化道路，运作的是以地融资建城的机制。要走"以人为本"的城镇化道路，转变地方政府的运行机制是关键。地方政府只有有了充分的积极性和主动性，把保障所有居民的基本居住权作为城镇发展的基础，才能投入优质土地建设保障性住房，才能积极推动户籍改革把农民工等流动人口逐步纳入保障范围。

地方政府推动工业化的经验可资借鉴。改革开放以来，在逐步发展成为"世界工厂"的进程中，地方政府是经济发展和工业化的具体组织者。各地政府以GDP和财政收入为目标，以压低土地价格和创新服务为手段，积极招商引资，吸引资金、管理和技术。今天，"以人为本"的城镇化再次需要地方政府的组织和创新，"招才引人"。

地方政府是住房保障的主体。各地情况千差万别，中央下指标和命令可以短时间内解决一些问题，但从长远和根本计，需要建立起新的地方政府积极"招才引人"的机制。为此，从以下三个方面着手。一是财政体制改革。中央对各地的转移支付以"人"为唯一基数均衡分配，各城镇得到的转移支付要与居民数成正比例。同时，建立以"人"的所得和"地"的价值为主要税源的地方税收体系。二是城镇规划中批准的建设用地规模与城镇人口数和引进农民数挂钩，城镇土地在优先保证保障性住房和其他公共利益的需求后再走向市场。这方面，一些地方在开展城乡统筹和城乡一体化的试点和探索，要及时总结经验加以推广。三是调整地方城镇政府考核指标体系，把净移入人口数作为重要业绩指标。这样，地方领导和政府就会"以人为本"建城，主动积极把保障性住房作为基本的民心工程来建设。

城市住房问题是世界性难题。我国城镇化快速推进，城镇住房问题在短时间内集中显现，更为突出。保障房建设意义重大，涉及面广，任务艰巨。总结过去，借鉴国际经验，我国也有显著优势，就是党的坚强领导的政治优势和城市土地国家所有的制度条件。本文基于这些优势，按照"以人为本"城镇化健康发展的战略要求，研究我国保障房建设的制度框架和基本政策取向。具体因时因地的政策，是更为复杂的工作，需要各方面共同努力，特别需要各地政府、群众和社会，根据当地的实际情况，发挥积极性、主动性和创造性，采取有力有效措施，去实现"住有所居"的宏伟目标。

中国保障房体系的目标模式和融资问题

◎ 平新乔　韩鹏飞

一、引言

中国保障性住房建设需要一个顶层设计。比如，中国保障房到底应该怎么做？做到怎样的程度？按照经济学的概念，保障房属于带有公共品属性的私人品，商品房则属于完全的私人品，当供地给定时，保障房的最优比率问题其实就是公共品与私人品的最优比率问题，这便是机制设计问题。现实中，保障房在我国城市住宅里应当占有多大比率？取决于需求方面的因素，比如，老百姓的消费偏好、居民收入周期变化、居民工作岗位的稳定程度、城市化的进程、居民的财富水平和房贷中首付比率的高低等。供给方面的因素也不容忽视，保障房能够提供多少？取决于地方政府有多大的财力。虽然地方政府可以通过银行对保障房进行融资，虽然地方政府可以通过"配建"的方式将保障房的建设任务转包给房地产开发商，但是，保障房最后的财力保障，必定还是取决于地方政府的财力，尤其是土地财政的规模。

在房价高企的时代背景下，保障房问题一直以来便是人民群众议论的热点、媒体关注的焦点、学者研究的重点。中国保障房建设是否可以缓解房价的上涨？中国保障房建设是否有一个适度规模的问题？如果是，那么保障房建设的适度规模应该如何衡量？中国保障房建设的影响因素又有哪些呢？在当前的中国宏观经济条件下，政府大规模建设保障房，究竟是对于中国经济的需求拉动大一些，还是对经济的紧缩作用大一些？我们对于这些问题进行了一些研究，其目的在于就中国保障型住房建设的目标模式和融资问题提出自己的见解。

本报告安排如下：

第二节，我们要界定中国保障房的定义和发展演变过程，旨在讨论保障房建设的重大意义。

第三节分析保障房的地位和功能。在一个面板数据的动态计量研究中，我们发现，在中国目前的条件下，保障房销售面积与住宅销售价格是一个正相关的关系：保障房销售面积越大，住宅销售价格反而会越高。可见，保障房只能解决在房价上升的背景下低收入人群住得起房子的问题，它并不能够对当前房地产市场的价格进行调控。保障房在中国的这个定位，可能会持续相对长的时期，因为我们的中期目标也只是让保障房占到城市居民住房的 20% 左右，不能指望占全部住房 20% 的保障房去拉低整个商品房的价格。

第四节专门分析在中国目前的条件下，保障房的最优规模。既然保障房最后的财力保障还是取决于地方政府的财力，尤其是土地财政的规模，那么，就不能"杀鸡取蛋"，用打压商品房市场、打压土地财政的手段来扩建保障房。如果保障房占整个供房比例太高，比如，土地增量一半以上给了保障房，那么土地出让金就会下降，政府收入就会减少，建设保障房的资金链就会断裂，保障房建设的财力就会成为"无保障"。我们也用面板数据的动态计量分析，揭示了保障房和土地财政之间的负相关关系。从而强调：从长远看，为使得保障房建设可持续，我们应该走"以房养房，以地养地"的道路，即以发展商品房市场获得的税收和土地出让金来建设保障房。只要我们坚持在新增居民住宅用地中的 20% 用于保障房建设，在动态中保证保障房占到新住宅的 20%，并把保障房的建设资金基本与土地财政、城市化过程中的公共收入挂钩，并将保障房建设过程长期化，成为两三个五年计划的任务，则保障房的资金压力就会趋缓。

第五节的分析仍然是基于面板数据的动态计量分析，我们的讨论会指出，尽管政府可以将保障房建设任务转包给土地开发商和房地产开发商，尽管政府可以借助于社会资金，但保障房的建设任务最终还是落到政府财政支出能力上面。从我们的回归结果来看，一个地区的贸易发展水平对于保障房的建设的效应在统计上并不显著，而"经济开放度指数"对于保障房建设的影响的估计系数显著为负。综合来看，这说明经济开放程度越高的地区，其住房保障体系越是脆弱，政府缺位的问题越是严重。我们并不能指望市场经济发展了，保障房建设就可由市场担当起来，而是要充分估计到"配建"这类保障房建设模式只不过是推迟政府对于保障房的资金支出的时间，政府仍然应该切实解决保障房的资金供应问题。

第六节讨论了 2012 年以来，中国各地方政府对于 2011 年定下的保障房建设计划的调整。平均说来，2012 的中国的保障房建设规模比 2011 年推出的计划降低了 23%。这是对 2011 年超越客观可能的保障房目标的一个合理调整，说明中国的保障房建设正朝着健康、理性、优化的方向推进。由于 2012 年各地对于保障房规模的适当调整，又由于许多地方陆续推出保障房由房地产开发商在竞拍土地时以"配建"方式去承建的方式，这样就大大缓解了保障房建设资金的填付问题。中国的保障房建设正朝着可持续、资金供应链拉长的方向在演进。

第七节专门讨论商品房土地拍卖中"配建"保障房的模式。这是政府借助房地产开发商的力量来建设保障房的重要机制。这是我国政府学习香港、新加坡等国和区域政府引进市场力量建设保障房经验的一种尝试。我们在这一节集中分析了北京等地的"配建"实践案例，看看"配建"在哪些方面会有利于保障房建设计划的落实，在哪些方面又会引发新的管理问题，尤其是道德风险问题？

最后，第八节会总结全文，提出我们关于中国保障房建设的目标模式和解决融资问题的政策建议。

二、1998 年以来中国保障房建设的历史演进、保障房的定义和现状

1. 数据来源

本文的实证研究，基于中国 31 个省级行政单位在 1999～2009 年间，关于房地产市场、政府财政状况、经济规模及其开放度、人口构成，以及社会发展状况和居民生活水平的面板数据。关于房地产市场方面的数据，包括住宅销售价格和经济适用房销售面积，均来源于《中国房地产统计年鉴》（2000～2010 年各版）。关于政府财政状况方面的数据，包括政府财政收入和土地出让金，分别取自《中国财政年鉴》（2000～2010 年各版）和《中国国土资源年鉴》（2000～2010 年各版）。关于各省级行政单位的地区生产总值，以及经济开放度（包括中国对外贸易额和外商对华直接投资额）方面的数据，均来源于国务院发展研究中心信息网。关于人口构成方面的数据，包括各省级行政单位的城镇人口和总人口数，来自《新中国六十年统计资料汇编》。关于各省级行政单位的社会发展状况和居民生活水平方面的数据，包括居民人均可支配收入、消费价格指数、失业率，以及城镇居民人均住宅面积（建筑面积）等数据，根据《新中国六十年统计资料汇编》整理而成。

2. 保障房建设滞后的基本事实

2009 年前，中国国土资源部和住房和城乡建设部统计定义的保障房主要就是经济适用房，当时，公租房和廉租房很少。2003～2008 年间，全国商品房的

销售面积每年在 60000 万平方米左右，2009 年上升到 90000 万平方米。而保障房的销售面积变化不大，始终围绕着 3300 万平方米上下窄幅波动，反映出该阶段我国保障房建设的相对稳定。如果 1 套住房为 60 平米，那么全国每年新增保障房也就是 50 万~60 万套，保障房的发展很缓慢。

图 1 清楚地表明，就全国平均而言，保障房销售面积占住宅销售面积的比重在不断下降。从 2003 年的 13.5% 下降到 2009 年的 3.5%，这说明在住房增量变化中，商品房发展较快，保障房发展较慢。然而，我们要强调，现在保障房缺少的问题是夸大的，因为中国 1998 年实行住房改革之前，居民住房基本都是福利分房，而福利分房也是保障房的一种形式。所以，1998 年以前的城市居民住房的绝大部分实际上是保障房。保障房的问题在于增量，这是一个非常重要的判断。我们原来的城市居民住房存量主要是保障房，这是一个需要澄清的关键事实。

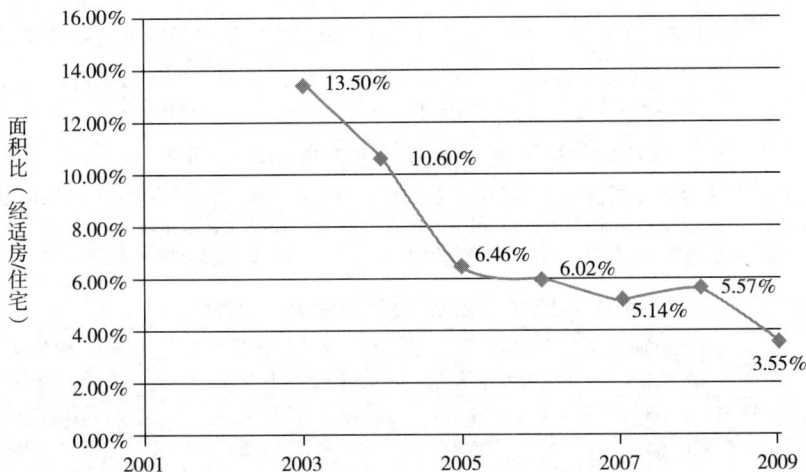

图 1　2003~2009 年间全国经济适用房占住宅的的销售面积比

我们拿 2003 年全国分省的数据和 2009 年分省的数据来进行比较。图 2 和图 3 给出了 2003 年和 2009 年分省的保障房销售面积占住宅销售面积的比重图。相应的数据分别由表 1 和表 2 给出。不难看出，虽然全国 3 个省份的保障房（经济适用房）销售面积占住宅销售面积的比重在 2003~2009 年间都有下降，但是，省与省之间、地区之间的情形还是差异悬殊的。大体说来有如下三类。

一类是上海，浙江，福建，广东地区，这类地区的保障房销售面积占住宅销售面积的比重就是在 2003 年也是很低的，到 2009 年，这个比重变得更低。对于这些省份来说，保障房问题并没有在 2000 年到 2009 年的房地产市场发展过程中变得更为严峻，而只是长期没有被引起重视并加以解决。

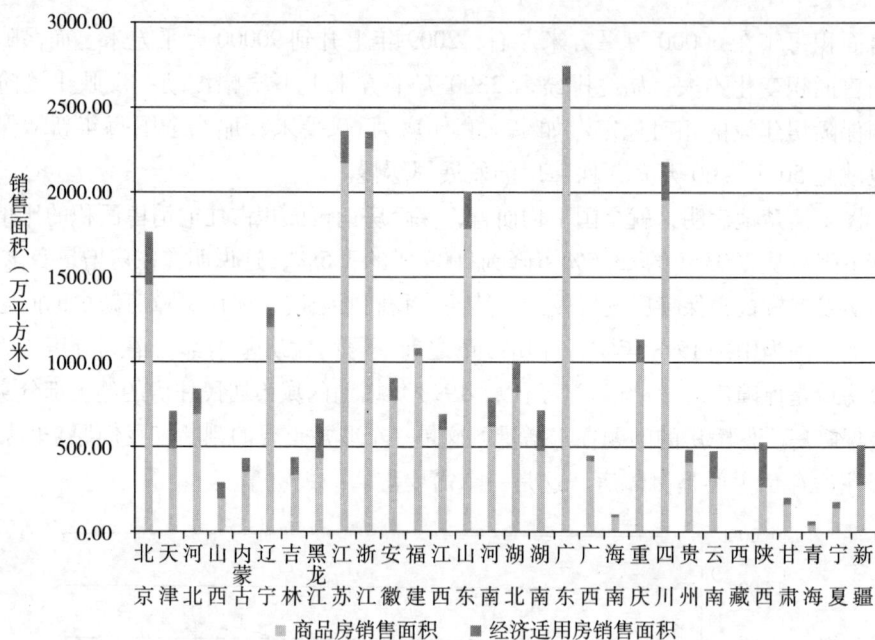

图2　2003年各省经济适用房和商品房销售面积

注：图中下方柱体代表商品房销售面积，上方柱体代表经济适用房销售面积；图中的"面积比"指经济适用房销售面积占住宅销售面积的比例。图中上海的经济适用房销售面积数据缺失。

数据来源：《中国房地产统计年鉴》（2005～2006年），经济管理出版社2006年版。

表1　　　　　　　　　2003年中国各省经济适用房和商品房销售面积

省份	住宅销售面积（万平方米）	商品房销售面积（万平方米）	经适房销售面积（万平方米）	面积比（经适房/住宅）
北京	1771.05	1451.04	320.02	18.07%
天津	720.64	505.99	214.65	29.79%
河北	838.02	698.42	139.59	16.66%
山西	299.43	206.14	93.28	31.15%
内蒙古	433.97	346.83	87.14	20.08%
辽宁	1320.29	1209.89	110.40	8.36%
吉林	436.32	336.53	99.80	22.87%
黑龙江	673.11	439.28	233.84	34.74%
江苏	2364.32	2168.63	195.69	8.28%
浙江	2356.78	2255.82	100.97	4.28%
安徽	906.35	776.37	129.98	14.34%
福建	1083.79	1043.99	39.80	3.67%
江西	693.53	594.47	99.06	14.28%
山东	2005.03	1789.25	215.78	10.76%
河南	795.78	627.39	168.39	21.16%
湖北	1015.04	828.32	186.72	18.40%

续表

省份	住宅销售面积 （万平方米）	商品房销售面积 （万平方米）	经适房销售面积 （万平方米）	面积比 （经适房/住宅）
湖南	725.28	490.33	234.95	32.39%
广东	2739.60	2633.15	106.46	3.89%
广西	451.67	423.54	28.13	6.23%
海南	108.95	88.04	20.91	19.19%
重庆	1132.95	1006.26	126.69	11.18%
四川	2181.82	1948.62	233.21	10.69%
贵州	494.45	415.93	78.52	15.88%
云南	480.52	324.29	156.22	32.51%
西藏	10.20	2.08	8.12	79.59%
陕西	531.98	267.61	264.36	49.69%
甘肃	208.87	171.67	37.20	17.81%
青海	70.34	49.36	20.99	29.83%
宁夏	187.81	152.82	34.98	18.63%
新疆	516.48	283.46	233.02	45.12%
全国	29778.85	25759.98	4018.87	13.50%

注："面积比"指经济适用房销售面积占住宅销售面积的比例。表中上海的经济适用房销售面积数据缺失。

数据来源：《中国房地产统计年鉴》（2005~2006年），经济管理出版社2006年版。

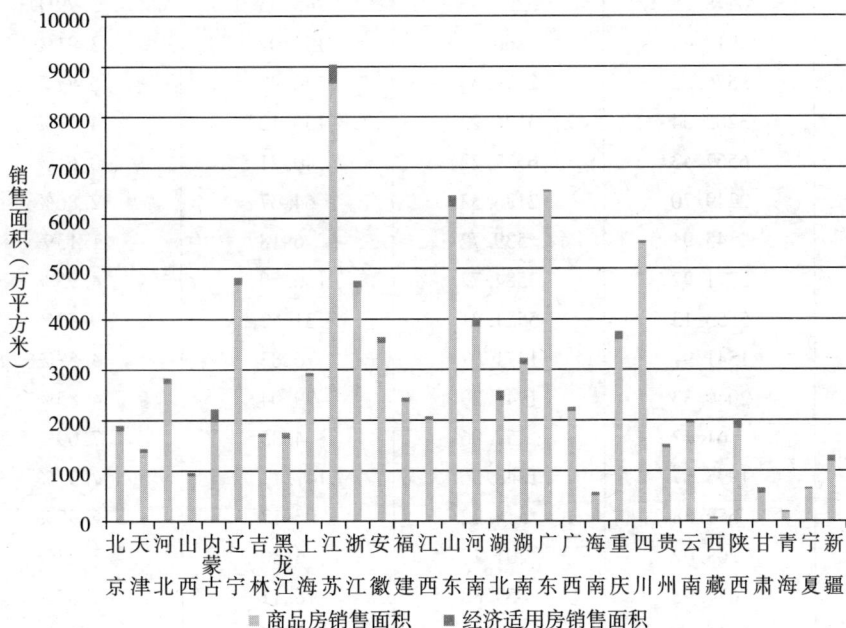

图3　2009年各省经济适用房和商品房销售面积

注：图中下方柱体代表商品房销售面积，上方柱体代表经济适用房销售面积；图中的"面积比"指经济适用房销售面积占住宅销售面积的比例。图中上海的经济适用房销售面积数据缺失。

数据来源：《中国房地产统计年鉴》（2009年），经济管理出版社2009年版。

表2　　　　　　　　　　2009年各省经济适用房和商品房销售面积

省份	住宅销售面积 （万平方米）	商品房销售面积 （万平方米）	经适房销售面积 （万平方米）	面积比 （经适房/住宅）
北京	1880.45	1798.30	82.15	4.37%
天津	1461.47	1397.45	64.02	4.38%
河北	2819.77	2719.97	99.80	3.54%
山西	964.05	925.53	38.52	4.00%
内蒙古	2253.98	2012.65	241.33	10.71%
辽宁	4864.25	4725.92	138.33	2.84%
吉林	1758.37	1728.16	30.21	1.72%
黑龙江	1751.22	1681.92	69.30	3.96%
上海	2928.04	2927.85	0.19	0.01%
江苏	9034.69	8714.02	320.67	3.55%
浙江	4760.12	4633.96	126.16	2.65%
安徽	3646.44	3573.22	73.21	2.01%
福建	2420.83	2365.89	54.94	2.27%
江西	2108.07	2018.46	89.61	4.25%
山东	6478.28	6232.93	245.35	3.79%
河南	4017.45	3860.43	157.02	3.91%
湖北	2576.32	2399.33	176.99	6.87%
湖南	3262.34	3126.22	136.12	4.17%
广东	6567.43	6527.22	40.21	0.61%
广西	2249.70	2185.33	64.37	2.86%
海南	545.91	539.72	6.18	1.13%
重庆	3771.22	3584.72	186.50	4.95%
四川	5553.13	5521.71	31.42	0.57%
贵州	1541.91	1471.07	70.83	4.59%
云南	2040.33	1941.29	99.04	4.85%
西藏	61.42	57.06	4.35	7.09%
陕西	1995.67	1848.56	147.11	7.37%
甘肃	659.38	554.22	105.17	15.95%
青海	208.02	201.22	6.80	3.27%
宁夏	677.98	659.88	18.11	2.67%
新疆	1326.67	1191.84	134.83	10.16%
全国	86184.89	83126.05	3058.85	3.55%

注：图中的"面积比"指经济适用房销售面积占住宅销售面积的比例。

数据来源：《中国房地产统计年鉴》（2010年），经济管理出版社2010年版。

第二类省份和地区是老工业区和西部省份，如西藏、新疆、青海、陕西、黑龙江，内蒙、吉林、天津、湖南。从表1里可以清楚的看出，这些省份在2003年保障房销售面积占住宅销售面积的比重是相当高的，其中，西藏的比重为近80%，陕西的比重是近50%，新疆的比重是45%；青海、黑龙江、天津、湖南在2003年保障房销售面积占住宅销售面积的比重也为30%左右。这反映了这些省份当时还在相当程度上保留了计划体制下福利分房的痕迹，也说明房地产市场那时在这些省份并没有大发展。但是，到了2009年，以上这些省份的保障房销售面积占住宅销售面积的比重全部降到10%或以下，一般说来，这些省份2009的经济适应房比重只是2003年的比重的1/10。说明这些省份保障房在房地产市场的发展过程中被忽视、被滞后的问题在2003~2009年中国房地产市场大发展的过程中是十分严重的。

第三类省份是如甘肃，其保障房销售面积占住宅销售面积的比重在2003不低，为17.81%；到2009年，该比重仍然是15.95%，仍然是比较高的。

3. 保障房定义和比较完善的保障房体系

正由于在2008年以前保障房在中国房地产市场发展过程中发生严重滞后，从2008年以来，党中央国务院对此十分重视，提出了比较完备的保障房体系。我国保障房包括公租房、廉租房、经济适用房、限价房以及棚户区改造这五类。

经济适用房是我国出现最早的具有保障性质的政策性商品住房，其主要功能是解决中低收入家庭住房困难的问题；廉租住房的保障范围，则主要针对符合最低生活保障标准（并且有住房困难）的家庭，其保障功能主要是维护社会弱势群体的基本居住权；公共租赁住房的保障对象主要是无力购买经济适用房，又不满足廉租住房租赁条件的"城市夹心层"；而限价商品房的推出，是为了通过国家政策保证中低价位、中小套型普通商品住房的土地供应，从而达到抑制房价的目的。而棚户区改造则是为了解决国有矿区、林区长期以来职工住房困难而推出的福利工程。

健全住房供应体系，加大保障性住房供给力度，提高保障性住房供给水平，调整保障性住房供应结构，是"十二五"期间我国政府住房体系建设中的一项重要任务。《中华人民共和国国民经济和社会发展第十二个五年规划纲要》指出，在"十二五"期间我国政府将"立足保障基本需求、引导合理消费，加快构建以政府为主提供基本保障、以市场为主满足多层次需求的住房供应体系。对城镇低收入住房困难家庭，实行廉租住房制度。对中等偏下收入住房困难家庭，实行公共租赁住房保障。对中高收入家庭，实行租赁与购买商品住房相结合的制度。"由此可见，我国将逐步构建包括经济适用房、廉租住房、公共租赁住房和限价商品房四个部分的住房保障体系。

下面，我们将分别分析经济适用房、廉租住房、公共租赁住房和限价商品房的政策演变。

（1）经济适用房

"经济适用住房，是指政府提供政策优惠，限定建设标准、供应对象和销售价格，具有保障性质的政策性商品住房。"中低收入家庭的住房问题，素来是我国改革过程中的一项难题。尤其是国家取消福利分房制度后，高昂的商品房房价使得住房困难的问题尤为突出。针对这种情况，国家提出了建设经济适用房，缓解中低收入家庭住房困难的解决方案。经济适用房政策从出台至今，已经运行多年。经济适用住房供给增加了社会住房总供给量，调节了住房供应结构，缓解了住房供需矛盾。同时，经济适用房在建设、分配和管理的过程中，也不断衍生出一系列的经济和社会问题，从而导致国家对经济适用房的政策不断地进行着调整。

1991年6月7日，国务院发布《国务院关于继续积极稳妥地进行城镇住房制度改革的通知》。该通知指出，各级人民政府要"大力发展经济实用的商品住房，优先解决无房户和住房困难户的住房问题"，其中"经济实用的商品住房"成为我国经济适用房概念的雏形。

1994年7月18日，国务院发布《国务院关于深化城镇住房制度改革的决定》，其中明确提出"建立以中低收入家庭为对象、具有社会保障性质的经济适用住房供应体系和以高收入家庭为对象的商品房供应体系"，使"经济适用房"的概念得以明晰地定型，从而拉开了全国范围内建设经济适用房的序幕。

1998年7月3日，国务院出台《国务院关于进一步深化城镇住房制度改革加快住房建设的通知》，提出了"建立和完善以经济适用住房为主的多层次城镇住房供应体系"的住房制度改革目标，并对经济适用房的建设做了进一步的具体规定："新建的经济适用住房出售价格实行政府指导价，按保本微利原则确定。其中经济适用住房的成本包括征地和拆迁补偿费、勘察设施和前期工程费、建安工程费、住宅小区基础设施建设费（含小区非营业性配套公建费）、管理费、贷款利息和税金等7项因素，利润控制在3%以下。要采取有效措施，取消各种不合理收费，特别是降低征地和拆迁补偿费，切实降低经济适用住房建设成本，使经济适用住房价格与中低收入家庭的承受能力相适应，促进居民购买住房"，"购买经济适用住房和承租廉租住房实行申请、审批制度。具体办法由市（县）人民政府制定"，"经济适用住房的开发建设应实行招标投标制度，用竞争方式确定开发建设单位。要严格限制工程环节的不合理转包，加强对开发建设企业的成本管理和监控"。

1998 年，建设部发布《关于继续做好 1998 年国家安居工程（经济适用房）实施工作的通知》，提出"实施国家安居工程，大力发展经济适用住房"，从而将经济适用房建设明确纳入到安居工程的框架中来。

1998 年，国家发展计划委员会等部委联合发布《关于进一步加快经济适用住房（安居工程）建设有关问题的通知》，敦促各省、自治区、直辖市计划、建设、银行等部门尽快在本地区内调整项目、调剂资金，确保已下达的经济适用住房建设计划的完成："各地商业银行要加快落实经济适用住房贷款计划。新增和调剂的贷款，要尽快落实到符合条件的项目；当地银行信贷资金不足的，要尽快逐级上报，商有关商业银行总行调剂解决"，"经济适用住房由地方政府统一规划、统一征地、统一拆迁，统一组织建设"，"实行政府限价销售政策，价格一经确定，任何单位或个人不得随意提价"。

2003 年 8 月 12 日，国务院发布《关于促进房地产市场持续健康发展的通知》，对经济适用房的建设和管理作出了更为严格的要求，并特别强调"经济适用住房是具有保障性质的政策性商品住房。要通过土地划拨、减免行政事业性收费、政府承担小区外基础设施建设、控制开发贷款利率、落实税收优惠政策等措施，切实降低经济适用住房建设成本"，"对经济适用住房，要严格控制在中小套型，严格审定销售价格，依法实行建设项目招投标"，"任何单位不得以集资、合作建房名义，变相搞实物分房或房地产开发经营"。

2004 年 5 月 13 日，建设部、国家发展和改革委员会、国土资源部和中国人民银行联合发布《经济适用住房管理办法》，对经济适用房的定义、优惠政策、开发建设、价格的确定和公示、交易和售后管理、集资建房和合作建房、监督管理等问题，作了较为明确、具体的规定："本办法所称经济适用住房，是指政府提供政策优惠，限定建设标准、供应对象和销售价格，具有保障性质的政策性商品住房"，"经济适用住房建设用地，要按照土地利用总体规划和城市总体规划要求，合理布局，实行行政划拨方式供应"，"经济适用住房要严格控制在中小套型，中套住房面积控制在 80 平方米左右，小套住房面积控制在 60 平方米左右"，"确定经济适用住房的价格应当以保本微利为原则，其销售基准价格和浮动幅度应当按照《经济适用房价格管理办法》的规定确定；其租金标准由有定价权的价格主管部门会同经济适用住房主管部门在综合考虑建设、管理成本和不高于 3% 利润的基础上确定"，"市、县人民政府应当根据当地商品住房价格、居民家庭可支配收入、居住水平和家庭人口结构等因素，规定享受购买或承租经济适用住房的条件及面积标准，并向社会公布"。

2007 年 8 月 7 日，国务院提出了《国务院关于解决城市低收入家庭住房困难的若干意见》，其中明确了经济适用房的上市交易管理："购买经济适用住房不满 5 年，不得直接上市交易，购房人因各种原因确需转让经济适用住房的，由政府按照原价格并考虑折旧和物价水平等因素进行回购。购买经济适用住房满 5 年，购房人可转让经济适用住房，但应按照届时同地段普通商品住房与经济适用住房差价的一定比例向政府交纳土地收益等价款，具体交纳比例由城市人民政府确定，政府可优先回购；购房人向政府交纳土地收益等价款后，也可以取得完全产权"。

2007 年 12 月 1 日建设部、国家发展和改革委员会、监察部、财政部、国土资源部、中国人民银行、国家税务总局等七部门联合发布《经济适用住房管理办法》，将 2004 年版《办法》中的规定进一步细化，尤其是特别强调了经济适用房的分配对象："经济适用住房制度是解决城市低收入家庭住房困难政策体系的组成部分"，并严格规定了经济适用房的户型和面积："经济适用住房单套的建筑面积控制在 60 平方米左右。市、县人民政府应当根据当地经济发展水平、群众生活水平、住房状况、家庭结构和人口等因素，合理确定经济适用住房建设规模和各种套型的比例，并进行严格管理。"

2010 年，温家宝总理在政府工作报告中提出，2010 年全国建设保障性住房和棚户区改造住房 580 万套的建设任务。作为我国保障性住房的重要组成部分，经济适用房的建设得到了进一步的重视。2010 年 1 月 7 日，国务院办公厅发布《国务院办公厅关于促进房地产市场平稳健康发展的通知》，指出"商品住房价格过高、上涨过快的城市，要切实增加限价商品住房、经济适用住房、公共租赁住房供应"；2010 年 4 月 17 日，国务院发布《国务院办公厅关于促进房地产市场平稳健康发展的通知》，再次强调"房价过高、上涨过快的地区，要大幅度增加公共租赁住房、经济适用住房和限价商品住房供应"；2010 年 4 月 22 日，住房和城乡建设部发布《关于加强经济适用住房管理有关问题的通知》，强调各地方政府在经济适用房的建设、分配和管理过程中，要"严格建设管理"，"规范准入审核"，"强化使用监督"，"加强交易管理"，以及"完善监督机制"。

（2）廉租住房

"城镇廉租住房（以下简称廉租住房）是指政府和单位在住房领域实施社会保障职能，向具有城镇常住居民户口的最低收入家庭提供的租金相对低廉的普通住房"。廉租房与经济适用房同属保障性住房的范畴，但其保障范围主要针对符合最低生活保障标准（并且有住房困难）的家庭，其保障功能主要是维护社会弱势群体的基本居住权。我国关于廉租房建设、分配和管理的政策，主要经历了如下的变迁。

1998 年 7 月 3 日，国务院发布《国务院关于进一步深化城镇住房制度改革加快住房建设的通知》，要求各级人民政府"对不同收入家庭实行不同的住房供应政策。最低收入家庭租赁由政府或单位提供的廉租住房；中低收入家庭购买经济适用住房；其他收入高的家庭购买、租赁市场价商品住房"，这是我国第一次明确地提出廉租住房的概念。该文件同时提出，要通过经济适用房和廉租房两套制度解决低收入家庭的住房问题，并对廉租房的房源筹集、租金标准和申请审批制度做了原则性的规定："廉租住房可以从腾退的旧公有住房中调剂解决，也可以由政府或单位出资兴建。廉租住房的租金实行政府定价。具体标准由市（县）人民政府制定"，"购买经济适用住房和承租廉租住房实行申请、审批制度。具体办法由市（县）人民政府制定"。

1999 年 4 月 22 日，建设部出台了《城市廉租住房管理办法》，开始规范廉租房的建设，对廉租住房房源、租金标准、资金来源、审批程序和腾退机制等问题作出了较为明确、具体的规定："城镇廉租住房（以下简称廉租住房）是指政府和单位在住房领域实施社会保障职能，向具有城镇常住居民户口的最低收入家庭提供的租金相对低廉的普通住房"，"廉租住房租金标准实行政府定价。除本办法第四条第（二）项的租金标准可以根据现有公有住房的租金标准和政策确定外，其他来源的廉租住房的租金标准，原则上按照维修费和管理费两项因素确定，以后随着最低收入家庭收入水平的提高而适当提高"，"廉租住房必须严格控制面积标准和装修标准。每户最低收入家庭只能租住一处与居住人口相当的廉租住房。廉租住房的面积标准、装修标准和具体管理办法由省、自治区、直辖市人民政府制定"。

2003 年 8 月 12 日，国务院发布《关于促进房地产市场持续健康发展的通知》，敦促各级人民政府"建立和完善廉租住房制度。要强化政府住房保障职能，切实保障城镇最低收入家庭基本住房需求。以财政预算资金为主，多渠道筹措资金，形成稳定规范的住房保障资金来源。要结合当地财政承受能力和居民住房的实际情况，合理确定保障水平。最低收入家庭住房保障原则上以发放租赁补贴为主，实物配租和租金核减为辅"。

2003 年 12 月 31 日，建设部、财政部、民政部、国土资源部、国家税务总局共同出台了《城镇最低收入家庭廉租住房管理办法》，对廉租住房的建设与管理多了进一步的具体规定，并特别严格规定了廉租房的户型和建设标准（"城镇最低收入家庭廉租住房保障水平应当以满足基本住房需要为原则，根据当地财政承受能力和居民住房状况合理确定。城镇最低收入家庭人均廉租住房保障面积标准原则上不超过当地人均住房面积的60%"）、补贴方式（"城镇最低收入家庭廉租住房保障方式应当以发放租赁住房补贴为主，实物配租、租金核减为辅"），以及资金来源（"城镇最低收入家庭廉租住房资金的来源，实行财政预算安排为主、多种渠道筹措的原则，主要包括：①市、县财政预算安排的资金；②住房公积金增值收益中按规定提取的城市廉租住房补充资金；③社会捐赠的资金；④其他渠道筹集的资金"）。

2006年7月5日，财政部、建设部和国土资源部联合发布《关于切实落实城镇廉租住房保障资金的通知》，敦促各级人民政府加大廉租房保障资金的支持力度："中央财政在对省级财政安排一般性转移支付时，已经考虑了城镇廉租住房标准支出因素。省级财政在对市、县财政安排一般性转移支付时，也要相应考虑城镇廉租住房标准支出因素。同时，市、县财政每年在预算安排时，应根据本地区城镇最低收入家庭住房需求状况及财政承受能力，安排一定资金用于保障城镇廉租住房制度建设"，"严格按照规定将住房公积金增值收益用于保障城镇廉租住房制度建设"，并从土地出让净收益中安排一定资金用于城镇廉租住房建设〔"各地从土地出让净收益中用于城镇廉租住房建设的资金，可以按照当年实际收取的土地出让总价款扣除实际支付的征地补偿费（含土地补偿费、安置补助费、地上附着物和青苗补偿费）、拆迁补助费、土地开发费、计提用于农业土地开发的资金以及土地出让业务费后余额的5%左右核定，具体安排资金数额由市、县财政部门商同级房产主管部门确定"〕。

2006年8月19日，建设部制定了《城镇廉租住房工作规范化管理实施办法》，要求各级人民政府在廉租房的管理过程中，"严格执行公示制度"，"严格实施年度复核制度"，"建立健全城镇廉租住房档案管理制度"，并对廉租房管理工作进行考核。

2009年5月22日，住房和城乡建设部、国家发展和改革委员会、财政部联合发布了《2009～2011年廉租住房保障规划》，其中规定了2009～2011年间我国廉租住房建设的总体目标和年度工作任务，进一步规范了廉租住房的保障方式和保障标准，并对廉租住房建设的资金筹措、房源筹集和监督管理，作了更为严格和具体的规定。

随着2010年我国保障性住房建设力度的加大，廉租住房的建设力度也随之增强。2010年1月7日，国务院办公厅发布《国务院办公厅关于促进房地产市场平稳健康发展的通知》，强调"各地要通过城市棚户区改造和新建、改建、政府购置等方式增加廉租住房及经济适用住房房源，着力解决城市低收入家庭的住房困难"。2010年4月23日，住房和城乡建设部、民政部和财政部联合发布《关于加强廉租住房管理有关问题的通知》，强调要"严格建设和准入管理：各地区要通过新建、改建、购置、租赁等方式多渠道筹集廉租住房房源，新建廉租住房坚持集中建设和在经济适用住房、商品住房、棚户区改造项目中配建相结合，以配建为主"，并"强化租赁管理和服务：强化廉租住房租金管理，提高廉租住房租金和服务收费的缴交率；廉租住房租金要严格执行'收支两条线'管理，全额用于廉租住房及配套设施的维修养护和管理；完善廉租住房租赁补贴发放和管理制度，确保补贴资金专款用于改善居住条件"。

（3）公共租赁住房

"公共租赁住房，是指政府提供政策支持，限定户型面积、供应对象和租金水平，面向中低收入住房困难家庭等群体出租的住房。"2008年，北京首先提出建设一种"政策性租赁住房"，供暂时买不起房的居民过渡性居住。2009年，住房和城乡建设部将"政策性租赁住房"更名为"公共租赁住房"，并逐渐在全国范围内推广。住建部在2010年6月13日发布的《关于加快发展公共租赁住房的指导意见》中指出，"近年来，随着廉租住房、经济适用住房建设和棚户区改造力度的逐步加大，城市低收入家庭的住房条件得到较大改善。但是，由于有的地区住房保障政策覆盖范围比较小，部分大中城市商品住房价格较高、上涨过快、可供出租的小户型住房供应不足等原因，一些中等偏下收入住房困难家庭无力通过市场租赁或购买住房的问题比较突出。同时，随着城镇化快速推进，新职工的阶段性住房支付能力不足矛盾日益显现，外来务工人员居住条件也亟需改善。"经济适用房和廉租住房主要是针对城市本地低收入家庭，然而对于大学毕业生、外来打工人员等既无力购买经济适用房（或不满足购买条件），又不满足廉租住房租赁条件的"城市夹心层"，经济适用房和廉租住房就难以发挥住房保障的作用。针对这种情况，我国政府提出了大力发展公共租赁住房的建设目标，以合理调整保障房供给结构，解决上述人群的住房困难问题。

2010年，我国的保障性住房建设力度开始明显加大。作为我国保障性住房体系的重要组成部分，公共租赁住房的建设力度得到了较大的提升。2010年1月7日，国务院办公厅发布《国务院办公厅关于促进房地产市场平稳健康发展的通知》，指出"商品住房价格过高、上涨过快的城市，要切实增加限价商品住房、经济适用住房、公共租赁住房供应"；2010年4月17日，国务院发布《国务院办公厅关于促进房地产市场平稳健康发展的通知》，再次强调"房价过高、上涨过快的地区，要大幅度增加公共租赁住房、经济适用住房和限价商品住房供应"。

2010年6月13日，住房和城乡建设部出台了《关于加快发展公共租赁住房的指导意见》，对公租房建设的基本原则、租赁管理、房源筹集、资金来源、监督管理等问题做了较为明确、具体的规定："公共租赁住房供应对象主要是城市中等偏下收入住房困难家庭"，"公共租赁住房租金水平，由市、县人民政府统筹考虑住房市场租金水平和供应对象的支付能力等因素合理确定，并按年度实行动态调整"，"公共租赁住房房源通过新建、改建、收购、在市场上长期租赁住房等方式多渠道筹集"，"市、县人民政府要通过直接投资、资本金注入、投资补助、贷款贴息等方式，加大对公共租赁住房建设和运营的投入。省、自治区人民政府要给予资金支持。中央以适当方式给予资金补助"，"支持符合条件的企业通过发行中长期债券等方式筹集资金，专项用于公共租赁住房建设和运营。探索运用保险资金、信托资金和房地产信托投资基金拓展公共租赁住房融资渠道。政府投资建设的公共租赁住房，纳入住房公积金贷款支持保障性住房建设试点范围"。

（4）限价商品房

"限价商品住房，是指政府采取招标、拍卖、挂牌方式出让商品住房用地时，提出限制销售价格、住房套型面积和销售对象等要求，由建设单位通过公开竞争方式取得土地，进行开发建设和定向销售的普通商品住房。"限价房主要针对两类人群：一是达到一定收入水平，具有一定购房能力，但又无力购买商品房的人群；二是定向购买的拆迁户。推出限价商品房政策的主要目的，是通过国家政策保证中低价位、中小套型普通商品住房的土地供应，从而抑制房价，解决当地居民的住房困难问题。

2006年5月24日，建设部、发改委、监察部、财政部、国土资源部、人民银行、税务总局、统计局、银监会联合发布《关于调整住房供应结构稳定住房价格的意见》，提出"土地的供应应在限套型、限房价的基础上，采取竞地价、竞房价的办法，以招标方式确定开发建设单位"，从而开启了我国限价商品房的建设。

然而，"限价商品房"在全国范围内并没有一个统一的界定，各省市纷纷根据自身情况，提出了自己的相应政策，如北京市在"房山区长阳镇起步区6号地居住项目"的竞标过程中制定了"限房价，竞地价"的规定，深圳市在"宝安区西乡街道"提出了"限地价，竞房价"的政策。

2010年，在我国保障性住房建设力度明显增强的背景下，国家开始加大限价商品房的建设力度。2010年1月7日，国务院办公厅发布《国务院办公厅关于促进房地产市场平稳健康发展的通知》，指出"商品住房价格过高、上涨过快的城市，要切实增加限价商品住房、经济适用住房、公共租赁住房供应"；2010年4月17日，国务院发布《国务院办公厅关于促进房地产市场平稳健康发展的通知》，再次强调"房价过高、上涨过快的地区，要大幅度增加公共租赁住房、经济适用住房和限价商品住房供应"。

4. 2011年各省保障性住房建设的任务量及其占比

2011年2月11日，国务院办公厅发布《关于进一步做好房地产市场调控工作有关问题的通知》，提出"2011年，全国建设保障性住房和棚户区改造住房1000万套。各地要通过新建、改建、购买、长期租赁等方式，多渠道筹集保障性住房房源，逐步扩大住房保障制度覆盖面。"随后，1000万套保障房的建设任务层层分解，住房与城乡建设部代表保障性安居工程协调小组，与各地方政府签订目标任务责任书，并规定将任务完成情况，纳入对地方政府的政绩考核。

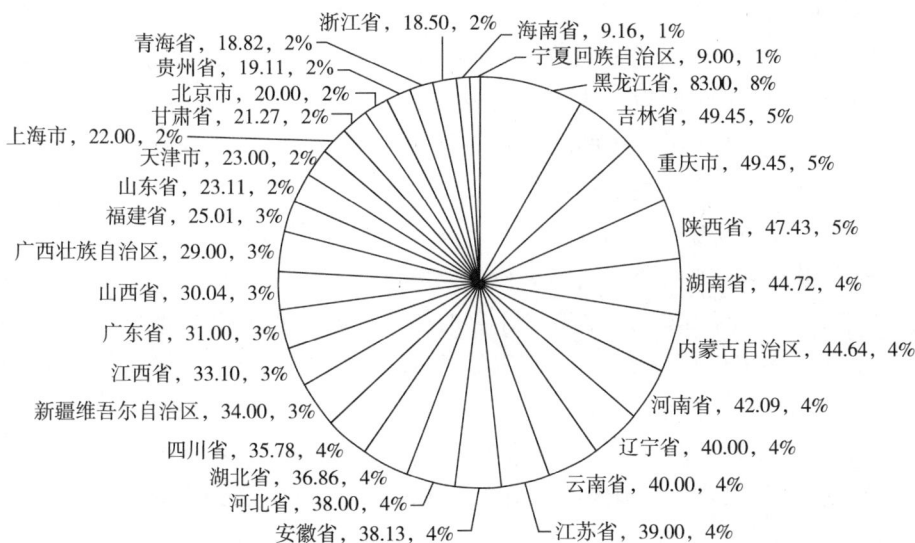

图4 2011年各省保障房任务量及其占比（总和：994.67万套）

注：图中省份后的第1个数字为该省的任务量（单位：万套），第二个数字为相应的任务量占比。
数据来源：根据各省、市、区政府公开发布的信息整理而得。

图中西藏的任务量数据缺失。

图4为各省2011年各省保障性住房建设任务量及其占比的示意图。从该图中可以看出，2011年各省保障性住房任务量的分布相对均匀，全国半数左右的省份（16个省份）任务量在20万套到40万套（相应的任务量占比为2%到

4%）之间，除浙江省之外的所有东部沿海省份均位于此列。

然而，部分省份的任务量差距仍然较大，从而使该部分省份的任务量呈现出两极分布的态势。2011年保障性住房建设任务量高于40万套（相应的任务量占比超过4%）的省份有9个，分别为：东北地区的黑龙江省、吉林省和辽宁省，西北地区的陕西省，中部地区的湖南省、内蒙古自治区和河南省，以及西南地区的重庆市和云南省。其中，黑龙江省的任务量（83万套，占比8.34%）远高于其他省份。作为我国重要的老工业基地，黑龙江省住房改造和建设任务一直承受着较大的压力。尤其是2008年以来，黑龙江省启动了非煤城市棚户区、林区棚户区、煤矿棚户区、农村泥草房的"三棚一草"改造，使得该省的保障房建设任务尤为艰巨。

与此同时，贵州省、青海省、浙江省、海南省和宁夏回族自治区的任务量低于20万套（相应的任务量占比不足2%），与上述9个任务量超过40万套（相应的任务量占比超过4%）的省份形成了较为鲜明的对比。

表3列出了全国20个省份2011年保障性住房任务量与2010年开工量的对比情况。由该表可见，从全国范围来看，相对于2010年保障性住房的开工量（580万套），2011年保障性住房的建设任务（1000万套）为2010年开工量的1.72倍，任务量出现了较大的跃升。随着保障性住房建设任务的层层分解，相对于2010年的开工量，各省2011年均面临着较大的任务量跃升带来的压力。在表中所列21个省份中，只有北京市和海南省2011年任务量低于2010年开工量。在其余的19个省份中，除了少数省份任务量跃升相对缓和（山西省、黑龙江省、内蒙古自治区和上海市4个省市2011年的任务量均不超过2010年开工量的1.25倍），绝大多数省份（12个省份）2011年的任务量均为2010年开工量的1.6倍到3倍之间。2011年任务量为2010年开工量3倍以上的省份有8个，分别为：东部地区的广东省、福建省、天津市和山东省，西北地区的陕西省、宁夏回族自治区和青海省，以及西南地区的云南省。其中，尤以广东省，福建省和陕西省面对的任务量跃升最为突出，其2011年任务量均为2010年开工量的4倍或近4倍。

于是，问题也由于2011年中国保障房的大幅度上升而产生：中国保障房建设是否有一个适度规模的问题？如果是，那么保障房建设的适度规模应该如何衡量？中国保障房建设的影响因素又有哪些呢？在当前的中国宏观经济条件下，政府大规模建设保障房，究竟是对于中国经济的需求拉动大一些，还是对经济的紧缩作用大一些？

表3　　　　　分省的 2011 年保障性住房任务量与 2010 年开工量对比

行政区域	2010 开工量（万套）	2011 任务量（万套）	跃升倍数
广东	7.75	31.00	4.00
福建	6.38	25.01	3.92
陕西	12.48	47.43	3.80
天津	8.50	23.00	2.71
云南	15.00	40.00	2.67
宁夏	3.53	9.00	2.55
青海	8.70	18.82	2.16
山东	11.30	23.11	2.05
吉林	26.12	49.45	1.89
四川	19.89	35.78	1.80
甘肃	11.87	21.27	1.79
湖南	26.91	44.72	1.66
河北	23.20	38.00	1.64
广西	17.80	29.00	1.63
山西	24.00	30.04	1.25
黑龙江	70.52	83.00	1.18
内蒙古	39.00	44.64	1.14
上海	20.00	22.00	1.10
北京	22.50	20.00	0.89
海南	11.43	9.16	0.80
全国	580.00	1000.00	1.72

注：表中"跃升倍数"一项为 2011 年任务量与 2010 年开工量之比。
数据来源：根据各省、市、区政府公开发布的信息整理而得。

表中未标注的省份数据缺失。

在回答这些问题之前，有一个根本问题必须回答：保障房的基本功能究竟是什么？中国保障房建设是否可以缓解房价的上涨？

三、保障性住房的定位

1. 问题的提出：保障性住房与房价的关系

自 2009 年以来，中国政府对于保障性住房的重视显著提高；而这种关注，往往将保障性住房的建设，与政府"保持房地产价格基本稳定"的房地产调控目标联系起来；尤其是"保障房责任书"的出台，正式将保障性住房建设的问责，与政府"把一些地区过高的房价降下来、使房价回归到合理水平"的决心融为一体。由此可见，在对于保障性住房的定位中，政府不仅将其作为一项回应中低收入家庭"住房难"的民生诉求，解决居民住房困难问题的福利措施；还将其视为一种调控房地产市场，平抑房价的政策调控工具。

然而，保障性住房作为一种房地产政策调控工具的表现，取决于保障性住房对商品房价格的影响；而这种影响，需要从对商品房的需求和供给两方面加以考察：从需求方面看，保障性住房分流商品房需求的能力较低，因此其平抑房价的能力，可能非常有限；而从供给的层面上讲，保障性住房供给的增加，会对商品房市场的供地产生"挤出"作用，因而可能通过推高地价，甚至间接地推高房价。下面，我们对此逐一作出分析和说明。

首先，从需求方面看，保障性住房实现平抑房价功能的有效性，很大程度上取决于其分流商品房需求的能力：如果保障性住房能够满足大部分居民的住房需求，从而使对商品房的总需求下降，那么保障性住房就能够起到平抑房价的作用。而保障性住房分流对商品房需求的能力，很大程度上取决于其覆盖范围：如果住房保障体系能够覆盖大多数（包括中高收入阶层）的居民，那么对商品房的需求将大幅转移至保障性住房上。对中国的保障房体系建设而言，温家宝总理指出，其建设目标为"全国城镇保障性住房覆盖面达到20%"。由于这"20%"覆盖的人群，主要对应的是中低收入居民，而在房价高企的情况下，这部分居民对于商品房的需求本身就很低，因此中低收入居民入住保障房，对商品房需求的影响甚微。而对于中高收入居民而言，尽管这部分居民对商品房需求的影响显著，但由于其大多不处于住房保障体系的覆盖范围，因此保障性住房的建设，也不会带来这部分居民对商品房需求的下降。由此可见，在"全国城镇保障性住房覆盖面达到20%"的目标下，保障性住房能够影响到的人群（中低收入居民）和能够对商品房需求产生影响的人群（中高收入居民），二者的重合度较低，因此从需求方面看，保障性住房对于平抑房价的能力，可能非常有限。

另一方面，从供给的层面上讲，保障性住房建设的高涨，将对土地供给造成巨大的压力；给定一定时期内地方政府的土地供给规划，这可能对商品房市场的供地造成冲击，从而产生"挤出"商品房供地的效果。在中国现行的以"招拍挂"为主的土地出让制度下，对商品房市场的供地的萎缩，将在土地拍卖过程中起到推高地价的作用；而地价的提高，将被房地产商部分地转嫁到房价中，从而带动房价的拉升。因此，从供给的层面上讲，保障性住房供给的增加，反而可能产生间接推高房价的作用。

综上所述，从需求方面看，保障性住房平抑房价的能力可能非常有限；而从供给的层面上讲，保障性住房供给的增加，甚至可能间接地推高房价。因此，保障性住房的供给增加，可能对房价影响甚微；在一定条件下，其至可能起到推高房价的作用。

图 5 和图 6 通过使用经济适用房的销售面积作为保障性住房建设力度的衡量指标，对上述论断作出了初步的考察。其中，图 5 和图 6 分别以省份和时间为分类标准，通过计算住宅销售价格和经济适用房销售面积的相关系数，来从直观上考察二者的关系。

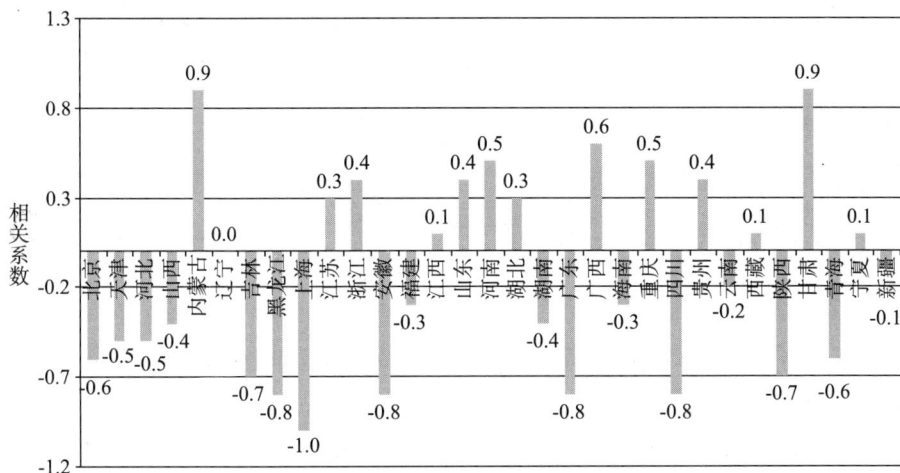

图 5　住宅销售价格与经适房销售面积的关系（分类标准：省份）

数据来源：《中国房地产统计年鉴》（2000～2010 年各版）。

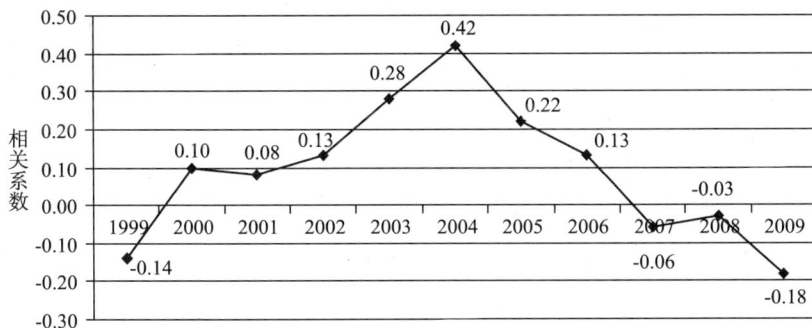

图 6　住宅销售价格与经适房销售面积的关系（分类标准：时间）

数据来源：《中国房地产统计年鉴》（2000～2010 年各版）。

图 5 对全国 31 个省级行政单位，分别计算了 1999～2009 年间，各省住宅销售价格和经济适用房销售面积的相关系数，并以此考察二者的关系。从该图中可以看出，在全国 31 个省级行政单位中，17 个省份的相关系数为负，说明其住宅销售价格和经济适用房销售面积反向变动；而 14 个省份的相关系数为正，说明二者同向变动。并且，相关系数为负或为正的两类省份，在区位因素等方面，并没有表现出明显的分布特征。因此，该图可能说明，保障性住房对房价的影响，并不确定。

进一步地，图 6 是对 1999～2009 年间，每一年各省住宅销售价格和经济适用房销售面积的数据汇总，并分别计算其相关系数，以此来考察二者的关系。由图 6 知，在这 11 年间，7 年中二者的相关系数为正，说明相应的住宅销售价格和经济适用房销售面积同向变动；4 年中二者的相关系数为负，说明二者反向变动。因此，该图进一步印证了图 5 的结论：保障性住房并不一定能够发挥平抑房价的功能；在一定条件下，甚至反而会产生推高房价的作用。

下面，本文通过严谨的计量分析，考察保障性住房建设和住宅销售价格的关系，并以此评估保障性住房对商品房市场的影响。

2. 模型设定

本节使用中国 31 个省级行政单位在 1999～2009 年间的面板数据，评估保障性住房在平抑房价方面的表现。具体而言，本节的模型设定如下：

$$hp_{i,t} = \beta_0 + \beta_1 hp_{i,t-1} + \beta_2 S_{i,t} + \beta_3 inc_{i,t} + \beta_4 urban_{i,t} + \beta_5 year + \xi_i + \varepsilon_{i,t} \qquad (1)$$

上式中，$hp_{i,t}$ 为 i 省 t 期的住宅销售价格（对数值）。由于房价具有较强的惯性（momentum），这里引入了其一期滞后项（$hp_{i,t-1}$）。房价表现出的惯性，可能来源于其对市场预期的影响，尤其是对于样本观察期（1999～2009 年）的中国而言。该时期内，由于中国城市化、工业化进程的高涨，以及中国人口结构特点等方面的原因，中国的房地产市场整体上，处于长期繁荣的状态。房价的不断攀升，逐渐形成了较为强烈的，房价不断上涨的市场预期；在这种预期环境下，寻求房产增值的消费者，会对商品房保持旺盛的需求，而对房地产业高额利润的追逐，也会刺激房地产商保持强劲的开发力度，从而使房价上涨的预期"自我实现"。因此，本文引入房价的一期滞后项，将房价的惯性特征，纳入到模型之中。

除此之外，$S_{i,t}$ 为 i 省 t 期经济适用房的销售面积（对数值），本节以此衡量保障性住房的建设力度。$inc_{i,t}$ 为 i 省 t 期的人均可支配收入，本文以此代表居民对商品房的购买能力。$urban_{i,t}$ 为 i 省 t 期中城镇人口占总人口的比重，本文以此作为城镇化水平的测度。year 为年份变量，用以控制每年各省面临的共同冲击（如宏观经济的整体波动）。ξ_i 代表 i 省不可观测（且随时间不变）的特有属性，$\varepsilon_{i,t}$ 为随机扰动项。

由于（1）式的解释变量中，包含着被解释变量的滞后项，因此使用一般面板模型中的固定效应或随机效应模型，都会导致估计结果的不一致。因此，本文采用 Blundell and Bond（1998），以及 Bond（2002）的方法，在动态面板（Dynamic Panel）模型的框架下，使用系统广义矩（System GMM）的方法，对（1）式加以估计。

3. 估计结果

表4 报告了（1）式的估计结果。其中，回归（1）首先考察本节关心的核心变量；由于房价1期滞后项的估计系数显著为正，这说明在样本观察期间，中国的房价表现出了强烈的惯性，这印证了本节使用动态面板（Dynamic Panel）模型考察房价变动的合理性。从经济适用房销售面积的系数可以看出，此时经济适用房销售面积的增加，将导致房价的微弱上涨：经济适用房销售面积每提高1%，房价将随之上涨 0.0149%。进一步地，回归（2）中引入了其他控制变量，此时房价的惯性依然显著，但经济适用房对于房价的影响，不再显著。同时，从回归（2）的结果可以看出，人均可支配收入和城镇人口比重的估计系数均显著为正；这一结果表明，人均可支配收入的增长，城镇化程度的提高，都会显著地起到推房价的作用。另外，年份变量的估计系数显著为正，这进一步说明样本观察期间，房价整体上呈现出逐年攀升的态势。

表4 　　　　　　　　经济适用房销售面积对住宅销售价格的影响

被解释变量：房价

估计方法：Dynamic Panel（System GMM）

	回归（1）	回归（2）
loghp：房价（对数值）的1期滞后项	1.086 *** (.0042)	.787 *** (.0194747)
logS：经济适用房销售面积（对数值）	.0149 *** (.0022)	.00269 (.0066)
loginc：人均可支配收入（对数值）	—	.0513 ** (.025)
urban：城镇人口比重	—	.459 *** (.0627)
year：年份	—	.0215 *** (.0020)

续表

检验结果		
AR（1）：自相关性检验（1 阶）	- 3.7357 [0.0002]	- 3.8645 [0.0001]
AR（2）：自相关性检验（2 阶）	.6090 [0.5425]	.4034 [0.6866]
Sargan：过度识别约束检验	29.0906 [0.9346]	30.5568 [1.0000]

注：表中 ***，**，* 分别代表在 1%，5%，10% 水平上显著，圆括号为相应回归的标准误，方括号内为检验的 p 值。

因此，我们的计量分析结论说明，在当前的中国经济条件下，保障房占整个住宅比重的提高，还是与整个房地产价格的上升正相关的。保障房只能解决在房价上升的背景下，低收入人群住得起房子的问题，它并不能够对当前房地产市场的价格进行调控。政府也宜将保障房列入当前的房地产调控政策之中，毕竟房地产调控政策只是短期的，而保障房建设则是一项长远的福利事业。保障房建设能够对于房地产价格的调控起到显著作用，其必要条件是保障房占居民住宅的比率要达到足够高的水平，而这本身又是一个需要长期努力才能达到的政策目标。

四、保障性住房的合理规模

1. 保障性住房与"土地财政"的关系

在中国城市里，保障性住房应该在全部住宅中，占有多大的比率？

从理论上说，这其实是保障房和商品房的关系问题，是一个"机制设计"问题：因为保障房是具有公共品性质的私人品，而商品房是完全意义上的私人品；当资源（供地）给定，保障房的最优比率问题，其实就是公共品与私人品的最优比率问题。政府可以提供控制供地，控制税收（土地出让金）来求出保障房的最优比率，这其实就是效用函数里包含私人品和公共品时的公共品最优提供问题，这是"groves - clarke"机制问题。

从实践上讲，《中华人民共和国国民经济和社会发展第十二个五年规划纲要》提出，"十二五"期间，全国将建设保障性住房和棚户区改造住房 3600 万套，其中 2011 年的任务量为 1000 万套。如此宏大的工程，在政府节节攀升的财政收入面前，似乎仍然显得游刃有余：2011 年，全国财政收入达到 10.37 万亿；其中，中央本级收入 5.13 万亿元，地方本级收入 5.24 万亿元。如此雄厚的财政实力，成为政府重要的资金依托，使其具备了足够的信心，来制定出如此雄心勃勃的保障性住房建设规划。

然而，这种规划方式，事实上是在财政收入规模给定的前提下，孤立地制定保障性住房的建设计划，从而将政府的财政收入和保障性住房建设，完全地割裂开来。特别是在"土地财政"的制度背景下，保障性住房建设和地方政府土地出让金的内在联系，被无声无息地忽略了，因此，它在保障性住房建设对于地方政府财政状况的冲击上，埋下了一个潜在的隐患。

在中国现行的制度安排下，保障性住房的建设，和地方政府的土地出让金规模，是直接挂钩的；但是同时，在一定程度上，保障性住房建设和土地出让金之间，存在着此消彼长的关系：保障性住房建设的高涨，将挤压商品房市场的供地指标，从而打击房地产市场，造成地方政府土地出让金规模的缩减。这种此消彼长的关系，使得保障性住房的建设和"土地财政"的制度安排之间产生了内在的矛盾：地方政府的土地财政规模，很大程度上取决于房地产市场的市场化程度，而保障性住房的建设，将弱化房地产市场的市场化程度；因此，如果保障性住房建设的进度过于激进，就会抽空作为保障房资金基础的土地财政，反而将保障房建设的步伐拉回来。

一个国家在一定时期内，其保障性住房的建设规模，归根到底取决于商品房市场能为保障房建设提供的税收数量，而后者又取决于商品房市场的繁荣。因此，保障性住房的建设，应该遵循"以房养房，两房平衡"的思路：以活跃的"商品房"市场，来提供充裕的财政资金，从而推进"保障房"的建设进度；保障性住房建设"最优"规模的确定，应该建立在商品房市场和保障房市场之间平衡发展的基础上。

尽管 2011 年全国的土地出让及规模总计达到了 3.15 万亿，但在"限购"政策和保障房建设的双重冲击下，各地方政府的土地出让收益纷纷下挫，其财政压力陡增。图 7 和图 8 通过经济适用房占住宅销售面积的比例（以下简称"经济适用房占比"），来刻画保障房和商品房的相对规模；通过经济适用房占比与土地出让金的关系，来初步考察保障房建设对土地财政的冲击。其中，图 7 和图 8 分别以省份和时间为分类标准，通过计算经济适用房占比和土地出让金的相关系数，来从直观上考察二者的关系。

图 7 对全国 31 个省级行政单位，分别计算了 1999 ~ 2009 年间，各省住宅销售价格和经济适用房占比的相关系数，并以此考察二者的关系。从该图中可以看出，在各个省份中，各省土地出让金和经济适用房占比的相关系数，无一例外地均为负值。土地出让金和经济适用房占比显著地负相关，为上文中论断提供了一

个直观上的佐证。

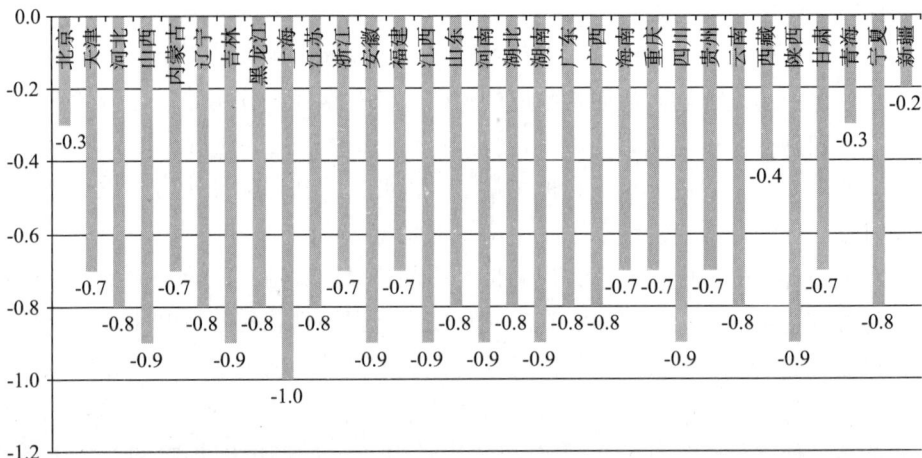

图 7　土地出让金与经济适用房占比的相关系数（分类标准：省份）

数据来源：《中国房地产统计年鉴》（2000～2010 年各版），《中国财政年鉴》（2000～2010 年各版）和《中国国土资源年鉴》（2000～2010 年各版）。

而图 8 则是对 1999～2009 年间每一年各省住宅销售价格和经济适用房销售面积的数据进行汇总，并分别计算其相关系数，从时间的维度来考察各省住宅销售价格和经济适用房销售面积之间的关系。由图 8 知，在每一年中，土地出让金和经济适用房占比的相关系数，均为负值。将各年数据汇总，算得二者在 1999～2009 年间的相关系数为 -0.39，这进一步印证了我们在图 7 得到的印象。

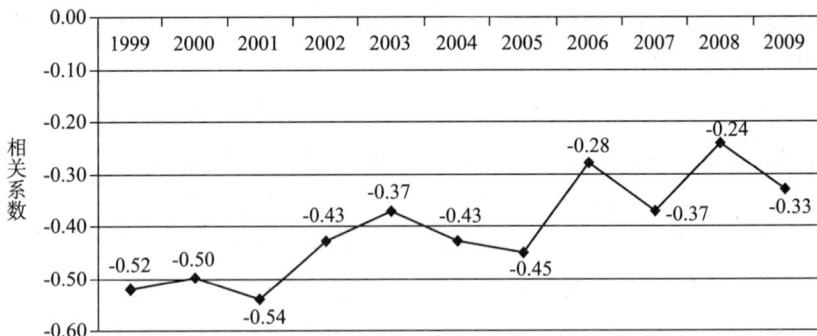

图 8　土地出让金与经适房占比的相关系数（分类标准：时间）

数据来源：《中国房地产统计年鉴》（2000～2010 年各版），《中国财政年鉴》（2000～2010 年各版）和《中国国土资源年鉴》（2000～2010 年各版）。

下面，本文将通过严谨的计量分析，考察土地出让金和经济适用房占比的关系，并以此评价保障性住房建设，对地方政府土地财政的冲击。

2. 模型设定

本节使用中国 31 个省级行政单位在 1999～2009 年间的面板数据，考察保障性住房建设，对地方政府土地出让金的影响。具体而言，本节的模型设定如下：

$$
\begin{aligned}
\text{landrev}_{i,t} = \beta_0 &+ \beta_1 \text{landrev}_{i,t-1} + \beta_2 \text{sr}_{i,t} + \beta_3 \text{urban}_{i,t} \\
&+ \beta_4 \text{fiscrev}_{i,t} + \beta_5 \text{FDI}_{i,t} + \mu_i + \varepsilon_{i,t}
\end{aligned}
\tag{2}
$$

上式中，$\text{landrev}_{i,t}$ 为 i 省 t 期的土地出让金数量。考虑到在本文基本统计描述部分，土地出让金表现出的较强的惯性（momentum），稳健起见，这里引入了其一期滞后项（$\text{landrev}_{i,t-1}$）加以控制。$\text{urban}_{i,t}$ 为 i 省 t 期中城镇人口占总人口的比重，本文以此考察城镇化水平对土地财政规模的影响。$\text{sr}_{i,t}$ 为经济适用房占住宅销售面积的比例，本节以此衡量在整个居民住宅体系中，保障房相对于商品房的地位。$\text{fiscrev}_{i,t}$ 为 i 省 t 期预算内的财政收入，本节以此考察预算内财政收入与土地财政规模的关系。$\text{FDI}_{i,t}$ 为 i 省 t 期的外商直接投资额，本节以此考察外资的引进，给地方土地财政带来的影响。除此之外，沿用上节的变量标识，这里 ξ_i 代表 i 省不可观测（且随时间不变）的特有属性，$\varepsilon_{i,t}$ 为随机扰动项。

由于（2）式的解释变量中，包含着被解释变量的滞后项，因此，本文在动态面板（Dynamic Panel）模型的框架下，使用系统广义矩（System GMM）的方法，对（2）式加以估计。

3. 估计结果

对（2）式的估计结果，报告于表 5 中。

其中，回归（1）首先考察本节关心的核心变量。回归（1）中土地出让金一期滞后项的估计系数显著为正，这说明在样本观察期间，各省的土地出让金表现出了强烈的惯性，这印证了本节使用动态面板（Dynamic Panel）模型的合理性。从经济适用房与住宅销售面积之比的系数值可以看出，在整个住宅体系中，经济适用房（相对于商品房）占比的提高，将导致土地出让金的流失。

回归（2）中控制了城镇化程度，此时土地出让金的惯性，以及经济适用房（相对于商品房）占比对土地出让金的负面影响，依然保持了较高的显著性；同时，回归（2）中城镇人口比重的估计系数显著为正，这说明随着一个地区城镇化程度的提高，该地的房地产市场将愈发活跃，从而为政府带来更高的土地出让回报。

进一步地，回归（3）中引入了政府的预算内财政收入，此时本节的核心结论仍然成立；同时，回归（3）中预算内财政收入的估计系数为正，这可能是由于一个地区的土地出让金和预算内财政收入水平，同时受当地经济实力的影响：在经济实力较强的地区，政府一方面将直接地享有更高的税收收入，另一方面则借助繁荣的房地产市场，间接地在土地出让过程中，获得更高的土地出让收益。

最后，回归（4）考察了外商直接投资额，给地方土地财政带来的影响。此时，本节的核心结论，依然保持稳健；同时，外商直接投资的估计系数显著为正，这可能反映出了中国土地财政政策的一个重要经营思路：政府通过优惠政策引入外商投资，来激发整个房地产市场的人气，带动房地产开放商的投资信心，从而带来当地房地产市场的繁荣，拉动当地的经济增长。与此同时，政府既可以从经济增长中获得更多的财政收入，又能够通过房地产市场的繁荣取得更高的土地出让收益。

表5　　　　　　　　　经济适用房占比对土地出让金的影响

被解释变量：土地出让金
估计方法：Dynamic Panel（System GMM）

	回归（1）	回归（2）	回归（3）	回归（4）
landrev：土地出让金（1期滞后项）	.8896 *** (.001473)	.8785167 *** (.00124)	.0775796 *** (.0011603)	.477666 *** (.0005957)
sr：经济适用房与住宅面积之比	−301.55 *** (12.02)	−228.3843 *** (7.424)	−41.5262 *** (1.755129)	−178.3192 *** (3.050251)
urban：城镇人口比重	—	124.080 *** (5.387)	—	—
fiscrev：财政收入（预算内）	—	—	.5075773 *** (.0007749)	—
FDI：外商直接投资（对数值）	—	—	—	.0354086 *** (.0000581)
检验结果				
AR（1）：自相关性检验（1阶）	−2.1290 [0.0333]	−2.1287 [0.0333]	−2.0185 [0.0435]	−2.0754 [0.0379]
AR（2）：自相关性检验（2阶）	.8871 [0.3750]	.87687 [0.3806]	.19793 [0.8431]	1.2677 [0.2049]
Sargan：过度识别约束检验	30.7545 [0.9003]	29.4773 [0.9995]	30.5750 [0.9992]	26.7557 [0.9999]

注：表中 ***，**，* 分别代表在1%，5%，10%水平上显著，圆括号为相应回归的标准误，方括号内为检验的 p 值.

表5 的计量结果说明，保障房占整个住宅的比重提高，是会显著地对土地出让金，进而对于中国的地方财政收入产生负面影响的。如果保障房占整个供房比例太高，比如，土地增量一半以上给了保障房，那么土地出让金就会下降，政府

收入就会减少，建设保障房的资金链就会断裂。这种以政府收入作为投入的保障房建设将会变得不可持续。

这又引出一个重大的经济理论问题：政府大规模建设保障房，究竟是对于中国经济的需求拉动大一些，还是对经济的紧缩作用大一些？固然，保障房建设作为公共投资，是会在一定程度上拉动内需的。然而，保障房建设除了一般的政府公共支出会对私人投资产生"挤出效应"外，还有两个副作用：其一，就是一旦保障房的规模与商品房的规模相当甚至超过商品房的建设规模，则就根本不能指望从商品房的市场发展中为保障房建设提供足够的资金，保障房的建设资金筹措就只能另辟新路。这样，保障房的建设就走上了一条"挤压"、"替代"商品房发展的道路。但是，地方政府一旦没有商品房市场的繁荣作为支撑，土地财政必定不能持久，保障房工程必定会陷入一个政府借债经营的死胡同。而地方政府借债经营保障房又会对于私人投资产生第二轮的"挤出效应"，在中国的"可贷资金"市场上产生紧缩效应。其二，保障房本身是不能提供"最终需求"的，建了保障房，让低收入群体入住，以后就是一连串的麻烦，不像商品房的需求提高本身又会引发新的需求（对于汽车、路、家具、新的消费方式等等）。因此，综合考虑各个方面，我们认为，保障房建设的紧缩作用在目前是占主导的。这再一次向我们警示，保障房建设固然是十分需要的，但是它是有一个适度规模的问题的。

五、保障性住房体系的设计和建设

1. 保障性住房的影响因素

在中国这样一个幅员辽阔、历史悠久的国家，地区之间发展的不平衡，素来是决策者面临的一个基本国情。在计划经济时代，中国饱受"一刀切"政策的困扰：中央政府简单地对地方施以强加的行政命令，武断地安排地方的经济建设，将中央的政策目标，层层摊派给各级地方政府。这种"一刀切"的政策，既对地方的经济活动，造成了很大的干扰，也给全国的经济发展，蒙上了一层阴影。改革开放以来，党和政府日益尊重、重视并遵循客观的经济规律办事，基于中国地区之间发展不平衡的基本国情，因地制宜、相机抉择，领导中国人民取得了一系列举世瞩目的经济建设成就。在中国保障性住房体系的设计和建设过程中，我们的党和政府在改革开放以来形成和积累的这一宝贵经验，应该得到一贯的传承。因此，本节致力于考察中国保障性住房的影响因素，从而为保障性住房体系的顶层设计和建设规划，提供一定的思路。

尽管中国的住房市场化改革始于 1999 年，但在 2009 年之前，全国大多数地区对于保障性住房建设的意识仍然相对淡薄。因此，1999～2009 年间的保障性住房建设，很大程度上反映了在市场自发力量的引导下，中国保障性住房体系的发展轨迹。有鉴于此，本节将 1999～2009 年间中国的保障性住房建设视为一个参照点，通过考察这一阶段中国保障性住房的影响因素，来探究中国保障性住房体系的设计思路。具体而言，本节将使用中国 31 个省级行政单位在 1999～2009 年间的面板数据，从三个方面考察这一时期的保障性住房建设：地区经济实力与地方政府的财政规模、地区的社会发展水平，以及地区的经济开放度。

2. 经济实力与财政规模

本分节探讨各地区的经济实力，以及地方政府财政规模，对保障性住房建设的影响。具体而言，本节的模型设定如下：

$$S_{i,t} = \beta_0 + \beta_1 S_{i,t-1} + \beta_2 pr_{i,t} + \beta_3 GDP_{i,t} + \beta_4 fiscrev_{i,t}$$
$$+ \beta_5 landrev_{i,t} + \beta_5 year + \mu_i + \varepsilon_{i,t} \tag{3}$$

上式中，$S_{i,t}$ 为 i 省 t 期经济适用房的销售面积（对数值），本节以此衡量保障性住房的建设力度。由于地方政府的保障房建设计划，可能建立在跨年统筹规划的基础上，因此不同年份经济适用房的建设之间，可能存在着内在的联系。有鉴于此，为稳健起见，这里引入了经济适用房销售面积的一期滞后项（$S_{i,t-1}$），以便对这种可能存在的跨年影响加以控制。$pr_{i,t}$ 为 i 省 t 期经济适用房与商品房的销售价格之比，以此衡量相对价格的变动，对经济适用房需求的影响。$GDP_{i,t}$ 为 i 省 t 年的地区生产总值（对数值），本节以此反映地区的经济实力。$fiscrev_{i,t}$ 和 $landrev_{i,t}$ 分别为 i 省 t 年的预算内财政收入和土地出让金（均为对数值），本节以此作为地方财政规模的测度。除此之外，沿用上文的变量标识，year 为年份变量，用以控制每年各省面临的共同冲击（如宏观经济的整体波动），ξ_i 代表 i 省不可观测（且随时间不变）的特有属性，$\varepsilon_{i,t}$ 为随机扰动项。

表 6　　　　　　　　　经济实力、财政规模与保障房建设的关系

	回归（1）	回归（2）	回归（3）
被解释变量：经济适用房销售面积（对数值） 估计方法：Dynamic Panel（System GMM）			
S：经济适用房销售面积（对数值）的 1 期滞后项	.4615311 *** （.0233695）	.4721851 *** （.0297222）	.5823115 *** （.0284313）
pr：经济适用房与商品房销售价格之比	− .0703857 ** （.0305226）	− .0219449 （.0290524）	− .1508132 （.0320125）

被解释变量：经济适用房销售面积（对数值）
估计方法：Dynamic Panel（System GMM）

	回归（1）	回归（2）	回归（3）
GDP：地区生产总值（对数值）	.3526137 *** (.0636533)	—	—
fiscrev：预算内财政收入（对数值）	—	.4131643 *** (.0387469)	—
landrev：土地出让金	—	—	.075842 *** (.0259033)
year：年份	-.0905863 *** (.0104754)	-.1127337 *** (.0064867)	-.052215 *** (.0111424)
检验结果			
AR（1）：自相关性检验（1阶）	-2.5717 [0.0101]	-2.5309 [0.0114]	-2.6885 [0.0072]
AR（2）：自相关性检验（2阶）	1.1602 [0.2460]	1.0956 [0.2732]	1.2487 [0.2118]
Sargan：过度识别约束检验	22.70379 [1.0000]	25.24197 [1.0000]	25.8004 [0.9999]

注：表中 ***，**，* 分别代表在1%，5%，10%水平上显著，圆括号为相应回归的标准误，方括号内为检验的 p 值。

由于（3）式的解释变量中，包含着被解释变量的滞后项，因此，本节在动态面板（Dynamic Panel）模型的框架下，使用系统广义矩（System GMM）的方法，对（3）式加以估计。其估计结果，总结于表6中。

由表6中的回归（1）的结果可见，经济适用房与商品房的销售价格之比的估计系数显著为负，这说明对经济适用房的需求，对经济适用房与商品房相对价格的变动，具有相当的敏感性。同时，地区生产总值的估计系数显著为正，这说明经济实力越强的地区，其建设经济适用房的能力越强。

进一步地，回归（2）和（3）着眼于，地方政府财政规模与经济适用房建设的关系。从其估计结果中可以看出，地方政府的预算内财政收入越高，土地出让金的规模越大，其建设经济适用房的能力越强。

由此可见，中国保障房体系的设计和建设，应当与各地区的财政实力（尤其是土地财政规模）相协调。本节的实证结果，进一步强调了本文关于保障房体系建设"以房养房，两房平衡"的思路。繁荣的"商品房"市场，是"保障房"市场的根本依托。保持"商品房"和"保障房"市场的平衡发展，则两个市场都能保持蓬勃发展的势头；畸轻畸重、偏废其一，则商品房市场的萎缩，最终反而会拖累保障房建设的步伐。

3. 社会发展水平

本分节探讨各地区的社会发展水平，与保障性住房建设的关系。具体而言，本节的模型设定如下：

$$S_{i,t} = \beta_0 + \beta_1 S_{i,t-1} + \beta_2 pr_{i,t} + \beta_3 urban_{i,t} + \beta_4 inc_{i,t}$$
$$+ \beta_5 housing_{i,t} + \beta_6 unemp_{i,t} + \beta_7 year + \mu_i + \varepsilon_{i,t} \tag{4}$$

与上分节变量标识保持一致，上式中的 $S_{i,t}$ 为 i 省 t 期经济适用房的销售面积（对数值），$S_{i,t-1}$ 为其一期滞后项，$pr_{i,t}$ 为 i 省 t 期经济适用房与商品房的销售价格之比。此外，本节通过 $urban_{i,t}$、$inc_{i,t}$、$housing_{i,t}$ 和 $unemp_{i,t}$ 四个指标，来反映一个地区的社会发展水平：$urban_{i,t}$ 为 i 省 t 期中城镇人口占总人口的比重，$inc_{i,t}$ 为 i 省 t 期的实际人均可支配收入（按 i 省 t 期的消费价格指数加以折算，这里取其对数值），$housing_{i,t}$ 为 i 省 t 期城镇居民的人均住房面积（建筑面积，这里取其对数值），$unemp_{i,t}$ 为 i 省 t 期城镇居民的登记失业率。除此之外，year 为年份变量，用以控制每年各省面临的共同冲击（如宏观经济的整体波动），ξ_i 代表 i 省不可观测（且随时间不变）的特有属性，$\varepsilon_{i,t}$ 为随机扰动项。

由于（4）式的解释变量中，包含着被解释变量的滞后项，因此，本分节在动态面板（Dynamic Panel）模型的框架下，使用系统广义矩（System GMM）的方法，对（4）式加以估计。表7展示了对（4）式的估计结果。

从回归（1）的结果可以看出，城镇人口比重的估计系数显著为正；这说明城镇化水平越高的地区，其经济适用房的建设规模也相应越高。因此，由中央到省，由省及市，再由市层层摊派给各区、县的保障房任务分解办法，面对中国城镇化发展水平，在地区之间高度不平衡的基本国情，恐怕有待商榷。因为采用"一刀切"的政策标准，可能造成保障房建设在地区间的"错配"问题：城镇化水平较高，保障房需求较高的地区，可能面临保障房供不应求的困难；于此同时，城镇化水平较低，保障房需求也较低的地区，反而可能面临保障房无人问津的窘境。

回归（2）、（3）和（4）的结果，则反映出在保障性住房的建设过程中，政府职能缺位的问题。从回归（2）和（3）的结果来看，实际人均可支配收入和城镇居民人均住房面积的估计系数均不显著，这说明在 1999 ~ 2009 年间，政府保障性住房建设的步伐，已经落后于中国经济的发展，已经与居民对保障房需求的激增脱节。随着中国居民整体上收入水平的提高，以及住宅销售价格的飙升，中低收入家庭"住房难"的问题，显得日益突出；而随着居民整体居住条件的改善，居民对住房的需求日益迫切，现有住房存量分配不均所引发的社会矛盾，也显得愈发尖锐。然而，面对这种情况，政府为中低收入家庭，提供住房保障的福利措施，却显得姗姗来迟，并且力不从心。进一步地，从回归（4）的结果来看，城镇居民登记失业率的估计系数反而显著为负，这说明失业问题越严重的地区，获得的政府住房保障，反而越是刻薄；面对中国部分社会阶层成员之间日益显性化的社会对立，这种政府职能缺失所埋下的隐患，不言而喻。考虑到住房显著的外部性效应，上述回归结果，暴露了中国住房体系中严重的市场失灵问题。市场本身的失灵，意味着对政府矫正的呼唤，因此，从上述回归结果来看，中国保障性住房体系的建设，是对上一时期内政府在中国住房体系发展过程中职能缺失的修正，是固国之根基、福泽后人的长期工程，是构建中国和谐社会的不可或缺的基石。

表 7　　　　　　　　　社会发展水平与保障房建设的关系

被解释变量：经济适用房销售面积（对数值）
估计方法：Dynamic Panel（System GMM）

	回归（1）	回归（2）	回归（3）	回归（4）
S：经济适用房销售面积（对数值）的 1 期滞后项	.5685 *** （.0304）	.5680 *** （.0145）	.3667 *** （.0248）	.5882 *** （.0355）
pr：经济适用房与商品房销售价格之比	− .0537 *** （.0320）	− .0830 *** （.0288）	.00153 （.0246）	− .0645 *** （.0382）
urban：城镇人口比重	1.192 *** （.419）	—	—	—
inc：人均可支配收入（对数值）	—	− .0277 （.1527）	—	—
housing：城镇人均住房面积（对数值）	—	—	− .1768 （.3128）	—
unemp：失业率	—	—	—	− .148 *** （.0427）
year：年份	− .0458 *** （.0066）	− .0338 *** （.0149）	− .0409 * （.0213）	− .0177 *** （.0067）
检验结果				
AR（1）：自相关性检验（1 阶）	− 2.6345 ［0.0084］	− 2.6292 ［0.0086］	− 2.2461 ［0.0247］	− 2.649 ［0.0081］
AR（2）：自相关性检验（2 阶）	1.3619 ［0.1732］	1.2418 ［0.2143］	1.4961 ［0.1346］	1.2223 ［0.2216］
Sargan：过度识别约束检验	24.313 ［1.0000］	24.808 ［1.0000］	27.597 ［0.9998］	23.725 ［1.0000］

注：表中 ***，**，* 分别代表在 1%，5%，10% 水平上显著，圆括号为相应回归的标准误，方括号内为检验的 p 值。

4. 经济开放程度

本分节探讨地区的经济开放程度，与保障性住房建设的关系。具体而言，本节的模型设定如下：

$$S_{i,t} = \beta_0 + \beta_1 S_{i,t-1} + \beta_2 pr_{i,t} + \beta_3 trade_{i,t} + \beta_4 FDI_{i,t} + \beta_5 open_{i,t} + \mu_i + \varepsilon_{i,t} \quad (5)$$

与上节变量标识保持一致，上式中的 $S_{i,t}$ 为 i 省 t 期经济适用房的销售面积（对数值），$S_{i,t-1}$ 为其一期滞后项，$pr_{i,t}$ 为 i 省 t 期经济适用房与商品房的销售价格之比。本节通过 $trade_{i,t}$ 和 $FDI_{i,t}$ 两个指标，来反映经济的开放程度：$trade_{i,t}$ 为 i 省 t 期的贸易依存度（贸易额与地区 GDP 的比值），而 $FDI_{i,t}$ 为 i 省 t 期的"外资渗透度"（外商直接投资总额与地区 GDP 的比值）。同时，考虑到贸易依存度和"外资渗透度"二者之间的相互关联，本文通过对其作主因子分析，并使用相应权重，通过加权的方式构造"经济开放度指数"，以便全面、综合地测度一个地区的经济开放程度。对贸易依存度和"外资渗透度"的主因子分析结果，参见下表8。

表8　　　　　　　　　经济开放度与保障房建设的关系

被解释变量：经济适用房销售面积（对数值）
估计方法：Dynamic Panel（System GMM）

	回归（1）	回归（2）	回归（3）
S：经济适用房销售面积（对数值）的 1 期滞后项	.5439866 *** (.0417582)	.5453966 *** (.0344949)	.6483321 *** (.0332903)
pr：经济适用房与商品房销售价格之比	−.1127046 *** (.0342235)	−.0992823 *** (.0353649)	−.1627605 *** (.0347083)
FDI：外资渗透度	−.2677508 *** (.0488819)	—	—
trade：贸易依存度	—	.085926 (.0811361)	—
open：经济开放度指数	—	—	−.0623499 * (.0259033)
year：年份	−.0380962 *** (.0059076)	−.0373926 *** (.0056316)	−.0329813 *** (.0035684)
检验结果			
AR（1）：自相关性检验（1 阶）	− 2.6096 [0.0091]	− 2.5443 [0.0110]	− 2.7045 [0.0068]
AR（2）：自相关性检验（2 阶）	1.2368 [0.2162]	1.2584 [0.2083]	1.3458 [0.1784]
Sargan：过度识别约束检验	27.46845 [0.9999]	26.70822 [0.9999]	26.40472 [0.9999]

注：表中 ***，**，* 分别代表在1%，5%，10%水平上显著，圆括号为相应回归的标准误，方括号内为检验的 p 值。

我们可以看到，在回归（1）的结果中，外资渗透度的估计系数显著为负；这说明接受对外投资越多的地区，其保障性住房建设的力度也越弱。这一结果，可能体现了各地方政府之间，为了拉动本地经济增长，而展开的一场"恶性竞争"：为推动地区生产总值的增长，各地方政府竞相争夺外商投资，甚至不惜以压低本地劳工标准，牺牲本地生态环境，过度开采本地资源为代价。这与近年来频频见诸报端的，外资企业（如富士康科技集团）漠视员工福利，压榨劳工的报道，相互印证。

从回归（2）和（3）的结果来看，贸易依存度的估计系数并不显著，而"经济开放度指数"的估计系数显著为负；综合来看，这说明经济开放程度越高的地区，其住房保障体系越是脆弱，政府缺位的问题越是严重。并且，在现行的以地区生产总值为官员主要评价标准的体制下，地方官员关注民生的激励相对薄弱；因此，这种地方官员为捞取政绩而展开的"恶性竞争"，很难通过市场的力量，使其自发地得以遏制。由此可见，经济开放程度越高的地区，这种市场失灵现象越是严重，因此越是需要中央政府的强力矫正，以维护当地劳工的住房和其他基本福利保障。

六、2012 年中国对于保障房建设规模的调整

根据我们在第二节、第三节和第四节的讨论看到，保障房的建设在中国是严重滞后的，政府应该大力推动保障房的建设，但是保障房的建设在一定程度上又会与土地财政发生矛盾，而且可能给中国宏观经济带来紧缩效应；保障房不会由房地产市场的发展自然而然地加以解决的，政府必须担起保障房的建设责任，但政府在目前既无可能，又无必要把保障房建设的全部过程都包下来。这样，保障房的建设就需要协调好两种关系：一是保障房建设的必要性和保障房建设规模的合理性之间的关系；二是保障房由政府承担其建设的财力最终出资人的责任与在保障房建设过程中充分动员社会资本积极参与之间的关系。

解决第一个关系的关键是把保障房建设规模调到合理的程度。2011 年提出的在"十二五"期间建设 3600 万套保障房，2011 年启动 1000 万套保障房的目标是超越了客观可能。因此，2012 年从各地的地方政府到国务院部委决策结构，事实上对于中国保障房的建设规模作了相应调整。这个调整是合理的，它在相当程度上保证了中国的保障房建设走上可持续的道路。

从中央一级决策机构来看，保障房建设目标和进度的调整幅度是相对大的。2012 年 7 月 20 日国务院公布的《"十二五"时期基本住房保障服务国家基本标

准》明确提出，在十二五期间增加廉租房不低于 400 万套，增加公租房不低于 1000 万套，棚户区改造不低于 1000 万套，而经济适用房和限价房已经不作为保障房的重点。这就说明，我们保障房的重心是力保这 2400 万套公租房、廉租房和棚户区改造房。与 2011 年的保障房目标相比，规模缩小了 1200 万套。

表 9 给出了 2012 年中国分省的保障房建设目标的调整信息。平均说来，与 2011 年的保障房建设规模相比，中国各省保障房的建设规模下下降了 23.63%。其中，保障房下调幅度大的省份有：青海（−81.19）、天津（−54.35%）、广东（−51.13%）、贵州（−48、04%）、辽宁（−45.28%）、甘肃（−44.31%）。

还有一点需要指出，保障房建设并不只是"十二五"的任务，而应该作为中国各级政府的一项长期任务。至少坚持 3 个五年计划。按目前的能力，除去棚户区改造，一年能新开工 250 万到 300 万套公租房和廉租房，坚持 10 年，其效果会比 5 年建 3600 万套保障房的目标好。2012 年 7 月 20 日公布的国务院关于"十二五"期间保障房的建设目标实际上已经将公租房和廉租房每年的建设规模定为 250 万套到 300 万套。这个调整是十分理性和合理的，它在相当程度上保证了中国的保障房建设走上可持续的道路。

表 9　　　　近年来全国各地的保障房建设任务（2010～2012）

省份	保障房建设任务			建设任务的变动	
	2010 任务量（万套）	2011 任务量（万套）	2012 任务量（万套）	2010～2011 变动率（%）	2011～2012 变动率（%）
北京	22.50	20.00	16.00	−11.11	−20.00
天津	8.50	23.00	10.50	170.59	−54.35
河北	23.20	38.00	28.60	63.79	−24.74
山西	24.00	30.04	28.23	25.17	−4.79
内蒙古	39.00	44.64	27.77	14.46	−37.79
辽宁	.	40.00	21.89	.	−45.28
吉林	26.12	49.45	35.38	89.32	−28.45
黑龙江	70.52	83.00	52.00	17.70	−37.35
上海	20.00	22.00	16.58	10.00	−24.64
江苏	.	39.00	31.50	.	−19.23
浙江		18.50	14.50		−21.62
安徽		40.92	40.00		−2.25
福建	6.38	25.01	15.89	292.01	−36.47
江西	.	33.10	21.23	.	−35.86
山东	11.30	32.80	30.51	190.27	−6.98

续表

省份	保障房建设任务			建设任务的变动	
	2010 任务量（万套）	2011 任务量（万套）	2012 任务量（万套）	2010～2011 变动率（%）	2011～2012 变动率（%）
河南	.	42.09	40.00	.	-4.97
湖北	.	36.86	36.40	.	-1.25
湖南	26.91	44.72	38.77	66.18	-13.31
广东	7.75	31.00	15.15	300.00	-51.13
广西	17.80	29.00	24.10	62.92	-16.90
海南	11.43	9.16	7.55	-19.88	-17.55
重庆	.	49.45	34.49	.	-30.25
四川	19.89	35.78	28.00	79.92	-21.74
贵州	.	19.11	9.93	.	-48.04
云南	15.00	40.00	40.32	166.67	0.80
西藏	.	.	1.09	.	.
陕西	12.48	47.43	43.60	280.05	-8.08
甘肃	11.87	21.27	11.85	79.19	-44.31
青海	8.70	18.82	3.54	116.32	-81.19
宁夏	3.53	9.00	8.87	154.96	-1.44
新疆	.	34.00	29.50	.	-13.24
全国	580.00	1000.00	763.74	72.41	-23.63

数据来源：各省、市、区政府公开发布的信息。

七、保障房建设过程中的"配建"模式探讨

作为解决保障房由政府承担其建设的财力最终出资人的责任与在保障房建设过程中充分动员社会资本积极参与之间的关系的一种形式，"配建"正在许多地区被推行。所谓"配建"，就是在政府对于房地产开发商进行商品房的土地拍卖过程中，将"建设保障房"的任务作为一个拍卖条件放入拍卖过程，由拍得土地的开发商承担保障房的建设任务。作为"对价"，政府对于出让的土地的"土地出让金"相应下降一个幅度。政府在房地产开发商建设完保障房（公租房或者廉租房）以后负责收购保障房，政府对于保障房的收购价或者在土地拍卖时作为一个竞价的"价格"由拍卖过程决定，这相当于给政府一个在未来按一个固定价买入保障房的"期权"；或者在土地拍卖时未决定以后政府收购保障房的价

格，留待以后决定，这相当于承担保障房建设的开发商一个在未来向政府卖保障房的"期权"。因此，在"配建"合同里，政府以后向开发商收购保障房的价格定还是不定，是会影响政府向开发商提供土地的土地出让金水平的。

1. "配建"保障房的政策的由来

对于"配建"保障房的模式，全国许多地区都有所尝试和探索，其中以北京市为典型。2007年，北京市出台《北京市"十一五"保障性住房及"两限"商品住房用地布局规划》，其中规划"通过集中建设和配套建设相结合的方式，完成我市保障性住房及"两限"住房建设3000万平方米的规划目标。其中集中建设安排2000万平方米；配套建设1000万平方米，共计3000万平方米"，并规定"开发建设项目必须按一定比例配套建设保障性住房及"两限"商品住房，作为入市条件"。同年年底，北京市推出了首批配建廉租房的商品房项目。2010年，北京市进一步规定，"为了增加保障住房的供应，商品住房地块配建保障住房的比例将由原先的15%上调至30%"。

2011年5月，国土资源部《关于坚持和完善土地招标拍卖挂牌出让制度的意见》提出，引导和推广"商品住房用地中配建保障性住房"，对部分地区试行的"配建"模式，予以了肯定。从全国层面上看，对于"配建"政策的施行，可以分为4个层次。

①已经在整个行政区的层级上，形成了统一的配建政策文件，如：河北省，山东省。

②尚未在整个行政区内形成统一政策，但已在行政区内个别城市推行，并已形成成文的政策文件，如：陕西省西安市，河南省郑州市。

③尚未在整个行政区内形成统一政策，但已在行政区内个别城市推行，但尚未形成成文的政策文件，如：广东省广州市，甘肃省兰州市。

④尚未推行配建政策，如：贵州省，海南省。

下面通过剖析北京市"配建"模式的特点，探讨"配建"模式的发展状况，及其存在的问题。

2. 配建竞价机制结构分析（以北京为例）

（1）竞价机制的结构变迁

基本状况简述：在2010～2011年间，北京市政府共采取了三类竞价模式："价高者得"模式、"配建"型模式和"限价"型模式。面对保障房建设压力的陡增，北京市政府的土地出让政策随之调整：2010年，采用"价高者得"政策出让的地块占据主流，"配建"型地块比重较小；2011 年，二者的地位完全反转。表 10 从出让地块的数量、供地面积和交易额三个方面，具体刻划了上述变动趋势。竞价机制相对地位的变动，一定程度上反映出面对激增的保障房建设任务，以及随之而来的财政压力，北京市政府试图采用"配建型"型政策，将保障房建设任务分担给开发商，从而减轻短期内自身的财政负担。

表 10   竞价机制的结构变迁：2010～2011 年

A. 竞价机制的结构变迁：数量构成

竞价规则	2010 年		2011 年	
	出让地块数量	数量占比	出让地块数量	数量占比
价高者得	12	70%	12	20%
配建型	43	24%	43	73%
限价型	4	6%	4	7%
总计	59	100%	59	100%

B. 竞价机制的结构变迁：供地面积

竞价规则	2010 年		2011 年	
	供地面积（万平方米）	供地面积占比	供地面积（万平方米）	供地面积占比
价高者得	839.61	70%	161.48	24%
配建型	305.99	26%	460.12	67%
限价型	52.42	4%	63.54	9%
总计	1198.03	100%	685.15	100%

C. 竞价机制的结构变迁：交易额

竞价规则	2010 年		2011 年	
	土地出让交易额（亿元）	交易额占比	土地出让交易额（亿元）	交易额占比
价高者得	813.15	79%	73.56	16%
配建型	178.81	17%	363.49	77%
限价型	39.46	4%	35.92	8%
总计	1031.41	100%	472.97	100%

（2）竞价机制的区位分布特征

基本状况简述：就区位分布而言，在 2010～2011 年间，采用"配建"型政策出让的地块，在"中心区"的比重（以供地面积衡量）显著上升：由 2010 年的 12%，上升至 2011 年的 24%。与之相对地，采用"价高者得"政策出让地块的区位分布特征，则保持了相对稳定。

这说明面对 2011 年陡增的保障房建设任务，北京市政府不得不"忍痛割爱",确实是更"舍得"把好地段的地块也用来配建保障房了。这就一定程度上反映出政府与开发商之间的互动:为了进一步吸引开发商参与配建,政府不得不提高"配建"型地块所处的地段质量;由于越来越多的好地段的地块要求配建,开发商想要拿地,就不得不被动地卷入保障房建设项目中。

表 11 竞价机制的区位分布特征

A. 竞价机制的区位分布特征:2010

指标 I:供地面积(万平方米)

竞价规则	城市功能拓展区	城市发展新区	生态涵养发展区	中心	周边	总计
价高者得	176.39	614.38	48.85	176.39	663.23	839.61
配建型	37.61	223.27	45.11	37.61	268.39	305.99
限价型	0.00	49.37	3.06	0.00	52.42	52.42
整体	213.99	887.02	97.02	213.99	984.04	1198.03

指标 II:供地面积占比

竞价规则	城市功能拓展区	城市发展新区	生态涵养发展区	中心	周边	总计
价高者得	21%	73%	6%	21%	79%	100%
配建型	12%	73%	15%	12%	88%	100%
限价型	0%	94%	6%	0%	100%	100%
整体	18%	74%	8%	18%	82%	100%

B. 竞价机制的区位分布特征:2011 年

指标 I:供地面积(万平方米)

竞价规则	城市功能拓展区	城市发展新区	生态涵养发展区	中心	周边	总计
价高者得	45.52	53.54	62.42	45.52	115.96	161.48
配建型	111.44	259.46	89.22	111.44	348.68	460.12
限价型	10.16	8.20	45.19	10.16	53.38	63.54
整体	167.12	321.20	196.83	167.12	518.03	685.15

指标 II:供地面积占比

竞价规则	城市功能拓展区	城市发展新区	生态涵养发展区	中心	周边	总计
价高者得	28%	33%	39%	28%	72%	100%
配建型	24%	56%	19%	24%	76%	100%
限价型	16%	13%	71%	16%	84%	100%
整体	24%	47%	29%	24%	76%	100%

注:表中 2~4 列,把北京市划分为 4 个区域:首都功能核心区(东城、西城),城市功能拓展区(朝阳、海淀、丰台、石景山),城市发展新区(通州、顺义、大兴、昌平、房山),以及生态涵养发展区(门头沟、平谷、怀柔、密云、延庆);在此基础上,表中 5~6 列将前两个区域划分为"中心区域",后两个划分为"周边区域",以此反映不同竞价机制的区位构成特征。

（3）竞价机制对地价的影响

基本状况简述：相对于 2010 年，2011 年北京市的土地和房地产市场明显降温：楼面价由 2010 年的 7475 元/平方米，降至 2011 年的 5088 元/平方米，跌幅达 32%。其中，采用"价高者得"和"限价"政策出让的地块，楼面价分别下跌了 55% 和 34%；但采用"配建"政策出让的地块，楼面价反而上升了 15%。

"配建"型地块的楼面价的下跌，部分原因在于地块本身的性质的变化：相对于 2010 年，2011 年"配建"型地块处于"中心区"的比重显著提高。

表 12　　　　　　　　竞价机制对出让地块楼面价的影响

竞价规则	2010	2011	楼面价变动率（%）
价高者得	8601	3843	−55
配建型	4938	5695	15
限价型	5461	3594	−34
整体	7475	5088	−32

3. 配建的保障房类型（以北京为例）

基本状况简述："配建"型模式，主要针对租赁型保障房（包括公租房和廉租房）和限价商品房。表 13 从出让地块的数量、供地面积和交易额三个方面，描述了上述两类保障房配建模式的相对地位。从表 13 中可以看出，2010～2011 年间，北京市的采取"配建"政策出让的地块中，以配建租赁型保障房为主，并且其主体地位在 2011 年得到了进一步的加强。这与北京市加强公租房在整个保障房体系中地位的政策，保持了一致。

表 13　　　　　　　不同配建类型的相对地位：2010～2011 年

A. 不同配建类型的相对地位：数量构成				
	2010 年		2011 年	
竞价规则	出让地块数量	数量占比	出让地块数量	数量占比
配建租赁型保障房	11	61%	31	74%
配建限价商品房	7	39%	11	26%
总计	18	100%	42	100%
B. 不同配建类型的相对地位：供地面积				
	2010 年		2011 年	
竞价规则	供地面积（万平方米）	供地面积占比	供地面积（万平方米）	供地面积占比
配建租赁型保障房	179.90	65%	365.16	80%
配建限价商品房	94.90	35%	92.71	20%
总计	274.8	100%	457.88	100%

C. 不同配建类型的相对地位：交易额				
	2010 年		2011 年	
竞价规则	土地出让交易额（亿元）	交易额占比	土地出让交易额（亿元）	交易额占比
配建租赁型保障房	104. 58	61%	291. 43	80%
配建限价商品房	65. 98	39%	71. 82	20%
总计	170. 6	100%	363. 2	100%

4. 配建的利弊（案例分析）

（1）运作顺畅的范例

这个项目运作比较顺畅，从中可以体现出"配建"型模式中，从开发商拿地、垫资代建、政府回购，到最终政府配租的整套流程。

红狮家园项目占地 8.45 万平方米，规划建筑面积 20.75 万平方米，其中住宅总建筑面积 14.5 万平方米，万科在 2007 年年底以 5.9 亿元的价格拿下地块。

除 1 栋商品住宅和 1 栋商业办公楼外，该项目主要以保障房为主。其中，配建的限价房总建筑面积为 13.6 万平方米，户型为 80 平方米的两居室，销售限价为 6200 元/平方米；廉租房总建筑面积为 0.8 万平方米，分 48 平米两居和 35 平米一居两种户型。最终，该项目可提供限价房六栋楼共 1585 套、廉租房一栋 192 套。

该项目于 2008 年开工（限价房与廉租房同时动工），到 2010 年完工。根据土地合同中的约定，由丰台区住房保障部门以合同中约定的 3300 元/平方米的价格回购，万科顺利回款 2640 万元。2010 年 7 月，廉租房由政府统一安排出租；2010 年 9 月，该廉租房顺利实现入住。

（2）开发商对配建的保障房项目消极怠工

朝阳区来广营乡清河营村 2 号地，是首批配建廉租房的商品房项目之一。该地块占地 8.45 万平方米，规划建筑面积 18.9 万平方米；2007 年年底，北京春光房地产开发有限公司、四川大地房地产开发有限责任公司投标联合体，以 23.3 亿元的价格拿下了这块地。根据土地合同中的约定，该项目需要配建 2.5 万平方米的廉租房。

该项目中的商品房建设项目（"天润福熙大道"系列楼盘），已于今年 7 月 7 日开盘销售；但其保障房部分，却仍处于在建状态。

事实上，针对配建保障房的商品房项目中，开发商先建设商品房部分，造成配建保障房建设缓慢的问题，北京市住房和城乡建设委员会 2011 年 9 月 19 日发布了《关于加快推进本市保障性住房项目开工建设的通知》，其中规定"商品住房建设项目配建保障性住房的，应优先建设保障性住房，保证其开工时间和建设进度不低于同期商品住房"。

（3）政府拖欠回购款项

昌平区东小口镇陈营村住宅及配套设施、商业金融用地项目，占地38万平米，建筑面积为52.3万平米；2008年4月，招商地产子公司招商局嘉铭（北京）房地产开发有限公司以16.5亿元的价款拍得该地块。根据土地出让合同，该项目将配建21万平方米的限价房和2万平方米的廉租房。

该项目的限价房和廉租房工期相同，均于2009年开工，2010年建成；最终共建成2840套限价房和504套廉租房，统称为"溪城家园"小区。其中的限价房已于2009年摇号配售完毕，主要供应给西城区，并于2010年9月入住。

然而，其中的廉租房部分，尽管2010年6月之前已经完工，但迟迟未能回购配租。根据土地出让合同的规定，这部分廉租房建成后由北京市建设委员会或政府指定的其他部门，按照4400元/平方米的价格一次性回购，廉租房产权归政府所有。然而，标书仅明确了廉租房面积和回购价格，对于何时建好、政府何时回购并没有明确的时间表。截止至2011年9月，昌平区政府仍未结算8800万元的回购价款，造成项目的廉租房部分迟迟未能回购配租。

八、结论

我们对于中国保障房的实践做了初步研究，得出以下结论。

①就全国平均而言，2003年以来保障房销售面积占住宅销售面积的比重在不断下降。从2003年的13.5%下降到2009年的3.5%，这说明在住房增量变化中，商品房发展较快，保障房发展较慢。保障房建设滞后是一个我们必须解决的经济问题和社会、政治问题。

②保障房只能解决在房价上升的背景下，低收入人群住得起房子的问题，它并不能够对当前房地产市场的价格进行调控。保障房在中国的这个定位，可能会持续相对长的时期，因为我们的中期目标也只是让保障房占到城市居民住房的20%左右，不能指望占全部住房20%的保障房去拉低整个商品房的价格。

③保障房最后的财力保障，还是取决于地方政府的财力，尤其是土地财政的规模。如果保障房占整个供房比例太高，比如，土地增量一半以上给了保障房，那么土地出让金就会下降，政府收入就会减少，建设保障房的资金链就会断裂，保障房建设的财力就会成为"无保障"。从长远看，为使得保障房建设可持续，

我们应该走"以房养房，以地养地"的道路，即以发展商品房市场获得的税收和土地出让金来建设保障房。只要我们坚持在新增居民住宅用地中的20%用于保障房建设，在动态中保证保障房占到新住宅的20%，并把保障房的建设资金基本与土地财政、城市化过程中的公共收入挂钩，则保障房的建设才会有保障。

④尽管政府可以将保障房建设任务转包给土地开发商和房地产开发商，尽管政府可以借助于社会资金，但保障房的建设任务最终还是落到政府财政支出能力上面。从我们的回归结果来看，一个地区的贸易发展水平对于保障房的建设的效应在统计上并不显著，而"经济开放度指数"对于保障房建设的影响的估计系数显著为负。综合来看，这说明经济开放程度越高的地区，其住房保障体系越是脆弱，政府缺位的问题越是严重。我们并不能指望市场经济发展了，保障房建设就可由市场担当起来，政府仍然应该切实解决保障房的资金供应问题。

⑤保障房建设并不只是"十二五"的任务，而应该作为中国各级政府的一项长期任务，至少坚持2~3个五年计划。按目前的能力，除去棚户区改造，一年能新开工250万到300万套公租房和廉租房，坚持个10年，其效果会比5年建3600万套保障房的目标好。2012年7月20日公布的国务院关于"十二五"期间保障房的建设目标实际上已经将公租房和廉租房每年的建设规模定为250万套到300万套。这个调整是十分理性和合理的，它在相当程度上保证了中国的保障房建设走上可持续的道路。

⑥所谓"配建"，就是在政府对于房地产开发商进行商品房的土地拍卖过程中，将"建设保障房"的任务作为一个拍卖条件放入拍卖过程，由拍得土地的开发商承担保障房的建设任务。"配建"会大大缓解地方政府在建设保障房过程中的资金紧张程度，也是我们学习香港、新加坡等等国政府引进市场力量建设保障房经验的一种尝试。通过分析了北京等地的"配建"实践案例，我们看到，"配建"会有利于保障房建设计划的落实，但是又引发新的管理问题，尤其是道德风险问题，比如：开发商对配建的保障房项目消极怠工，政府也可能会拖欠回购款项。

保障性住房建设中的资金问题研究

◎ 周 江

第一部分　相关研究综述和进展

一、研究背景和意义

（一）研究背景

大力发展住房保障，保障机制与市场机制并行，目前已成为政府、理论界和社会共识。自 2008 年起，中央政府加大对保障性安居工程建设力度，建设规模连年攀升。2008 年、2009 年和 2010 年中央政府分别计划建设保障性住房 63 万套、330 万套和 580 万套。根据"十二五"规划纲要，未来五年（2011～2015年），要建设城镇保障性安居工程 3600 万套，其中 2011 年、2012 年两年各 1000万套，后面三年 1600 万套，"十二五"末使保障性住房的覆盖率达到 20%。

1. 筹集和合理、高效运用保障房建设资金成为当前亟待解决的关键问题

仅以 2011 年 1000 万套保障房所需资金而言，据住建部测算，1000 万套保障房建设完成需要 1.3 万亿左右，有 8000 多亿是通过社会机构的投入和保障对象以及所在的企业筹集，剩余 5000 多亿的资金将由中央政府和省级人民政府以及市县政府通过各种渠道来筹集。2011 年上半年保障房建设进度不尽如人意，既

课题负责人：周江（住房和城乡建设部政策研究中心处长、博士）。课题组成员：陈淮、秦虹、刘美芝、浦湛、史萌。本报告执笔人：周江、浦湛。本课题为中国发展研究基金会发展研究项目 2011 年度资助研究课题，项目编号 2011 基研字第 0088 号。

与保障房建设时间紧、前期规划和拆迁等任务重有关，也与保障房建设资金供给力度满足不了需求有关。实践过程中，目前国内部分城市已经根据自身特点创造和运用多种保障房资金筹集方式，有必要对在理论上对现有保障房建设资金渠道进行归纳总结，分析不同融资方式利弊及存在障碍，并通过完善有关制度，提出消除这些障碍的政策建议。

2. 有效吸引社会力量特别是民间资金投入保障房建设，是保障房建设资金筹集面临的新问题

伴随我国改革开放和社会主义市场经济发展，经过三十年的积累，我国民间资本已经十分雄厚。如果能够通过房地产金融创新（例如设立保障房建设基金），吸引社会和民间投资从住房需求端转向供应端，从投资购买住房转向投资保障房建设基金，既解决了保障性住房建设资金问题，增加了保障房供应，又提供了一条社会资金和民间资金投资渠道，有利于缓解了社会住房供需矛盾。因此，有必要通过本研究，提出完善保障房投融资政策和创新金融工具的具体措施，积极有效地将社会资金和民间资金导入保障房建设之中。此外，加强保障房建设资金的使用管理，提高资金利用效率，也是本课题题中应有之意。

（二）研究意义

1. 政府在保障建设资金方面负有天然的责任

保障性住房是政府为解决市场失灵而提供的一种准公共产品，获得适当的住房是公民的基本人权，但是由于垄断性、外部性以及信息不对称性，商品住房市场无法在资源配置过程中发挥有效作用，从而导致居民的基本权利难以完全通过市场机制得到保证，因此住房保障是社会保障体系中的重要组成部分，也是政府维护社会公平的重要职能。

2. 保障性住房投资回报低，社会资金介入动力不足

由于保障性住房投资收益率低、投资回收周期长、经营管理相对复杂，因而对社会资金吸引力较弱。在这种情况下，政府的主导作用尤为关键，社会资金能否顺利进入保障性住房领域，取决于政府提供的优惠政策、设计的利益激励、风险分担机制以及合作模式是否符合社会资金的投资意愿。

3. 现阶段保障性住房供应不足需要政府强力介入

在商品住房市场与保障性住房市场结构发展不均衡、商品住房市场过于膨胀的背景下，政府在保障性住房融资中的主导作用就显得更为重要。目前中国住房市场中商品住房和保障性住房的结构比例失衡严重，要想在短时间内改变这一局面，除了依赖市场自身的力量外，更需要政府的有力介入。

二、国内外研究综述

（一）国外研究综述

1. 对保障性住房资金来源的研究[1]

Leon T. Kendall 等（1962）[2] 提到美国巴尔的摩市廉租房公寓项目中通过引入保险资、养老基金及信托资金，大大拓展了建设资金渠道来源，取得了良好的建设效果。政府可利用土地支持、政策性贷款、税收优惠及减免等手段，引导私人部门积极参与到公共住房的开发建设中（G. Edward Deseve，1986）[3]。

Peter Werwath（2007）[4] 指出美国在公共住房建设及营运过程中通过综合运用租金补贴、运营补贴、项目奖金、低息贷款、股权参与、延迟还贷、出租回购贷款和税收减免等多项鼓励措施，吸引了大量优质地产企业参与其中。

Neo，P. H 等（2003）[5] 指出新加坡政府对"公共组屋"的财政补贴构成表现为土地成本、建设成本和融资成本等多个方面。新加坡政府不断加大岁"公共组屋"的建设投入力度，年度投资总额占 GDP 的比重从 1987 年的 7% 上升到 1990 年的 9%（M. Ramesh，2004）[6]。

2. 对保障性住房供应效率的研究

B. Headey（1988）[7] 着重分析了政府和私人提供社会住房的成本效率和房屋产权问题。M. Bruce 等（1998）[8] 也重点探讨了社会住房持续的房屋产权问题。制定住房规划、控制住房租金、征收房产税以及对低收入住房困难家庭发放住房

---

① 本部分参考了中国人民大学专业硕士论文肖进：《公共租赁住房投融资模式研究》。

② Leon T. Kendall, ChesterRapkin, M. earterMeFarland. New Directions for Real Estate Finace：Discussion〔J〕. The Joumal of Finanee，1962，17（2）：387 - 393.

③ G. Edward Deseve. Financing Urban Development：The Joint Effort of Governments and the Private Sector. Annals of the American Academy of political and Social Science〔J〕. Revitalizing the Industrial City，1986，488（11）：58 - 76.

④ Peter Werwath. Financing Mechanisms for Affordable Housing〔OL〕. Enterprise Coummunity Partners，Ine.，2007，http//www. Enterprisecommunity. com.

⑤ Neo，P. H.，N. J. Lee，S. E. Ong. Government Policies and House hold Mobility Behaviour in Singapore〔J〕. Urban Studies，2003，（13）：2643 - 2660.

⑥ M. Ramesh. Social Policy in East and Southeast Asia〔J〕. Routledge Curzon，2004：137.

⑦ B. Headey. Housing Policy in the Developed Economy〔J〕. Croom Helm. 1988，5（1）：25 - 33.

⑧ M. Bruce，J. Charles. Real Estate：An introduction to the Profession〔J〕. Prentice Ha1lInc. 1998，6（2）：12 - 15.

补贴都是发展中国家发展进行社会住房保障的重要手段（R. Keivania 等，2003）①。W. Calomiris 等（1994）② 通过对少数民族和低收入群体进行研究，得出的结论是：政府对住房需求方进行财政补贴的实际效果优于对住房供给方进行补贴。在欧洲，政府住房补贴的效果同样是住房需求者要好于住房供给者（H. Vandeng，1997）③。

（二）国内研究综述

1. 对保障房资金渠道较为全面的归纳

关于现有保障房资金渠道，住房和城乡建设部副部长齐骥（2011）归纳为：一是社会机构的投入和保障对象以及所在的企业筹集；二是中央政府和地方政府投入。其中，中央政府投入主要通过财政预算补助资金方式。地方政府采取的主要方式包括：财政预算、土地出让金收益、住房公积金净收益、公积金贷款、地方政府融资平台、金融机构的中长期贷款等。

中国房地产业协会、中国房地产研究会会长刘志峰（2012）提出，按照保障房资金来源，分为财政资金（中央和地方）和社会资金。财政资金包括专门用于公共租赁住房的财政资金和廉租住房资金中结余部分。社会资金包括企业参与、经济适用住房购买者和棚户区改造家庭等。按照融资方式，分为直接融资和间接融资。直接融资如债券等，间接融资主要是银行贷款。

住房和城乡建设部政策研究中心周江（2011）将我国现有保障房融资模式，按照其资金来源不同分类，主要包括：①财政资金；②银行贷款（间接融资）；③直接融资。财政资金从具体使用方式看，包括直接投资、资本金注入、投资补助、贷款贴息等。银行贷款又可分为地方融资平台、优惠长期贷款、利用住房公积金贷款支持保障性住房建设等。直接融资包括中长期债券、房地产股权投资基金和房地产信托投资基金（REITs）等。

2. 对公共租赁住房融资问题研究

自我国提出积极发展公共租赁住房制度以来，公共租赁住房受到了社会各界的广泛关注。公共租赁住房建设任务重、时间紧、难度大，首当其冲要解决的是建设资金的渠道来源问题。我国许多专家、学者围绕完善公共租赁住房的投融资

---

① R. Keivania, E. Werna. Modes of Housing Provision in Developing Countries［J］. Progress in Planning. 2003, 4（2）：65 – 118.

② W. Calomiris, C. M. Kahn, S. D. Longhofer. Housing Finance Intervention and Private Incentives：Helping Minorities and the Poor［J］. Journal of Money, Credit and Banking. 1994：26（3）：634 – 674.

③ H. Van, D. Herjden. Social Rented Housingin Western Europe：Developments and Expectations［J］. Urban Studies. 2003（2）：32 – 37.

模式进行了深入研究。

吴海瑾（2009）① 指出推进我国公共租赁住房建设的关键在于在政府的主导下，运用市场机制来实现政府和企业资源的有效结合。科学、合理运用公私合作机制，可以有效提升公共租赁住房建设、运营和管理的效率（刘志林等，2010）②。

刘杰等（2010）③ 指出建立起以政策性住房金融机构为主导、互助性住房金融机构为辅助的公共住房金融投融资体系，对于推进我国公共租赁住房建设十分重要。要实行开放性原则，在加大政府资金投入的同时，充分发动社会资金参与到公共租赁住房建设中（曾国安等，2011）④。

田秋生等（2011）⑤ 指出可综合运用商业贷款、公积金贷款、保险资金、股权信托基金、投资信托基金、发行建设债券、强制推行配建、采用 BOT 或 BT 融资模式等多种模式进行公共租赁住房投融资。

当前我国公共租赁住房市场融资面临的主要困难包括：银行信贷缺乏盈利模式、制度壁垒导致融资渠道有限、融资工具创新不足、地方政府投融资平台后劲不足等（付念，2011）⑥。

沈洁等（2011）⑦ 指出国际上公共租赁住房投融资存在着地产证券化模式、REITs 模式、福利彩票模式、BOT 模式、PFI 模式、PPP 模式、联合租赁模式和项目融资模式等。公共租赁住房保值周期长，可以从多个渠道进行融资（黄奇帆，2011）⑧。

三、关于保障房建设资金主要政策

（一）国务院办公厅文件

2011 年，国务院办公厅发布《关于保障性安居工程建设和管理的指导意见》

---

① 吴海瑾："城市化进程中流动人口的住房保障问题研究——兼谈推行公共租赁住房制度"，《城市发展研究》，2009 年第 12 期。

② 刘志林，李劼："公共租赁住房政策：基本模式、政策转型及其借鉴意义"，《现代城市研究》，2010 年第 10 期。

③ 陈杰，张鹏飞："韩国的公共租赁住房体系"，《城市问题》，2010 年第 6 期。

④ 曾国安，张倩："论发展公共租赁住房的必要性、当前定位及未来方向"，《山东社会科学》，2011 年第 2 期。

⑤ 田秋生，李嘉莉："解决公租房建设融资问题的一揽子方法"，《南方金融》，2011 年第 5 期。

⑥ 付念："我国公共租赁住房融资问题研究"，《经济参考研究》，2011 年第 39 期。

⑦ 沈洁，谢嗣胜："公共租赁住房融资模式研究"，《经济问题探索》，2011 年第 39 期。

⑧ 黄奇帆："政府如何平衡公租房的建设资金"，《求是》，2011 年第 24 期。

（国办发〔2011〕45号），明确了保障性安居工程建设资金来源。

具体包括：

1. 增加政府投入

一是中央财政资金补助。二是地方政府预算。三是公积金增值收益。住房公积金增值收益在提取贷款风险准备金和管理费用后，全部用于廉租住房和公共租赁住房建设。四是土地出让收益，用于保障性住房建设和棚户区改造的比例不低于10%。五是中央代发的地方政府债券资金要优先安排用于公共租赁住房等保障性安居工程建设。

2. 规范利用企业债券融资

符合规定的地方政府融资平台公司可发行企业债券或中期票据，专项用于公共租赁住房等保障性安居工程建设。地方政府融资平台公司发行企业债券，要优先满足保障性安居工程建设融资需要。承担保障性安居工程建设项目的其他企业，也可以在政府核定的保障性安居工程建设投资额度内，通过发行企业债券进行项目融资。对发行企业债券用于保障性安居工程建设的，优先办理核准手续。

3. 加大信贷支持

银行业金融机构可以向实行公司化运作并符合信贷条件的公共租赁住房项目直接发放贷款。对于政府投资建设的公共租赁住房项目，银行业金融机构可向经过清理整顿符合条件的直辖市、计划单列市及省会城市政府融资平台公司发放贷款；银行业金融机构也可向经过清理整顿符合条件且经总行评估认可、自身能够确保偿还公共租赁住房项目贷款的地级城市政府融资平台公司发放贷款。其他市县政府投资建设的公共租赁住房项目，可在省级政府对还款来源作出统筹安排后，由省级政府指定一家省级融资平台公司按规定统一借款。公共租赁住房建设贷款利率下浮时其下限为基准利率的0.9倍，贷款期限原则上不超过15年。扩大利用住房公积金贷款支持保障性住房建设试点城市的范围，重点支持公共租赁住房建设。

4. 落实税费减免政策

对廉租住房、公共租赁住房、经济适用住房和棚户区改造安置住房，要切实落实现行建设、买卖、经营等环节税收优惠政策，免收城市基础设施配套费等各种行政事业性收费和政府性基金。

（二）各部门文件

1. 2010年9月，财政部、国家税务总局发布《关于支持公共租赁住房建设和运营有关税收优惠政策的通知》

主要内容包括：①对公租房建设期间用地及公租房建成后占地免征城镇土地使用税。②对公租房经营管理单位建造公租房涉及的印花税予以免征。③对公租房经营管理单位购买住房作为公租房，免征契税、印花税；对公租房租赁双方签订租赁协议涉及的印花税予以免征。④对企事业单位、社会团体以及其他组织转让旧房作为公租房房源，且增值额未超过扣除项目金额20%的，免征土地增值税。⑤企事业单位、社会团体以及其他组织捐赠住房作为公租房，符合税收法律法规规定的，捐赠支出在年度利润总额12%以内的部分，准予在计算应纳税所得额时扣除。⑥对经营公租房所取得的租金收入，免征营业税、房产税。公租房租金收入与其他住房经营收入应单独核算，未单独核算的，不得享受免征营业税、房产税优惠政策。

2. 2010年10月，财政部等三部门发布《关于保障性安居工程资金使用管理有关问题的通知》

主要内容包括：①切实落实各类保障性安居工程资金，按照现行规定，保障性安居工程实行"省级负总责，市县抓落实"。②允许土地出让净收益用于发展公共租赁住房。③允许住房公积金增值收益中计提的廉租住房保障资金用于发展公共租赁住房。④提高中央财政廉租住房保障专项补助资金使用效率。在完成当年廉租住房保障任务的前提下，经同级财政部门批准，可以将中央财政廉租住房保障专项补助资金用于购买、新建、改建、租赁公共租赁住房。⑤利用贷款贴息引导社会发展公共租赁住房。各地可以采取贴息方式，支持市场主体和社会机构从商业银行融资用于发展公共租赁住房。各级人民政府安排的公共租赁住房资金，包括中央补助公共租赁住房资金，均可用于公共租赁住房项目贷款贴息。⑥加强政府投资建设的公共租赁住房租金"收支两条线"管理。

3. 2011年5月，财政部、住建部发布《关于切实落实保障性安居工程资金加快预算执行进度的通知》

主要内容包括：①切实加大地方公共预算用于保障性安居工程资金规模。2011年地方政府债券资金优先用于保障性安居工程，要进一步明确和细化地方政府债券资金安排用于公共租赁住房等保障性安居工程的具体资金数额，加大对保障性安居工程的投入力度。②确保住房公积金增值收益按规定用于保障性安居工程。③进一步明确土地出让收益用于保障性安居工程的具体口径。严格按照不低于净收益10%的比例安排资金，统筹用于廉租住房、公共租赁住房、城市和国有工矿棚户区改造等保障性安居工程。④全面落实保障性安居工程建设和运营涉及的各项税费优惠政策。⑤创新财政支持公共租赁住房建设和运营方式。要积极运用投资补助、贷款贴息、注入资本金、税费优惠等政策措施，鼓励相关企业参与公共租赁住房建设和运营试点。⑥加快各类保障性安居工程资金预算执行进度。⑦定期报送保障性安居工程工作进展情况。

4. 2011年6月，国家发改委办公厅发布《关于利用债券融资支持保障性住房建设有关问题的通知》

主要内容包括：①地方政府投融资平台公司发行企业债券应优先用于保障性住房建设。只有在满足当地保障性住房建设融资需求后，投融资平台公司才能发行企业债券用于当地其他项目的建设。②支持符合条件的地方政府投融资平台公司和其他企业，通过发行企业债券进行保障性住房项目融资。③企业债券募集资金用于保障性住房建设的，优先办理核准手续。④强化中介机构服务，加强信息披露和募集资金用途监管，切实防范风险。

5. 2011年7月，财政部、住房城乡建设部印发《关于多渠道筹措资金确保公共租赁住房项目资本金足额到位的通知》

主要内容包括：①尽快将公共租赁住房建设任务分解落实到具体项目，确定投资模式并测算项目资本金需求。保障性住房和普通商品住房项目的最低资本金比例为20%。②按照公共租赁住房投资主体，分别由企业和政府解决项目资本金。③加大政府筹资力度，确保公共租赁住房项目资本金及时足额到位。④按照工程进度支付建设资金，保障建设资金专款专用。

6. 2012年2月，财政部发布《关于切实做好2012年保障性安居工程财政资金安排等相关工作的通知》

主要内容包括：①切实落实资金来源，确保不留资金缺口。②拓宽资金来源渠道，加大保障性安居工程投入力度。一是2012年增加的地方政府债券收入要优先用于保障性安居工程，加大地方政府债券收入用于保障性安居工程的投入力度。二是个人住房房产税试点地区取得的房产税收入，要专项用于保障性安居工程。三是各地可从国有资本经营预算中适当安排部分资金用于支持国有企业棚户区改造。四是各地要从城市维护建设税、城镇公用事业附加费、城市基础设施配套费中安排资金，加大保障性安居工程小区外配套基础设施投入，完善配套功能。③创新财政支持方式，引导社会资金投资保障性安居工程。各地对商业银行发放的公共租赁住房建设贷款可以按规定予以贴息，贴息幅度可按2个百分点左右掌握，贴息期限按贷款期限确定，原则上不超过15年，具体贴息政策由市、县人民政府确定。研究扩大住房公积金贷款支持保障性安居工程的试点范围和规模，重点支持公共租赁住房建设。④落实税费优惠政策，努力降低保障性安居工程成本。⑤保证资金及时到位，提高资金使用效益。⑥加强资金监督管理，确保资金专款专用。

第二部分　保障房建设资金筹集的国际借鉴

本部分重在分析和比较亚洲和欧洲部分国家保障房建设过程中的资金来源渠道，包括具体做法和各自特点，为我国提供借鉴。

一、亚洲主要国家和地区

（一）日本：住宅公团、公营住宅和金融公库构成三大支柱

日本结合本国国情，建立了较为完善的住房保障体系，形成了多渠道的住房供应体系。日本住房建设的资金主要有两大来源：国家投资和民间投资，在此基础上形成了住房供应的两大体系：公共住宅和私营住宅。公共住宅是在国家的资助下由地方政府和公共团体建造的住宅。而私营住宅又称"私房"，是由私人或民间企业集资建造的住宅。具体来说，日本公共住宅（即保障性住房）包括三大类型：①公营住宅，由国家拨款补助地方政府兴建的住宅，用于向低收入家庭出租，约占住宅总量的 7.6%。②公团住宅，由国家投资建立住宅公团，为城市中等收入者建造住宅，并给予租、售优惠。③公库住宅。即住宅金融公库为住宅供应提供资金支持（长期低息贷款），对老年人、残疾人提供更多的优惠，利率比普通贷款低 5~6 个百分点，贷款期为 25~35 年。

1. 住宅公团

住宅公团的资金运作主要采取向政府和民间机构贷款，建房后出售回收，然后归还贷款的方式。以 1993 年为例。除资本金外，公团向政府贷款 139723 亿日元；向民间机构贷款 39151 亿日元；发行住宅都市整备债券 36331 亿日元；发行特别住宅债券和宅地开发债券 1389 亿日元。其中向政府贷款是公团最主要的建设资金来源，占公团贷款总额的 64.5%，占公团整个建设资金的 64.1%。不仅如此，政府对公团贷款实行利率优惠政策，年利率为 4%。除此之外，政府对公团的贷款实行利息补偿制度，在每年的年度预算中，对公团的经营事业进行财政补助（候晰珉，1995）。财政性贷款的资金来源主要是邮政储蓄、国民年金、简易人寿保险等，资金由大藏省资金运用部托管，以低息贷款形式提供给都市整备公团。

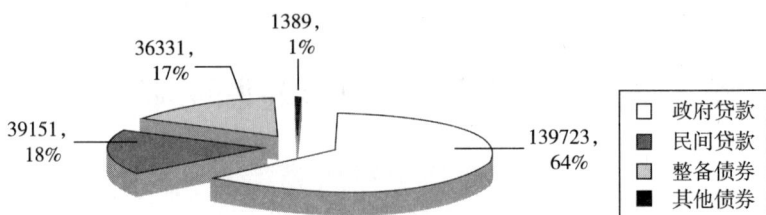

图1　住宅公团资金来源（以 1993 年为例，单位：亿日元）

2. 公营住宅

公营住宅的资金主要包括获取和维护房源的成本（土地取得资金、建安工程费用、基础设施建设费）以及补助住户的公营住宅租金与市场租金之间的差额。《公营住宅法》明确指出公营住宅建设中的土地费用全部由地方政府负担；建安工程费用及基础设施建设费由国家财政补贴，其中地方政府直接建设或收购民宅的情况，国家补贴二分之一，地方政府出资二分之一；地方政府租用民宅的情况，建安工程费用有民间业主自行承担，基础设施建设费，国家、地方政府和业主各分担三分之一。租金补贴方面，对于市场租金和公营住宅租金的差额，国家和地方政府各补贴一半。

3. 住宅金融公库

日本运用财政和金融手段，创造了独特的住宅金融公库模式，向普通居民提供长期低息的住宅资金，为解决日本国民的住房，特别是稳定金融市场的利率和资金，发挥了巨大作用。住宅金融公库设立于 1950 年。在日本，凡是居民建造或购买的住宅在国家规定的标准内，均可向住宅金融公库申请低息贷款，平均利率比商业银行贷款低 30%，贴息由财政部门承担。

公库的贷款对象主要包括以下 4 类：一是建造或购置私有住宅的个人，二是建造租赁用住宅的个人（或法人）以及地方住宅供给公社，三是建造出售用住宅的地方住宅供给公社或民间开发商，四是从事旧城改造的企业等。其中以第一类为主要的业务内容，这一类贷款在贷款总额中约占 85%，在住宅套数中约占 75%。虽然相当一部分资金依靠地方政府，但大多数的资金来自国家"财政投融资"[①]，通过地方债、交付税等形式由国家补偿给地方。

---

① 财政投融资：日本政府于 1953 年推出的计划，利用来自邮政储蓄、养老金等国家特别预算的"资金运用部资金"和来自简易生命保险等的"简保资金"对住宅、中小企业、农业渔业、产业技术、海外经济、社会配套等提供金融服务。

(二) 韩国: 以国民住宅基金为主导的融资体系

韩国解决公共住房筹资问题的主要措施是住宅金融, 其按供给主体可分为公共金融和民间金融。公共金融是指根据《住宅建设促进法》设立的国民住宅基金, 民间金融是指韩国住宅银行的民营住宅资金、期付金融公司的期付金融以及国民银行等国内银行和保险公司等所经营的住宅资金。影响较大的为国民住宅基金和民营住宅资金。1996 年期付金融制度引进以后, 住宅期付金融也占一定比重。

国民住宅基金是根据《住宅建设促进法》为无房户百姓筹措和供给购置住房所需资金的基金, 于 1981 年 7 月开始设置。基金的管理由建设交通部负责, 委托韩国住宅银行管理。基金的来源有国民住宅债券 (国债)、住宅预约储蓄①、政府财政、国债管理基金预收金、住宅彩票、国外贷款、利息等。

国民住宅基金主要用于事业者金融、土地开发金融以及消费者金融。事业者金融中有国民住宅建设资金、租赁用住宅建设资金、劳动者福利住宅资金、公司社员住宅建设资金、多户住宅建设资金等; 土地开发金融包括为地方政府、大韩住宅公社、韩国土地公社等所筹措的资金; 消费者金融包括国民住宅出让资金、劳动者福利住宅出让资金、再开发租赁资金、典当资金、居住环境改善资金等。

尽管国民住宅基金使用广泛, 但是其大部分主要是支援给住宅开发商。贷款给住宅开发商的资金为短期资金, 按期偿还或出让住宅时转移给购房者。公共部门的国租房开发可从国民住宅基金得到 20 年期、固定 4% 利率的优惠贷款, 私人部门进行的公租房建设可从国民住宅基金得到 15 年期、固定 4% ~5% 利率的优惠贷款。1995 年时国民住宅基金发放出售型住宅贷款 2.48 万亿韩元, 占国民住宅基金住房建设贷款发放总额的 66%, 而 2002 年时该比重下降至 10%, 同时公共租赁住房建设贷款占国民住宅基金住房建设贷款发放总额的比重却上升至 90%。在 1981 年到 2002 年间, 国民住宅基金每年支援建设 15 万到 20 万套公共租赁住宅或公共出售住宅, 这期间共支援建设了 347 万套住宅, 占了同期新建住宅总量的 35.7%。如在卢武铉政府提出的在 2003 ~2012 年期间共建设 100 万户国民租赁住宅计划中, 100 万户国民租赁住宅建设资金筹措计划方案为总事业费56.1 万亿韩元, 其中政府财政支援 20.2%、住宅基金支援 40%、入住者29.8%、实施事业者 10%、即政府支援占主导, 达 60.2%, 见图 2。

---

① 住房预约储蓄制度是指, 先将有关认购住房储蓄存在在指定银行, 过了一定时期后就获得由公共部门或民间住宅事业者所建设的公共住房认购权的制度。住房储蓄制度的重要功能就是通过动员民间资本, 筹措国民住宅基金以及住宅银行资金。

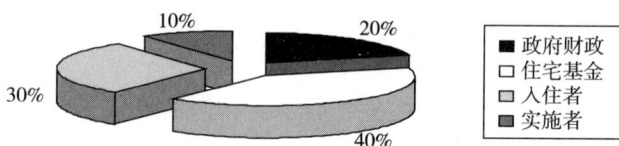

图2　100万户国民租赁住宅建设资金筹措计划

（三）新加坡：政府主导的公积金制度

新加坡政府十分明确自身在解决住房问题上的责任。1960 年根据《住宅发展法》成立住宅发展局（建屋发展局），代表政府行使权力，负责制定组屋发展规划及房屋管理，实现"居者有其屋"目标。目前，新加坡保障房的覆盖率高达85%，居世界首位。

新加坡解决保障房融资主要依靠公积金制度。新加坡从 20 世纪 50 年代开始强制推行公积金制度，每个在职新加坡公民需把40% ~50% 的个人收入放到由中央公积金局统一归集、管理和运营的"公积金池"中，这其中近 80% 的资金被用于保障房的建设和消费。

公积金制度融通保障房资金的基本运作模式是：新加坡中央公积金局将约80% 的公积金，通过购买政府债券的方式转移给中央政府，中央政府再以拨款和贷款的形式转移给专门负责保障房建设、配租、配售的政府机构——建屋发展局。拨款资金主要用于租金补贴，贷款则分为建房贷款和购房贷款两类。其中，建房贷款用于保障房的建设，购房贷款则以优惠组屋抵押贷款的形式发放给符合条件的购房者。1986 年以前，建房贷款利率为 7.75%，期限 60 年，购房贷款利率为6%，期限 10 年；1986 年以后，两类贷款的期限统一为 20 年，建房贷款的利率比中央公积金存款利率高2%，购房贷款利率与中央公积金存款利率相同。

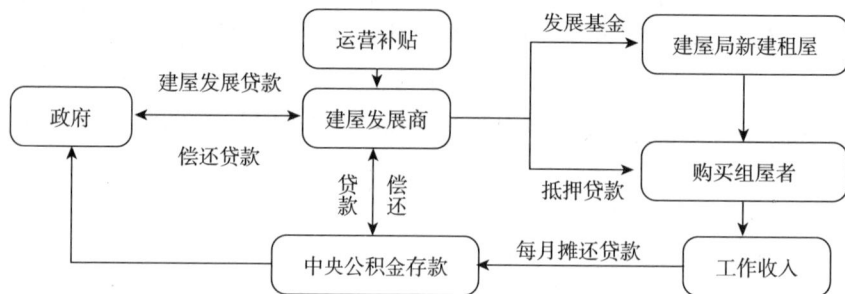

图3　新加坡公共组屋建设融资渠道

资金使用具体见图 3：①建房贷款：公积金除留足会员提款外，其余全部用于购买国家债券，政府把这部分资金贷给建屋发展局作为发展贷款。②购房贷款：居民从建屋发展局购房后，由建屋发展局提供分期付款贷款，并垫付周转资金，政府需给建屋发展局提供购房贷款。③政府补贴：建屋发展局出租组屋的租金和出售组屋的价格由政府确定，远远低于市场价格，收支亏损需要政府每年从财政预算中列支予以补贴。

（四）我国香港地区：政府主导与市场相结合

我国香港地区于1954年开始实施公共房屋计划，此后在实践中逐渐形成了一套完善的公共房屋制度，并取得了巨大成功。目前，约50%的人口居住在政府建设和私人机构参建的公屋中，其中，约30%的人口租住在公共租屋，约18%的人购买了居屋。香港公屋建设主要有以下融资途径。

1. 专项基金

50年代以来，香港政府利用财政盈余建立了一系列基金用以满足政府公共开支需要。其中，用于支持公务建设的基金除了发展贷款基金外还有"居者有其屋计划基金"、"租者置其屋计划基金"和"夹心阶层住屋计划"等。

2. 政府资助与投资

一是通过免费拨地、拨款提供资助。

二是提供贷款。如政府在70年代初至80年代中期，将部分发展贷款基金以借款的形式借给香港房屋委员会（房委会），期限40年。

三是股本投资。1988年，房屋委员会改组后，由政府资助部门转变为财务上自负盈亏的独立机构，政府将居者有其屋计划基金和发展贷款基金注入作为普通资本，同时注入100亿港元作为永久债权，年息5%。1994年，政府又将房委会尚未偿还的135亿贷款转为普通股份。

3. 房委会进行市场运作

即房委会出租公屋及其附属商业楼宇和出租居屋等，具体做法有：

一是公屋以低于市场价格的租金出租给符合条件的租户，租金收入虽不能弥补开发建设成本，但满足房委会的日常运营支出。

一是按市值租出公共房屋附属的商业设施和非住宅设施，如商场、街市铺位和停车场。房委会下辖的公屋小区附属设施齐全，不仅方便了居民生活，也使房委会成为香港最大的商场及停车场设施业主，其市场占有率分别约为11%和16%，每年通过出租商业楼宇可获得十几亿港元盈利。

三是出售居屋。房委会通过居者有其屋计划、私人机构参建居屋计划和混合发展计划和租者置其屋等各项计划，将部分居屋资源出售给符合购买资格的居民，也获得大量的收入回报。20世纪90年代，房委会出售居屋所得在其收入中占比达到50%。2000年后，因政府专注于公屋计划，取消了居屋计划，房委会财政一度陷入困境。

四是活化资产，分拆商业资产上市。房委会通过分拆名下的零售和停车场设施，成立房地产投资信托基金。典型代表是房委会于2003年分拆出售旗下大部分商场及停车场给一家新成立的基金公司即领汇房地产信托基金，由此获得338亿港元，房委会据此表示"只要加以善用，20年内不需政府注资"。

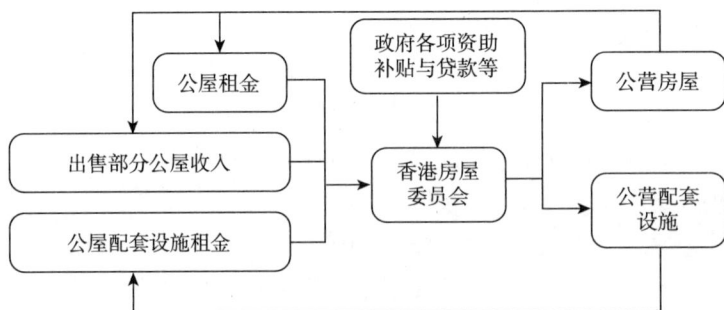

图4 香港公共住房资金筹集方式

二、欧美主要发达国家

（一）美国：发达的住房金融

美国通过发达的住房金融如次级债为低收入者提供便利的住房消费金融服务，并且创立了多种形式的住房金融，如组团基金、住房信托基金、免税债券融资等为低租房的开发和运行提供了支持，此外还积极鼓励非营利性组织进行低租房的开发。

1. 组团基金

联邦政府曾经承担了美国住房政府几乎全部的责任，现在则越来越倾向于让州和地方政府来开发和资助他们自己的住房项目。这种转变不仅反映了联邦住房资助的不足，也反映了资助从以前的集中化分类别的方法到组团基金方法的转变。一是组团基金。1986年《税务改革法》设立了低收入住房税收补贴，1987年的紧急收容所基金项目，1990年设立了艾滋病病人住房机会和住房投资合作项目，这些都属于组团基金的范畴。二是社区发展组团基金。1974年通过的住房与社区发展法设立了社区发展组团基金，给予州和地方政府更多权利来决定如何使用联邦资金。虽然社区发展组团基金所替代的项目并没有特别着重住房，但是社区发展组团基金允许广泛的住房相关的支出。该项目在住房领域唯一的限制是禁止地方政府使用社区发展组团基金开发新住房。因此社区发展组团基金项目中的 28% 的资金用于住房，每年大约在 10 亿美元左右，其中大多数用于修缮住房。三是 HOME 投资合伙人项目。HOME 项目是最大的专为中低收入住户提供廉价住房的联邦组团基金项目，到 2004 年，HOME 项目已经为州和地方政府提供了超过 145 亿美元的资金，为 90 多万租房户和购房者提供了资助。HOME 资助的项目必须面对收入不高于地区平均水平的 80% 的住户。

2. 住房信托基金

美国全国由州、县、市设立的住房信托基金超过 350 个，这些基金每年提供超过 7.5 亿美元的资金来提供多种多样的住房资助。住房信托基金为解决地方住房需求提供了最灵活的资助形式。因为他们的资金来源由州和地方政府控制，住房信托基金在使用时通常比联邦住房项目面临更少的限制。住房信托基金一般由政府或半政府机构执行，运行由董事会指导，董事会的代表包括银行、地产经纪人、开发商、低收入者等等。信托基金的资金通常来自于房地产交易过程的税和费用。州级信托基金的最常见资金来源是房地产交易税。市级住房信托基金的资金主要来源于对非住宅开发项目征收的不同类型的"联系费"。县级信托基金则主要是文件记录费。除了资助新项目开发和对现有的项目进行修缮之外，信托基金还提供以下服务：为无家可归者修建的临时性住房提供资助、为住房提供防寒和基金修补、为非营利性住房开发商提供贷款支付工程开发前期费用、面对租户的房租补贴等等。

3. 免税债券融资

由州政府发起的第一个住房补助项目通常包括由免税债券融资的抵押贷款，这主要是为首次购房者或多户出租房开发项目提供的。通过免除这些债券收益的个人所得税，政府机构可以把债券以低利率出售给投资者，随后用出售免税债券获得的收益来发行低息抵押贷款。联邦政府限制各州一年内所能发行的免税债券的数目，2003 财政年全国总数为每年 247 亿美元。私人活动债券的使用范围并不只是限于住房，还可以用于经济发展、排水设施、公共交通和学生贷款，包括抵押贷款收益债券、抵押贷款补贴凭证以及多户住房债券等等。

(二) 英国：发挥非营利性机构的主体作用

1980～1990 年期间英国进行房改后，把全国公房由政府所有逐渐转化为住房协会所有，并由住房协会出售公房和提租，并且通过贷款解决资金短缺问题，以筹措维修资金。由此，英国保障房融资逐步形成了以中央政府政策和投资支持、区域上平衡财政补贴流向、地方政府监督和指导、住房协会管理和建设、私人部门和金融机构多方参与的模式。

住房协会、建房社团等非营利性民间企业在英国公共住房建设与管理中起着举足轻重的作用。据 1974 年住房法给出的定义，住房协会是不以营利为目标，从事建设和管理住房的团体、公司或受委托管理的组织。早在 1866 年就有公共住房志愿团体向公共事业贷款局贷款营建公共住房。1960 年全国住房协会联合会有会员单位 638 个，到 1984 年已超过 4400 个，仅大伦敦地区就聚集了 40% 以上的住房协会。各住房协会虽然服务对象与方式不同，但都在为公共领域和市场领域之外的贫困居民提供公共租赁住房，填补了政府与市场的空缺，为改善城市边缘人口居住状况起到了不可替代的作用。

(三) 德国：住房合作社 + 住房储蓄

两德统一后，德国的住房政策逐步沿着私有化路径发展，以"合作"为特点。

1. 公私合作

即政府和社会投资人（开发商、建筑企业或个人）合作建房。政府划出特定区域用于建设低收入人群住房，参与建设的社会投资人须首先与政府签订合作协议，在一定期限内按成本价将房屋出租给低收入群体，租金与市价的差额由政府补贴给投资人。联邦政府和各州按照一定比例通过住房政策性银行向投资者提供无息住房建设贷款，偿还期可达 30～35 年。偿还期结束后，合作协议约束解除，房屋所有人可以按市场价格出租、出售房屋。

2. 住房合作社

合作社建房的部分资金来自会员缴纳的会费，相当于首付款，一部分资金来自政府提供的长期低息贷款。此外，政府还对合作社的商业贷款提供偿付保证。政府提供的其他优惠政策包括：①提供价格合理的土地。这些地皮一般位于市郊，甚至是荒地或城市中的废旧住房。②减少税收。对所得税、财产税、土地转移税和交易税等，均以较低税率向合作社征收。③低收入家庭享受补贴租金。即低收入家庭缴付房租超过其收入三分之一的部分享受政府补贴。

3. 住房储蓄

继续激励低收入家庭参加住房储蓄。主要的激励方式有：①住房储蓄奖励。对年收入不超过 5 万马克的单身居民和年总收入不超过 10 万马克的夫妇，每年给予相当于储蓄额 10% 的奖励。②针对"雇员资金积累款"的储蓄奖励。企业除每月支付雇员工资外，还要付给雇员用于积累的资金，并存入长期账户，这笔资金每年最多可达 936 马克。

三、对我国保障房建设资金筹集的借鉴

（一）成立专业的保障房融资和建设管理机构

美国先后成立了住房管理署、联邦住宅管理局、退伍军人管理局等多个住房管理机构。新加坡成立了专门的住宅发展局（建屋发展局），负责全国所有公共住房的规划、建造和管理。这些保障房融资和建设管理机构，为国家保障性住房政策目标的实现提供了强有力的机构支持。

（二）引入非营利机构提高保障房建设和管理效率

从上述城市的经验来看，充分发挥非营利性或者低营利性社会住房机构在公共租赁住房的建设和管理主体的作用，有利于减小政府的财政负担，提高管理效率。例如东京是都市整备公团具体实施公共租赁住房建设计划，纽约是由私营开发商或住房协会等各类非营利组织进行管理，伦敦的住房协会和建房社团等非营利性民间企业在公共租赁住房建设和管理中起着举足轻重的作用，香港的房屋协会负责策划、兴建和出租一些特定类别的公营住房。

（三）政府投入是保障性住房资金筹集的基础

保障房建设资金很大程度上依赖政府的财政拨款和公共资产管理收入。此外，土地也被视作是保障性住房融资的一条重要的途径。许多地方政府利用土地市场支持保障性住房建设。在美国和欧洲，将地方政府拥有的土地捐赠、租赁或出售给保障性住房开发商和管理机构是一种常见的做法。

（四）政府通过各种制度安排为多元化融资主体提供激励

由于保障性住房建设资金需求量大，除财政资金外，保障房资金来源逐步从单一政府供给模式向以政府为主导的多元融资模式转变。各国政府积极运用财政补贴、税收优惠和贷款支持政策加大对社会机构和私人参与保障性住房建设的支持力度，以增加保障性住房的供应量。如韩国政府给予大韩住宅公社建设各种优惠政策，包括取得国民住宅基金低息贷款的优先权，土地价格仅为市场价的60%～80%，税收优惠以及津贴援助，这都极大地降低了公共租赁住房的建造和

运营成本。美国政府通过税收优惠政策吸引社会资本参与保障房建设。英国政府采取的住房私人主动融资模式（PFI）目的也在于吸引私营企业参与。

（五）财政支出在补贴住房供给的同时，加强对需求方补贴已成为重要趋势

低收入群体的住房消费补贴主要来自政府财政。政府通过加大对中低收入者的补贴，帮助他们在租用或购买合适的住房。由于保障房使用主体的信用存在一定缺陷，政府还通过对中低收入者提供贷款支持，帮助他们提升购房能力。如德国设立政策性银行给予低息贷款，美国设立 FHA、VA 提供担保，对低收入家庭购房贷款提供贴息。

（六）重视住房金融创新，运用金融产品和工具为保障房融资

随着资本市场日趋完善，通过资本市场吸收社会资金投资保障性住房已成为发达国家解决保障性住房建设资金问题的重要手段。为此，发达国家通过进行积极的住房金融创新，开发多种金融产品和工具，吸收了大量社会资金参与到保障性住房建设中。如美国创立多种形式的住房金融工具，如组团基金、住房信托基金、免税债券融资等，为低收入者提供便利的住房消费金融服务；新加坡通过实施"住房公积金资助计划"，对公积金缴纳者购买住房提供长期、低息贷款支持；日本建立住房金融公库，在为向银行或者其他金融机构在投资建设住房方面提供融资支持的同时，向低收入家庭发放长期、低息的住房贷款；韩国实施要约住房储蓄制度并建立了国民住宅基金。

第三部分　国内现有保障房建设资金渠道比较和分析

一、现有保障性住房建设资金渠道分析和比较

（一）政府投入是保障性住房建设资金的基础

1. 财政资金

2011 年 9 月，国务院办公厅颁发了《关于保障性安居工程建设和管理的指导意见》（国办发〔2011〕45 号），指出："中央继续加大保障性安居工程资金

补助力度，各级地方政府将障性安居工程放在财政预算的优先位置，不断加大财政性资金投入力度"。财政资金是我国各地保障性住房建设筹资渠道的重要组成部分。从具体使用方式看，财政资金在保障性住房建设中主要用于：直接投资、资本金注入、投资补助、贷款贴息等。其中，财政资金多数作为本金注入保障性住房建设项目。以公共租赁住房为例，政府投入是其重要的项目资本金来源。

表1 公共租赁住房投资模式与项目资本金来源

公共租赁住房投资模式	相应项目资本金解决方案
政府直接投资建设	由政府注入项目资本金，其项目资本金资金来源可从中央补助资金、省级补助资金、市县政府公共预算安排的资金、土地出让收益安排的资金、住房公积金增值收益安排的资金，以及地方政府债券资金等渠道筹集
政府组建专门投资公司或利用已有国有房地产开发企业投资建设	
政府通过优惠政策引导企业投资建设	项目资本金由企业按照国家现行政策规定由相关企业自行解决，政府可以通过投资补助、贷款贴息等优惠政策予以支持
在房地产开发项目中配建	

另外，部分城市在实践中，承担公共租赁住房建设的国有房地产开发企业垫支了部分资金，这部分资金往往最终仍由财政资金偿还。

从中央数据看，2012年，中央住房保障支出安排2117.55亿元，增长23.1%。加强保障性安居工程建设，适当扩大农村危房改造范围并提高中央财政补助标准，扎实推进游牧民定居工程建设，安排资金1787.46亿元，增长24.8%。

从地方数据看，2007年至今，北京市各级财政累计用于保障性安居工程的资金近400亿元。2011年，上海市级财政向各区县下达公共租赁住房专项补助资金31.3亿元，其中包括中央财政补助资金5.8亿元，用于公共租赁住房运营机构及其投资项目的资本金。区级财政按照两倍的比例提供配套资金。

2. 土地出让金净收益

2007年11月建设部出台的《廉租住房保障办法》中就规定土地出让净收益用于廉租住房建设的计提比例不得低于10%。2011年9月，国务院办公厅在颁发的《关于保障性安居工程建设和管理的指导意见》（国办发〔2011〕45号）中进一步明确要求土地出让收益用于保障性安居工程建设的比例不得低于10%。我国保障性住房建设总体上实行"省级政府负总责、市县政府抓落实"的运行机制，因此土地出让金净收益是地方政府进行保障性住房建设的重要投资资金来源。

然而实际实施情况并不理想。2010年11月，国家审计署于公布了"19个省市 2007~2009 年政府投资保障性住房审计调查结果",指出在重点调查的 32 个地级以上城市中北京、上海、重庆、成都等 22 个城市从土地出让净收益中提取廉租住房保障资金的比例未达到 10% 的要求;三年里,这 22 个城市少提取土地出让净收益共计 146.23 亿元[①]。

3. 住房公积金增值收益

住房公积金是在职职工及其所在单位按国家《住房公积金管理条例》等有关规定缴存的长期住房储蓄。实行住房公积金制度对加快我国城镇住房制度改革,完善住房供应体系,改善中低收入家庭居住条件等发挥了十分重要的作用。2011 年 9 月,国务院办公厅颁发的《关于保障性安居工程建设和管理的指导意见》(国办发〔2011〕45 号)明确要求住房公积金增值收益在提取贷款风险准备金和管理费用后,全部用于公共租赁住房和廉租住房的建设。

(二)银行贷款是主要筹资渠道

银行贷款是目前保障性住房建设的主要融资渠道。按贷款对象可分为对保障房建设企业贷款和对融资平台贷款。按照资金性质,分为商业银行贷款、政策性银行贷款、住房公积金贷款和外资银行贷款等。

1. 商业银行贷款

银行贷款是房地产开发过程中最为常用的融资模式,也是目前我国房地产开发领域最为主要的资金来源。同样,商业银行贷款也是目前保障房建设融资的主要渠道。各地方政府下属开发公司在进行公共租赁住房建设时,除财政拨款作为资本金外,其他建设资金大多数来自银行贷款,据不完全统计,目前银行贷款占全部公共租赁住房建设资金的比重应该超过 70%。

按照国家有关文件规定,对保障房建设贷款给予政策优惠。例如,公共租赁住房建设贷款利率下浮时其下限为基准利率的 0.9 倍,贷款期限原则上不超过 15 年。另外,各地对商业银行发放的公共租赁住房建设贷款可以按规定予以贴息,贴息幅度可按 2 个百分点左右掌握,贴息期限按贷款期限确定,原则上不超过 15 年,具体贴息政策由市、县人民政府确定。

例如,2010 年 11 月北京建委与建设银行签订 200 亿元的战略贷款,比商业贷款利率下调 10%,贷款期长达 30 年。根据协议,建行北京分行将通过金融产品创新为北京市各类保障性住房、旧城保护性改造和修缮等项目提供金融服务。

---

① 19 个省市 2007 年至 2009 年政府投资保障性住房审计调查结果。

2. 政策性银行贷款

从中央部门看，2011年，住房和城乡建设部与国开行在北京签署《开发性金融支持保障性安居工程建设合作协议》，双方在住房保障投融资机制创新、住房保障体系建设、资金筹措方案研究与实施等方面加强全面合作，加快解决中低收入家庭住房困难问题。根据协议，住房和城乡建设部与国开行将坚持"规划先行、政府主导、市场化运作"，合作开展保障性安居工程的发展战略、中长期规划、专项规划以及相关政策的研究，共同支持各地选择、整合、培育保障性安居工程投融资机构，为保障性安居工程建设提供资金支持和其他综合金融服务，共同推动各地建立健全符合地方实际的住房保障体系和住房保障制度。国开行2011年计划新增1000亿元贷款规模，专项用于保障性安居工程项目建设，积极支持各地完成当年建设1000万套的任务。

从地方上看，北京市与国开行签署了500亿元额度的战略合作协议支持保障性住房建设，对公共租赁住房等项目给予贷款利率、贷款年限以及放款条件等方面的优惠。天津市由国家开发银行天津市分行牵头组成银团，负责为"十二五"期间的公共租赁住房建设提供330亿元专项贷款支持。广州市住房保障办与国家开发银行广东省分行签署《开发性金融合作协议》，2012年至2016年期间双方在保障性住房建设领域的合作融资总量不低于200亿元。

3. 住房公积金贷款支持保障性住房建设试点

为了加大住房公积金对保障性住房的支持力度，2009年10月，住房城乡建设部等七部门联合发出《关于利用住房公积金贷款支持保障性住房建设试点工作的实施意见》（建金〔2009〕160号）指出，可将住房公积金部分结余资金通过贷款的形式支持保障性住房建设。

2010年8月，住房和城乡建设部等七个部门联合确定了北京等28个城市[①]中的133个公共租赁住房等保障性安居工程建设项目成为住房公积金贷款支持保障性住房建设的试点项目，总贷款额度达到约493亿元。随着公共租赁住房建设的大规模推进，资金需求越来越大。

2009年，住房和城乡建设部等部门印发了《关于做好利用住房公积金贷款支持保障性住房建设试点工作的通知》，同时在全国确定了28个城市、133个保障性住房项目进行试点，贷款额度约为493亿元。

2010年，北京市作为首批试点的城市之一，进行了公积金支持保障性住房

[①] 28个城市指：北京、天津、重庆、唐山、运城、包头、大连、长春、哈尔滨、无锡、杭州、宁波、淮南、青岛、济南、福州、厦门、洛阳、武汉、长沙、儋州、攀枝花、昆明、西安、兰州、西宁、银川和乌鲁木齐。

的建设，有 15 个项目获得了公积金贷款支持，贷款总额度为 150.41 亿元。上海为住房公积金贷款支持保障性住房建设的试点城市，首批投放贷款资金约 10 亿元。天津市确定秋丽家园、秋怡家园、民盛园、天欣花园、满江东道 5 个项目、6000 套公共租赁住房为申请利用住房公积金贷款支持保障性住房建设试点项目，贷款额度约 20 亿元，贷款期限 5 年。

4. 外资银行贷款

针对公共租赁住房"项目贷款资金需求量大、资本金需求量大、资本金占压时间长、贷款期限长"的"两大两长"融资难点，天津与中德住房储蓄银行合作，结合该行提供专业化保障性住房金融服务的特点，对选择中德银行项目贷款的公共租赁房开发企业，给予三项融资政策优惠：一是在划拨土地、减免大配套费等政策优惠基础上，通过配建 30% 商品房解决先期资本金筹集问题；二是由财政垫息 50%，解决租赁期还款能力不足问题；三是贷款 10 年期间只还息不还本，10 年后销售公共租赁住房收回投资，偿还银行贷款本金。截至 2010 年，已使用中德银行贷款新建 3 个项目、约 4000 套、22 万平方米。

5. 对融资平台贷款

对于政府投资建设的公共租赁住房项目，银行业金融机构可向符合条件的直辖市、计划单列市及省会城市政府融资平台公司发放贷款，融资平台公司贷款偿付能力不足的，由本级政府统筹安排还款；银行业金融机构也可向符合条件且经总行评估认可、自身能够确保偿还公共租赁住房项目贷款的地级城市政府融资平台公司发放贷款。

其他市县政府投资建设的公共租赁住房项目，可在省级政府对还款来源作出统筹安排后，由省级政府指定一家省级融资平台公司按规定统一借款。借款人和当地政府要确保按期还贷，防范金融风险和债务风险。

（三）其他融资渠道通过探索创新作为补充

除财政资金投入和银行贷款外，各地在实践过程中积极探索其他多种融资渠道，弥补保障房建设资金的不足。

1. 债券融资

债券融资包括政府债券和企业债券。

（1）政府债

我国目前除法律和国务院另有规定以外，地方政府不得作为融资主体发行地方政府债券，因此，政府债券主要是中央代发的地方政府债券资金，按有关文件规定优先安排用于公共租赁住房等保障性安居工程建设。

（2）企业债

企业债券按照发行债券的主体可分为两类：一是地方政府融资平台。符合规定的地方政府融资平台公司可发行企业债券或中期票据，专项用于公共租赁住房等保障性安居工程建设。二是承担保障性安居工程建设项目的企业。也可以在政府核定的保障性安居工程建设投资额度内，通过发行企业债券进行项目融资。

2011 年，北京市共安排 500 亿元私募债券额度支持保障性住房建设。先期完成的 5 家发行企业完成私募债券注册发行，总计金额达 149 亿元，为 17 个保障房项目提供了资金支持。

又如，上海市上海地产集团、城开集团、农工商房地产公司、南房集团等四家保障性住房建设单位申报发行企业债券合计约 62 亿元。

再如，浙江湖州市城市建设投资集团公司于 2010 年发行 15 亿元 7 年期企业债券，票面年利率 7.02%，募集资金全部用于旧城区改造、城市基础设施建设和经济适用房建设等项目。杭州市萧山区国有资产经营总公司于 2011 年发行 20 亿元 5 年期企业债券，票面年利率 6.90%，其中 16 亿元用于建设总建筑面积为 60 万平方米的保障性住房项目。

2. 房地产信托投资基金

北京市争取发行房地产投资信托基金，为公共租赁住房建设获取长期、稳定的运营资金。北京市与北京国际信托投资公司、民生平安信托合作，以政府持有的廉租房、公共租赁住房资产和房租收益委托设立房地产信托，在银行间债券市场发行受益券的方式进行融资，融资规模能达到 40 亿~50 亿元。

3. 社保基金、保险资金等长期资金投入

北京市金融局与北京市相关部门就保险资金投资保障房建设的技术要求、项目情况等进行细致研究。据初步估算，目前可投资于北京保障房建设的保险资金规模在 300 亿元至 500 亿元（方家喜，2011）。

上海市探索利用债权投资计划为保障性住房建设融资。一是 2011 年太平洋保险公司会同其他保险公司，以投资十年期债权计划的方式，向上海市地产集团提供融资 40 亿元用于公共租赁住房建设，利率在商业银行长期贷款利率的基础上下浮约 12%，按年调整。二是平安保险公司与上海市城投总公司签订了 7 年期债权投资计划，募集约 30 亿元资金用于保障房建设，50% 按固定利率 6.453% 计息，50% 在商业银行同期贷款利率基础上下浮 5.1% 计息。三是探索试点利用企业年金投资公共租赁住房债权融资产品，管理上海市企业年金的长江养老保险公司就购买公共租赁住房债权计划产品制定方案。

天津积极争取全国社保基金参与公共租赁住房建设，加快推动保障房投资信托基金设立工作。此外，南京市也计划通过社保基金等其他渠道筹集资金。

二、现有主要资金渠道的具体筹资办法和运作机制分析

（一）建立保障性安居工程专用融资平台

1. 案例分析

从广义上看，保障性住房融资平台包括两种模式，一是仅有融资功能的；另一种是包括投融资、建设收购和运营管理的"全能型"模式。部分省市建立了保障性住房的专用融资平台，负责资金筹措拨付，其筹资渠道主要为财政资金和银行贷款，其中财政资金是作为本金注入融资平台的，融资平台再以项目抵押、担保等方式获得商业银行的授信。

陕西省政府与省属大型企业延长石油集团共同出资40亿元成立了陕西保障性住房建设工程有限公司，向社会融资支持市县保障性住房建设。同时明确：公司作为项目建设的出资主体，主要负责项目建设资金筹措、拨付及回笼；市县政府作为项目建设主体，负责项目建设的实施、管理和项目建成后的回购。

在银行贷款融资方面具体操作方法如下：一是按照商业银行的要求，将公司拟出资项目中的项目手续办至公司名下，以项目作抵押并由延长石油集团担保的方式，向商业银行进行项目融资。二是国家开发银行陕西省分行同意将公司拟出资项目中的项目手续可不办至公司名下，而是由公司将拟出资项目进行打包抵押，并由延长石油集团担保的方式，统一向国开行陕西省分行申请融资。三是公司采用提供项目启动资金的方式，支持各地保障性住房项目建设。部分商业银行向公司的保障性住房项目融资总计101.7亿元。其中包括北京银行、交通银行、浦发银行、中信银行、长安银行、中国银行、成都银行和建设银行等。向国开行陕西分行融资80亿元。

2. 评价

2009年，为配合中央政府4万亿元投资计划，地方政府融资平台贷款规模迅速放大，2010年下半年，开始对其进行清理。根据央行《2010年中国区域金融运行报告》，截至2010年年末，我国共有地方政府融资平台1万余家，较2008年年末增长25%以上，其中县级（含县级市）平台约占70%。贷款方式以抵、质押为主，5年期以上贷款占比超过50%；贷款主要投向公路与市政基础设施；国有商业银行和政策性银行成为平台贷款的主要供给者，平台贷款在人民币各项

贷款中占比约 30%。这些平台贷款中很多未来没有现金流收入支持还本付息，主要依靠政府财政收入和土地出让金收入偿还贷款，存在较大的风险。在对地方政府融资平台进行清理的同时，为解决保障房建设融资问题，国家在政策上留下口子，保留了保障房融资平台。

这种投融资模式的特点在于政府信用的介入使得该公司能够获得银行较高的授信额度，同时也便于企业债券、公积金贷款、商业贷款、承接保险资金、社保资金等多种融资渠道的创新实践。

（二）组建综合性保障性住房建设公司

1. 案例分析

与单一融资平台的区别在于，保障性住房建设公司除承担资金筹措外，还负责项目的建设和运营管理，属于全能型的保障性住房平台。

这一类保障性住房投资建设运营企业由政府财政注资成立，负责保障性住房的投融资、收购建设和运营管理，通过银行贷款和发行企业债券等多种方式进行资金筹措，通过保障性住房出售收益、出租收益和配套商业出售收益回笼资金。

（1）北京案例

北京市成立保障性住房建设投资中心，作为全市保障性住房投融资、建设收购和运营管理的平台，市财政直接以货币形式注资 100 亿元，且每年将增资，通过银行贷款、公积金贷款、企业债券融资、保险资金和社保资金参与、信托等方式筹集资金，并由市国资委代表市政府作为出资人，形成保障性住房投融资、建设收购和运营管理"三位一体"的工作模式。

具体运作以"两个建设"和"两个机制"为核心。两个建设：即以公共租赁住房为重点的保障性住房建设和为首都功能核心区人口疏解而进行的棚户区改造安置房建设。两个机制：以实现良性的、可持续发展为目标的投融资管理机制和公共租赁住房运营管理机制。截至 2011 年底，已到位融资资金 80 亿元并实现投资 90 亿元用于保障性住房建设和收购。同时与 5 家银行签署了 750 亿元的综合授信协议。

与此类似的还有 2012 年广州市政府批准组建的保障房投融资公司，通过市场化运作方式，统一组织实施市本级主导保障性住房的投资、融资和建设。

（2）安徽芜湖案例

安徽省芜湖市的宜居投资集团公司，注册资金 80 亿元，作为保障房项目融资、建设、运营的实施主体，实行全市保障房项目的统借统还、持有和运营保障房产权资产及其配套经营性资产。以产业新城规划建设 1000 万平方米保障房为例，项目总投资约332亿元，其中，工程投资264亿元，项目配套工程投资37亿元，建设期利息31亿元。

从资金来源上看，中央财政补助约52亿元，市县区财政预算约51亿元，总计103亿元作为项目资本金，占项目总投资的31%，融资约150亿元，主要通过银行抵押贷款方式，其中保障房专项贷款100亿元，以政府优质存量房融资抵押、发行企业债券、地方商业银行短期融资等方式筹集50亿元。

从还款来源上看，主要包括保障房出售收益、租金收益和配套商业出售收益。芜湖市保障房项目到"十二五"期末总量约为1350万平方米，按保障性住房覆盖面20%持有、超出部分出售计算，约有350万平方米可出售，回笼资金约可达到78.75亿元；持有的1000万平方米部分，按建后前5年出租、5年后再出售200万平方米、出租800万平方米计算，5年的租金收益约为60亿元，5年后出售收益约为87.5亿元；配套商业按5%比例计算约为54万平方米，按8000元/平方米均价计算，收益约为35.8亿元。上述合计的资产出售收益为202.05亿元，项目建成5年后，每年约可取得14亿元的租金收入。

综合来看，100亿元的中长期贷款、50亿元的短期贷款及其每年约8亿元的资金利息，可以用项目本身的资产出售收益202.05亿元和每年的租金收入偿本付息。宜居集团长期持有、出租运营的保障房资产达800平方米。

2. 评价

政府组建的集融资、投资、建设、运营为一体的综合性保障性住房建设公司，其最根本的优势在于能够更好地解决目前保障性住房建设过程中面临的资金困境问题：一是能够充分发挥政府信用优势、整合资源扩大融资规模；二是统一融资、投资，为财政困难的市县区解决保障性住房建设资金问题。

但同时也应看到，这类主体多以公司方式进行组建，部分还可参与商业性房地产开发，有的地方还意在将其培育成上市公司。应进一步解决好如下问题：一是处理好公益性与盈利性二者之间的关系，应明确其公益性，不应参与到一般的房地产市场竞争中；二是加强融资和投资功能，建设和运营应以委托专业化企业为主，提高管理效率。

（三）吸引金融机构贷款

1. 案例分析

企业参与保障性住房建设和运营，可以通过项目开发贷款和抵押贷款的方式获得银行信贷资金。其中，项目开发贷款申请相对容易；而抵押贷款方面目前存在理论上的可行性，因为根据《中华人民共和国担保法》的相关内容，企业如果获得出让的国有土地使用权或者房屋期权，就可以申请银行抵押贷款，贷款额度不得高于抵押标的屋评估价值的 70%。

为吸引金融机构贷款，往往由地方政府给予支持，以吸引金融机构贷款。

①由政府支持提高公共租赁住房项目还贷能力。公共租赁住房较长的投资回收期与短期的借贷资金不匹配，因此，提高公共租赁住房项目还贷能力是取得银行贷款的一个重要方面。以上海为例，由区县公共租赁住房运营机构按照公司化方式直接申请贷款融资，依靠项目自身租售收益偿还本息；政府提供政策支持提高运营机构偿还本息的能力，主要包括允许公共租赁住房划拨土地使用权抵押，允许有条件的项目适当增加商业配套设施比例，允许按照偿本还息需要分期出售部分公共租赁住房和商业用房。

②调动商业银行投放保障性住房贷款的积极性。上海市采取国库现金商业银行存款招标的办法，存款资金规模 100 亿元，中标企业需按照接受国库现金存款金额的两倍投放保障性住房建设贷款，通过"存款联动"，可解决保障房建设资金 200 亿元。

2. 评价

总体看来，在保障房建设银行贷款融资方面，还存在以下问题。

①保障房贷款参照商品房贷款，条件比较严格。多数银行将保障房项目视同房地产开发项目，采取同样的贷款标准，且贷款额度一般不得高于 15 亿元，无法满足大规模保障房建设的资金需求。

②缺少对公共租赁住房建设和运营的长期贷款支持。公共租赁住房的投资回收期长，而目前银行贷款多为短期资金，例如开发贷款通常要求在 3 年内还清，这对于需要长期持有运营的公共租赁住房项目来说显然难以满足其需求。因此，保障房建设的长期资金需求与银行短期贷款的矛盾比较突出。

③利率优惠和贴息政策难落实。按文件要求，各地对商业银行发放的公共租赁住房建设贷款可以按规定予以贴息，贴息幅度可按 2 个百分点左右掌握，贴息期限按贷款期限确定，原则上不超过 15 年，具体贴息政策由市、县人民政府确定，而实际调研过程中，企业反映很难享受到政府贴息。另外，据审计署公告，2011 年 18 个省区市保障性安居工程中存在 6.75 亿元银行贷款未按规定享受优惠利率的情况①。

④公共租赁住房项目在申请抵押贷款实际操作时存在一定障碍。从政策角度说，只要企业以出让方式获得了土地使用权，就可以申请抵押贷款，但公共租赁

---

① 国家审计署 2012 年 7 月发布 66 个市县 2011 年城镇保障性安居工程审计结果公告。

住房土地供给制度尚不明确，而公共租赁住房又具有一定的政策性意义，其土地价格的估值也必然偏低，势必要影响到信贷额度。对于代建类的参与模式，因企业未取得土地使用权，也是无法申请抵押贷款的。

（四）吸引企业参与保障性住房建设

1. 案列分析

具体来说，按照"谁投资、谁受益"的模式建立公共租赁住房有条件可租可售制度。例如，青岛市在建设资金的筹集和运营模式上，项目按照"谁投资、谁受益"的模式，开发建设单位投资建设并经营 10 年后，可以通过出售实现投资回收，获得一定的利润，有利于调动企业的投资积极性，确保土地顺利出让，进一步扩大了公共租赁住房投资主体的范围，可以迅速增加公共租赁住房建设和供应规模。

①租售结合实现资金平衡。青岛市建设公共租赁住房所需资金，拟按照 30% 通过自有资金投资，70% 通过社会融资方式筹集。通过租售结合实现资金平衡。待项目建成后，通过出租或出售网点、出租住房（五年后可以出售）回收资金，达到资金平衡。初步测算，为科技孵化器配套建设的 1200 万平方米住房，约需投资 583 亿元。其中自有资金约需 175 亿元，社会融资约需 408 亿元。项目建成后，可以通过出租、销售网点以及 5 年后出售住宅的方式，回收资金约 489 亿元，用于偿还社会融资本金及利息。付息还本后，投资人还会有约 40% 的公共租赁住房、约 408 万平方米可以用于长期出租运营，通过资产运营实现保值增值。个别项目仍无法实现资金平衡的，可以适当配建部分定价商品住房以扩大投资回报率。

②建立有条件的可租可售制度。青岛市拟通过建立可租可售制度，有效吸引社会力量参与公共租赁住房建设和经营管理。其中政府投资建设和筹集的公共租赁住房，承租人租住满 5 年的，可以申请购买所租住的公共租赁住房。出售的公共租赁住房自购房人办理房地产登记之日起 5 年内，不得上市交易：5 年后需要上市交易的，由政府优先先回购，回购价格考虑销售价格加同期银行个人住房贷款基准利息等因素确定；政府放弃回购的，按届时经济适用住房上市交易的相关规定执行。房地产企业或其他企业等社会投资机构投资建设的公共租赁住房，其土地用途为住宅的，可以先租后售，出租期限不低于 5 年，出租期限届满可以继续出租，也可以按核定的价格出售。购房人办理房地产登记之日起 5 年内，不得上市交易；5 年后需要上市交易的按届时经济适用住房上市交易的相关规定执行。利用自有空闲建设用地建设的和以宿舍形式建设的公共租赁住房，只能出

租，不得出售或变相出售。

2. 评价

从实地调研的情况看，在企业参与保障房建设方面，地方政府给企业创造了拿地、可租可售等一系列的条件，帮助实现资金平衡，但在实际操作中，多数企业仍面临着许多实际困难，导致参与保障房建设积极性不大。

①企业取得贷款困难。银行认为保障房运营的风险相对较大，不愿意给企业运作的保障房项目贷款，即使能够取得银行贷款的企业，拿到的贷款往往也期限较短，利率较高。

②资金难以平衡。目前，由于大多数城市房价上涨过快导致拆迁成本增幅巨大，再加上土建和装修成本涨价较快等因素，涨幅明显较低的市场租金相对于房屋成本的收益率已降至很低水平，部分地区仅高于银行定期存款年利率的水平。而在这种情况下，大多数城市公共租赁住房的租金水平都确定为市场租金的 6 ~ 7 成，显然公共租赁住房的投资回收能力将显著下降。部分城市公共租赁住房项目仅靠租金收益甚至不足以支付每年的银行贷款利息。

广州市的万科万汇楼项目包括土地价款 1166 万元在内的总投资为 4624 万元，其中 1500 万元是万科的专项费用，剩余的 3124 万元由万科自有资金投资。万汇楼项目被称为"民间廉租房样本"，是企业运营廉租房的一次尝试。但仅就项目收益来看，按照万汇楼目前的租金水平，在出租率为 100%，且不计利息的前提下，也需要 57 年才能收回投资成本。

③支持性政策和相关补助至今不到位。一些相关的鼓励政策未形成长期稳定的政策预期，如在《关于支持公共租赁住房建设和运营有关税收优惠政策的通知》中规定了经营公共租赁住房所取得的收入免征营业税、房产税等，但规定该政策的执行期暂定三年。总体看来，企业参与保障房建设尚存在一定的障碍。

三、当前我国保障房建设融资存在的主要问题

目前，保障房建设尚未形成健全的投融资机制，特别是公共租赁住房较长的投资回收期与短期的借贷资金不匹配的矛盾比较突出。

（一）财政资金占比偏少，融资杠杆作用发挥不够充分

综合来看，尽管目前投入保障性住房建设的财政资金来源比较多，如包括中央财政资金、地方财政资金、土地出让净收益等，但资金规模和所占比例仍然偏小。同时，土地出让净收益受土地出让数量和众多成本变化的影响，不具有稳定性。另

外,财政资金的介入形式多是以资本金形式注入项目或企业,而用于扩大融资功能的如增信和贴息的部分不多,对于发挥财政资金的融资杠杆作用不够充分。

(二)商业银行贷款与保障性住房建设融资需求难以匹配

目前我国房地产开发仍是以银行间接融资为主,且多为短期性贷款。银行贷款是目前保障性住房建设的主要融资渠道,仍有许多深层次的矛盾无法解决,即商业银行承担了一定的政策性功能、贷款期限短与公共租赁住房的投资回收期长的矛盾等。由于缺乏风险补偿机制和激励机制,难以调动商业银行参与保障房融资的积极性。

(三)住房公积金支持保障房建设存在理论质疑

住房公积金用于保障性住房建设主要有两种渠道,一是住房公积金闲置资金,二是住房公积金增值收益。由于住房公积金的产权归缴存人所有,其使用方面与银行存款还不完全相同,住房公积金增值收益用于廉租住房建设的制度设计长时间被社会各界所批评,原因就在于住房公积金的产权归属问题,同样,将其用于公共租赁住房建设也面临同样的合法性问题。

另一方面,住房公积金还存在地区不平衡的问题,即东部发达地区住房公积金闲置资金很少,甚至几乎没有,而这些可能正是最需要建设公共租赁住房的地区;但中西部欠发达地区住房公积金富余量很大,在目前住房公积金不能跨地区使用的情况下,这部分资金也不能用于东部资金紧缺地区的住房建设贷款。

(四)吸引企业参与租赁型保障房建设尚存在一定的障碍

企业参与租赁型保障房建设面临更为严峻的融资困境。一是在商业银行看来,租赁型保障房投资回收期长、投资回报率低,风险较大;二是商业银行在贷款风险评估时,由于企业信用低于政府信用,往往提出更高的贷款条件,企业难以承受。因此,从吸引企业参与出发,必须加大政府相关的补贴和加快支持性政策的出台,例如政府的贴租、贴息,或者允许出租配套商业,以及允许一定年限后公共租赁住房向承租人出售等。然而,这些支持性政策和相关补助至今不到位,严重降低了公共租赁住房项目的收益能力,也在很大程度上丧失了对社会投资者的吸引力。

(五)长期资金尚未成为保障性住房资金来源的主渠道

为公共租赁住房寻找匹配的融资渠道,需要引入社保基金、保险资金等机构投资，逐渐培育成为租赁型保障住房的资金主渠道。

社保基金方面。截至 2011 年底，全国五项社会保险基金累积结余已达 2.86 万亿元，其中基本养老保险基金结余 1.92 万亿元。而据有关学者统计，1999～2009 年间，我国社保基金年均收益率仅为 2%，特别是 2008 年遭遇国际金融危机，社保基金年亏损率接近 10%。如此庞大的一笔资金，必须要有一个稳定而且相对可观的收益渠道。公共租赁住房不论从经济效益还是社会效益出发，都符合社保基金投资的要求，而社保基金用于支持公共租赁住房建设，也能在很大程度上解决其融资问题。

保险资金方面。2010 年 9 月，中国保监会印发的《保险资金投资不动产暂行办法》（保监发〔2010〕80 号）对保险资金投资不动产的行为进行了规范，明确指出："保险资金投资的不动产，是指土地、建筑物及其他附着于土地上的定着物"①。从投资条件来看，保障性住房符合保险资金的投资要求。虽然保障性住房投资回收期长、汇报利率低，投资回报率低于普通商品住房和商业用房，但是投资回报率总体上高于银行 3～5 年期的存款利率，加之有政府信用担保，投资风险低。因此，保障性住房对于保险资金还是具有一定的吸引力。

（六）直接融资处于探索萌芽状态

目前，银行贷款仍是保障房建设的主要融资渠道，债券和信托等直接融资方式所占比例较低。尽管国家从政策上鼓励保障性住房项目的债券融资，支持发行企业债券、政府融资平台债券用于保障性住房建设，但由于以下原因，短期内还难以吸引大量社会资金购买这类债券产品：一是保障性住房项目收益率相对较低；二是对发行企业要求较高；三是以保障性住房建设项目名义融资后，其所融资金是否能真正用到保障房项目本身缺乏监管，具有一定的风险。因此，综合来看，债券融资还难以作为保障房融资中主要资金来源。

信托方式融资介入保障性住房项目目前也进行了一些尝试，但由于保障性住房收益率相对较低，难以达到信托一般的回报率要求，因此总规模仍较小。从目前发行的保障房信托产品来看，受信托公司青睐的多数保障房项目是与商品房、商业地产开发捆绑的棚户区改造和安居工程，而作为保障房供应主体的公租房项目则较少。

总体上看，债券和信托等保障性住房建设直接融资方式目前仍处于探索阶段，客观上还不具备作为保障房建设主要融资工具的条件，有的进一步探索。本

---

① 中国保监会关于印发《保险资金投资不动产暂行办法》的通知。

报告将在第四部分专题研究保障房直接融资问题。

第四部分　发展保障房建设直接融资研究

本部分主要提出通过金融创新，为保障房建设开拓直接融资渠道：一是在当前信贷紧缩的情况下，减少对银行贷款的依赖；二是发挥国内民间资金充裕优势，通过直接融资将社会资金和民间资金引入保障房建设。直接融资主要包括债券融资和保障房基金融资两大类型。以下分别进行研究。

一、利用发行债券为保障房建设融资

（一）债券融资支持保障房建设的必要性和可行性

1. 中长期债券融资与保障房建设和资金回收期长的特点相适应

保障房的建设周期一般在 2～3 年。特别是租赁型保障房（廉租房和公共租赁房）不能通过一次性出售回收资金，每月收取的租金相对有限，本金回收需要较长时间，因此发行中长期债券能够与保障房的建设和资金回收周期相匹配。

2. 固定利率债券能够锁定保障房融资成本

在货币政策不断紧缩的背景下，发行固定利率债券能使保障房融资主体锁定成本，降低未来利率大幅上升导致的还款压力，避免借款人违约现象的频繁发生。

3. 保障房债券满足投资者的风险收益偏好

如果目前发行保障房相关债券，并实行严格监管，同时提供不低于同期国债收益的担保，则既满足了投资者的风险收益偏好，又解决了保障房融资难问题。

总的来看，债券融资具有期限长、利率低的优势，是保障性住房项目市场融资的较好工具。

（二）不同债券融资比较

债券融资包括政府债券和企业债券。政府债券又包括中央债和地方债。企业债券又包括公司债和项目债。

1. 政府债券

我国目前除法律和国务院另有规定以外，地方政府不得作为融资主体发行地方政府债券，因此，政府债券主要是中央代发的地方政府债券资金，按有关文件规定优先安排用于公共租赁住房等保障性安居工程建设。

《财政部关于做好发行 2011 年地方政府债券有关工作的通知》（财预〔2011〕29 号）要求地方各级财政部门要将 2011 年地方政府债券资金优先用于保障性安居工程，要进一步明确和细化地方政府债券资金用于公共租赁住房等保障性安居工程的具体资金数额，加大对保障性安居工程的投入力度。要全面落实保障性安居工程建设和运营涉及的各项税费优惠政策。要继续落实廉租住房、经济适用住房、公共租赁住房以及棚户区改造涉及的营业税、房产税、城镇土地使用税、土地增值税、印花税、契税等税收优惠政策。由于地方政府债具有准国债性质，而且信用高、融资成本低，以地方政府债形式筹集保障房建设资金，有利于降低保障房融资成本，缓解资金瓶颈，加快保障房建设进程。

2. 企业债券

企业可以通过两种发行债券的模式来扩充保障性住房建设资金。一是公司债，即主要解决公司流动资金的债券；二是项目债，即针对固定的保障性住房项目发行的债券。

2011 年 6 月，国家发改委制定了《关于利用债券融资支持保障性住房建设有关问题的通知》，为企业债支持保障房建设扫清了制度障碍。该通知允许投融资平台公司与其他企业申请发行企业债券，筹措保障房建设资金。按照发行债券的主体可分为两类：一是地方政府融资平台。符合规定的地方政府融资平台公司可发行企业债券或中期票据，专项用于公共租赁住房等保障性安居工程建设。二是承担保障性安居工程建设项目的企业。也可以在政府核定的保障性安居工程建设投资额度内，通过发行企业债券进行项目融资。

3. 政府债和企业债比较

①中央代发的地方政府债难以适应保障房需求。目前利用发行政府债券为保障房建设融资主要是指中央政府代发的地方政府债券。地方债以政府信用作担保，信用级别比较高，仅次于国债，销售相对乐观。从规模上看，每年的地方政府债总规模虽然并不低（2010 年的规模为 2000 亿元），但由于地方政府债本身也处于供不应求状态，实际用于保障性住房建设的并不多。另一方面，中央政府也可以直接发行保障房债券为租赁型保障房建设和长期持有运营进行融资。建议未来能否考虑增加中央政府债专项用于保障房建设。

②相对政府债来说，企业债对发债主体要求较高。一般要求企业连续 3 年盈利，3 年平均可分配利润足以支付债券 1 年利息，发行债的额度不超过企业净资产的 40%，不超过项目投资总额的 30%，不低于 10 亿元。因此，实际能符合发

债条件的企业往往很少。

③相对企业债来说,保障房项目债发行难度更大。一方面,相关制度不完善,目前国内几乎没有成功发行房地产开发项目债的先例;另一方面,保障房(特别是公共租赁住房)项目收益能力较低,而且政策的不确定性也在一定程度上增加了项目的风险,这也会降低项目债的发行价格,影响融资能力。

(三) 保障房债券融资发展中存在的问题

1. 发行企业债券为保障房融资关键在于确保稳定的债券收益

发行企业债券拓宽了我国建设保障房的资金来源,有利于加快保障房的建设步伐。但保障房投资由于利润薄、回报期长,能否被完全认购还有待市场检验。目前,保障房整个链条中很多环节管理还不是很完善,企业反映部分优惠政策(如贴息、贴租等)也还不到位,保障房项目收益状况特别是如何保证每年的利息偿并不明确。因此,如果债券还款来源没有得到明确保障,市场主体投资此类债券的积极性也不会很高。由于企业债信誉度比地方债要低一点,销售效果与如何定价密切相关。从目前市场上来看,企业债利率应比银行贷款利率高,倘若企业债券利率低于8%,市场资金认可度不会太高。另一方面,利率如果达到了8%以上,保障房建设成本将过高,项目运作风险会增大。因此,对于租赁型保障房项目,如果不能确保稳定的债券收益,实际上较难通过企业债形式筹集。

2. 地方投融资平台发行的企业债券担保问题有待进一步明确

发改委2010年11月下发通知明确指出,各级政府及其所属部门、机构和主要依靠财政拨款的经费补助事业单位,均不得以财政性资金、行政事业单位等的国有资产,或以其他任何直接、间接方式,为投融资平台公司发行的债券提供担保或增信。但是,地方投融资平台一般是地方政府牵头设立的,在融资平台成立初期,地方政府会投入一定比例的财政资金作为融资平台的自有资本金,且通常会对未来的财政投入有承诺,并以此为基础吸引其他主体投资和获得银行的认可和支持。因此,投融资平台公司发行的债券在一定程度上又具有政府担保的性质(虽然这种担保从法律上讲没有严格的法律约束力)。保障房融资的首要任务,就是明确界定债券性质,这样才可以使地方政府债务"阳光化",也可以避免实际操作中模棱两可情形的发生。

3. 债务可持续性和可能出现的违约风险值得注意

保障房建设是一项长期工程,保障房建成后的维修、运营和物业管理等还需要额外的后续资金的投入。保障房建设作为政府补贴的社会公益性项目,平均收益率只有3%~10%,面对4%~6%的通胀率,在未来如何支付债券利息和本金，必须有明确的安排。如果不能确保保障房债券融资按时还本付息，地方投融资平台发行的保障房债券融资就可能出现违约风险。另一方面，企业债券没有政府信用担保，刚性偿付要求更高，如果现金流状态不明确，同样可能出现违约风险。

4. 保障房债券资金管理和使用情况决定融资实际效果

尽管在国家发改委文件中已经明确要求严格监管保障房资金用途，防止挪用，但在 2010 年调控以来货币政策趋紧、社会资金紧张的情况下，不排除一些企业将保障房建设资金用于商品房开发，对地方投融资平台来说，由于前期累计的地方政府债务规模日益庞大，也会有"借新还旧"挪用保障房资金还本付息的诉求和冲动。因此，对保障房资金使用的监管能否到位，直接决定融资的实际效果。

（四）完善建议

1. 规范地方政府投融资平台发债行为

一是规范发行主体。管理记录良好的地方融资平台企业可以率先在企业债市场进行服务于保障房建设的发债融资。

二是妥善统筹偿付安排。为解决保障性住房资金难题而发行企业债，应注意在利用融资平台企业性质发债的同时，利用融资平台来统筹盈利项目和非盈利项目的偿付安排。

三是增加政府融资平台债务和收益情况的透明度。有必要建立政府融资平台的资产负债表，增加现阶段政府融资平台债务和收益情况的透明度，进行必要的平衡资产和债务的管理。

2. 加强对保障房债券融资监管

一是尽快制定关于保障房债券融资管理的具体规定。例如制定《保障房企业债券融资管理办法》、《保障房企业债券融资审核指引》等部门规章、规范性文件，尽快落实相关债券发行的操作规则和监管规则，加大违法处罚力度。

二是明确政府监管职责。对于政府监管部门来说，除了在保障房企业债券发行申请材料的转报、核准过程中提供政策方便和高效率的流程服务外，对地方投融资平台及企业的发债行为应做好前期的尽职调查和后期的监管督促工作。

三是加强对募集资金投向和用途的监管。保障房债券募集的资金应专款、专户、专账使用，不允许以某些保障房项目为名连带多募集资金用于其他用途。具体来说，应当把保障房资金跟融资平台的其他项目隔离开来，防止这些资金转移到其他项目中去，确保保障房资金运作的独立、透明、高效。建议引入第三方支付制度，即筹集的资金并不直接进入发债主体的账户，而是由银行等第三方支付机构代为保管，按保障房建设进度分批打入相关设计、建筑、公用事业配套部门的账户中，保障募集资金的专款专用，避免保障房资金被挪用。

3. 完善对地方政府债券的信用评级

建立地方政府债券统一的管理制度框架，完善相应的信用评级和发行渠道等制度环节的设计与监管，按照一般责任债券和收益债券等不同类型分别进行评级，将评级重点放置于区域经济发展状况、地方政府财政收入规模与增长状况、地方政府预算管理制度的效率以及地方政府债务状况与结构等方面。

4. 建立保障房债券融资长效机制

保障房建设公益性强、投入大、利润低，保障房债券融资的债权人相对要承担更大风险，需要有关部门建立保障房债券融资的长效机制。

对政府债来说，一是增加中央代发的地方债券中保障房资金比例，并且保证地方债券融资得到的资金切实优先用于保障房建设。二是建议增加发行中央政府债专项用于保障房建设，为租赁型保障房建设和长期持有运营进行融资。长期来看，要推动政府投资和融资向社会性项目大规模倾斜，由政府财政来承担相应的社会职能。

对企业债来说，应在完善政府各项保障房债券融资优惠支持政策的同时，加大中央财政对地方的资金支持力度，通过财政、税收补贴适度提高对保障房债券持有人的经济回报。

二、利用保障房基金为保障房建设融资

在实践过程中，保障房基金包括两大类：一类是保障房信托投资基金（RE-ITs）。另一类是保障房股权投资基金（PE）。

（一）背景和意义

1. 发展保障房基金有利于解决保障房建设的资金难题

根据现有规划，"十二五"期间将新建保障性住房3600万套，其中2011年需完成1000万套保障性安居工程的目标任务。为了保障这一目标任务的完成，据估算年度投资大概在1.3万亿到1.4万亿之间。尽管2011年中央用于保障性安居工程的资金将达到1000多亿元，但是，即便中央财政补贴专项资金全部下达，地方政府也要配套剩余大部分资金，保障房建设面临巨大的资金缺口。

另一方面，我国现有民间资本规模已经十分巨大。截至 2010 年底，全国城乡居民储蓄存款余额已超过 30 万亿元，加上手持现金、股票、债券、保险以及金融机构理财产品等，金融资产总规模超过 48 万亿元。2010 年，全社会固定资产投资为 28.7 万亿元，而以非"国有及国有控股企业"投资为代表的民间投资在固定资产投资中比重超过一半，达到 57.7%。民间投资同比增长 29.4%，远高于国有投资同期 18% 的增速。根据住房和城乡建设部政策研究中心民间资本生态研究课题组（2011）测算，仅山西、温州、鄂尔多斯三地民间资本量就分别达到 1 万亿元、5200 亿元、2200 亿元。

在以上背景下，发展保障房基金，吸引社会和民间投资，既有利于打破长期困扰保障性住房建设的最大障碍——资金瓶颈，又提供了一条社会资金和民间资金投资渠道，有利于缓解社会资金投资压力。

2. 设立保障房基金的政策环境已初步具备

国家有关政策的陆续出台和积极鼓励使得设立保障基金成为可能。

2010 年 5 月，国务院出台的《关于鼓励和引导民间投资健康发展的若干意见》（新 36 条），明确鼓励民间资本参与政策性住房建设。《国务院办公厅关于鼓励和引导民间投资健康发展重点工作分工的通知》（国办函〔2010〕120 号）中进一步明确，鼓励民间资本参与政策性住房建设（住房城乡建设部、发展改革委负责）。

2012 年 6 月 28 日，住房和城乡建设部会同国家发展和改革委员会、财政部、国土资源部、中国人民银行、国家税务总局、中国银行业监督管理委员会联合发布了《关于鼓励民间资本参与保障性安居工程建设有关问题的通知》，要求各地有关部门以多种方式引导民间资本参与保障性安居工程建设，落实民间资本参与保障性安居工程建设的支持政策，为民间资本参与保障性安居工程建设营造良好环境。

（二）保障房股权投资基金

1. 目前已开展的实践探索

全国工商联房地产商会 2010 年曾尝试发起"建银精瑞公共租赁住房建设投资基金"。该基金由房地产企业、银行保险等金融机构及民间资本联合出资组成，成立专门的管理公司进行管理，并设定托管银行、承销商等多方角色。发起公司具有多重身份，除了作为基础投资人以外（合计将认购基金总份额的 10% ~ 20%），还有可能是未来基金有限公司下属公共租赁住房项目的合作方、承建方，也可以作为公共租赁住房资产的管理运营者。

从基金规模上看，设想第一期是 100 亿，此后可以继续扩大到 300 亿。预期收益在 5% ~ 12% 之间。运营周期为 7 年：3 年开发建设、3 年培育运营、最后 1 年择机退出。

从基金使用上看，拟投建约 1000 万平方米的公租房，城市首先选择夹心层矛盾突出的、房价涨幅较高的城市，例如北京、上海、广州、杭州等。

2. 设立保障房股权投资基金的初步方案设计

（1）基金模式

目前国内房地产基金设立主要有三种模式。

一是以开发商主导成立的房地产基金。以复地集团和金地集团为代表。如金地集团 2009 年成立的稳盛投资，已经成为公司开展房地产金融业务的重要平台，而复地集团也在 2009 年成立了上海复地景业股权投资合伙企业，开展基金募集和投资活动。开发商独立发起并管理基金，其好处在于拥有资源优势和地产专业优势，但要求开发商有丰富的金融行业经验。

二是由金融机构主导的房地产基金。金融机构主导发起并管理基金，是国外采用最多的模式，优势在于独立性和金融专业优势。

三是由开发商和金融机构合作成立的房地产基金。如"建银精瑞公共租赁住房建设投资基金"实质是建银国际和房地产开发商相结合共同发起。金融机构和开发商共同发起房地产基金，能够结合两者优势，是适合现阶段中国特色的一种模式。

综上所述，建议保障房股权投资基金采用"金融机构 + 开发商"模式，吸引大型房地产开发企业（特别是国有大型房地产开发企业）参与，同时联合经过选择的金融机构共同发起。

（2）基金使用和退出

从基金使用方向看，可以选择夹心层矛盾突出的、房价涨幅较高的城市，同时也可与有意愿合作的城市进行谈判。既可以用于集中建设保障房，也可以在商品房开发中配建保障房。除新建保障房外，还可以允许基金以收购、改造二手房、闲置厂房、办公用房的方式获得保障房房源。

从建设模式看，可以从 BT（建设—模式）变为 BOT（建设—经营—转让）模式，以延缓政府回购款支付时间，减轻政府资金压力。

从基金退出看，可采用如下方式：一是 REITs。在基金封闭期内，若保障房 REITs 的试点推出，则可以较为顺利地与 REITs 衔接完成退出。二是政府回购。由政府回购本基金投资并稳定运营的保障房资产。三是出售。在政策允许前提下，以市场优惠价出售给当时的租户持有；或者以市场价出售给机构持有。

3. 设立保障基金需要的的配套政策支持

在保障房基金运营过程中，为保障基金投资者的回报率，需要政府相关部门在土地出让、信贷支持以及财税政策等方面给予相应的优惠和扶持。

（1）土地政策

对不同方式取得保障房土地可给予不同优惠：一是租赁方式获得土地。以土地长期租赁方式提供保障房用地时，开发建设期阶段无须缴纳土地租赁款，土地租赁款递延至基金产生租金收入阶段予以缴付；二是出让方式获得土地。以土地出让方式提供保障房用地时，可对出让价格给予一定优惠。

（2）金融政策方面

目前来看，金融政策的支持是最为关键的突破口。如果保障房基金得到银行信贷支持及政府保底回购承诺，则基金募集与运营将更加顺畅。一是落实租赁型保障房中长期贷款，符合相关条件的，由国家政策性银行提供政策性贷款，并享有基金产生收益前缓付利息至产生收益后递延支付等相关优惠政策。二是允许社保基金以及保险资金等长期资金参与投资保障房基金。三是建议允许保障房股权投资基金未来改造成 REITs（房地产投资信托基金）上市。

（3）财政政策方面

财政政策主要体现在贴息和贴租。一是贴息。由中央和地方财政对符合要求的保障房基金项目贷款进行财政贴息。二是贴租。对于保障房基金用于公共租赁房等租赁型保障房项目的，对优惠租金和市场租金之差进行贴租。

（4）税收政策方面

2010 年 9 月 27 日，财政部、国家税务总局出台的《关于支持公共租赁住房建设和运营有关税收优惠政策的通知》对公租房建设与经营相关税收的减免与优惠已有规定。建议现行的税收优惠政策能够保持长期稳定，至少要长于保障房基金周期，这样有利于减小基金回报率压力，便于开展资金流设计和退出安排。

（三）保障房信托投资基金

1. 目前已开展的实践探索——天津保障房 REITs 项目

房地产信托投资基金（REITs）是凭借房地产物业未来经营收益进行融资的一种金融产品，能解决房地产行业发展的长期资金问题，是房地产行业所特有的直接融资产品。REITs 起源于 20 世纪 60 年代的美国，90 年代后逐步扩展到英国、日本、中国香港、中国台湾等国家和地区。具体来说，REITs 实际是一种通过发行股票或者单位受益凭证来募集大众投资者的资金形成基金，由专业投资机构投资经营房地产及法定相关业务，并将绝大部分的投资收益定期分配给投资者的特殊集合投资制度。建立保障房信托投资基金，运用 REIT 支持保障房建设和运营，在很大程度上有利于解决目前保障房资金来源问题。

天津市率先在我国开展保障房 REITs 项目试点。从具体方案看，天津 REITs 项目是利用天房集团、房信集团现有的公有住房为基础设定的，以银行间债券市场为交易的信托计划。为解决保障房建设资金，设定了华学公司、房信集团作为委托人，天津信托作为受托人，天房集团作为总租人的项目结构。

2. 方案设计和实施中遇到的问题和困难

一是 REITS 的设立需要有基础资产，也就是说必须有启动资产。天津 REITS 项目目前是用已有的老廉租房，发行规模是 37 亿元。如果要再扩大规模，那么就需要等新建的保障房建成并运营成熟后才能进行。

二是基础资产能够产生足够的收益。天津 REITs 项目用的是老廉租房，运营企业是以无偿方式取得的，相当于政府提供了隐性补贴，因此，在 REITs 方案中，企业将这些隐性补贴显性化，从而能够满足 REITs 产品对收益率的要求。而对于未来发行的第二期、第三期 REITs，则需要再去寻找合适的资产。对于公共租赁房来说，关键是租金水平的确定要能够与企业投入的建设成本形成联动机制，从而保证发行 REITs 所募集的资金能够覆盖先期投入。

三是 REITS 退出问题。公共租赁住房如果能够再出租一定期限后销售，那么就可以用销售资金来归还 REITS 本金，前提在 REITS 到期前销售。

3. 对利用 REITS 用于保障房建设的思考和建议

早在 2007 年，我国就从金融创新的角度，开始着手研究制定 REITs 的相关政策。REITs 作为金融创新产品一直受到关注，但目前不论是天津方案，还是上海、北京方案，都还在探索进行当中。在当前中央大力推进保障性住房的背景下，应尽快完善 REITs 相关的法律、制度，积极推出。具体如下。

一是在完善当前《公司法》、《信托法》的基础上出台有关 REITs 的法律法规。

二是健全相关税收体系。规范个人投资者、机构投资者，以及证券公司、基金公司等重要参与者的收益。建议初期减免 REITs 模式涉及的有关税收，在保证 REITs 收益率的情况下，尽量提高开发企业运营公共租赁住房项目的盈利能力。

三是建立配套管理措施，明确公共租赁住房 REITs 设立、组织结构、交易流程和收入分配等事项。

第五部分　完善保障房建设资金筹集和运用制度的政策建议

一、加快立法，为保障房建设资金筹集和管理提供法律依据

从国际经验来看，经济发达国家都建立比较了完善的住房法律，从法律层面为推动国家公共住房目标的实现提供支撑和保障。如美国政府从20世纪30年代以来出台了《住房与社区发展法》、《税收改革法》、《住房抵押贷款法》、《居民可承担住宅法》、《无家可归者资助法》等几十部有关住房的法律法规。德国政府在为低收入家庭提供福利住房方面建立了《住房法》、《住房建设法》、《住宅促进法》、《房屋补贴法》、《出租法》等。日本政府先后制定了《住宅金融公库法》、《公营住宅法》、《日本住宅公团法》等。

尽管我国相关部门已出台一系列关于住房保障的政策文件，部分城市政府也制定了地方性住房保障法规（如深圳、厦门），有力地推动了保障性住房的建设，但是到目前为止，我国尚未出台国家层面关于住房保障方面的法律或法规。由于缺乏相关上位法的支持，保障性住房在投融资等实施过程中面临很多的困难。

因此，我国需要在立足国情并积极借鉴国外成熟经验的基础上加快住房保障相关法律的制定，特别是对保障性住房的土地供应、保障对象、保障形式、保障标准、资金来源、进退机制、激励机制、运营模式进行明确规定，并对中央政府、地方政府、专门机构和社会力量参与保障性住房建设和运营的责权关系进行界定，从根本上为完善住房保障制度提供法律依据和保障。

二、建立稳定的政府资金投入机制

保障性住房由于其社会保障属性，决定了政府要承担建设、管理和运行的主导职能。在我国目前保障性住房建设中，政府（包括中央住房和地方政府）在保障性住房建设中居于主导地位，政府投资是主要的建设资金来源。因此，解决保障房建设融资问题，首先应建立稳定的政府资金投入机制。

在进一步健全土地出让金净收益、住房公积金增值收益用于保障性住房建设

计提比例和运行机制的基础上，可以继续尝试和探索拓展保障性住房财政资金来源：一是建立长期稳定的保障性住房建设财政资金投入机制，将住房保障资金需求纳入公共财政预算支出之中，确保年度财政预算中保障性住房项目支出的比例，合理安排保障性住房项目的支出结构；二是推进个人住房房产税试点，将所得的房产税收入专项用于保障性住房建设；三是可从城市维护建设税、城镇公用事业附加费、城市基础设施配套费中安排专项资金，加大保障性住房配套基础设施投入力度。

三、大力发展政策性住房金融，创新商业银行保障房信贷业务

从国际经验来看，政策性住房金融机构在落实国家公共住房目标中发挥了十分重要的作用。比如美国建有面向全国的联邦住宅贷款银行、联邦储蓄贷款保险公司、房利美公司、房地美公司等多个政策性金融中介机构，为公共住房建设提供贷款支持、抵押贷款保险与资金；新加坡建立了中央公积金局，大力推行住房公积金资助计划；日本建有住房金融公库，为公共住房提供贷款支持。

为落实住房保障目标，可以组建专业化的政策性住房金融机构。政策性住房金融机构应以财政资金为杠杆，以市场化运行为支撑，一方面为参与公共住房建设的市场金融机构、社会机构和企业提供贷款等贷款、抵押担保和保险方面的支持，降低建设主体的融资成本，加大保障性住房建设的投融资力度；另一方面为中低收入者解决住房问题提供贷款和补贴支持。

继续发挥商业银行对保障房建设融资的支持作用，创新保障房信贷业务。建议金融机构探索保障性住房建设融资模式，积极创新业务品种，如通过创新土地使用权抵押、在建工程抵押、股权质押、应收账款质押和第三方连带责任担保等组合型担保方式，加大对保障性住房建设的支持力度。对保障性住房在贷款资产质量认定、不良贷款核销等方面实行区别于商业性房地产的信贷政策。

四、鼓励社会机构和企业参与保障性住房建设

从国际经验来看，没有一个经济发达国家能单独依靠政府的力量满足居民的基本住房需求，都是在政府的主导下，通过实施积极的财政支持政策大力吸引社

会力量参与公共住房的建设、运营和管理。从公共住房的建设模式来看，有的国家主要由政府直接投资兴建公共住房，如新加坡；有的国家则主要通过财政和住房金融政策支持鼓励开发商建设公共住房，如美国；有的国家通过支持住房合作社建设鼓励民众合作建设住房，如瑞典。从发展历程来看，经济发达国家公共住房政策都经历了"砖头政策"向"人头政策"的转变。

当前我国保障性住房正处于大规模的建设期，建设资金需求量大。另一方面投资开发模式单一，主要由地方政府直接投资开发，社会机构和房地产企业参与十分有限。为鼓励社会机构和企业参与保障性住房建设，2010年5月，国务院颁发的《关于鼓励和引导民间投资健康发展的若干意见》，指出"支持和鼓励民间资本投资建设保障性住房等政策性住房"；2012年6月，住房和城乡建设部等七部委联合发布《关于鼓励民间资本参与保障性安居工程建设有关问题的通知》，要求各地有关部门以多种方式引导民间资本参与保障性安居工程建设，落实民间资本参与保障性安居工程建设的支持政策，为民间资本参与保障性安居工程建设营造良好环境。

因此，政府可综合运用财政拨款、政策性贷款、财政补贴和税收优惠等多种政策工具来发动社会力量参与到保障性住房的建设中。由于保障性住房建设项目利润低、投资回收期长，导致商业银行贷款积极性不高，国有企业和私营企业参与建设运营的动力不足，政府可通过土地出让优惠、投资补助、贷款贴息、税收减免、专项奖励等方式，支持社会机构和企业参与保障性住房的建设、运营和管理，支持商业银行向保障性住房项目提供额度大、利息低、周期长的项目贷款。

五、引入社保基金、保险资金等长期资金投资保障性住房建设

如前所述，保障房（特别是租赁型保障房）符合社保基金、保险资金等长期资金的投资要求，若能通过制度和模式创新，吸收长期资金参与到保障性住房的投融资中，将大大缓解保障性住房目前严峻的资金缺口压力，同时，也能为社保基金和保险资金带来长期稳定收益。

建议尽快研究社保基金、保险资金等长期资金进入保障房建设的具体融资方案。其关键在于解决社保基金、保险资金等长期资金投资保障房的市场流动性问题，建立长期资金投资的有效退出机制。

在现有的条件下，可以通过两种途径吸引长期资金参与保障性住房项目投

资，第一种是直接引入长期资金，具体可以通过采取公私合作关系（PPP）模式、建设移交（BT）模式、建设运营转让（BOT）等模式进行；第二种是间接引入长期资金，具体可以通过采取资产收益证券化（ABS）模式进行。

六、规范和发展保障性住房债券融资

保障房建设公益性强、投入大、利润低，保障房债券融资的债权人相对要承担更大风险，需要有关部门建立保障房债券融资的长效机制。

对政府债来说，一是增加中央代发的地方债券中保障房资金比例，并且保证地方债券融资得到的资金切实优先用于保障房建设。二是完善对地方政府债券的信用评级，降低融资风险。三是建议增加发行中央政府债专项用于保障房建设，为租赁型保障房建设和长期持有运营进行融资。长期来看，要推动政府投资和融资向社会性项目大规模倾斜，由政府财政来承担相应的社会职能。

对企业债来说，一是规范地方政府投融资平台发债行为，增加政府融资平台债务和收益情况的透明度。二是妥善统筹偿付安排。为解决保障性住房资金难题而发行企业债，应注意在利用融资平台企业性质发债的同时，利用融资平台来统筹盈利项目和非盈利项目的偿付安排。三是完善政府对保障房债券融资的优惠支持政策，通过财政、税收补贴适度提高对保障房债券持有人的经济回报，增加保障房债券吸引力。四是加强对募集资金投向和用途的监管。保障房债券募集的资金应专款、专户、专账使用，不允许以某些保障房项目为名连带多募集资金用于其他用途。

七、探索利用保障性住房基金进行融资

如前研究，在实践过程中，保障房基金包括两大类：一类是保障房信托投资基金（REITs）。另一类是保障房股权投资基金（PE），目前都还处于探索阶段。发展保障房基金是我国从金融工具创新的角度，从资本市场拓展保障房投融资渠道来源的重要发展趋势。因此，需要立足国情，在积极借鉴和国际成熟经验的基础上，从国家层面制定完善管理制度。

一是在现有法律基础上出台和完善有关保障房基金（包括保障房股权投资基金和保障房信托投资基金）的法律法规。

二是在保障房基金运营过程中，为保证基金回报率，需要政府相关部门在土地出让、信贷支持以及财税政策等方面给予相应的优惠和扶持。例如土地价格或

租金优惠、对保障房基金给予银行信贷支持、允许社保基金以及保险资金等长期资金参投保障房基金、对保障性租赁房运作给予贴租或贴息、承诺回购、允许"先租后买"、保持稳定的税收优惠等。

三是建立配套管理措施，明确保障房基金设立、组织结构、交易流程和收入分配等事项，有效做好具体运行中道德风险、市场风险、税费风险和管理风险的监控和防范。

典型城市保障房建设的资源筹集策略选择研究

◎ 郑思齐　张英杰

一、引言

对城市住房状况的准确把握是建立和完善住房政策的基础。对城市住房可支付性问题的准确度量和判断，可以更好地指导城市政府制定具有针对性的低收入住房政策。本报告第一部分借助国家统计局 2007 年和 2010 年"城镇住户大样本调查"的数据信息（2007 数据覆盖 255 个城市，2010 年数据覆盖 265 个城市，各约 50 万户样本），以及保障性住房建设的基本数据，重点分析中国城市的住房可支付性问题，以及低收入住房供给的现状和矛盾。

（一）中国城市居民住房支付能力状况

住房可支付性是国际上用来评价不同国家或地区住房状况的一个重要角度。但由于数据可得性的约束，目前国内学者对住房可支付性的研究大多仅针对新建商品住房，致使研究结果无法全面反映城市居民总体的住房支付能力。本报告基于国家统计局大样本调查的数据信息，以"房价收入比"指标，对 2007 年我国全国及 256 个地级市，以及 2010 年的 265 个城市居民住房支付能力进行定量计算。具体测算结果如表 1 所示，研究结果表明：我国城市居民的住房支付能力普遍不足。以中位数房价收入比计算，2007 年为 5.56，而 2010 年进一步增大至 7.07；如果以平均房价收入比计算，2007 年是 6.46，而 2010 年增加至 8.79。

郑思齐，张英杰：清华大学建设管理系房地产研究所。

表1 房价收入比指标测算结果

年度	中位数房价	平均房价	中位数家庭收入	平均家庭收入	中位数房价收入比	平均房价收入比
2007	180000 元	281000 元	32400 元	43350 元	5.56	6.46
2010	280000 元	445000 元	39600 元	50640 元	7.07	8.79

考虑不同城市住房支付能力的具体情况,依据联合国人类住区规划署(UN-HABITAT)所划分的区间,中国城市的住房情况结果如表2所示。虽然国际上这一房价收入比的区间划分标准并不一定适用于经济快速增长的中国,但房价收入比普遍偏高是客观的现实(如果以新建商品住宅的价格计算,该数值会更大),而35大中城市的住房支付能力不足的问题更为严重。

表2 中国城市的住房可支付性评价(以国际通行标准划分)

年度	可支付(≤3.0)	适度不可支付(3.1~4.0)	严重不可支付(4.1~5.0)	极度不可支付(≥5.1)	全部城市数量
2007	26	43	54	133	256
	10.20%	16.80%	21.10%	51.90%	100%
2010	3	31	47	184	265
	1.10%	11.70%	17.70%	69.40%	100%

(二)中国低收入住房的现状

结合统计局大样本调查数据及住建部的相关统计,本报告认为当前中国低收入住房的现状可以概括为:保障性住房新建量不足,在住房存量中占比偏低,经济适用房保障范围过大等三个方面。

第一,保障性住房新建量不足。2007年以前中国城市中的保障性住房以经济适用房和廉租房为基本形式,且前者是主体。首先,经济适用房投资额较小。从住宅投资的角度来看,1997年至2007年,全部住宅投资额快速上涨,而经济适用房的投资额则一直处于稳定水平,2007年经济适用房的投资额仅为全部住宅投资额的12%。其次,经济适用房的建设规模不足。2007年经济适用房施工面积较1999年增加2845.0万平方米,仅增长34.8%(同期施工房屋总面积增长了4倍多),占全部住宅施工面积的比重降低13个百分点;2007年经济适用房竣工面积较1999年减少620.5万平方米,负增长15.3%,比重也相应大幅降低16个百分点。第三,销售面积与套数的大幅下降。2000年经济适用房的销售面积占全部住宅销售面积的24%,销售套数占50%,而2006年仅为7%和15%。

第二,保障性住房所占比例小。在2007年的全部住房存量中(如图1所示），政府为解决低收入家庭住房问题而建设的经济适用房的比例为 3.9%，大部分仍是商品房（32%）和房改私房（34%）（租赁公房是指单位尚未出售的原有公房，并非廉租房）。2007 年全国 256 个地级城市中，经济适用房比重的中位数是 2.03%。

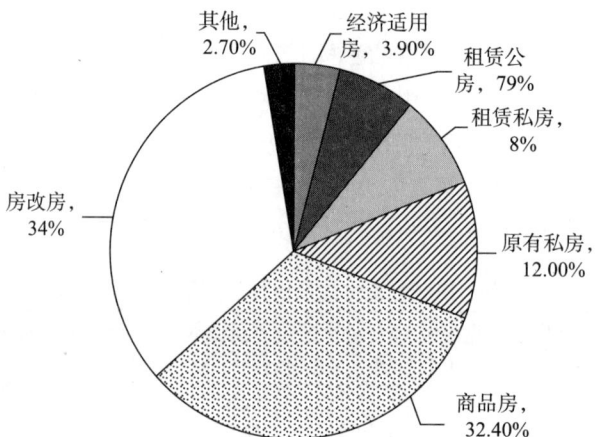

图 1   存量住房的产权类型（2007）

第三，经济适用房的保障范围过大。如图 2 所示，2007 国家统计局大样本调查中，经济适用房所覆盖的家庭收入在城市家庭收入分组中的分布很平均，甚至能覆盖最高 20% 的收入群体，并未实现其针对中低收入家庭提供住房保障的政策初衷，对最低收入家庭的保障不力。出现这种情况的原因在于在经济适用房政策执行初期，对保障对象收入审查不严，同时也产生了许多寻租行为。另外一方面，虽然经济适用房定位于面向中低收入家庭出售，但其价格仍然超过了低收入家庭的支付能力。

（三）保障房供给的主要问题与矛盾

自 1998 年全面启动住房市场化改革以来，住房领域中市场力量发挥的作用日益增大，而政府对于住房保障则相对缺乏重视。在房价快速上涨，社会矛盾不断激化的现实背景下，2008 年之后，中央政府将住房保障提高到相对重要的位置上，加大了对住房保障的投入力度。

1998 年国务院 23 号文明确提出建立和完善以经济适用住房为主的多层次城镇住房供应体系，高收入者在市场上购买商品房，中低收入者购买经济适用房或租住廉租房。但是这一政策目标在实际执行的过程中打了许多折扣。一方面，中央政府在以住房投资"拉动内需，刺激经济"的目标指引下，实际工作中忽视

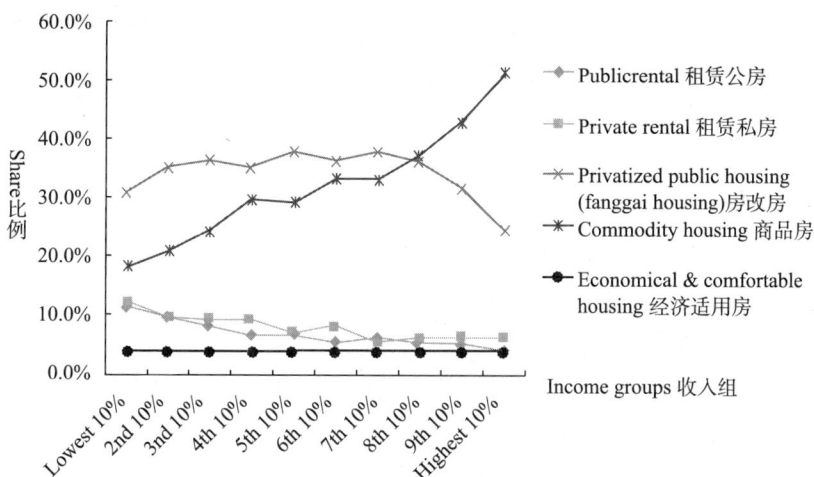

图中图例：
- Public rental 租赁公房
- Private rental 租赁私房
- Privatized public housing (fanggai housing) 房改房
- Commodity housing 商品房
- Economical & comfortable housing 经济适用房

纵轴 Share 比例；横轴 Income groups 收入组（Lowest 10%, 2nd 10%, 3rd 10%, 4th 10%, 5th 10%, 6th 10%, 7th 10%, 8th 10%, 9th 10%, Highest 10%）

图 2　住房的产权结构（依收入组划分，2007）

了住房保障；另一方面，对于地方政府，保障房不能为其直接带来经济效益，而又需要大量资金投入，并损失高额的土地出让收入，因此其也缺乏建设保障房的直接动机。这些因素导致保障房供给逐年下降，全国经济适用房开发投资额在商品房中的占比由 1999 年 17%，降至 2007 年的 5%。

自 2003 年以来，中国许多城市的房价出现大幅上涨的情况，住房供求矛盾加剧，在日益增加的社会压力下，中央政府将政策重点重新调整到保障性住房上来，国务院相继出台了 24 号文（2007 年）与 131 号文（2008 年），提出着力解决低收入家庭住房困难，深化住房保障体制改革，大力发展廉租房、经济适用房、限价房等多种形式的保障房，促进房地产市场健康平稳发展。特别是在 2008 年国际金融危机的背景下，国务院启动的"四万亿"经济刺激计划，保障性安居工程投资额达到 2800 亿元。更进一步，国家"十二五"规划纲要中提出 2011～2015 年建设 3600 万套保障房的目标，这标志着住房保障建设进入一个集中快速发展阶段。

尽管中央政府非常强调住房保障，但一些阻碍保障房供给的关键制度因素仍未破解，特别是资源筹集机制问题：第一，建设任务自上而下层层摊派，导致供给与需求错配；第二，难以提高地方政府提供住房保障的意愿，住房政策以短期临时性行政干预为主，尚未形成长期制度化的住房保障政策，无法从根本上提高地方政府提供住房保障的意愿；第三，地方政府资源压力过大，中央与地方政府的责任分担机制不合理，当前中央政府投入较少，依然以地方政府投入为主，导致地方支出压力巨大，无法有效推进保障房供给。以 2011 年的情况为例，1000 万套保障房约需资金 1.3 万亿，其中通过社会机构的投入和保障对象以及所在的企业筹集 8000 多亿，中央财政投入 1000 多亿，需要各级地方政府筹集 4000 多亿，加之房地产调控造成的土地出让金大幅下滑，各地资金缺口颇大。

在当前背景下，中央政府能否通过机制设计有效增强地方政府动机，以及地方政府能否及时和有效地筹集如此庞大的资金和土地资源，并在这两个核心要素的筹集方式上实现创新，规避风险，是有效完成"十二五"期间保障房建设这一重大民生工程的关键。本课题报告在对重庆、黄石和深圳三个典型城市保障房供给的具体实践进行充分调研和总结的基础上，从意愿和资源两个角度分析地方政府保障房资源筹集的策略选择问题，并提出相应的政策建议。

课题报告共包括五个部分：第一部分为引言，第二部分为典型城市保障房供给实践总结，第三部分对地方政府保障房资源筹集策略选择进行理论分析，第四部分是三个案例城市保障房"土地—资金"筹集策略选择分析，第五部分是政策建议。

二、典型城市保障房供给实践总结

本课题组前往重庆市、湖北黄石市和广东深圳市开展了保障房建设的实地调研，与当地政府相关部门负责人、住房保障对象、城市居民进行了深入的访谈，收集了大量一手资料，并参观保障房在建项目。这里对每个调研城市的保障房供给实践进行总结。

（一）重庆市

1. 重庆市城市发展状况

重庆市东邻湖北、湖南，南靠贵州，西接四川，是长江上游最大的经济中心、西南工商业重镇和水陆交通枢纽，是我国重要的现代制造业基地。1997 年 3 月 14 日，第八届全国人民代表大会第五次会议通过了设立重庆直辖市的决议，与北京、天津、上海同为四大直辖市。

（1）城市空间发展状况

重庆市幅员面积 8.24 万平方公里，南北长 450 公里，东西宽 470 公里。全市共辖 19 个区、21 个县（自治县）。根据《重庆市城乡总体规划（2007 ~ 2020）》，重庆市将构建"一圈两翼"的区域空间结构（如图 3），即以都市区为中心的一小时经济圈，以万州为中心的三峡库区核心地带（渝东北翼），以黔江为中心的乌江流域和武陵山区（渝东南翼）。三大区域结构的基本信息如表 3 所示。

图3　重庆市"一圈两翼"区域空间结构

表3　　　　　　　　　重庆"一圈两翼"基本信息（2009年）

	一小时经济圈	渝东北翼	渝东南翼
区、县数量/个	23	11	6
人均GDP/元	29541	12942	12649
财政收入/亿元	499.64	65.06	34.43

　　三大规划区域中，一小时经济圈的发展水平明显高于其余两个区域，经济水平的空间差异显著。其中，渝中区、江北区、南岸区、沙坪坝区、九龙坡区、大渡口区、渝北区、巴南区、北碚区九个区构成的都市区是重庆市经济最发达的地区。都市区在空间上分为主城区和郊区两个部分。主城区为集中进行城市建设的区域，范围为2737平方公里。其中，中心城区位于中梁山、铜锣山之间，是主城建设的主要区域和旧城所在地，范围为1062平方公里。郊区范围为2736平方公里（如图4所示）。

　　（2）经济发展状况

　　重庆市作为中国最年轻的直辖市，近些年来，工业实力增长迅速，许多重要的工业产品产量跃居全国前列，特别是汽车和摩托车更是在全国有较大影响，创造和积累了大量社会财富，在国民经济中的地位不断上升。

　　2010年，重庆市实现地区生产总值7894.24亿人民币（中西部地区所有城市第一名），较上年增长17.1%，增速排名全国第二。按常住人口计算，人均地区生产总值达到27367元。三大产业中，重庆市以第二产业为主体：第一产业生

图 4　重庆市都市区规划图

注：右图三层边界，由外至内依次为都市区、主城区和中心城区。

产总值 685.39 亿元，较上年增长 6.1%，占所有产业生产总值的 8.7%；第二产业生产总值 4356.41 亿元，较上年增长 22.7%，占所有产业生产总值的 55.2%，其中工业生产总值 3697.83 亿元，占所有产业生产总值的 46.8%；第三产业生产总值 2852.44 亿元，较上年增长 12.4%，占所有产业生产总值的 36.1%。

2010 年，全市财政收入 1990.62 亿元，比上年增长 70.8%，其中一般预算收入 1018.36 亿元，比上年增长 49.4%。2010 年实现土地出让收益 900 亿元。从总量来看，重庆市政府具有较为雄厚的资金实力。

（3）人口状况

当前，重庆正处于城市化加快发展的时期，特别是成为全国城乡统筹综合配套改革试验区后，重庆市大力推进城市化进程。重庆市集大城市、大农村、大库区、大山区和民族地区于一体，超过 2/3 的人口在农村，40 个区县中超过 1/3 为贫困县，城乡二元结构矛盾突出。截至 2009 年底，重庆市常住人口 2859.00 万人，年增长率 0.70%，总人口 3275.61 万人，年增长率 0.57%，全市城镇人口 1474.92 万人，年增长率 3.93%，城镇化率 51.6%。2010 年末，重庆市常住人口 2884.62 万人，与上年相比，增加 25.62 万人，增长 0.90%。全市常住人口中共有家庭户 974.49 万户，家庭户人口为 2696.64 万人，平均每个家庭户的人口为 2.77 人。

从分区域的人口分布来看，一小时经济圈常住人口为 1764.49 万人，占全市常住人口的 61.17%；渝东北翼常住人口为 836.54 万人，占全市常住人口的 29%；渝东南翼常住人口为 283.59 万人，占全市常住人口的 9.83%。

在上述背景下，重庆市不同于经济发展水平较高的北京和上海等城市，并未限制外来人口进入城市；恰恰相反，重庆市当前正在大力发展劳动力密集型的产业，需要大量的劳动力支撑产业发展，因此通过城乡统筹规划和各项配套政策，竭力吸引更多的农村剩余劳动力进入城市。

2. 重庆市保障房需求分析

（1）2009 年前的保障房发展

2002 年底，重庆市政府发布《重庆市城镇廉租住房保障办法（试行）》，标志着重庆市住房保障工作拉开序幕。经过多年努力，基本解决了城市最低收入家庭的住房困难，住房保障范围向低收入家庭扩展。截至 2009 年末，全市通过廉租住房、经济适用住房、危旧房、棚户区改造和城中村改造安置房累计保障了55.7 万户住房困难家庭，160 多万人口。其中，全市廉租住房制度累计保障了14.3 万户低收入住房困难家庭；经济适用住房累计保障了 14.1 万户住房困难家庭；危旧房和棚户区改造安置房、城中村改造安置房分别保障了 27.1 万户和 0.2万户住房困难家庭。除此之外，重庆市还通过政府引导、用工单位负责、社会参与的方式建设了 130 万平方米农民工公寓。

（2）"十二五"期间公租房需求测算

2010 年，重庆市提出建立市场供给与政府保障并举的"双轨制"住房供应体系，实现城镇住房"低端有保障、中端有市场、高端有约束"，开始推行以公共租赁住房制度为核心的住房保障新机制。根据重庆市对公共租赁住房保障范围的规定，公共租赁住房的需求量等于"双轨制"中应由政府保障的居民数量减去危旧房、城中村、棚户区拆迁安置户的数量。

根据重庆市人口计生事业"十二五"规划总目标，规划期末全市常住人口将达到 3200 万人；根据《重庆市国民经济和社会发展第十二个五年规划纲要》，"十二五"期末重庆市城镇化率将达到 60%。据此可测算出"十二五"规划期末，重庆市全市常住城镇人口将达到 1920 万人。基于"双轨制"住房供应体系，并结合政府财政实力，重庆市计划在"十二五"期末对 30% 的城镇居民提供住房保障，据此计算需要保障的人口数为 576 万人，按照户均 2.77 人（重庆市第六次全国人口普查初步结果）计算，得出规划期内，需要保障的户数为 207万户。

截至 2010 年底，全市通过各类保障性住房及安置房已保障 92.75 万户家庭，2010 年新开工建设廉租住房 6.57 万套（2011 年竣工）；"十二五"期间计划通过其他方式保障 28.34 万户（廉租住房租赁补贴 1.1 万户；各类棚户区改造22.64 万户；旧住宅小区整治 3.4 万户；城中村改造 1.2 万户）。

利用需要保障的 207 万户家庭减去已经保障和计划通过其他方式保障的

127.66 万户家庭，剩余的 79.34 万户家庭即为重庆市"十二五"期间需要通过公共租赁住房保障的家庭。按照户均建筑面积 50 平方米计算，需要约 4000 万平方米公共租赁住房。

3. 重庆市保障房建设情况

重庆市保障房实践的最大特点，就是设计出一套以国有经济主体为中坚力量的公共租赁住房建设模式，以期实现重庆市公共租赁住房"十二五"建设计划的完成。

（1）"哪里建"

重庆市公共租赁住房按照"均衡布局、交通方便、配套完善、环境宜居、利于就业"的原则和"小集中、大分散"的思路进行选址布局，实现住房建设与产业发展、空间拓展相协调。

①空间布局。根据重庆市城市拓展需求，在主城区一、二环线之间新规划的 21 个聚居区和产业园区中均衡布局总规模 3100 万平方米的公共租赁住房建设点，每个聚居区 1~2 个公共租赁住房项目。

每个公共租赁住房项目的总建筑面积约 100 万~200 万平方米，可容纳约 4 万~5 万人，与聚居区商业楼盘按照 1∶3 配置在一起，共同形成 20 万人口左右的城市生活大社区。目前，已经将 21 个公共租赁住房项目调整至 32 个，缩小了部分公共租赁住房项目的建设规模，但主城区总建筑面积不变，仍然为 3100 万平方米。

远郊区县公共租赁住房集中在万州区、黔江区、涪陵区、合川区、永川区、江津区 6 个中心城市及长寿区、璧山县 2 个卫星城市等人口聚集度高、住房矛盾突出的区域。其他区县根据城市拓展情况建设部分公共租赁住房。

②交通可达性。每个公共租赁住房布局地点都规划有高密度的普通公交路线和城市轻轨站点，公共租赁住房项目与轻轨站点的步行距离在 10 分钟左右。

目前，公共租赁住房项目周边交通还不完善，轻轨路线尚未建设或开通，重庆市政府通过设置公交专线的方式改善公租房小区的交通条件。以重庆市第一个公共租赁住房项目"民心佳园"为例，规划的轻轨 3 号线尚未通车，政府开通 825 路和 882 路公交路线，分别在"民心佳园"与公交枢纽观音桥（也是商圈）、新牌坊之间运行，方便入住市民工作与购物。

③配套状况。公共租赁住房参照商业楼盘标准，配套学校、医院、商店、健身、图书馆等设施，由专业的物业公司提供管理服务，建成标准化的现代居住小区。小区按照每 3 套房配建一个车位的标准配套建设车库；按照建筑面积的 15% 进行公建配置，配套建设教育、医疗、文化、体育及经营性商业设施和公共活动

场地，以满足不同类型人群和家庭结构的基本居住需求。

④环境状况。公共租赁住房建设区域自然环境优美，特色资源丰富，依托周边 10 多个郊野公园和生态隔离绿带作为城市公共绿地，充分体现"宜居"的要求。公共租赁住房建筑容积率控制在 3.5～4 之间。

⑤周边就业机会。公共租赁住房项目选址结合了重庆市的产业布局，周边区域产业发展与配套服务都相对成熟。

东部区域布局与茶园新区和未来御临组团大规模工业基地的发展相结合；南部区域布局与重钢片区的城市更新和龙洲新城的建设相结合；西部区域布局与大学城、微电子园及西彭产业基地的发展想结合；北部区域布局与城市新中心的打造相结合。

（2）"为谁建"

根据重庆市提出的"双轨制"住房供应体系，30% 的城镇居民将由政府提供住房保障。其中 20% 左右由公共租赁住房保障，10% 左右为危旧房、城中村、棚户区拆迁安置群体，由相应的安置房保障。具体而言，根据《重庆市公共租赁住房管理暂行办法》，公共租赁住房的保障对象为年满 18 周岁，在重庆市有稳定工作和收入来源，有能力支付补贴后的租金，符合政府规定的收入限制的以下三类群体：①无住房或家庭人均住房建筑面积低于 13 平方米的住房困难家庭（包括符合廉租住房保障条件的家庭）；②大中专院校及职校毕业后就业和进城务工及外地来渝工作的无住房人员；③政府引进的特殊专业人才和在重庆工作的全国、省部级劳模、全国英模、荣立二等功以上的复转军人住房困难家庭（此类群体申请公共租赁住房不受收入限制）。

制定政策之初，申请租住公共租赁住房的住户有收入限制：单身人士月收入不高于 2000 元，2 人家庭月收入不高于 3000 元，超过 2 人的家庭人均月收入不高于 1500 元。第一次申请配租之后取消收入限制，只要满足上述住房困难条件的个人或家庭即可申请租住公共租赁住房。特别需要指出的是，重庆市将公共租赁住房与城市发展相结合，取消公共租赁住房保障对象的户籍限制，吸引外地人员来渝务工。

（3）"怎么建"

本着"公租房姓公"的原则，重庆市拒绝私人开发企业参与公共租赁住房的开发，而将开发任务交由市属国有企业负责，目前主要由重庆市地产集团、重庆市城市建设投资公司、重庆两江新区开发投资集团三家国有企业承担开发任务。三家企业均成立了专门负责公共租赁住房开发的下属子公司——重庆市公共住房开发建设投资有限公司（重庆市地产集团下设）、重庆市城投公租房建设有限公司（重庆市城市建设投资公司下设）和重庆两江新区公共租赁房投资管理有限公司（重庆两江新区开发投资集团下设）。开发完成后，由开发企业代表政府拥有公共租赁住房的产权，项目的运营收入（包括公共租赁住房的前期租赁收入，5年后的销售收入，配套商业用房的销售收入）须缴入市财政，专项用于公共租赁住房相关的支出。开发企业仅承担开发任务并获得管理费用，没有开发利润。对于产业园区，也可以由园区管委会开发公共租赁住房，主要服务于园区内的企业和员工；开发企业或园区管委会聘请的施工企业也是大型国有企业（例如重庆市建工集团、中冶建工集团）。

（4）"什么标准建"

第一，在配租面积方面，重庆市公共租赁住房的户型建筑面积控制在30~80平方米之间，分为单间配套、一室一厅、两室一厅、三室一厅四种户型。其中，50平方米以下户型占60%以上，50~60平方米户型约25%，60~80平方米控制在15%以内。公共租赁住房配租面积与申请人的家庭人数相对应：2人以下（含2人）选择建筑面积40平方米以下住房；3人以下（含3人）选择建筑面积60平方米以下住房；4人以上（含4人）可选择建筑面积80平方米以内的住房。家庭成员只有父女或母子两人的，可按3人配租面积配租。

第二，在交房标准方面，重庆市建委发布《重庆市保障性住房装修设计标准》，对公共租赁住房的装修设计标准进行了详细的规定。公共租赁住房的室内装修工程必须实行成品住宅交房，按400元/平方米（按照物价水平适时调整）进行装修，交房标准为：①水、电、气表安装到户；②入户采用防盗门；③客厅及卧室地面采用玻化砖，墙面、天棚刷乳胶漆，厨房、卫生间地面、墙面均采用防滑地砖、墙砖，天棚采用塑钢扣板；④卫生间安装吸顶灯、换气扇、蹲便器、成品立柱盆，厨房安装吸顶灯、抽油烟机、燃气灶、成品橱柜、淘菜单盆。承租人只需自己配上家具、电器等即可直接入住。此外，重庆市专门制定《重庆市公共租赁住房项目工程设计规则及主要技术措施指导性意见》，为公共租赁住房的设计提供指引。

（5）"如何分配、管理"

①分配方式。依托重庆市公共租赁住房数据信息管理系统，对申请者的住房情况进行严格审查。对符合要求的申请人员，通过电子摇号方式确定入住公租房的人员名单，对当次摇号未能获得配租的申请人，进入下一轮摇号配租，确保公开、公平、公正。

这里需要特别说明重庆市的"租售管理方式"。重庆市公共租赁住房每次合同租赁期限最短1年，最长5年。租赁合同期满后，承租人可以续租，但需要在租赁合同期满 3 个月前提出申请，经审核符合条件的，重新签订租赁合同，并对原承租住房享有优先权。公共租赁住房允许出售，承租人在租赁 5 年期满后，可选择申请购买居住的公共租赁住房。公共租赁住房出售价格以综合造价为基准，具体价格由市物价部门会同市住房保障、市财政等部门研究确定，目前尚未出台明确方案。租户购买公共租赁住房，可选择一次性付款或分期付款。一次性付款后，不再支付租金；分期付款时，未付款面积按照规定交纳租金。购买的公共租赁住房可以继承、抵押，不得进行出租、转让、赠予等市场交易。抵押值不得超过房屋购买原值的 70%。公共租赁住房不能上市交易，如需转让或抵押处置时，由政府回购，回购价格为原销售价格加同期银行存款活期利息。

②管理方式。首先，项目开发完成后，公共租赁住房移交给重庆市公共租赁房管理局管理，经营性配套由开发企业自行经营。重庆市公共租赁房管理局成立于 2010 年 7 月 29 日，是重庆市国土资源和房屋管理局管理的副厅级事业单位，其宗旨是为住房保障提供服务；主要职责任务是研究起草住房保障配套政策，具体实施廉租住房、经济适用住房、公共租赁住房等保障性住房专项规划、年度计划，组织实施保障性住房房源储备、投放计划，承担住房保障项目监督管理、住房保障申请对象审核配租、信息统计和分析等工作，指导区县住房保障业务工作。

其次，公共租赁住房物业管理由公共租赁房管理局采用市场招标的方式选聘专业的物业服务公司承担。市公共租赁房管理局定期对物业管理工作进行巡视和指导。物业服务费由物价管理部门会同公共租赁房管理局及相关部门研究核定，实行动态调整，每 2 年向社会公布一次。目前的物业服务费标准为 1.03 元/平方米·月，满足廉租住房保障条件的家庭物业服务费标准为 0.1 元/平方米·月，差价由廉租住房保障家庭户口所在地政府补足。

最后，在社区管理方面，公共租赁住房所在地的街道办事处组建由社区居委会、房屋管理机构、派出所、物业服务公司、住户代表等组成的小区管理委员会，负责小区的社会管理工作。房管机构负责房屋的使用维护管理，并指导和监督物业服务公司做好服务。

（二）黄石市

1. 黄石市城市发展状况

黄石市位于长江中游南岸、湖北省东南部，地处武汉、九江之间，区位优势明显，是我国中部地区重要的原材料工业城市，也是武汉城市圈副中心城市和全国第二批资源枯竭转型试点城市。黄石于 1950 年 8 月建市，是新中国成立后湖北最早设立的两个省辖市之一，有着深厚的工业文化底蕴和雄厚的工业基础；是以矿藏资源开发和港口优势发展起来的典型的重工业城市，钢铁、有色金属、煤炭、电力及建筑材料在湖北省占有重要地位。同时黄石也是长江经济开发带的重要支点、武汉城市圈的副中心城市和鄂东区域经济龙头城市。全市现辖大冶市、阳新县和黄石港区、西塞山区、下陆区、铁山区及一个省级经济技术开发（以下简称开发区），总面积4583平方公里。

黄石市曾经在2007年被评为全国百强城市之一，但近年来因为资源逐渐枯竭经济发展受到制约，黄石市在产业和城市发展方面都遇到了诸多困难，经济地位不断下滑，2009年3月，黄石市被列入全国第二批资源枯竭转型试点城市，当前正处于着经济转型的关键时期。

经济方面，2010年，黄石市生产总值为687亿元（排名位于湖北省第9位），按可比价格计算同比增长15.5%；规模以上工业增加值343.7亿元；全社会固定资产投资468亿元；财政总收入71.5亿元，地方一般预算收入34.1亿元；社会消费品零售总额突破300亿元增长20.6%。

人口方面，据2009年数据统计，黄石市常住总人口257万，城区常住人口81.3万人，户籍人口71.54万人，比上年增长5.2%，城镇化率50.55%（各区人口状况见表4）。随着城市化进程的不断加快以及城市经济结构的转型，每年进城务工的农民工数量和新就业职工数量不断加大。2006年至2010年5年间城镇新增就业16.5万人，转移农村富余劳动力7.5万人。

表4　　　　　　　　黄石市建成区常住总人口统计表　　　　　　单位：万人

分区 年份	总计	黄石 港区	西塞 山区	下陆区	铁山区	开发区	开发区内部		
							团城山	花湖	黄荆山
2009	81.38	21.99	25.06	11.43	6.14	16.76	6.12	3.03	7.61

2. 黄石市保障房需求分析

黄石市保障房需求主要来自三个方面：中低收入的户籍住房困难家庭，棚户区改造过程中的居民安置住房需求，以及城市新增人口中符合住房保障条件的非户籍住房困难家庭。受数据和资料可得性的限制，报告在此仅重点分析各类需求的基本情况。

（1）中低收入家庭的住房基本情况

根据城市中低收入家庭住房困难调查数据，截至2009年末，黄石市人均建筑面积低于16平方米的中低收入家庭共有32549户，再加上城市人口的增长，预计"十二五"期末全市总人口达到100万人、30万户，人均建筑面积低于16平方米共有3.5万户，需要新增保障性住房约170万平方米。

（2）棚户区规模总量及居民状况

根据黄石市 2009 年 4 月对棚户区的现状调查结果，黄石市共有城市棚户区面积 55.25 万平方米，12155 户。棚户区规模在 0.3 至 1 万平方米的共有 23.4 万平方米，5114 户；1 至 3 万平方米共有 20.5 万平方米，4456 户，3 万平方米以上共有 11.9 万平方米，2585 户。黄石市本级棚户区面积 31.1 万平方米，7584户；县（县级市）棚户区面积 24.15 万平方米，4571 户。其中，低收入家庭占 55.8%，低保家庭占 33.3%。

（3）新增人员住房需求状况

黄石正处于传统重工业向第二产业和第三产业转型的关键阶段，城市化、城镇化进程不断加快，一大批城市新增常住人口、新就业人员和引进技术人才大量涌入黄石，形成了新的住房需求，加大了城市住房供给压力。

通过对黄石城区外来人员学历构成、工作特点、住房现状、住房需求的调查，预计"十二五"期间新就业的、引进技术人才、企业长期签订劳动合同的职工等，共计 3 万人，约占增加的外来总人口的 20%，需要通过保障性住房解决住房问题。

总体看来，目前黄石市的保障房需求具有两方面特点：其一，城区中低收入居民规模较大且居住相对集中、居住状况复杂，有大量低收入家庭居住在空间狭小、基础设施不配套、危旧房屋居多的棚户区内，这些人的住房问题有待改善；其二，城市夹心层家庭、新就业人员、大量城市新增常住人口住房需求亟待解决。

3. 黄石市保障房建设情况

黄石最大的优势和特色在于其"双试点"的地位——2009 年 10 月，黄石市在国家住建部的支持下，以共建共有产权廉租住房为基础，结合棚户区改造的公共租赁住房制度建设试点；2010 年 7 月在国家开发银行的支持下，黄石市成为全国唯一一个开发性金融支持保障性住房体系建设试点城市。按照"两个试点"的要求，黄石市对保障性住房体系建设进行了积极的探索，将住房保障工作和"三改"工作紧密结合在一起。

当前，黄石市对"公共租赁住房"的定义，是指政府提供土地、税费等政策支持，由政府、企业、社会或个人提供，限定保障面积、供应对象，面向城镇住房困难家庭出租或出售的政策性住房。它包括公益性公共租赁住房、社会性公共租赁住房和混合型公共租赁住房。可以看出，黄石市近乎将全部类型的保障房，都统一列入公租房范畴。

整体而言，黄石市公共租赁住房建设是通过"五个一"（一个篮子归并、一个口子保障、一个平台汇集、一个通道转换、一个杠杆调节）的办法来实现"住有所居"。其中，"一个篮子归并"是指建立多元化房源筹集方式，做大房源蛋糕，各类保障性住房产品统一归并为一种，便于实施；"一个口子保障"是指全面覆盖各类人群，解决"新生代"、"夹心层"等群体住房问题；"一个通道转换"是指实行共有产权模式，打通由"租"到"有"的产权通道，逐步满足承租者的产权需求；"一个平台汇集"是指以众邦城市住房投资有限公司为平台，笼聚政府、市场、社会各类资源，拓宽公租房建设融资渠道，强化投入支撑；"一个杠杆调节"是指发挥市场的基础调节功能，实行租金市场定、补贴收入定、"暗补"变"明补"的运作模式，兼顾住房保障工作的效率与公平。

（1）"哪里建"

在"一个篮子归并"的思路下，黄石市提出包含廉租房、经济适用住房等所有保障性住房产品在内的"大公共租赁住房"概念，主要房源包括：现有廉租房、国有直管公房、国有及国有控股企业公房、经济适用住房（含企事业单位的集资房）、限价商品房和棚户区改造、城市重点工程、城中村改造、危旧房改造搬迁安置项目中的共有产权房、园区建设搬迁安置项目中的共有产权房、职工宿舍、公务员公寓、外来务工人员周转住房等政策性住房以及社会、个人闲置愿意纳入公共租赁管理的出租房。在房源筹集方式上，采取以政府为主导，鼓励多方参与的模式，主要通过新建、改建、配建、收购、转换、吸纳等六种方式多渠道筹集房源，实现主体多样化、产权多元化。

具体而言，黄石市在公共租赁房的选址方面坚持"以需求定供给"的原则。首先，旧厂区周边的"棚户区"附近，配合"旧城改造"建设公租房。其次，在工业园区，劳动力集中的区域建设公共租赁房，解决园区内企业员工的居住问题。最后，在全市范围内的新建商品房项目中按5%的比例配套建设公共租赁住房。

（2）"为谁建"

黄石市现行的住房保障对象标准，需要符合下列两类条件之一，一是人均月收入680元以下（含680元）的住房困难家庭。具体要求是：申请住房保障家庭成员中至少有一人为市区非农业常住户口；家庭人均月均收入在680元以下（含680元）；家庭人均住房建筑面积在14平方米以下。二是人均月均收入680元以上的住房困难家庭。具体要求是：与本市就业单位签订工作（劳务）合同并连续缴纳养老保险二年以上；在本市人均住房建筑面积低于14平方米；纳入居住地社区流动人口计划生育管理。之所以有这样的规定，其实质是优先保障具有当地户口的住房困难家庭；而对于外来人员中的住房困难家庭，对其货币补贴的额度非常有限，仅面向具有一定支付能力，且符合工作（劳务）合同和养老保险缴纳要求的人员提供公共租赁住房。根据调研访谈中得到的信息，长期来看，黄石市将在优先满足低收入住房困难家庭保障需求、实现"应保尽保"的基础上，逐步向新生代、城市夹心层家庭、外来务工人员和其他有租房需求的人群覆盖，最终实现全覆盖。

（3）"怎么建"

黄石市专门建立了公租房投融资平台——众邦城市住房投资有限公司，统筹土地和资金资源，保障棚户区改造和公租房项目的顺利推进。实际上，黄石市的众邦城市住房投资有限公司和住房保障中心属于合并办公，实行两块牌子，一个机构，建成全市统一的住房保障平台和公共租赁住房经营实体。当地政府将全部的保障房资产，以及棚户区改造的腾退土地等具有升值空间和保值功能的优质经营性资产均注入该公司。在众邦公司成立之初，由市政府出资4000万元和国有住房资产7500万元，组成注册资本1.15亿元；随后，为进一步增强平台融资能力，黄石市还将近年来已竣工和收购的廉租住房、公共租赁住房、国有直管公房、在建的公共租赁住房以及政府部分办公用房等优质资产全部注入公司。为满足"十二五"期间的保障性住房建设资金需求，市政府还将6000亩建设用地收储和出让权利注入平台，并将棚户区改造安置后腾退的土地及整理改造后的增值收益打包注入公司，进一步提升公司的融资能力。众邦公司有政府补贴的租金作为收益保证，再借助地方政府信用，可较为便利地通过向金融机构争取优惠贷款及积极引导多方资本参与等两大途径进行融资。此外，设立众邦公司的市场化运作模式，为后期社会资本的引入预留了政策接口，甚至还可能通过公司上市的方式为保障房建设和运营筹集更多资金。黄石市的目标是使众邦公司成为"保本微利、滚动发展、可持续经营的独立市场主体；专业从事棚户区改造、危旧房改造城中村改造、公共租赁住房建设等保障性住房产品的公司；整合各种政策和资源，在融资方面发挥巨大作用的公司"。

在具体实践中，由众邦公司作为公租房建设和运营的主体，黄石公租房提倡吸收存量房与新建并举的模式，但新建的比例依旧是最大的。在新建过程中，一方面推行商品房的配建制度，另一方面鼓励建设主体多元化。以黄石市2013年计划完成的总计约25000套公租房为例，其中新建的比例高达90%（棚户区改造和商品房配建比例分别占总量的33%和13%），而吸纳和收购的比例仅为10%。在挖掘存量房潜力方面，黄石市通过改建、收购、转化、吸纳等多种方式，将多种房源的住房统一纳入公共租赁住房进行管理。

在新建保障房方面，遵循以下8个主要流程：一是建设单位进行项目前期准备；二是县市发改部门向省发改委、建设厅申报项目，争取资金支持；三是建设单位向县市发改、环保、规划、国土、建设等部门申请办理项目相关审批手续；四是建设单位与施工单位订立施工合同；五是进行拆迁、勘探和其他施工前准备工作；六是项目主体工程及配套工程的施工；七是办理竣工验收手续；八是交付使用和配租。

与此同时，在推进"配建"方面，黄石出台《商品房项目配建公租房实施细则》。自2011年起，将配建公租房作为土地出让前置条件，所有商品房建设用地出让时，必须按住宅面积5%的比例无条件配建公租房。将在全市城市规划区域内开发建设的商品房项目（含棚户区、城中村、危旧房改造项目）纳入配建范围。商品房项目配建采取两种方式：一是无偿实物配建，二是以费代建。开发单位可根据土地出让条件，选择配建方式，原则上应采取实物配建方式。

值得强调的是，黄石市正在努力推进"公租房"建设主体的多元化，一是发挥政府的主导作用，对低收入住房困难家庭实行政府保底，由政府作为建设与投资主体，众邦城市住房投资公司建设公共租赁住房；二是通过政策引导，调动多方积极性，鼓励国有及国有控股企业、非盈利社会组织、承租户，参与投资建设共有产权公共租赁住房。根据黄石市的规划，到2013年，将累计筹集公共租赁住房30000套；其中，众邦公司代表政府筹集20000套，社会个人筹集10000套。

（4）"什么标准建"

黄石市公共租赁住房定位于覆盖廉租住房和经济适用住房保障对象，以及大量的"夹心层"、"新生代"群体，因此其建设面积设定在廉租住房和经济适用住房面积标准之间。棚户区改造新建住房应以中小户型为主，建筑面积原则上应在90平方米以内。考虑还建、购买、共有产权等多种可能性，平均每套建筑面积在80平方米左右。具体建设要求方面，住宅应按套型设计，以中小户型为主，每套住宅应设卧室、起居室（厅）、厨房和卫生间等基本空间。卧室、起居室（厅）应有直接采光、自然通风。室内净高不应低于2.80米，局部净高不应低于2.40米；厨房应有直接采光、自然通风，应设置洗涤池、案台、炉灶及排油烟机等设施或预留位置，其使用面积不应小于6平方米；卫生间至少应配置三件卫生洁具，使用面积不应小于4平方米，并均应有防水、隔声和便于检修的措施。套内应设置洗衣机的位置。住宅单元门和分户门应当符合防盗设计要求；每套住宅应当通水通电，达到入住的基本要求。

（5）"如何分配、管理"

黄石市公共租赁住房按照"市场租金、分类补贴、租补分离、以租为主、先租后售、可租可售、租售并举"的方法运作。市场租金是指由众邦公司和其他营运主体、个人按照市场运作的模式向承租人收取租金；分类补贴是指由住房保障中心按照承租人的收入（资产）和住房等情况核定补贴；租补分离是指承租人按照其收入（资产）和住房情况向住房保障中心申领补贴，然后用住房券（补贴）和货币资金向众邦公司和其他营运主体或个人交纳租金；众邦公司将回收的住房券进行内部结算回笼，其他营运主体或个人凭住房券到住房保障中心兑现。

具体而言，公租房的分配和管理依据以下流程：一是市住房保障中心根据众邦公司筹集的房源数量确定保障范围、标准并向社会公布；二是符合保障条件的家庭向当地社区、街道进行申请，并选择保障方式，对保障对象进行公示，报民政部门审核备案；三是各社区、街道将申请和备案情况上报给市住房保障中心，由其进行复审核；四是市住房保障中心依据审核情况向申请人配租公共租赁住房或者发放租赁补贴；五是承租户与众邦公司签订租赁合同，众邦公司负责公租房的后期管理和维护。在具体的管理实践中，黄石市也实现了信息化管理机制的创新——升级了公共租赁住房实物配租、补贴申请的审核、物业管理等信息化平台，积极与武汉大学和华中科技大学等单位合作，将其与房屋租赁、商品房登记、物业管理等数字房产有关系统关联起来，形成新的住房保障数字化管理系统。

特别需要说明黄石市的"共有产权"制度，在棚户区改造过程中，对于棚改还迁房超出原房屋面积部分，由政府与被拆迁人实行共有产权。共有产权既可双方共有，又可多方共有。共有部分既可以由被拆迁人用累积的住房公积金、租赁补贴、住房货币化补贴等购买，也可以由政府按照市场价格收购，从而实现产权的转换和流转。

（三）深圳市

1. 深圳市城市发展状况

深圳是中国广东省省辖市，国家副省级计划单列市，下辖6个行政区和两个新区：罗湖区、福田区、南山区、盐田区、宝安区、龙岗区、光明新区和坪山新区，土地总面积为1952.84平方公里。2010年7月1日起，深圳经济特区范围延伸到全市。中国政府发布的《珠江三角洲地区改革发展规划纲要》将深圳定位为建设"国家综合配套改革试验区"、"全国经济中心城市"、"国家创新型城市"、"中国特色社会主义示范市"和"国际化城市"。

（1）经济发展状况

深圳地处珠江三角洲前沿，是连接香港和中国内地的纽带和桥梁，是华南沿海重要的交通枢纽，在中国高新技术产业、金融服务、外贸出口、海洋运输、创意文化等多方面占有重要地位。

深圳市经济总量相当于国内的一个中等省份，位居全国大中城市第四位，是中国大陆经济效益最好的城市之一。2010 年 11 月 30 日，美国布鲁金斯学会和伦敦政治经济学院联合发布全球城市经济活力报告，根据城市人均收入和就业增长情况对全球 150 座大城市的经济活力进行排名。研究结果显示，深圳的经济活力排名全球第二，中国第一。

2010 年，深圳经济继续保持快速健康的发展态势，初步核算，2010 年全年本地生产总值 9510.91 亿元，比上年增长 12.0%，经济总量继续居内地大中城市第四位。全年社会消费品零售总额 3000.76 亿元，增长 17.2%。全年外贸进出口总额 3467.49 亿美元，增长 28.4%。其中出口总额 2041.84 亿美元，增长 26.1%，深圳外贸出口总额已连续 18 年位居全国大中城市榜首。2010 年，全年完成地方财政一般预算收入 1106.82 亿元，比上年增长 25.7%，地方政府的资金实力较为雄厚。

（2）人口状况

根据第六次人口普查数据，2010 年 11 月，全市常住人口 1035.79 万，非户籍人口约 798 万，占常住总人口的 77%；户籍人口约 238 万，仅占常住总人口的 23%。相对于 2000 年"五普"数据而言，常住人口增加了 334.95 万，其中约 80% 为非户籍人口，户籍与非户籍人口结构继续呈现"倒挂"特征。

深圳人口的高速增长，得益于产业结构、居住条件和衍生行业 3 个方面。深圳于 20 世纪 80～90 年代在各个镇、村投资兴建了大量的"三来一补"厂房与宿舍，同时这些产业又衍生出进料、加工、配套服务等新的需求，吸引了大量的人口；同时，深圳市在农村城市化改造过程中，原深圳村民自建或合建形成规模达 270 万套、出租面积超过 1.5 亿平方米、可容纳 1200 万人的"城中村"，为外来人口提供了一个巨大的廉价容身场所，减少了政府廉租房及中小企业职工宿舍住房的建设投入，降低了中小企业创业成本。虽然这些"小产权房"游离于政府管理之外，但这在一定程度上弥补了政府在住房保障上的缺失。

（3）特殊的"城中村"现象

深圳市在过去 30 余年快速城市化的过程中，吸引了大量的外来人口。政府保障房供给的相对缺失导致本地村民"城中村"住宅应运而生，向外来人口提供了大量的廉价住房，承担了低成本社会住房的角色。"城中村"实际上是一种市场自发的低成本住房供给模式。在特定的阶段，深圳城中村的形成有其历史和现实的因素，对于解决城市的住房问题具有积极的一面：①"城中村"在工业化和城市化快速推进的过程中演变发展成低成本生活区，客观上为深圳实现持续高增长提供了重要的支持；②城中村吸纳了大量的外来人口，减轻了安置外来人口的压力；③对村民来说，城中村起到了一定的社会保障功能，解决部分村民的生活来源和收入问题。

据统计，截止到2009年末，深圳市共有437个城中村，其中福田区15个、罗湖区32个、南山区39个、盐田区21个、宝安区158个、龙岗区172个。城中村共有建筑接近14万栋，其中居民住宅有11.34万栋；城中村村民住宅最高为20层，最大建筑面积达4000平方米；城中村总人数约为442.3万人，其中流动人数为331.7万人，常住人数为110.6万人。

一般来说，与周边城市地区相比，"城中村"的普遍问题可以归纳为三个特征。第一是景观特征。城中村的景观特征上体现为"脏、乱、差"，城中村建筑密度高、层数低、建筑结构以砖混结构为主，基础设施不完善，缺乏城市管理。第二是社会特征。"城中村"主体人口以农业人口为主，但从事农业活动的人很少，流动人口集中，人口职业构成复杂，居民文化程度不高，小农思想严重等。第三是经济特征。"城中村"的经济特征是以房屋租赁及在此基础上相配套的第三产业为主要的经济模式，集体经济实力较强。

值得指出的是，"城中村"这种市场自发供给的低收入住房弥补了政府长期以来的保障房供给不足。尽管市场能够自发供给这类住房，但在没有政府帮助的情况下，却无法有效供给社区所需的各项公共服务——例如治安、规划、排污、教育等，这使得外来务工人员聚集的"城中村"普遍存在居住拥挤、环境恶劣、治安混乱、教育资源匮乏等问题。如果政府实施大规模的"城中村"拆迁，同时不补充具有可替代性的面向非户籍低收入人口的保障房供给，就会加剧住房供给的结构失衡。这些外来务工人员只能被挤到另外的"城中村"中，有效供给的减少会抬高租金，使他们的福利受损。实际上，改造的核心原则应当是不减少这类住房的有效供给数量，同时改善其居住质量。许多国际经验表明，更好的改造方式应是对现有农民工聚居区的市政基础设施进行更新改造，并提供治安和教育等公共服务，推进其逐步向普通住房过渡。同时，城市政府应逐步增加面向这类人群的保障房供应。

2. 深圳市保障房需求分析

深圳市保障房需求的主要来源有三个方面，其一是户籍住房困难家庭，其二是非户籍住房困难家庭，其三是服务于城市产业升级和经济转型的各类人才。因为深圳市是国内最早进行住房市场化改革和保障房建设的城市，第一方面需求已经基本解决，当前正在不断扩大保障对象的范围；而第二类常住非户籍住房困难问题也因为"城中村"而得到缓解。在这种现实背景下，深圳市政府的保障房主要定位于如何为深圳市长期的经济发展吸引和保留人才，这些人才也不再是服务于劳动密集型产业的一般劳动力，而是深圳为了实现产业升级而引进的高端人才。

因此，深圳市政府所主导的保障性住房与重庆和黄石有很大区别。在其"十二五"规划中的保障对象中，除了新增的户籍住房困难家庭之外，还有很大一部分条件的人才。当然，随着城市空间结构改造和经济结构转型，"城中村"的改造和拆迁会重新释放出住房困难的外来务工群体，针对这部分人的住房保障也是深圳市政府在住房保障方面需要解决的问题之一。

（1）需求现状

根据 2007 年深圳市户籍住房困难家庭普查结果，结合 2008、2009 两年全市户籍人口增长情况，至 2009 年底，全市户籍低收入住房困难人群数量约 6 万户，可通过"十一五"期间已安排的项目予以保障。

根据深圳市人才安居工程惠及人才数量测算结果，截至 2010 年末尚无自有住房的高级人才约 2.8 万户、中初级人才约 11 万户，合计 13.8 万户，计划在"十二五"期间安排保障。

（2）新增需求预测

"十二五"期间，结合人口规模变化、经济社会发展和保障范围调整，预计全市新增符合条件的户籍住房困难人群 8 万户；根据深圳市人才安居工程惠及人才数量测算结果，预计新增尚无自有住房的高级人才约 1.4 万户、中初级人才约 12.6 万户，合计 14 万户。

因此，"十二五"期末，深圳全市住房保障需求总规模约为 35.8 万户，其中符合条件的户籍住房困难人群约 8 万户、人才约 27.8 万户。

（3）"城中村"改造的影响

当前"城中村"实际上发挥了保障房的作用，但如果今后实行"城中村"改造，反而可能释放出新的住房困难家庭，需要在具体实践中统筹考虑。虽然深圳市因为经济转型发展而不再需要低技能的劳动力，政府也希望通过"腾笼换鸟"的方式将低技能劳动力引向周边城市，但城市政府仍然有义务保障这些城市常住人口的基本居住权利。

3. 深圳市保障房建设情况

本报告在此所讨论的深圳市保障房建设情况，是专指现阶段深圳市政府部门主导下的保障房，不再讨论"城中村"住房问题。

深圳市政府将当前保障性住房建设的重点定位于优先解决户籍住房困难家庭

与未来城市发展所需要的各类人才的住房问题。在 2011 年 4 月发布的《深圳市住房保障发展规划（2011－2015）》中，深圳市政府明确提出，要充分调动社会各方面力量，加快推进保障性安居工程和人才安居工程建设，逐步构建以人才为重点、覆盖全体居民的"分层次、多渠道、广覆盖"的住房保障体系，逐步形成以住房保障为核心、保障性住房体系和商品房体系"双轨并行"的住房供应体系。可以说，深圳市的住房保障工作正在由"生存型保障"向"发展型保障"转变。

（1）"哪里建"

在保障房的选址布局方面，深圳市在规划环节采取积极的政策和措施力图保证其周边的配套设施完善。

第一，对于保障性住房的建设用地，优先选用周边配套较成熟、公共交通较便捷的已开发地区，使保障房区位与城市发展总体布局相衔接。综合考虑全市近期城市发展、产业发展和重大交通设施建设，在宝安中心城、前海地段、重点产业园区等全市近期重点发展地区优先安排保障性住房建设。同时确保保障性住房居住区在公交车站点 500 米半径覆盖范围内或地铁 800 米半径覆盖范围内，区域公交线网密度不低于 3 公里/平方公里，区域人均公交车辆拥有率不小于 10 标车/万人。

第二，加大城市更新配建保障性住房。深圳市计划以轨道及道路规划建设为契机，积极推进轨道 1～5 号线、6、7、9、11 号线等轨道站点沿线区域改造配建保障性住房，同时推进布吉、龙华客运站等重大基础设施建设区周边的更新改造配建保障性住房。

第三，积极推进土地综合开发利用。充分利用地铁车辆段上盖保障性住房和公交场站综合开发等合作建设模式，配合地铁二期工程、地铁三期工程、"七横十三纵"干线路网建设，以及公交线网开设和调整的空间布局情况，在轨道交通沿线等交通生活便利地区综合开发保障性住房。

与此同时，深圳市在保障房布局方面倡导和谐居住社区。合理安排保障性住房建设布局，实行各类保障性住房混合战略以实现和谐居住社区格局，避免同一层次的保障人群过度集中造成社会分异。

不过，就当前的现实情况来看，因为深圳关内发展较早，可供建设保障房的土地资源非常紧缺，受新增住宅用地供给的限制，目前已经落实的保障房项目较多选址关外。这些保障房项目周边已经建成的配套设施尚显不足，与规划的情况有一定的差距，有待进一步的开发和建设。

（2）"为谁建"

深圳市计划依次解决本市户籍居民、经济社会发展需要的各类专业人才和非本市户籍常住人口的住房困难。具体而言，2007 年以前，深圳市住房保障对象主要是机关和企事业单位职工；2007 年以后，住房保障的对象转移到户籍低收入家庭上来；2010 年，深圳市进一步将住房保障对象从户籍低收入家庭扩大到户籍住房困难家庭，从户籍人群扩大到符合一定条件的非户籍人群，特别是将对深圳长远发展具有重要意义的广大人才作为住房保障的重点对象，进一步扩大了住房保障覆盖面，形成了多层次、广覆盖的住房保障体系。

从当前的情况来看，自 2010 年 7 月 1 日起开始执行的《深圳市保障性住房条例》中规定，深圳市住房保障对象主要有：①具有本市户籍的住房困难家庭和单身居民，该类属于基本保障对象，以出租、出售保障性住房或者货币补贴等方式予以保障；其中，对具有本市户籍的属社会救助对象的住房困难家庭，以提供廉租住房或者货币补贴的方式予以保障；②深圳市经济社会发展需要的各类专业人才；③在深圳市连续缴纳社会保险费达到一定年限的非本市户籍常住人员。

在具体的实践操作中：第一，对户籍低收入家庭，实施"应保尽保"的原则，采取实物供应和货币补贴的方式；第二，对于专业人才，不断创新住房保障方式，采取公共租赁房、安居型商品房以及住房补贴等方式；第三，对非户籍低收入居民，结合旧住宅区及城中村综合整治、拆迁安置、产业园区配建宿舍等工作，逐步提高非户籍住房困难人群和外来务工人员居住水平。

特别需要说明的是，将人才安居工程纳入住房保障体系是深圳市的一大特点。根据《深圳市人才认定办法》的规定，深圳市将"人才"界定为指高层次专业人才、高级人才和中初级人才三个层次，其中高层次专业人才又分为杰出人才、国家级领军人才、地方级领军人才和后备级人才（后三者统称为领军人才）。针对杰出人才、领军人才实行 3 ~ 10 年的免租优惠政策或住房租赁补贴，对高、中、初级人才实施 3 年的住房租赁补贴。

（3）"怎么建"

深圳市坚持政府主导、市场运作为主，充分利用市场资源，发挥企业建设保障性住房积极性，全面拓宽保障性住房筹集建设渠道。

深圳市保障房的来源相对多元化，主要有以下七个渠道：①政府投资建设的住房；②政府购买、租赁的住房；③政府依法收回、征收、没收的住房；④企业或者其他组织按照与政府约定建设的住房；⑤搭配建设的住房；⑥社会捐赠的住房；⑦其他途径筹集的住房。

"十二五"期间，深圳市的保障性住房的建设和筹集方式主要有三种：第一，利用新增居住用地建设保障性住房，包括政府直接组织建设、企业采取代建、建设运营转移（BOT）、商品住房配套建设、产业园区配套建设等渠道；第二，利用存量用地建设保障性住房，包括城市更新配套建设、拆迁安置、用地功能调整配套建设、企业采取建设运营转移方式建设、产业园区配套建设等渠道；第三，利用多种方式筹集保障性住房，通过依法没收，依规定清理清退，或整合符合条件的现有社会住房等方式多渠道筹集保障性住房。值得注意的是，深圳市早在 2007 年 6 月就明确提出 "在城中村改造项目中适当提高小户型住宅的配置比例。这是政府引导、以市场运行的方式提供较低价位租赁住宅的措施，是城中村改造工作配合落实保障性住房的补充措施"；而最近提出将尝试收编 "城中村" 住房为保障房。在 2012 年 3 月份发布的《深圳市住房建设规划 2012 年度实施计划》中，深圳市表示："在确保住房质量、消防安全的前提下，试点以整体租赁方式将原农村集体经济组织集资房、城中村村民自建房纳入保障性住房有效供应渠道，就近提供给符合条件的住房困难家庭和人才"。

针对不同类型的保障房，深圳市均积极探索引入社会力量筹集建设模式，努力形成政府引导、市场化运作的保障性住房投融资格局。

第一，经济适用住房主要采用由住房保障部门组织、社会参与的 BT 等模式筹建，按规定分配给符合条件的保障人群。

第二，公共租赁住房（含廉租房）由住房保障部门组织建设，或通过企业参与的 BOT、BT 等模式筹建，通过贴息、以租养息等方式运营，按规定分配给符合条件的保障人群，同时探索运用公积金、保险资金、信托资金、房地产投资信托基金等方式拓展保障性住房融资渠道。

第三，安居型商品房主要采用 "定地价，竞房价" 或 "定房价，竞地价" 的方式招标，采取市场化模式运作，按规定由住房保障部门分配给符合条件的保障人群。

（4）"什么标准建"

深圳计划到 2015 年实现保障性住房人均住房基准建筑面积不低于 18 平方米，使用面积系数不低于 70%，100% 实现一次性装修。具体而言，在房屋面积方面，深圳市规定经济适用住房单套建筑面积一律不超过 60 平方米，公共租赁住房单套建筑面积一律不超过 50 平方米，廉租住房单套建筑面积一律不超过 40 平方米。相对而言，作为人才安居工程的安居型商品房的居住条件则明显更好，例如不同层次 "领军人才" 的免租住房建筑面积标准为 80～150 平方米不等，而 "杰出人才" 则为 200 平方米。在装修标准方面，深圳市的保障性住房一律按 "经济环保" 原则进行一次装修，凡享受各类新建保障性住房的居民家庭，在未取得全部产权的情况下不得对该住房进行二次装修和擅自改变原有使用功能和内部结构。同时，《深圳市保障性住房户内装饰装修设计图集》的编制工作正在进行中，预计将于 2012 年 7 月正式发布。

值得一提的是，为确保工程建筑质量，深圳市定位在"十二五"期间，新建保障房项目获得五个省部级以上工程质量奖项、一个项目获评"鲁班奖"；同时，要求保障性住房项目 100% 达到《深圳市绿色建筑评价规范》铜级标准，在保障房项目中打造十个绿色低碳生态示范社区，推行可再生能源技术和垃圾减排技术，实现 30% 保障性住房项目应用垃圾减量和垃圾分类技术产品。

（5）"如何分配、管理"

①分配方式。深圳市住房保障实行申请、审核、公示、轮候制度。在分配方面，深圳市建立了"三级审核，两次公示"和"九查九核"的审查程序，提高对弄虚作假等违法行为的惩处力度，确保保障房分配过程公开、公平、公正。其中，"三级审核，两次公示"，是指街道办事处受理和初审、区建设（住宅）局复审、市住房保障管理部门终审，全市、社区两次公示；而"九查九核"的审查程序，是指对申请家庭户籍、车辆、住房、保险、个税、存贷款、证券、残疾等级及优抚对象等情况审查核实。

在具体的操作中，深圳市加强住房保障申请对象的资格核对管理。资格核对内容包括家庭成员和家庭收入与资产。资格核对方式按照"以部门核查相关政务信息为主、以个案抽查为辅"的原则进行。市住房保障机构需查询、核对的专门信息材料，市国土房产、建设、规划、财政、民政、劳动保障、地税、工商（物价）、公安、发展改革、金融、人民银行、银监、证监和保监等有关部门和单位应积极予以配合，按要求及时提供相应核查信息。对现场核对的内容，市、区住房保障机构可视具体情形派遣专门工作人员，采取上门调查等必要方式进行核对。在保障性住房的出租和销售环节，符合各类保障性住房申请条件的居民家庭，可以向户籍所在地的社区工作站提交申请材料并同时申报家庭收入状况和财产状况；申请材料经社区工作站查验核实，经所在街道办事处复核后，移交市住房保障机构，由其组织协调各区政府和市公安、民政、劳动保障、国土房产、人民银行、银监、证监、保监等部门，对申请家庭的人口、收入、财产等状况进行核对；符合相应保障条件的，纳入公共租赁住房和经济适用住房保障轮候册进行轮候，按照相关规定配置保障性住房。

②管理方式。在管理方面，第一，购买的保障性住房在取得完全产权前不得转让、出租、抵押（但为购买本套保障性住房而向银行设定的抵押除外）；第二，规定年限届满后，购买保障性住房的家庭或者单身居民申请取得完全产权的，应当缴纳土地收益并按照市政府确定的标准缴纳房产增值收益等价款；第三，保障性住房租赁合同或者货币补贴协议期限届满需要续期的，申请人应当在

期满前三个月重新提出申请并申报有关材料，由主管部门予以审核并公示；第四，租赁或者未取得保障性住房完全产权的家庭或者单身居民出现相应的违约情况之后，主管部门应当按照合同约定要求其支付违约金，并可以根据约定或者法定情形解除合同，收回出租住房或者按照在原销售价格基础上综合考虑住房折旧和物价水平等因素后确定的价格有偿收回出售住房。

（四）小结

上述三个典型城市的保障房实践模式各具特色，但共同之处就是地方政府均结合城市发展的历史路径、当前状况和长远规划，确定了本城市的住房保障定位及资源筹集策略。

重庆市当前正处于城市经济加速发展和城市建设的持续扩张阶段，地方政府最为关注的是如何吸引足够多的各类技能水平的劳动力，加速城市的发展。因此，重庆市并不局限于解决本地户籍住房困难家庭的住房问题，而是在城乡统筹的发展规划下取消住房保障的收入限制和户籍限制，广泛为各种来源的劳动力提供保障房。

黄石市在城市发展现阶段最重要的关注点就是如何加快实现"棚户区"的改造，以盘活存量土地资源，为城市的下阶段发展提供土地资源和更良好的基础设施。"棚户区"居民的居住环境恶劣，收入微薄，改造"棚户区"必须考虑对这部分群体的安置问题。同时，"棚户区"目前都处于城市中心区的较好区位，改造后可以成为优质的土地资产。

深圳市经济发展水平最高，经济增速较为平稳，本地户籍人口对住房保障的需求较小。同时，"城中村"这种市场自发形成的低成本住房供给已经解决了深圳市很大比例的外来人口住房困难问题。深圳当前已经进入城市产业升级与经济结构调整的关键时期，迫切需要吸引高技能人才，同时推进低技能产业向外转移，因此其选择的住房保障策略与其城市发展策略密切相关。

三、地方政府保障房资源筹集策略选择的理论分析

地方政府对保障房土地和资金筹集策略的选择，是其主观上提供住房保障的意愿和客观上所拥有的资源共同决定的。主观意愿取决于城市政府对住房保障事业的定位——住房保障是否有利于推动城市发展，是否有利于解决城市当前的关键问题。在分析主观意愿时，是将城市政府作为一个趋利避害的经济主体，它会对住房保障所带来的成本和效益进行分析，如果效益大于成本，则城市政府将会

有较强烈的意愿投资于住房保障，反之则意愿会很弱。城市政府所拥有的资源，则与其历史发展路径、城市当前社会经济发展水平紧密相关。

（一）地方政府提供住房保障的"成本—效益"分析

1. 短期：成本高，地方政府意愿不足

保障房建设会为地方政府带来很高的成本，包括：第一，在房价快速上涨背景下，供给保障房用地会减少地方政府的土地出让收入，这是巨大的机会成本，有悖于地方政府的"土地财政"理念。地方政府为保障性住房提供的补贴主要体现为免收土地出让金和各项税费减免，其中前者占了主要部分。地方政府提供土地尽管不是直接"掏腰包"，但将挤压可以创造巨额土地出让金的商品住宅土地出让量，导致土地出让金"缩水"。目前，地方政府主要依赖"土地财政"来弥补财政缺口，这使得他们难以放弃高额的土地出让收益，因此会想方设法减少保障性住房用地，降低因此产生的机会成本，"民生"被让位于"经济"。

第二，一些地方政府不愿实现较高的住房福利水平，以免越来越多的低收入者涌入，降低人口素质并增加财政负担。住房保障是一种社会福利政策，具有收入再分配的功能。根据公共财政理论，地方政府缺乏投资于这类福利政策的动机。这是因为地方政府具有"嫌贫爱富"的倾向，它们往往不希望很多低收入人口住在它的城市中，这部分群体的人力资本质量较低，对经济发展的贡献小，但却会消耗更多的公共资源。人口在城市之间是流动的，哪些城市提供的住房保障越多，质量越好，就会吸引更多的低收入人口前来，这是城市政府不愿意看到的。这意味着城市政府提供住房保障的决策是相互依赖的——某个城市在决策提供多少保障性住房时，也会考虑其他城市（特别是周边城市）的决策，它不会显得比其他城市更加"积极"，因为这样会把周边的低收入者都吸引过来。相反的，有些城市政府还会选择利用高房价等手段将低收入者"挤出"。实际上，我们可以看到这种现象不仅在城市之间存在，在城市内部的各个区县之间也有表现——各个区县相互推诿保障性住房建设任务，同时又希望将本区县原有的低收入者通过拆迁转移到其他区县，迫于上级政府硬性指标而承接这些低收入者的区县（往往处于偏远郊区）往往缺乏充足的公共服务来保证他们的生活质量。保障性住房的效益更多是以社会效益的形式体现出来，并没有实质性的经济利益。这样一来，地方政府看到的只有巨大的成本，自然缺乏建设保障性住房的动力。1998年中央政府提出以经济适用住房为住房供应主体，但是实际情况却与当初的目标相去甚远，这与地方政府源于以上两方面原因疲于供应不无关系。

上述分析表明，如果地方政府仅关注短期的城市建设和经济增长，就会回避投入资源提供住房保障。当然，保障房建设可以通过固定资产投资的渠道，短期内推动 GDP 增长（北京经济信息中心曾分析过，1998 年以后房地产投资对固定资产投资拉动的弹性系数是 5，对 GDP 拉动的弹性系数是 7.5。目前中国固定资产投资对中国经济增长率贡献率超过 40%，其中住房直接投资就占总投资的 20%）。但相比于其他房地产开发或基本建设投资而言，保障房建设对 GDP 增长的推动作用并没有显著优势。其他商业开发项目土地出让收入较高而后期政府不必投入成本，而基本建设项目往往还可以为政府带来后续的收入（如路桥费等），但保障房完工后还是需要政府持续投入补贴。

2. 长期：经济与社会效益明显，有利于城市可持续发展

从长期看，住房保障有助于促进城市可持续发展，具有明显的经济与社会效益。

首先需要正确理解住房和住房保障的实质。住房不仅仅是提供遮风避雨的物质空间，更重要的是为城市居民提供生活环境和社会交往空间，为民众融入城市劳动力市场和主流社会以及获得各种公共服务创造机会。与医疗卫生、初等教育、社会治安、公共交通等基本的公共服务一样，住房是健康有益生活必要条件的不可缺少部分。同时，住房与这些基本的公共服务又是密不可分的。如果将住房保障仅仅理解为给低收入者提供一个"容身之所"，而忽略了基本公共服务的配套，势必会阻碍这些弱势群体融入社会主流，从长期看仍然难以从根本上改观贫困问题。

因此，作为整个社会保障体系的一部分，住房保障的目标是确保每一个公民都能够获得基本和公平的住房机会，以实现社会公平。这里涉及到住房保障的两个层面的功能。其一是帮助那些永久失去了生存和劳动能力的人（例如残疾人、老人）体面地生存下去，这是最基本的功能，所涉及的目标群体并不大；其二是帮助那些由于在出身、教育、生活和工作技能上存在劣势而暂时处于贫困状态的人们（例如农民工、失业下岗工人、新就业的年轻劳动力）获得居住、工作和学习的机会，使受益者慢慢不再依赖社会福利，逐步成为负责任的和富有成效的社会成员。这意味着，公平的"居住机会"不仅仅是指居住的物质空间，更重要的是指居住的环境和区位，这是因为交通、治安、公共卫生等公共服务都是与居住的区位和环境密切联系的。如果从这个更全面的角度来理解住房保障的社会目标，那么为低收入者提供的居住机会必须具有城市公共服务和就业机会的基本可达性。这样住房保障就可以成为一种手段来实现帮助低收入者提高其健康水平、技能水平和融入社会经济生活的能力，最终摆脱贫困。从这个意义上说，住房保障有助于促进低技能劳动者的人力资本提升进而有利于经济的可持续增长，

同时又能够帮助低收入者融入主流社会，促进社会融合。

通过上述理论分析可以看出，对于地方政府，住房保障并不是一种毫无产出的成本投入，而是能够带来经济和社会效益的"社会投资"，只不过这些经济和社会效益中有些只有在长期才能体现，而有些则具有外溢性，难以被单个的地方政府所独享。这些经济和社会效益包括但不限于：

第一，保障房建设能够增加面向城市低收入群体的住房供给。这可以降低居住成本，吸引劳动力流入，从而稳定和扩大城市劳动力队伍，为城市产业供给充足且较低成本的劳动力。

第二，保障房建设能够改善城市低收入群体的居住环境（包括物质环境和社会环境），这有利于他们逐渐融入社会主流生活，积累人力资本，提高技能水平和工作能力，推动他们逐渐从低技能劳动力过渡为中高技能劳动力，从而促进城市经济的可持续增长和产业结构转型。

第三，保障房建设通常与周边基础设施（例如地铁）的改善相并行，这有助于提高城市基础设施水平并优化城市空间布局，有效推进城市化进程。

第二条所述的效益，会由于劳动力的流动性而不能被地方政府独享（例如农村移民在某城市获得技能提升后可能会迁移到其他的城市），这样地方政府的投入和产出就无法实现匹配，从而缺乏承担住房保障成本的动机。当然，对于一些地方政府来说，即便存在这样的流动，他们也愿意通过提供住房保障来实现本地劳动力素质的总体提升。但不管怎样，劳动力素质提高的社会效益在全国层面是基本不会外溢的。因此，需要有来自中央政府的激励，同时积极的地方政府也会承担部分成本。

第三条所述的效益则不会有这种外溢性。这些公共服务和基础设施不仅能够改善低收入者的生活境遇，有利于其人力资本提升，而且也有利于本地区整体社会经济环境的改善，增加社区和城市的吸引力，这部分价值是被固化在区位上的，不会随着受保障者的流动而流动，所以地方政府也会有动机去改善低收入社区周边的公共服务水平。否则，"贫民窟"的出现会影响城市形象并导致城市社会问题。

3. 地方政府供给保障房意愿的差异性

处于不同社会经济发展阶段的城市，对住房保障的成本和效益的敏感程度也不同，因此提供住房保障的意愿也会有强有弱。这里我们试图从这个角度将目前中国城市政府提供住房保障的意愿分为如下几类。

第一类城市需要吸引大量的劳动力来推动经济增长，这时该城市会很看重住房保障在吸引劳动力和降低劳动力成本方面的效益，建设保障房的意愿会较强。

此类城市以一些以劳动力密集型产业为主体且劳动力较为缺乏的城市为代表。

第二类城市需要大力推进基础设施建设并优化城市空间结构（将城市中心的老旧居民区转换为商业核心区），这时该城市会将保障房建设与基础设施（如地铁）建设捆绑在一起，并通过低收入居民的拆迁安置将城市核心区的优势区位腾退出来，实现城市空间结构调整。因此它们会看重住房保障（及连带的基础设施投资）在区位价值提升方面的效益，建设保障房的意愿也会较强，此类城市以一些老工业城市为代表。

第三类城市已经走过了依靠劳动力数量推动经济增长的发展阶段，人口规模已经偏大。它们正在逐步调整产业结构，从劳动力密集型向技术密集型产业过渡。这些城市不再打算发展以低技能劳动力为主的产业，也不愿意由于提供了较高的住房福利而吸引过多的低技能劳动力，因此提供住房保障的意愿会较弱，此类城市以一线城市为代表。这些城市可能还没有看到住房保障在提升劳动力技能水平和人力资本方面的长期效益；或者由于这些效益具有外溢性而缺乏投资住房保障的动机；也有可能是更加希望直接吸引外来的高技能人才而非通过基本住房保障的投入提升本地劳动力的技能。

4. 地方政府供给保障房意愿的实证分析

受数据限制，这里我们仅尝试检验地方政府的"土地财政"理念是否真的会影响保障性住房建设。我们用"经济适用房占该城市市场化住房存量（包括租赁私房、商品住宅和二手房、经济适用房）的比重"（AFH_ RATIO）反映该城市保障性住房建设的相对规模（考虑到 2007 年及以前保障性住房仍然以经济适用房为主要形式），该数据来源于国家统计局城市司 2007 年大样本调查，包括200 余个地级及地级以上城市的情况。该比重的平均值仅为 6%，这表明占保障性住房主体的经济适用房的实际供给量过少，并没有真正起到解决低收入家庭住房问题的关键作用。在自变量中，我们用"土地出让金占地方一般预算内财政收入比重"（LFEE_ REV）反映地方政府依赖土地出让收入的程度，观察更加依赖土地出让收入的地方政府，是否更加缺乏将有限的土地资源用于建设经济适用房的动机。为了克服内生性问题，该变量取滞后一阶。当然，为了控制不同城市经济规模、经济发展水平和居民收入水平的差异，选取地区生产总值（GDP）、城镇居民人均可支配收入（INC）、城市非农人口（POP）各自的对数值作为控制变量。上述数据均为 2007 年，数据来源与前述地价和房价方程相同。方程形式如下，实证结果见表 5 所示。

$$y_i = \beta_0 + \beta_1 x_2 + \beta_2 z_2 + \varepsilon_i$$

其中，因变量 yit 为经济适用房占比 AFH_ RATIO，xi 为表征地方政府土地供给的自变量 LFEE_ REV，zi 为表征需求的控制变量 GDP、INC、POP。

表5　　　　　"土地财政"理念对保障性住房建设影响的回归结果

解释变量 ＼ 被解释变量	AFH_ RATIO
LFEE_ REV	−0.0679 *** (−3.29)
logGDP	0.00860 (0.47)
logINC	0.0232 (1.33)
logPOP	−0.0380 ** (−2.24)
C	0.320 * (1.83)
样本量 R^2	241 0.080

注：* $p < 0.10$，** $p < 0.05$，*** $p < 0.01$。

可以看到，经济适用房建设的相对规模在各城市间的分布是比较随机的，地区生产总值，人口规模和人均收入水平都不能对它做很好的解释，这也导致 R^2 偏低。尽管如此，"土地出让金占地方财政收入比重"变量仍具有较好的解释能力——地方政府对"土地财政"的依赖程度越高，该城市的经济适用房建设量就越小，土地出让金占地方财政比重每上升10%，经济适用房所占比重就下降0.6%。这个效果在99%的置信度下显著成立，在一定程度上解释了当前保障性住房供给不足的现状。

（二）地方政府的资源实力分析

这里将地方政府可用于建设保障房的资源分为内部资源和外部资源两部分。内部资源主要是指地方政府所拥有的土地储备以及财政实力（资金）；外部资源包括国家的政策支持，政策性银行、商业银行或其他金融机构的优惠贷款等。

1. 内部资源

（1）土地储备

土地储备作为地方政府所拥有的最重要的一项内部资源，直接决定着其住房保障建设的效率和效果。首先，地方政府土地储备的多寡将直接决定其是否能够在短时间内拿出大量的土地储备建设保障房，以迅速形成大规模的保障房供给。其次，拥有丰富土地储备的地方政府能够以当前土地储备及其未来的潜在收益为担保，从银行或者其他金融机构获得贷款。最后，大量的土地储备还有利于城市政府在更大的范围内进行整体运作，比如以某些地块的抵押贷款推动另一些地块上的保障房建设；也可以借助当前保障房建设及周边的基础设施建设，带动周边地价上涨，这些地块很多也在政府土地储备的"袋子"中，因此土地溢价收益又可以被政府回收。

中国各个城市政府的土地储备情况存在着显著的差异，与土地储备制度发展的历史路径有关。以北京和重庆为例，北京是在土地和房地产市场已经发展得较为成熟，地价相对较高之后才实质性开始土地储备，这时土地收储的成本已经相对较高，能够积累的土地储备数量受到限制。重庆市则是在土地市场发展初期（1990 年代初期）就大规模地启动了土地储备制度，当时的地价较为低廉，重庆市政府策略性地以非常低的收储成本积累了丰富的土地储备。同时，近些年来重庆房地产价格并未经历过大的上涨。目前重庆拥有 30 万亩的巨大土地储备，且其中包含了相当部分优势区位的土地。

（2）财政实力

地方政府拥有的另一项重要内部资源就是其财政实力。财政实力越强，在保障房建设上越显得"游刃有余"。地方财政收入主要包括两大部分，其一是以税收收入为主体的预算内收入，地方的经济活动越活跃，发展水平越高，其税收收入就越多；其二是预算外收入，以土地出让收入为主体。因此，财政实力与土地储备是相互联系的，以低成本收储土地并能够以高价格出让土地的城市政府，有更强的能力将土地资源向财政实力转换。

我国不同城市因为发展阶段和水平的差别，地方政府的资金实力也存在较大差异。以重庆和黄石为例，二者在地方政府的资金实力方面差别悬殊，重庆市2011 年实现地方财政收入 2908.8 亿元（比上年增长 46%），而黄石市则为 92.16亿元（比上年增长 29%）。

第二步是"分蛋糕"的问题。地方政府需要将其财政支出在若干方面进行分配，包括基础设施建设、教育、医疗、住房保障，等等。能够将多少财政资源投入到住房保障当中，取决于这些公共支出项目对于某个城市的重要性程度差异。尽管住房保障非常重要，但如果某个城市的教育和医疗资源更为落后，住房保障可能也不会被排在优先的地位。相反，如果某些城市将住房保障视为首当其冲的任务，即使财政资源有限，也会尽可能首先保证保障房建设支出。

2. 外部资源

（1）金融机构贷款

地方政府（或其下的地方融资平台）会以土地储备或者保障房项目本身为

抵押，获得金融机构贷款，将未来的现金流折现到当前。

地方政府（地方融资平台）以土地储备为抵押获得贷款的融资方式存在潜在风险，因为这种融资往往依赖于对未来土地升值的乐观预期。如果城市经济能够持续增长，房地产价格保持上升趋势，那么这种预期的土地增值有可能实现，在未来可以偿还贷款；但如果城市经济，特别是房地产市场出现波动甚至下滑，土地增值收益将无法实现，将会带来违约风险，甚至地方债务危机。

（2）政策支持

地方政府向上级乃至中央层面争取政策支持也是非常有效的撬动外部资源的途径，例如获得低成本政策性贷款等。常见的形式还有争取到"试点城市"的头衔，这样可以更加灵活的设计政策，例如可以在引入社会资本过程中提供更多的优惠条件，以吸引和撬动更大的外部资金支持，形成"放大效应"。

地方政府是否愿意争取政策支持，与其提供住房保障的意愿是直接相关的。以黄石为例，其推进住房保障的意愿非常强烈，先后争取到了住房和城乡建部的公共租赁住房制度建设试点，以及国家开发银行的开发性金融支持保障性住房体系建设试点的机会。这两个试点机会所提供的政策便利和开发性金融注资，为黄石市住房保障建设的推进提供了非常大的支持。

（三）地方政府的策略选择："意愿—资源"矩阵分析

地方政府提供住房保障的意愿，以及其所拥有的资源，共同决定了其资源筹集策略的选择。根据地方政府意愿的强弱程度，以及内部资源的多寡水平，我们将城市分为四种不同的类型，如下图所示。

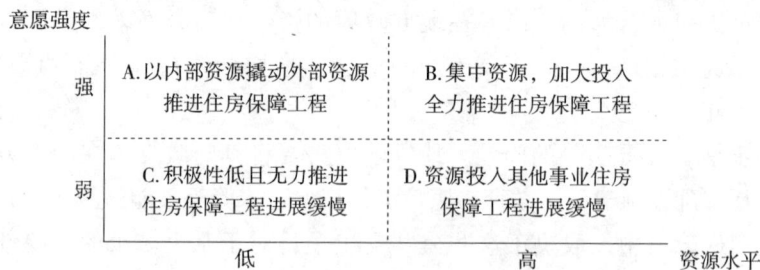

图5　地方政府的不同意愿与资源水平组合下的住房保障效果

对于提供住房保障主观意愿较低的政府而言，无论其资源水平如何，地方政府都不会非常重视保障房建设，在住房保障的资金和土地筹集策略上也必然缺少创新。地方政府主观意愿较低可能有两方面的原因。其一是城市政府认为已经不再需要基本的住房保障，有可能是当前城市户籍人口的居住条件已经较好；还有可能是城市定位于产业升级，不再重视相对低技能的劳动力，因此不再愿意为低技能低收入的劳动力解决住房问题。其二是地方政府主要关注短期的经济增长，并不重视（或尚未认识到）将住房保障对于城市发展的长期效益。在地方政府主观意愿较低的情况下，会出现图5所示的C和D两种情况。

对于提供住房保障意愿强烈的地方政府而言，会有充足的内在动力去创新土地和资金的筹集模式。这种强烈的意愿可能来自于政府对保障房长期效益的重视，希望以此为抓手促进城市的可持续发展；也可能是政府找到了很好的实践模式，能够将住房保障与城市发展当前亟需解决的现实问题融合在一起，实现"一石两鸟"，借助住房保障工程突破城市发展的瓶颈。在这种情况下，存在两种类型的保障房资源筹集模式。第一是图5中的A型城市，有充足意愿动力但资源相对不足。这类城市政府往往会在充分挖掘已有内部资源潜力的基础上，想方设法去撬动更大的外部资源，如上文所述的争取外部政策支持，建立地方融资平台以土地储备为抵押进行融资，等等。但是由于其内部资源有限，这类城市会有更大的动机去依赖对未来土地升值的乐观预期来放大当前的土地融资能力，风险偏高。第二是图5中的B型城市，这类城市有强烈意愿且有充足资源，这类城市一般能够在短时间内实现住房保障工程的较大进展。

第四部分将首先提炼案例城市在保障房土地和资金筹集策略选择上的特点；然后结合每个案例城市发展阶段特征（历史路径、发展现状、未来目标和当前关键问题等），与该城市政府所拥有的资源水平，分析资源筹集策略选择的内在逻辑。

四、三个案例城市保障房"土地—资金"筹集策略选择分析

（一）重庆市

1. 重庆市保障房"土地-资金"筹集方式

（1）土地

据测算，"十二五"期间，重庆市公共租赁住房建设用地需求总量为3万亩。政府采用划拨方式供应这些土地，土地来源为市政府下属国有企业的土地储备。自2002年起，重庆市开始规范土地一级开发市场，取消私人企业征收和储备土地的权力，由几家市属国有企业（主要为重庆地产集团、重庆城市建设投资公司、重庆渝富集团，以及政府的土地储备整治中心）负责土地一级开发和储备工作。经过近十年的经营，这些企业积累了约30万亩的土地储备，从中拿出3万

亩来建设公租房，并不困难。目前，公租房的建设用地主要为重庆地产集团和重庆城市建设投资公司的储备地，供地条件基本为熟地，大大加快了工程进度。大量居民入住公租房后将很快聚集人气，周边地铁等基础设施的建成也将加速片区成熟，带动周边土地增值。这些周边地块很多也是政府的土地储备，因此这种升值能够被政府所享有，一定程度上可以补偿公租房土地投入的前期机会成本。

（2）资金

据相关部门测算，"十二五"期间重庆市公共租赁住房建设资金总需求量约为1198亿元。其中，建筑成本为955亿元，配套设施成本28.65亿元，开发间接费用14.75亿元，基本预备费49.92亿元，涨价预备费109.08亿元，建设期利息40.05亿元。主城区资金需求量为972.28亿元；远郊区县资金需求量为225.64亿元。

重庆市公共租赁住房的建设资金来源包括两部分（表6所示），30%由各级政府提供，剩余70%由开发企业从社会融资。各级政府提供的资金包括：①中央安排的专项资金；②市财政年度预算安排资金；③土地出让总收益的5%；④个人房产税。企业的融资渠道主要包括：①银行贷款；②非银行金融机构贷款（包括社保基金、保险资金等）；③住房公积金贷款；④发行债券；⑤其他渠道，如票据。各级政府提供的资金中，争取中央财政投入160亿元，重庆市财政投入200亿元。

表6　　　　　　　　　　重庆公共租赁住房建设资金筹措表

序号	项目	建设期
1	总投入	1200 亿元
1.1	建设投资	1200 亿元
2	资金筹措	1200 亿元
2.1	中央安排的专项资金	360 亿元
	财政年度预算安排资金	
	土地出让收益的5%	
	个人房地产税	
2.2	银行贷款	840 亿元
	非银行金融机构贷款	
	公积金贷款	
	发行债券	
	其他渠道	

2. 对重庆资源筹集策略选择的分析

（1）提供住房保障的意愿

重庆政府推动公租房建设的意愿很强，其主要目的主要体现在如下方面。

第一，以城乡统筹为契机，通过公租房建设吸引周边农村劳动力进城，并实现大型产业园区劳动力就业与居住的空间平衡，促进产业发展。重庆在重点产业园的周边布局大量公租房，比如将东部的公租房与茶园新区和未来御临组团工业基地相结合，西部的公租房与大学城、微电子园及西彭产业基地的发展相结合，降低产业工人的居住和通勤成本，保证了城市经济增长的劳动力来源和成本优势。

第二，将公租房建设与基础设施投资结合在一起，促进城市外围区域的成熟。重庆市按照"均衡布局、交通方便、配套完善、环境宜居、利于就业"的原则进行公租房选址布局和基础设施配套。21个大型公租房社区均位于城市郊区，通过建设社区周边的交通基础设施（如城铁）和其他公共服务设施（学校及大型购物中心等），提高公租房周边工作和生活的便利程度。在改善低收入居民生活品质的同时，带动整个重庆中心城外围区域的迅速成熟，这自然会带来周边地价的升值，最终其收益还是会回到政府的"钱袋子"中。

（2）资源筹集策略选择

重庆市政府的内部资源优势非常明显，属于第二部分分析中的B类城市——有意愿且有充足资源。重庆土地储备非常充裕，政治和政策资源也很丰富，拥有直辖市和城乡统筹试点城市的双重优势。但由于公租房新建量巨大，仍然需要引入更多的外部资源来支撑大规模高速度的公租房建设。

在这方面，重庆充分发挥了大规模土地储备的优势，撬动外部资金，实现土地与资金一体化运作。其基本策略是"在更广的时间和空间范围内实现保障房建设的成本效益匹配"，将当前大量的土地储备投入于大规模公租房建设，推进产业新区和公租房片区的未来快速发展，并利用这种乐观预期变现为当前土地储备的市场价值，撬动更多资源投入于当前的保障房和周边基础设施建设——以现有土地储备和土地升值预期为（显性或隐性）抵押或担保融资（国开行/社保基金/公积金/市属国有公司债券融资等），资金和土地的相互促进形成循环。但是这种循环能否持续下去，取决于对未来土地升值的预期是否有基本面的支撑。如果实体经济后劲不足，或者这些区域的居住和商业需求并不如预期那样旺盛，那么土地升值可能无法实现，有可能引发地方政府的偿债风险。

相对而言，重庆的保障房供给策略并不具有很好的可复制性，因为许多城市并没有如此丰富的土地储备。不过，对于处于城市加速发展初期的中西部城市或中小城市而言，可以借鉴重庆的土地储备经验，在土地成本相对较低时储备较多的土地，以增加未来保障房土地供给的灵活性；也可以借鉴重庆将城市发展与保障房建设密切结合的思路，从城市整体利益出发布局保障房建设。但是必须防范过于乐观估计未来土地增值所带来的潜在风险。

（二）黄石市

1. 黄石市保障房"土地—资金"筹集方式

（1）土地

在土地出让形式方面，黄石市此前的保障房建设用地供应主要采取划拨方式，但这种单一的土地供应方式不利于有效处理配建项目用地问题和公租房出售，也不利于项目的融资和发挥资产放大效应。因此，后续为了实现与市场接轨，利于平台公司的运作，调整为出让的形式。

第一，在集中建设公租房方面，与棚户区改造工程紧密结合，通过在棚户区改造还建房中与被拆迁人通过"共有产权"方式合建等形式，同时结合城市重点工程、新区建设和城市经济转型，在城市新区和工业园区建设公共租赁住房。

第二，商品房中配建公租房。黄石把全市城市规划区域内开发建设的商品房项目（含棚户区、城中村、危旧房改造项目）纳入配建范围。商品房项目配建采取两种方式：一是实物配建，二是以费代建。开发单位可根据土地出让条件，选择配建方式，原则上应采取实物配建方式，实物配建采取无偿配建的形式。

（2）资金

黄石市借助"双试点"城市的机遇，积极打造专业性的投融资平台——众邦城市住房投资有限公司，形成了"政府主导＋企业平台＋市场运作"的融资模式，有利地支持了保障性住房的建设。

①政府主导，高度重视。黄石市政府住房保障的意愿是较为强烈的，这在政府的重视程度和组织结构的设计方面均有体现。

一方面，政府高度重视。黄石市连续多年把保障性住房建设以及棚户区改造列入市政府"十件实事"和全市"一号工程"、"一把手工程"，市委书记、市长多次听取公司建设情况的汇报，并协调解决具体问题。为抓好保障房融资工作，成立了由市长任组长，县（市）区和市直部门一把手为成员的融资工作协调领导小组，组建了开发性金融合作办公室，具体协调与开发银行的合作，为项目融资工作提供了强有力的组织保障。

另一方面，构建相关部门密切协作的网络格局。为落实公司资产和融资条件，建立了保障性住房建设协调机制，定期召开由财政、国资、审计、国土、税务和各城区（开发区）政府参加的融资协调会，各相关部门采取特事特办、急事急办、税费减免等多种措施，为争取融资提供了保证。

②整合内部资源，充分发挥平台公司功能。黄石市充分发挥内部资源的作用。首先，将内部资金和物业资源转换为平台公司的优质资产。在国家开发银行的支持下，政府最初将资金注入众邦公司；并将各类政府物业等实物资产，以及棚户区改造安置后腾退的土地及整理改造后的增值收益打包注入公司，还将城市建设用地收储和出让功能赋予该平台。可以看出，黄石市政府将土地相关的职能及潜在收益全部转换为平台公司的资产，以此提高平台公司的融资能力，为后续撬动更大的外部资源打下基础。

③最大限度地撬动外部资源。除了上述政府的内部资源整合之外，黄石市还充分利用了各种政策资源。一方面积极落实保障性安居工程建设的土地供应、政府性基金减免、服务性收费优惠等各项政策，并从住房公积金增值收益和土地出让净收益中计提住房保障资金的规定，筹集地方配套资金；另一方面，将中央财政用于城市棚户区改造和公租房建设的转移支付资金、用于廉租住房建设和国有工矿棚户区改造的中央投资补助、省财政配套资金等各种政策性资金，通过项目代建的方式随项目一揽子划入平台公司名下，进一步壮大公司的资本。

在内部资源和政策资源的基础上，撬动外部资金，积极引进金融和其他社会资本。黄石市成功争取国家开发银行第一期项目贷款 6 亿元；第二期 22 亿元的保障性住房贷款已报国家开发银行评审，第三期 23 亿元已通过国家开发银行湖北省分行初审。同时，还与地方商业银行合作，争取贷款 0.6 亿元，用于项目建设短期流动资金周转。另外，还吸纳社会资本 1.2 亿元。

为了更好的撬动外部资源，黄石市在住房保障过程中具有较为鲜明的市场特征。一方面，市场化运作配套设施。黄石市积极拓展商业门面、停车场、仓库等配套设施。这些经营性场所既能有力扩充融资平台资本，又能通过运营取得稳定的可观收益。另一方面，市场化运作棚户区腾退的土地。在棚户区改造过程中，黄石市实行"建成一片，改造一片，连片改造、整理腾地"的方案。腾退出来的土地由平台公司收储，进行出让和商业开发，不断增强融资平台的生存能力。

2. 对黄石资源筹集策略选择的分析

（1）提供住房保障的意愿

黄石市的城市发展处于产业结构由重工业向轻工业以及服务业转型的关键阶段。从黄石市的实践情况看来，政府投入资源进行住房保障的意愿是较为强烈的。一方面有低收入家庭客观需求的原因；另一方面是黄石市政府将住房保障工作与当前城市发展的瓶颈问题——"棚户区改造"有机地结合在一起，借助这一机遇，加速了"棚户区改造"的进程。这在短期可以快速推进旧城改造，实现城市空间资源的置换，调整城市空间结构，为城市下一阶段的发展留出更多的优质空间资源；在长期有利于吸引更多人才，降低劳动力成本，促进城市经济的可持续发展。

（2）资源筹集策略选择

黄石市属于第三部分分析中的 A 类城市，有强烈意愿但资源相对有限。因此黄石市一方面积极整合内部资源，对政府所拥有的有限资金和实物资产进行整合和运作；另一方面大力吸引外部资源，不仅争取到了国家部委的试点机会和政策优惠，还尽一切努力发挥市场机制，撬动外部资金。

黄石市保障房资源筹集策略选择背后的逻辑是，将住房保障与城市空间结构调整的关键瓶颈问题有机结合在一起，这样地方政府就有了充足的意愿和动力。这对情况类似的城市具有借鉴意义。

（三）深圳市

1. 深圳市保障房"土地—资金"筹集方式

（1）土地

根据深圳市住房保障"十二五"规划，2011～2015 年深圳市保障性住房建设用地供应 4.1 平方公里，其中新增用地 2.8 平方公里，存量用地 1.3 平方公里（城市更新用地 1.1 平方公里，征地返还及拆迁安置用地 0.2 平方公里）。为提高土地资源利用效率，解决土地供应瓶颈问题，深圳市积极借鉴香港等地轨道交通建设运营的成功经验，通过地铁车辆段（站）上盖物业配建、商品房用地出让配建、城市更新配建等方式，多渠道筹建保障性住房。与此同时，深圳市将建立保障性住房土地储备制度，在编制土地利用总体规划、城市总体规划、住房建设规划、法定图则以及土地利用年度计划、近期建设规划年度实施计划时，应当按照不低于全市居住用地储备地块总面积 40% 的比例，单独列出保障性住房项目用地指标，明确具体地块和空间布局，纳入全市保障性住房用地储备管理，严禁挪作他用，实现保障性住房建设用地提前五年滚动供应，缓解征地拆迁、规划调整等工作对项目进度的影响。同时，深圳市还利用存量土地，通过城市更新配建、企业利用自有用地、拆迁统建上楼等方式，增加保障性住房筹集渠道。

（2）资金

住房保障资金来源包括：①市、区发展改革部门批准和财政部门计划安排用于保障性住房筹集建设的资金；②全市年度土地出让净收益中以不低于 10% 的比例安排的筹集建设资金；③租售保障性住房及其配套设施回收的资金；④住房专项资金；⑤住房公积金；⑥通过投融资方式改革纳入保障性住房筹集建设的社会资金；⑦保障性住房用地综合开发收益；⑧其他资金等。"十二五"期间，深圳市预计住房保障资金总安排约为715亿元，其中，建设筹集资金投入689亿元，租赁补贴（含人才补贴）26亿元。对此，深圳市计划通过保障性住房租售回收资金再投入约185亿元、土地净收益等财政新增安排资金投资约192亿元、社会投资约338亿元等方式筹集。

为加快建设速度，缓解资金压力，深圳市定位于形成政府引导、市场化运作的保障性住房投融资格局。在现行的通过代建总承包、引入BT等模式拓宽保障性住房投融资渠道之外，进一步完善保障性住房的资金支持政策，探索建立以政府优惠政策支持与引导、社会资金投入为主的保障性住房投融资机制。

2. 对深圳资源筹集策略选择的分析

（1）提供住房保障的意愿

在深圳，面向户籍人口的"生存型住房保障"需求很小，已经基本解决。同时，大量"城中村"为绝大部分非户籍外来务工人员提供了基本生存条件。在这种情况下，上级政府下达的保障房建设指标实际上超过了传统定义的住房保障需求。为了将住房保障与城市当前发展战略相结合，同时完成上级下达的保障房建设指标，深圳市选择了走"发展型住房保障"的道路。

具体而言，深圳经济增长快，在国内处于领先位置，但目前面临着产业结构升级的问题。如何能够吸引和留下更多的高技能人才，是提升人力资本水平，促进产业转型的关键。因此，深圳市当前的基本策略是创新性地将人才安居房纳入住房保障体系，将工作重点由"生存型住房保障"向"发展型住房保障"过渡，逐步将住房保障的重点从户籍低收入家庭转移到高新技术产业所需的各类人才，通过人才安居工程提高对所需人才的吸引力。

（2）资源筹集策略选择

深圳市用于住房保障的内部资源较少。虽然政府财力较为雄厚，但需要应对的城市建设和管理任务也很多，能够用于保障房的资金有限。深圳市的高速发展已经占用了关内绝大多数的可建设用地，未来发展的空间增量非常小。"城中村"改造涉及利益复杂，推进缓慢，难以释放出有效的存量土地。因此，深圳属于有动力（提供发展型住房保障）却缺乏资源的A类型城市。

深圳的市场化程度一直较高，在保障房资源筹措上也强调市场化运作，多元化特征较为明显。在土地方面，新增住房建设用地优先用于保障性住房建设，并且加大城市更新配建保障性住房的力度；在资金方面，总资金需求量715亿元中，除了通过保障性住房租售回收资金再投入约185亿元、土地净收益等财政新增安排资金投资约 192 亿元之外，剩余 338 亿元都需要通过社会投资方式筹集，深圳市计划探索运用公积金、保险资金、信托资金、房地产投资信托基金等方式拓展保障性住房融资渠道。

深圳提供"发展型住房保障"的策略值得一些经济发展水平发展较高的大城市借鉴。同时，尽可能引入市场力量建设保障房的探索也值得其他城市借鉴。深圳正在探索如何更有效地解决"城中村"问题，将城市产业结构转型、空间结构调整和"城中村"改造相协调，在实践中的经验和教训也值得进一步关注。

五、政策建议

当前我国已经进入保障性住房的大规模建设阶段，如何筹集两个最核心的资源——土地和资金，是保障房建设任务能否顺利完成的关键。基于本报告的前述分析，这里提出若干政策建议。

（一）中央政府：加大住房保障投入，注重地区间差异性

1. 中央政府应加大对住房保障的资金投入

住房保障主要是一种社会福利政策，具有收入再分配的功能；同时也兼有公共品的特征，有助于提高劳动力素质和创建和谐社会。一方面，劳动力的流动性特征要求社会福利政策的成本应主要由中央政府承担；另一方面，住房保障的公共品特征所带来的社会效益，既有利于地方（如社会环境的改善），亦有利于全国（如低技能劳动力的素质提升），因此中央政府和地方政府应当分担财政支出。但是，目前中国中央政府对住房保障的财政投入明显不足，大部分仍由地方政府承担。例如中国 2011 年的保障房建设投资中，在不计入地方政府土地出让金损失的机会成本时，中央政府的财政投入仅占地方政府投入的 1/4。中央政府应该逐步提高在住房保障方面的财政支出，并提供更多的税收减免和金融政策支持，保证资金落实到位；特别是对于中西部一些财政困难的地方，中央财政应加大转移支付和专项补助的力度。

2. 住房保障建设任务与具体形式选择应注重地区间差异性

在住房保障建设任务的确定上，自上而下层层分解指标的模式缺乏效率。对于"十二五"期间"3600 万套保障房"建设任务，2011 年所施行的办法是自上而下的指标分解来确定各级地方政府的建设量，这就无法保证实际供给与当地需求的匹配。就全国层面而言，保障房应优先解决大城市、特大城市中住房困难家庭和外来农民工的住房问题，但从 2011 年的保障房建设指标分解情况来看，即

使青海和甘肃等经济欠发达地区也开始从乡县市开始层层分解保障房建设任务，这与保障房的需求并不一致。中央政府应该充分认识到每个城市对保障房客观需求的差异性，避免自上而下的指标层层分解和强制性摊派，而应该结合当地住房保障需求的规模和构成，采取"自下而上，以需定建"的方式，汇总地方的建设任务，努力实现供给与需求的匹配，这有助于提高住房保障的效率和地方政府的积极性。

在住房保障具体形式的选择上，中央政府也应该鼓励不同地区"因地制宜"。对于住房市场已较为成熟，住房存量较为充裕的城市，可不硬性要求新建保障房的数量，而是通过货币补贴和存量挖潜的方式达到提高住房保障水平的目的，建议可在几个有条件的城市进行试点。

（二）地方政府：结合城市特点，明确住房保障定位

1. 将城市发展与住房保障有机结合，明确住房保障定位

地方政府需要提高自己在住房保障中的主动性，积极参与并引导本地住房保障工作的创新与实践。不同城市需要依据自身经济发展阶段和产业结构特征，确定住房保障的定位。一方面，对于处于高速发展和转型阶段的城市，特别是在一定时期内仍需要发展劳动密集型产业的城市（比如重庆和黄石），能够通过提高住房保障水平改善城市基础设施并吸引低成本劳动力，可以考虑借鉴重庆模式，以大规模的保障房及配套设施建设，吸引低成本劳动力并加速城市发展。另一方面，对于经济较为发达、致力于发展技术密集型产业以及人口压力较大的大城市（比如北京和深圳），这类城市可以考虑借鉴深圳的经验，将保障对象延伸至城市发展所需要的高技能人才。

2. 基于当地经济水平和资源实力，选择具体保障方式和资源筹集策略

在住房保障定位明确之后，地方政府应切实结合当地经济发展水平和城市化进程（城市居民对保障房的真实需求以及当前存量住房情况）选择合适的住房保障方式，在重视供给方补贴（"补砖头"）的同时，存量房源相对充足的城市政府则可以采取需求方补贴（"补人头"）的方式，全面提高住房保障效率。具体到资源筹集策略，则需要进一步结合各自城市的内部资源实力和潜在可用的外部资源进行选择。

3. 审慎对待"城中村"问题

对于"城中村"现象较为普遍的城市，如果在改造"城中村"的同时，政府并未提供具有替代性的面向外来务工人员的保障性住房供给，那么就会加剧这部分群体的住房困难问题。建议在总结各地"城中村"改造实践经验基础上，

以人为本，因地制宜，提高配套政策的针对性和灵活性，积极探索在"城中村"原址建设保障性住房，或者在交通相对便利的外围地区还建一定量的保障房等方式，努力实现改造低收入住房的"拆补平衡"，化解"城中村"改造所带来的负面问题，使住房保障体系设计能够满足城市化发展的需要。

（三）长效机制：改进制度设计，促进住房保障可持续发展

短期的行政命令虽然能推动保障房的开工建设，却无法保证长期的政策效果。虽然当前一些积极建设保障房的城市也提及了住房保障的长期目标，但在现行的官员任期考核机制下，其本质上可能更专注于短期的城市经济增长。报告建议应着力建立长效机制，使地方政府的住房保障政策兼顾短期的经济发展和长期的社会效益，促进城市可持续发展。

1. 改进地方官员的考核机制，提高地方政府提供住房保障的意愿

住房保障的效益在长期才能显现，因此需要探索将住房保障目标纳入地方政府政绩及官员晋升考核内容的有效方式——比如将低收入居民的住房满意度作为官员晋升考核的一项关键指标，引导地方官员从"关注经济"转向"关注民生"，将住房保障的长期经济和社会效益转化为当前保障房建设的内在动力，提高当前地方政府提供住房保障的意愿，促进住房保障与城市发展的良性互动。

2. 深化住房保障制度建设，明确中央与地方的长期责任

以法律条文或条例的形式明确中央与地方政府的住房保障责任。进一步加大中央政府的参与深度，在财政投入和专项政策扶持等方面有所加强，在现有政策支持的基础上，加大中央政府对地方的资源投入；同时为地方政府确立并限定稳定的财政收入来源（比如以持续性的房地产税收收入取代当前一次性的土地出让金收入），引导地方政府关注城市长期发展目标。地方政府则应在保障性住房建设和分配方面切实确保政策执行效率，以及公开、公平与公正；结合自身城市发展水平和长期目标，尝试体制机制和金融创新，努力建立健全和稳定的保障性住房土地和资金筹集机制，弱化"土地财政"动机对保障性住房资源筹集的影响。

上述政策建议的最终目标是深化和完善我国住房保障制度，以长效的制度安排取代临时性行政命令干预，提高住房保障政策的执行效率并改善公平性，推进住房保障事业及城市可持续发展。

大中城市保障性安居房供给制度分析和政策建议
——以无锡市保障性住房建设和供给机制为例

◎ 王安岭

导言

　　住房是人类生存发展必备的物质条件。保障性房供给制度是指在房产商品化背景下，城市政府以计划分配手段向没有固定住房或住房不足的有住房基本需求的城市常住人口提供廉价住房的公共保障机制。国际上保障性住房一般是指政府为保障中低收入家庭的基本住房权利，向住房困难的中低收入家庭所提供的限定标准、限定价格或租金的住房，主要由廉租住房、限价房、经济适用住房和政策性租赁住房构成。保障性住房供给制度一般具有这些核心要点：①保障房建设分配主体是城市或地方政府，它是政府提供公共服务的基本责任；②保障对象主要是城市常住人口中具有住房基本需求的中低收入家庭；③保障房具有公共产品属性，供给和运行具有非营利性要求，价格标准与中低收入家庭承受能力相适应；④保障房供给是一种公共服务的制度设计，具有约束力和持续性；⑤保障性住房要功能齐全，实用、安全和节能；⑥保障性住房供给分配受到社会监督和法律监督。

　　新中国成立以来，我国城市住房制度经历了由单位公房和政府公房为主的计划分配向商品化、货币化市场供给的不断转变过程。计划经济时期，由于指导思想上片面地强调经济建设至上，先建设、后生活的发展思路，实行严格的计划配给制度，忽视了城市居民的住房需求，住房短缺严重。同时由于城乡两元分割的

　　课题负责人：王安岭（中共无锡市委副秘书长、江南大学兼职教授）；项目组成员：毛保家、陆檬、赵鞠、周志荣、苗春阳、施国伟、俞勇军、王珂等。本课题为中国发展研究基金会发展研究项目 2011 年度资助研究课题，项目编号 2011 基研字第 0001 号。

体制背景，进入城市的农村人口得不到相应的住房保障，整体城市居住人口住房保障相当薄弱。从 1998 年城市住房制度开始改革以后，房地产业开始成为拉动城市经济发展的支柱产业，住房建设规模和供给面积的迅速提升，商品房供应占比达到了 80% 以上，成为解决和改善城市居民住房的重要渠道，城市居民居住条件较大改善。但是由于历史原因和住房供给结构等原因，城市人口住房结构性问题依然突出，社会分层矛盾日益凸现，国内大中城市人均住房面积长期徘徊在 8 平方米左右，具有改善住房需求的中低收入群体呈现底部沉积，居住面积平均水平线以下的居民居高不下。尽管 1998 年国务院正式提出建立廉租房制度，旨在形成商品房和政府保障房的城市住房供给体系，但各地廉租房建设进展不尽如人意、情况不容乐观，供需矛盾十分突出。在市场经济体制不断开放、城乡二元体制加快破解的背景下，城市原有中低收入人群和城市新增人口的住房需求不断放大，城市基本住房保障能力相对不足，获得廉租房、经济适用房的只是城市中低收入群体和新增城市人口中的少数群体。特别是进入新世纪以后，城市化迅猛推进，大量流动人口加速向城市集聚定居，城市基本住房制度面临新的挑战和考验，出现了商品房供应总量相对过剩与公共保障房开发建设不足、高收入群体人均房产资源相对过高与中低收入群体人均住房严重不足并存、商品房价格持续走高而城市居民实际购房能力相对不足的矛盾。城市原有中低收入人口、新增就业城市人口和外来农村人口，住房条件普遍困难，成为现有城市住房供给体系的"夹心层"。从有关大中城市调研情况看，城市常住人口特别是中低收入群体的住房问题，已不是解决和改善城市常住人口居住条件的一般问题了，也不是简单的追加和扩大公共产品供给的问题。现有的城市外来人口住房"群租化"、城市低收入人口居住的边缘化、房屋租赁市场多元化以及由此延伸而来的城市管理、社会治安、环境治理和阶层隔阂，已成为扩大政府行政成本、影响社会和谐的现实问题。可以说，建立和形成体系完善、运行规范、保障有力、监督有序的城市保障性住房制度，是扩大公共服务、增进社会福利的现实问题，也是缓解社会分层矛盾、促进社会和谐的社会问题，甚至是维护社会大局稳定、巩固执政党基础的政治问题。

保障性住房体系的建设和完善，已经成为国内社会各界关注的热点和焦点。胡锦涛同志在十七大报告中就将"住有所居"与"学有所教、劳有所得、病有所医、老有所养"一起，作为完善公共服务体系、保障和改善民生的重大目标，向世人展示了和谐社会的新图景。建立健全城市保障性住房体系是实现"住有所居"目标的重要举措。现实而言，建立和完善大中城市保障性住房体系，不只是保障性住房与市场商品房比例结构调整的问题，而是中央与地方、地方与开发商利益博弈深层次的问题。我们研究大中城市保障性住房体系，其目的就是从中国基本国情和城市化发展阶段出发，学习借鉴国际先进经验和成功做法，着眼于满足城市常住居民的住房基本需求，以改进和完善政府公共服务为手段，重点探索和完善以政府主导为主体的保障性住房建设供给机制，形成以市场供给为主体、以政府保障为基础的大中城市住房供给体系。

本课题研究在对国内部分大中城市人口居住供给系统调查研究，参考国内外文献的基础上，主要基于以下几个方面的考虑。

①保障性住房体制是政府公共服务体系的基本职责，这不是政府对居民的恩赐，基本住房是所有居民应有的天生权力，是公共服务的题中之义。转变政府职能定位，从政府目标导向、扩大公共服务、改进预算制度、完善政绩评价等方面综合治理，把保障性住房预算纳入人大预算报告制度，接受公民和社会监督。

②建立保障性住房制度需要牢牢把握城市房地产市场化发展的基本背景。市场化是城市房地产业发展不可逆转的基本趋势。研究保障性住房体系并不是否定市场化的基本取向，而是充分发挥政府市场调节、公共服务作用，弥补市场机制的不足。

③建立保障性住房制度必须进行整体制度设计和机制创新。形成"体系完善、运行规范、保障有力、监督有序"的城市保障性住房制度，需要调整保障性住房规划、建设和分配的传统做法，从主观随机的应急之举转向法定规范的长效之策，形成制度约束、路径明晰、管理规范、持续发展的可行性思路。

④着眼于城市的长远趋势。城市化是中国现代化的必然要求和长期过程，农村人口向城市流动转移已经成为城市发展重要的有生资源。研究和完善城市住房保障体系，不能恪守城市固有体制的封闭发展，不能排斥进入城市的农村常住人口，需要建立覆盖全社会、多层次的城市保障性住房体系。

⑤保障性住房体系是一项系统工程，需要从现有城市政府财政承受能力和具有住房需求城市居民的实际承受能力出发，明确政府保障性住房体系的主要方向，将发展主要着眼点重点转向覆盖社会最低收入群体的廉租房建设上来，并探索和完善廉租房规划建设、资金筹措、运营管理、对象分配等具体办法，集中解决好最突出、最现实、最关心的实际问题。

第一部分　国内外保障性住房的理论体系和实践经验

住房短缺几乎是任何一个经历或正在经历工业化和城市化国家或地区不可回

避的普遍问题。世界上很多国家在城市化的过程中具有深刻的历史教训，也积累了丰富的实践经验，并结合本国的实际，形成了各具特点的住房理论体系和具体实践。

一、国外和国内现有理论的基本综述

国外特别是工业化发达国家，对保障性住房的理论研究起步较早，形成了较为完整的理论体系。从现有资料而言，主要有：①公共产品供给理论。这一理论主要代表云集了从洛克、休谟、马克思到现代新自由主义的理论家。他们认为政府作为公共利益的代表，是公共住房的主要提供者。政府职能与市场功能不同，根本出发点是追求社会的公平与正义，建立公共住房体系就是要"为全体国民提供体面、安全和整洁的房屋"。②公共住房供给机制的理论。以著名学者黑格尔、美国的 hael Dietrich 等人以市民社会理论、中间组织（Intermediate Organization）理论为基础，提出政府具有提供公共住房的责任和义务，是公共产品提供者，但为了提高服务效率和限制政府权力，可以通过委托购买服务、与私营或社会组织合作等形式加以实现，即由政府、中间组织和私人机构合作建设公共住房的居住供给系统，形成公共部门与私人企业互动模式，最终使公共资源合理配置，实现社会共赢PPP（Public Private Partnerships）。③公共住房居民对象的结构理论。从早期的单一结构的批判到现在混居结构为主。美国著名学者 Oscar Newman（1996）就流动人口住宅和公共住房规划进行专题研究，基于对城市中低收入人群过度集居是社会问题增加、管理成本上升的批判，尝试将公共住房通过嵌入融合于中产阶级的住区中，形成混合居住模式，以避免住房市场的过滤效应，产生居住隔离等社会问题。James S Coleman（1997）认为混合居住模式可以改善流动人口和低收入群体的社会网络，使他们的生活环境质量得以改善，社会地位和经济能力得以提升。④公共住房规划建设布局理论。基于城市生态学的视角，美国学者 Harbert Louis 较早开始进行城市外来人口和低收入群体的居住区位研究，提出城市低收入人口和外来流动人口的居住区位的边缘地带假说，他认为在城市化和房地产郊区化的过程中，城市边缘地带成为低收入人口和流动人口的主要集聚区。并基于城市边缘区土地利用综合性的特点，Canter（1979）对边缘区居住人口结构、素质以及特征进行了深入研究，认为边缘化已成为导致城市居民之间机会成本不等、公共服务不均的重要原因之一，有悖城市基本住房公共产品的基本属性。⑤提供公共住房的价格控制与管理理论。这一理论的基本观点就是廉价或廉租，满足城市有住房需求的无房或少房的低收入群体的基本需要。John

C. Weich 和 Thomas G. Thibodeau（1988）利用计量经济学进行了住房建设补贴的过滤效应研究。证明对公共住房实行建设补贴存在着过滤效应，并且在数量上相当明显。Christopher Walker（1988）从控制公共产品价格出发对可支付租赁住房的供应模式进行了研究，认为可满足低收入实际能力的租赁住房供给者主要由非营利或者营利的开发商、银行、基金会以及其他慈善组织，政府对住房供给实行财政补贴以及支持性住房的融资计划，并对私人部门的参与者实施监控。另外，公共住房的研究还涉及租金控制、发展计划、住房金融、住房立法等诸多方面。

在经历上世纪 90 年代中后期房地产市场快速膨胀和 2008 年以房地产市场泡沫破裂的金融危机以后，世界公共住房理论研究又出现了一些新的变化，朝着更加关注扩大和改进政府公共产品服务、更加关注社会公平方向发展，赋予了一些的新内容。近几年国际保障性住房理论研究出现了一些新的特点和趋势：①在坚持保障性住房公共产品本质属性的前提下，出现了对国家福利主义的政策反思，强调优越的国家福利主义增大了政府公共服务成本，也放大了社会成员的惰性。在世界金融危机和欧洲主权债务危机背景下，北欧等民主社会主义国家有理论提出要有限调整和完善包括保障性住房在内的过于优越的公共福利政策。②在追求人口资源、经济社会和生态环境协调发展的前体下，保障性住房建设要追求可持续发展理念，不仅要进一步明确建设主体、分配机制、运行管理等经济性问题，也要坚持政策安排、法律保障、社会监督等制度性设计，更要追求社会分层结构、人口素质改善、生活居住环境等社会发展问题，从形式公平到实质公平等问题。③研究和探索政府提供公共服务新的路径和方法。有些理论认为，政府对公平的维护不应以损失效率为代价，改变政府大公司主义和官僚主义作风，发展公民组织、私人部门与政府合作，实现从社会管理到社会治理的转变。④住房补贴供给研究出现新的变化。在面向住房供应方的补贴和面向住房需求方的补贴的研究中，近十年各国政府住房补贴政策理论经历了从供给方增量住宅的建设补贴向需求方存量住宅的房租补贴的重大转变。这些理论的出现，不断丰富了公共保障性住房的理论体系，也为保障性住房建设实践开拓了现实思路。

随着国内商品房在市场主导地位快速提升而城市住房结构性矛盾日益突出，从上世纪 90 年代后期，国内许多学者开始研究公共住房体系研究，经过多年探索和发展，国内保障性住房理论研究不断深入，研究领域不断扩大。从目前对现实工作比较有影响的国内研究而言，一是城市保障性住房结构体系的研究，重点研究政府公租房、廉价商品房、经济适用房、拆迁安置房等房屋的性质分类，产权制度、分配形式和管理运行，比较集中的意见把政府公租房和廉价商品房作为发展城市保障房的主要选择。二是城市保障性住房的建设开发机制研究。在中央 1998 年提出建设城市保障性住房要求特别近两年中央对政府保障性住房提出目标管理以后，国内学者更多进行保障性住房的规划建设机制研究，从地方政府的财政分担能力、土地资源保障、建设资金筹措、金融支持等方面进行理论研究，并也形成了一些有价值的实证性研究。此外，国内有的学者还从住区规划、建筑设计等层面对农民工的住房问题进行了专题研究。三是保障性住房价格研究。主要是从城市中低收入群体实际收入水平、经济承受能力出发，具体研究保障性住房价格体系、运作管理成本以及可持续发展能力，并立足于控制保障性住房的价格，从不同角度提出了完善政府土地供给、金融信贷、建筑监管等研究思路。并从控制成本、扩大服务的角度，提出利用城中村低廉的房屋租金，成为解决农民工居住问题，使保障性住房与农民工的货币支付能力相匹配。四是保障对象和领域的研究。近年来，国内学者和政策制定者不断拓展研究视野，有的研究理论开始把流动人口，特别是大都市流动人口的居住问题作为政府保障房供给对象进行专题研究，从不同的视角进行了探讨，同时也有的把城中村、城市拆迁居民的住房问题作为保障房供给的基本对象，并基于住房保障制度创新和动态演化的视角，开始注重打破两元分割、户籍壁垒的体制障碍，把符合保障条件的农民工纳入保障性住房体系之内的研究，从制度层面消除准入限制。并从社会学、城市生态学的角度提出保障性住房的合理规划布局、城市有机融入、生态环境优化等思路。

二、发达国家住房保障制度建设的基本实践及分析

政府保障性住房作为社会福利体系的重要组成部分，是随着工业化和城市化快速推进而逐步发展起来的。特别是在 1928 年世界经济大萧条后，随着建立社会保障制度要求日益高涨后逐步形成了较为完善的公共住房体系，对维持社会稳定起到了明显的促进作用，也带动了各国经济复苏和发展。各国由于不同社会形态和发展阶段，也形成了有所不同的政府保障性住房体系。

美国的经验。美国公共住房体系发展大致经历了四个阶段。第一阶段：20 世纪 20 年代前后随着美国工业化快速推进，城市住房日趋紧张，美国政府积极介入公共住房保障制度建设，开始研究制定了国家公共住房体系实施计划。第二阶段：20 世纪 30 年代至 60 年代。1937 年罗斯福政府颁布了首个住房法案，法案要求联邦政府资助地方政府为低收入者建造符合标准的公共住房，居住者需按收入缴纳一定房租。此后美国历届政府均出台了一系列的公共住房法案（Public

HousingAct)。如1949年美国国会通过了《全国住房法》，它提出每年新建公共住房达到了100万套，地方政府通过收购、整理贫民窟等土地，将一部分土地用于公共住房的建造，大部分出售给发展商，筹集公房建设资金。到1960年代初，政府已兴建了大量的公共住房，将大部分低收入阶级从私人住房市场转移到了公共住房体系。第三阶段：20世纪60年代至70年代。政府为了减轻负担，进一步改革住房政策，鼓励私营发展商建造公共住房的政策。1968年约翰逊政府住房法案提出两项主要议题：①房租援助计划（RentSupplement Program），对低收入家庭提供租金补贴，为公寓发展商提供低于市场水平的贷款利率；②抵押贷款援助，在联邦住房行政管理局（FHA）的抵押贷款保险计划下，为符合要求的住房购买者提供低于市场贷款利率。第四阶段：20世纪70年代至今。这一时期公共住房的主要矛盾是低收入群体所付房租相对其收入过高的问题。因此政府援助的重点转向房租援助上，采取了对租户直接补助的政策。如尼克松政府出台的住房和社会发展法案（Housing and Community Developemnt Act）规定，符合公共住房申请资格的租户可以通过从地方住房管理机构（Public Housing Administration）获得租金证明（RentCertificare），到私人住房市场上租住满足美国住宅和城市发展局（Department of Housing and Urban Development）规定租金范围内的住房。房客所支付租金不超过自身收入的30%，剩下的由地方住房管理机构予以补贴。在此基础上又推出租金优惠券计划（Rent Voucher Program），政府发给受保障家庭一定的租金优惠券，由房客自主选择房源，允许房客保留未用完的优惠券持续使用。到1993年，参加租金证明和租金优惠券计划的租户达到了130万，近年来基本稳定在这一水平上，参加货币租金补贴的租户已经成了大多数。目前美国政府准备将传统公共住房计划彻底私有化，并将补贴计划全都留给租金优惠计划。美国公共住房政策的转变是比较成功的，在为低收入阶层提供住房的同时，也促进了中产阶级住房市场的繁荣。20世纪90年代以来，2/3的美国家庭拥有独立的住宅，5%的家庭拥有两套住宅，50%的房屋拥有两个现代化卫生间。纵观美国近一个世纪以来公共住房政策的演化过程，从最初的政府出面兴建所有的公共住房，到后来的由私人建筑公司通过市场化方式建造共同房屋，再到目前将重点从对公共住房建设给予补贴转移到针对租户的直接租金补贴，实现了整个住房市场的住房空置率下降，社会资源总体效率得到有效提高，促进了社会各收入家庭住房水平的提高。

瑞典的经验。它是社会民主主义国家，也是高福利国家的典型代表，这一点充分体现在住房保障制度的规划建设方面：①政府投资建设公有住房。由公房公司组成的协会（SABD）建设和管理全国的公有住房，公房公司不以赢利为目的，地方政府以无息或低息贷款提供全部建设投资。②住房补贴。瑞典实行两种住房补贴：一种是给退休人员补贴，金额有时达到全部住宅费用（全国大约有 30% 的退休人员从住房补贴中受益）；一种是对低收入、多子女家庭的补贴，以住房费用为基础，再根据家庭收入和子女数量来调节。③合作建房。瑞典全国住房合作联盟（HSB）为约 1/10 的瑞典人提供了住宅，HSB 有自己的储蓄银行，为社员提供高于一般银行存款利率 1% 的利率，但其支出仅限于与住房有关，合作社按会员入会时间和储蓄金额决定提供住房的次序，一般 8 至 10 年可获得住房。

荷兰的经验。荷兰在二战以后，逐步建立了专门针对中低收入阶层和需要特别照顾阶层的住房保障体系，并已成为其整体福利体系的重要部分。荷兰住房保障体系的基本出发点是：为全体国民提供合适的住房，富人住房多付钱，穷人受照顾少付钱。针对买房和卖房在政策上都力求公平：租赁住房实行登记轮候分配；在自有住房方面，每个家庭在获取第一套住房时，可以得到政府的支持与津贴，但在拥有第二套或更多住宅时，不但享受不到优惠，而且还必须缴纳相关税费，同时认为房屋所有者无需像租房者一样付房租而处于一个相对有利的地位，所以需要按房屋资产承担一定的所得税义务，以求公正。在租金政策上，荷兰实行"租金折扣"和"房租分级补贴"政策，房租与住房质量和面积挂钩，住户承担一部分，其余按比例补助，租金愈高、补助愈少，超过上限没有补助。在住房补贴方面，荷兰从 20 世纪 70 年代初就开始将重心从供应补贴转向需求补贴，收效良好。荷兰的住房保障体系还覆盖了各种特殊群体，如老年人、残障人士、难民等。这些群体不一定属于低收入阶层，但荷兰政府在住房上还是给予了特殊的照顾。

英国的经验。英国的居住水平在欧洲名列前茅，其公共住房政策和住房保障举措的实施效果明显。英国形成了住房保障的自身特点：①实行住房补助。住房补助无全国的统一标准，由地方政府自行组织。住房补助分为租房补助和买房补助两大类。管理部门对申请人的收入水平、存款、家庭成员和住房条件等进行全面审查，只有获得批准的公民才可享受政府提供的优惠条件和住房补助。②房屋互助协会。英国房屋互助协会是一个将储蓄存款投资于以私人自住住宅为担保的长期贷款的非盈利性互助机构，协会的资金大部分来自个人储蓄，约 80% 的资产是为购买新住房或旧住房的抵押放款，偿还期长达 20 年或 20 年以上；资产的另一部分投资于中央和地方政府的债券。

澳大利亚的经验。它是充分利用住房发展计划实行住房保障的典型国家。住房资助是澳大利亚联邦住房保障制度的重要内容，其目的是帮助住户解决在获得和维护住房方面遇到的困难，并提供足够的灵活性以满足他们的需要。针对不同的需求群体，澳大利亚政府制定了一系列住房资助计划，包括：公共住房计划、社区住房计划、土著住房计划、私人市场资助计划等，涉及到私人部门、公共部门和社区部门。澳大利亚住房资助用于满足长期、中期和临时需要以及紧急收容需要，其中，公共住房计划是政府住房资助的主要方式，用于向无力在私人市场购买住房的中低收入者及其家庭或其他需要住房的人士提供适宜的、他们负担得起的居所（对于一些特殊困难的低收入家庭如无家可归或即将无家可归、因负担不起全家居住的房屋而与配偶子女分开居住的、遭受家庭暴力和性侵犯等伤害危险的、有严重疾病或残疾的家庭，还可以申请优先房屋，政府的最高援助金额为房租的100%）；社区住宅计划是给那些低收入者和有特殊需要的住户提供出租住宅；土著住房计划是对澳大利亚土著人和托雷斯海峡岛民通过多种途径提供住房资助。所有的州政府及澳北区政府为包括无家可归者及在私人出租市场受歧视的居民在内的各类住户提供资助，只是由于各州的发展情况不同，各州资助计划的构成和范围也不同。

日本的经验。作为后起的市场经济国家，日本社会保障起步晚而发展快，保障水平已不亚于其他发达国家，其社会保障是一种社会全体的互助制度，住房保障在社会保障中占有突出地位。战后经济恢复日本地价飞涨，人口过度集中，住房问题日趋突出，政府通过立法来推行住宅建设，先后制定了《住宅金融公库法》、《公营住宅法》、《日本住宅公团法》，制定了公营住房计划和住房建设计划，建立了住房金融公库和日本住房公团等机构。日本政府通过财政拨款、贷款，采取了重点支持公营住房的建设和资助各种住房机构、团体建造和供应出租住房的政策。进入20世纪80年代中期以后，日本住房政策的重点从支持住房直接投资向住房直接投资和间接投资并重的方向发展，政府既对公库、公团、公社的住房建设投资给予资助，同时又大力支持住房信贷，促进居民个人自建、自购住房。日本政府在住房保障制度方面的具体做法有：①以低息贷款促进企业从事民间住宅建设。②政府以低税和免税优惠促进私人住宅的兴建与购置。③发挥地方群众团体的作用，吸收社会资金发展住宅建设。

新加坡的经验。作为新兴工业国家，新加坡在解决住房问题方面成绩突出，其住房保障制度有许多特色：①实行住房公积金制度。允许动用公积金存款的一部分作为购房的首期付款，不足部份由每月交纳的公积金分期支付。②分级提供公有住宅补贴。严格按家庭收入情况来确定享受住房保障的水平，住房短缺时期只有月收入不超过800新元的家庭才有资格租住公有住宅。购买一室一套的公有住宅，政府补贴三分之一；购买三室一套的公有住宅，政府只补贴5%；购买四室以上一套的公有住宅，不仅无补贴，而且按本价加5%上交政府。③公有住房的合理配售。公有住宅计划推出初期供小于求，只能采取"登记—摇号"的办法处理，从1989年开始登记制改为订购制，每季度公布今后3个月新建公有住房计划，购买人自由申请。如果某地区供小于求，则抽签决定。④建设具有活力的社区。新加坡住房发展局非常重视各个社会阶层的融合。住房发展局要求居住区内混合不同户型，既设出租房又设商品房，使每个小区都汇集了不同民族不同社会阶层的居民。同时，政府采取现金补助和优先分房的激励机制，鼓励复合家庭和已婚子女申请邻近父母的住所以方便相互照应。

从上述各国经验看出，各个国家由于经济发展阶段、国家政治制度以及政府调控方式的差异，所采取住房保障模式、保障方式、公共住房供应模式以及补贴方式也不尽相同。但在住房保障体系建立和完善过程中，形成了一些值得借鉴的共同经验。

一是体现政府责任。发达国家随着经济发展阶段的演进，不断摒弃过度迷信市场功能和市场原教旨主义倾向，正确处理政府、市场、企业不同关系，突出政府公共产品提供者的基本定位，以保障公民基本生存发展权为价值取向，把建立和完善住房保障制度作为政府公共服务的重要内容，以"满足城市居民的基本居住需求，保障居民的基本生活需要"作为建立住房保障制度的出发点，大力推进社会公平，缩少贫富的差距。住房、就业和社会治安历来是发达国家政府执政的重要标尺，也是争取信任、赢得选票的重要手段。在初期各国政府充分发挥行政干预、直接参与的作用，运用金融杠杆、财政手段和行政计划进行大规模国家干预，政府直接投资或补贴建设公共住房，努力解决公民住房基本需求。至今许多国家仍将公共住房供给作为衡量政府公共服务、提高行政效率的重要标杆。进入21世纪，美国政府把公共住房建设和改善作为国会对各州政府履行公共服务职责的重要内容，建立了行政目标考核体系，进行管理绩效指标评价，对2008~2009年度公共住房建设任务完成较好、住房提供比例较高的俄勒冈、马里兰等州州政府进行行政和财政奖励。尽管也出现了运用市场机制解决保障性住房的形式，但是保障性住房建设供给始终是各级政府的基本职责。

二是实行依法管理。公共住房建设作为一项重要的社会福利政策，为保证其正常执行和开展，法律法规就显得尤为重要。每日等国家高度重视法律法规在保障性住房建设供给中的重要作用。综观各国公共住房建设的历史，每一阶段的发展都离不开系统配套的相关法律法规。这些法律既包括宪法、民法等综合法律诸多有关公共住房的法律约束，也包括专业性的社会保障体系立法中诸多有关住房福利的具体条文，也包括了与这些法律法规相衔接的公共住房具体政策像美国政府先后通过了《住房法》、《城市重建法》、《国民住宅法》等，各届政府也出台了一系列的公共住房政策（Public HousingAct），不同阶段也提出了诸如房租援助计划（RentSupplement Program）等工作实施方案，形成了全面完整、相互制约、约束有利的系统体系。日本政府十分重视以立法来推行住宅建设，先后制定了《住宅金融公库法》、《公营住宅法》、《日本住宅公团法》，制定了公营住房计划和住房建设计划。美国、日本等国相关法律法规不仅重视结果控制，也注重程序控制。如在相关法律中对住房保障建设分配中的扩大房屋抵押贷款保险、提供较低租金公房、提供低息贷款建房、提供房租补贴和帮助低收入者家庭获得房屋所有权等都作了明确规定，有法可依，有据可查。通过法律的手段明确了建设主体、管理责任和供给制度，增强了约束力，同时以法制管理的形式确保保障性住房建设供给的长期性和有效性，不以人的意志为转移。

三是建立专门机构。从美国、日本、新加坡等国家的一条基本经验就是，把设立职责明确、管理到位的专门工作机构，作为履行政府公共住房保障职能、扩大公共保障体系的重要组织保障。美国在上世纪 20 年代就成立了隶属联邦政府美国住宅和城市发展局，在各地也先后成立了地方的公共房产管理局（Public Housing Administration——PHA），主要承担了"公共住房的租户的选择（tenant selection）、租户收入激励机制的使用（income incentives），公共住房最高与最低租金的设定（minimum and ceiling rent）"等方面管理职能。随着社会收入分层结构扩大、住房问题越来越成为市民关注的热点问题，传统公共房屋的管理体系难以满足需要。1998 年美国国会通过了住房供给质量和工作责任法案"（Quality of Housing and Work Responsibility Act），赋予国家住房和城市发展局以及地方 PHA 更大的管理权限。国家住房和城市发展局，主要职能是根据国民经济发展计划，争取国会专门预算，确定公共住房建设计划、制定各种制度，进行国会专项资金使用结果审计，加强对各州住房发展计划监督和绩效评价，向国会报告年度住房计划执行情况。地方 PHA 则主要根据各城市居民住房基本需求，进行房屋规划选址、财政资金筹措建筑开发商，选择，具体确定建设开发模式，独立负责，具有较大的自主权。并根据相应法规和当地情况制定租户选择的标准，确定租户所需缴付最低、最高租金的数量，促使公共住房社区各种收入层次居民多样化。目前美国共有 3100 个地方 PHA，管理着大约 130 万套公共住房。其中纽约地方 PHA 管理着 157000 套公共住房，芝加哥 PHA 管理着约 40000 套公共住房。有的国家并没有成立专门的职能机构，而是通过赋权、定向、委托管理等形式，承担政府公共保障房建设管理的义务。如日本委托授权给住房金融公库和日本住房公团等机构，瑞典授权由公房公司协会（SABD），具体负责建设和管理全国的公有住房。明确授权单位必须是非赢利的公益组织，不以赢利为目的，专职承担提供公共住房建设保障的责任和义务。这样的合作和委托关系，实际上使社会公益组织成为履行政府公共服务职能的合作伙伴。

四是实行成本控制。以新公共理论为背景，在"重塑政府运动"的影响下，从上世纪 70 年代开始特别是 90 年代世界各国在保障房建设上非常重视控制财政成本、提高管理效率。从程序设计和工具创新等多个方面加强保障性住房建设的成本。在建设方式上，为了节约使用公共资源，各国政府确立新的管理理念，加强内部管理挖潜，广泛采用私营部门成功的管理手段和经验，积极发展与私营部门合作，重视管理活动的产出和结果，关注公共部门直接提供服务的效率和质量，追求"花费更少、做得更好"的预期目标。如日本、英国、瑞典等国家促进了住房公共企业的私营化、公共服务的市场化、公共部门与私人部门的合作化。在管理工具创新上注重将公共住房的保障性与财政可支付性相结合。各国公共房产管理机构在保障房建设中，非常重视人力资源管理、资金市场运作、实行以效率分析、全面质量管理为重点的财务管理，加强目标管理评估体系建设，制定相应的政策，各种途径筹集公共住房资金，推出相应的金融支持项目，降低公共住房的建设成本。美国每个地方的公共房产管理局对每一项目都要进行绩效评估，也要实施接受联邦政府美国住宅和城市发展局（Department of Housing and Urban Development——HUD）的政策评估，维持建设资金的预算平衡。同时根据公共住房供给能力和维持运行，促进公共住房社区可持续发展，让各地 PHA 有能力对公共住房的环境、设施建设等方面进行不断投入。同时科学合理确定服务对象、服务标准，根据租户选择多样性偏好，设定租金的最高和最低标准线，保障多元供给，提高公共住房的供给水平，提高行政服务效率。

五是系统政策扶持。为了加快保障房建设、发挥保障房的公共服务效应，各国政府在相应的法律体系框架内，研究制定相关扶持政策，形成系统配套的扶持政策体系。不仅制定促进保障性住房的建设开发的扶持政策，也制定出台有关促进低收入群体住房消费的刺激政策，注重提高相关政策的配套性、衔接性和可行性。如美国首先是加大住房的金融支持，由联邦全国抵押协会、政府全国抵押贷款协会和联邦住宅抵押协会为中低收入家庭提供购房贷款，同时，由政府出面对符合条件的中低收入家庭购房进行担保，如果居民无力偿还银行贷款，政府可为其安排廉租房，并将原来的住房出售，归还贷款，以避免银行出现贷款风险；其次实行税收优惠，对使用抵押贷款购买公共住房的中等收入者，按照每月归还贷款的数额，核减一定比例的税款，并免缴财产增值税，以鼓励私人购房；再次扩大住房租金补贴，家庭收入为居住地的中等收入 80% 以下者均可申请住房租金补贴，享受补贴的家庭拿出总收入的 25% 支付租金，其余由政府发放的住房券支付。同时根据不同收入水平能够确定不同的优惠政策，对高收入者，由市场供应商品房；对中等收入者，供应非赢利的公共住房，对对相应的住房企业给予贷款担保和贴息优惠；对低收入者，则提供基本标准的廉租屋，房租超过家庭收入25%以上的部分由政府补贴。并根据老人社会的特点，政府建设公立老人公寓或扶持社会企业建立私立老人公寓，公立老人公寓由老人退休金支付外，不足部分由政府承担。

六是科学规划布局。自上世纪 80 年代以来，发达国家积极反思城市保障性住房早期边远化、集中化的弊端，将公共保障性住房作为城市空间布局、功能分区的重要组成部分，合理选择建设地段，有的就建在城市的中心区域，有的建在商品住宅区周边，注意改善公共住宅的商场、医院、学校、交通等城市综合设施套，加强周边景观、绿化、污染治理等生态环境建设，方便居住者生活和就业，淡化或模糊与商品住宅区甚至富人住宅区的边际分割，尽其可能避免形成新的城市贫民集中区，以缓和社会阶层关系。不断提高保障性住房的建设标准和基本条件，美国把有完整的生活起居空间、独立厨房设施、清洁的卫生设施作为建设公共住房的基本标准，把"为全体美国人民提供体面、安全和整洁的房屋"作为实现"美国梦"（American dream）的重要组成部分，以满足人基本生活需要和文明卫生习惯。随着美国经济社会的发展，公共住房的标准和水平得到较大幅度提升。据有关资料显示，到 20 世纪 90 年代，在全美国 1700 万套公共住宅中，每户有 2 个房间的占 34%，有 3~4 个房间的占 40%，平均每套住宅居住人口不到 3 人，50% 的房屋拥有两个现代化卫生间。公共住房水平的提高也促进了中产阶级住房水平的相应提高。

发达国家公共住房体系的形成，是一个伴随经济发展水平不断提高、城市化程度不断成熟的渐进过程，也是和完善的公共服务体系、发达充裕的私人房屋市场供给紧密结合在一起的。中国作为追赶型的发展中国家，城市化进程刚刚起步，房地产市场发育不尽成熟，中低收入家庭的住房相对困难，公共保障性住房体系要达到国际上先进国家水平还有较大的距离。尽管经济发达国家建立公共保障性住房的模式和路径不能克隆和复制，但是建立公共保障性住房、完善公共服务体系的一些基本理念和思路，值得我们学习和借鉴。

三、国内部分城市保障性住房的实践分析

自 1998 年开始，在房地产市场不断放开、商品房价格不断走高背景下，各地加快推动城市保障性房建设。特别是在 2008 年以后中央和地方政府把保障房

建设作为应对房价趋高、缓解城市中低收入者住房困难的重要举措，各地根据自身经济发展水平和社会住房基本需求，以政府为主导，从实际出发，不断探索具有不同特点的发展思路和工作路径。

重庆。从本地实际出发，把发展公共租赁住房作为建设城市保障性住房的工作重点，作为解决城市中低收入人群和新进城市人口住房困难的主要途径。把公共租赁房界定为：在住房市场化大背景下，由政府提供政策支持，限定套型面积和提供优惠租赁价格，由政府或政府委托的机构持有产权，面向在本市就业的无住房人员或住房困难家庭租赁的房屋。具体做法：一是明确总体规划。规划用三年时间政府重点建设 11 万套、4000 万平方米的以公共租赁房为主体的保障性住房，其中公共租赁住房占 75% ～80%，20% ～25% 是安置房，不再单独新建廉租房，通过公租房建设实现对廉租房、经济适用房的整合。二是研究探索公共租赁住房的转化退出机制，允许公共租赁房有条件地转化为经济适用房。公共租赁住房承租者可通过成本价购买，转换成有限产权的经济适用房，不再缴纳租金。购买者如果需要转让，只能以购房价加利息由政府公租房管理机构回购，再作为公共租赁住房流转使用。三是合理规划整体配套。重庆未来三至五年 4000 万平方米公共租赁住房，主要分布在主城区和 6 个区域性中心城市、2 个卫星城等人口聚集度高、住房供需矛盾突出的区域，打破了商业楼盘中划出一定比例作为公租房或者政府自建、由开发商代建少量公租房等形式的"零敲碎打"困局，以大体量建设体现其保障属性，保证有效的覆盖面。四是突出政府主角地位。由政府的公租房管理局投资建设或收购房源。在主城区由政府大规模投资新建，主要满足吸纳农民工、刚毕业大学生、城市低收入群体月 150 万人对公共租赁住房的需求；在郊区以政府收购和改建为主，适应未来十年 8 个重点郊县步入城镇化加速发展期的基本需求，通过住房保障政策合理引导农民工定向定居，大限度地减少农民工的盲目流动，使中小城市成为承接农村人口转移的重要载体。

成都。从 1998 年开始把城市保障性住房建设作为关注民生的重要抓手，致力于推进城市公共住房保障制度的整体建设，集中在涉及构建公共住房保障体系的主要内容、关键环节和基本程序上，实施明确而精细安排。①强化了政府在住房保障领域的基本职责。一方面界定了五大公共住房制度专项资金来源及构成，尤其加强并固化了市级（占 60%）和五城区（占 40%）财政预算安排，解决了公共住房制度实施的资金瓶颈问题，建立了稳定和来源宽阔的专项资金；另一方面建立了科学、严密的政府三级工作及监管网络（即市、区、街道办事处及社区三级）系统，并拟将其纳入全市统一的目标化管理序列，为公共住房及住房保障制度的落实与管理的专业化奠定了基础。②科学地界定了公共住房适用对象，并运用了适宜、多样的住房消费援助方式。一方面按照公共住房制度的相关规定，目前成都市住房保障群体细分为三大群体（即前面所提及的"三大保障系统"）。这在国家提出的"最低收入家庭租赁由政府或单位提供的廉租住房，中低收入家庭购买经济适用住房"的基础上有所发展（即解决了"夹心层"家庭的住房问题）。具体保障对象的界定情况是：一是具有该市五城区正式户口，并取得户籍一定年限（即现为三年）以上；二是原有住房人均面积不超过规定的面积控制标准；三是家庭年收入在（三级）规定的收入线以下，即最低收入家庭收入线标准为 8000 元/年；低收入家庭收入线标准为 22000 元/年；中低收入家庭收入线标准为 40000 元/年。当然，这一细分与界定标准，每隔一定年限将有一定的变动。另一方面，成都市按照上述三大群体，在住房保障方式上，分别采取了不同的住房援助形式，即对最低收入家庭实行以发放廉租住房补贴为主，实物配租和租金核减为辅的援助形式，并在全国率先提出与实行了"应保尽保"（即凡符合条件的家庭，只要向政府提出申请，均给予保证）；对低收入家庭实行了"梯度——逆向式"租金补贴的援助形式（即租金补贴标准随收入的梯级增高而逐步减少）；对中低收入家庭提供（可售可租、租转售等）经济适用住房的援助形式，并提出了"按照标准、提前登记、按需建设、保证供应"（即指只要符合条件的申购户在住房朝向、楼层上服从随机分配、不挑不拣，均保证供应）的经济适用住房发展理念。在住房保障标准上，对最低和低收入家庭（由于家庭收入不易准确把握，对低收入家庭以承租住房面积大小来确定）实行不同的租金补贴标准，家庭收入越低，补贴标准越高。购买经济适用房实行面积限制，2 人户限购 58 平方米，3 人户限购 72 平方米，4 人户及以上限购 90 平方米。③严格规范进入管理程序。在公共住房制度的相关规定中，除了严格按照相关的对象界定（标准）外，还建立了（三级）程序化的管理网络，即符合条件的保障对象，如果需要获得政府的租金补贴，必须按照特定的申办程序（即在当地街道办事处提出书面申请→辖区房产管理局审核［包括公示］→市住房保障中心确认→在辖区房产管理局签署协议→市住房保障中心发放补贴）进行；如果需要购买经济适用住房则必须首先进入"预登记"程序，其后又须经过特定的程序（即向辖区房产管理局提出申请→辖区房产管理局审核［包括公示］→向市住房委员会办公室申领准购证明→凭"资格认定通知单"购买）进行。另外，租赁经济适用房的实践活动正处于初试阶段，其亦有相对固定和程序化的管理及运行模式。其四，在退出方面，为避免住房保障资源的浪费和（准）公共福利的固化，成都市公共住房制度也做出了相应的规定，对领取租金补贴的保障对象实行严格的年度审核，年审不再符合条件的，及时调整所享受的保障。经济适用房不仅实行 3

年的上市时限限制，而且要求上市交易时，必须将政府在经济适用房建设中的各种优惠（包括土地优惠及配套费减免等）全额反还，并充分利用（三级）工作网络和各种宣传、舆率工具，包括采取社区公示、网络查询、热线电话和有奖举报等，建立了相对完整、动态的监管体系，从而形成了科学而完整的退出机制。

杭州。截至 2010 年底，杭州"六房并举"的住房保障体系累计保障市区住房困难家庭 101853 户，占市区家庭总户数的 15% 左右。其中经济适用房方面，至 2010 年底市区累计建设、销售经济适用住房近 600 万平方米，惠及家庭 57007 户，基本实现了经济适用住房"房等人"；廉租房方面，至 2010 年底累计保障廉租房家庭 6520 户，实现了对家庭人均收入在低保标准 2 倍以下低收入住房困难家庭"应保尽保"，提前一年完成省下达目标，初步形成了具有杭州特色的保障性住房体系，较好地满足了中低收入家庭的基本居住需求，改善了中低收入家庭的居住条件。杭州的具体做法和经验：①明确目标、落实责任。围绕让杭州老百姓人人安居乐业的目标要求，把保障性住房建设和供给，作为事关民生、事关社会和稳定大局的重大问题纳入政府目标管理。根据杭州市住房供给结构，积极推进以"租、售、改"三位一体和廉租房、经济租赁房、经济适用房、限价房（拆迁安置房）、人才房、危改房"六房并举"为重点的保障性住房供给体系，从杭州城市人口构成结构出发，重点解决中低收入老市民和新流入大学生"两个夹心层"的住房保障问题。②摸清底数，多路推进。实行限价房（拆迁安置房）、经济租赁房、定向商品房多头并进，加大投入、加快拆建。2003 年以来杭州市区每年拆迁限价房（安置房）开工量均在 350 万平方米左右，其中 2010 年新开工 450 万平方米，竣工 229 万平方米。经济租赁房方面，2010 年启动了首个经济租赁房项目——田园地块 33.58 万平方米经济租赁房建设，同时新开工建设大学毕业生公寓、外来务工人员公寓 31.5 万平方米，并推出 97 套经济租赁房开展租赁申请试点。危旧房改善方面，至 2009 年底市、区两级财政共投入 40 多亿元，累计完成了 154.6 万平方米危旧房改善任务，惠及住户近 3 万户，基本实现了"五年任务三年完成"。人才房方面，2007 年以来，杭州市分三批实施有突出贡献杰出人才专项用房申购工作，市本级提供房源 1000 余套，为 610 名符合条件的人才办理了购买手续。吸引企业和社会资本进入保障房建设领域。目前有 9 家社会会民营企业直接投资，承担 25 万平方米保障房建设任务。③完善规划，合理布局。为了避免保障性住房边远化、公共服务差别化的问题，杭州市把保障性住房规划建设与城市设施改造、合理空间布局有机结合起来，完善保障性住房的规划布局。政府专门出台了《杭州市在商品住宅出让用地中配建保障性住房的实施（试行）办法》，坚持确保总量、合理配建的原则，对配建原则、配建程序、土地出让、产权登记、适用范围等提出了明确要求。由市建委牵头，市发改委、规划局、住房保障局、国土资源局等部门配合，依据年度经营性用地出让计划，结合保障性住房需求规模，制定年度商品住宅出让用地保障性住房配建计划。鼓励在商品住宅出让用地中安排一定比例的土地用于配建保障性住房，建成后将房屋及产权无偿移交给政府保障性住房管理部门。明确土地竞得者为商品住宅用地配建保障性住房的建设主体，保障性住房及其配套设施应与所在地块商品住宅项目同步设计，在首期开发中落实本项目需配建的保障性住房和相应的配套基础设施、公建设施，并确保配建的保障性住房及相应的配套基础设施和公建设施先行开工、先行交付。配建的保障性住房应与所在出让地块上的商品住宅实行统一管理。④政策扶持、强化保障。确保保障房建设所必需的用地资源。近两年把市区建设用地指标的 10%、住宅用地的 40% 集中用于保障房建设，实行优先倾斜。根据地方权限，对保障房建设包括配建的保障性住房、租让和分配等环节尽可能实行减免，对地方性所收取各种行政事业性收费及政府性基金等一律按减免政策执行。要求市各相关部门应依据各自职责，切实提高保障性住房项目的审批效率，提升监管、服务水平，实行工作目标责任考核。⑤完善分配、加强监督。根据国家对保障性住房的总体要求，研究制定了规划与建设、申请与分配、使用管理与退出机制等方面的相关规定。按照公平公正、民主透明的原则，形成房源公开、供给形式、价格标准、居民申报、收入核实、联合会审、对象公示、社会监督等完整的规范程序，扩大社会听证，实行信息公开，接受社会监督，以相对健全制度和程序规范，推动了保障性住房工作的法制化建设。

广州。改革开放三十多年特别是近十年多年，广州经济快速增长，人口急剧膨胀，房价居高不下，城市住房需求巨大，保障性住房建设任务艰巨。2010 年开工筹建的 84959 套保障性住房，到 2011 年 6 月底已完成 42946 套，占总目标任务的 50.5%。调查在册的 77177 户低收入家庭住房困难，已累计解决 75143 户，完成总目标任务的 97.36%。广州在保障性住房规划建设、分配管理上显现了自身的特点。一是规划引导，优化布局。坚持"以人为本，集约土地"的原则，根据《关于加强本市保障性住房项目规划管理的意见》，将广州市市辖十区内政府保障性住房建设计划纳入城市发展统一规划管理，适度提高开发强度，实行保障性住房地块规划管理单元控制性规划导则。建设项目可按照控制指标的上限取值。二是综合配套，形成体系。根据总体布局，集中设置保障房建设小区的公共服务设施，设置"邻里中心"，以综合商业设施为中心，住宅组团围绕其展开布局，合理配套商业设施和公共配套设施，构建具有特色的公共服务设施体系，注重公共交通设施体系规划，建立风雨无阻的步行体系增强居民生活的便利性。三是坚持政府主导，加大建设投资。坚持政府主导、社会参与、市场化运作，积极创新保障房建设投资机制。从早期的政府出资、银行贷款等单一的建设筹资开始转向单一多渠道、多元化融资。尝试建立保障房建设投融资平台，积极探索运用保险资金、信托资金等拓宽保障房融资渠道。公共财政在土地净收益中提取的保障房建设专项资金比例从 10% 提高至 13%，保障房建设支出列入地方财政预算，确保投资强度和力度。同时，在商品房房地产开发项目中尝试配建相应比例的保障房。四是明确保障对象，创新分配机制。把具有本市城镇户口、家庭年可支配收入低于 30276、家庭资产低于 18 万元、现人均住房面积低于 10 平方米的作为重点保障对象。采取政府公售房、公租房和特困救助房等形式进行解决。五是健全工作体系，加强后续管理。建立健全市—区—街三级联动保障性住房管理工作机制，严格按照"两级审核、两级公示"要求，街道、区、市通过初审、公示、复核等手段层层把关，确保资格审核不错不漏；在保障性住房销售分配时邀请社会各界共同监督见证排序选房工作，加强社会和新闻舆论监督。实行住房保障资格年审和不定期抽查制度，完善退出机制。2009 年 6 月以来，对经年审、检查和抽查不符合保障条件的 422 户家庭被取消保障资格，100 多户家庭被调整了保障方式。

综合分析有关城市保障房体系的情况，总体感到国内大中城市保障房建设快速推进，保障范围和覆盖群体不断扩大，城市中低收入居民的住房困难有所缓解。但是对照城市居民的基本需求还有很大差距，保障性住房供给服务体系尚未真正形成，城市商品房价格居高不下与城市居民实际收入水平平缓增长的矛盾较为突出，保障房供给结构与城市居民收入分层结构的不相协调，保障性住房实际分配管理与体系制度的预期设计要求反差较大，保障性住房建设结构总量相对不足与保障性住房供给分配相对过剩悖论凸现，可以说城市中低收入群体特别是城市新增人口的住房困难还相当突出。透视分析上述矛盾，个中存在一些值得研究和关注的问题。

1. 保障房建设内在动力相对不足

从调查情况而言，各地保障房建设动力主要来自于自上而下各级政府层层行政命令和强制性推动。基于保障性住房基本需求的压力，中央政府对各地分解下达建设指标，并实行政府目标管理和责任追究制，使保障房建设得以较快启动。但实际上城市地方政府缺少建设保障性住房的内在动力，临时性、过程性和应付性现象明显。2010 年到 2011 年两年纳入国家监管统计城市保障房开工率、完成率只有下达计划的 70% 左右，出现了城市越大计划完成履约率越低的现象，如广州市 2011 年只有 50% 左右。如杭州市"田园地块"2009 年初规划的 25 万平方米的经济租赁房项目未能按计划开工，实际推迟到 2009 年 12 月底开工；丁桥地区 R21－24 号 74657 平方米的经济适用住房项目、三墩陶瓷品市场和翠苑三区拆迁安置房项目等都未能按计划正常交付使用。为了满足国家统计监测要求，有的城市把原来用来城市改造建设的拆迁安置房、危旧房改造纳入保障房建设计划统计。还有的城市对保障性住房建设失于把关，质量监督上缺少约束。规划布局边缘选址、质量粗制滥造、综合配套残缺不全。据有关报道，浙江温岭、山东济南、安徽合肥的楼脆脆、楼薄薄、楼降降等事件屡有曝光，保障房建设质量差强人意。根本原因是各级地方政府对自身责任认识的局限和房地产市场既得利益的束缚。在市场化取向的背景下，政府越来越多的表现为重商主义倾向和"企业家"行为，片面认为城市居民住房问题要靠市场机制自身解决，保障性住房建设会冲击房地产市场价格，一定程度影响政府自身利益和直接收益。正是这种潜在意识的作用，自然使政府由"责任主导者"蜕变成"被动应付者"，也使保障房建设缺少一种有力、持续的内在动力。

2. 保障性住房内涵界定混淆不清

理论上讲，城市保障性住房体系是除了部分居民自购商品房以外的，满足具有住房基本需求的城市中低收入群体的公共住房体系。这种住房体系不同于自有性、差别化的商品房，对受益群体具有公益性、公平性和普惠性性质，部分住房也具有可转移性特点。在调查中发现，迫于中央政府的目标要求，目前有些城市采取"短腿补缺"、填空凑数的办法，把政府公租房、经济实用房、拆迁安置房、定销商品房和特困保障房等全部纳入保障性住房范围，其中定销商品房和拆迁安置房占了较大比例。现有保障性住房结构比例、供给价格与城市中低收入群体的基本需求结构不相适应，失却了城市保障性住房体系的应有之义。从定销商品房和拆迁安置房的性质而言，一则具有商品房和产权房的性质，二则具有对原有住房进行补偿的性质，并不具备解决城市困难群体改善住房条件基本需求的功能，与完善城市保障性住房体系的初衷不尽一致。一般认为，产生这种现象的原因主要是地方政府为了赶任务、图形式，完成上级下达保障房建设目标所造成的。从更深的角度分析，其中实际上折射了地方政府对建设城市保障性住房、解决中低收入阶层和城市住房特困人群住房需求的认识不尽自觉，思想不尽到位。其结果就像许多城市出现的部分符合廉租住房保障标准的低保困难家庭存在"可保未保"的情况。郑州市 2012 年 4 月出售的 3 个楼盘、6000 多套安居房，最后购房的申请对象不到 60 户。申请家庭反映现在的价格达到 3000 元/平方米，比 5 年前高出了 1 倍。这样的房价已超越了中低收入群体的实际承受能力，没有起到保障基本住房需求的应有效果。

3. 保障性住房供给服务对象不尽规范

在城市化快速发展阶段，外来常住人口是城市保障性住房的重点服务对象。从国际保障房供给服务的基本经验而言，城市保障性住房供给服务对象不仅包括城市原住民，也包括服务城市产业发展、创造城市价值的常住外来人口，提供公平统一、相对平等的公共服务，以期保障他们享受公共住房的基本权利，解决他们对住房的基本需求。就调查情况而言，很少有城市将外来常住人口作为享受城市保障性住房供给服务的基本对象，很少根据城市实际生活和平均收入水平合理设定基本住房保障线，也很少根据城市居民实际住房水平科学确定保障性住房标准。如广州市经济适用房和供租房保障供给对象只限于无自有住房或者现住房人均居住面积低于 10 平方米的、在前 5 年内没有购买或出售过房产的且家庭人均年可支配收入低于 4680～7680 元在本市工作或居住具有本市城镇户口的对象，并根据条件内的家庭年可支配收入状况、分别按 1～0.55 系数分类，依次进行保障。上海保障性住房分配也仅限于具有本市城镇户籍的原有居民。即使 2012 年初新调整的共有产权保障房的政策规定，也仅限于取得上海城镇常住户口人口、户口年限满一年、户口迁户读书毕业后留上海工作的人口；本市高校毕业生在沪就业落户人口；三人及以上家庭人均可支配收入和人均财产 5000 元/月和 15 万元等。一般取得上海城镇户籍还有前置条件。经济高度发达的城市，设定这样收入标准显得门槛过高，控制过严，符合标准的人数相对较少。不仅将日益增长的外来常住人口几乎排除在外，也将具有基本住房需求的处于中低收入水平的本地城市户籍人口排除在外。全国许多城市的公租房和安居房频遭冷遇。今年初上海馨宁和尚景苑两个公租房公寓，每平方米每月租金达 40 元，5100 套房屋入市，首批申请者不到 40%。武汉市 2012 年初投入市场 913 套公租房，只有 317 户符合申请条件，但在租金和补贴标准出台后，其中 107 户主动放弃了承租资格。与此同时，在许多城市都出现了保障房移作他用、非法出售和权贵"寻租"事件。这里有监督管理不力、缺少公开透明的原因，也有保障房供给体系对象界定不科学、供给范围不清晰的问题，直接影响了城市保障性住房的本质意义。

4. 保障房建设投资缺少必要的基本预算

保障性住房建设是城市政府提供公共服务的基本职能，是城市公共财政必须支出的基本内容。尽管近两年各地城市政府承担着保障性住房建设资金的筹集投入责任，但是多数城市保障性住房建设资金并没有纳入地方公共财政经常预算范围，使资金来源渠道不明确、资金需求不保证。目前大多数城市的保障性建设资金来源于城市土地出让收益随机提取一部分、原有财力适度调剂一部分、金融企业贷款融资一部分、腾地农民拖欠一部分、建设单位工程垫资一部分以及中央政府补贴一部分。由于建设没有相对稳定的来源渠道，整个资金投入相对保障房建设任务而言明显不足。如2010年底杭州市专项审计报告反映，保障性住房建设资金供应不足、管理不尽到位。保障性住房重点建设项目的"田园地块"经济租赁房项目概算总投资88150万元，截至2010年2月底，除到位注册资金20000万元外，建设资金缺口68150万元未落实；廉租住房预算投入资金为15.33亿元，财政拨入市房改办的廉租住房资金总额为9.08亿元，廉租住房建设实际使用资金仅为6.86亿元，分别为预算资金的59%和45%。全国承担保障性建设任务较为集中的大中城市都存在资金相对短缺的问题。同时对保障房建设投资政策条件限定过严，参与主体单一，缺少多元化、社会化资本进入，大多城市基本处于政府集中垄断有余、社会资本参与不足，单一政府经营的投融资格局。对保障房投资建设市场不思开放，政策不明确、税负不配套、盈利模式不规范，无形中形成了社会资本和民间资本投资参与的"玻璃门"和"弹簧门"。由于保障房投资资金缺少必要的财政预算保证又过于依赖政府单一投资，直接加剧了建设资金短缺的矛盾。资金短缺，一方面直接导致保障房建设任务的不断延期，也不同程度的影响了建筑质量和住房安全。

5. 保障房建设分配管理缺少相应的法律约束

城市保障性住房体系是一动态复杂的系统工程。发达国家保障性住房体系一个重要经验，就是要形成主体明确、责任清晰、内容完善、动态管理、制度约束的法制体系。相比之下，专业法律缺失是制约我国保障房体系发展的瓶颈因素。在实际运行中，各城市保障性住房的内涵、保障对象、供给水平以及运行方式差别很大。如经济适用房和政府廉租房目标任务由上级政府行政指令下达，大多以政府文件、政府政策的形式发布，而不是根据各城市居民住房实际需求水平依法确定，严格意义上说不具备法律效力，以致建设规模和总量水平随意性很大。如建设部《廉租住房保障办法》中规定经济适用房和廉租房保障家庭选择及保障方式由地方政府根据实际情况确定，以致每个城市在保障性住房的保障方式、类别选择、政策门槛、住（租）房价格以及运行管理上出现结构性相对差距。保障性住房至今没有形成法定规范、相对统一的权威性管理体制。目前各城市保障房管理与分配、实物保障与货币补偿选择主要由城市住宅房屋管理局管理，而保障房建设主要由法改为制定下达计划，建委负责组织施工和工程监理，保障房分配的申请人信息汇总、分类筛选，又有民政、人社、人口管理等部门负责，资格审查、监督管理又有所在社区和企业负责，缺少一个综合协调、专司管理的法定机构，不同程度存在着多头参与、分散管理、政策碎片化现象。缺少统一规范、指向清楚的扶持政策，如保障房建设规费优惠、廉租住房配套费减免、经济适用住房上市交易细则、拆迁安置房回购定价、租金水平设定都没有相对明确的法律法规与配套政策，只能靠地方政府文件进行调节，也容易滋生保障性住房分配使用方面的腐败。同时对经济适用房和廉租房的滚动、退出机制缺少制度设计。由于缺少整体性的法律和法规约束，就放大了城市政府的自身行政行为，也在一定程度上增大了社会矛盾。

上述问题虽错综复杂，但对于资源垄断、威权地位的各级政府而言并非难事。根子在于各级政府自身的价值取向和指导思想偏差。由于各级政府不能正确认识公共服务型政府的基本责任，不能自觉处理好公众利益与自身利益的基本关系，扭曲了宏观调控、保障供给、维护公平、公共服务的基本职能和管理行为，直接影响了保障性住房供给体系健康有序的发展。建设和发展保障性住房体系，有必要强化各级政府履行公共服务、保障居民权利的基本职责，学习借鉴国内外建立保障房供给服务体系的先进经验，充分利用法律调节手段和行政干预手段，建立和完善相对统一、规范有序、调控有力、均等服务的城市保障性住房体系，维护和保障好城市全体居民的住房基本需求和权利，促进社会和谐和大局稳定。

第二部分　无锡城市保障性住房的调查和实证分析

无锡地处长江三角洲腹部，是中国经济发达地区之一。无锡市域面积 4788 平方公里，其中陆地面积 3445 平方公里。全市常住人口近 654.06 万，户籍人口 438.66 万，城市人口 339 万人，215.4 万外来人口主要集中在城市和城镇工业园区，按世界一般标准城市化率达到 85% 以上。随着上世纪 80 年代无锡经济高速增长、城市房地产市场不断发展，城市居民改变住房环境条件、外来常住人口解决基本住房的社会需求日益强烈。无锡在 1996 年实行城市住房制度商品化改革以后，高度重视城市居民住房保障体系建设，不断探索以经济适用房为主体、以廉租住房实物配租和租赁补贴为补充的公共保障性住房体系。优化住房供给结构，不断强化保障，提高保障水平，城市保障性住房体系不断完善和拓展，已经连续三年被评为"江苏省住房保障先进城市"。

一、无锡推进保障房建设的基本做法和经验

无锡从 1996 年开始把城市公共保障性住房作为保民生、扩服务、促公平的重要抓手。特别是进入"十一五"以来，在中心城市改造和区域城市化推进中，

不断加大经济适用房、农村拆迁安置房、政府公租房的建设投资力度，积极优化社会住房供给结构，扩大保障性住房的服务范围。与全国大城市相比，无锡城市保障性住房覆盖范围和保障程度达到较高水平，城市商品住宅价格增长保持相对稳健。①构建了比较完善的住房保障政策体系。"十一五"期间，先后出台了"经济适用房管理办法"、"廉租住房管理办法"、"低收入家庭资格认定办法""农村拆迁安置房补偿条例"等一系列政策，颁布实施了公共租赁住房管理办法，对各类保障房建设的土地划拨、资金安排、税收优惠、保障对象确认、经适放上市交易等，作出了明确的规定。②形成了多层次保障房供应体系。强化政府主导，加强保障性住房建设力度。2008到2011年，市区和所辖江阴、宜兴两市先后开发建设了南湖家园、瑞星家园、惠景家园、瑞扬家园、东璟家园、毛岸家园、颐康名苑、钱墅人家等项目，其中2011年全市新开工经济适用住房18991套，筹集廉租住房2796套，筹集公共租赁住房15000多套，全面完成中央和省政府下达的目标任务。2008年至今，已向21575户中低收入和住房困难家庭，销售了192万平方米经济适用房。2012年上半年将有11小区、8000余套期满5年的经济适用房可上市交易，不断满足城市居民改变住房条件的基本要求。同时顺应城市化快速推进的要求，大力推进征地拆迁安置房建设，加强新市民住房保障工作。2002年以来，无锡将拆迁安置房建设作为保障新市民住房基本权益的战略抓手，大力实施安居工程，坚持"规模大、选点优、配套全、品质高"的原则，高标准建设居民安置小区。到2011年底，市区安置房建设累计施工面积6800.38万平方米（其中，住宅面积5696.11万平方米，431435套），累计建成安置房4755万平方米（其中，住宅面积3840.73万平方米，398939套）。基本建立起经济适用房、廉租住房、公共租赁住房、安置房四位一体的住房供应体系。③探索建立危旧住房改造运作体系。2009年1月，市政府出台了《关于进一步加快市区中心城区危旧住房改造工作的实施意见》，明确了政府主导、以区为主、统一规划、实物安置与货币化安置相结合的原则，全面加快中心城区危旧住房改造步伐。到2011年底，市区已启动114.642万平方米、32个危旧住房改造项目，累计拆除危旧住房99.342万平方米，有12895户居民家庭通过危旧房改造改善了居住条件。④基本健全了保障性住房分配管理体系。坚持公开、公平、公正的原则，全市建立了市、区两级保障性住房组织领导机构和住房保障服务窗口，明确保障政策，合理确定范围，实行家庭和个人自愿申报，社区汇总对象，市、区两级审批、两级公示，扩大社会监督。到2011年底，市区原有城镇户籍实际保障户达到41087户，其中公租住房26329户，实物配租1104户、租赁补贴3721套，限价定向商品住房2000套，实现了符合条件家庭"应保尽保"

的目标，出现了阶段性的经济适用房、廉租房"房等人"的现象。无锡城市人均住房面积达到 38 平方米以上。

调查中我们发现，无锡市保障性住房建设主要经验有以下方面。

1. 明确职责，强化责任

无锡市委市政府在思想上日益形成一个基本共识：保障房本质具有公共产品属性，是政府扩大公共服务、促进社会公平的应尽义务。建设保障性住房，必须强化政府有形之手，住房市场越是商品化，越要注重城市中低收入群体住房保障的公共化，商品住房价格越是上升，越要加大保障房投资建设的力度。要把最适宜的地段用于保障性住房布局规划，用更适合的住房满足中低收入人群的基本需求。2008 年以来，根据城市保障性住房建设要求和城市居民改变住房条件的基本需求，合理确定了市本级和各区保障性房建设的目标任务，把保障性住房建设列入市委市政府年度重点项目建设计划，分解目标任务，与各市（县）、区和市有关单位签订目标责任书，加强检查和过程督察。按照"政府主导、市区共担、社会参与、市场运作"的要求，优先保障，重点倾斜，创新工作机制。市发改、财政、规划、国土、房管有关部门联手运作，简化项目审批前置条件，缩短工作流程，加快办理项目前期手续。在工作思路上，重点抓好中心城市的保障住房项目建设，重点抓好重点片区的工程开工。如 2011 年，重点推进毛湾家园二期、东璟家园二期等市民关心、社会关注的重大项目开发建设，高效完成拆迁征地、规划设计、项目审批等前期准备工作，提前完成预期进度。

2. 优选规划，合理布局

保障房规划布局不是一个什么地方建、建什么房的简单问题，而是一个关系城市人口有机分布、分层结构合理优化、社会秩序有序管理的战略问题。无锡在推进保障性住房建设中，本着"以人为本、合理布局、整体配套、保证品质"的原则，不求项目大而集中，而求项目多而不散，实行相对集中、有机融入、统筹管理，在城市住宅规划用地中配套建设一批重点保障性住房项目，将保障性住房和商品住宅统一规划，统一基础设施、统一公共服务、统一生活设施配套。如 2010 年，根据住房保障建设任务和和居民实际住房需求，积极调整建设方案，合理规划选址，在无锡中心城区重点规划建设瑞扬、新街、东璟、毛湾等四个保障性住房建设项目。并在重点地块上实行多类型、多层次保障房统一建设的方式，增加了公共租赁住房、廉租住房的建设比例。同时根据城市人口结构和社会结构变化新特点，按照"分散布局、集中建设"的思路，明确要求各市、各区在新开工的拆迁安置房建设项目中，调整规划设计、优化建设方案，在重点拆迁安置房项目中集中配建一批公共保障房。在各地 2011 年新开工的安置房建设项目中，集中配建总套数5%～10%左右的保障性住房，用于发展公共租赁，使城市化发展与住房保障规划布局有机结合起来，有利于促进优化社会结构、融合社会关系。

3. 政府主导，加大投资

保障性住房是一项投资量大、资金效益低的社会工程。无锡十多年来坚持政府调控为主、公共财政投入为主的基本原则，以城市政府为主体，加大公共财政专项支出，进行地方项目融资，多渠道筹集资金来源，集中用于保障性住房建设和廉租住房租赁补贴。仅2011年无锡市本级从财政预算安排、土地出让净收益、住房公积金增值收益等渠道，安排落实住房保障资金42348.47万元。为解决资金不足的矛盾，实行项目贷款和政府融资，先后与江苏银行、中国银行、民生银行等单位落实12亿元的贷款规模，与国家开发银行落实20亿元政策性贷款的发贷意向。同时积极跳出现行财政体制和资源不足的约束，更多的发挥国有企业资产实力、资源统筹等方面的优势，积极搭建地方性投融资建设平台，依托无锡市城市发展集团组建了无锡市公共住房建设投资发展有限公司，进行封闭运作、专业开发。2010年开始先后与华英证券、国开证券联手合作，申请发行20亿元企业债券，争取银行保障性安居工程建设专项贷款13亿元，突破了投资建设资金的瓶颈约束。2011年当年度市级财政直接拨付住房保障资金25800万元。政府主导，有力推动了保障性安居工程建设，无锡市区保障性安居工程获得了中央追加奖励资金20009万元。

4. 创新思路，多方参与

城市保障性住房不在于满足原有的城市人口，也不在于政府一味投资扩大保障性住房建设，而是要充分发挥政府对城市住房资源的有效调节作用，整合社会力量，调动各方资源，扩大保障程度。无锡市充分利用拆迁安置房存量资源充足的条件，通过政府租赁、回购等形式，筹集一批社会住房资源，增强政府住房保障能力；通过扶持和发展集体经济的住房合作社，使大量的拆迁安置住房多余户变房东为股东，扩大外来新市民的保障范围，增加拆迁安居农户财产性收入；通过支持和鼓励有条件的城市功能区、工业园区、实力强的骨干企业，集中建设、收购、租赁等方式，加快人才公寓建设，多渠道筹集公共租赁住房房源，用于解决新就业人员、城市外来常住人员的住房需求；通过政府发放住房补贴、减免租金税收等政策，扩大在锡就业大学毕业生住房保障覆盖面，提高新增人口的住房保障水平。

5. 规范管理，加强监督

加强检查监督，落实长效管理，从2008年开始，无锡专门成立了由市发改委、监察局、房管局、财政局、国土局、统计局等部门组成的监督管理工作机构，重点负责保障房立项审批、用地批准、规划和施工许可、资金投入、开工建设和筹集等情况进行专项检查。为把保障房建成人民群众放心工程、满意工程，无锡还专门制定了《关于进一步加强主体工程、单位工程验收工作的若干规定》，全面加强对各类保障房的监管、监理和施工三个层面的质量监管，重点整治起砂、空鼓、裂缝、渗水、空间尺寸等老百姓关注的问题，提升住宅工程的观感质量。大力加强对保障性住房工程质量执法检查，提高保障性住房工程参建各方的诚信意识，对检查出的质量安全问题和隐患，要求及时进行整改，对有关违法违规行为，依法严厉处罚。2010 年以来，对各类保障性住房方面的违法、违规行为相关责任人进行了处罚，其中有 28 次项目经理扣分、25 次不良行为记录、2 项行政处罚，有力地保证了保障房工程质量。2010 年以来，有 15 个保障房及安置房工程被评为市级优质结构工程。

二、无锡保障性住房供需机制和市场结构基本分析

建立形成一种适合多种需求、实现有效供给、形成制度保障的城市保障性住房体系，需要正确认识城市化发展的客观趋势和城市居民不断增长对改善基本住房条件的现实要求，合理把握市场的基本需求，从而扩大政府公共服务，调整完善住房供给体系。为了全面系统把握城市居民的基本住房现实需求，无锡市从去年下半年开始组织专业部门和相关力量，建立相应指标体系，设计专门调查问卷，对城市人口包括外来常住人口住房的基本需求，在全市进行 2 万人分地区的抽样调查，其中市区 1.2 万调查样本。调查汇总结果，为把握城市人口住房需求、改善政府保障性住房供给体系提供了翔实准确的依据。

据调查数据的静态分析，到 2011 年底，无锡常住人口 654.06 万人，户籍人口 438.66 万人，215.4 万人外来人口，其中外来就业人口 119.48 万人。无锡作为经济率先发展、市场相对开放、人口结构快速老龄化地区，外来人口将是无锡经济社会发展的新生动力。外来新增人口主要集中在中心城市、中小城市和近郊经济发达的重点乡镇或城市功能园区，随着中心城市和新兴城市经济能级的不断提升、建成区规模的不断扩大和社会综合保障水平的不断提高，外来人口融入城市已成必然。在原有户籍人口基本住房条件相对宽裕的情况下，外来新增人口的住房水平是影响无锡城市居民住房水平的重要因素，也是无锡今后城市保障性住房供给的重点对象。通过调查，得出一些基本判断。

1. 外来常住人口就业结构与城市住房基本需求有很大关系

从事制造业、农业、文化教育和政府公共领域的外来人口购房和租房需求相对较高，从事服务业、建筑业、运输业、城市公用事业的外来人口购房需求相对较低，其中只有服务业外来人口有比较高的租房需求，显现了实体产业和政府公共领域的外来人口具有较高的购租房需求，这与行业的长期性、稳定性要求有关。相反其他行业性质和特点，也就决定了外来人口就业的临时性、阶段性，也就直接影响在城市购房、租房的意愿和动因（见表1）。

表1　　　　　外来常驻就业人口对住房对需求结构　　　　单位：万人

	制造业	服务业	建筑业	运输业	农业	文化教育	城市公用事业	政府公共领域	合计/均值
人口	77.21	10.42	17.52	1.62	2.21	0.28	8.92	1.3	119.48
购房意愿(%)	25.4	16	7.7	12.7	23.2	31.61	16	28	24.47
租房意愿(%)	46	41	32	29	28	40	43	51	42.18

2. 外来常住人口的收入与住房基本需求呈倒 U 字形关系

调查结果显示，外来人口在城市购房基本需求并不是人们想象的与收入水平成正相关关系，而是呈现倒 U 字分布。年收入水平在 3 万到 10 万的三个区间人的购房需求表现的较高，其中有购房意愿的分别占到 51.28、58.36、67.54。在年收入 1 万~3 万元和 10 万元以上人群购房意愿表现得不尽强烈，但在租房意愿上表现得相对更为强烈一点。其原因一则是低收入购不起房；二则是在原籍有房或是更愿意选择扩大资产收入、经营性投资（见表2）。

表2　　　　　外来常驻人口劳动力收入结构分层对住房需求　　　　单位：万元

年收入	<1.5	1.5~2	2~3	3~5	5~8	8~10	>10	合计/均值
人数	8.22	15.7	45.74	32.79.	7.32	5.31	4.4	119.48
租房意愿（%）	69.34	67.45	56.7	45.23	34.56	23.75	29.07	52.99
购房意愿（%）	9.6	16.87	27.13	51.28	58.36	67.54	54.35	35.92

3. 外来人口的年龄结构对购住房需求出现两头分化趋势

从调查综合数据显示，25 岁到 40~50 岁的群体对购房的意愿表现得最为强烈，高于其他年龄群体20个百分点左右。各种原因有：主要是年轻人考虑婚姻住房形成的基本需求、中年人考虑子女在城市收教育或成家立业后保持城市生活和家庭稳定所形成的购房需求，其中也有一部分在城市创业成功的中青年人士急于改善原有住房所形成的购房动机；租房意愿较为强烈的是处于外来人口年龄结构两端的25岁以下和60岁以上群体，其原因一是刚进入城市就业，经济条件有限，买不起房；另一是劳动就业能力和经济收入开始下降，购房投资太大，改善和拥有自己住房的要求变低。综合购房和租房需求群体，25～50岁群体是购租房的主体，这和进入城市的劳动力的基本素质结构有关系（见表3）。

表3 年龄结构对住房需求

年龄	20～25	25～30	30～35	35～40	40～50	50～60	60～
租房意愿（%）	75.13	43.34	45.28	43.67	31.46	36.68	64.53
购房意愿（%）	21.25	53.34	48.53	46.33	58.27	43.27	31.13

4. 城市外来人口现有住房结构不完善，具有不稳定性特点

调查显示，只有14.8%的外来人口在城市中自有住房，主要是一些企业投资经营者、高层管理人士和家庭富裕的新生袋等少数群体，而大多数城市外来人口的住房都是由用工单位或外来人口自己解决。居住在工作就业单位附近。一般来讲，这些住房条件比较差，配套水平比较低。在现有住房结构中建筑工地、招待所、水上船舶、借居等住房形式，具有临时性、过渡性特点，随着企业和单位的变化，外来人口很可能成为居无定所的对象，这种住房条件和形式很难使他们融入城市主流社会。他们对改善住房条件、享受住房保障的要求显得更为强烈（见表4）。

表4 外来常驻人口现有住房结构构成 单位：万人

	自购房屋	单位内部	租住房屋	建筑工地	招待所	水上船舶	借居	其他
215.4万人	31.88	64.47	77.77	17.18	0.35	0.73	10.69	12.33
占%	14.8	29.91	36.08	8.24	0.16	0.35	4.81	5.65

5. 外来人口租房地区分布增加了人口服务管理的难度

保障性住房体系不仅要解决城市居民的基本住房需求，还要统筹考虑享受公共服务的环境和条件。在我们抽样中专门对现有77.77万户的租房分布进行了调查。结果显示，只有1/3左右的在中心城区，大多数在城市外围甚至乡村。有一定数量租户是和其邻近就业工作地有关系，但是多数租房户主要是考虑租房成本或者是同等成本下租用住房的面积和条件。过于分散的居住地，增大了外来人口上班就业的时间成本，也增加了外来人口同等享受文化、卫生、教育等城市公共服务的现实困难，客观上强化了外来人口边缘化倾向，增加了社会管理的难度（见表5）。

表5			出租分布地域			单位：万户
	中心城区	城郊结合部	乡镇	卫星城镇	新农村集中区	园区企业单位
77.77	24.38	7.80	21.82	13.89	2.79	7.09
占%	31.34	10.03	28.06	17.86	3.59	9.12

综上分析，对建立和发展城市保障性住房体系的重点方向和保障对象有了较为明确的把握。年收入在5万元以下的中青年外来常住人口、居住单位宿舍和建筑工地的就业人口、大学毕业的新就业人口以及原有城市人口中具有改善住房条件要求的中低收入人口，将是城市保障性住房供给的主要对象，也是调整和完善现有保障性住房分配管理政策的重要依据。无锡城乡6000万平方米集中安置房的社会存量、政府每年投资建设保障性住房增量以及社会商品房供给能量，完全能够满足改善和缓解城市现有常住人口住房的基本需求，并在全国同类城市中保持相对较高的水平。但城市人口变动不居的，基本住房需求动态演进的，对城市保障性住房体系建设还需要作出动态分析。

从可预测的动态分析而言：①经济总量的提升增大了对劳动力的需求，也直接增大了对保障性住房的需求。无锡每增加1亿元国内生产总值，需要新增劳动力280~300人，扣除全要素劳动生产率增长因素，也需要220人左右。今后五年无锡国内生产总值在2011年6881亿元基础上突破11000亿元，需要新增90万的就业人口。按照现有购租房人口比例计算，无锡将要直接增加保障性住房1800万平米；②原有低水平住房户改变住房直接增加了保障房的供应总量。一种对象是现有人均住房水平低于18平方米的城市原居民2.3万户，达到现在无锡城市人口人均住房35平方米，需要改造或增加保障房供应量140万平方米；一种是现有外来常住人口中具有改善住房条件基本需求的67.3万购租对象，按照保障房现有人均购租面积计算，约需1000万平方米；③随着城市保障性住房条件和水平提升，保障性住房供给对象也会相应扩大。这部分群体尽管人数不多，但是一个不断变动的常量，对保障房也具有一定的需求量。可以预计随着经济发展水平不断提升，外来人口流入是一个不可逆转的过程，并随着城市政府公共服务不断扩大，保障性住房的供给范围也将进一步扩大。尽管在享受保障性住房群体也有一定的退出机制，但是对于不断增加需求总量而言是极其有限的。建设和完善保障性住房供给体系将是一个长期而艰巨的过程。

三、无锡完善保障性住房体系的主要路经和对策

建立和完善城市保障性住房体系是城市政府完善公共服务体系的应有之义，

也是促进城市整个住房体系健康有序发展的重要组成部分。基于现实基础和城市居民不断增长的住房需求，无锡确定了"十二五"期间完善保障性住房体系的总体思路和目标，就是进一步完善以公共租赁房和经济适用房并举，廉租房实物配置和租赁补贴为补充的住房保障供应制度，全力构建好"中国特色，无锡特点"的住房保障体系，努力形成"供给体系健全化、住房保障制度化、供给分配规范化、监督管理科学化"的工作格局，合理扩大保障范围，不断提升保障水平，保障性住房体系建设继续走在全省乃至全国的前列，不断满足城市中低收入居民和特殊群体的住房基本需求。

1. 明确政府公共服务的基本职责，建立健全城市住房体系

坚持以人为本的基本理念，突出公共服务均等化、公民权利平等化的核心要求，明确政府职责，强化工作导向，把建立健全城市住房体系作为检验政府职能转变的重要标志，把完善保障性住房体系作为扩大公共服务的关键抓手，作为扩大公共财政支出的重点方向。以满足城市所有常住居民基本住房为目标，处理好房地产市场发展与城市保障性住房体系建设的关系、抑制投资性购房与保障性供给的关系以及城市商品房价格与保障性住房供给价格的关系，建立与无锡经济发展水平相匹配、与城市居民改善住房条件要求相适应的住房保障体系，形成多层次、多形式的城市住房供给保障体系。即：最低收入家庭和低收入家庭享受廉租住房政策，由政府提供廉租住房实物配租或者发放廉租住房租赁补贴；中等偏下收入家庭（城市家庭的夹心层）、符合条件的新就业人员（引进人才）、外来务工人员，享受由各级政府或者用工单位提供的公共租赁住房保障，解决住有安居问题；中等偏上收入的家庭购买由政府主导建设的经济适用房，实现住有所居的目标；中高收入家庭，通过市场途径购买商品住房，改善居住条件和居住环境；农村基本住房困难和特需家庭住房，通过集中转移和搬迁安置进行合理解决。

2. 积极扩大保障性住房对象和范围，提高住房保障均等化水平

顺应经济发展、城市外来人口增长的基本趋势，着眼推动公共服务均等化、构建和谐社会的发展要求，适应城市化进程不断扩大保障性住房供给对象和范围，根据城乡居民收入水平增长实时监控公共住房需求变化，依据政府公共服务功能的提升动态调整保障性住房的供给标准，不断创新包扎好内功性住房的供给形式和机制。"十二五"期间无锡将通过建设经济适用住房、公共租赁住房、廉租住房，解决城市中等偏下收入家庭住房困难问题；通过公共租赁住房解决新就业人员、外来务工人员的住房困难；通过危旧房改造解决危旧房内的居民居住问题，多途径、多层次解决不同层次人员的住房困难；通过城乡统筹和村落搬迁改造为抓手，逐步解决基本设施不配套、公共服务边缘化和危旧房农村居民的住房

基本需求，实现城乡居民住有所居的目标。在思路上注重把住房保障对象从目前的城市中等偏下收入家庭，逐步扩大到城市中等偏下收入住房困难家庭、新就业人员、外来务工人员三类对象；把城市居民为主体的基本保障对象，扩大到市域范围的所有城乡居民的基本保障，重点解决好城市新就业外来大学生群体、外来常住就业人口和农村危旧房中低收入农民等夹心层"群体，基本建成覆盖城乡的保障性住房供给体系。力争到"十二五"期末，将具有无锡市区常住户口、家庭人均住房建筑面积在 18 平方米以下、家庭人均月可支配收入在 2300 元以下的中等偏下收入住房困难家庭，纳入住房保障范围；将农村人均原有住房低于 20 平方米危旧房的家庭纳入街道社区政策福利房报保障；将新进无锡就业的大学毕业生纳入公共住房补贴对象。同时，积极创造条件，逐步将新就业一般人员、外来务工人员纳入保障范围，进行住房补贴，实行轮候保障。

3. 创新公共财政投资机制，着力推进各类保障房建设

根据保障性住房体系长期发展的需要，将城市保障性住房建设的基本投资纳入市、区（市）公共财政基本预算，实行经常性专项项目管理，并利用无锡具有地方立法等优势，对政府公共财政投资和建设进行立法管理，确保保障性住房建设投资的长期化和规范化。充分利用各类公共资源，建立和完善以政府为主导、国有企业为主体的保障性住房投资建设平台和运作平台，实行封闭运行、项目化管理。根据"十二五"城市人口发展规划和保障性住房发展计划，未来 5 年，无锡将新建、筹集约 3.4 万套左右的经济适用住房和廉租住房；筹集 28000 户、180 万平方米左右的公共租赁住房；积极加快危旧住房改造，采取与城市重点道桥工程、环境工程和片区开发相结合的方式，计划用 3 年时间全面完成中心城区 173 平方公里范围 800 多万平方米城中村、138 万平方米危旧房的改造，尽快改善群众居住条件和生活质量。充分利用近 3000 万平方米农村拆迁安置房的存量资源，通过住房合作社、产权股份化等形式，扩大市区范围内城乡居民公共租赁房供给对象，基本实现全市中等偏下收入家庭和符合条件的新就业人员公共租赁住房的动态平衡。同时争取到"十二五"期末城市住房保障的覆盖面占到城市居民家庭 20% 以上，解决城市住房基本需求问题。

4. 优化保障性住房规划布局，促进社会分层结构有机融合

优化住房规划布局、促进社会分层结构有机融合是城市保障性住房体系应有题中之义，也是现实中的难点。借鉴国外先进城市的经验，立足已有探索的实践，无锡把合理进行规划选址、优化住房空间布局，作为优化城市功能分区、促进社会整体和谐的重要内容。坚持保障性住房发展规划与"十二五"城乡建设发展规划有机衔接，根据无锡"十二五"构建"一个中心城市、两个副中心城

市、十五个现代卫星城市、若干个新兴综合社区"的区域城市化框架和人口有机分布的要求，明确规划布局的指导思想，完善规划编制路径，注意倾听群众声音，实行社会公示听证，在重点住宅功能区中合理配建保障性住房，混合空间布局，淡化物理分割，实行统一基础设施建设，统一公共服务配套、统一社会管理。在中心城区中，按照生产就业便利、居住环境适宜、公共服务周全的要求，相应确定保障性住房的建设规模和总量比例，避免保障房建设布局边缘化、集中化；在大型商品房住宅区内合理规划保障性住房建设小区，或按比例配建政府保障性用房，使居民共享基础设施、生态环境和公共服务。在房地产市场上回购一批地段合适、设施配套、房型适宜的周转商品房，改善和调整公租房或廉租房整体结构，促进中低收入群体与中高收入群体关系和谐，构建社区生活共同体。

5. 理顺住房保障体系，科学实施政策有机对接

现行保障房包括经济适用房、拆迁安置房、定销商品房以及公租房和廉租房，极容易混乱保障房的本质内涵，也容易带来保障房分配管理上的弊端。为此无锡计划在"十二五"期间合理确定保障房的科学内涵，实行现有政策过渡对接，积极并轨保障性住房体系，形成城市商品房和政府公租房（廉租房）为主体双轨并行的城市住房体系。重点解决好双轨并行、政策对接中的前置条件和制约因素。一是积极调控城市商品房价格虚高暴涨势头。控制房价虚高是缓解城市住房需求矛盾、促进保障性住房建设的治本之举。近两年以来无锡要以稳定城市房价为龙头，以调控城市土地出让价和抑制房产投资行为为重点，实行综合治理，使城市商品房价出现理性回归，使商品房价和居民家庭收入比达到 8 年左右，疏解转移了一批中等收入人群的住房需求，也增强了政府建设保障房的内在动因。二是加快经济适用房的改性上市，研究制定有关政策，对五年期满的经济适用房，按照土地出让和设施配套基本成本补交相应土地出让金，加快经济适用方向商品房变性转移。2012 年初无锡有 11 个居民小区，8300 多套经济适用房实现了变性转移，逐步上市交易，不断满足中低收入居民改变住房条件的基本需求，使中低收入群体永有居所，也促进了政府公共住房保障对象的相对分离。三是依法确定拆迁安置房性质，积极维护城乡居民基本住房的基本权益。对城市建设治理和危旧房改造的居民住房实行货币化拆迁、商品化安置、优惠化补偿，保障居民新购住房的法定所有权；对新农村改造和重点规划区建设的农村住房实行货币拆迁、实物配置、优惠补偿，发放房产证和土地使用证，依法保护原有住房权益，有计划地推进农民住房制度和城市住房制度有机接轨，不仅加快农民市民化和农村城市化进程，而且激活和释放了农村巨大的房产资源和供给能力。四是大力发展城乡住房股份合作和房屋置业企业。根据无锡城乡拆迁安置房源供过于

求的基本特点，充分利用居民多余的现房资源，积极发挥街道社区的自我管理、自我发展的自治作用，建立社区成员实物入股、股份合作、产权明晰、集体经营的住房合作社，实行政府扶持、定向公共出租。充分利用城乡居民安置房多余计划，把补偿资金作为股份，联合成立置业投资公司，定向用于公共保障房建设，重点解决外来人口和新增就业职工的基本住房问题。目前无锡已经建立 72 家住房股份合作社和住房置业投资公司。五是实施研究开征房产税等调节政策。严格执行国家购房税费政策，根据无锡房地产市场走势和保障城市常住人口基本住房需求，坚持限高、扩中、调低的原则，适时开征房产税，有效遏制投资购房、多处占房和房源空置现象，引导房地产市场健康有序发展，为促进无锡保障性住房向公租房（廉租房）转变创造良好的市场和社会环境。

6. 强化程序监督和社会监督，加强保障房供给分配管理

坚持保障性住房分配供给体系公平化、普惠性，立足前期实践经验，借鉴国内外先进地区的做法，从无锡实际出发，进一步创新和完善保障性住房建设、分配和管理机制。从保障房布局规划入手，把保障性住房建设纳入城市住在功能区建设体系之中，编制城市保障房建设总体布局，进行规划模型展示，公开征询社会和居民各方意见。改进保障房建设的立法监督和制度监督，紧紧抓住严格准入和严肃追究的首末两端，坚持基本建设程序，严格执行法律律法规和工程建设标准，完善和形成完善周密的制度体系，确保各司其责、高效运作。创新社会监督机制，充分发挥各级人大代表、政协委员的依法监督和咨询作用，组织邀请市民代表和保障对象进行现场检查、例行抽查，加大新闻舆论监督，增强施工管理企业的社会责任，强化质量的硬杠杠，把好居民生命财产安全第一关。立足公开透明，把好公平分配的政策关。合理确定和调整保障房的政策门槛，强化多部门联动审核的工作程序，从享受对象的住房条件、家庭收入、就业地域等基本情况入手，细化自主申报、入户调查、邻里访问、社区汇总、部门审核等必要环节，住房信息进行媒体公布和社会告示，建立相应的惩罚机制和退出机制，增强保障房供给分配的约束力和公信力。

第三部分　中国城市保障性住房的现实分析和对策建议

建设和发展城市保障性住房体系，目前最需要的是能够全面分析城市居民的可支配收入水平和基本住房需求，真实把握城市保障性住房实际供应能力，跳出原有保障房供给形式的路径依赖和"注水"汇总的扭曲数据，从一般理论的抽

象研究，走向实务性对策研究和可行性操作。

一、中国保障房供需市场分析和判断

加快保障房建设是中国城市化进程中不可回避的现实问题。2007 年召开的全国保障房工作会议上提出要大规模建设保障性住房，解决城市低收入住房困难家庭的基本住房问题，拉开了大规模建设保障房的序幕。2009 年初在为应对国际金融危机的 4 万亿投资计划中，保障性安居工程放在首位，建设投资规模进一步加大，2010 年 570 万套，2011 年开工建设 1000 万套。全国计划在"十二五"期间共建设 3600 万套，其中 2012 年建设 700 万套。城市保障房覆盖面将达到 20% 左右。按我国新普查的城市常住人口 6.66 亿人、2.22 亿个家庭中在未来五年增加 3600 万套保障房，约占城市家庭数的 16%，这是一项了不起的世界奇迹。各地正在做出巨大的努力和艰苦的工作。但是从目前的情况看：一是建设进度较慢。据国家建设汇总各地数据显示，2011 年开工建设的 1000 万套保障房，1/3 主体结构基本完成，1/3 的进入楼层施工，1/3 的完成基础施工，进度不尽如人意。据分析，2012 年开工的 1000 万套保障房，共需投入资金 1.4 万亿元，中央财政安排资金 1030 亿元，尽管国家采取了允许地方发行债券、鼓励社保资金和保险资金进入等措施解决资金不足的问题，地方政府也通过发行债券、实行担保贷款或注入财政资金或土地作为资金注入等措施，但是捉襟见肘的政策效应很难缓解资金不足的矛盾。因为资金不到位、原材料涨价和用工成本上升等因素，实际进度要比上报统计进度慢许多，有些地方概念不清，不乏滥竽充数的情况。二是规划布局不尽合理。调查发现，多数城市将保障房建设在土地价格不高、公共服务水平较低的郊区或是城市边缘区，形成中低收入群体的集中安置区，城市公用设施不配套，交通、教育、卫生、居住成本等日常成本偏高，西南一特大城市在距市中心 6 ~ 7 公里的隔江地区规划建设一个容纳 10 万人的保障房集中安置区，被群众戏称为"老少边穷"的集中营。相关城市随机访谈中发现，36% 的人认为保障房地段偏远、生活不便、环境孤立是放弃住房权力的主要原因。三是房价偏高保障对象难以承受。2010 年和 2011 年上半年全国建设完工的多数经济适用房和公租房，都面临着市场冷遇、弃购偏多的问题。实际上，并不是市场需求不足，而是房价或房租超出了中低收入群体的实际承受能力。2012 年 3 月武汉市推出的 899 套公租房空置率达到 76.5%，5 月 4 日郑州市弃购率达到了 90% 左右。2011 年初上海市推出市筹公租房两个项目共 5100 套住房，首期申请率不到四成，两个项目租金经过专业机构评估每平方米 40 元/月，一个小套公租房月租金将近 2000 元，明显高于城市最低工资保障线，是一般新就业双薪家庭收入的 35% 以上。四是保障房建筑质量不尽如人意。随着保障房建设快速推进，"瘦身钢筋"、"楼脆脆"、"房歪歪"等社会诟病不绝于耳，不是个别现象，似乎是普遍性问题。有人认为主要是成本上升、工期紧张，有人认为施工商借机牟利，政府监督把关不严。在访谈中有超过 50% 的人认为主要是政府把保障房建设作为额外任务，赶进度、图形式，缺少为民负责、严格把关的责任意识，甚至在出现问题后敷衍塞责，一推了之。五是政策不尽合理，分配管理不到位。在一些大中城市普遍存在政策门槛过高，受惠面过窄的问题。如上海保障房享受对象主要限于本市城镇户口或取得入籍资格、户均月收入达到 5000 元以上的常住人口。武汉市现行政策要求住房困难家庭人均住房面积在 8 平方米以下、人均月收入在 1500 元以下的对象。这种收入条件比其最低工资保障水平都高。广州、深圳等城市也具有相似的政策门槛。这些大中城市本来就是外来常驻人口高度集聚之地，过高的保障门槛就把大量具有一定文化程度、劳动技能的外来人口排斥在外。在保障房相对"供过于求"的情况下就滋生了大量保障房寻租情况。2011 年国家审计署对 8 个省 16 城市 2010 年度公共租赁房分配审计结果显示，8.11 万套公租房，正常出租的 2.97 万套，未能出租的 4.27 万套，违规或另作他用的 8677 套。浙江省苍南市 850 套定销商品房全部成为领导干部的保障房。调查中还有其他方面的问题。

上述情况导致了中国现有保障房有效供给明显不足，中低收入群体基本住房供需矛盾仍然比较突出。2011 年底通过广州社情民意研究中心调查公布的专项报告显示，普通民众显现了"住房焦虑"。26～60 岁的受访民众中，83% 的受访者人均住房面积低于广东省 34 平方米的平均水平，22% 的人均住房面积在 15 平方米及以下，甚至有 18% 在 15 平方米及以下；47% 的人对当前的高房价不满意，想购买商品房者仅为 1.2%；52% 受访者表示"需要"政府提供住房保障，已住上保障房的仅为 1.4%；广州、中山将人均月可支配收入门槛分别设定在 1524、960 元及以下，调查人群中 52% 受访者月均收入在 1500 元以上而进不了保障线。调查中，26 至 35 岁婚育族占 36%，改善住房需求较强，76% 的人表示"不接受"现时商品房价格，53% 的人明确表示"需要"政府提供住房保障。从一般意义上分析，"十二五"国家规划建设的 3600 万套并不能解决现在供需矛盾。从供需状况分析，最多缓解历史积沉部分中低收入群体的住房基本保障问题，对解决基本住房需求仍是力不从心。

从潜在需求的长远眼光分析，解决和满足保障性住房基本需求，仍然是个艰巨而长期的过程。一是保障性住房供给范围与收入水平的不对称性。不考虑统计口径的偏差和水分，2011 年中国城镇居民人均总收入 23979 元，人均可支配收入 21810 元，按照收入分层结构和基尼系数计算，在平均收入线以下人口将占全部人口的 60% 以上，低于平均住房面积的群体将在 50% 以上，其中 20% 左右的人处于底部沉积。这些群体是资产积累微薄、就业技能偏低、支配收入有限，实际收入水平与现有商品房价格比严重失衡，自然成为保障性住房的基本需求群体。一般估计，这一群体将超过现有城镇人口的 40% 以上，户数将达到 7500 万户左右。国家"十二五"建设 3700 万套保障房、解决 16% 城镇人口住房保障，与现实需求不尽相符。在现有政策门槛、供给体制下，相当数量的人群自然成为保障房供给体制和政策设计的"边缘人"。二是城市化进程使保障性住房基本需求处于一个不断放量增长的过程。目前中国城市化水平滞后于世界城市化水平，也滞后于自身工业化水平，城市化历史任务远远没有完成。目前各地推进的保障性住房体系只是立足于解决城市户籍人口住房需求，未来城市化所带来的城市增量人口尚未纳入规划考虑。根据国际经验分析，未来 15～20 年中国将有 2 亿左右农村人口进入城市，按照一般户均人数计算，需要增加 6000 万套基本住房需求，这部分新增城市人口绝大多数是劳动就业型转移而不是投资置业型迁移。城市常住人口快速增长，出现了城市化程度越高，保障住房水平越低；城市规模越大，住房保障度越差的情况。应对规模庞大的新增群体，实行城市公共服务同城待遇，现有保障性住房供给体系和制度设计显得杯水车薪。三是城市原有居民改善住房条件和进城就业的大学毕业生形成的住房需求。由于目前城市整体住房结构分化现象，未来城市改善性购房在城市住房市场中还将占很大比例，这并不减少保障性住房的基本需求。从另一角度分析，这将刺激和助长城市基本住房保障水平和标准的提升，也增大了保障性住房的供给要求。此外保障和满足城市新入住就业的大学生住房基本需求是一个巨大的增量。广州市 2011 年底调查结果显示，新生代城市居民、大学毕业生等这部分群体约占住房需求总量的 28% 以上，其中占 60% 以上在短期内直接进入保障性住房需求群体。全国前期存量和后五年的大学毕业生大约在总量 3500 万人左右，如果考虑城乡学生比例、性别结构以及短期无力购房者比例综合计算，就直接增加 850 万～900 万套保障房的需求量。这可能是过程性的需求，但需求增量是巨大的。综合分析，未来 10 到 15 年保障性住房总需求将达到 1.45 亿套左右。扣除现有城市空置房源等因素，基本需求量还在 1.2 亿套左右。

综上所述，中国城市保障性住房体系建设任重而道远。它的建设发展必须适应城市化发展的客观趋势，满足城市化的基本要求；必须改变政府经济社会发展的指导思想，强化和扩大公共服务职能；必须创新和调整中国建设保障性住房的发展路径和政策机制。

二、目前中国保障性住房现实路径和制度设计

建设保障性住房体系，是一项调整经济结构、推动城镇化进程、促进社会和谐平等的系统工程，也是对原有经济发展思路、经济增长方式的重大转变，需要探索实现路径，进行制度设计。根据近几年国内有关城市的先行实践，借鉴世界先进国家和地区的成功经验，我们感到有必要重点解决几个关键问题。

1. 明确政府一个根本宗旨、突出公共服务职能

居者有其屋，是城市居民包括农村居民在内的国家所有公民生存发展的基本权利，是各级政府履行行政职能、扩大公共服务的基本职责。保障性住房的本质属性是公共产品，政府是公共产品的提供者和服务者，实现公共服务均等化、普惠制。提供保障性住房，并不是政府恩赐和惠赠。在城市住房商品化、社会住房结构水平"两极分化"的背景下，践行党和人民政府的根本宗旨，有必要把建设发展保障性住房作为实现发展好最广大人民群众根本利益的重要突破口，作为各级政府构建和谐社会、促进公平正义的关键抓手。在政府职能上实现三个转变：一是加速从"企业家政府"向公共服务型政府转变，进一步明确发展的根本目的，坚持以人为本、民生为重，更加突出公共服务、宏观管理、社会公平的职能定位，把保障房作为衡量政府公共服务的重要标尺；二是加快工作重点从经济建设向社会建设转变，淡化经济指标、增长速度的目标追求，强化社会管理、保障社会公平的管理职能，更加注重优化社会结构、维持社会和谐稳定，致力于解决社会发展不公平、不平等和不普惠等问题；三是加快从"运动性"供给向制度化供给转变。以扩大政府公共服务为前提，完善保障房供给的整体设计，实行法律约束、制度管理，改变行政主观意志、运动式推动等做法，不因个人意志改变而改变，不因体制环境变化而改变，使保障住房供给服务体系长效化、规范化和法制化。

2. 界定两大供给体系，形成公租房为主体的保障性住房体系

一般国家和地区的住房体系，包含商品性住房和保障性住房两个组成部分，两者相辅相成，互为作用。与之相比，目前我国城市住房体系呈现定性不清、边际不明、体系交叉、管理较乱的状况，其中不乏人为主观因素。这些问题直接导致了商品房供给增长过快而实际意义的保障性住房供给不足。改变现有保障房体系复杂、多头分散、边际不清的状况，必须坚持以城市商品房和保障房两个体系为目标，形成两者相互影响、相互促进、互动发展的格局。商品房是满足具有购

买消费能力居民的特殊消费品，是城市的基础产业，但不应作为城市的支柱产业。厘清和规范城市商品房发展体系，合理控制城市商品房价格。重点要改革和完善城市土地出让制度，以土地产权出让代替现有的土地批租制度，合理降低土地初次出让价格，建立和探索城市土地租金制度，变城市土地一次性批租收入为永久持续的地租收入，有效控制商品房市场价格；建立和完善城市土地拆迁、征用和补偿制度，以拆迁、整理成本为基础，合理确定补偿价格，鼓励和支持城市拆迁居民回迁安置，建立允许城市居民个人和联合批租或受让自用房购地，有效抑制过热的商品房投资行为。扩大中低档房源开发，优化商品房供给结构；加大房地产市场投资交易监管，实行投资收入和资产收入的政策调节；疏解和外移商品房建设布局，混合配建政府公共廉租住房；实行市场化贷款利率，提高商品房开发成本，采取综合措施抑制商品房市场价格，确保商品房市场的理性回归，为加快保障房建设提供内在动力，分流和缓解保障房市场的需求压力。明确保障性住房发展方向，建立以公共租赁房为主体的保障房供给体系。可以借鉴国际上比较成熟的以公共租赁住房为主的住房保障体系，涵盖过去的廉租房和经济适用房，实现公共租赁住房与廉租房、经济适用房的一体化。对现有保障房门类实行合理分类、有序转换、多房归并，重点发展公共租赁房，适应需求变化不断提高保障水平。按照货币化、市场化补偿原则，定向对应配售，促进拆迁安置房直接向商品房转化；取消和控制经济适用房发展，通过土地级差补偿，加快现有经济适用房向商品房转化；尽快取消定销商品房的规划建设，坚决改变这种边际不清、易生寻租的配售体系。积极发展和完善城市公共租赁房体系，把城市公共租赁房建设作为发展城市保障性住房的主要选择，使公共租赁住房在城市整个住房结构中的比重达到30%左右。根据世界城市规模越大、人均住房水平越低、公共住房需求越大的特点，按照国内城市人口规模、人均住房水平、收入与房价比率等因素，形成结构性指标体系，确定各城市保障性住房占整个住房供给总量各自不同的比例，制定专门法律，实行依法管理。建立职能明确、权责到位、统一规范的保障性住房管理体系，强化规划建设、投资开发、运行管理等法定功能，按照城市商品房开发土地批租收入、土地租金以及物产税收收入水平，根据大中小城市不同规模确定相应比例专项用于保障房建设开发、运行管理。建立和完善公共租赁房和政府廉租房为主体的公租房体系，合理确定两者的比例结构，公共租赁房重点满足新就业大学生、特需人才等群体的基本需求，政府廉租房重点满足城市中低收入居民、特困家庭等群体的基本需求。学习借鉴新加坡的公共租屋的运行退出机制，与住房公积金有机结合，加快形成保障房的购买、退出机制，鼓励和支持具有基本住房需求、一定购买能力的城市居民个人购买保障性住房，形成保障房与商品房的对接流转。

3. 突出三大重点群体，努力扩大保障房覆盖范围

建设发展城市保障性住房体系的根本目的就是解决城市居民最基本的住房需求，其对象不仅包括原有城市户籍居民，也包括了城市发展和规模扩张过程中新进入的外来常驻人口和机械增长人口，这三部分人是城市保障性住房主体需求群体。建设发展保障性住房体系，需要跳出现有保障性住房体系管理服务的思路，保障服务、管理运行必须体现政府公共服务均等化原则，坚持由所在地政府负责的原则，坚持由城市公共财政负责，做到应保尽保、多路共保。城市原籍居民的中低收入群体，是保障性住房基本服务对象；城市外来常住人口和缺房的农转非人口，是保障性住房需求最强烈的对象；新就业大学毕业生和创新创业流动群体，是保障房供给服务最具活力的对象。对城市原籍中低收入居民住房保障，重点要改变原有政策门槛过高、保障水平较低的现状，以政府公租房为主要形式，合理确定人均保障房水平，按其实际支付能力合理确定住房租金基数，并依据城市人均住房水平和人均可支配收入，不断提高保障政策的起点线，扩大保障房的基本覆盖面。对城市外来常住人口和住房困难的农转非人口，重点解决政策覆盖、纳轨运行的问题，根据长期非农转移和短期流动就业的不同特点以及方便生产生活的要求，以政府廉租房为主、社区和企业职工公寓为辅，实行优惠、低廉的单位福利房政策，解决基本住房需求，并根据其收入增长和改善住房需求，建立和完善廉租房有序进入、滚动出租的调整机制。对新就业大学毕业生和创新创业流动群体，采取政府房租补贴和提高单位住房公积金的办法，鼓励他们进入城市二手商品房市场，消减城市原有住房存量。对引进人才和新近就业大学生相对集中的区域和单位，鼓励发展集体公寓和专门人才公寓，解决好特殊群体住房需求。

4. 强化"四大"机制，突破保障房体系建设的关键问题

综合世界先进国家的经验，建立和完善保障性住房体系关键要解决好投资来源、规划建设、管理分配和运作管理。目前国内保障房建设的所有问题无不是这四个方面的具体体现。建立以城市两级政府为主体、以公共财政为重点的投入机制，建立公共财政专门预算，对城市土地出让金确定比例定向安排，加大城市涉地税源的整合提取力度，建立公共资源为依托的融资平台，对保障房融资规模配置专项"定向宽松"政策，形成以政府投资为主导、带动企业投资、鼓励社区合作投资、扩大社会投资以及保障房企业经营再投资的投资机制。以城市住宅统一布局为前提，建立科学规划、合理标准、公众参与、制度管理的规划体系。从制度设计上将保障性住房纳入城市整体住宅发展规划体系，确保地段选择与城市

人口主要居住地相衔接，配套设施建设与城市功能区发展相匹配，规划选址实行社会听证，公开征求城市居民意见，扩大民主参与，促进保障房规划布局与市场商品房的有机结合，基础设施建设有机对接，使保障对象有利就业、方便生活，避免保障房边缘化、村落化和简易化，增进阶层和谐，扩大社会融合。以强化审核制度、实施法制管理为前提，积极完善保障房分配程序管理。适应居民生活水平提高，不断提高公共住房保障水平，不断深化"社区、区、市"三级审核、三级监督的政策准入制度，大力整合保障房信息共享管理系统，规范和落实保障申请、分级审核、社会公示、轮候保障、分配管理的系统设计，拓展社会监督渠道，提高违法和失信成本，积极扩大新闻舆论监督、社会民主监督以及法制监督机制，监督政府和特权阶层的违规违章行为，实行更为严厉的法律责任追究。以相对独立、封闭运行为前提，大胆创新保障房管理运行机制。按照政事分开、政企分开、管办分离的原则，积极推进投资建设与管理运行的有机分开，实行市场化运行、企业化管理、落实保障房运行投入和房租经营收入两条线核算，实行财政基数定额补贴，创新物业企业经营活力，大力发展保障性住房社区成员自治、自我服务、自我管理，合理控制保障性住房运行管理的成本。

5. 致力于解决"五个"重点环节，促进保障房体系的健康发展

保障性住房体系是政府提供公共产品、保障公民基本权利的应尽职责，强化政府目标到位、主体到位和责任到位，把公共保障房纳入政府公共服务体系之中。政府行为不是自觉性意识，必须以权力制约权力。一是强化和完善人大依法监督体系。地方人大是代表全体公民意志、进行决策监督的权力机关，必须依法加强对保障房建设管理的专项监督，把政府年度保障房财政预算以及建设规模、规划布局、分配管理等向人大报告，提交人大代表会议审议。充分发挥人大在大政决策、行政监督的作用，实施严格的法律监督，建立和完善质询制度和行政追责制度。并进一步创新民主监督机制，实行市民代表听证，扩大公众参与，将公共保障房规划、审批、建设的决策环节实行全过程公开透明。二是尽快建立保障性住房的法律法规体系。保障性住房不是权宜之计、应急之策。应对多头建设、放量增长的保障房发展趋势，迫切需要学习借鉴世界各国通常做法，尽快研究制定专门的住宅保障法或保障性住房法和相应的地方性法规，进一步维护和保障城市居民住房需求的基本权利，合理确定保障性住房的保障范围和服务对象，强化城市政府建立健全保障性住房的基本责任和义务，明确保障房的建设责任主体、技术质量标准、分配适用范围、基本投入来源以及违规责任追究等，科学设定保障性住房建设投资在地方公共财政中的合理比例，建立和完善保障房投资建设、管理运作的制度设计，将保障房建设发展纳入城市经济社会发展总体规划中，不

因人的意志而改变，不因领导人改变而改变。三是建立健全保障房的质量监督体系。保障房质量是广大群众集中诟病的问题，质量标准和施工水平关键在于质量管理有猫腻，根子在于政府对质量管理缺少约束力、执行力。必须创新体制机制，建立从规划设计到现场管理全过程的质量保障体系。严格准入，明确施工企业的建设资质，确定技术和工程标准，实行市场竞争进入，建立建筑施工企业和开发商的名录库，严格工程技术标准，严格工程管理程序，实行第三方工程监理。推动体制内自身监督向多层次社会监督转变，扩大监督主体范围，强化市民监督和舆论监督，把违规违法和建筑质量低下的企业列入黑名单改变长期以来监督不力、执法不严的状况。强化责任追究制度，建立更加严格的经济处罚制度，实行终身责任追究，罚一儆百。四是强化和完善政府目标考核体系。新加坡、美国对公共住宅发展形成了较为完整的政府目标考核体系。目前我国对地方政府考核只停留在保障房建设面积、工程进度上，供给方式、保障范围、分配管理中的问题屡见不鲜。要调整和完善政府目标考核思路，把重点放在城市保障房供给覆盖面、中低收入群体人均享有保障房水平、城市市场商品房价格与居民可支配收入比、以及保障性住房运行管理水平等指标上，并列入政府体现基本职责的重要工作目标，作为政府行政绩效的基本评价。评价结果与干部使用管理有机结合，真正体现群众满意不满意、高兴不高兴的政绩评价和用人导向，引导城市政府将工作重点加快转移到扩大公共服务、保障社会公平上来。五是建立和完善保障性住房的成本控制体系。保障性住房成本控制涉及多方面多因素，关键要正确处理好与市场商品房价格的关系，规范商品房土地出让价格，增大房地产投资机会成本，有序调控市场商品房市场交易，使商业资本与政府保障性住房投资资本保持更佳的比较效益。扩大保障性住房信贷优惠投放，解决建设资金的缺口，减轻地方保障房建设融资负担，专门定向实行保障房涉地、涉房各类税费的减免和优惠，降低保障房建设的资金成本。创新保障房投资发展机制，优化投资体制环境和政策环境，鼓励社会资本、民营资本以 BOT、PT 等多种形式参与投资建设，调整和放宽政策，鼓励城市原住民个人或合作形式按照统一规划定向实施自有危旧房拆迁和城中村改造，加快原有经济适用房和公有产权的改性转换，普通商品房一样可以上市交易。创新建设管理机制，加快保障性住房政府投资、建设管理体制的有机分开，构建政府主导、多元参与的企业化运作平台，采取建设、管理一条龙封闭运行，加强项目审计和绩效评价，实行群众监督、社会监督和舆论监督的多位一体的监督机制，使保障性住房建设和租赁价格回归到中低收入群体可以接受的水平上。

三、改进和完善城市保障性住房的具体对策和政策建议

公共保障性住房体系是一项系统工程，既要完善顶层设计，又要研究实施具体的实现路径和政策策略。就目前国内城市保障性住房建设发展的现实情况而言，具体政策和策略更为重要。为此，提出以下具体对策和政策建议。

1. 深化城市住房管理体系改革

科学界定公共保障房的合理分类，进行经济适用房、安置房的产权制度改革。加速公共保障房体系多元分类向政府公租房转变，形成以商品住宅和政府公共租屋为主的城市"双轨制"住房体系。

2. 科学制定保障性住房建设发展规划

住房发展规划是指导城市建设布局、满足住房需求的基本前提。根据国内城市前期的经验教训，要顺应城市化长期发展的基本趋势，把保障性住房规划纳入城市整个住房发展规划体系之中。保障房发展规划要突出解决几个重点问题：一是保障房的规划布局、建设选址要与市场商品房规划布局统一空间、契合布局、有机融入，有条件的要在大型商品房住宅小区中相应配建保障性住房；二是科学确定城市保障性住房发展规模。要以城市人口规模、居民收入分层、现有住房水平、外来人口增量等为依据，合理规划保障房建设总量，确定在整个住房发展规划中的比例，不能简单机械或者主观人为地确定保障房建设规模，避免保障房供不应求或供过于求。三是合理设计保障房的基本户型，要以中小户型为主，积极设计适应未来住房需求变动、便于租购转化、体现环保节地要求的舒适型房型。进一步强化规划龙头权威性和法定约束力，实行规划落地。

3. 创新和扩展保障性住房建设投资主体

国际经验和国内实践证明，无论完全由政府保障，还是完全由市场调节，单轨的建设投资主体都存在制度缺陷，难以满足绝大多数社会成员的住房需求。要创新体制，完善投入开发机制。在统一规划、统一布局、统一基础设施、统一建设标准的前提下，允许属于住房保障对象的城市原住户自建或合作共建自用住房，允许拆迁安置居民利用安置房剩余指标作为股份投入，联合开发建设公共租赁房。要放开政策，积极推动集体拆迁安居房、经济适用房等小产权方在补交相应比例的土地出让金后允许上市交易，扩大社会房源供给。鼓励危旧房和棚户区保障住房对象自筹资金、合作共建、产权共有，实行定向易地改造。与扩大建立住房公积金制度有机结合，建立开辟先租后售的转化通道。坚持政府主导、多元投入、市民参与有机结合，建立专项发展基金，创新经营机制，实现滚动开发，

增强保障房自身投资发展能力。

4. 要适应扩大住房保障政策覆盖面

从一般意义考察，现有城市保障房供给范围和政策门槛形成依据，既不是出于满足城市低收入群体住房的基本需求，也不是出于对具有最现实最直接住房基本需求人群合理界定，而是城市之间政策的相互参照、历史基数的延伸。既使一些具有保障住房客观需求的基本群体成为"夹心层"，也使大量建成的保障房源闲置放空。对此，首先要依法确定保障房供给范畴和基本对象，从城市政府公共服务均等化要求出发，基本对象应扩大到城市原籍居民、外来常住人口包括进城从业的农村人口。不能是一般化的原则要求，而是要以法律形式把它确定下来。其次要调整保障房的分配政策门槛。不能简单地按照城市最低工资收入线和特困家庭保障线为基础，而要依据城市居民经济收入和保障住房实际承受能力、城市人均住房和社会住房分层结构，合理确定保障对象和保障形式，扩大保障房供给范围。并根据城市人均住房水平的提高不断提高人均保障住房的基数水平。

5. 进一步强化各级政府投资建设力度

城市保障性住房是扩大公共服务的公共产品，扩大财政专项支出、加大保障房建设投资，城市政府责无旁贷。目前保障房资金短缺，主要是财政支出结构软约束的问题。有必要根据财政收入水平和保障房基本需求，明确规定各级财政用于公共保障性住房投资、管理运行费用占财政支出的基本比重。按照城市不同人口规模和房价指数，合理设定保障房基本投资占城市土地出让金收入的比重。把保障性住房支出纳入公共财政的一般预算管理，纳入年度人民代表会议预算报告，实行政府工作目标管理，建立严格的行政绩效考核，形成一种刚性预算、长效管理的制度约束，减少和避免运动式、随意性的财政投资。

6. 强化保障房建设的政策约束体系

保障房建设不可能是自发自觉行为，确保各城市保障性住房按要求足量建设、有效供给，必须要处理好与市场商品房发展关系。在政策设计和程序管理上，突出保障性住房的首要地位。要把保障房在城市住房建设中的规模比重、用地结构、信贷方向、财政投入等政策要求，作为城市商品房审批建设的前置条件，明确保障房建设用地占地方住宅建设用地的比重。达不到前置要求，不得审批和出让商品房建设用地。

7. 改进和完善保障房的运作管理体制

保障房建设是一项长期而系统的工程，需要形成职能明确、规范统一、主体到位、权责落实的职能管理部门，改变目前部分城市多头参与、管理分散的状况。在管理体系上，建立市和区两级负责、以区为主、财随事转、重点下移的工作体系，实施管理、建设、运行有序分开，形成职能明确又相互制约的格局。在运作机制上，把保障房运行、维护等具体职能，通过市场招标委托社会专业管理机构进行服务外包。根据保障对象不同的经济收入实行阶梯式的房租制度，实行社区居民参与、物业自我管理的服务模式，推动保障性住房管理运行的长效化、规范化。

8. 强化和改进专项督查制度

政策制度贵在坚持，保障性住房建设之难，难在政策制度不能落实到底。当前需要建立健全严格规范、科学有序的督查制度。优化督查队伍结构，扩大专业管理人员、人大和市民代表，借助新闻媒体力量，从体制内自我督查转变成多元参与的社会督查。改进督查方法，从现行情况上报、抽样督查转变为区域间跨地交叉点的工程审计、项目督查，形成纵向检查和横向督查有机结合，避免文过饰非和形式主义。严肃督查纪律，坚持依法办事，执法必严，违法必究，作为城市行政首长工作述职和责任追究的主要内容，要敢于问责，避免大事化小、违法不究的现象。

保障性住房供给机制及方式研究
——以厦门市为例

◎ 魏丽艳

厦门地处我国东南沿海——福建省东南部、九龙江入海处，背靠漳州、泉州平原，濒临台湾海峡，面对金门诸岛，与台湾宝岛和澎湖列岛隔海相望。由厦门岛、鼓浪屿、内陆九龙江北岸的沿海部分地区以及同安等组成，陆地面积1565.09平方公里，海域面积300多平方公里，是一个国际性海港风景城市。厦门市是我国五个经济特区之一，现辖思明、湖里、集美、海沧、同安和翔安6个区。2011年，全市户籍人口185.26万人，其中，城镇人口149.50万人。2006年，当全国许多城市的保障性住房建设还停留在图纸上的时候，厦门的保障性住房已经驶上建设之路，开始了实践创新与理论创新的崭新历程。

一、厦门市保障性住房政策概述

厦门市作为我国第一个拥有保障性住房立法的城市，结合自身实际，无论在政策的科学化、民主化、法制化上得到深化，还是在制度建设上，尤其是在保障性住房供给的运行机制方面不断创新与完善，形成了自身特有的"政府主导的全覆盖、分层次的梯级住房保障"模式，并被建设部称赞为"厦门蓝本"。自2006年5月正式启动社会保障性住房建设工作以来，历经五年（2006~2012年），在中央政策的支持下，共建设保障性安居工程项目92个，93427套/间。其中，竣

课题组负责人：魏丽艳（厦门大学公共事务学院讲师）。课题组成员：高和荣、丁煜、王朝晖、漆亮亮、蓝剑平、邓剑伟、杜选、黄语平。本课题为中国发展研究基金会发展研究项目2011年度资助研究课题，项目编号＜2011基研字第0091＞

工 53204 套/间，在建 40223 套/间①。在实现应保尽保的基础上，逐步提高居民住房生活的质量。此外，有待政策完善的农民工及其他外来务工人员的住房也正在通过各种途径逐渐得到解决，为厦门蓝本的进一步完善及推广夯实了基础。

（一）政策方向

1. 指导思想

《厦门市国民经济和社会发展第十一个五年总体规划纲要》明确了坚持以人为本，从解决关系人民群众切身利益的现实问题入手，统筹城乡、区域、人与自然、经济与社会的协调发展；注重提高公共服务水平和协调社会各方面利益，提高人民生活质量，促进人的全面发展。贯彻落实"提升岛内、拓展岛外"的发展方针，按照"规划一体化、基础设施建设一体化、基本公共服务一体化"的要求，积极推广绿色低碳技术、推动绿色低碳建筑发展，全面提升住宅品质和城镇居民的居住质量；继续调整住房结构，完善多层次、多元化的住房供应体系，满足不同收入家庭的住房需要；加快推进廉租房制度，保障性住房、安置房、限价商品房的建设力度，满足广大普通收入家庭的基本住房需要②。

2. 保障思路

厦门市委、市政府高度重视百姓住房问题，从 2005 年开始，在市委、市政府的统一部署下，市国土房产、建设等相关部门开始组织专题调研，相关人员专门赴香港等发达地区取经，形成了一套参照香港经验同时结合厦门具体情况的住房保障思路：一是居者有其屋并不代表居者购其屋；二是解决住房问题必须由政府来操作，把中低收入家庭住房需求从市场中分离出来，经过市委常委会专题会议研究，将建设保障性住房列入厦门市的重大决策，这一政策彻底将公房分配从原有的福利性质转变为保障性质，也彻底盘活了有限的住房资源。在总结经验、深入调研的基础上，不断完善住房保障体系，形成了向中低收入群体提供社会保障性住房的工作思路和作法。

3. 保障体系

厦门市的住房保障体系建设大致经历了三个阶段：1991～1998 年，取消单位自建房，政府统建解困房；1998～2005 年，以建设经济适用住房为主的住房保障；2005 年 10 月以来，建立健全多层次的住房保障供应体系、对不同收入家

① 厦门市建设局：保障性安居工程总体情况 http：//www. xmjs. gov. cn/zfxxgk/zfxxgkml/61A01/201208/t20120830_ 57304. htm。
② 厦门市住房保障网，《厦门市社会保障性住房发展规划——解决低中收入住家庭房困难发展规划与年度计划 2007－2010 年》，http：//www. xmjs. gov. cn/bzzfw/fzgh/#45852。

庭实现区别的住房保障政策。至今，厦门市的全覆盖、分层次的住房保障体系已基本形成，主要构成如下：

——向有支付能力的、有购买意愿的中低收入家庭以及特定对象中的住房困难户提供社会保障性商品房（类似经济适用房）；

——向既不符合廉租住房保障条件，又无力购买保障性商品房的低收入家庭提供社会保障性租赁房，政府按反向递减原则实行租金补贴；

——向最低生活保障线以下的住房困难家庭提供廉租住房；

——结合旧城（村）改造，通过提供拆迁安置房，改善当地中低收入家庭的居住条件；

——为到厦门就业的大学毕业生、中级人才提供过渡性租赁住房；

——为农民工及其他外来务工人员，提供外口单身宿舍、企业自建外口宿舍等。

（二）政策特点

1. 建立政府主导的推进机制

厦门市把社会保障性住房建设作为贯彻落实国务院调整住房供应结构、稳定住房价格的重要措施。建立健全组织管理机构，明确职责分工，加强管理。制定了《厦门市社会保障性住房发展规划——解决低中收入住家庭房困难发展规划与年度计划 2007－2010 年》；2009 年 6 月，在全国率先出台了首部有关住房保障的地方性法规《厦门市社会保障性住房管理条例》，随后两年多的时间里，在立法的基础上出台了近 30 个配套文件，为保障性住房的管理工作指明了方向。

2. 推行"四统一"的新机制

为解决政策性住房分配渠道多元化带来的住房分配不公、多头占房等问题，厦门市规定社会保障性住房实行统一建设、统一分配、统一管理、统一运作的新机制。社会保障性住房管理委员会统一编制社会保障性住房建设发展规划和年度建设计划，制定并实施社会保障性住房建设、分配等各项管理政策。政府组建的两大国有房地产开发公司，不以营利为目的，代建社会保障性住房建设项目。市建设与管理局、国土房产局依据职能分工，负责组织全市社会保障性商品房和社会保障性租赁房的建设、管理工作。

3. 加强部门间的联动机制

在分配管理过程中，加强保障性住房的分配管理，充分发挥街道、居委会的联动作用。各职能管理部门与街道、居委会建立工作联动机制，充分发挥街道、居委会掌握辖区内居民的家庭经济情况和住房情况的优势，使社会保障性住房政策真正落实到中低收入家庭。

(三) 政策保障

厦门凭借多年的保障性住房供给机制完善和方式改进的经验，在《厦门市社会保障性住房管理条例》的指引下，总结出政策执行过程中的管理亮点，即，"五多模式"① 的构建，为保障性住房从分配到管理做了全程保障。

1. 多层级审核

厦门建立了"五级审核、两级公示"制度，即社区、街道办、区民政局、市公房管理中心或市住宅办、市国土房产局或是建设与管理局等五级审核，社区和全市两级公示，有效防止了弄虚作假行为，具体可参见图1的组织结构图。

2. 多部门协查

多部门协查的核心内容是改变原由申请家庭到各部门开证明方式为由各部门协查：一是家庭住房情况审核由国土房产、建设部门协查；二是家庭收入审核由社保、税务等公积金部门协查；三是家庭成员及户口审核由公安部门协调；四是家庭资产审核由国土房产、公安、工商等部门协查；五是"人户分离"的情况审核由实际居住地社区协查。

3. 多机构监管

一是明确了是市国土房产局作为监管行政管理部门，市公房管理中心作为具体监督、管理部门，设立检查科，配备了专职监管人员和驻点巡查员。二是充分发挥街道办事处的作用，赋予其对住户违规使用情况的调查、核实、综合管理、协调社区等方面的工作。三是发挥社区委会人员管理的优势，赋予其入户调查审核家庭情况变化、防止非申请家庭成员入住的工作。四是赋予物业服务企业一定的协助监管职责，采取封闭式物业管理，防止社会保障性住房转让、转租、转借或空置行为。给千户小区聘请一名监管员，监督指导小区物业服务，规劝违规住户装修等。五是明确了各有关部门配合、协助管理职责，如违章处罚等。

4. 多手段退出

一是通过立法明确退出情形，赋予行政主管部门罚款、依法申请司法强制执行等措施，使退出机制的执行有法可依。二是保障性租赁房实行市场租金和分类租金补助办法，通过制度设计对部分经济改善不符合租金补助条件但又暂时无法退租的住户取消租金补助，收取市场租金，实现政策上退出。同时，对通过瞒报

---

① 摘自《厦门：全国第一个为保障房立法的城市》，http://www.gzgov.gov.cn/gzgov/216457572805246976/20111027/340560.html。

等手段骗取保障性租赁房的违法行为追讨已骗取的租金补助，强化退出机制的执行。三是建立具体处罚机制，违法行为时间越长、情形越严重，违法成本越高，处罚力度越大，提高依法退出的威慑力。

5. 多方位服务

一是进驻居委会就近服务。每个保障性住房小区都有区政府负责组织成立社区居委会或派驻社区工作地点，方便住户办事。组织社区活动丰富居民生活。二是物业企业优质服务。保障性住房小区由区政府组建不以盈利为目的的国有物业服务企业，利用国土企业的管理力量，提供优质的物业服务。三是完善生活设施配套服务。由政府协调完善保障性住房小区的生鲜超市、公交、文体、教育、医疗等生活配套设施，方便居民生活出行。

二、厦门市保障性住房供给机制及方式分析

厦门市凭借其在社会保障性住房领域推行的供给机制创新，成为全国率先实现全覆盖、分层次的住房保障体系的城市；2009 年 6 月 1 日起实施的《厦门市社会保障性住房管理条例》，是我国第一部关于住房保障工作的地方性法规，厦门已经逐步踏上社会保障性住房供给机制完善的征途，正逐渐成为全国社会保障性住房供给的蓝本。正如原建设部部长汪光焘的高度评价"厦门的社会保障性住房建设，破解了一个难题，为全国提供了一个经验"。我们主要围绕"谁主导"、"哪里建"、"为谁建"、"怎么建"、"什么标准建"及"如何分配和管理"等六个方面对厦门市保障性住房进行深入分析，总结出"厦门模式"的实施经验，进而提出向全国推行的一般结论，更好地推进我国保障性住房的实践。

（一）谁主导——责任主体的明确

1. 政府全程主导

社会保障性住房是一种社会稀缺资源，各种寻租现象不断出现，厦门为了规避这一行为，明确了政府在保障性住房供给过程中的全程参与并主导。通过立法要求政府将社会保障性住房工作的开展作为政府重要的公共服务职能，明确规定了解决居民的住房困难是市政府的重要职责，以政府为投资主体，规划、建设、管理社会保障性住房。

首先，组织机构的建立。其一是政府协调机构实现"全覆盖"。厦门市政府为高效有序地开展社会保障性住房工作，专门成立了社会保障性住房建设与管理办公室（简称"市保障住房办"），由分管副市长兼任主任，副秘书长兼任常务

副主任，在市政府办公厅设立保障性住房处，专项履行保障性安居工程的统筹规划、政策研究、协调巡查、督察督办等职责；各区政府均相应成立区级保障住房办。同时，市区两级政府成立了建设工作协调小组，由分管市、区领导任组长，协调解决存在问题，围绕"统一建设、统一分配、统一管理、统一运作"的原则，对社会保障性住房的建设与管理进行全面指导和协调。其二是职能部门实现跨部门联动。在申请家庭的资格审核中，民政、国土房产、建设、公安、税务、社保等部门以及各区配合做好跨部门、跨区协查。其三是初步完成政策执行机构设置。初步建立了由市公房管理中心、市住宅办、各区民政局（建设局）、街道办、社区、物业企业等分工协作的具体执行管理机构网络，确保各项制度的贯彻落实。形成了一个市、区、街道办和居委会联动的工作机制，有效地推动了社会保障性住房工作的全面展开。具体机构设置参见图1。

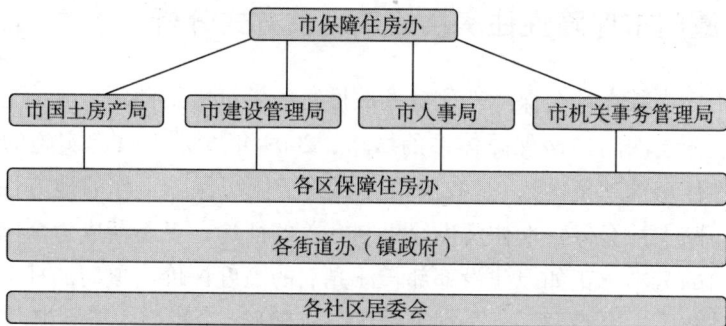

图1　厦门市保障性住房管理机构设置图

摘自：厦门住房保障网

　　其次，政府编制住房保障规划及建设计划，完成社会保障性住房布局规划。根据全市社会住房保障的总体目标和需求状况，制定社会保障性住房建设计划和分配计划，指导全市社会保障性住房的建设工作。2007年厦门市政府委托厦门市城市规划设计院完成了《厦门市社会保障性住房发展规划——解决低中收入住家庭房困难发展规划与年度计划2007－2010年》。该规划明确了2007年底前，全面启动廉租住房制度，对符合规定住房困难条件、申请廉租住房和租赁住房补贴的城市低保家庭做到"应保尽保"。"十一五"期末，全市廉租住房制度保障范围要由城市最低收入住房困难家庭扩大到低中收入住房困难家庭。

　　再次，加快社会保障性住房政策研究，进一步完善低中收入住房困难家庭申请社会保障性住房相关政策。逐步出台关于低中收入家庭、公务人员、企事业单位人才及进城务工人员住房保障相关政策。制定社会保障性住房的建设时序，确保社会保障性住房建设用地的合理供应；明确社会保障性住房建设标准和公建设施配套标准；规范社会保障性住房装饰装修及配套标准；合理布局社会保障性住房项目，满足不同地区对社会保障性住房的需求。从政策制度入手，制定了一套完整的社会保障性住房管理办法，同时，还制定了诸如社会保障性租赁房轮候配租、租金测算和租金管理等操作性办法。从而使得社会保障性住房的具体操作有一套严格的规章制度可循，尽可能地从政策层面上杜绝多头占房的漏洞，使社会保障性住房的供给更加公开、公平、公正。

2. 公私有效合作

首先，厦门的社会保障性住房小区的开发模式是实行"代建"制度。厦门市建设管理局成立专门的住宅办，作为建设单位，并与地产企业签约委托代建保障性住房项目。在合同中，双方规定责任和相应义务、建设标准、资金投入比例等等，由市建设局住宅办对保障性住房项目建设情况进行巡查，了解工程进展情况、建设计划以及存在问题，协调解决，督促各参建单位履行合约，确保工程质量和施工安全。厦门住宅集团、厦门市政建设开发总公司、特房集团等大型国有地产企业都纷纷成为委托代建单位，建成之后产权归属厦门市政府，厦门市建设与管理局负责销售部分，而国土局的公房管理中心负责租赁房的分配。

其次，在社会保障性住房小区的物业管理中，由各区成立国有全资物业管理企业负责小区的日常服务和管理。例如，在高林居住区建设完成后，提前布置物业管理对接工作，委托区属国有企业厦门天地物业公司负责接管高林居住区的物业管理工作，并要求区级保障住房办积极统筹协调，推动接管工作顺利进行，为后期的入住管理做好充分的准备。

3. 社区治理的引入

厦门市在各社会保障性住房小区中，除了加强物业管理外，还要求社区居委会进驻小区。通过社区工作人员的日常巡查与定期重点抽查，协助物业管理公司做好监管工作。此外，还逐步发动住户参与小区管理，聘任一些公共责任意识较强的住户作为住户代表，协助物业公司、社区居委会抓好日常监管工作，并及时收集住户的建议和意见，组织丰富的社区文化建设。同时，社区志愿者服务队也发挥着保障性住房小区的管理和服务的作用。

（二）为谁建——保障对象的确定

厦门市保障性住房的政策对象包括低中收入住房困难家庭及其他符合条件的特殊群体。在全覆盖、分层次的住房保障体系下，如何确定保障对象？

首先，确定准入标准①。厦门市主要从收入水平和住房条件两方面来控制保障对象的准入。

（1）低中收入家庭划分标准

最低生活保障线的标准为：一人户 315 元/人·月；二人户 295 元/人·月；三人户 265 元/人·月。

低中收入家庭划分标准由厦门市政府根据统计部门提供的城镇居民人均可支配收入划定。对全市住户按照家庭人均月收入由低至高排名，共分为五个组，各组家庭户数相同。

低收入家庭组：家庭人均月收入排名在全市前 20% 以内的；

中等偏低收入家庭组：家庭人均月收入排名在全市 20% ~40% 以内的；

中等收入家庭组：家庭人均月收入排名在全市 40% ~60% 以内的；

中等偏高收入家庭组：家庭人均月收入排名在全市 60% ~80% 以内的；

高收入家庭组：家庭人均月收入排名在全市 80% 以后的。

厦门拟将社会保障性住房的覆盖面扩展到覆盖部分中等收入家庭，即人均月收入排名在全市 40~50% 以内的的家庭也将进入保障体系。

（2）低中收入家庭资产控制标准

根据 2006 年厦门市居民家庭收入情况测算确定，厦门市 2006 年度低中收入家庭的家庭年收入上限为：3 人及以下户为 5 万元，4~5 人户为 6 万元，5 人以上户 7 万元。

家庭资产的控制标准仍为家庭年收入的 6 倍。家庭资产主要包括房产、汽车、有价证券、投资（含股份）、存款（含现金和借出款）等。申请承租社会保障性租赁房的家庭资产控制标准为低中收入家庭收入上限的 4 倍以下，申请购买社会保障性商品房的家庭资产控制标准为低中收入家庭收入上限的 6 倍以下。

（3）人均住房面积标准

目前国内各地市住房保障面积标准各不相同，较高的如杭州市、深圳市，均为 16m²，浙江省推荐的标准是 15m²，福建省建设厅提供参考的标准是 12m²，厦门市根据实际情况，由原来的 12m² 改为 16m²。

其次，不同对象实行区别的住房政策。2005 年厦门开始建立保障性住房体系，对不同收入家庭实行区别的住房保障政策：向最低生活保障线以下的住房困难户提供廉租住房；向有一定经济能力的低收入住房困难家庭提供出售经济适用住房；向既不属最低生活保障线以下又无经济能力购房的低收入家庭，提供社会

---

① 厦门市住房保障网，《发展规划》，http：//www.xmjs.gov.cn/bzzfw/fzgh/#45852。

保障性租赁房；向有一定经济能力的中低收入家庭及特定对象中的住房困难户，提供社会保障性商品房；为刚参加工作的公务人员和引进人才解决过渡性租赁房或人才房。此外，2011年新增为本市无房户提供限价商品房的政策。目前，厦门市政府已将外来人口以及农民工的住房问题纳入保障的范畴，对部分企业急需的管理和技术人才或对城市建设发展做出重要贡献的技术工人的住房政策也随之建立健全。

再次，申请条件。由于不同对象所享有的保障房类型不同，根据厦门市出台的相关政策法规，各类保障性住房所要求的保障对象的申请条件如下。

1. 廉租房的政策对象

厦门市的廉租住房针对低收入困难家庭，保障对象应具有以下条件：①具有本市户籍；②家庭收入在当年最低生活保障线标准1人户330元/人·月，2人户310元/人·月，3人以上户280元/人·月）以下；③人均居住面积在8平方米以下。④申请人具有本市城镇常住户口且满5年以上，2人及以上户申请人年龄男满25周岁，女满23周岁；单人户男满30周岁，女满28周岁。

2. 保障性租赁房的政策对象

2009年7月《厦门市保障性租赁房管理办法》出台，市国土资源与房产管理局是本市保障性租赁房的行政主管部门，市公房管理中心负责本市保障性租赁房分配和管理的具体工作。低收入家庭申请承租保障性租赁房，须同时符合下列条件：①申请人应具有本市户籍，在本市工作和生活，且申请家庭成员中至少有1人取得本市户籍时间满3年；②家庭收入符合本市低收入家庭收入标准；③家庭资产在本市低收入家庭年收入标准上限的4倍以下；④在本市无住房或住房困难。符合上述条件的单身居民达到计划生育晚婚年龄，可独立申请。具有下列情形之一的，不得申请保障性租赁房：①申请之日前五年内有房产转让行为的；②通过购买商品房取得本市户籍的；③作为商品房委托代理人或者通过投靠子女取得本市户籍未满十年的；④已领取拆迁公有住房安置补偿金未退还的；⑤已领取住房货币化补贴未退还的；⑥其他市人民政府规定不得申请的。

3. 经济适用房的政策对象

2009年8月厦门出台了《厦门市经济适用住房配售管理办法》，规定市建设与管理局是经济适用住房配售管理行政主管部门，市住宅建设办公室（以下简称"市住宅办"）具体实施经济适用住房的配售管理工作。申请购买经济适用住房的家庭应符合以下基本条件：①申请家庭成员必须具有本市户籍，在本市工作生活，且至少有1人取得本市户籍满3年；②家庭收入符合本市低收入家庭收入标准；③家庭资产在本市低收入家庭收入标准上限的 6 倍以下；④在本市无住房或住房困难。符合上述条件的单身居民年满 35 周岁，可以个人名义申请购买经济适用住房。具有下列情形之一的，不得申请购买经济适用住房：①申请之日前五年内有房产转让行为的；②通过购买商品房取得本市户籍的；③作为商品房委托代理人或者通过投靠子女取得本市户籍未满十年的；④已领取拆迁公有住房安置补偿金未退还的。

4. 保障性商品房的政策对象

2009 年 7 月出台的《厦门市保障性商品房配售管理办法》规定，市建设与管理局是保障性商品房配售管理行政主管部门，市住宅建设办公室（以下简称"市住宅办"）具体实施保障性商品房的配售管理工作。申请购买保障性商品房的家庭应符合以下基本条件：①申请家庭成员至少有 2 人取得本市户籍，且至少有 1 人取得本市户籍满 3 年；②在本市无住房。上述条件的单身居民年满 35 周岁，可以个人名义申请购买保障性商品房。具有下列情形之一的，不得申请购买保障性商品房：①申请之日前 5 年内有房产转让行为的；②通过购买商品房取得本市户籍的；③作为商品房委托代理人或者通过投靠子女取得本市户籍未满十年的；④已领取拆迁公有住房安置补偿金未退还的。

5. 限价商品房的政策对象

2011 年 3 月《厦门市限价商品住房管理办法（试行）》出台，市建设与管理局负责通过调整存量政策性住房转为限价商品住房的项目收购、手续调整和销售管理等工作；市国土房产局负责通过土地公开出让建设限价商品住房的土地出让和销售管理等工作。申请购买限价商品住房须符合下列条件：①申请人具有本市户籍；②申请家庭成员在厦无住房；③申请人为单身的，须年满 30 周岁；④市人民政府规定的其他条件。申请限价商品住房的家庭由申请人提出申请，申请人的配偶及未成年子女必须共同申请；申请人为单身的，可以个人名义申请购买限价商品住房。

（三）哪里建——项目的规划

1. 项目选址①

项目选址按照厦门最适宜居住的环境和最便捷的出行原则，拿出最好的地块规划建设社会保障性住房。同时，结合公交停车场的改造，在妥善解决噪音和尾气问题的基础上，利用公交场站的上部空间建设社会保障性住房，这样既方便市

---

① 参考厦门市保障住房，《发展规划》，http：//www.xmjs.gov.cn/bzzfw/fzgh/#6 - 2。

民出行，又节约用地。从现在已经开工的项目可以看出，所有社会保障性住房项目，占据的无不是交通便利、环境优美、土地价值高的地块：高林居住区紧邻厦门城市新客厅——五缘湾，杏北新城锦园居住区位于杏林湾畔杏林公铁立交边，万景公寓位于吕岭路东段岛内东部的黄金地块，观音山公寓毗邻正在建设中的观音山商务营运中心，集美滨水小区旁边就是汇集国内外园林艺术之大成的园博园……

（1）以人为本的贯彻

厦门保障性住房供给始终遵循以人为本的理念。在项目选址、租金补贴、低价出售、配套完善等方面均有体现。最能体现这一理念的就是项目选址，政府为了让中低收入家庭"住得方便"，拿出最好的地块，与高档住宅区同时规划建设社会保障性住房。正在规划建设的保障性住房项目选址充分考虑了公交站点、生鲜超市、学校等配套设施问题，目前已开工建设的高林居住区等保障性住房项目，都选址在交通便捷、配套完善的地段。按照厦门最适宜居住的环境规划选址保障性住房，哪里有好的商品房，哪里就有保障性住房。

（2）分散布局的原则

社会保障性住房选址是发展的重点。低中收入人群居住在城市发展的重点开发区域，便于就近工作，缓解城市交通压力。低中收入的申请者并不是集中分布在某一处，而是分散于全市各个区，且大部分在本岛，因此保障性住房的选址应遵循"大分散，小集中"的原则，相对分散布局，同时保证本岛的比重略大，将低中收入群体融入社会，避免居住隔离，造成西方个别国家所谓的贫民窟等现象。

（3）交通便利的原则

城市低中收入人群是社会保障性住房申请对象的重要组成部分，暂不具备购买私家车的能力，所以公共交通是其出行的主要交通方式。厦门市政府正在推动发展的 BRT 快速公交体系，应与社会保障性住房规划布点同步，结合公交枢纽站、BRT 大站等交通枢纽站点进行综合开发。因此，在高效集约利用土地的同时，也有效提升了站点周边土地的承载能力，有效地解决了地价高、需求强烈的城市中心地段对保障性住房的需求。

（4）配套完善的原则

社会保障性住房小区一般具有较高的人口密集度，带来生活、就学、医疗、文体活动等现实要求，在社会保障性住房小区内部或周边应及时配备与人口规模相匹配的各项公共服务设施，提高公共服务质量，创造适宜居住的环境。

（5）便于开发的原则

保障性住房的选址应尽量选择拆迁量少、周边开发相对成熟的地段，一方面降低了土地成本，便于及时启动；另一方面共享公共服务设施，减少相关配套费用。无论从开发成本还是周边配套都能有效提高供给率。

以洋塘居住区（翔安东方新城核心区）项目为例[①]

2011年6月，厦门市最大的保障性安居工程综合体——洋唐居住区动工。该工程主要由政府出资，由具有较强实力的国企代建，居住区规划用地约1000亩，总投资35亿元，建设各类住宅约1.1万套，总容纳人口可达2.3万，住宅户型面积将被控制在70~90m²，销售限价为均价5200元/m²，洋塘居住区也是福建省首个保障性安居工程综合体，在规划思路上充分体现了三大特点。

（1）选址贴近城市发展战略

为了逐步将岛内的保障性住房申请引导至岛外，疏解岛内住房的供需矛盾，贯彻落实岛内外一体化发展战略，片区在选址上充分考虑了城市发展战略，同时注意居民就业、生活要求。洋唐居住区位于翔安新城核心区，地理位置优越，交通便捷，项目距离翔安隧道出口仅3公里，紧邻规划中的大型高端中央商务区。随着2010年翔安隧道的建成通车，整个区域将成为本岛功能转移的重要承接地。

（2）构建和谐的"混合社区"模式

保障性安居工程的选址定位对于周边地段的快速成熟、新城活力的塑造具有一定带动作用，但是大片低收入"同质"住区的建设，易丧失"互补性"就业机会。

因此，洋塘社区规划创新性的采用"混合社区"模式，即保障性住房与普通商品房等其他住房以合适的规模比例混合，规划建设公租房等保障性住房约8200套，限价商品房约1800套，各类住房之间通过公共街道相连，通过开放式的城市公共空间、街道作为不同阶层住区之间的联系媒介。

（3）突出"宜居"和"统合体"的概念

社区在规划思路上突出"宜居"和"综合体"的概念，注重设施配套完善、营造高品质的生态城市环境，打造便利舒适的生活环境，成为承接岛内申请住户需求的重点。

---

① 贵州省人民政府网，http://www.gzgov.gov.cn/gzgov/216457572805246976/20111027/340560.html。

洋塘居住区是一项综合配套商业、教育、社区服务、公共交通、公共食堂、文化、体育、餐饮娱乐的保障性安居工程。规划建设36班小学、12班幼儿园、社区服务中心及生鲜超市、公共食堂、商业等公建配套。规划将整个片区土地利用类型划分成8类，包括二类居住、公共（服务）设施、商住、行政办公、商业金融业、体育、道路广场、绿地（含水体）用地。

2. 未来项目的展望

"十二五"期间的主要任务是继续推进社会保障性住房和公共租赁房建设。因此在进一步完善保障性住房和公共租赁房制度基础上，进一步健全和完善住房保障体系。未来项目规划主要围绕：①建设重点由岛内向岛外转移。厦门岛内建设已经成熟，发展空间已趋饱和，而岛外广大区域的发展相对滞后，岛内外差异结构明显，迫切需要形成岛内外一体化发展的新格局。依据已申请量的分布情况，保障性住房和公共租赁房的需求大部分位于岛内，规划期内将逐步使需求在岛外得到解决，建设重点由岛内向岛外逐步转移，住房供应在全市域层面进行统筹协调。②结合新城、新区规划进行配套建设。结合厦门市正在推进的新城、新区建设，将保障性住房和公共租赁房选址在城市规划层面及时切入，建议与公共服务设施一并纳入地块指标表，作为规划管理依据。保障房的入住有效带动新区启动，并且有助于新区活力的形成。

（四）怎么建——土地与资金的问题

1. 土地供应

（1）供应原则

在厦门，社会保障性住房建设用地不仅纳入其年度土地供应计划，而且还要确保优先供应。这就明确了政府相关职能部门在制订本市年度土地利用规划和供应计划时，应充分考虑社会保障性住房建设用地的规划和供应，并作为重要组成部分；二是政府土地管理部门在安排各项建设用地指标时，应优先安排社会保障性住房建设用地指标；三是在年度土地供应计划执行遇到困难时，要优先保证社会保障性住房的建设用地需求；四是政府应加快社会保障性住房建设用地的征地拆迁等工作，确保用地按时交付使用。这也是土地供应部门需要承担的法定责任。确保土地供应的基础上，要遵循选址的原则，确定项目用地。

（2）供应管理

在土地供应过程中，政府各相关部门对土地的管理划拨有其具体规定。一是合理制定保障性住房用地计划，及时向社会公示。二是规范保障性住房用地管理。三是加强保障性住房用地供后监管。四是加强对保障性住房规划实施、计划执行、土地供应和利用等情况的监督检查，确保保障性住房用地供应计划落实到位。

2. 资金运作

厦门保障性住房资金的管理经验就是多渠道筹集社会保障性住房建设资金，实行财政预决算制度。建立健全社会保障性住房资金使用管理制度，实行专项管理、分帐核算、专款专用，确保社会保障性住房资金的安全、合理和有效使用。业主单位、代建单位对项目建设资金实行专账管理，严格按照相关的基本建设会计制度对项目开发建设成本进行归集和核算。社会保障性住房的建设资金全部由市级财政投入，主要来源包括财政公共预算、土地出让净收益以及住房公积金增值收益等。

（1）主管部门

厦门市财政局是社会保障性住房建设资金的主管部门，负责社会保障性住房建设资金的筹集、拨付、使用、管理和预决算审核以及监督检查等工作。市建设与管理局负责社会保障性住房建设资金预决算编制与社会保障性经济适用房配售房款收入的管理及房产管理工作；市国土资源与房产管理局负责社会保障性租赁房购房资金预决算编制以及房产管理工作。同时负有对预算资金使用情况进行监督检查的责任。业主单位负责项目投资及平衡方案的初步测算，项目投资计划的执行、控制和分析报告，配合市财政局筹措项目建设资金，按期汇总编报项目建设进度和资金使用计划；对社会保障性住房建设工程款拨付申请进行初审；对代建单位建设资金使用情况进行监督、检查；做好项目竣工决算工作。代建单位负责按照批准的建设规模、建设内容和建设标准组织项目实施，协助业主单位有效做好项目控制投资，按期编报项目建设进度和资金使用计划，项目建设资金实行专帐管理，专款专用，及时配合业主单位报审项目竣工财务决算资料，做好完工资产交付使用手续。从各部门的协调分工与明确资金的使用与管理责任看，厦门社会保障性住房的建设资金的使用与管理制度相对完善。

（2）资金来源

按照《厦门市财政局关于印发社会保障性住房建设资金管理暂行办法的通知》要求，厦门市社会保障性住房建设资金主要来源于下列渠道：①住房公积金增值收益扣除计提贷款风险准备和管理费用后的全部余额；②财政预算安排用于社会保障性住房建设的资金；③从土地出让净收益中按照不低于10%的比例安排资金；④中央和省级财政预算安排的社会保障性住房专项建设补助资金；⑤社会保障性住房按照规定价格出售所取得收入，社会保障性住房售房收入资金按照财政有关规定实行收支两条线管理；⑥根据年度建设计划，由业主单位（或代建单位）作为项目融资主体向银行贷款专项用于社会保障性住房建设的资金；⑦社会捐赠的社会保障性住房建设资金；⑧其他可用于社会保障性住房建设的资金。

经济适用住房的资金来源

社会保障性经济适用住房建设资金主要有三个方面：一是政府财政投资；二是建设单位融资；三是售房款回收后再投入。2008～2010 年期间，在保障标准调整扩大以后，建议对中等收入家庭实行只售不租，总体租售比例将会有所变化，按照目前保障性经济适用住房建设量的初步估算，占总投资的20% 左右，按照工期分析，滚动开发基本可行。

社会保障性租赁房的资金来源

2007 年 10 月 30 日，国家财政部印发了《廉租住房保障资金管理办法》，明确提出地方各级财政部门要结合当地财力，积极参与制定廉租住房保障计划，并按照年度廉租住房保障计划以及国发〔2007〕24 号文件规定的来源渠道筹集廉租住房保障资金。廉租住房保障资金来源于下列渠道：

住房公积金增值收益扣除计提贷款风险准备金和管理费用后的全部余额；

从土地出让净收益中按照不低于10% 的比例安排用于廉租住房保障的资金；

市县财政预算安排用于廉租住房保障的资金；

省级财政预算安排的廉租住房保障补助资金；

中央预算内投资中安排的补助资金；

中央财政安排的廉租住房保障专项补助资金；

社会捐赠的廉租住房保障资金；

其他资金。

廉租住房保障资金实行专项管理、分账核算、专款专用，专项用于廉租住房保障开支，包括收购、改建和新建廉租住房开支以及向符合廉租住房保障条件的低收入家庭发放租赁补贴开支，不得用于其他开支。按照目前保障性租赁住房建设量的初步估算，总投入约占总投资的80% 左右。

（3）预算与管理

①预算。社会保障性住房建设资金实行项目预算管理。市建设与管理局和市国土资源与房产管理局会同有关部门于每年第三季度根据下年度社会保障性住房建设计划，编制下年度社会保障性住房支出项目预算。社会保障性住房支出项目预算经市财政局审核后编入市本级财政预算。建设支出项目预算涉及新建、改建社会保障性住房的，必须符合基本建设管理程序。

②拨付。市建设与管理局和市国土资源与房产管理局应在每月 20 日前向市财政局报送下一月份的资金使用计划和上一月份项目资金使用情况。市建设与管理局和市国土资源与房产管理局每月月初根据社会保障性住房项目实施进度及资金需求计划，编制当月银行贷款提款计划，报经市财政局审批同意后，由融资主体凭市财政局开具的《放款通知书》向银行申请下拨相应规模的专项贷款。

③决算。每年年终，市建设与管理局和市国土资源与房产管理局按照财政财务有关规定，报送年度社会保障性住房建设支出项目决算，并提交年度社会保障性住房项目建设进展情况及建设资金使用情况等相关资料。年度社会保障性住房建设支出项目出现资金结余，经市财政局批准后，可以继续滚存下年使用。

（五）什么标准建——项目管理的基石

1. 建设标准①

2008 年 9 月厦门市为加强社会保障性住房的建设管理，提高社会保障性住房的建设水平，统一保障性住房建设标准，出台了《厦门市社会保障性住房建设指导标准（试行）》。从社会保障性住房建设应遵循下列基本原则、户型、层高及面积标准、使用功能标准、设备和配套设施、装修标准、安全防卫标准等主要五个方面进行建设管理，严格控制户型面积标准，坚持小户型、经济实用、节能省地的原则。

（1）面积标准按户型分类

租赁房：一房型建筑面积 45 平方米，两房型建筑面积 60 平方米，三房型建筑面积 70 平方米。

保障性商品住房：两房型建筑面积 60 平方米，三房型建筑面积 70 平方米，

---

① 参考《厦门市社会保障性住房建设指导标准（试行）》，http：//www.xm.gov.cn/cjdh/xgnr/bzzf/200910/t20091019_ 322933. htm。

建设比例标准为 60% 和 40%。

限价房：限价房属于由政府限定价格、限定销售对象条件，且具有商品房属性，所以，其户型面积按中小户型商品房进行控制，以近期推出的杏北锦园居住区为例，主要为 60 平方米左右的一房、90 平方米左右的两房、110 平方米左右的三房。

上述住宅使用系数应不低于 75%，每户住宅应有卧室、起居室（厅）、厨房、卫生间、储藏空间和阳台。

（2）层高

多层、高层住宅层高统一控制在 2.8 米。利用坡屋顶内空间作卧室时，其净高不低于 2.1 米的面积不应小于房间面积的一半，且最低处净高不宜低于 1.5 米。

（3）使用功能标准

根据《厦门市社会保障性住房建设指导标准（试行）》的规定，在使用功能上要符合以下标准：①新建住宅应成套设计，功能分区明确，使用合理。②每户住宅应有良好的采光、日照、通风。日照应满足厦门市有关法规要求。③卧室、起居室（厅）、厨房应直接对外采光。每户住宅的卧室、起居室（厅）应具备良好的自然通风条件。厨房应有外窗，具备自然通风条件。暗卫生间应有机械排风设施。厨房卫生间内管线应合理布置，并适当隐藏。厨房应留出足够墙面，以安装厨柜排油烟机等设备。④新建住宅宜采用普通环保建筑材料修建，精装修应一次到位。

（4）设备和配套设施标准

①厨房设计应根据炊事操作流程，配置成套厨具：洗菜池、案板台（柜）、吊柜（碗柜）和灶台。厨房应有安装排油烟机的条件和合适位置。②卫生间应设坐便器、洗脸盆，预留热水器安装位置及冷热水管。暗卫生间必须设置防回流排风装置，可集中设置排风机或各户预留安装小排风机的条件。③每户应预留洗衣机的安装条件，设置电源插座和上下水配套设施。④住宅配电箱出线不应少于 5 回路。每套住宅的空调电源插座、家用电器插座应与照明分路设计，厨房电源插座和卫生间电源插座宜设置独立支路。每个房间至少预留三个插座（含空调插座），厨房至少预留四个插座。住宅公共部分宜采用节能自熄开关式照明灯具。⑤每户预留 2 对通讯线；有线、宽带预留插孔。⑥给水管立管采用钢塑管材，支管采用 PPR 管材；排水管采用 PVC 管材。⑦每户应独立设置水表、电表、煤气表，水表、电表统一出户。⑧住宅楼或住宅组团应设置分户信报箱及自行车存车处。⑨住宅应预留安装空调机的条件，并结合立面设计统一考虑室外机的安装及

其冷凝水的排放。⑩电梯应采用中外合资中高档设备。此外，在小区绿化草坪、乔木、灌木合理配置，小区道路路面铺设水泥混凝土面层，人行道铺砖，设置无障碍设施，设置路灯；停车库及停车场应设置相应的安全警示标志和交通疏导标识，并安装必备的设施等方面都有明确规定。

（5）装修标准

①内墙：厨房、卫生间铺瓷砖；门厅、电梯厅装修材料标准可适当提高，其余部分粉刷涂料。外墙面采用外墙涂料或镶贴面砖，并且符合《厦门市建筑外墙装饰管理规定》的要求。②天棚：厨房、卫生间木龙骨塑料扣板，其余粉刷涂料。③地面：厨房、卫生间、阳台、楼道铺设防滑砖；客厅、卧室铺地砖；楼梯间水泥砂浆找平；住宅楼入口大厅地面采用防滑地砖或花岗岩。④门：户门为公安部门批准使用的安全防护门，户内门为夹板门，卫生间采用塑钢门。随着厦门建设绿色环保节能型保障性住房的建设，上述标准将不断完善。

2011年1月启动厦门市绿色建筑星级评定工作以来，目前已经为5栋建筑的设计"评星"。今后所有保障房项目都要建成"一星"绿色建筑，而所有新城建设的建筑也都要求按照绿色建筑的设计要求。2012年5月，厦门市建设局的负责人又提出要在保障性住房中采用钢结构。在厦门的保障房建设中采用钢结构有三个需要。第一，是抗震的需要。厦门市的地震基本烈度为VII度强，属地震烈度较高的地区。必须大力倡导结构抗震的性能化设计，推进基于性能的抗震设计方法，推广钢结构和组合结构等抗震性能优良的结构体系。第二，是抗台风的需要。厦门风荷载比较大，采用钢结构有利于增强建筑的延性。第三，是造价方面的需要。钢结构与混凝土结构，如果从地基基础、地上部分和工期等方面核算，钢结构的综合成本要低。因此，厦门的保障性住房建设标准在创新中逐步完善。

2. 租售及补贴标准

（1）租金及补贴标准

①租金标准。租金标准指社会保障性租赁房按市场租金行情进行测算的房屋建筑面积租金单价，房屋租金指社会保障性租赁房按房屋建筑面积和房屋所处不同楼层、舒适度进行计算的房屋应付租金总额。社会保障性租赁房租金标准可按单栋楼房、项目、区域或全市的范围，采用市场租金评估法、成本计算法等方法，以市场租金评估法为主进行测算和制定。评估测算法指按同类型、同档次房屋的市场租金行情，由具备相关资质的评估或专业机构评估和确定租金标准的方法。根据《厦门市社会保障性租赁房租金计算办法》（试行）的通知，规范了社会保障性住房租金的计算公式如下。

社会保障性租赁房房屋租金计算公式

房屋租金 = 房屋标准租金 + 调节租金

房屋标准租金 = 租金标准 × 房屋面积

调节租金 = 楼层调节租金 + 舒适度调节租金

楼层调节租金 = （承租房屋楼层 − 标准楼层）× 楼层调节系数① × 租金标准 × 房屋面积

舒适度调节租金 = 舒适度调节系数 × 租金标准 × 房屋面积

---

②补贴标准。根据《厦门市保障性租赁房管理办法》第二十条，承租保障性租赁房实行租金补助制度，补助标准按家庭收入（资产）水平进行划分。低收入家庭承租的保障性租赁房的租金补助由市、区财政按财政体制分成比例共同承担。正常情况下，低收入家庭承租的保障性租赁房的租金补助标准按以下执行：①家庭收入为低收入家庭年收入控制标准上限②0.5 倍及以上的，补助房屋租金的 70%；②家庭收入为低收入家庭年收入控制标准上限 0.5 倍以下的，补助房屋租金的 80%；③家庭属于最低生活保障对象的，补助房屋租金的 90%。如果承租户在租赁期间发生收入变化，需调整租金补助的，住户可持申请材料向街道办事处（镇人民政府）申请，有关部门按规定调整租金补助标准。租金标准保持两年不变，两年后再予测算调整。在物业管理费上，低收入家庭财政补贴 40%，低保家庭财政补贴 80%。

特殊情况下，如承租户在租赁期间，因重大疾病、意外事故等造成经济特别困难没有能力缴交租金的，可申请特殊租金补助。特殊租金补助最高补助金额为自付租金总额的 80%，每次最长期限为一年。

廉租房补助标准。岛内租金补助标准：一人户为 20 元/人·月·m²；二人户为 18 元/人·月·m²；三人户为 15 元/人·月·m²。每户每月租金补助金额不超过 900 元。岛外各区按照岛内现行廉租住房租金补助标准金额的 80% 执行，即人均安置面积为 8m²，租金补助标准为一人户 16 元/人·月·m²，二人户为 14 元/人·月·m²；三人及以上户为 12 元/人·月·m²，每户每月租金补助金额最高不超过 720

---

① 楼层调节系数：高层（小高层）建筑以住宅部分的第 3 层作为标准层，多层建筑以第 2 层作为标准层。楼层调节系数 0.002，多层建筑的顶楼按一楼楼层计算。社会保障性租赁房舒适度调节租金根据该套房屋的朝向、通风、采光等因素确定。房屋有一面朝南的舒适度调节系数为 0.03，其他房型的舒适度调节系数为零。

② 根据 2006 年厦门市居民家庭收入情况测算确定，低中收入家庭的家庭年收入上限为：3 人及以下户为 5 万元，4~5 人户为 6 万元，5 人以上户 7 万元。

元。廉租租金补助对象的租金补助款不计入最低生活保障的家庭成员收入。

杏北新城锦园居住区保障性租赁房租金标准

例如，市场租金标准为 9.6 元/平方米·月。其中，个人自付 10%、20%、30% 部分分别为 0.96 元/平方米·月、1.92 元/平方米·月、2.88 元/平方米·月。

（2）售价标准及优惠政策

①保障性商品房的销售价格，根据《厦门市保障性商品房配售管理办法》保障性商品房销售价格由扣除征地拆迁费用后的建设成本加基准地价及相关税费确定。销售价格由市建设部门会同财政、物价、国土房产等部门制定，报市政府批准公布执行。保障性商品房的价格是在经济适用住房价格构成的基础上，增加了征地拆迁、城市基础设施配套等费用（即基准地价的主要构成）及相关税费进行测算确定的，即：销售价格＝扣除征地拆迁费用后的建设成本＋基准地价＋相关税费，价格高于经济适用房。

②经济适用住房的定价原则及各社会保障性住房项目的建设成本、平均征地拆迁成本等情况，厦门市目前岛外四区社会保障性住房项目（海新花园、杏北锦园居住区、集美滨水小区、同安城北小区、翔安东方新城）中的经济适用住房按均价3100 元/平方米加 200 元/平方米装修费用销售，楼层调节价差控制在 20 元/平方米以内。

③限价商品住房的销售价格按周边区域同等普通商品住房市场价格的一定比例测定。限价房则按照项目定价，杏北锦园居住区的均价为 5000 元/平方米，洋塘居住区的均价为 5200 元/平方米。

（3）民众的承受力

2010 年全市城镇居民人均可支配收入 33565 元，比上年增长 14.7%。其中，居民人均工薪收入 25190 元，增长 8.1%；城镇居民人均消费性支出 22314 元，增长 11.8%，城镇居民恩格尔系数 35.4%。城镇居民家庭年末人均住房建筑面积为 32.5 平方米，比上年增长 1.0%[①]。厦门的商品房价格飞速上涨，房价收入比偏高。因此，厦门市政府严格规定保障性住房的租售价格。按照目前实施的各类保障性住房的租售价格，以保障性商品房为例，一个家庭年收入在 5 万元的家庭（属于厦门市申请保障房的低收入家庭）如果申请购买经济适用住房，每年

---

① 数据摘自《2011 年厦门市国民经济和社会发展统计公报》，2012 年 3 月。

的公积金 1 万元左右，经过三四年就有望凑足首付款，同时，也可办理保障性住房的公积金贷款，购房后可顺利支付每个月的按揭，不会给生活造成压力。

3. 质量保障的全程监管

保障性住房的租售价格均低于市场价是不是建设质量标准也降低了呢？事实证明并非如此。在福建省积极推出的"业主、政府、社会"三方监管保障房质量新机制下，厦门市严格执行建设程序和质量管理，执行保障性住宅工程质量分户验收制度、各方责任主体永久性标牌制度和工程质量回访保修制度，让群众直接进行监督和评价，强化工程质量终身责任制的落实。同时，建立保障性安居工程建设信用档案，对凡发生重大工程质量安全事故以及有转包和违法分包、挂靠等严重违法违规行为的企业单位，一律清出保障性安居工程建设市场。还将开展保障性住房优秀设计和示范项目评选活动，通过样板引路，观摩交流，引导各方主体提高保障性安居工程的建设水平。厦门市建设与管理局始终把强化保障性安居工程质量监管作为工作的重点，通过抓好事前、事中和事后建设全过程质量监控，为住户提供合格的住房。

（六）如何分配及管理——保障的生命线

1. 严把入口的准入分配制度

厦门市在完善保障性住房供给机制的过程中，确定申请资格的审查制度，明确申请程序、申请条件，并对申请人的材料进行审查核实，以保证分配的公平性。

（1）申请资格的审查制度

①规范申请程序。在实际操作中，建立严格的准入机制，包括申请时建立严格的"五级审核、两级公示，两级监督，多部门协查"的制度，"五审"即由社区居委会、街道办事处（镇人民政府）、区民政部门、市公房管理中心（市住宅办）、市国土房产部门（建设部门）五级审核；"二公示"即社区居委会组织在社区和相关部门组织在全市报纸、网站上公示；"二监督"即监察、信访及社会舆论的监督作用，增加工作的透明度。"多部门协查"即本市的公安、房产、金融、税务、工商、社保、交通管理等各职能部门，依职责做好协助调查工作，依法提供申请人的户籍、房产、收入、资产等情况信息或证明。此外，在管理过程中，严格的退出机制确保了有限公共资源的循环利用。为收入（资产）调查核实制、政府回购制、不实申报及拒不退出等行为的约束和规范等奠定基础，也是完善社会保障性住房制度链条的一个重要环节。

②明确申请条件。由于针对保障对象的不同、分管职能部门的不同，各类保

障性住房的申请条件各有不同。但是无论哪种保障性住房，它的申请条件都必须依据住房困难标准、住房保障面积标准、低收入家庭收入（资产）标准以及具体的住房保障方式等规定。上述相应各子项都由住房保障行政管理部门依据经济社会发展的实际情况定期做出相应调整。虽然是动态的管理，但在厦门一般情况下3~5年是不容易更改的，而且必须要定期向社会公布。

③严格审查核实。保障性住房分配环节中的审查核实，是指在申请程序过程中，相应职能部门依据申请条件标准，运用政府管制等工具，履行其审查核实的职责。如果按照上面的建议实行"市区两级联动"、"五级审查、两级公示、多部门协查"的方法，那么，厦门市的审查核实主要有三个途径：一是基层社区居委会组织入户调查、协查、群众评议和社区公示；二是市、区两级政府及其行政管理部门进行审查，并通过发函、约谈等取证的方式对申请条件等进行核实；三是充分发挥社会监督的作用，通过报纸、网络等媒体的公示，接受公众的监督，并建立举报投诉及处理机制。对于申请家庭户籍、收入（资产）、住房等情况的审查，审查部门可以通过对其纳税、公积金缴交和社保缴交等情况，以及通过户籍管理系统、住房信息系统、产权交易登记系统等进行排查，予以多方位的调查核实，取得一个公开公正的审查结果，为后序的公平分配奠定基础。

（2）供给过程的分配制度

分配制度作为保障性住房能否体现其保障、公平的特性，能否杜绝暗箱操作、腐败和寻租现象发生的有力防火墙，受到厦门市政府的重视。

①轮候制度的完善。轮候号码是指申请家庭在提交申请后取得唯一的轮候号码，并以此为顺序等候资格审查、选房的过程。轮候分配有多种方式，可以是通过设定标准进行打分，然后根据分数高低安排轮候号码，也可以是通过随机摇号、抽签等方式确定轮候号码，还可以通过按照提交申请时间先后顺序安排轮候号码。以厦门为例，目前在综合考虑多种轮候方式的利弊后，对于低收入家庭申请保障性住房采用了以申请时间先后确定轮候号码的方式，在申请家庭申请保障性住房时，如果条件符合、材料齐全，则在录入申请登记系统后将为该申请家庭产生一个全市唯一且连续的轮候号码。这种方式最大的优点是充分体现了公平、公开、公正，避免了人为操作的可能性。

此外，鉴于分配对象的特殊性，应该以法规的形式设定针对这部分群体的优先分配和单列分配条款。首先，明确优先分配对象应符合的条件，例如孤寡老人、申请家庭成员中有属于残疾、重点优抚对象等给予特殊照顾的群体。其次，单列分配条款的制定，是配合城市建设发展和落实国家政策的需要，同样要注意明确申请人的资格。在厦门主要包括居住在危房的；居住在已退的侨房、信托代管房等落实政策住房的；居住在已确定拆迁范围内的住房且不符合安置条件的群体。在现有的轮候分配制度的基础上，建立一种能够快速解决其住房问题的特殊机制。通过保障性住房单列分配政策，不仅能解决他们的住房问题，同时也能解决城市发展中面临的各种难题。单列分配也是一种优先，只要符合本条规定情形的对象，不仅在资格审核、公示安排上可以单列，而且在房源分配上也可以单列。

②分配信息的公开。厦门市保障性住房管理部门建立了房源管理制度，主要包括房源的筹集管理、登记管理、公布管理、分配管理、回收管理等制度。要将保障性住房的地段、户型、面积、价格、交付期限及供给对象及时向社会公布，便于各方面监督，便于需求者的选择，也为社会各方面提供一个稳定的预期。房源供给情况包括，提供住房的地段是否符合申请人所要求的范围、面积是否符合标准、周边配套是否齐全，是否影响了申请人的切身利益等，因此，在同等条件下房源安排要相对公平、公正。分配方案及分配结果要在分配制度中得以明确，而且住房保障行政管理部门应该及时予以公布，才能更好地接受社会和舆论的监督，才能最大限度提高群众的满意度，才能杜绝各种违纪行为的发生。

在过去的六年里，厦门不断完善社会保障性住房的准入条件，规范社会保障性住房受理、审核、分配工作流程，建立科学的准入分配机制。加强社会保障性住房受理登记工作，落实分级审核公示制度，规范社会保障性住房审核分配工作流程，充分发挥各区、街道办、社区居委会作用和优势，加强入户调查等审核工作，把好社会保障性住房"入门关"。

2. 有效流转的退出机制

厦门保障性住房管理的职能部门在制定保障性住房管理的相关条例、规定的时候，都将退出机制作为一部分内容去严加分析论证，力求退出的科学性、合理性，从而提高保障性住房的供给效率。

退出可以分两种情况：一是保障性住房享有人主动退出情况；二是保障性住房享有人违背相关规定，由主管部门给予强行退出的情况，通常称为被动退出。为了使退出机制能够很好地发挥其效用，保障性住房行政主管部门应加大对住房使用的日常监管，加强和规范保障性住房小区的管理，建立一套有效的约束机制。首先，制定规章制度。厦门市公房管理中心制定了《保障性住房举报投诉案件处理工作流程》、《保障性住房租金收缴工作流程》、《保障性住房入户调查制度》等各项工作流程和规章制度，逐步形成一套具有指导性的管理机制，使全市的保障性住房管理逐步走向制度化、规范化。其次，加强宣传。加强保障性住房政策宣传，引导小区住户自觉遵守小区使用管理相关规定，对违规、违章使用保障性住房行为进行耐心劝导，使住户能够认识到自己的错误行为并积极整改。再次，落实责任。加强日常监管的最关键环节，就是要落实相关部门的责任。首先是保障性住房行政管理部门的责任，其次是其委托的物业管理公司或居委会的监管责任。多方及时对保障性住房的使用和家庭情况进行跟踪了解，以客观翔实的资料作为信息档案，建立健全日常动态的监管制度，落实部门责任，为退出机制的良性运行提供依托。

3. 可持续发展的保障机制

（1）建立健全法律法规

政策体系的构建离不开健全的法律法规。厦门市发挥经济特区先行先试的优势，2008 年 8 月《厦门市保障性商品房配售管理办法》的出台标志着厦门市在全国率先实现了全覆盖、分层次的住房保障体系。这是实现对非低收入家庭适度住房保障的一种探索和尝试。2009 年 6 月我国第一部关于住房保障的地方性法规《厦门市社会保障性住房管理条例》在厦门出台。这一年被称为厦门保障性住房"法制建设年"。这一年，《厦门市保障性租赁房管理办法》、《厦门市社会保障性住房住户户口管理办法》等一系列建立在厦门保障性住房三年多实践基础上的地方规章、规范性文件纷纷出台。这对于贯彻科学发展观，实现住房保障工作法制化，建立健全住房保障体系，具有非常重要的意义。这也必将使厦门市在社会保障性住房的建设、分配和管理方面得到法律的强有力维护和支持，使这一系列行之有效的政策走上规范化、法制化的轨道。至今，厦门在立法的基础上，出台了近 30 个配套文件，不仅形成了符合厦门实际的住房保障政策体系，而且构成了厦门市保障性住房管理的基本法制体系，由此厦门市社会保障性住房建设与管理驶入了可持续发展的轨道。

（2）逐步完善信息管理系统

住房信息管理系统的完善对保障性住房管理的各环节都起到至关重要的作用。加强对全市社会保障性住房建设供给和需求的分析，是作为编制社会保障性住房发展规划、年度计划的重要依据。市国土资源与房产管理局住房信息管理系统在社会保障性住房审核中发挥重要作用，该系统整合了住房普查、交易权籍登记和公房管理等方面数据，将局直管公房、保障性租赁房、城镇家庭住房信息系统数据、房屋产权及交易数据、房屋预售数据和住宅办的经济适用房、保障性商品房数据以及厦大、引进人才、落实侨房政策及公务员保障性住房数据进行整合，提高了房屋数据查询准确度以及查询效率，对房改日常业务的办理起到了更好的辅助作用。全市在开展住房普查工作，建立完善全市居民住房信息系统和低中收入住房困难家庭住房档案的基础上，加强信息管理系统建设工作，准确掌握社会保障性住房的社会需求量等基本情况，为住房保障工作决策提供依据。

（3）创新物业管理制度

实行专业化服务与使用监管相结合的物业服务新模式，确保社会保障性住房小区服务和监管工作到位。由各区政府组织成立不以盈利为目的的社会保障性住房物业管理企业，负责社会保障性住房的服务管理工作，及时掌握社会保障性住房的使用情况。采取财政补贴物业管理费等方式，减轻社会保障性住房住户经济负担，努力实现高品质、低收费的社会保障性住房物业服务。厦门市建立了"社会保障性住房入住和物业服务管理系统"，包括物业管理子系统入住登记、入户调查、物业服务费收取、租金催缴、门禁出入管理和房屋报修维修管理等模块。保障性住房小区安装的门禁摄像系统就是"社会保障性住房入住和物业服务管理系统"的一个子系统，它能够时刻自动记录出入小区人员的情况，从技术手段上大大提高保障性住房的监管力度，预防"开豪车住保障房"现象的发生。

小结

"十一五"期间，厦门市的民生保障工作跃上新水平，保障性住房建设管理模式成为全国"蓝本"。政策实施六年来，厦门通过完善保障性住房供给机制及创新供给方式，在全国率先建立全覆盖、多层次的社会保障性住房体系。我们通过"谁主导"、"哪里建"、"为谁建"、"怎么建"、"什么标准建"及"如何分配和管理"等六个方面对其进行分析，总结了厦门的具体经验做法，虽然在实施的过程中仍面临诸多的困难和问题，但这些问题正是厦门今后完善规划和落实政策所需关注之处。为此，在"十二五"开局之际，梳理厦门保障性住房的供给机制及方式运作情况，为总结厦门的经验及厦门"蓝本"进一步推向全国提供依据。

参考文献

[1] 建设部课题组. 多层次住房保障体系研究 [M]. 北京：中国建筑工业出版社. 2007

[2] 戴维·奥斯本，特德·盖布勒. 改革政府 [M]. 上海：上海译文出版社，1996

[3] E·S·萨瓦斯. 民营化与公私部门的伙伴关系 [M]. 北京：中国人民大学出版社，2002

[4] 陈振明. 中国公共政策分析 [M]. 北京：中国人民大学出版社，2010

[5] 陈振明. 政府工具导论 [M]. 北京：北京大学出版社，2009

[6] 贾康，刘军民. 中国住房制度改革问题研究——经济社会转轨中"居者有其屋"的求解 [M]. 北京：经济科学出版社，2007

[7] 陈劲松. 公共住房浪潮——国家模式与中国安居工程的对比研究 [M]. 北京：机械工程出版

社，2006

[8] 朱亚鹏．住房制度改革政策创新与住房公平［M］．广州：中山大学出版社，2007

[9] 郭建波．世界住房干预理论与实践［M］．北京：中国电力出版社，2007

[10] 巴曙松，张旭，王淼．中国廉租房的融资特征及其发展路径研究［J］．西南金融，2006（10）

[11] 卓越，赵蕾．公共部门绩效管理：工具理性与价值理性的双导效应［J］．兰州大学学报，2006（9）

[12] 王培．中国城镇住房保障制度沿革与政府角色分析——基于新公共管理与新公共服务理论的比较视角［J］．中共福建省委党校学报，2008（5）

[13] 任志强．对廉租住房解决途径和建设的思考［J］．东南学术，2005（5）

[14] 林志斌．廉租住房供给模式再造——基于合同外包与凭单制的契合［J］．山东省经济管理干部学院学报，2009（1）

[15] 马黎明．住房保障的内涵及相关理论探析［J］．中共济南市委党校学报，2009（4）

[16] 国务院．国发［2007］24号．国务院关于解决城市低收入家庭住房困难的若干意见［z］．2007．

[17] 中华人民共和国建设部．关于印发《城镇廉租住房工作规范化管理实施办法》的通知．中国建设信息，2009（6）

[18] 中华人民共和国住房和城乡建设部．关于加强经济适用住房管理有关问题的通知．http：//www. mohurd. gov. cn/zcfg/jswj/zfbzwj/201004/t20100427_ 200584. htm，2010 – 04 – 22/2010 – 08 – 25

[19] 中华人民共和国住房和城乡建设部．关于加强廉租住房管理有关问题的通知．http：//www. mohurd. gov. cn/zcfg/jswj/zfbzwj/201005/t20100504_ 200668. htm，2010 – 04 – 23/2010 – 08 – 25

[20] 建设部．财政部．建住房［2005］122号．城镇最低收入家庭廉租住房申请、审核及退出管理办法．2005

[21] 财政部．财综［2007］57号．中央廉租住房保障专项补助资金实施办法．2007

[22] 财政部．财综［2007］64号．廉租住房保障资金管理办法．2007

[23] 深圳市人民政府．深府［2009］107号．深圳市住房公积金制度改革方案．2009

[24] 厦门市人民政府．厦门市社会保障性住房管理条例．2009

[25] 厦门市建设与管理局．厦门市经济适用住房配售管理办法．2009

[26] 厦门市国土房产局．厦门市保障性租赁房管理办法．2009

[27] 厦门市保障住房网，http：//www. xmjs. gov. cn/bzzfw/

[28] 厦门市保障住房网，《发展规划》，http：//www. xmjs. gov. cn/bzzfw/

[29] 厦门市人民政府．厦门市人民政府关于破解"住房难"问题的实施意见．http：//www. xmbzzf. gov. cn/article. action？ article. id = 800，2007 – 12 – 09/2010 – 07 – 06

[30] 厦门市人力资源和社会保障局．厦门市社会保障性住房管理条例．http：//www. xmbzzf. gov. cn/article. action？ article. id = 821，2009 – 06 – 01/2010 – 07 – 06

城市保障性住房建设机制研究
——河南省焦作市案例分析

◎ 申相臣

一、引言

（一）研究背景

住房制度改革极大地改善了部分群众的居住条件，但对于广大中低收入群体来说，房价过高、上涨过快、保障性住房保障功能缺失的现实制约了住房制度改革的深化。伴随着国家对房地产调控力度的加大，保障性住房建设的呼声也越来越高。2011年，中国政府提出开工建设各类保障性住房1000万套，整个"十二五"期间将建成3600万套，这是一项相当庞大的工程。从中长期建设目标来看，保障性住房建设对于改善低收入居民的居住条件，促进社会和谐稳定具有重要的意义。同时，保障性住房建设对于危机时代的中国对冲GDP增速放缓的风险也具有重要的战略意义。作为一项鼓舞民心的政策，实施中的问题也不容忽视。在现有的财政体制下为确保保障性住房建设顺利推进，如何处理好中央与地方的财权与事权关系、充分调动地方政府建设的积极性，是摆在各级政府面前的一道难题。面对庞大的建设规模，开工不足、质量低劣、分配不公等负面报道不断传出，拆迁难题、资金瓶颈、土地政策等困难让各级政府举步维艰，引起了中央和社会的普遍关注。

正是在这样的大背景下，我们申请开展城市保障性住房建设机制的课题研

课题负责人：申相臣（焦作市财政局局长）。课题组成员：张继东、郭明杰、李新龙、王立谦、庞军杰、韩丽娟、申鑫。本课题为中国发展研究基金会发展研究项目2011年度资助研究课题，项目编号2011基研字第0016号。

究。研究将选取焦作市的保障性住房建设为研究对象，描绘该市过去、现在和未来关于城市保障性住房建设的"大图景"。希望通过对焦作这一代表城市的深度剖析来为我国的保障性住房建设提供参考性的建议。

（二）国内外研究现状

1. 国外关于保障性住房的研究

国外发达国家在公共住房建设中逐渐引入民营企业参与是一种普遍趋势，这有利于缓解政府的财政压力，通过有效的优惠政策吸引民间资金可以保障廉租房建设的长效性。李博洋（2005）通过对美国的抵押贷款市场、新加坡的住房公积金制度、德国的住房储蓄银行等三种主要的住房金融模式进行研究，总结出了构建住房金融模式的共性问题，在分析制约住房金融模式选择和构建的因素的基础上，提出了以商业性住房金融为主、政策性住房金融与互助性住房金融为辅的住房金融发展模式。高峰（2007）在分析目前学者提出的扩大住房公积金规模、征收住房保障税等两种融资方式并收集大量数据的基础上，引入 PFI 模式，详细阐述了 PFI 模式在我国城镇廉租住房建设中的应用，并提出了相应的政策建议。

发达国家在实施旧城改造中普遍采用了 PPP 模式，取得了不少成功的经验。美国最早在城市社区开发中推行了"同利开发"和"城市控制"计划，鼓励民众参与社区和城市建设。20 世纪 70 年代，在波士顿和巴尔的摩等城市的改造中，成立了城市开发公司，将政府、开发商以及其他社会参与者的权利和义务通过协议的形式一并纳入其中，既保证了各方的利益，也有效地解决了城市改造中的诸多难题，创造了城市建设的 PPP 新模式。20 世纪 70 年代，英国政府针对普遍出现的社会混乱、移民大潮、经济衰退等问题，先后设立了城市开发公司、实施"城市挑战"以及"单项更新预算"，通过政府的税收、借贷以及行政力量，降低开发商的成本和风险，以有限的公共资金作为杠杆，撬动私人资金注入到包括住宅、教育、培训、创造就业、改善环境、提高社会治安、改善社会福利等领域，实现了推动城市经济、社会、环境全面更新的目的。在公共住房提供方面，日本是以住宅金融公库、住宅都市整合公团和地方住宅供给公社为主体，三方共同承担公共住房的供给。其中住宅金融公库承担融资责任，投资于公共住房建设的资金主要包括政府直接投资、合作社投资、私人投资等三个方面。住宅都市整合公团和地方住宅供给公社负责项目的建设和运营，这种政府与社会合作的模式在日本的公共住房建设中发挥了重要的作用。社区建设与城市复兴已经成为西方发达国家城市发展政策的重点。以全面更新为目标的 PPP 综合开发模式涉及基础设施建设、废弃土地开发、住宅更新和建设、就业岗位创造等各个方面，特别是解决项目实施中的融资难题对保障性住房建设具有重要的借鉴意义。

发达国家在住房保障政策方面有许多值得借鉴的经验，比如英国积极倡导合作建房、大力建设公共住房、高度重视住房补贴等，美国实施低收入家庭住房保障的法制化、低收入家庭住宅的私有化以及实施多样化的公房援助计划，日本在保障性住房建设中提倡第三部门的大力介入政策。为此，陈成文等（2008）撰文就英、美、日三国在低收入家庭的住房保障问题上的经验做法，针对我国的具体情况提出了相应的对策建议。我国政府根据居民的居住状况和收入水平，制定了相应的住房保障政策，在一定程度上缓解了城市居民的住房困难问题。

2. 国内关于保障性住房的研究

（1）基于保障性住房需求方面的研究

住房需求结构的分析是制定住房政策和相关技术标准的基础。根据特定的指标体系来界定具有不同需求的居民群体，进而确定适合不同层次群体的住房供给目标，是一个具有现实意义的课题。学术界对保障性住房需求的研究侧重于宏观影响因素，如 GDP、人口因素、收入水平、金融环境、税收环境等。王银彩、马智利（2005）通过研究确定了与经济发展水平、居民生活水平相适应的住房消费水平，新建住房价格控制目标要根据当地经济发展目标、人均可支配收入增长速度和居民住房可支付能力合理确定，两者相互适应才有利于社会经济的协调和可持续发展。学者们从各个角度建立了住房水平的预测模型，据此来推测未来的住房需求。高晓路（2008）从住房消费行为的微观视角出发，深入研究住房需求层次的定量划分以及需求结构的定量模拟问题。黄凌灵、刘志新（2007）基于效用最大化建立动态优化模型，分析了我国居民生命周期住房租赁购置行为的基本特征及内在机理。影响城镇居民住房消费需求的因素是多方面的，包括收入水平、住房价格、人口因素、金融和税收政策等等。沈英姿（2007）通过分析住房需求收入弹性和价格弹性，从提高居民收入和稳定住房价格两个方面鼓励城镇居民进行住房消费。

更多的研究注重对住房需求的定量预测，而且研究思路已经逐渐从人口学意义的预测转向社会经济等宏观因素和经济周期等对住房需求的影响，开发了很多预测方法和模型。住房需求的微观实证研究受到更多的关注。例如，通过分析收入、房价、居住时间、居住环境等对于住宅选择的影响来预测住房需求。其中，张文忠（2005）通过考察居住环境、住宅价格与消费者的居住区位选择行为的关系，对城市居民的住房区位需求进行了深入分析；郑思齐（2005）等利用消费者支付意愿模型，探讨了城市居民对居住区位的偏好。还有一些研究运用计量经济学模型，定量地分析住房需求的收入弹性，把握不同收入家庭的需求特征，从而根据收入的预测对城市住房需求的变化进行预测，也取得了较好的效果。

（2）基于保障性住房供给方面的研究

作为我国经济体制改革的一项重要内容，住房制度改革通过建立符合市场经济机制的住房体制，实现住房的商品化和社会化。随着市场经济的不断发展，我国居民的收入水平和居住条件得到了很大改善。但是过快增长的房价已经超过了居民可支配收入的增幅，中低收入阶层在住房改革中逐步被边缘化。加大供给，特别是针对中低收入群体的保障性住房供给成为理论界和各级政府最为关注的领域。目前，中国的大城市及特大城市正面临着巨大的保障性住房供给压力，促使各级政府不断地在住房保障政策上进行尝试与革新。

在关于保障性住房供给研究方面，学者们取得了很多成果。程遥（2008）以福利经济学的视角，分析并评价了在不同供给模式以及区位条件组合下，住房保障政策的市场供需绩效及利益分配绩效。提出只有将保障性住房政策纳入一个空间资源配置政策体系中，才有可能实现住房保障政策的效应最大化。在国务院设立重庆市和成都市全国统筹城乡综合配套改革试验区的政策环境下，有学者对重庆和成都保障性住房建设进行了有益的探索。郑晓云、葛俊（2008）重点分析了重庆市保障性住房的市场和政策环境，借鉴发达国家住房保障模式，从城市区域范围的角度，对健全住房保障体系所需做出的基础性和支撑性工作提出改革建议。周翔宇（2008）基于城乡统筹的视角，从西南地区城市保障性住房现状出发，找出其保障性住房存在的问题。引入保障性住房社会功能有助于完善西南地区城市保障性住房体系。崔竹（2008）从理论依据和现实基础两个方面，深入论证了住房分类供应的必要性。提出城镇住房的分类供应与保障制度。李志清、田金信（2009）为解决北京市保障性住房供需矛盾，完善其住房保障供给体系，并使其实施更具可操作性，应用灰色系统预测理论，对北京市未来保障性住房供给总量进行了预测，为政府进行相关决策提供了依据。

香港政府通过双轨制住房供应体系成功解决了广大市民的住房问题。香港的保障性住房供应体系在解决中低收入市民的居住问题及实现政府对住房市场的宏观调控方面都具有重要作用。刘云、宁奇峰等（2002）通过分析香港的经验可更深入地了解我国现阶段住房供应体系建设中的问题，在此基础上提出相关的对策。

（3）基于保障性住房融资问题研究

保障性住房建设是我国社会保障体系的重要组成部分，但市场经济不完善、地方财力有限等原因制约着保障性住房建设，仅靠政府无法提供足够的资金进行保障性住房建设，我国的保障性住房建设正面临着资金瓶颈。巴曙松（2006）指出，在中国现行廉租住房建设体制下，公共廉租住房建设各利益方目标差异大，难以形成合力，从而造成建设资金难以得到满足。应借鉴西方发达国家公共住房建设的经验，通过改革政府财政制度、建立新的廉租房供给模式、创新公共廉租住房融资模式等方式，逐步解决廉租住房建设面临的资金困局。

2011 年 6 月，由北京市财政出资 100 亿元作为资本金成立的北京市保障性住房建设投资中心，专营公租房持有和运营。这一举措的意义不仅在解决建设资金难题方面，更重要的是将社会机构，包括银行、保险公司和国有企业确定为主要投资者，这对于保障性住房建设起着巨大的引导和示范作用。

重庆市和成都市在保障性住房建设方面进行了有益的探索。在国务院设立重庆市和成都市全国统筹城乡综合配套改革试验区的政策环境下，通过优化保障性住房市场和政策环境，借鉴发达国家住房保障模式，基于城乡统筹的长远规划，通过引入保障性住房的社会功能完善了西南地区城市保障性住房体系。

在借鉴国内外城市公共住房建设经验的基础上，焦作市将 PPP 模式应用于棚户区改造项目中，为城市保障性住房建设机制的创新做出了有益尝试。

（4）基于保障性住房的政府职能研究

在保障性住房建设中，政府的职能起着巨大的引导和示范作用，影响着工程建设的绩效水平。贾康、刘军民（2008）在勾画住房保障体系必要性、简要分析其现状和问题的基础上，提出了"基本住房需求由政府保障、进一步改善居住需求主要通过市场解决"的住房保障体系基本原则，以及完善我国住房保障制度的十项对策建议，并讨论了完善社会化市场化住房供应调控体系和加快多层次住房金融支持体系建设的政策要点。马光红、李宪立（2010）结合当前扩大内需、增加保障性住房财政投入的宏观背景，基于完善廉租住房制度的视角，首先分析了廉租房制度运行中存在的主要矛盾与问题，进而提出了完善廉租住房规划建设管理的实施路径及其框架，主要从土地供应、融资机制、法律法规建设、组织管理体系的架构、信息化管理、制度创新、退出机制等方面展开讨论，以期为城市政府提高廉租房制度的运作绩效提供可操作性的实施建议。何宏杰（2011）以地方政府角色为研究视角，归纳总结了在住房保障方面的成功经验，并结合我国的实际特点，积极探讨地方政府在建立保障性住房体系中的角色。

3. 对国内外研究现状的概要评述

国内外关于保障性住房建设丰硕的研究成果为我们开展这方面的研究打下了很好的基础。总体上看，学者们从不同的视角对住房保障问题进行了深入分析，提出了很多有针对性的建议。政策实践方面，发达国家在旧城改造方面的经验值得我们借鉴，同时，全国统筹城乡综合配套改革试验区的实践为西南地区重点城市的保障性住房建设创造了良好的外部环境，这对于中西部地区推进城市保障性住房建设具有重要的启示。

为了寻求一般意义上的城市保障性住房建设模式，需要选取有代表性的城市进行深入剖析，具有普适性的研究成果能够指导保障性住房建设有条不紊地推进。焦作市作为国家确定的首批资源枯竭城市之一，历史遗留下来的大片棚户区成为城市保障性住房建设的重要组成部分，解决棚户区改造难题是保障性住房建设中的典型案例。同时，焦作市作为南水北调中线工程唯一穿城而过的城市，在解决工程拆迁安置中取得了很多成功的经验。在解决保障性住房建设融资难题方面，焦作市创新推行公私合作的管理模式，为解决保障性住房建设中存在的关键问题提供了很好的思路，得到了中央的重视。只有针对保障性住房建设中可能遇到的问题提出切实可行的解决措施，才能确保保障性住房建设工程成为真正的"民心工程"。

（三）研究的框架设计

1. 研究目标

本研究借鉴国内外关于保障性住房建设的研究成果和实践经验，深度分析焦作市保障性住房建设的现状及存在的问题，从历史的视角剖析地方政府在住房保障政策执行中的困局。通过分析现有住房保障政策的利弊得失，为建立良好的住房保障运行机制扫清政策障碍。以解决保障性住房建设中的资金难题为切入点，从经济的视角探索公私合营管理的创新模式，为进一步转变政府职能、在更加广泛的公共服务领域引入社会资金和管理提出新的思路。研究中将以实地调查和实证分析为重点，以第一手资料为基础，通过规范化的数据分析，提出有针对性的政策建议。

2. 研究内容

本研究共分六个部分。从保障性住房的需求—供给—分配等环节入手，通过追溯历史，洞察城市不同阶层的住房状况，并分析引起住房困难的原因；分析住房保障的供给计划的确定、土地、资金等的筹措机制；探讨保障性住房分配中的公平性问题。城市化趋势下不同社会群体在住房方面存在各式各样的问题，有历史上的原因，也有政策方面的原因，分析中将重点对政府的角色和可能存在的问题进行研究，提出有针对性的建议，通过深入剖析焦作在实现中期目标任务方面的经验教训，为保障性住房建设提供借鉴。

3. 研究的方法

本研究拟采取的研究方法主要有：

• 问卷调查和实地考察相结合

保障性住房建设涉及多方参与者和广大的社会公众（外部参与主体），住房需求分析将采用调查问卷方式；对住房建设单位、政府部门、代理机构等的相关研究采取实地考察的方式。

• 案例分析

借鉴国内外成功的经验以及研究中选定特殊专题，采取案例分析的方法，从事实中抽取有益的经验。

4. 技术路线图

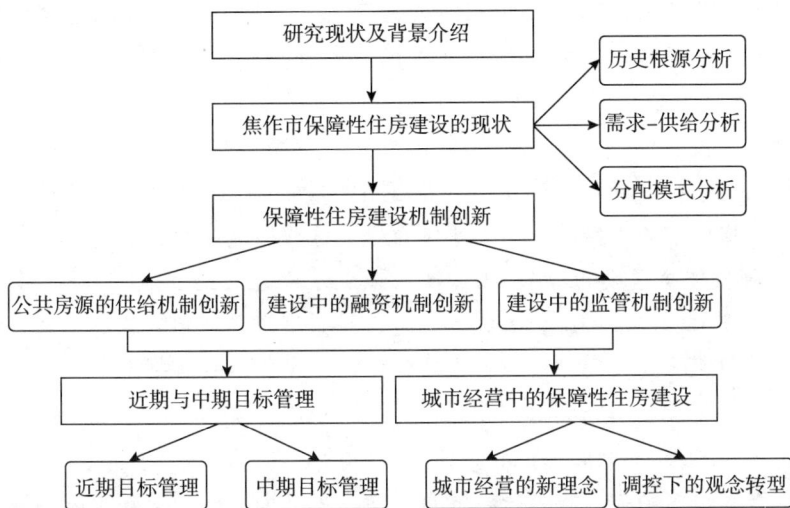

图1　技术路线图

二、保障性住房建设的现状分析

（一）保障性住房的类别划分和基本原则

1. 各级政府对保障性住房的分类

目前，我国保障房体系主要包括四种类型：廉租住房、公租房、经济适用房、限价房。从历年来政府出台的管理办法中可以看出，城镇廉租住房主要是指政府和单位在住房领域实施的社会保障职能，向城镇最低收入家庭提供以租金为支付形式的普通住房。经济适用住房是政府通过限定套型面积和销售价格，按照合理标准建设，向城市低收入住房困难家庭提供的具有保障性质的政策性住房。

两者的差别主要体现在供应方式上。自 2010 年颁布"关于加快发展公共租赁住房的指导意见",政府将公共租赁住房纳入了保障性住房领域。在产权所属和保障人群方面,各类保障性住房存在较大差异。公共租赁住房主要是面对城市中等偏下收入住房困难家庭(有条件的地区也将新就业职工和有稳定职业并在城市居住一定年限的外来务工人员纳入保障范围)。在政策执行中,对于已经享受了廉租住房实物配租和经济适用住房政策的家庭不得承租公共租赁住房。

在《河南省"十二五"城镇住房保障规划》中,河南省政府将城镇住房保障划分为保障性(政策性)住房建设、棚户区(或旧城区)改造以及国有农场、林场的危旧住房改造。其中,保障性(政策性)住房包括:廉租住房、公共租赁住房、经济适用住房(包括困难企业的集资建房)与限价商品住房;棚户区(旧城区)改造主要指城市和国有工矿棚户区改造。

结合城市发展的现实要求,焦作市政府将保障性住房划分为:公共租赁住房、廉租住房建设、经济适用住房、城市棚户区和国有工矿棚户区改造。由于历史原因,焦作市的保障性住房主要集中在棚户区改造上。

2. 保障性住房建设的基本原则

以对焦作市城市发展历史的深刻理解、对城市建设规划的总体把握,同时结合地方政府对保障性住房建设任务重要性认识,焦作市政府制定了适应焦作实际的保障性住房建设基本原则。

(1)目标科学、标准适度的原则

坚持以满足城镇中低收入家庭的基本住房需求为目标,统筹考虑当地经济社会发展水平、城镇化进程、城镇居民住房状况、家庭人口结构、住房支付能力以及土地等资源禀赋约束性条件,综合平衡政府财力和各项公共支出,量力而行,科学制定住房保障目标,合理确定住房保障方式和住房保障标准。

(2)因地制宜、统筹协调的原则

从实际出发,针对不同收入群体,采取不同保障措施,建立和完善多层次的住房保障体系。做好与城市发展规划、土地利用规划、房地产业发展(住房建设)规划等相关规划的衔接,协调各类保障性住房与各类保障群体之间的关系,使目标任务、投资安排和政策手段等实现有机统一,充分体现住房保障规划的可操作性。

(3)突出重点、分步实施的原则

区分轻重缓急和难易程度,科学安排建设和发展时序。对城镇最低和低收入住房困难家庭,逐步实现"应保尽保";大力发展公共租赁住房,着力解决外来务工人员和城市新就业职工的住房困难;加快城市棚户区、旧城区及城中村改造，规范发展经济适用住房，逐步扩大保障范围，积极创造条件解决城市中等偏下收入家庭的住房困难。

（二）焦作市保障性住房建设的现实依据

1. 焦作市保障性住房建设的特殊性

焦作市位于河南省西北部，北依太行，南临黄河，总面积 4071 平方公里，辖 10 个县（市）区和焦作新区，常住人口 353 万。2011 年，全市 GDP 达到 1469.4 亿元，增长 13.3%；一般预算收入完成 74.5 亿元，增长 17.6%。税收占一般预算收入的比重为 70%。一般预算支出完成 144.8 亿元，增长 19.1%。收入规模位居河南省第 7 位。由于具备较好的工业基础、丰富的旅游资源和良好的投资环境，焦作市正紧紧抓住中原经济区建设的重大机遇，加快转型升级步伐，着力打造新型工业城市、国际知名旅游城市和区域性中心城市，加快建设更具活力的新型城市。

作为因煤而立、因煤而兴的资源型城市，煤炭在给焦作经济带来利益的同时，也遗留了诸多历史问题，其中历史形成的大片棚户区成为城市发展的重要制约因素，这种特殊性也决定了焦作市的城市保障性住房建设重点离不开棚户区改造。无论是城市棚户区、工厂棚户区、采煤沉陷区、煤矿棚户区、征迁安置、城中村等等都涉及拆迁、改造、新建、安置居民等一系列问题。

焦作市的棚户区包括城市棚户区和工矿棚户区，其中煤矿棚户区占有很大的比重。在计划经济时期，煤矿工人的住房条件非常差，基本上都沿用 50、60 年代修建的老平房，年久失修，面积狭小，各方面配套条件都跟不上，严重影响人们的生产、生活。据统计，目前焦作市共有棚户区 40 个，户数 18855 户，需拆迁面积 241 万平方米，特别是下岗失业、退休职工比较集中，各种矛盾问题的日益凸显，群众要求改造的呼声强烈。2007 年，河南省借鉴东北棚户区改造经验，省政府组织专门对省重点煤炭企业棚户区进行改造。当时，省政府出台了关于加快推进省属国有重点煤炭企业棚户区改造工作的意见（15 号文），从政策、用地、税费减免等方面对棚户区改造进行政府扶持。焦作市也同时出台了相应办法，将棚户区改造项目列入河南省、焦作市十大实事和重点项目。

在棚户区改造项目运作中，焦作市政府利用市场之手，通过定原则、定规划、给政策，区分不同情况采取了有差别的改造模式，比如：对工矿棚户区改造采取企业自行改造、企业与社会资本联合建设、房地产综合开发等方式进行；对具有商业开发价值的棚户区，由城区人民政府统一组织，采取市场开发方式进行运作；对不具备商业开发价值的棚户区，由市政府所属的公共住房建设投资有限公司实施改造。在项目运作中实施了公私合营的管理模式，吸引社会资金参与棚户区改造，实现了保障房建设的管理机制创新。

2. 保障性住房政策实践中的经验

（1）公共租赁住房中的政策

焦作市政府研究出台了"焦作市区公共租赁住房管理办法"，结合保障性住房的其他政策文件，规定了政府在住房建设中的职能、房源供给、房屋建设以及其他的政策支持。

①房源供给。公共租赁住房主要用来满足外来务工人员和新就业职工过渡性住房需求，单套建筑面积控制在60平方米以下，租金价格略低于市场租金水平。政府通过集中新建、商品住房和经济适用住房配建、产业聚集区配套建设、市场租赁等多种模式筹集公共租赁住房房源。

②房屋建设。采取土地供应、投资补助、财政贴息或注入资本金、补贴租金、税费优惠等政策措施，鼓励支持用工集中企业、房地产开发企业、集体经济组织、社会机构等投资主体采取市场化模式投资建设公共租赁住房。

③融资管理。充分发挥各级投融资平台作用，利用政府投资在划拨土地上建设的公共租赁住房，主要由各级政府组织成立的保障性住房建设投融资公司实施建设。

④税费优惠。对保障性安居工程建设免收各项行政事业性收费、政府性基金以及土地出让收入；对公共租赁住房建设涉及的营业税、房产税、城镇土地使用税、土地增值税、印花税、契税等税收给予减免等优惠政策。

（2）棚户区改造中的支持政策

棚户区改造作为焦作市城市保障性住房建设的重点，政府在棚户区改造方面出台了很多优惠政策。

①资金分担政策。建立各级政府提供补助、群众集资、企业兜底的资金分担机制。其中省级政府补助200元/平米，市级政府补助100元/平米，群众集资部分，对边缘地区群众260元/平方米，市内区域580元/平方米。焦作市80%的棚户区分布在中站、马村、修武等边远地区，此项优惠政策让大部分群众只要承担260元/平方米就可以住上60～90平方米的新房。

②税费减免优惠。对改造工程免收各项行政事业性收费、政府性基金以及土地出让收入；对棚户区改造涉及的营业税、房产税、城镇土地使用税、土地增值税、印花税、契税等税收给予减免等优惠政策。据不完全统计，政府在政策实施初期对44条主要行政事业性收费进行了收费全免。初步测算，，每平方米减免金额高达500多元。

③组织保障。对于项目运行中出现的拆迁难、阻工、个别审批手续不好办理等困难,政府成立了以"棚改办"为管理主体的专项工作机构,明确细化责任分工,逐个签订目标责任状。专项工作小组由市长亲自担任组长,副市长、县市区县区长都是工作小组成员,分别承担着重要责任。经过焦作市政府、煤矿工矿企业等多方努力,目前已取得明显成效。新建小区配套设施功能完善,棚户区居民搬入新居后住房条件得到明显改善,生活水平不断提高。生活保障及文化娱乐设施完善,子女入托、上学、就医能力不断提高。随着工程建设力度的不断加大,这一惠民工程将不断惠及千家万户。

(3)廉租住房建设中的政策

市政府出台"焦作市区廉租住房出租出售管理办法"及保障性住房配建政策,完善保障性住房使用、运营、退出等管理制度。

新建廉租住房坚持集中建设和配建相结合的方式。在与经济适用住房、商品住房、棚户区改造项目配建中确定了配建的比例,其中市区以配建为主,市区要在商品房建设中按项目总建筑面积的10%配建廉租住房,在经济适用住房建设中按项目总建筑面积的10%配建廉租住房。

对廉租住房建设免收各项行政事业性收费、政府性基金以及土地出让收入;对涉及的营业税、房产税、城镇土地使用税、土地增值税、印花税、契税等税收给予减免等优惠政策。

鼓励支持低收入家庭集中的国有大中型企业,经过批准采取政府与企业联合出资的方式建设廉租住房,并通过租售并举,逐步退出政府产权。

(4)经济适用住房中的政策

鼓励各县(市)区成立保障性住房建设投融资公司承担起经济适用住房建设任务,鼓励开发企业参与经济适用住房建设,经批准的企业集资建房作为经济适用住房项目纳入经济适用住房管理,在商品房建设中配建经济适用住房,通过工矿棚户区改造建设经济适用住房。严格执行经济适用住房套型面积规定标准,优化设计,完善功能,控制价格,提高品质。严格申请审查,规范销售管理和上市交易。

及时调整经济适用住房政策,扩大保障范围,逐步建立面向有稳定职业的外来务工人员等群体供应经济适用住房机制。对保障性安居工程建设免收各项行政事业性收费、政府性基金以及土地出让收入;对经济适用住房建设中涉及的营业税、房产税、城镇土地使用税、土地增值税、印花税、契税等税收给予减免等优惠政策。

（三）保障性住房的需求—供给现状分析

1. 保障性住房的总体需求分析

整个"十二五"期间，焦作市将建设 9.8446 万套保障房。这一中期目标的确定是在住房需求统计的基础上，根据人口数量统计，再按照市本级城镇化率 90%，县城城镇化率 40%、户均 3.47 人的比例测算出来。

2011 年，焦作市城镇户均人数约为 3.47 人，据此测算，规划期末全市城镇常住家庭约 58.23 万户。其中，无住房支付能力的低收入家庭约占城镇家庭总户数的 20% 左右，需要纳入城镇住房保障体系予以保障的住房困难家庭约为 11.64 万户。

焦作市已建成各类保障性住房和实施保障 3.07 万户，预计"十二五"期间新建各类保障性住房 8.38 万套即可基本满足城市低收入家庭的住房需求。

2. 不同社会群体的住房需求分析

了解不同社会群体的经济特征以及住房需求，对于制定有针对性的保障性住房政策至关重要。近年来，各级政府出台了保障性住房的分类指导意见，我们在具体的政策执行中综合考虑了不同层次居民的收入水平、各地区的平均收入和城镇居民最低生活保障水平，由此分析不同地区不同社会群体的住房需求，并适时调整各类住房的进入门槛。

（1）城镇居民收入水平

"2010 年国民经济和社会发展统计公报"显示，全国城镇居民人均可支配收入 19109 元，实际增长 7.8%。城镇居民家庭食品消费支出占消费总支出的比重为 35.7%。"2010 年焦作市国民经济和社会发展统计公报"显示，焦作市全年城镇居民人均可支配收入 15781 元（低于全国平均水平 3328 元），增长 10.5%；城镇居民人均消费支出 11228 元，增长 9.2%。城镇居民家庭恩格尔系数为 31.5%（低于全国平均水平 4.2 个百分点）。以上对比说明焦作市城镇居民的总体收入水平偏低。

（2）城镇居民最低生活保障水平

"2010 年焦作市国民经济和社会发展统计公报"显示，焦作市全年共发放城镇居民最低生活保障金 9128.8 万元，享受最低生活保障 4.7 万人。而根据焦作市房产管理中心提供的数据，目前全市廉租住房保障户数为 19516 户，廉租住房保障范围已经从城市享受最低生活保障的困难家庭扩大到了城市低收入住房困难家庭。如果按每户 3 人测算（全市约有 1.56 万户），总体说明保障房已可以覆盖到城市享受最低生活保障的群体，目前对廉租住房需求的主体应该分布在城市低收入群体。

（3）适时调整进入门槛

根据城市经济发展的要求，需要政府适时调整各类保障性住房的准入门槛。2010 年出台的"焦作市区公共租赁住房管理办法"将城镇中等偏下收入家庭，特别是新就业职工、进城务工人员等群体纳入公共租赁住房范畴；对于符合"2010 年焦作市廉租住房实物配租分配方案"中规定条件的住户可参与廉租住房分配；及时调整经济适用住房政策，扩大保障范围，逐步建立面向有稳定职业的外来务工人员等群体供应经济适用住房的机制。

3. 各类保障性住房的供给计划

保障性住房包括廉租住房、经济适用住房、公共租赁住房、城市和国有工矿棚户区改造、国有垦区危房改造、国有林场棚户区（危旧房）改造等。2011 年全市各类保障性住房建设目标 23424 套，其中的棚户区保障房供给量最大。

①新开工建设廉租住房 2130 套，占比 9%。

②新开工建设经济适用住房 2865 套，占比 12%。

③新开工建设公共租赁住房 4749 套，20%。

④城市和国有工矿棚户区改造完成开工 12897 户，占比 55%。

⑤国有林场棚户区（危旧房）改造 67 户。

⑥国有垦区危房改造 716 户。

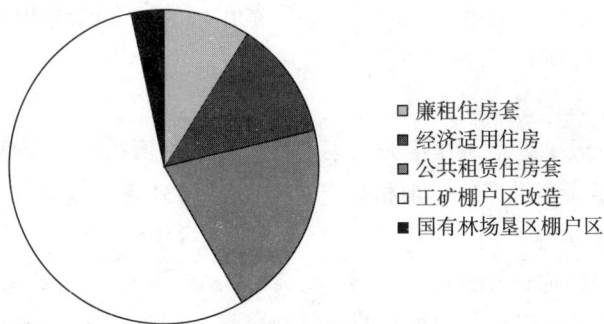

图 2　2011 年焦作市各类保障性住房供给目标

各类保障性住房建设任务遍布六县四区，除了六县市区承担的建设任务外，其他部分由焦作市公共住房建设投资有限公司承担。

按照规定比例配建廉租住房。截至 2012 年 4 月底，市区应配建廉租住房项目 25 个、共 4066 套，具体包括：棚户区改造配建廉租住房项目 10 个、共 928 套，其中已开工建设 6 个、共 556 套；经济适用住房项目应配建廉租住房项目 4 个、共 386 套，其中已开工建设 2 个、共 124 套；工业集聚区安置小区应配建廉租住房项目 1 个、共 1776 套，配建廉租住房项目未开工；商品住房应配建廉租住房项目 10 个、共 976 套，配建廉租住房项目均未开工。

4. 保障性住房供给中可能产生的社会问题

在世界范围内，历史上形成了三大贫民窟：一是南非的种族隔离型贫民区，这一贫民区的形成发端于南非的种族隔离政策，南非白人在城市郊区划出一大片土地让黑人建房，直到南非的民主化进程胜利后，索韦托周边的环境才发生了根本的变化。二是印度贫民窟。由于印度国内产生了大量的城市贫困人口，加上农民失去土地后举家进城搭建简易住房，形成了触目惊心的棚户区。在印度，有近一亿人住在贫民窟，以最大的城市孟买为例，1600 万城市居民中，有超过 62% 的"贫民窟"居民。达拉维是世界第二大贫民窟，仅次于索韦托。三是拉美贫民窟。拉美各国形成了数万人聚集的贫民居住区，被人们形象地比喻为"连魔鬼都会叹息着转身的地方"，令当地政府十分头疼。

关于保障性住房的供给模式是集中建设还是分散安置，目前存在很多的争论。争论的焦点之一就是中国目前推行的保障性住房建设所造成的社会低收入群体的聚居会不会形成新的"贫民窟"，这是困扰社会问题专家和政府的难题。焦作市在廉租房的集中建设与棚户区的集中改造之间形成了什么样的社会问题？两者对人们的心理造成的影响有没有差异？通过对这些问题的研究，有助于消除政策制定中的外部障碍。在选取了三个有代表性的住宅小区进行实地调研的基础上，我们对集中建设与分散安置的利弊、可能出现的社会问题以及问题产生的背景等进行了对比分析。

（1）三个小区的基本情况

民馨苑廉租房小区是焦作市城区集中建设的廉租房项目，于 2008 年 10 月开工建设，2009 年底建设完成，廉租房有 11 栋楼共 531 套，总建筑面积 2.15 万平方米，户均 41 平方米。这个小区项目是由发改委立项、财政出资、公开竞标建设的。2010 年初，通过社区推荐、审核、摇号确定入住的廉租居民开始陆续迁入，住户主要来自山阳、解放区两个行政区域的低收入、低保户家庭。

马村廉租房项目位于马村区西北部，南水北调主干线北临。也是集中安置，2008 年开工建设，2009 年底落成，建成廉租住房 2 栋，共安置低收入家庭 158 户。

焦作市焦煤集团棚户区改造项目也属于集中安置。马村区和谐小区是最大的小区，仅此一个小区建设 88 栋楼，安置 3000 多户居民。

（2）三个小区的对比分析

从安置小区的外部环境看，总体环境优美，内部配套设施齐全，硬件条件较好。

由于廉租房面向社会低收入家庭，形成了城区低收入群体聚居的空间，很有可能形成新时期的"贫民窟"。由于这些小区一般都位于城市边缘，交通、医疗、教育等服务提供不足，特别在小区内部，聚居人群的特殊性事实上扩大了贫富差距。同时，从管理层面看，住宅所属地不愿接收和管理这部分居民的户籍，造成了社区管理中的问题，在现有户籍制度下，子女的就学受到影响，社会资源配置的不公平对孩子的成长和心理有较大的负面影响，容易积累社会的不稳定因素。

对比廉租房的集中建设，棚户区的集中改造情况有所不同。从几个小区类型来看，焦煤集团棚户区的情况要远胜于马村区廉租区、民馨苑廉租房小区；马村区廉租区又好于民馨苑廉租房小区。分析其中的原因，焦煤集团棚户区属于企业职工集中安置，"单位文化"形成的向心力凝聚力，减弱了贫富差距可能造成的心理灾难。马村区廉租区相对于民馨苑廉租房小区，又属于本管理区域内居民安置，且建设规模不大，所形成的冲击并不明显。

（3）重视人文生态环境建设

政府在探索建设保障住房路径时，需要进行多元化思考，不仅要解决群众的住房问题，更要综合考虑保障对象的就业、教育、医疗乃至后代的成长环境问题，重视社区文化生态环境的建设。

各级政府可结合自身情况，因地制宜地进行各类保障房的建设。

首先，对廉租房等保障房建设可以实行小集中、小分散与"插花式"相结合的建设方式。

其次，要充分考虑文化的影响，以"单位文化"建设为依托，鼓励采取以政府补助、工矿企业集中建设的保障房建设方式。

第三，目前保障房建设中采取的10%比例的配建模式是"以商业化为主、公共化为辅"的建设方式。我们可以尝试在廉租房中配建商品房，即"以公共化为主、商业化为辅"的建设方式，在保障性住房领域推广公私合营的管理模式。

（四）保障性住房的建设和分配管理模式

1. 各类保障性住房的建设标准及技术规范

各个国家和地区在公共住房的建设标准方面都有明确的规定，按照家庭人口规模设定建设标准。根据保障性住房的基本含义，现阶段我国的住房保障只能是低水平的基本保障。各类保障性住房的建设应采用较低标准设计，公租房（廉租房）的建设标准应采用最低设计标准，设计的一个基本准则是各项基本使用功能齐全。焦作市保障性住房的建设标准和技术规范是按照国家建筑节能的有关规定确定的，主要依据包括：国家建设部等7部委联合印发的《经济适用住房管理办法》（建住房〔2007〕258号）规定以及2004年市政府出台的《焦作市市区经济适用住房管理办法》（第45号令）。

其中，经济适用住房以中小套型为主。二人及以下户型不超过60平方米，三人及以上户型不超过80平方米。高层建筑可适当放宽，二人及以下户型不超过70平方米，三人及以上户型不超过90平方米。

廉租住房单套建筑面积按照国家要求控制在50平方米以下，二人及以下户型不超过40平方米，三人及以上户型不超过50平方米。

棚户区改造建设要充分考虑棚户区居民的购买能力和意愿，原则上工矿棚户区改造项目户型建筑面积控制在80平方米以内，高层建筑可适当放宽到90平方米，城市棚户区安置回迁居民的户型面积应结合当地居民住房实际情况和居民收入水平确定，以中小套型为主。

2. 保障性住房建设中的政府管理职能

住房建设和管理部门作为政府的派出机构，履行政府在保障性住房建设中的管理职能，包括建立低收入困难家庭住房保障体系，开展辖区内低收入住房家庭的日常管理工作，组织开展保障性住房的建设以及城中村、工矿棚户区的改造工作等。为进一步理顺保障性安居工程的管理体制，住建部门采取了多种措施加强管理，包括对廉租住房、经济适用住房、公共租赁住房建设和棚户区改造统一归口管理；积极推进保障性安居工程投融资体系改革，建立保障性住房建设投融资公司，提高融资能力；支持集体经济组织采取自行投资建设、作价入股、租赁土地等方式使用集体建设用地建设公共租赁住房；积极引入市场手段和竞争机制，通过购买等方式管理和运营保障性住房，提高效率。

保障性住房的分配是政府管理职能重要性的体现，因为住房的分配直接关系到社会群体的根本利益。为实现公平分配，焦作市住房建设和管理部门制定了详细的分配和管理制度，包括"2010年焦作市廉租住房'实物配租'分配方案"、"焦作市市区经济适用住房管理办法"等一系列制度文件，积极探索保障性住房分配过程的科学化、合理化、规范化，特别是在廉租住房"实物配租"分配方面采取了多种创新形式，进一步完善廉租住房保障体系，充分发挥"实物配租"保障方式的优势，使政府有限的房源照顾到更多的特殊困难家庭。

3. 廉租住房"实物配租"分配模式的应用

从廉租住房的制度设计来看，大致有"实物配租"和"货币配租"两种基本形式，而"货币配租"又可细分为租赁住房补贴和租金核减两种形式。目前我国绝大多数城市以货币配租为主。住房保障部门通过对符合低收入住房困难条件家庭的需求进行调查后了解到：政府提供租赁型住房，采取"实物配租"分配模式更加符合公众的诉求。实物配租是指政府向符合条件的申请对象直接提供住房，并按照廉租住房租金标准收取租金。

2009 年，焦作市以房管局和政府办名义出台了"2009 年焦作市廉租住房实物配租分配方案"和"焦作市廉租住房实物配租实施细则"，初步明确了廉租住房分配的方针。在取得阶段性经验的基础上，2010 年政府公布的"廉租住房'实物配租'分配方案"，对参加分配的廉租住房房源、廉租住房分配原则、参加分配的廉租家庭条件等内容进行了明确界定，对相关部门对参加廉租住房分配人员的资格认定进行明确分工，对分配规则、分配程序等方面均进行了详细的要求，力求整个分配过程能够最大化趋于公平合理。

第一，发布房源分配方案和房源信息。

在房源分配前，廉租住房实物配租分配方案就会通过会议通知、张榜公布、报刊、网络、媒体发布等方式向社会公布。在房源分配摇号当日明确具体的房源，采取阳光操作方式。

第二，确定参加分配的廉租家庭条件及资格。

各城区房管部门负责所属区域内实物配租分配对象的申请和资格认定。申请"实物配租"分配对象必须填写《焦作市廉租家庭申请保障方式调查表》或《焦作市低收入家庭申请保障方式调查表》。各城区房管部门负责对申请"实物配租"分配对象中特殊保障家庭的资格认定，并报市房管局复核后，将这些特殊保障家庭的个人详细情况在新闻媒体上进行公示五天，无异议后方可认定为我市"实物配租"特殊保障家庭。各城区房管部门将审核确认符合"实物配租"分配条件的低保家庭或低收入家庭的个人详细信息分别录入计算机，由市房管局房改综合科统一编号，形成全市"实物配租"分配候选家庭信息资料。

第三，确定严格的住房分配流程控制。

摇号分配当日，组织者严格按照廉租住房分配原则进行分配，方案上规定，廉租住房分配首先满足低保住房困难对象后，房源若有剩余时，符合焦作市低收入住房困难标准家庭也可申请廉租住房。同时，摇号选房按照廉租住房所建区域分区段进行。

采取多种措施加强住房的分配组织管理，严格程序，努力确保分配活动公开、公正、公平。市房产管理局负责实物配租摇号的组织工作，摇号在公证部门、新闻媒体、有关部门以及廉租家庭代表的监督下，采取计算机随机抽取的方式确定申请人的选房顺序号和房号。市公证机关对廉租住房分配的全过程予以公证。摇号前由市公证处对摇号的计算机进行清空查验，并对摇号候选家庭资料和备选房号信息进行审验，合格后导入计算机并签封。市房产管理部门对已取得"实物配租"资格的家庭签发《焦作市廉租住房入住通知书》，取得"实物配租"资格的家庭须在《焦作市廉租住房入住通知书》上签字确认。已选定房屋的廉租住房家庭应与市房产管理部门委托的区房产管理部门签订《焦作市廉租住房租赁合同》。逾期不签订廉租住房租赁合同的，视为放弃本次廉租住房实物配租资格，其选定的房号由轮候家庭依次替补。放弃选房的廉租住房家庭，其保障方式由实物配租转为发放租赁补贴，且两年内不予接受其申请和安排实物配租。

在大力推进廉租住房"实物配租"分配模式的同时，针对廉租住房"实物配租"中存在的退出困难问题，住建管理部门目前正积极探索廉租住房"实物配租"的退出机制。通过借鉴国内其他城市的经验，为"实物配租"设计具体可操作的办法，形成廉租住房"实物配租"有进有退的良性循环机制。

三、保障性住房建设机制创新研究

（一）保障性住房建设中的难题解析

1. 保障性住房建设中的管理难题

地方政府"重建设、轻管理"的现象在当前保障性住房建设中比较普遍。从建设用地的规划、设计到保障性住房的建设和后期管理，存在诸多管理难题。

首先，存在保障性住房项目选址的难题。建筑材料费、人工费以及征收费用的逐年增加，进一步增大了保障性住房建设的实施难度。受到建设成本、资金缺口、土地供应等因素的影响，保障房项目选址往往远离中心城区，给被保障居民的出行带来困难，增加了生活成本。就目前情况看，由于地方政府对于住房保障政策认识不一致，在廉租住房和公共租赁住房建设上存在布局不合理的现象，主要表现为县（市）建设量超出实际需求，而中心城区建设量不足的矛盾。

其次，保障对象的核准信息不畅。对家庭和个人住房、收入以及资产等情况没有掌握充足的信息。保障性住房的供给，涉及保障对象家庭的经济状况、住房状况、户籍状况等多方面的内容。当前，由于家庭财产表现形式多样，个人收入来源的途径各不相同，这些方面信息相互不畅通，给对保障对象的准入资格审核和跟踪检查带来很大难度。信息管理上的漏洞造成一些地方在保障性住房分配中存在申请弄虚作假、申报不实以及工作人员不按规定程序和条件审批、失职渎职等现象。同时由于保障性住房的退出机制不健全，也在住房分配中积聚了不少矛盾。

第三，配套政策不完善，保障房建设资金筹集缺乏长效机制。"十二五"期间，公共租赁住房将成为现行住房保障体系中的一个重要方面，但目前在建设主体、融资政策、金融支持、税收优惠、土地供应等方面还缺少相应的配套政策。

保障性住房建设和管理目前仍处于探索阶段，相关政策、建设机制、保障范围、保障方式等还需要在实践中不断完善。实际工作中也存在政策边界不够清晰、利益调节和退出机制不够完善等问题。同时还有政策的延续性和前后衔接等问题。

纵观焦作市商品房与保障性住房地理位置区划，商品房一般都建在城市中心区域、黄金地段、主干道周边，属于成熟生活圈。而保障性住房基本上都在近郊边缘地区，与居民生活相关的交通、购物、就医、上学等配套设施不齐全。

2. 保障性住房建设中的融资难题

住房制度改革极大地改善了部分群众的居住条件，但对于广大中低收入群体来说，房价过高、上涨过快、保障性住房保障功能缺失的现实制约了住房制度改革的深化。伴随着国家对房地产调控力度的加大，保障性住房建设的呼声也越来越高。2011 年，中国政府提出开工建设各类保障性住房 1000 万套，整个"十二五"期间将建成 3600 万套，这是一项相当庞大的工程。作为一项鼓舞民心的政策，实施中的问题也不容忽视。面对庞大的建设规模，开工不足、质量低劣、分配不公等负面报道不断传出，拆迁难题、资金瓶颈、土地政策等困难让各级政府举步维艰，引起了中央和社会的普遍关注。

"基本住房需求由政府保障、进一步改善居住需求主要通过市场解决"的住房保障体系基本原则，以及完善我国住房保障制度的十项对策建议（贾康、刘军民，2008）对于我国保障性住房建设具有重要的指导意义。通过完善社会化、市场化的住房供应调控体系，加快多层次住房金融支持体系建设的政策要点，为地方政府妥善解决保障性住房建设难题拓展了思路。国家建设部制定的 2011 年保障房建设任务中，13000 亿元的建设资金中约 8000 亿元需要通过社会融资，从投资主体看，社会资金的参与是保障房建设项目成功实施的关键。

"十二五"期间，焦作市将建设 9.8446 万套保障房，总投资约 100 亿元，用地 5000 亩左右。建设资金筹措和征地拆迁压力比较大，2011 年建设任务比上年有较大增加，保障性住房建设任务遍布六县四区，一些地区资金筹措存在一定困难，有些地方的保障性住房用地未能及时完成征地拆迁，也拉长了保障房的建设周期。

（二）保障性住房建设中的管理机制创新

1. 保障性住房建设的流程化管理

保障性住房建设是住房制度改革进程中的重要阶段，从中长期建设目标来看，保障性住房建设对于改善中低收入居民的居住条件、促进社会和谐稳定，以及"后危机时代"的中国对冲 GDP 增速放缓的风险都具有重要的战略意义。能否顺利实现既定的建设目标是对政府执政能力的重要考验。

保障性住房建设牵涉到政府及相关部门，包括国土、发改、规划、建设、房管、财政等部门，项目推进难度表现在协调各方面关系、落实各项手续上，因此，加强各相关部门的沟通与协调，严格监督，加快手续办理，认真落实国家、省、市廉租住房配建工作的规定及相关要求，是支持城市保障性住房建设的关键。加强管理创新，从项目的审批到项目实施等各个环节入手，全程实现流程化管理是推进保障性建设进度的有效手段。在焦作市的政策实践中，通过建立一套完整的项目推进程序，区分不同类别的保障性住房进行分类管理，大大提高了项目进展的速度。

（1）经济适用房的流程化管理

经济适用住房建设项目的申报审批，采取分批、集中的方法进行。首先到市房产管理中心申报，市房产管理中心会同市发展改革委、国土资源局、城乡规划局、环保局等有关部门对计划实施的经济适用住房项目审核把关，形成一致意见后，报请市政府批准，由市发展改革委、国土资源局和房产管理中心联合行文上报省相关部门批复后实施。

（2）廉租住房的流程化管理

廉租住房项目的申报审批，由市房产管理中心牵头，市发展改革委、财政局、国土资源局、城乡规划局、住房城乡建设局、环保局等部门配合，办理相关申报手续，报请市政府同意后，由市发展改革委会同市房产管理中心上报省相关部门批复后实施。

（3）公共租赁住房的流程化管理

根据国家、省住房保障政策规定，借鉴外地市先进经验，焦作市创造性地将廉租住房、公共租赁住房统一归并为公共租赁住房，赋予公共租赁住房新的含义，实行"政府主导、政策引导；政策保障与市场运作相结合"的建设模式和"市场租金、分类补贴、租补分离、以租为主"的管理模式，探索构建"在对低收入住房困难家庭应保尽保的基础上，逐步向新生代、夹心层和外来务工人员，甚至是有住房需求而不愿购房群体全覆盖"的保障模式。

（4）准入标准的控制

建立办事处、区和市"三级审核、两级公示"的审核机制，严格审核租购房对象，实现住房保障全过程阳光操作。民政部门负责低收入家庭的资格认定。市房产管理中心负责组织各区的社区、办事处和城建房管部门进行申报登记并审核公示。经济适用住房购买对象按家庭人均收入为上年度市区人均可支配收入的80%以下（目前按家庭月人均收入1000元），人均住房面积为上年度市区人均住房面积的70%以下（目前按家庭人均住房面积20平方米）标准进行认定。廉租家庭按家庭人均收入为上年度市区人均可支配收入的45%以下（目前按家庭月人均收入550元），人均住房面积为上年度市区人均住房面积的40%以下（目前按家庭人均住房面积12平方米）标准进行认定。

（5）销售环节的管理

经济适用住房的销售价格要以保本微利为原则，销售价格不得高于基准价格及上浮幅度，不得在标价之外收取任何未予标明的费用。房地产开发企业实施的经济适用住房项目利润率按不高于3%核定。经济适用住房价格由价格主管部门会同市房产管理中心予以审定并向社会公布。面向社会销售的经济适用住房，须取得市房产管理中心颁发的房屋预（销）售许可证。

（6）购房环节的管理

对具备购买经济适用住房资格的购房人，凭《准购证》和本人身份证实行轮候办理购房手续。购房面积按家庭人口不同，享受不同面积的住房。廉租住房的销售，按照河南省住建厅、发改委、财政厅、国土厅《关于印发加强廉租住房管理和规范产权处置的指导意见的通知》（豫建〔2010〕26号）要求执行。

2. 构建公私合营的管理模式

作为一项关乎民生的公共产品，保障性住房建设中的资金瓶颈是困扰各级政府的关键问题。本节重点以焦作市棚户区改造项目为例，通过对商业化领域中广泛应用的公私合营模式的深入剖析，为地方政府加快城市保障房建设提供一套可资借鉴的融资模式。

公私合营模式是政府部门与民营企业的一种创新合作模式，在商业化领域有着广泛的应用，在公共服务领域，特别是在财政提供不足而又不可能完全由市场提供的公共基础设施建设等领域，公私合营模式有着广泛的应用前景。通过在参与各方之间建立适当的资源分配、风险分担和利益共享机制，既满足了事先界定的公共需求目标，又实现了参与各方的合作共赢，是一种优化的项目融资模式。

焦作市作为国家首批资源枯竭城市之一，面临着经济转型、城市化建设的双重压力。历史遗留下来的棚户区问题在焦作显得特别突出，积累的社会矛盾日益凸显，成为制约城市发展的瓶颈。据统计，焦作市共有棚户区40个，户数18855户，需拆迁面积241万平方米。其中城市棚户区21个，户数11536户，需拆迁面积192.6万平方米；工矿棚户区19个，户数7319户，需拆迁面积48.4万平方米。棚户区成为焦作市城市保障性住房建设的重要组成部分。在焦作市的保障性住房建设中，棚户区改造项目的顺利实施具有"以点带面"的示范效应。

作为一项探索性强、繁杂艰巨的系统工程，棚户区改造项目面临着诸多难题，主要表现在工程量大、改造资金筹措难、搬迁居民安置难、拆迁补偿难等方面，其中资金问题是制约棚户区改造的最大瓶颈。能否筹措到足够数量的资金是棚户区改造项目成败的关键，公私合营模式的应用有效地缓解了这一矛盾。

（1）公私合营管理模式运作的基本框架

公私合营模式的成功运作需要政府、社会组织和私营机构的通力合作。其中政府发挥着政策引导和监督管理的双重作用。作为具有公益性质的保障性住房，具有公共产品的特点，项目的实施涉及相当复杂的程序，包括建设项目审批、施工、监督以及其他政策方面的问题，仅靠政府部门不能有效管理。在新的管理模式中，政府通过委托一个具有市场经济头脑和企业意识的专业机构来参与合同的制定和实施，既保证了项目实施的公平公正，又保证了多方利益达到共赢。

针对资源枯竭城市特点，2010年焦作市筹建了实行商业化运营的公共住房建设投资有限公司，借助政府投融资平台，与政府相关部门协调配合，重点解决房屋建设中的融资难题。在新的管理模式中，社会组织和私营机构是政府的合作伙伴，而不仅仅是供应商或承包商。在公平的竞争环境中，参与各方按照合作协议履行各自的职能（如图3所示）。

（2）明确参与各方的职责

城市公共住房建设投资有限公司代理政府行使保障性住房建设的相关事宜，在保障性住房建设项目中起着重要的纽带作用。

政府作为公共产品和服务的最终提供者，有责任建立一套科学、透明的项目选择程序，保证项目运营的可持续性，同时有责任保障社会投资能够得到合理的回报。在政策制定中坚持审慎的原则，与城市公共住房建设投资有限公司一起协调做好项目的监督管理工作。

作为重要参与方的社会组织和私营机构，通过与公共住房投资有限公司签订合作协议，获得特许经营资格，承担与项目建设相关的工作，并承担建设与开发风险、市场运营风险、金融风险等。

（3）对不同的市场采取不同的管理模式

为了提高项目实施的成效，按照项目的一般运作模式（外包、特许经营和私

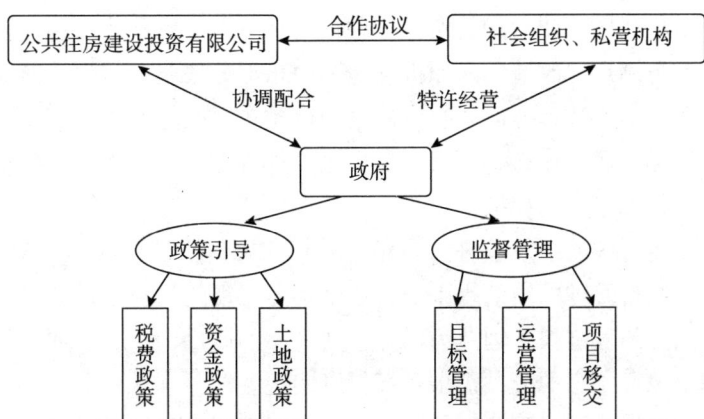

图3 公私合营管理模式的基本框架

有化），结合焦作实际对棚户区改造项目细分为工矿棚户区和城市棚户区两大市场，各自采用不同的运作模式。

对工矿棚户区改造采取多种形式，将企业自行改造部分纳入经济适用房管理，同时推动企业与社会资本联合建设、房地产综合开发等改造模式。

政策方面，对于企业自行改造后多余的住房可供应符合标准的辖区低收入住房困难家庭；企业自行改造安置拆迁户及本单位低收入住房困难家庭后土地有剩余的，也可实施剩余土地挂牌出让。

对具有商业开发价值的城市棚户区，由所在城区人民政府统一组织，采取市场开发方式进行运作。对不具备商业开发价值的棚户区，由市政府所属的公共住房建设投资有限公司实施改造。

政策方面，区级政府组织拆迁补偿，土地出让收入首先用于支付拆迁补偿形成的土地成本；同时将拆迁安置作为土地出让条件，由国土资源部门组织土地公开出让，确定开发建设单位。

（4）公私合营模式运作的关键环节

协调好各方利益关系。在公共产品和服务中引入社会投资者，最大的难题是解决政府、社会组织和私营机构的利益关系。建设项目能否成功实施，很大程度上取决于各方利益关系是否明确，利益分享机制是否能得到各方的认同。平衡项目的盈利性和公益性关系，是政府部门管理水平的综合体现。

在保障性住房建设中，项目的低盈利甚至不盈利是不争的事实，但在市场化运作规则中投资者要求有一个合理的投资回报空间。为了达成多方的合作，政府的政策制定和实施起着重要的引导作用。政府能够提供的诸多条件中，政府补贴（包括资金补贴、税费优惠和捆绑开发等）是非常重要的筹码，政府为棚户区改造项目出台了免征城市建设配套费等各种行政事业性收费和政府性基金，对房地产开发企业参与棚户区改造的，原拆迁房屋面积部分按照有关规定减免税费；另外在土地政策、融资政策方面，政府确定城市棚户区改造范围内的市政和公用设施用地及配建经济适用住房、廉租住房用地以划拨方式供应等。这些政策措施大大激发了社会各方参与的积极性。

重视项目运行中的绩效管理。公私合营模式在解决了资金缺口难题的同时，有效地提升了项目管理的绩效水平。另一个不容忽视的问题是社会多方的参与削减了政府对项目的控制权，因此为保障公共产品的质量，政府要加大对合作方的监督和管理，保证预定的公共需求目标得以实现。

公共住房建设投资有限公司的职能定位可以发挥重要的桥梁作用，公司代理政府对棚户区改造项目实施现场管理，通过具有法律意义的合作协议，实施严格的监管措施。

（5）公共住房建设投资公司运作的成效

焦作市公共住房投资公司于 2010 年 10 月开始运作，2011 年 4 月 13 日挂牌成立。它是焦作市五大投融资公司之一，公司为保障性住房建设提供了政策、资金等方面的支持，公司注册资本 3 亿元。

公司按照保障性住房建设中长期目标，围绕年度建设计划进行项目的投资并组织实施。具体采取了配建、回购等模式，组织开发建设廉租房、公共租赁住房、经济适用房等保障性住房项目建设，积极参与棚户区改造和城中村改造，参与房地产市场建设和开发，变资产为资本，提高资产利用率，扩大公司效益。

公司作为城市保障性住房的承建主体，与房产开发商签订廉租房配建协议，也就是说项目立项前，公司主动找到开发商，要求他们在项目建设中配建一定比例的廉租房，在项目建设中负责监督廉租房的建设质量、工期、资金申请等事项，项目建成后，再根据协议以多层建筑每平方米 1500 元，高层 1800 元的价格从开发商手中将这些廉租房购买回来，再行执行分配程序。

目前市区廉租住房配建项目 24 个，其中：棚户区改造配建廉租住房项目 10 个（其中：开工建设项目 7 个，未开工建设项目 3 个），经济适用房配建廉租住房项目 4 个（其中：开工建设项目 3 个，未开工建设项目 1 个），商品住房配建廉租住房 10 个（其中：有两个项目已开工，廉租房配建项目先期均没有开工建设，前期手续办理 8 个）。

目前，公司已立项开始施工的公租房建设有一个项目。该项目位于焦作市新华南街，总投资 7000 万，土地 7.1 亩，建设面积 2 万平方米，建成后将解决保障性住房 400 户，其中公租房 344 户，拆迁安置房 56 户，目前项目正在紧张施工中。

（6）公私合营模式的推广

整个"十二五"期间，焦作市将建设9.8446万套保障房，总投资约100亿元，用地5000亩左右。面临65亿的资金缺口和捉襟见肘的用地指标，焦作市创造性地运用市场开发、政府承建、公私合作等不同模式，吸引大量社会资金进入保障房建设领域；运用"条件""招拍挂"等方式，完成保障房用地指标。

可以听听来自开发商的声音。焦作澳华置业有限公司总经理张君瑞："我们是2011年刚进入焦作市经济适用房市场的新公司。我们只所以敢来，就是因为焦作市有公私合作模式。政府承诺，我们前期参与保障房拆迁所花费的资金，政府会在'招拍挂'后支付，并支付银行同期贷款利息。后期如果我们在土地'招拍挂'中顺利摘牌，就继续参与保障房的建设。如果摘不到牌，政府承诺，如果是工矿棚户区改造项目，保证我们有3%的利润；如果是城市棚户区改造项目，保证我们有10%的收益。有这样多重保险，我们自然放心大胆地干了。"现在，这家公司已经在山阳区贝格棚户区投入数百万元，参与了509户工矿区住房困难群众的旧房拆迁。

焦作市共有棚户区40个，需拆迁241万平方米。截至目前，焦作市政府仅投入引导扶持资金2.2亿元，吸引社会资金20多亿元，完成25个棚户区的拆迁，拆迁面积达100多万平方米。

（三）保障性住房建设中的融资机制创新

1. 保障性住房建设资金筹集的主要途径

（1）中央政府补助资金

积极争取中央财政对廉租住房、公共租赁住房建设和各类棚户区改造的资金支持。各类补助标准在2010年的基础上，根据建设任务等情况适时调整，适度提高。

（2）省级政府补助资金

省政府结合各市、县年度住房保障工作任务和资金筹措能力，对各市、县保障性住房建设和棚户区改造给予资金支持。

（3）住房公积金增值收益和土地出让金收入

市、县人民政府按照国家规定，保证住房保障资金来源：一是住房公积金增值收益扣除计提"贷款风险准备金"和管理费后的全部余额；二是按土地出让收入3%的比例足额提取。

（4）住房公积金贷款和中央代发地方债投入

扩大公积金贷款支持保障性住房建设试点范围；拿出中央代发地方债的一部

分投资建设保障性住房。

（5）企业自筹资金

鼓励大中型国有企业利用自用土地或政府提供的土地，自筹资金建设公共租赁住房。

（6）社会资本和金融机构投资

通过政府补助、注入资本金、贷款贴息、信用担保、税收优惠等多种支持政策，引导社会资本和金融机构参与保障性住房建设和供应。

2. 采取差别化的融资模式

针对不同类型的保障性住房采取不同的融资模式。

①经济适用住房和限价商品住房建设投资全额通过市场方式解决。建设经济适用住房的开发企业，其房屋预售款实行专户管理。

②棚户区改造投资，80%部分由项目实施单位、企业及职工（或居民）个人出资，20%由政府给予补助。

③廉租住房和公共租赁住房建设投资，主要由市、县政府或用工企业投资，国家和省给予适当补助。根据廉租住房工作的年度计划，切实落实廉租住房保障资金：市财政要将廉租住房保障资金纳入年度预算安排；住房公积金增值收益在提取贷款风险准备金和管理费用之后全部用于廉租住房建设；土地出让净收益用于廉租住房保障资金的比例不得低于10%；廉租住房可实行租售并举，鼓励符合条件的家庭自愿购买廉租住房，出售价格原则上按成本价出售，政府在成本价基础上给予一定优惠。出售收入继续用于廉租住房建设。廉租住房建设资金统一由市财政管理，根据工程进度，经市房产管理中心审核后，由市财政按规定办理资金支付。

3. 资产证券化融资模式的构想

（1）资产证券化的概念

资产证券化作为一种金融创新产品，其实就是以可预期的现金流为支持而发行标准化、可分割的证券产品，将"固态化"的资产，变成"动态化"的资源，形成"液态化"可用的资金。因此，资产证券化的目的，实质上就是如何将资产更好地转化为资源，获得现实需要的资金，实现资产价值形态向证券化方式转换。目前地方政府拥有保障房存量，那么我们重点关注和讨论的是对于政府资产，如保障房资产的开发利用，特别是创新运用资产证券化手段解决地方政府低成本融资、高效率建设政府项目、可控风险管理政府资产问题。

地方政府在基础设施建设、保障性住房资金等方面需求非常大，而地方政府融通资金的方式仍然以间接融资为主，基本上还是银行信贷资金。同时，当前采取 BOT（建设——经营——转让）、BOOT（建设——拥有——经营——转让）、BOO（建设——拥有——经营）和 BTO（建设——转让——经营）等多种建设方式进行城市建设，也存在一个问题，那就是如何引入战略投资者，并且回购资金筹集也存在问题。而建立资产证券化市场并进行融资，可以用标准化的票据分割，将不可分的资产转化为可分拆的证券，降低进入门槛，更有利于融资成功。

（2）资产证券化模式应用的环境分析

居者有其屋，在美国，这是布什政府时代的福利计划和刺激经济举措；在中国，也是"住有所居"的和谐社会目标和相关产业带动需要。特别是应对近年来高房价问题，中国政府提出 5 年内将建设 3600 万套保障房。而在住房市场和信贷领域，资产证券化问题值得研究。

美国的住房融资体系一直是公共部门和私人部门共同参与的。按照鼓励公民自己购房住的初衷，并从支持房地产行业的发展出发，美国政府建立了两大抵押贷款融资巨头房利美和房地美，形成了美国"两房"融资模式。"两房"实质上就是 SPV 机构（特殊目的主体），进行资产证券化，吸引银行资金，先发了优级债，后又扩大发放了次级债。2001 年之后，房地美、房利美及其他联邦机构发放的贷款几乎占年新增贷款总额的 90%。

在中国，从 2000 年中国建设银行和中国工商银行相继获准实行住房抵押贷款证券化试点，但直到 2005 年 12 月 15 日中国建设银行才发行国内首只 RMBS 产品——"建元 2005 - 1 个人住房抵押贷款证券化信托"。虽然由于种种原因，这种商业化方式发育缓慢，但毕竟已经有了开始。

2007 年前后，正是由于"两房"次级债的信用风险，发生多米诺效应，从而引发了全球金融危机。"两房"既有政府背景，又要进行企业运作，虽然出了问题并将关闭，最后结局是被政府接管，但不能完全否定其所起到的特定历史作用。美国次贷危机爆发的重要原因之一是政府对行业的监管不力，我们不能因为美国的次贷危机而全盘否定资产证券化作为融资工具的重要作用。在妥善处理实体经济与虚拟经济的关系、合理控制风险的前提下，积极运用金融创新工具有利于经济的发展。中国在住房信贷领域和保障房领域，创新开展资产证券化具有充足的市场空间和可操作余地。在这一领域，政府通过建立自己的"两房"模式，不仅可以在商业银行住房贷款市场上进行信贷资产证券化，进行"一级债"发行，也可以考虑在国家保障房领域进行资产证券化，关键是将风险控制、收益管理限定在可承受范围之内。

目前中国保障房建设领域存在一些问题，特别是地方政府困难重重。国家 2011 年目标是 1000 万套，5 年 3600 万套。而地方政府在推进保障房建设中，如何建？

在哪建？钱从哪里来？如何让保障房更新流转？这都是亟待解决的问题。针对其中如何筹集到充足的建设资金问题，目前有公私合营共建方式，也可探索资产证券化方式。但不论何种方式如何实现，都需要在公私之间找到利润点，找到合作收益，并且进入风险低，收益有保障，才能让社会资本敢于投入。

（3）资产证券化运作的具体模式

具体来讲，可以考虑将预期的和已有的城市保障住房资产证券化。先考察以下相关条件。

一是优质的资产池。地方政府的保障房资产，不论是公租房还是廉租房，都是政府掌握的有价资产，根据政策要求和实际需要，地方政府既可以选择一直保有，也可在必要情况下选择出售变现，即保障房资产属于优质资产。

二是稳定的现金流。政府财政投入大量保障房建设资金，给予困难群体定额的租房补贴，即在保障房建设和运营过程中，有公共财政资金作为未来特定的现金流。

三是可转让的资产券。保障房的资产证券化产品具有有固定的收益，能够吸引投资者买卖。

四是必要的风险隔离。如果设立特定的特殊的信托载体，即 SPA 机构，并通过资产证券化将风险转移隔离，既能保障稳定收益，又可避免强制破产变现风险。

同时，对于资产证券化的政府保障房产品，可以考虑将相应的证券作为"住房券"进行流通。即将政府保障房进行资产证券化，建设不同层级、档次的公租房、廉租房，同时在公共市场上发放可以流通的住房券，具有票面价值和收益，其固定现金流由政府公共财政提供。按照政策要求，政府只向符合保障房条件的住房者提供并发放最基本的住房券（不可流通，不可转让），以保障低收入家庭"住有其屋"的基本生活。而如果住房者经济条件有了改善，则可以通过购置更多的住房券（可流通，可转让），达到一定数额后，可在保障房住房者之间转让，用于购置新房、更换现有的保障房，以改善自己的住房条件。这样，将固态化的保障房资产转化为标准化的住房保障券，不仅可以盘活现有保障房资产，融入更多保障房建设资金，还可以让不同类型和标准的保障房流转下去，循环解决不同条件困难者的住房问题，实现资产的最大效用。另外，目前中国居民投资品不多，房地产、股票市场是主要投资渠道，而保障房地产券兼具地产投资与债券投资两种功能，在购入债券时享受利得，达到一定比例并符合条件时，可以转换为保障性房产，不失为一种好的投资产品。

（四）保障性住房建设的监管机制创新

1. "八查八看"的政府监管模式

2011 年，河南省下达给焦作市 14953 套保障性住房建设任务。焦作市政府又主动承担责任，追加了一部分棚户区改造的任务，达到 23424 套。在短时间内建设如此多的保障房，是焦作市前所未有的事情，时间紧、任务重\投资大。为了高效完成这一历史任务，保证各个环节能够协调一致有条不紊地推进，焦作市政府探索了"八查八看"的工作方法，实现了保障性住房建设的良性快速发展。

"八查八看"的具体内容是指：

一查认识，看主要领导是否尽到了第一责任人的责任；

二查进度，看是否按时间节点按时完成任务；

三查质量，看是否做到质量合格优质优良；

四查程序，看是否符合国家产业政策、科学民主决策程序、基本建设招标监理程序等；

五查账目，看财务开支是否合理规矩规范；

六查问题，看建设中发生的问题是否解决、违纪违规的人和事是否得到处理；

七查分配，看保障性住房是否公开透明分给困难群众；

八查机制，看保障性住房建设机制是否真正建立并发挥作用。

为落实保障性住房建设进度，焦作市首先查认识、查程序、查进度，把保障性住房列为各县（市、区）的"一把手"工程，要求主要领导每周必须到保障性住房建设工地巡视，并进行现场办公。查机制、查问题、查账目等做法，贯穿始终。为让真正困难的群众居者有其屋、享其乐，焦作市用查质量、查分配的方式，防止出现"豆腐渣"工程，防止富人住进保障房，使保障房的分配制度公开、透明。

2. 工程质量控制中的激励和监督机制

关注保障性住房的质量就是关注百姓的生命，严格执行工程质量标准是保障性住房建设的根本要求，政府在项目实施中从激励机制和监督机制入手，有效控制项目的工程质量。

（1）建立和完善保障性住房资金体系

近年来各级政府相继出台了廉租住房、公共租赁住房、棚户区改造等方面的一系列专项资金奖补文件，包括《中央补助廉租住房保障专项资金管理办法》、《财政部关于加强中央廉租住房保障专项补助资金管理的通知》、《财政部关于切实落实财政政策积极推进城市和国有工矿棚户区改造工作的通知》、《财政部关于关于印发〈利用住房公积金发放保障性住房建设贷款财务管理办法〉的通知》、《关于印发〈支持我省保障性安居工程财政政策的指导意见〉的通知》、《关于印发〈河南省公共租赁住房资金专项资金奖补办法〉的通知》、《关于印发〈河南省城市棚户区改造专项资金奖补办法〉的通知》。这些政策文件为我市的保障性住房专项补助资金工作提供了强有力的保障，推动了住房保障工作走上了制度化、规范化轨道。

（2）出台针对各类保障性住房的激励政策

对廉租住房、经济适用住房、棚户区改造、公共租赁住房项目，一律免收城市基础设施配套费等各种行政事业性收费和政府性基金，适当减免电力、通讯、市政公用事业入网、增容等经营性收费。

廉租住房、经济适用住房建设经营税收优惠政策按照《财政部国家税务总局关于廉租住房经济适用住房和住房租赁有关税收政策的通知》（财税〔2008〕24号）规定执行。

公共租赁住房建设经营税收优惠政策按照《财政部国家税务总局关于支持公共租赁住房建设和运营有关税收优惠政策的通知》（财税〔2010〕88号）规定执行。

城市和国有工矿棚户区改造税费优惠政策按照《财政部国家税务总局关于城市和国有工矿棚户区改造项目有关税收优惠政策的通知》（财税〔2010〕42号）规定执行。

（3）建立层层负责的保障和监督机制

在项目实施中，焦作市政府建立了由市政府统一管理，各级政府、各有关部门各司其职的保障和监督机制。

各县（市）区及相关单位保障性安居工程领导机构负责加强对项目规划、拆迁、建设等进度情况的检查督导，重点督察保障性安居工程建设项目土地落实情况、拆迁安置补偿情况、建设配套资金到位情况、各项优惠政策落实情况、项目前期建设手续办理情况、项目建设工期计划执行情况等。负责督促各项目单位按照工程监理制、质量责任制和项目招投标制的要求，加强工程质量管理，坚决杜绝"豆腐渣"工程。对督查中发现的情况和问题进行通报，督查结果在市主要媒体进行公示。对改造任务完成好的予以奖励，对不能按时完成改造任务的予以通报批评。

国土资源部门对用地审批后的监督和管理，对擅自改变用地性质的企业依法进行处罚；发展改革部门对销售价格的监督和管理，对擅自提高经济房销售价格等违法行为依法进行处罚；城乡规划部门对单套建筑面积的控制，对擅自改变规划设计、扩大套型面积的开发企业依法进行处罚；住房城乡建设部门对工程质量的监督管理，对工程质量方面的违规行为依法进行处罚；房产管理中心要加强对租、购房家庭资格的审核管理，对未取得资格的家庭购买的经济适用住房和弄虚作假、隐瞒家庭收入及住房条件骗购的经济适用住房，按原价格并考虑折旧等因素作价收购；不能收购的，责成其补缴经济适用住房与同地段同类普通商品住房价格差，并对相关责任单位和责任人依法予以处罚。对于骗租廉租住房的，限期腾退或通过法律途径解决；国家机关工作人员在保障性住房建设、管理过程中滥用职权、玩忽职守、徇私舞弊的，依法依纪追究责任；涉嫌犯罪的，移送司法机关处理。

在 2011 年河南省保障房建设中，18 个省辖市，焦作市名列前茅，未发生一起"挪用"、"克扣"保障性住房资金的现象，未发生一起"篡改"保障性住房建设用地事件，未出现一件保障性住房质量事故，未发生一次因保障性住房分配不公引发的上访，未发生一起保障性住房建设过程中的腐败案件。

四、保障性住房建设的目标管理

（一）近期落实保障性住房建设任务的举措

1. 保障性住房建设的近期目标

（1）2011 年保障性安居工程及资金筹措情况

2011 年省定目标是开工建设各类保障房 14951 套（不含林区、垦区项目）。我市实际开工建设各类保障房 31 个项目 16139 套，其中廉租房项目 5 个 1488 套；公共租赁住房 6 个 3711 套；经济适用住房项目 8 个 1904 套；棚户区改造安置房项目 12 个 9036 套。

2011 年我市保障性安居工程投资 98705 万元，其中：县级公共财政财政预算安排 4371 万元，市级政府性基金预算安排 2200 万元（包括土地出让收入净收益 2000 万元，住房公积金净收益 200 万元），积极向上争取奖补资金 23150 万元（包括：中央廉租住房保障专项补助资金 7762 万元，新建廉租房中央预算内基建支出 2200 万元，中央补助公共租赁住房专项资金 4502 万元，中央补助城市棚户区改造专项资金及其他棚户区改造中央省预算支出资金 8686 万元），积极争取国债转贷用于安居工程的国债转贷资金 11052 万元（包括：市本级 2500 万元，县市区 8552 万元），争取省财政委托投资项目资金 1720 万元，引导和吸引社会资金进行保障性安居工程建设 56212 万元。

（2）2012 年保障性安居工程及资金筹措情况

2012 年省定目标是开工建设各类保障房 16359 套，竣工 10000 套。经过细化分解，我市确定新开工项目 48 个 230 栋 17480 套，是省定目标的 107%，竣工 16352 套。其中：廉租住房落实项目 8 个、19 栋 1044 套；公共租赁住房落实项目 23 个、75 栋 7757 套；经济适用住房落实项目 1 个、3 栋 94 套；城市和国有工矿棚户区改造落实项目 14 个、133 栋 8556 套；林业棚户区改造项目 2 个、29 套。截至目前，已有 57 栋 3274 套进入基础施工，25 栋 2938 套进入主体施工，16 栋 791 套主体封顶，132 栋 10477 套未开工，开工率为 40%。

2012 年我市保障性安居工程计划投资 135397 万元，其中：县级公共财政财政预算安排 7440 万元，市级政府性基金预算安排 3300 万元（包括土地出让收入净收益 3000 万元，住房公积金净收益 300 万元），积极向上争取补助资金 7336 万元，积极争取国债转贷用于安居工程的国债转贷资金 9605 万元，争取省统贷统还项目贷款资金 36000 万元，引导和吸引社会资金进行保障性安居工程建设 71716 万元。

2. 实现近期目标的主要措施

（1）加强组织领导，确保住房保障任务落到实处

一是市委、市政府高度重视，成立了焦作市保障性安居工程工作领导小组和焦作市棚户区改造工作领导小组，连续多年将住房保障工作作为政府承诺的十件实事来抓。

二是实行目标管理，2012 年 2 月 16 日召开了全市保障性安居工程工作大会，制定下发《焦作市 2012 年保障性安居工程建设专项工作方案》，明确了工作目标、推进措施、节点要求，并与各县（市）区签订了目标责任书。

三是充分发挥政府各部门作用，明确了各部门在住房保障工作中的责任，形成了各司其职、配套联动、齐抓共管的良好氛围。

四是继续开展保障房建设"八查八看"活动，通过强化领导促建设，严格监管促建设，严格考评促建设，强化问责促建设，有力推动住房保障各项工作的开展。

五是市财政局从构建和谐社会大局出发，切实提高对保障性住房建设和管理工作重要性和紧迫性的认识，将思想和行动统一到市委、市政府的部署上来，进一步加强组织领导，完善工作机制，积极筹措资金，强化对项目资金的管理，按照"八查八看"的要求，切实履行财政部门的职责。

（2）强化资金监管，确保资金安全高效

保障性安居工程是政府得民心、百姓得实惠、经济得发展的德政工程、民心

工程，也是财政公共性的重要体现。财政部门要高度重视保障性安居工程的资金运用和管理，努力提高资金使用效益。实施保障性安居工程，资金来源渠道多、涉及面广，必须统筹安排、规范运作。一是及时拨付资金。市财政局采取有效措施，按工程进度和项目建设进度及时拨付保障性住房资金，加快资金支出进度，促使资金尽早发挥效益。二是加强资金管理。对保障性安居工程资金实行专项管理，分账核算。同时对资金使用管理情况进行跟踪问效和监督检查，确保专款专用，不得截留、挤占、挪用，每分钱都要花出效益来。对于违反规定截留、挤占、挪用廉租住房保障资金的，要按照《财政违法行为处罚处分条例》严肃处理，确保住房保障资金使用安全高效，切实把这项民心工程当作一件大事办好，发挥应有的经济和社会效益。三是加强跟踪问效和监督检查。对保障性安居工程补助资金，与房产管理部门一道全程跟踪监督，及时了解资金筹措落实、拨付情况及工程进展情况，及时完善相关政策和措施。四是进一步加强对保障住房配租管理。为做好廉租住房专项补助资金发放工作，积极主动和市房管局结合，通过对市城区低收入家庭调查、审核、公示等程序，及时将各项专项补助资金拨付到廉租手中。

（3）破解资金土地瓶颈，推进保障性安居工程建设

在保障性住房建设资金投入方面，一是从土地出让合同金额中提取3%统筹用于保障性住房建设；二是中央代地方发行的债券，优先用于保障性住房建设；三是各县市区多方搭建融资平台，用足用好统贷统还贷款、公积金贷款、商业性贷款；四是成立注册资金3亿元的市公共住房建设投资有限公司，实行资本运作，为保障性住房建设融资。

建立了保障性安居工程用地供应目标责任制，用地计划单列，随同年度土地利用计划和保障性安居工程建设任务一起下达，实行专项管理。对公共租赁住房、廉租住房、棚户区改造住房建设用地，按划拨方式实施供应。对商品房建设项目中按要求配建的保障性安居工程住房，要求必须在规划设计条件及土地出让合同中，明确保障性安居工程的建筑总面积、分摊的土地面积、套数、套型建筑面积、建成后由政府收回和收购的条件，以及保障性安居工程与商品住房同步建设等约束性条件。

（4）消除政策障碍，强力推进棚户区改造

一是完善配套政策，制定出台了《焦作市棚户区改造实施意见》、《焦作市棚户区改造优惠配套政策》。同时，进一步完善房屋征收、土地使用、税费减免等项政策措施，制定了12个配套政策文件，为做好棚户区改造工作提供了政策支撑。二是做好项目谋划。在抓好市本级棚户区改造三年规划项目建设的同时，今年启动了零星棚户区和县级棚户区改造工作，将条件成熟的15个项目列入棚

户区改造征收计划，为 2013 年做好项目储备。三是大力筹措改造资金，在积极争取国家及省奖补资金的同时，从焦作实际情况出发，将棚户区改造的项目进行了市场的细分，采取不同的模式。对具有商业开发价值的棚户区，由城区人民政府统一组织，采取市场开发方式进行运作。对不具备商业开发价值的棚户区，由市政府所属的公共住房建设投资有限公司实施改造。而在工矿棚户区改造中，采取企业自行改造、企业与社会资本联合建设、房地产综合开发等方式进行。四是做好和谐拆迁。严格执行拆迁程序，认真做好宣传和解释工作，坚持公开、公平、公正的原则，实现阳光拆迁、和谐拆迁。

（二）"十二五"期间保障性住房建设的目标

1. 保障性住房建设中期目标的确定

保障性住房建设的"十二五"中期目标确定，焦作市是在住房需求统计的基础上，根据人口数量统计，再按照市本级城镇化率 90%，县城城镇化率 40%、户均 3.47 人的比例测算出来。整个"十二五"期间，焦作市将建设 9.8446 万套保障房，总投资约 100 亿元，用地 5000 亩左右。焦作市保障性住房建设任务遍布六县四区，焦作市公共住房建设投资有限公司承担部分任务。

例如，市本级 2010 年末统计人口数 85.12 万人，"十二五"期末家庭总户数为 245317 户，按 20% 覆盖面需保障性住房套数 49063 套，在总需求量的基础上，减去 2008～2010 年已完成的 7735 套，测算出"十二五"期间需完成数为41328 套。

为保证目标设定符合各县市区实际情况，各地方政府下达的建设套数任务，再按类别、按区域层层分解下达目标。目标责任的层层下达为任务完成提供了保证，为保证这些目标既能调动责任主体的工作积极性，又不对其造成过大压力，导致出现应付心理。市本级和县区所有目标的分配都是在测算初步分解后，再按照"两上、两下"程序确定。

"一上"：各县市上报本地区"十二五"末城镇常住人口数，家庭总户数，需保障性住房套数；

"一下"：根据全市目标数额，结合各县市上报数额下达新建住房任务分解数；

"二上"：各县市结合各自实际情况，分析预测对完成市里分解任务的难易情况，提出建议调整数额；

"二下"：市里根据各县市"二上"情况，统筹兼顾，综合考虑，确定并下达各县市保障性住房建设任务。

表1　焦作市"十二五"新建保障性住房任务分解表

单位:万人、户、套

市县	预计期末城镇常住人口数	期末家庭总户数	按20%覆盖面需保障性住房套数	2008~2010年已完成数	规划期同需完成数	2011年计划完成数	2012~2015年需完成数	2012~2015市定预分任务数	2012年预分数	2013年预分数	2014年预分数	2015年预分数
市本级	85.12	245317	49063	7735	41328	11533	29795	30750	7990	7990	7070	7700
温县	18.44	53141	10628	340	10288	1370	8918	6550	1700	1700	1500	1650
沁阳	19.57	56403	11280	2292	8988	910	8078	6400	1660	1660	1470	1610
孟州	16.05	46250	9250	500	8750	750	8000	6350	1650	1650	1460	1590
博爱	19.08	54986	10997	5306	5691	0	5691	4000	1040	1040	920	1000
武陟	31.22	89971	17994	1520	16474	1427	15047	8000	2080	2080	1840	2000
修武	12.58	36254	7251	324	6927	268	6659	5300	1370	1370	1220	1340
合计	202.06	582322	116463	18017	98446	16258	82188	67350	17490	17490	15480	16890

按市本级城镇化率90%，县城镇化率40%，户均3.47人测算。
2010年统计人口数:市本级865356人，温县421767人，沁阳447670人，孟州367088人，博爱436289人，武陟713896人，修武287794人。

2. 实现中期目标的困难和解决办法

"十二五"期间焦作市城市保障性住房建设依然面临着土地和资金两大难题。

（1）建设资金缺口大

各级保障性住房建设目标能否顺利完成，资金保障是最为关键的一个环节。"十二五"期间，在保障性住房建设资金安排方面，据初步统计，焦作市将面临65亿的资金缺口，如此庞大的数额迫使焦作市必须采取更加灵活多样的资金筹措方式，除政府财政预算投资之外，不断创新融资理念，拓宽融资渠道，千方百计筹措项目建设资金。

焦作市保障性住房难以获得银行信贷支持，银行不愿意涉足保障性住房建设，按照目前各家商业银行的政策，保障房没法申请到按揭贷款，因为没产权，无法进入抵押程序，银行不放贷款，从银行经营风险角度分析，如果保障房没有产权，应不予办理住房按揭贷款，除非有第三方兜底。保障性住房在得不到银行贷款的情况下，资金得不到保障，必然带来保障性住房开工不足、后续管理跟不上等问题。

目前，在保障性住房建设资金投入方面，焦作市的做法为优先安排预算资金，积极向上争取补助资金、国债转贷资金，从土地出让合同金额中提取3%统筹用于保障性住房建设；支持各县市区多方搭建融资平台，用足用好统贷统还款、公积金贷款、商业性贷款；在市级成立注册资金3亿元的市公共住房建设投资有限公司，实行资本运作，为保障性住房建设融资。焦作市将2011年、2012年、2013年三年内发放贷款的保障性住房建设项目采取统贷统还的方式，项目总投资69亿元，申请贷款42亿元，有效缓解了保障性住房建设领域内资金不足的问题。同时，通过发挥财政资金四两拨千斤的作用，吸引和引导大量社会资金参与保障性安居工程建设，破解了困扰保障性安居工程建设的资金难题。

（2）用地指标有限

建设9.8446万套保障房，需占用土地资源约5000亩。随着保障性住房工程任务量逐年增加，焦作市用于保障房的建设用地相当一部分须靠征收来解决。征地腾地难、征收补偿矛盾多、周边环境复杂等情况严重制约了焦作推进保障性住房建设的进度。

每年用于建设上的用地指标审批是有限的。通常，地方政府对保障性住房建设给予了极大支持，用地上是一路绿灯以无偿划拨方式提供的。

焦作市建立了保障性安居工程用地供应目标责任制，用地计划单列，随同年度土地利用计划和保障性安居工程建设任务一起下达，实行专项管理。对公共租赁住房、廉租住房、棚户区改造住房建设用地，按划拨方式实施供应。对商品房建设项目中按要求配建的保障性安居工程住房，要求必须在规划设计条件及土地出让合同中，明确保障性安居工程的建筑总面积、分摊的土地面积、套数、套型建筑面积、建成后由政府收回和收购的条件，以及保障性安居工程与商品住房同步建设等约束性条件。

但是，我们也应该清楚地看到，一方面，努力一路绿灯提供用地指标解决保障性住房建设方面用地问题，另一方面，当地政府在政治目标与经济利益的博弈面前，在土地提供方面往往又有多方面苦衷。

目前地方政府可支配财力中一项最大的资本就是土地出让金收入。为了完成各级保障性住房建设目标，降低建设成本，政府只能以无偿划拨或明显低价出售的方式提供用地，而这样政府想再以这部分土地整理开发出让的可能就泡汤了，同时以土地出让收益来抵消建设成本也难以执行。

3. 保障性住房建设持续推进的重点

为确保城市保障性住房建设能够持续推进，需要政府在机制创新方面多想多实践，结合焦作市的实际，我们认为应重点做好以下工作。

（1）突出发展公共租赁住房

政府通过集中新建、商品住房和经济适用住房配建、产业聚集区配套建设、市场租赁等多种模式筹集公共租赁住房房源。采取土地供应、投资补助、财政贴息或注入资本金、补贴租金、税费优惠等政策措施，鼓励支持用工集中企业、房地产开发企业、集体经济组织、社会机构等投资主体采取市场化模式投资建设公共租赁住房。充分发挥各级投融资平台作用，利用政府投资在划拨土地上建设的公共租赁住房，主要由各级政府组织成立的保障性住房建设投融资公司实施建设。公共租赁住房主要用来满足外来务工人员和新就业职工过渡性住房需求，单套建筑面积控制在 60 平方米以下，租金价格略低于市场租金水平。

（2）大力实施城市和国有工矿棚户区改造

重点为市区城市棚户区拆迁改造，已经开始拆迁的工矿棚户区要全面开工。城市棚户区由各城区人民政府统一组织，采取市场开发方式进行运作；具体是由各城区人民政府组织拆迁补偿，完毕后由国土资源部门组织净地公开出让，各城区人民政府可通过投融资等方式吸引多种资本参与拆迁补偿，净地出让收取的土地出让收入首先用于支付拆迁补偿形成的土地成本。

（3）积极推进廉租住房建设

新建廉租住房坚持集中建设和在经济适用住房、商品住房、棚户区改造项目中配建结合，市区以配建为主。市区要在商品房建设中按项目总建筑面积的 10%配建廉租住房，在经济适用住房建设中按项目总建筑面积的 10%配建廉租住房。鼓励支持低收入家庭集中的国有大中型企业，经过批准采取政府与企业联合出资的方式建设廉租住房，并通过租售并举，逐步退出政府产权。

（4）稳步发展经济适用住房

鼓励各县（市）区成立保障性住房建设投融资公司承担起经济适用住房建设任务，鼓励开发企业参与经济适用住房建设，经批准的企业集资建房作为经济适用住房项目纳入经济适用住房管理，在商品房建设中配建经济适用住房，通过工矿棚户区改造建设经济适用住房。严格执行经济适用住房套型面积规定标准，优化设计，完善功能，控制价格，提高品质。严格申请审查，规范销售管理和上市交易。

（5）完善配套政策

尽快出台《焦作市区公共租赁住房管理办法》及《焦作市区廉租住房出租出售管理办法》，研究出台保障性住房配建政策，完善保障性住房使用、运营、退出等管理制度；及时调整经济适用住房政策，扩大保障范围，逐步建立面向有稳定职业的外来务工人员等群体供应经济适用住房机制。

（6）创新体制机制

进一步理顺保障性安居工程管理体制，廉租住房、经济适用住房、公共租赁住房建设和棚户区改造要统一归口管理；积极推进保障性安居工程投融资体系改革，建立保障性住房建设投融资公司，提高融资能力；支持集体经济组织采取自行投资建设、作价入股、租赁土地等方式使用集体建设用地建设公共租赁住房。积极引入市场手段和竞争机制，通过购买等方式管理和运营保障性住房，提高效率。

五、城市经营中的保障性住房建设

（一）城市经营的新理念

城市经营是指以政府为主导的多元经营主体根据城市功能对城市环境的要求，运用市场经济手段，对以公共资源为主体的各种可经营资源进行资本化的市场运作，以实现这些资源资本在容量、结构、秩序和功能上的最大化与最优化，从而实现城市建设投入和产出的良性循环、城市功能的提升及促进城市社会、经济、环境的和谐可持续发展。

城市经营理念的产生，国内有多种观点，从分析问题时的不同角度来看，观点主要集中在以下几个方面：一是认为城市建设资金的长期短缺是城市经营最直接的动力;二是全球化和城市竞争的加剧是城市经营的外在压力;三是中央政府的权力下放,为城市经营提供了可能。综合以上观点,我们可以看出城市经营理念的产生是在体制改革、经济全球化、城市竞争加剧、城市建设资金短缺的国际、国内大背景下应运而生的。

城市经营理念的本质,国内学术界同样存在许多观点。源于对城市经营产生原因的直接理解,认为城市经营是指像经营企业一样把城市的资源、资产资本化进行经营,这一类观点比较直接形象。在理解城市经营理念产生背景的基础上,认为城市经营的本质是一种以市场化轨道代替原有的单纯财政安排的方式,并向公众提供公共物品和公共服务,更有利于促进人民利益实现和城市全面发展的政府管理新模式运作模式,将城市经营的目的提升到与人民幸福指数相联系的层面上。

1. 保障性住房建设与焦作市经济转型

焦作市是一个典型的因煤而兴、以矿起家的资源型工业城市,1949 年煤炭工业总产值占全市乡及乡以上工业总产值的 82.1%,原煤产量占河南省的 65.7%。改革开放以来,依托独特的资源优势,1995 年全市资源型工业企业发展到 1233 个,从业人数 88160 人,资源型工业企业增加值占全市工业增加值的比重在 80% 以上。

进入九十年代后期,焦作经济发展出现了突出问题,矿产资源特别是煤炭资源出现枯竭,开采成本递增,产业结构畸型,城市与企业功能倒置,资源过度开发造成生态破坏加剧,环境污染严重,大大削弱了资源型城市的原有地位,加速了资源型城市的衰退。与之相配套的大批企业开工不足,亏损严重,全市经济增速连年下降,经济增长乏力。煤炭曾一度给焦作带来了巨额财富,但是随着矿产资源特别是煤炭资源的枯竭,也给焦作遗留下了大片的棚户区。据统计,截止到 2010 年底,焦作市共有棚户区 40 个,户数 18855 户,需拆迁面积 241 万平方米,其中城市棚户区 21 个,户数 11536 户,需拆迁面积 192.6 万平方米;工矿棚户区 19 个,户数 7319 户,需拆迁面积 48.4 万平方米。城市棚户区出现人数多、面广、点散的特点,问题日益凸显。特别是城市中棚户区城市和国有工矿棚户区居民中低收入家庭比例高,下岗失业、退休职工比较集中,群众要求改造的呼声强烈。实施棚户区改造,加快解决中低收入群众的住房困难问题,提高生活质量,改善生活环境,已经上升到提高党和政府的威信,增强人民群众的向心力和凝聚力,全面建设小康社会,共享改革发展成果的政治层面上来。

2. 新的融资模式下政府的角色转换

2008 年底全球经济危机爆发,中国像世界其他国家一样,出台了一揽子经济刺激计划，"4万亿"投资计划中的重点就是加大基础设施建设。不可否认，政府投资在危机时期确实起到了保增长、保就业、保稳定的作用。但是，2010年下半年，国家"4万亿"投资计划进入收尾阶段，特别是2011年，随着中央投资和货币政策的逐步收紧，地方政府融资平台的融资能力下降。与此同时，国务院领导已明确了今后5年新建3600万套保障性住房，今年新建1000万套保障性住房的目标。作为国家基础设施建设的重要组成部分，社会保障性住房建设是当前政府亟需解决的民生问题，也是政府的重要职能。据统计，2011年焦作市廉租房新开工1220套，计划投资5300多万元；经济适用房新开工1831套，计划投资37000多万元；公租房新开工3000套，计划投资33000万元，共计投资需求7.5亿元。

保障房建设的关键问题是建设资金的充足供给，地方政府既要面对实际建设中庞大的资金压力，又要确保国家惠民政策的落实到位，这势必出现强大社会需求与有限财力供给之间的矛盾。由于资金瓶颈与体制落后，在新的融资模式下政府保障性住房建设，必须引导和鼓励民营资本的注入，发挥"四两拨千斤"的杠杆作用，引导和吸引民营资本进入保障性住房建设领域，既能有效弥补政府财政资金的不足，减轻政府财政支出和预算方面的压力，又能顺利实现建设目标。2010年5月，国务院出台《国务院发布鼓励和引导民间投资健康发展意见》，同年7月，发布《鼓励和引导民间投资健康发展重点工作分工的通知》，这为开启民营资本复苏之门注入了一支强心剂。政府适时转变职能，适应新模式下的角色转换，促进民营资本的"接力"，无论是对于我国当前经济发展，还是对于保障性住房持续建设都具有毋庸置疑的重要意义。

3. 城市化进程中保障性住房建设的多层次全覆盖

目前，保障性住房主要包括廉租住房、经济适用房、公共租赁住房以及棚户区改造等形式。无论是哪一种保障房的建设，政府财政都将投入巨额资金。就焦作而言，2008年以来，仅廉租住房建设一项，就投入各类财政资金8亿多元，地方政府财力有限，但资金需求巨大。按项目建设时间划分来看，可分为新建项目、在建项目、存量项目，政府如能在项目实施的各个阶段，采取不同的融资手段和管理模式，实现优势组合，提高政府资金的使用效能。这将为多层次、全覆盖地进行保障性住房建设，提供一种参考模式。

新建项目可以由政府授权项目公司对项目进行建设和经营管理，项目公司在经营管理期收回投资并获得合理的商业利润，最后根据协议将该项目无偿转让给相应的政府管理机构。在此模式下，政府将扮演投资经纪人的角色和企业合作，企业把先进的经营理念、成熟的技术经验、优良管理模式和雄厚的资本带入到项目实施的各个阶段。政府和企业可以取长补短，充分发挥各自的优势。这样做既能全面提升运行管理的综合水平，也能把政府部门从繁重的事务管理工作中解放出来，提高政府管理效率。

正在建设并由于政府财力有限，配套资金不能及时到位，导致未能按时竣工的项目，可以采用股权转让或合作共建共营方式，引导民营资本注入并承担建设、运行、维护等工作，产权归属企业。而由政府部门负责宏观协调、创建环境、提出需求，实施分配监督，每年只需向企业支付使用费即可拥有房屋的使用权。体现了"分步实施、政府监督、企业运作"的建、管、护一体化的要求。这种模式对于政府全额出资在建项目、配套资金短缺又无力筹资的项目起到推波助澜的作用。

存量项目可以进行优质资产盘活，采用股权、资产转让、经营权转让、委托运营等方式筹集资金，为下一阶段新建项目筹措资金。政府部门将建设好的项目的一定期限的产权和经营权，有偿转让给投资人，由其进行运营管理。投资人在一个约定的时间内通过经营收回全部投资和得到合理的回报，并在合约期满之后，再交回给政府部门的一种融资方式。这种模式适宜于已经建成的廉租房和公共租赁住房。

（二）房地产调控背景下的观念转型

房地产是指土地、建筑物及固着在土地、建筑物上不可分离的部分及其附带的各种权益。从长期来看，房地产调控的目的不仅是为了保持房地产市场的平稳较快发展，更重要的也是为了保持经济的可持续发展。

我国改革开放的历史上也有过多次国家调控房地产的宏观措施，本次房地产调控实际是从 2010 年开始的，2010 年 4 月印发"国务院关于坚决遏制部分城市房价过快上涨的通知"，思路就是要抑制投机，不仅仅是调房价，更重要的是进行结构调整。执行差别化的税收信贷政策，同时加大了土地的供应和保障性安全工程的建设，使调控正在向预定的方向发展。市场规律和宏观调控的双重作用驱动房市反转已经成为不争的事实。在这个大背景下，房地产行业降温必将遏制投机、投资行为。满足广大老百姓基本的住房需求是行业目标的理性回归，政策性住房市场份额的加大，保障低收入阶层的住房需求，加快保障性住房的建设，将是以后房地产调控和行业发展的方向，对于中长期改善市场供给结构具有重要意义。

1. 土地财政的可持续性分析

自 2002 年国有土地使用权出让实施"招拍挂"以来，地价每年以 8.9% 的幅度快速上涨，高地价给地方政府带来了可观的收益。相关数据表明，土地出让金收入约占同期地方财政收入的30%～50%。土地收入已名副其实地成为地方政府的"第二财政"。虽然土地财政对缓解现行分税体制下形成的地方财力不足、公共品供给融资难等问题，对提升中国城市化水平有一定促进作用，但也暴露了土地财政的不稳定性和不可持续性。

在现行的土地批租制下，地方政府无论以何种方式出让土地使用权，政府就一次性地收取50～70年土地收益，地方政府垄断土地经营权为"以地生财"提供了便利，但同时也增加了地方财政对房地产业的依赖。即便不考虑可征用农地、不可再生资源的有限性，房地产市场也有周期的变动。当市场供需发生变化，原来的供不应求就会转变为供大于求，土地流拍、降价就不可避免，这必将造成土地财政的不稳定性和不可持续性。

2. 房地产开发企业的观念转型

所谓转型，是指企业为了动态地适应外部环境和内部条件的变化，或者是为了利用潜在的机会而进行的战略转变，从而创造竞争优势。从政策方面来看，土地政策进一步收紧，分期缴纳全部土地出让价款期限上不得超过一年，土地出让价款首次交款比例不得低于全部出让价款的50%，这意味着房地产开发企业资金回款速度、资金充足率门槛被迫提高。房产税政策的启动，将会减少二手房的周转率，部分抑制了投机需求。从经济环境分析来看，自2010年年初以来，央行已经九次动用货币数量工具，大大超过了此间加息两次的货币价格工具的使用频率，屡次提高商业银行存款准备金率，银行信贷政策进一步收紧，这进一步刺激了背靠银行的房地产企业的观念转型。从房地产行业环境来看，市场现有企业众多，但大多数都是中小规模的企业，市场集中度相对较低，各企业综合实力参差不齐，房地产行业规范化、标准化程度较低、竞争能力偏低。此外，我国房地产行业进入壁垒不是很高，主要约束条件是资金和土地，这将导致潜在进入者相对较多，竞争趋势明显。

3. 住房开发中利益相关方的地位和选择

所谓房地产市场利益相关者就是指参与房地产市场并对其产生影响的各个群体。他们是房地产市场的构成因素，主要有政府、投资者、购房者、开发商、其他相关群体。

政府在房地产市场中的角色十分重要。《土地法》明确规定土地行政主管部门统一负责全国土地的管理和监督工作。政府拥有土地的规划、开发和利用的权力，是房地产市场的主体之一。在房地产市场上，政府通过对土地的规划、开发使用审批、给土地定价来实施对房地产的宏观调控。同时，土地使用权的转让也使政府成为土地开发的受益者，增加了地方财政收入。

投资者是影响房地产市场的重要群体，他们通过购买已开发或将开发的房产所有权，在地产价格上升后将其所有权转让，获得中间差价，是影响房地产价格飙升的主要原因。

购房者是对住房的真正需求者，他们构成了房地产市场上的主要消费者。这部分群体是以居住消费为目的，而不是以投资获利为目的，所以，他们对已经购买入住的房价不是特别关注。

开发商是房地产市场上的产品提供者，他们投资的目的就是能够赚取利润，是市场上的利益追逐者。由于房产市场的特殊性，开发商对政府的政策有相当的免疫能力，无形中会影响政府的决策和调控。

其他相关者是跟房地产市场有间接利益相关的群体，比如钢铁行业、水泥行业、园林绿化、家庭装饰等行业。这些群体也在房产开发过程中受益。

4. 从土地增值到社会效益增值的转型

城市化是经济发展进程中必然面临的重大问题之一，特别是改革开放以后，中国城市化水平大幅度提高，城市人口的大量增加、产业结构调整及城市体系的不断升级，引发生产要素由农村向城市流动，其中土地要素也不例外。城市增长特别是城市空间的向外拓展直接导致了城市用地的价值增值。土地征用是城市空间扩张的唯一的土地源头，通过征用，土地性质由农业用地转变为城市农地，由集体所有转变为国家所有。这部分收益在房地产行业的繁荣中明显地显现出来。

按照现有国家法律规定，土地增值所带了的巨额收益在国家、地方政府、农民和开发商中间进行再分配。一方面，地方政府获得了建设用地的大部分土地出让金收入，从土地增值中得到了巨额利益。另一方面，房地产开发商的土地储备和囤积，导致土地价格上涨，从而占有了大量的土地收益。城市在土地增值和房地产价格上涨的同时，更加注重社会效益的增值。

公共财政以多种形式加大对城市扩张后居民的反哺，更是社会效益增值的有效途径。人民可以通过多种形式享有城市土地增值的收益，比如将部分土地增值收益统筹失地农民的就业和社会保障，体现城市化征地过程中的人文精神，建立完善的社保政策支撑体系，通过集体截留部分安置用地，赋予集体非农用途开发，加大保障性住房建设，切实考虑中低收入阶层在地价、房价上涨后的基本生活要求，这些措施可以不同程度地提升人民享受土地增值收益的机会，改善资源配置环境和城乡收入差距。

（三）构建以政府为主体的保障性住房体系

1. 保障性住房体系的良性循环

建立政府主导、广泛参与的保障性住房体系。通过明确各级政府的住房保障责任，坚持体制与机制创新，落实好土地、金融、财税以及费用减免等各项支持政策，加强住房保障管理机构、技术支撑体系、质量安全和分配管理等各项制度建设；充分发挥政府支持和引导作用，建立以政府为主导、社会力量广泛参与的长效机制；制定优惠政策，鼓励社会经济组织和居民个人参与投资建设保障性住房。

从现实发展要求分析，保障性住房应逐步转向"以租为主"的保障性住房体系，真正实现保障房的"保障功能"。作为此轮房地产调控的重要手段，也要求进一步完善现有保障房体系，进一步体现其保障功能。

随着保障性住房建设步伐的加快推进，住房保障管理任务更加繁重，在建设的规模和任务明确的情况下，管理问题也越发重要。完善保障性住房的进入、分配和退出机制已经成为保障性住房的基础配套机制，正确引导和管理保障性住房发展方向，有效实现房与机制的联动发展，才是解决问题的关键所在。

（1）修订完善进入机制

一是建立完善的审核制度，严把审核关。采用更灵活的审核机制，在被审核人身上下功夫，不能简单地停留在文件或证明材料上，把户口信息和面试两套程序有机结合起来，通过细节分析，片区实地检查核实，确定被审核人的资格。各个程序融合成套路，每一个程序秉承谁核查、谁签字、谁负责的原则，层层把关。

二是加大举报力度。实行市、区、街道办三级联动的审核公示程序，每年对保障性住房享受者进行一次公示，强化公开透明的原则。

（2）实行大部门制度解决协调瓶颈

为解决保障性住房的难点，破解手续难办、办理周期长等问题，有必要将发展改革委员会、工商、公安、财政、规划、国土、街道办事处等住房保障相关部门整合成立一个联动部门，定时召开联动会议，就保障性住房项目进行表决，并对各部门分管的工作进行监督、催办、检查，最后完成工作。

（3）完善退出机制

一是制定退出办法，让超出保障性住房条件的公民有序退出。当廉租房住户有能力购买或租用经济适用房后，及时腾出现有廉租住房，让收入更低的人群能够享用。不适用保障房条件和已购买有限产权的经济适用房等保障性住房或那些租住了经济适用房在有能力进入市场解决居住问题的时候应当无条件退出。二是正在享受保障房或领取住房租赁补贴的家庭，再购买其他住房的，应当首先办理保障性住房退出手续。房管局在办理房屋权登记时，应根据住房保障部门提供的信息比对申请登记人家庭成员是否正在享受保障性住房，鉴别真伪后进行登记。按照这样的模式运作解决问题，充分体现住房全社会保障功能。

2. 公私合营模式的推广应用

伴随着社会化程度的不断提高，需要政府承担的公共性支出越来越广，财政的职能也因此日趋泛化。公私合营管理模式为公共项目建设中政府、社会组织和私营机构之间建立了一种新的利益和责任关系。公私合营管理模式的优势，一方面解决了公共产品提供方面资金紧张的难题，另一方面，在项目实施中由于引入了社会各方力量的参与，私营机构的高效率和管理能力提升了项目实施的绩效水平。因此，将公私合营管理模式成功应用的经验推广到城市保障性住房的其他方面很有意义。

针对不同类型的保障性住房，实施制度化的建设模式。运用市场开发、政府承建、公私合作等不同模式，吸引大量社会资金进入保障房建设领域；运用"条件""招拍挂"等方式，完成保障房用地指标。在商品房建设项目中配套建设经济适用住房的，应当在项目出让条件中，明确配套建设经济适用住房的总建筑面积、单套建筑面积、套数、套型比例、建设标准以及建成后移交或者回购等事项，并以合同方式约定。在经济适用住房或者商品房建设项目中配套建设廉租住房的，应当在用地规划、国有土地划拨决定书或者国有土地使用权出让合同中，明确配套建设廉租住房的总建筑面积、套数、布局、套型以及建成后的移交或回购等事项。

公私合营管理模式的应用也存在不容忽视的风险难题。任何融资模式的创新都存在这样的问题。由于公私合营的项目运作具有投资大、周期长、参与者多等特点，很多因素的纠结更容易加大项目实施的风险，因此事先要设计严格的风险管理程序，合理分担和化解风险。

公私合营管理模式能够有效发挥财政资金的杠杆效应，解决了公共产品和服务领域资金缺口的难题。多年来，地方政府在投融资管理中积累了丰富的经验，如果在应用中能够借鉴政府投融资管理中的成功经验，在合理防范风险的条件下，吸引更多的社会资金进入公共产品和服务领域，对于加快城市化建设有很好的促进作用。

3. 保障性住房建设中的政策支持

（1）土地供应政策

将保障性安居工程项目用地列入年度土地供应计划。对公共租赁住房、廉租住房、经济适用房和棚户区改造住房建设用地实行划拨供应，并按规定减免相关费用。公共租赁住房建设用地也可采取出让、租赁、作价入股等多种方式供应，引导规范使用集体建设用地建设公共租赁住房。对政府储备的国有建设用地以及依法收回的存量土地优先安排，城镇国有土地用途依法变更为住宅用地的，主要用于保障性安居工程建设。在年度新增建设用地计划中，单列保障性安居工程用地计划指标，并提前组织开展农用地专用、征收报批工作，切实做到应保尽保。严格土地供应时序，优先供应保障性安居工程项目用地，未完成供应计划的，不得向商品住房供地。可通过划拨土地设定抵押贷款的方式进行筹集保障性安居工程建设资金。对已供应的各类保障性住房用地，不得改变土地性质和土地用途，不得改变规划设计条件、增加或变相增加容积率。商品住房、经济适用住房要按规定比例配建廉租住房和公共租赁住房，配建套数、套型面积、设施条件和项目开竣工时间及建设周期等建设条件，作为土地出让的依据，纳入出让合同。

（2）资金支持政策

各县（市）区要将保障性安居工程建设资金纳入年度财政预算。中央代发的地方政府债券资金要优先用于保障性安居工程建设。廉租住房出售收入要专项用于廉租住房和公共租赁住房建设。土地出让净收益的10%用于保障性安居工程建设，可根据实际需要适当提高提取比例。鼓励社会资金参与保障性安居工程建设和运营管理，社会资金参与保障性安居工程建设的，纳入政府统一管理并享受同等优惠政策。住房公积金增值收益计提的廉租住房保障资金，可统筹用于发展公共租赁住房。棚户区改造项目的土地出让收入除缴纳上级和按照规定提取相关费用后全部用于棚户区改造，主要用于支付拆迁补偿安置形成的土地成本、低收入住房困难家庭安置房建设补助、配建廉租住房、配套市政设施和公共服务设施建设、没有商业开发价值的棚户区改造等；做好公积金贷款支持保障性住房建设试点工作；开展住房保障工作所需经费通过同级财政预算予以安排。积极争取中央廉租住房建设、城市规划区外国有工矿棚户区补助资金与省财政专项资金；鼓励和支持各县（市）成立保障性住房建设投融资公司，专门负责保障性住房建设的融资建设和管理；金融机构要进一步加大保障性住房建设支持力度，尽可能给予资本金的支持，向符合条件的保障性住房投融资主体发放中长期贷款，对资本金足够到位，实行商业化运作的公租房项目，各金融机构在风险可控的前提下，要积极给予贷款支持，探索建立贷款风险补偿和风险分担机制。

六、主要政策建议

本项目作为中国发展研究基金会重点招标课题，对我国保障性住房建设工作的推进意义重大。选取典型城市为代表，"以点带面"寻求解决保障性住房建设难题的新途径；更多地结合地方工作实践和成功经验，深入剖析现有政策的利与弊，实现了不同层级政府在政策制定与执行中的信息沟通和共享。通过对本项目研究成果的梳理，总结提出以下主要政策建议。

（一）建立多层次全覆盖地城市保障性住房体系

目前，保障性住房主要包括廉租住房、经济适用房、公共租赁住房以及棚户区改造等形式，无论是哪一种保障房的建设，政府财政都将投入巨额资金。2008年以来，焦作市仅廉租住房建设一项就投入各类财政资金 8 亿多元，地方政府财力有限，但资金需求巨大。政府如能区分不同的项目（新建、在建、存量项目），在项目实施的各个阶段，采取不同的融资手段和管理模式，实现优势组合，提高政府资金的使用效能，将为多层次、全覆盖地进行保障性住房建设提供一种参考模式。

（二）保障性住房建设要实现从土地增值到社会效益增值的转型

提高人民群众在城市土地增值收益中的比重是实现从土地增值到社会效益增值的有效途径。政府可通过多种渠道实施城市化进程中对失地群体的补偿，比如将部分土地增值收益统筹用于失地农民的就业和社会保障，以体现城市化征地过程中的人文精神；通过集体截留部分安置用地，赋予集体非农用途开发，开展农村集体产业用地自建公共租赁住房的试点，将土地收益权和经营权划归集体所有等，加大保障性住房建设的支持力度。这些措施可以不同程度地提升人民群众享受土地增值收益的机会，改善资源配置环境、调节城乡收入差距。

（三）尝试发行地方债务支持保障性住房建设

以保障性住房作为担保，发行地方债，通过适当提高保障性住房的租金吸引社会资本购买地方债券，解决保障性住房建设中的融资难题。如果能够获得中央政策的支持，这项措施能够较为彻底地解决保障性住房建设中的资金难题，实现保障性住房建设的良性循环。

（四）强化商业化运营机构的中介作用

作为具有公益性质的保障性住房，具有公共产品的特点，项目的实施涉及相当复杂的程序，包括建设项目审批、施工、监督以及其他政策方面的问题，仅靠政府部门不能有效管理。政府通过委托一个具有市场经济头脑和企业意识的专业机构来参与合同的制定和实施，既保证了项目实施的公平公正，又保证了多方利益达到共赢。

2010 年焦作市筹建了实行商业化运营的公共住房建设投资有限公司。公私合营模式的成功运作需要政府、社会组织和私营机构的通力合作。其中政府发挥着政策引导和监督管理的双重作用，城市公共住房建设投资有限公司代理政府行使保障性住房建设的相关事宜，在保障性住房建设项目中起着重要的纽带作用。

下一步将从强化商业化运营机构的作用入手，研究在公平的竞争环境中参与各方的合作关系，重点解决房屋建设中的融资、建设和后期管理等难题。

（五）建立有效的监督约束和激励机制

在保障性住房建设中，项目的低盈利甚至不盈利是不争的事实，但在市场化运作规则中投资者要求有一个合理的投资回报空间。为了达成多方的合作，政府的政策制定和实施起着重要的引导作用。政府能够提供的诸多条件中，政府补贴（包括资金补贴、税费优惠和捆绑开发等）是非常重要的筹码。比如，政府为棚户区改造项目出台了免征城市建设配套费等各种行政事业性收费和政府性基金，对房地产开发企业参与棚户区改造的，原拆迁房屋面积部分按照有关规定减免税费；另外在土地政策、融资政策方面，政府确定城市棚户区改造范围内的市政和公用设施用地及配建经济适用住房、廉租住房用地以划拨方式供应等。这些政策措施大大激发了社会各方参与的积极性。

在构建监督约束和激励机制的研究中，最大的难题是将社会投资者引入公共产品和服务中后，如何平衡政府、社会组织和私营机构的利益关系。建设项目能否成功实施，很大程度上取决于各方利益关系是否明确，利益分享机制是否能得到各方的认同。平衡项目的盈利性和公益性关系，是政府部门管理水平的综合体现。

（六）重视项目运行中的绩效管理

公私合营模式在解决了资金缺口难题的同时，有效地提升了项目管理的绩效水平。另一个不容忽视的问题是社会多方的参与削减了政府对项目的控制权，因此为保障公共产品的质量，政府要加大对合作方的监督和管理，保证预定的公共需求目标得以实现。

公共住房建设投资有限公司的职能定位可以发挥重要的桥梁作用，公司代理政府对棚户区改造项目实施现场管理，通过具有法律意义的合作协议，实施严格的监管措施。

（七）积极推广已有的成功经验

伴随着社会化程度的不断提高，需要政府承担的公共性支出越来越广，财政的职能也因此日趋泛化。公私合营模式在政府、社会组织和私营机构之间建立了一种新的利益和责任关系。公私合营模式能够有效发挥财政资金的杠杆效应，解决了公共产品和服务领域资金缺口的难题。多年来，地方政府在投融资管理中积累了丰富的经验，如果在应用公私合营模式中能够借鉴政府投融资管理中的成功经验，在合理防范风险的条件下，吸引更多的社会资金进入公共产品和服务领域，对于加快社会化建设有很好的促进作用。

参考文献

[1] 金定华等. 深圳市住房消费需求收入弹性探讨. 重庆建筑大学学报，2003（3）

[2] 高晓路. 北京市居民住房需求结构分析. 地理学报，2008（10）

[3] 王银彩等. 中国城镇居民住房消费水平合理化程度评析. 经济与管理，2005（12）

[4] 张文忠等. 北京市区居住环境的区位优势度分析. 地理学报，2005（60）

[5] 郑思齐等. 城市居民对居住区位的偏好：支付意愿梯度模型的估计. 地理科学进展，2005（24）

[6] 黄凌灵，刘志新. 中国居民跨期住房租赁–购置行为动态优化建模及分析. 系统工程，2007（10）

[7] 程遥. 大城市住房保障政策的效用分析. 现代城市研究，2008（1）

[8] 郑晓云，葛俊. 重庆市保障性住房影响因素分析及政策建议. 建筑经济，2008（7）

[9] 周翔宇. 西南地区城市保障性住房运作机制及政策研究. 重庆大学，2009

[10] 崔竹. 城镇住房分类供应与保障制度研究. 中共中央党校，2008

[11] 李志清，田金信. 北京市保障性住房供给预测研究. 哈尔滨工业大学学报，2009（5）

[12] 刘云，宁奇峰. 香港保障性住房供应体系的特点及其启示. 上海经济研究，2002（4）

[13] 巴曙松，王志峰. 资金来源、制度变革与国际经验借鉴：源自公共廉租房. 改革，2010（3）

[14] 巴曙松. 中国廉租房的融资特征及其发展路径研究. 中国房地产，2006（10）

[15] 李博洋. 我国住房金融模式研究. 首都经济贸易大学，2005

[16] 高峰. 我国城镇廉租住房融资模式研究. 武汉理工大学，2007

[17] 贾康，刘军民. 优化与强化政府职能建立和完善分层次住房保障体系. 财贸经济，2008（1）

[18] 马光红，李宪立. 建立健全保障性住房规划建设管理体制研究. 城市发展研究，2010（4）

[19] 何宏杰. 地方政府在构建保障性住房体系中的角色研究. 科技信息，2011（7）

[20] 莫中杰. 我国房地产企业路在何方. 经济观察，2010（1）

各级政府出台的相关政策文件：

[1] 中央补助廉租住房保障专项资金管理办法

[2] 财政部关于加强中央廉租住房保障专项补助资金管理的通知

[3] 财政部关于切实落实财政政策积极推进城市和国有工矿棚户区改造工作的通知

[4] 财政部关于关于印发〈利用住房公积金发放保障性住房建设贷款财务管理办法〉的通知

[5] 关于印发〈支持我省保障性安居工程财政政策的指导意见〉的通知

［6］关于印发〈河南省公共租赁住房资金专项资金奖补办法〉的通知

［7］关于印发〈河南省城市棚户区改造专项资金奖补办法〉的通知

［8］焦作市城乡建设三年大提升行动计划的实施意见

［9］焦作市人民政府关于进一步加强市区保障性住房建设的意见（焦政〔2010〕10 号）

［10］焦作市人民政府关于市区棚户区改造的意见（焦政〔2010〕9 号）

［11］焦作市区棚户区改造项目房屋拆迁补偿安置规定

［12］焦作市市区经济适用住房管理办法

［13］焦作市人民政府办公室关于焦作市廉租住房实物配租实施细则

［14］2010 年焦作市廉租住房实物配租分配方案

［15］焦作市区廉租住房配建规定

［16］关于进一步明确经济适用住房销售有关事项的通知

［17］焦作市人民政府关于市区棚户区改造的意见（焦政〔2010〕9 号）

［18］焦作市人民政府关于进一步加强市区保障性住房建设的意见（焦政〔2010〕10 号）

［19］焦作市 2011 年保障性安居工程建设专项工作方案（焦政办〔2011〕41 号）

保障性住房建设中资金问题实证研究
——以河北省保定市为研究个案

◎ 宋立根

绪　论

　　保障性住房是完善住房政策和房地产市场体系不可或缺的组成部分，保障性安居工程是"十二五"时期保障和改善民生的标志性工程，也是当前和今后几年经济工作的一项重要任务。保定市在正确把握保障性住房国家政策和执行河北省保障性住房建设政策的基础上，抓好"落实任务、落实土地、落实资金"，成为保障性安居工程建设顺利推进的着力点。课题组针对保定市保障性住房建设情况，尤其是政府财政资金落实情况进行了实证研究，并对开发商配套建设廉租房、政府承诺回购等问题，提出了完善保障性安居工程建设的对策建议。

　　保定市地处首都北京的南大门，是一座具有革命传统和悠久历史的文化古城。保定市位于河北省中部，西依太行山与山西省接壤，北邻首都北京，东部是广阔富饶的冀中平原，素有京、津、保三角地带之称，历代为畿辅之地。京都的南大门历史上向来是军事战略之要地，其地理位置在政治、经济、国防上具有重要意义。"从一定意义上讲，河北省是中国的缩影。河北省的特点可以概括为'大而全'。'大'就是人口大省、经济大省、资源大省、文化大省等。'全'就是地形地貌全。河北省具有的发展优势全国独有，面临的发展机遇前所未有。河北省第八次党代会，确定了建设经济强省、和谐河北的战略目标，得到了上上下下、方方面面的一致认同，极大地激发了全省广大干部群众的信心和斗志。经济

　　课题组负责人：宋立根（河北省财政厅财政监督局正处财政监察员、研究员）。课题主研人员：宋超、王鹤霓、韩洁、薛同普。本课题为中国发展研究基金会发展研究项目 2011 年度资助研究课题，项目编号 2011 基研字第 0029 号。

强省，就是总量要大、素质要高、结构要优、活力要足、质量要好。现在河北是经济大省，与经济强省的差距，最核心的是人均指标不高、质量效益不高、科技创新能力不高、综合竞争力不高，根子在于经济结构不合理"。①本课题组认为，保定市又是河北省的缩影。全市下辖 18 个县、4 个县级市、3 个区。全市329 个乡（镇），6169 个行政村。总面积 22159 平方公里，其中山区面积 11056平方公里，平原 8636 平方公里，清淀 2432 平方公里。2010 年全市总人口 1121万，占全省人口的六分之一，革命老区县、山区县、贫困县多，农村人口多，驻保大学、军队和军队干休所多。"十一五"期间，国内生产总值由 2006 年的1072 亿元增长到 2010 年的 2050 亿元，全部财政收入由 2006 年的 99 亿元增长到2010 年的 260 亿元，比 2009 年增长 23.7%；地方一般预算收入由 43 亿元增长到2010 年的 91 亿元，比 2009 年增长 24.3%；城镇居民可支配收入由 8677 元增长到 15048 元，农民人均收入由 3471 元增长到 5446 元，全市主要经济指标完成或接近翻番。从数据上比较，相当于又再造了一个新保定。围绕"又好又快发展、强市兴县富民"的中心任务，作为河北省人口最多的设区市，保定拥有农村人口占总人口比重超过七成，如何破解城镇化率不高、城乡发展不均衡的难题？保定市委、市政府谋划实施了"一主三次"、"工业西进"、"对接京津"三大战略，破解发展瓶颈，提速山区发展，加快建设环首都绿色经济圈，城乡统筹发展的支撑力和协调性同步增强。

一、保定市按照《城市发展规划纲要》建设保障性住房

《河北省住房和城乡建设事业发展第十二个五年规划纲要》明确了"十二五"期间河北省住房和城乡建设事业发展的总体思路、发展目标、战略任务和工作重点。"十二五"期间，河北省将优化城镇布局，构筑城镇化空间新格局。以承德、张家口、廊坊、保定为主体构建环首都城市群，以石家庄、衡水、邢台、邯郸为主体构建冀中南城市群，以秦皇岛、唐山、沧州为主体构建沿海城市带。安居才能乐业，为了能让居者有其屋，"十二五"期间，河北省将通过廉租住房、公共租赁住房提供租赁型的保障性住房，通过经济适用住房、限价商品住房提供产权式的保障性住房，通过各类棚户区改造，改善居民居住条件和居住环境，逐步扩大住房保障覆盖范围。要将住房保障对象由城市低收入住房困难家庭逐步扩大到城镇中低收入住房困难家庭、新就业职工以及外来务工人员等其他住

---

① 河北新闻网 2012 年 2 月 21 日《张庆黎张庆伟与国家发改委领导举行会谈》。

房困难群体，城镇住房保障覆盖面达到 20%。

2008 年 7 月，保定市委、市政府出台了《保定市"一主三次"城市发展规划纲要（2008 - 2020 年）》，提出构建"一主三次"城市发展新格局，城乡统筹发展。"一主三次"的城市发展战略，是指突破行政区划界限，合理配置生产要素，做大做强保定中心城市，加快发展涿州、定州、白沟新城三个次中心城市，形成以涿州为次中心的保定北部经济板块、以定州为次中心的保南经济板块、以白沟新城为次中心的保东经济板块，提高产业聚集度，增强主次中心城市对区域经济的辐射力和带动力。例如，涿州市借助环首都绿色经济圈建设的契机，发挥"对接京津"桥头堡的优势，高起点定位，建立"人才创业园、科技成果孵化园、新兴产业示范园、现代物流园"四大园区，新兴产业示范区规划面积达到100 平方公里。从 2010 年开始已启动 10 多个新兴产业项目，总投资超过 300 亿元。秉承"商业化—工业化—城市化—国际化"的发展模式，白沟新城产生巨大的"虹吸效应"：100 多个重点项目落户，其中 2010 年落户项目高达 76 个，总投资超过 700 亿元。定州市利用昔日的唐河荒滩建设循环经济产业园区，今年5 月该园区被省政府批准为省级工业聚集区，同时被列为"十二五"期间全省重点打造的 14 个销售收入"超千亿元工业聚集区"之一。

2011 年以来，保定市认真贯彻落实全国和全省保障性安居工程工作会议精神，严格按照河北省下达的计划与时间要求，立足保定市保障性住房安居工程实际，以着力解决困难群众住房问题为主线，以《保定市"一主三次"城市发展规划纲要（2008 - 2020 年）》为依据，按照规划蓝图，大力发展廉租住房和公共租赁住房，前期准备工作充分，工程进展比较顺利。

保定市委、市政府高度重视保障性安居工程建设，将其作为扩内需、促发展、惠民生、保稳定的一项重要任务来抓，创新理念方法、精心组织谋划，全力推进保定市保障性住房建设。任务分解合理、不搞一刀切，有效地确保了建设量和需求的总体平衡，项目建设推进有力，每月强化督导、跟踪通报。在分配上制定了一系列的保障办法和分配细则，努力做到公开公正。千方百计落实土地资金，落实双向配建、合理布局，工作推进机制运转良好。

二、保定市保障性住房安居工程责任目标

保定市保障性住房安居工程年度责任目标完成情况分析，包括总体责任目标完成情况，保障性住房和各类棚户区改造开工建设项目个数、套数；开工建设项目形象进度，新增廉租住房租赁补贴发放完成情况等。

2011年以来，保定市贯彻落实中央和省委、省政府的决策部署，始终把保障性安居工程建设工作作为事关全局、重中之重的战略任务来抓，精心谋划，强力推进。保定市把保障性安居工程建设摆到突出的位置，市委将其列为2011年重点工作，写入市委全会工作报告。市人大常委会和市政协也将保障性安居工程建设列入工作监督与民主监督重要内容，定期组织代表、委员进行视察，听取建设进展情况汇报。市政府将保障性安居工程建设作为民生实事之首，纳入政府目标考核体系，强力推进实施，成立了市长亲自挂帅的保障性安居工程领导小组，市长为组长、常务副市长与主管副市长为副组长、市直部门一把手为成员的保障性安居工程领导小组，被省政府誉为高规格领导机构，并抽调业务骨干集中办公，及时指导各县（市）工作，确保责任目标的顺利完成。保定市委、市政府主要领导多次亲自督查保障性安居工程建设工作，提出工作要求，落实有关政策，通过召开协调会、现场会和督办会议等形式，及时协调解决保障性安居工程建设中的问题。市政府先后多次召开会议，就保障性住房建设进行部署，指出建设项目是完成任务的支撑，土地、资金是完成任务的保障，要求各相关部门齐心协力，按照时间节点抓好落实。特别是8月份以来，由市政府领导带队先后到满城、顺平、徐水、望都等县（市）督查住房保障建设工作，并对每个具体建设项目提出明确的时间要求。各县（市）也把保定市政府下达的年度建设任务分解到不同的项目与地块，落实专门的建设班子与责任单位，确保保障性安居工程建设有序推进。

保定市保障性住房安居工程建设工作各项指标排名始终位居全省前列，成立了以注册资金10亿元成立了保定市保障性住房投融资公司，下设开发公司。公司规模、运作方式，被省政府肯定并作为融资试点，市区集中建设的廉租住房（兴华苑小区）户型设计科学合理、公摊面积小、功能齐全，在全省予以推广。保障性安居工程建设工作取得了阶段性成效。

（一）2011年度保定市保障性住房责任目标完成情况分析

抓好"落实任务、落实土地、落实资金"，是保定市保障性安居工程建设顺利推进的着力点。

1. 保定市保障性住房责任目标。2011年初，省政府下达保定市保障性安居工程责任目标及后来追加的保障性安居工程任务数为32314套（户）。其中廉租住房4400套、经济适用住房3700套、公共租赁住房16200套、限价商品住房4000套、各类棚户区改造危陋住宅4014套。新增租赁住房补贴家庭2300户。2010年3月，保定市人民政府就全市责任目标如何合理地分解到各县（市、区）

进行了反复研究，提出了多种方案，广泛征求县（市、区）意见，确定了分解方案。3 月 25 日市政府召开保定市保障性安居工程工作会议，下达了责任目标，与各县（市、区）签订了目标责任状。

表 1　　　　　　　　2011 年度保定市住房保障工作责任目标①

廉租住房保障		经济适用住房	公共租赁住房	限价商品住房	城市棚户区（危陋住宅区）改造	国有工矿棚户区改造	国有林场危旧房改造	国有垦区棚户区改造	农村危房改造
新增发放租赁住房补贴户数（户）	新增廉租住房套数（套）	新建套数（套）	新增套数（套）	新建套数（套）	改造解决户数（户）	解决居民住房困难户数（户）	解决居民住房困难户数（户）	解决居民住房困难户数（户）	解决农村困难群众基本居住安全问题户数（户）
2300	4400	3700	16200	4000	2130	1311	353	220	4800

2. 保定市保障性住房项目进展。截止 2011 年 11 月底，保定市保障性住房项目手续齐全并实际开工 l51 个、34246 套 208 万平方米，占省政府下达责任目标的 l06%；其中 146 个、32803 套、196 万平方米，作为 2011 年任务，占省政府下达责任目标的 102%。其余 5 个、1443 套列入 2012 年任务目标。项目构成为：廉租住房项目 35 个共 4471 套；经济适用住房项目 5 个共 3890 套；公共租赁住房项目 73 个共 l6368 套；限价商品住房项目 14 个共 4010 套；各类棚户区 19 个共 4062 套（城市棚户区 1 个 2148 套；林区棚户区项目 10 个 353 套；工矿棚户区 3 个 1311 套；垦区棚户区项目 5 个 250 套）。全市廉租住房保障户数达到 l4047 户，新增租赁住房补贴 3988 户，占省政府下达责任目标 2300 户的 l73%。

3. 2012 年，保定市开工建设保障性住房和各类棚户区改造安置住房责任目标 37890 套（户）。已确定项目 144 个、住房 47489 套，占省下达任务目标的 125%。已竣工的 13803 套保障性住房中，入住 7444 户，竣工未分配的 6359 套已列入 2012 年度分配计划，今年可全部实现分配入住。

（二）保定市保障性住房项目基本建成和竣工情况分析

项目基本建成和竣工情况包括 2009 年开工建设项目竣工、验收并分配使用情况、尚不能竣工的原因；2010 年开工的建设项目主体封顶情况；2011 年以来保障性安居工程基本建成的项目个数、套数、情况。

---

① 指标解释：新增发放租赁住房补贴户数是指 2011 年新享受廉租住房租赁补贴的户数，包括当年转为实物配租及退出保障家庭；开工是指"四证齐全"并实际开工建设；竣工是指有竣工验收报告且具备入住条件；交付使用是指已分配到户。

保定市以"创建国家园林城市"为目标，坚持以提升城市品位为灵魂，突出统筹布局，强势推进，改造旧城，补设施、补功能、补环境；开发新区，优环境、建精品、展新姿，着力打造独具特色的城市名片。

1. 2011年以前项目建设情况分析。一是2008~2009年项目建设情况。2008~2009年共有建设项目42个16581套125.09万平方米，已全部竣工。项目构成为：廉租住房项目18个2989套14.55万平方米；经济适用住房项目7个3029套26.11万平方米；城市棚户区项目17个10553套84.42万平方米。二是2010年项目建设情况。2010年开工项目24个14134套113.48万平方米。11个多层项目全部竣工，13个高层全部主体完工。项目构成为：廉租住房项目4个2584套10.87万平方米；经济适用住房项目4个2466套17.25万平方米；公租房（府河片区）1个200套；城市棚户区项目11个8665套83.07平方米；林区棚户区项目4个219套10950平方米。

2. 2011年以来，保障性住房及各类棚户区基本建成项目46个共9360套，均达到主体完工以上形象进度。其中：2009年项目基本建成30个、5871套，已竣工验收且入住项目2个122套，其余住房正加紧工程收尾工作，配租或配售工作同时进行中，预计2011年底前全部入住。2010年开工项目4个2380套已达到主体封顶以上形象进度；2011年确定的保障性安居工程项目（2010年储备项目，项目运作较早）基本建成的项目12个共1109套。

3. 科学编制保障性安居工程规划。按照中央提出的保障性安居工程建设目标和省下达的任务安排，保定市研究制定了《保定市保障性安居工程"十二五"规划》，进一步明确保定市"十二五"期间保障性安居工程建设的目标任务、工作措施、时间进度和具体责任。根据规划要求，到"十二五"期末，保定市保障性住房覆盖率要达到全市城镇家庭户数的20%以上，每年建设的廉租住房、公共租赁住房、经济适用住房和限价商品住房套数达到上年度城镇家庭户数的2%以上。其中市区不低于2.5%、各县（市）不低于1%，政府拥有产权的住房达到当年新增保障性住房的1/3以上。在规划制定和实施过程中，保定市特别注重把工程建设规划与城市规划、土地利用规划相衔接，加强市政基础设施和配套公共服务设施建设，充分考虑低收入家庭生活和就业方面实际情况，尽可能将保障性住房建设项目安排在产业集中区和公共交通便利区，让群众既能安居又能乐业。例如在保定市区东二环繁华地段，东湖附近客运中心南侧划拨50亩地集中建设廉租房、公共租赁住房；在市区高新区征用大唐热电厂100亩土地建设保障房，这两块土地，如果按照"招拍挂"价格均在500万元/亩以上。

表 2　　保定市保障房项目基本建成情况一览表（2011 年统计口径）

序号	项目名称	实施年度	建设类型	筹集方式	套数
1	保定高碑店市金都花园配建廉租房项目	2008	廉租房	新建	105
2	保定涿州市欣悦小区廉租房	2008	廉租房	新建	210
3	保定市定州市女人街廉租房	2008	廉租房	新建	60
4	保定市兴华苑廉租住房建设项目一期	2008	廉租房	新建	124
5	保定市易县亚澜家园小区配建廉租房项目	2008	廉租房	新建	760
6	保定市博野县博雅家园小区配建廉租住房项目	2008	廉租房	新建	20
7	保定市唐县宏达小区配建廉租住房项目	2008	廉租房	新建	75
8	保定市安新华傲京新风景园小区配建廉租住房项目	2008	廉租房	新建	14
9	高碑店市金都花园	2008	经济房	新建	326
10	四八二厂第一生活区改建	2008	棚户区改建	新建	1060
11	化纤厂天鹅路生活区改建	2008	棚户区改建	新建	420
12	热电厂第一生活区改建	2008	棚户区改建	新建	200
13	天马旧小区改建	2008	棚户区改建	新建	200
14	满城县顺德新区、阳光家园（原顺德新区）配建廉租住房项目	2009	廉租房	新建	42
15	清苑县和谐小区（原东方花园小区）配建	2009	廉租房	新建	235
16	涞水县波峰小区配建项目	2009	廉租房	新建	14
17	阜平县温民廉租住房建设项目	2009	廉租房	新建	84
18	徐水县锦绣嘉园小区配建廉租住房项目	2009	廉租房	新建	216
19	定兴县阳光小区配建廉租住房项目	2009	廉租房	新建	200
20	容城县祥和小区、博奥·润福苑小区、爱佳公寓（原爱家家园小区）配建廉租住房项目	2009	廉租房	新建	200
21	望都县华都丽憬住宅小区配建廉租住房项目	2009	廉租房	新建	50
22	雄县滨河新区、绿源小区（原滨河小区）配建廉租住房项目	2009	廉租房	新建	200
23	保定市五一九集资建房	2009	经济房	新建	480
24	化纤七一生活区	2009	棚户区改建	新建	50
25	长天药业生活区	2009	棚户区改建	新建	130
26	向阳精密机械五四生活区	2009	棚户区改建	新建	190
27	水泥厂危房改建	2009	棚户区改建	新建	64
28	园林二苗圃宿舍	2009	棚户区改建	新建	30
29	中勘冶金勘察设计研究院危旧楼	2009	棚户区改建	新建	80
30	安药集团职工宿舍	2009	棚户区改建	新建	32
小　计		—	—	—	5871

序号	项目名称	实施年度	建设类型	筹集方式	套数
1	保定市兴华苑廉租住房建设项目二期	2010	廉租房	新建	1904
2	保定市中铁电气华一公司二分公司集资建房	2010	经济房	新建	216
3	汽车改装厂	2010	棚户区改建	新建	210
4	凌云街糖厂宿舍	2010	棚户区改建	新建	50
小　计		—	—	—	2380
1	唐县河北润农牧业有限公司集体宿舍	2011	公租房	新建	36
2	唐县银浪棉业有限公司集体宿舍	2011	公租房	新建	30
3	唐县冀东水泥有限公司集体宿舍	2011	公租房	新建	99
4	定兴县光宇颗粒公司职工宿舍	2011	公租房	新建	78
序号	项目名称	实施年度	建设类型	筹集方式	套数
1	保定贺阳教育学院投资有限公司教职工住宅楼	2011	公租房	新建	308
2	蠡县东方铭景小区配建	2011	廉租房	购买	36
3	定兴县乾丰汽车配件有限公司职工宿舍	2011	公租房	新建	96
4	保定博野金昊石油机械有限公司职工宿舍	2011	公租房	新建	100
5	阜平城南庄林场棚户区改造	2011	林区棚户区	改建	16
6	阜平县东风林场棚户区改造	2011	林区棚户区	改建	20
7	河北农垦总公司农场宿舍楼	2011	垦区棚户区	新建	40
小　计		—	—	—	859
45	—	—	—	—	9360

4. 保定市保障性住房建设注重高品质。例如，保定市兴华苑廉租住房小区该小区位于京广铁路西侧复兴苑经济适用住房小区北侧，总投资30427.07万元，原计划分两期建设，现一期、二期工程同时开工建设。其中一期工程3.5万平方米760套廉租住房建设已于2008年底到位中央财政补助资金1050万元，二期工程8.5万平方米1904套廉租住房建设已于2010年4月底到位中央财政补助资金3400.2万元，两期共到位中央财政补助资金4450.2万元，剩余资金25976.87万元全部由保定市财政投入，相关部门做出了书面承诺保证按照工程进度及时拨付。项目总占地7.81公顷其中居住区用地4.99公顷。规划总建筑面积13.57万平方米，其中廉租住房建筑面积12.01万平方米，可建设套型建筑面积30~50平方米（平均套型面积45平方米）的廉租住房2664套。公建建筑面积156万平方米，建筑节能方面：屋面采用60挤塑聚苯板保温：外墙采用80厚膨胀聚苯板保温；外窗采用中空玻璃塑料窗；分户墙全部采用20厚聚苯颗粒保温浆料；采暖采用地板辐射采暖；热水采用太阳能热水系统等。规划有物业管理、社区医

疗、幼儿园等。地下自行车库（摩托车）5059平方米。规划容积率2.56，绿地率48%，人均绿地面积达到1.6平方米/人，建筑密度19.23%。项目建成后，将为保定市低收入家庭提供一个配套设施齐全、居住方便、生活环境较好的廉租住房小区。单套建筑户型有一居室、一室一厅、两居室等多种；小区内幼儿园、人防设施、活动中心等配套设施一应俱全；一墙之隔就是全市最好的小学——保定师范附属小学的新校区，已进入最后装修阶段的兴华苑小区处处体现着以人为本、经济实用的建设理念。兴华苑廉租房项目，规划建设标准高，不仅配套齐全，而且低密度、高绿化、环境好。保定市在保障性住房建设中，按照"面积不大配套全，占地不多环境好，造价不高质量硬，租金不贵服务优"的原则，在项目选址、户型设计、功能完善、环境品质等方面进行精心谋划和设计。在项目选址时，该市按照分散配建和集中建设相结合的原则，将保障性住房优先安排在交通便利、基础设施齐全、公用事业完备、就业方便的区域。在户型设计上，注重套型的多样性、灵活性，力争在较小的空间内满足基本居住需求。同时，通过通廊式布置、一梯多户等措施，最大限度地增加套内使用面积，降低公摊面积。兴华苑一套50平方米的户型公摊系数为15%~20%，而同等面积一梯户商业住宅公摊系数则在30%~40%之间，两者相比，使用面积差出了将近5平方米，相当于一个标准厨房的面积。

（三）保定市保障性安居工程建设任务落实情况

保定市突出要素保障，即"落实任务、落实土地、落实资金"。"落实任务"是抓好保障性住房建设的基础，保定市开工保障性安居住房334246套，是省定目标的115.2%。明确时限要求，建立工作台帐，砸牢任务责任，保进度、保质量、保公平，保障性安居住房开工率达115%，高于全省平均水平15个百分点。

保定市下大力改善人居环境，全省规模最大的城市片区改造已进入回迁建设阶段，建成以后将使环境最差的"棚户区"变成最靓丽的宜居社区。由于建成时间较早，保定市棚户区（危陋住宅区）房屋存在问题较多，如房屋质量差、基础设施不配套、交通不畅、消防隐患大、环境脏乱差等。保定市将棚户区改建作为一项重要的民心工程、德政工程，自2008年开始，对市区12个1万平方米以上的棚户区实施拆迁改建，集中连片推进在河北省规模最大的府河、西大园、清真寺三大片区改造，涉及拆迁面积150万平方米，其中住宅建筑面积75万平方米、居民15000余户，并计划利用3~5年时间将其打造成宜居、宜业的新社区。截至2011年8月拆迁工作基本完成，回迁安置房陆续开工建设。到2012年，实施的12栋1万平方米以上的回迁安置房将全部竣工，共有23000余户居民受惠，其中 7247 户低收入家庭的住房条件将彻底改变。针对棚户区改建，保定市提供了一系列优惠政策，主要包括返迁安置房一律免收城市建设设施配套费等各种行政事业性收费和政府性基金，政府提供小区外配套设施建设等。同时，本着政府主导、市场化运作的原则，鼓励采用市场化的模式吸引社会资本和力量参与棚户区改造。为保证新建房屋高质量、高标准，在棚户区改造过程中，保定市结合正在实施的"低碳保定"建设，积极鼓励各改建单位落实各项低碳措施，推广应用新材料、新设备、新工艺，采取保温、隔热、密封等措施，让建筑在使用过程中减少对煤、电等能源的消耗。小区的庭院照明、楼梯间照明全部采用太阳能光伏灯、节能灯，使小区基本实现了"面积不大功能全、占地不多环境美、造价不高品质高"。按照《棚户区改造规划》，从 2010 年开始，保定市利用三年时间，对改造后的棚户区道路、排水、保暖及供气等基础设施进行综合提升改造，进一步完善功能，解决了居民生活必需的水、电、气、热、通信、消防等配套地下管网工程；全面建设服务居民生活的社区活动中心和社区卫生服务中心；建设社区支路，实现了公交进社区，方便居民出行。

2011 年 7 月，保定市区廉租房集中建设项目——欣悦佳苑小区 7 栋楼开始开槽，预计明年底竣工，届时可为 2049 户中低收入家庭解决住房困难问题。欣悦佳苑小区是保定市政府投资建设的首个廉租房集中建设项目。该小区位于东二环以东、天威东路以北，总建筑面积 110600 平方米，容积率 2.99，绿地率 30%。其中，建廉租房 46000 平方米，容住 1107 户；公共租赁住房 32100 平方米，容住 690 户；经济适用房 16000 平方米，容住 252 户；公建建筑面积 5600 平方米。

表 3　　　　保定市保障性安居工程建设任务落实情况数据统计表 2011 年

单位：套（户）

保障性安居工程项目	序号	项目名称	建设计划实施情况		
			计划套数	分解套数	开工套数
廉租住房	1	保定市万和城小区配建	231	231	231
	2	保定市万和城 B 区配建	270	377	377
	3	市区双鹰农机公司配建	27	27	27
	4	市区南市区集中建设廉租住房项目	807	1107	1107
	5	高阳县保障性工程廉租房项目	192	192	192
	6	涞源县廉租住房项目	53	53	53
	7	清苑县和谐小区二期（廉租房）	82	82	82
	8	望都县紫光竹阁	50	50	50
	9	顺平县顶秀欣园	140	140	140

续表

保障性安居工程项目	序号	项目名称	建设计划实施情况		
			计划套数	分解套数	开工套数
廉租住房	10	望都县保障性住房小区	75	75	75
	11	唐县东城花园	98	98	98
	12	雄县廉租住房	5	5	5
	13	满城祥和园小区配建	162	162	162
	14	高碑店市景阳家园	24	24	24
	15	高碑店市林语国际	14	14	14
	16	高碑店市燕赵熙府	74	74	74
	17	高碑店市建材市场	172	172	172
	18	高碑店市金阳佳苑	22	22	22
	19	高碑店市汇通路桥	65	65	65
	20	高碑店市盛景花园	24	24	24
	21	蠡县人民政府廉租房建设项目	264	264	264
	22	蠡县东方铭景小区配建项目	36	36	36
	23	涿州市廉租住房项目	234	234	234
	24	徐水县巨力尚品小区	132	132	132
	25	涞水县嘉兴园廉租住房配建	61	61	61
	26	白沟新城盛景蓝天公寓	60	60	60
	27	博野县博阳花园	40	40	40
	28	安国市华凡世纪城	200	400	400
	29	定州市宝塔督府小区	44	44	44
	30	定州市明月豪苑扩建项目	12	12	12
	31	定州市景秀江山居住小区	52	52	52
	32	定州市二建家属院	37	37	37
	33	定州市悦明园扩建项目	44	44	44
	34	定州市中山绿洲住宅小区	24	24	24
	35	定州市君悦华府居住小区	70	170	170
	36	恒泰国际居住小区	40	140	140
	37	定州市紫锦园住宅小区	48	48	48
	38	定州市盛世豪庭住宅小区	68	68	68
	39	定州市宝塔小区扩建	63	63	63
	40	定州市清风豪苑居住小区	60	60	60
	41	定州市锦绣江南居住小区	66	66	66
	42	定州市崇城国际居住小区	90	190	190
	43	博野县名仕嘉园	68	68	68
		小计	4400	5307	5307

保障性安居工程项目	序号	项目名称	建设计划实施情况		
			计划套数	分解套数	开工套数
公共租赁住房	1	市区高新区英利集团公共租赁住房	576	576	576
	2	市区南市区政府集中建设公共租赁住房（欣悦佳苑）	690	690	690
	3	金属材料公司	1101	1200	1200
	4	高阳县公租房项目	360	360	360
	5	涞源县公共租赁住房项目	305	305	305
	6	清苑县和谐小区二期（公租房）	728	728	728
	7	容城县金台新城公共租赁住房配建项目	356	356	356
	8	容城县谷丰印象公共租赁住房配建项目	40	40	40
	9	容城县中金花园公共租赁住房配建项目	80	80	80
	10	容城县阳光家园公共租赁住房	40	40	40
	11	顺平县康关小学教师中转房	34	34	34
	12	顺平县北神南教师中转房	42	42	42
	13	顺平县大悲乡教师中转房	80	80	80
	14	顺平安阳乡中粮小学教师宿舍	69	69	69
	15	雄县公共租赁住房	213	213	213
	16	雄县公共租赁住房	233	233	233
	17	易县东关新民居小区配建	400	400	400
	18	望都县宏屹国际城	151	151	151
	19	望都县保障性住房小区	177	177	177
	20	唐县保障性住房东城花园项目	206	206	206
	21	唐县宜鑫雕塑有限公司集体宿舍公租房	40	40	40
	22	唐县河北润农牧业有限公司集体宿舍公租房项目（更改项目）	36	36	36
	23	唐县银浪棉业有限公司集体宿舍公租房	30	30	30
	24	唐县六一小学教师职工宿舍	51	51	51
	25	唐县冀东水泥有限公司集体宿舍公租房	99	99	99
	26	曲阳县公共租赁住房项目	590	590	590
	27	定兴县公租房工程	450	450	450
	28	定兴县光宇颗粒公司职工宿舍	78	78	78
	29	定兴县乾丰汽车配件有限公司职工宿舍	96	96	96
	30	定兴县长城汽车发动机公司职工宿舍	176	176	176
	31	定兴县西麦集团职工宿舍	64	64	64
	32	定兴县保定步长天浩制药有限公司宿舍	50	50	50
	33	满城县祥和园小区配建	54	54	54

保障性安居工程项目	序号	项目名称	建设计划实施情况		
			计划套数	分解套数	开工套数
公共租赁住房	34	白沟新城盛景蓝天公寓	300	300	300
	35	高碑店市景阳家园	17	17	17
	36	高碑店市燕赵熙府	37	37	37
	37	高碑店市建材市场	144	144	144
	38	高碑店市金阳佳苑	18	18	18
	39	高碑店市汇通路桥	54	54	54
	40	高碑店市盛景花园	20	20	20
	41	蠡县富利革基布公共租赁住房项目	250	250	250
	42	蠡县凌爵单晶硅公寓	286	286	286
	43	博野县博阳花园	84	84	84
	44	博野县保定本草源中药饮片有限公司	120	120	120
	45	博野县保定金昊石油机械有限公司	100	100	100
	46	涿州市天保 CL 体系公租房建设项目	300	300	300
	47	涿州李家坟村公租房建设项目	380	380	380
	48	涿州北新建材公租房建设项目	310	310	310
	49	涿州市龙马铝业集团公租房建设项目	1444	1444	1444
	50	涿州市小沙坎公租房建设项目	166	166	166
	51	徐水县巨力尚品小区配建公租房项目	690	690	690
	52	阜平县公共租赁住房	288	288	288
	53	安新县公租房项目	528	528	528
	54	安国市鸿翔欧景苑杜庄	600	600	600
	55	定州市宝塔督府小区	54	54	54
	56	定州市明月豪苑扩建项目	12	12	12
	57	定州市景秀江山居住小区	65	65	65
	58	定州市二建家属院	125	125	125
	59	定州市悦明园扩建项目	55	55	55
	60	定州市中山绿洲住宅小区	24	24	24
	61	定州市紫锦园住宅小区	48	48	48
	62	定州市盛世豪庭住宅小区	100	100	100
	63	定州市宝塔小区扩建	66	66	66
	64	定州市清风豪苑居住小区	59	59	59
	65	定州市君悦华府居住小区	213	213	213
	66	定州市锦绣江南居住小区	60	60	60
	67	定州市崇城国际居住小区	286	286	286
	68	定州市恒泰国际居住小区	187	187	187

续表

保障性安居工程项目	序号	项目名称	建设计划实施情况		
			计划套数	分解套数	开工套数
公共租赁住房	69	定州市瘟庙街保障性住房	260	260	260
	70	满城县惠阳航空螺旋浆公司集体宿舍	332	332	332
	71	满城河北省太行监狱集体宿舍	100	100	100
	72	定州市金盛家园公租房	15	15	15
	73	保定贺阳教育学院投资公司教职工住宅	308	308	308
		小计	16200	16299	16299
经济适用住房	1	河北保运集团（建国路项目）集资建房（保定鑫苑）	866	866	866
	2	河北双鹰农机公司集资建房	432	432	432
	3	金属材料公司集资建房	1570	1760	1760
	4	运八公司集资建房	580	580	580
	5	市区南市区政府集中建设公共租赁住房（欣悦佳苑）	252	252	252
		小计	3700	3890	3890
限价商品住房	1	保定市区南市区长城家园小区	1584	1984	1984
	2	市区高新区源盛嘉禾	478	678	678
	3	雄县限价商品房	200	200	200
	4	安新县限价房项目	200	200	200
	5	高碑店市景阳家园	34	34	34
	6	高碑店市燕赵熙府	74	74	74
	7	高碑店市建材市场	222	288	288
	8	高碑店市金阳佳苑	36	36	36
	9	高碑店市汇通路桥	108	108	108
	10	高碑店市盛景花园	40	40	40
	11	清苑县和谐小区2期	200	222	222
	12	易县东关新民居配建限价房	300	300	300
	13	徐水县巨力尚品小区	200	200	200
	14	定州市嘉欣家园	164	164	164
	15	定州市名都花园居住小区	160	160	160
		小计	4000	4688	4688
城市棚户区改造	1	市区高新区大唐热电厂宿舍	2130	2148	2148
		小计	2130	2148	2148

续表

保障性安居工程项目	序号	项目名称	建设计划实施情况		
			计划套数	分解套数	开工套数
国有工矿棚户区改造	1	涞源钢、涞源铜国有工矿棚户区改造项目	646	646	646
	2	曲阳灵山煤电公司棚户区改造	509	509	509
	3	涞水县煤矿棚户区改造项目	156	156	156
		小计	1311	1311	1311
林区棚户区改造	1	涞源县白石山林场棚户区改造	57	57	57
	2	满城县六盘山林场	17	17	17
	3	易县蔡家峪林场	15	15	15
	4	易县白马林场	47	47	47
	5	易县狼牙山林场	45	45	45
	6	涞水县桑园涧林场	35	35	35
	7	阜平县城南庄林场	16	16	16
	8	阜平县东风林场	20	20	20
	9	唐县大茂山林场	12	12	12
	10	易县省林业示范场西陵林场	89	89	89
		小计	353	353	353
垦区棚户区改造	1	保定农垦总公司农场垦区棚户区改造	30	60	60
	2	徐水县河北保定农场宿舍	40	40	40
	3	徐水县国营保定农场	105	105	105
	4	河北省国营蠡县魏家佐农场	15	15	15
	5	国营蠡县农场	30	30	30
		小计	220	250	250
		合计	32314	34264	34264

（四）建设项目用地落实情况分析

"落实土地"是关键要素之一。建设项目用地落实情况，主要针对保定市是否优先保障供应，包括增加土地有效供应情况；在住房用地供应计划中，单列保障性住房用地情况；项目地块落实、完成项目土地审批手续情况。土地和资金是制约保障性安居工程建设的瓶颈。

保定市人民政府多次召开专题会议，对各类保障性住房建设用地做出统筹安排，明确各个地块项目类别、用地面积、建设规模及配建比例要求。科学合理布局，做到计划单列、优先供应、应保尽保。通过内涵挖潜、盘活存量，增加供给，确保保障性住房建设。同时，用新增建设用地指标对冲存量土地，确保土地供应。保定市人民政府多次召开专题会，研究部署用地问题，对各类保障性住房建设用地做出统筹安排，落实具体地块，明确各个地块项目类别、用地面积、建设规模及配建比例要求。科学合理布局，规划新建的保障性住房，做到计划单列、优先供应、应保尽保。2011 年 10 月，已落实土地 1727 亩，其中新增用地660 亩。保定市通过内涵挖潜、盘活存量，快速解决保障性住房用地问题，从存量土地中拿出 1061 亩用于保障性住房建设；二是抓好落实，保障供应。用新增建设用地指标对冲存量土地，确保土地供应；对新增用地 660 亩加快用地手续审批。把保障房建在城市交通便利、基础设施和公共设施配套齐全、就业方便的区域建设。

保定市积极落实保障性安居工程用地政策，做到应保尽保。对集中建设的经济适用住房和政府拥有产权的廉租住房、公共租赁住房用地按划拨方式供应。对普通商品项目用地，执行配建廉租住房的政策，在出让合同中明确配建的比例、套型面积。保定市对保障性安居工程用地在土地供应计划中单列，2011 年市区保障性安居工程计划供应用地占住房用地供应计划的比例为 25% 以上。2011 年河北省分配保定市保障性住房新增建设用地计划 910 亩，按保障性安居工程建设任务已分解下达。

（五）税费相关政策落实情况分析

保定市税费相关政策落实情况主要包括：税收优惠政策执行情况；各种行政事业收费和政府性基金等费用减免情况；不应该收取税费的免收情况；供水、供电、供气、供热等优惠政策落实情况；按比例在商品住房项目中强制配建保障性住房规定落实情况。

保定市严格执行国家、河北省相关税费减免政策，对商品房开发项目按配建廉租住房和公共租赁住房的面积比例免收的要求制定具体规定。明确免收行政事业性收费和政府基金的科目，制订了保定市现行税费优惠政策办法，对各类保障性住房、棚户区改造安置住房建设、买卖、经营等环节涉及的城镇土地使用税、契税、印花税、营业税、房产税等予以减免。保定市保障性安居工程建设项目，免收城市基础设施配套费等各种行政事业性收费和政府性基金。

（六）基本建设程序和强制性标准执行情况分析

保定市基本建设程序和强制性标准执行情况，主要包括工程项目前期手续、建设程序是否合法，建设主体、套型标准、配套设施、工程质量是否符合规定和强制性标准，工程建设进度、资料文档是否符合要求等。保定市在建项目 151

个，前期手续齐全，均严格建设标准：经济适用住房单套建筑面积控制在 60 平方米左右，廉租住房单套建筑面积在 30～50 平方米；限价商品住房控制在 90 平方米以下，以 70 平方米左右的小套型为主；公共租赁住房单套住房建筑面积控制在 40～60 平方米，单位建设的集体宿舍控制在 40 平方米左右。

保定市进一步加大加强质量安全管理力度。建设保障性住房，是一件利国利民的好事，关键是质量要过硬。2011 年保定市建立健全了保障性住房工作程序，加强建设施工、工程监理、工程检测、竣工验收等工作的监管，确保工程质量。加大监管力度，切实督促各责任主体履行质量责任，要求工程监理单位从编制监理规划和实施细则，对重点部位关键工序编制监理方案到实施监理，确保施工的关键部位、关键环节和关键工序监理到位。建立保障性住房专项巡查制度。对保障性住房实行专项巡查制度，增加巡查频次。主要检查工程参建各方责任主体责任落实情况，基建程序执行情况和工程检测机构履行质量责任情况，检查工程实体质量，施工、监理技术资料，同时注重对保障房工程中新型建筑材料加强监管，对因使用不当可能造成的开裂、渗漏，以及室内装修等质量通病的防治，督促施工单位编制施工工艺标准，明确防治措施。确保保障房工程施工全过程处于受控状态。督促参建主体在竣工验收前，逐套对住宅工程的几何尺寸、使用功能和使用安全进行检查，并填写分户验收表，经各方签认后张贴于户内，作为住户交接验收的要件之一。发现在建的保障房质量问题后，市有关部门除了把出现问题的项目列为重点监控对象，还加大了对其他在建保障房项目的监控与巡查力度。这种巡查采取的是以质量巡查、抽查、检测和差异化管理为主的监督方式，县区级质量监督机构对辖区内所有保障性住房每季度至少巡查一次，对中心城区所有保障性住房工程施工项目的关键部位、环节则展开差别式、全天候、不间断的巡查监督，对办理质量监督注册的工程，每月的质量巡查不少于 2 次。工程竣工验收前，要求建设单位在建筑物明显部位设置永久性标牌，载明建设、勘察。设计、施工、监理单位等工程质量责任主体的名称和主要责任人姓名。全面落实永久性标牌设置制度。

由于保障性住房利润有限，造价又有严格限制，房地产开发企业普遍存在积极性不高的问题。在此背景下，如果政府缺乏强有力的监管，偷工减料等危害建筑质量安全的事件就极有可能发生。

（七）准入退出和分配使用管理情况

公平分配是保障性安居工程的"生命线"。当前，各级政府正在千方百计筹集土地、资金，下大力兴建保障房。然而，在保障房分配过程中，虽然有关部门一直在规范和完善分配管理制度，但是，仍然出现个别人钻政策空子骗租、骗购现象，特别是2011年以来实物配租的数量猛增，更暴露出了一些新花样的问题。一项旨在让住房困难家庭真正实现"住有所居"的民生工程，怎样防范个别"有车族"、"有房族"钻政策空子，堵住分配中的漏洞？2011年以来，保定市面临即将竣工的廉租住房竣工项目的配租。为了确保配租公平、公正、公开，做了大量的前期准备工作。

①建立专门管理机构。2011年，保定市成立了保障性住房管理中心，隶属市住建局。专门负责保障性住房的准入退出和分配使用管理工作。

②准入审核分配使用和监管情况分析。保定市准入、退出和分配使用管理情况主要包括准入退出及后期管理政策、制度建立情况；"三级审核、两级公示"制度落实情况；保障对象档案建立和管理情况；保障标准和条件执行情况，举报渠道建立情况，强制退出及处罚执行情况。

为确保分配工作公开、公平、公正、合理，制定廉租住房配租的实施细则。确定了申请准入条件，严格按照"三审三公"示的程序操作，即：社区居委会委会初审、街道办事处复审、区政府审核；社区居委会公示、区住房保障部门公示、市住房保障部门公示。廉租住房实物配租工作，按照按序配租的原则和量入为出、递次配租的原则，优先配租给孤、老、病、残和急需救助的家庭。认真进行年审工作，廉租住房的租赁合同期为一年，合同期满前一个月，廉租住房住户经个人申请、逐级复核仍然符合保障条件的，到市廉租住房和经济适用住房管理中心续签合同。承租廉租住房的家庭应及时向区住房保障主管部门申报家庭人口、资产和住房变动情况，不符合廉租住房保障条件的，应退出租赁的廉租住房。对已经配租、配售的住房，委托项目所在地社区居委会、物业管理部门进行日常监督工作。同时，通过采取年度审核、设立举报电话、入户调查、媒体公示等方式加强管理。2011年9月28日起，保定市开始集中受理市区低收入家庭廉租住房保障申请工作，截止时间为10月20日。期间申请人及已经保障对象需到户籍所在地居委会提出申请并领取相应表格。根据有关规定，申请廉租住房保障须同时符合以下三个条件：具有保定市市区城市常住户口；家庭人均住房建筑面积在15平方米以下且家庭住房总建筑面积在50平方米以下、1人户在30平方米以下；家庭年人均可支配收入在10844元以下。因为《保定市廉租住房保障和管理办法》保障政策发生变化，已享受保障家庭需重新到户籍所在地居委会提出申请。

如何公正地切分保障性住房"蛋糕"，关系到千家万户"住有所居"梦想的实现，也考验着地方政府的公信力及社会管理能力。要确保按照规定将保障性住房公平与公正分配，就要求政府相关部门在保障性住房与商品房之间因价格空间形成巨大利益的现实下，通过透明与公开，把好审核、公示、管理、退出等关口，坚决杜绝寻租现象。为防止有限而宝贵的保障性住房资源成为少数人寻租的财富之源，各级地方政府在落实保障性住房建设项目指标问责制的同时，也应对保障性住房分配与管理实行问责制，对于那些掌管审核权力的部门和工作人员进行严格监督，并对违规行为进行处罚。保障性住房申请多以家庭收入和住房、资产情况为审核标准，在收入多元化的背景下，申请者的财产收入审查存在不小难度，要堵住审查上的漏洞，除了迫切需要住房保障、房地产、民政、公安、工商、税务等部门建立信息共享机制外，还需要从事审核的工作人员认真负责地工作。

为切实加强保障性住房准入退出管理，加快建立规范有序的保障性住房管理体制，在总结各地好做法的基础上，按照国家有关规定，2011年11月15日，河北省政府办公厅印发了《河北省保障性住房准入退出管理办法》（办字〔2011〕144号）确保准入退出公开、公平、公正。《办法》自发布之日起施行。

关于"准入管理"要求各级政府要进一步完善住房保障申请、审核、公示、轮候、复核、协查、退出等制度，根据当地"十二五"住房保障规划和年度保障性住房供应量，确定并定期调整住房保障条件和标准，及时向社会公布。保障条件、标准按年度实行动态调整。

一是部门协查。按照要求，各地要建立住房保障、民政、公安、财政、人力资源和社会保障、房产、国税、地税、工商、人民银行、银监、证监、保监和住房公积金监管等多部门协查机制。其中，民政部门根据住房保障部门提供的名单，负责对城市低收入家庭进行认定；房产管理部门负责对住房及购置住房信息进行认定；公安部门负责对家庭成员、居住情况以及购置车辆信息进行认定；税务部门负责对纳税信息进行认定；人力资源和社会保障部门负责对社会保险信息进行认定；工商部门负责对投资设立企业的注册信息进行认定；相关金融机构负责对存款、证券、个人保险等信息进行认定；住房公积金监管机构负责对公积金缴纳情况进行认定。有关部门要认真履行职责，严格信息核查，准确掌握申请人家庭结构、住房、收入和财产状况。

二是受理申请。按要求，住房保障申请人应如实填写家庭成员、住房、收入和财产等情况，并对申请信息的真实性负责。健全承诺制度，申请人在申请住房保障时要签署承诺书，对所提供材料的真实性、按照规定使用退出、配合监督检查、家庭情况发生变化及时申报等事项承诺，并提交住房和家庭资产查询委托书。街道办事处（乡、镇政府）要设立受理窗口，即时受理申请人的申请，实行首办制。居委会（社区、村委会）根据街道办事处（乡、镇政府）委托，协助履行申请受理职责，对申报材料是否齐全、填报内容是否符合要求等进行审查。

三是初审制度。按规定，街道办事处（乡、镇政府）承担初审职责。除审核申请人是否符合住房保障条件外，初审要通过入户调查、查档取证、邻里走访等形式，对申请人的家庭成员、住房、收入、资产等情况进行调查核实，并提出初审意见。入户调查要如实填写入户调查表，并留存照片或影像资料；邻里走访要认真做好调查笔录。各设区市住房保障部门要明确入户调查和邻里走访的程序及要求。对符合条件的申请人，在其现居住地和所有成年家庭成员所在单位、经营地进行公示；人户分离的，要在户口所在地、实际居住地、工作单位和经营地同时公示。

四是严格复审。按规定，区住房保障部门要严格履行复审职责，会同民政、公安、税务、人力资源和社会保障、工商等部门和相关金融、住房公积金监管等机构，对申请人的家庭成员、住房、收入、车辆、存款、有价证券等有关情况进行复审，提出复审意见。对已分配和进入轮候名单的保障家庭，要安排信息复审工作。各区住房保障部门要建立住房保障档案，详细记录申请、初审、复审、核查、检查、诚信等方面的信息。

五是严格审核。设区市、县（市）住房保障部门对申请人是否符合条件进行审核，会同民政、公安、税务、人力资源和社会保障、工商等部门和相关金融、住房公积金监管等机构，对申请人的家庭成员、住房、收入、车辆、存款、有价证券等有关情况进行审核，提出审核意见。审核内容应包括申请资料是否齐全，轮候等待期间家庭成员、住房、收入、资产等情况是否变化等内容。对可疑或群众举报的，要重新入户调查、邻里走访和会同有关部门进行信息审查。经审核符合条件的，要在当地媒体上进行公示。县（市）住房保障部门要建立住房保障档案，详细记录申请、初审、复审、核查、检查、诚信等方面的信息；设区市住房保障部门要建立住房保障电子档案以备核查。

六是轮候制度。要求各地要制定科学的轮候办法，综合考虑其住房、收入、财产情况及孤、老、病、残等特殊困难因素，明确分配梯次。采取公开抽签、摇号或者其他公平、公正的方式，确定具体的分配顺序，最大限度地排除人为干扰。各地要建立轮候册，对保障对象基本情况和轮候顺序等情况进行登记，并向社会公开。保障性住房申请家庭在轮候期间，家庭成员、户籍、收入、住房等情况发生变化，已不符合保障性住房申请条件的，要书面告知住房保障部门，并退出轮候。

七是公开信息。明确各地要实行保障标准、房源信息、审核结果、分配过程、分配结果、退出情况的全过程公开，主动接受社会和群众监督，切实做到分配过程公开透明、分配结果公平公正。各类保障性住房年度建设项目及开工套数、竣工套数，配租配售对象的基本情况及配租配售的房屋面积等信息应及时在当地电视、报纸等媒体公示，并通过公开栏、政府网站等在有效期内长期公开。

关于"使用管理"有以下几方面。一是合同管理。《办法》要求，配租配售合同中要明确保障对象合理使用保障性住房的权利和义务。租赁合同要明确租金标准、租赁期限、空置、拖欠租金、转借、转租、损毁的处罚及其他违反使用规定的责任等事项；配售合同要明确擅自转让、出租、出借、抵押或者违规使用保障性住房的违约责任、上市交易政府的优先购买权利及交易条件等事项。二是动态管理。按规定，各地要建立定期检查制度，设立检查档案，每年至少进行一次核查，核查情况向社会公示。对住房保障对象家庭住房和经济状况实行动态监测，及时掌握相关状况的变化，严格核查申请信息和现实状况。三是退出管理。按要求，各地须建立保障对象自行申报、住房保障管理信息系统监测、主管部门和社区核查、群众举报查实等退出管理办法。住房保障对象人口、住房、经济状况发生变化，已不符合相应租赁条件的，要在规定期限内腾退；逾期不腾退的，要按市场价格缴纳租金；已购买保障性住房的家庭，再购买其他住房的，须办理保障性住房退出手续，或经当地住房保障部门同意，按规定通过补缴土地收益等价款取得已购买保障性住房的完全产权。对违规使用保障性住房的，要按有关规定或合同约定予以严肃处理；对拒不服从退出管理的，依照规定或者合同约定申请人民法院强制执行。

关于"监管职责"明确，各设区市、县（市）整合住房保障和房产管理部门现有事业单位编制资源，完善管理机构和业务办理机构，具体负责筹集保障性住房、配租配售、运营管理等工作；各区及街道办事处（乡、镇）要明确负责住房保障管理工作机构，充实加强人员力量。按照"谁检查、谁负责"的原则强化监管。各级住房保障及相关部门要设立和公布举报电话、信箱、电子邮箱等，采取多种方式接受群众举报和投诉，依法履行监督管理职责。对群众反映的问题，要责成专人督办、限时办结，办理结果要记入个人档案，并及时向社会公开。要充分发挥住房保障信息管理系统的作用，将保障性住房建设项目、保障性住房房源及配租配售的家庭和发放租赁补贴的家庭，全部纳入系统进行管理。建立住房保障、民政、公安、金融等部门的信息共享机制，增强审核、监管工作准确性，提高监管工作效率。利用好电子门禁、面面通、智能门卡等系列科技手段，加强日常监管。

（八）保定市保障性安居工程信息系统使用情况分析

保定市信息系统使用情况主要包括项目、房源、保障对象的信息全部录入情况；录入信息准确、完整及项目进度信息更新情况；城市住房困难家庭基本情况全部录入情况。按照河北省保障性安居工程办公室（河北省住建厅）住房保障数字化信息录入的要求，保定市将所有开工在建、竣工项目、保障家庭信息及房源信息全部录入了信息系统。对在建项目建立了旬报制度，对项目的最新进展情况实时更新。录入情况已经得到了省安居办的认可。

（九）保定市保障性安居工程信息公开情况分析

保定市信息公开情况主要包括通过在当地政府网站、主要平面媒体、项目开工建设所在地设立公示标牌方式，公开 2011 年保障性安居工程项目信息情况（项目名称、建设地址、建设方式、建设总套数、总面积，开工时间、年度计划开工套数、开工面积，年度计划竣工套数、竣工面积，建设、设计、施工和监理单位）。通过保定市政府网站信息平台，对保定市新开工项目进行了公示；通过报纸等媒体对保定市保障性安居工程项目进行了公示。所有项目现场所在地设立了项目信息公示牌，公示牌内容包括建筑规模、建筑套数、建筑类型等有关内容。

（十）保定市住房保障机构建设情况分析

住房保障机构建设情况包括市、县（区）住房保障机构性质、人员编制、办公场所、工作经费、街道（乡镇）建立健全住房保障机构，以及管理人员、工作经费落实到位情况。

保定市委、市政府高度重视保障性安居工程建设管理工作。按照"统一规划、统一建设、统一分配、统一管理、统一运作"的机制，设立专门全面负责保障性住房的投资、开发、建设、销售和管理等工作的政府专门机构。保定市政府成立了以保定市政府主要领导为组长、保定市住建局、国土局、规划局、纪检委等有关单位主要领导为成员的保障性安居工程领导小组，领导小组下设办公室在保定市住房和城乡建设局。办公室主任由保定市住建局主要领导担任，副主任由市住建局主管领导担任。目前，保定市政府已为市安居办拨付专门的工作经费50 万元。各县（市、区）全部成立了相应的组织领导机构。

保定市住房保障主管部门为保定市住房和城乡建设局，设置了住房保障处，专门负责保障性安居工程建设管理工作。同时下设廉租住房和经济适用住房管理中心（即保障性住房管理中心），为事业单位，负责保障性住房建后管理的具体工作。各县市区也均成立了专职机构和专职人员。各县市区也确定了住房保障主管部门和主管业务科室，确定了专职人员负责住房保障工作。

（十一）完善保障性安居建设督导考核办法

保定市政府先后制定下发了《关于加快保障性安居工程建设的实施意见》、《配建保障性住房实施细则》、《保定市公共租赁住房管理暂行办法》、《保定市市区限价商品房管理暂行办法》等一系列政策文件，明确了保障性安居工程的总体要求，目标任务和政策措施。保定市委、市政府把住房保障指标纳入科学发展评价考核体系，实行保障性安居工程目标管理，市政府年初把保障性安居建设改造任务分解到各县（市、区），签订了目标责任书，并将保障性安居工程建设信息有关事项在市政府和各县（市、区）政府网和"保定市保障性安居工程网"上进行公开，全程接受监督。同时，保定市建立了通报、专题督查、考核等工作制度，对进展较慢的县进行跟踪督查。2011年9月，由市政府办公厅牵头、市安居办具体组织，对保定市保障性安居工程开展了"三查三落实"督察。即开展重视程度大检查，落实组织机构；开展质量安全大检查，落实责任目标；开展分配管理大检查，落实保障对象。通过听取汇报、查看现场、查阅资料等方式对23个县（市、区）保障房建设情况进行综合督查，收到了良好效果，各县（市）高度重视保障性安居工程建设工作，完成和超额完成了市政府下达的责任目标。

另外，为了推进环首都绿色经济圈建设深入实施，河北省安排部署建设"河北人才家园"工程。按照宜居、适用的原则，项目选址位于京津1小时交通圈以内的重要交通节点、创业园区附近。"人才家园"将以租住形式运行管理，统一由当地政府配租。京津及周边高端人才来河北省工作、创业，可以在"人才家园"居住。按照规划，"十二五"期间，环首都绿色经济圈的14个县（市、区），将分别建设一个以公租房为主体的"河北人才家园"。保定市涉及涿州市和涞水县两个县市。河北省人民政府明确环首都各市县按照环境公园化、停车地下化、住宅精装化的要求，建设一流绿色居住社区。

保障性安居工程是民生工程，保定市在保障性安居工程项目建设上合理配置资源、搭建融资平台、配备优势资金，以储备用地保障工程建设。本着双向配建的原则，所有新建商品房楼盘均配建部分保障性住房，合理搭配、合理布局。保障性住房任务分解、指标分配依据实际情况进行，加快了安居工程建设进度，为困难百姓更好地解决实际住房问题。

三、保定市保障性住房政府财政资金落实情况分析

"落实资金"是保障性住房的关键要素之一。保定市政府资金落实情况包括中央和省补助资金分配、使用、管理情况，政府财政预算安排、土地出让金、住房公积金增值收益扣除风险准备金和管理费用后的剩余资金、用于保障房建设的国债资金、通过融资平台解决的资金落实情况，申请中央和省补助资金情况，并对不足部分由市县财政兜底安排情况。

（一）保定市保障性安居工程建设项目筹集资金总体情况

2011年以来，保定市积极筹集保障性安居工程建设项目资金，其资金来源除获得中央财政补助资金和省级财政补助资金外，主要是市和县本级财政预算安排、土地出让金收入和住房公积金增值收益提取，还有地方政府债券。

据测算，保定市保障性安居工程建设项目总投资45亿元，其中：市场化运作资金35.5亿元，已经全部到位；政府投资9.5亿元。截至2011年11月，保定市（包括市本级、省管县、市管县）按照"5 + 1"规定渠道累计筹集126099.81万元。其中：中央财政补助公共租赁住房专项资金40427万元；中央财政廉租住房保障专项补助资金14487万元；中央财政补助城市、林业棚户区改造专项资金1117万元；中央财政补助国有垦区危房改造项目165万元，中央财政专项资金补助占累计筹集额的44.56%。省级财政各项保障性住房专项补助资金11598.81万元，住房公积金增值收益5515万元，地方政府债券13700万元，土地出让金收入提取保障性住房建设资金7545万元，以前年度结转31545万元。

2011年12月根据《河北省省级保障性安居工程补助资金使用管理暂行办法》（办字〔2011〕53号）规定，结合保定市2011年度廉租住房任务实施情况，按照2011年度省级保障性安居工程补助资金总体安排意见，省财政厅下达2011年第二批廉租住房建设专项补助资金，专项用于廉租住房建设。

表4　2011年中央和省级财政下达保定市保障性安居工程建设项目补助资金

单位：万元

文件号	项目名称	预算数	功能分类
冀财建〔2011〕438号	河北省财政厅 河北省住房和城乡建设厅奖补资金	200	2210199
冀财建〔2011〕84号	河北省财政厅关于下达2011年新建廉租住房补助	1242	2210101
冀财建〔2011〕90号	关于下达2011年第一批扩大农村危房改造试点	2920	2210105

续表

文件号	项目名称	预算数	功能分类
冀财农〔2011〕250 号	2011 年国有垦区危房改造省级补助	165	2210103
冀财农〔2011〕252 号	2011 年国有林场危房改造省级补助	264	2210103
冀财农〔2011〕116 号	2011 年国有垦区危房改造项目中央预算内基	165	2210103
冀财农〔2011〕122 号	中央财政林业棚户区（危旧房）改造工程项目	264	2210103
冀财企〔2011〕103 号	国有工矿棚户区改造资金	1078	2210103
冀财企〔2011〕47 号	关于下达国有工矿棚户区改造省级补助资金	246	2210103
冀财社〔2011〕147 号	关于下达 2011 年省级农村危房改造试点补助	1680.81	2210105
冀财社〔2011〕57 号	关于下达 2011 年第一批扩大农村危房改造试点	2112	2210105
冀财综〔2011〕43 号	2011 年度补助中央补助公共租赁住房专项资金	7378	2210106
冀财综〔2011〕54 号	中央和省级廉租住房保障专项补助资金	12170	2210101
冀财综〔2011〕55 号	第二批中央补助公共租赁住房资金	6666	2210106
冀财综〔2011〕56 号	城市棚户区改造补助资金	823	2210103
冀财综〔2011〕61 号	第三批中央补助公共租赁住房专项资金	9940	2210106
冀财综〔2011〕62 号	第二批中央补助城市棚户区改造补助资金	373	2210103
冀财综〔2011〕65 号	首批省级公共租赁住房补助资金	318	2210106
冀财综〔2011〕76 号	2011 年追加中央廉租住房保障专项补助资金	2822	2210101
冀财综〔2011〕77 号	追加 2011 年中央补助公共租赁住房专项资金	16488	2210106
冀财综〔2011〕78 号	追加中央补助城市棚户区改造专项资金	480	2210103
合计		67794.81	

表 5　　　　2011 年第二批省级廉租住房建设补助资金分配表（省直管县）

县（市、区）名称	任务套数	总补助金额	第一批已下达省级补助资金	本次下达资金	本次下达发文号
保定市合计	1607	3214		3214	
其中：省直管县小计	1607	3214		3214	
涿州市	222	444		444	
高碑店市	223	446		446	
蠡县	234	468		468	
安国市	237	474		474	冀财建
定州市	289	578		578	〔2011〕
涞源县	50	100		100	541 号
唐县	93	186		186	
博野县	103	206		206	
高阳县	156	312		312	

省财政厅在下达 2011 年第一批廉租住房建设专项补助资金时，未包括保定市及县市。

表6　　　　2011 年第二批省级廉租住房建设补助资金分配表　　　　单位：万元

县（市、区）名称	任务套数	总补助金额	第一批已下达省级补助资金	本次下达资金	备注
全省总计	26869	53738	8364	45374	冀财建〔2011〕540 号
保定市本级和非直管县小计	2455	4910		4910	

（二）保定市积极拓宽融资渠道，筹集资金保证保障性安居工程建设资金需求

保定市按照河北省人民政府《关于加快保障性安居工程建设的实施意见》（冀政〔2011〕28 号），"建立多渠道筹集资金机制。积极探索多种筹资办法，通过银行贷款、发行债券、信托投资、资产运营等方式筹集资金，拓宽保障性住房建设资金筹集渠道。成立省、设区市两级住房保障投融资开发公司，作为住房保障投融资平台，加大融资力度"的要求，为确保保障性安居工程建设顺利实施，有效解决融资瓶颈问题，保定市人民政府决定成立市级住房保障投融资平台。2011 年 6 月，保定市住房投资有限公司正式成立挂牌运营，注册资金 10 亿元。坚持"以项目建设带动发展"，依据发展规划和年度建设计划，通过多种方式、多个层次、多种渠道融资，实现投融资平台的可持续发展。

一是通过积极运作与金融机构的对接。为全面完成保障性安居工程建设任务，筹措建设资金，保定市住房投资有限公司与多家银行联系，在深入了解金融机构对保障性安居工程的支持政策、申报要件、贷款额度的基础上，积极落实贷款条件。

二是已与省住房保障投融资开发公司及国家开发银行河北省分行达成贷款意向。2011 年，保定市共建设廉租住房、公共租赁房 18500 套，约需建设资金 28 亿元。目前，保定市基本具备贷款条件的公共租赁房和廉租住房项目共 52 个，总投资约 18.7 亿元，拟向国家开发银行河北省分行融资额度约为 13.1 亿元。保定市土地储备中心已划出 17 宗可用于抵押的土地，约 426 亩，评价抵押土地价值约为 22.3 亿元，已办理土地使用证。上述贷款资料已经报送河北省住房保障投融资开发公司和国开行河北省分行以后，正在进行审核批准。

三是拓展投融资平台。通过召开洽谈会、培训会等方式，邀请国内大型房地

产开发企业参与保定市保障性安居工程建设，吸引社会资金，帮助县（市）、区破解建设资金瓶颈。

四是通过政府主导方式发行保障房债券。保定市紧紧抓住机会，充分利用国家和省关于债券融资支持保障房建设的优惠政策，争取债券融资额度的最大化，解决资金缺口中应由政府承担的部分 13700 万元。目前，保定市住房投资有限公司会同保定市发展改革委、保定市金融办公室共同运作，筛选符合条件且规模较大的房地产开发公司筹备保障房建设债券发行工作。

保定市根据《河北省廉租住房保障资金管理实施办法》（冀财综〔2008〕60号）文件，廉租住房保障资金按下列来源渠道筹集资金：一是市县土地出让净收益（土地出让净收益为当年实际收取的土地出让总价款扣除实际支付的征地补偿费，含土地补偿费、安置补助费、地上附着物和青苗补偿费；拆迁补偿费；土地开发费；计提用于农业土地开发的资金以及土地出让业务费等费用后的余额），比例不得低于10%。各市县还可根据实际情况进一步适当提高比例；二是住房公积金增值收益扣除计提住房公积金贷款风险准备金、管理费后的全部余额。增值收益余额在设区市市区和所辖县（市）之间的分配按住房公积金缴存余额的比例进行；三是市县财政预算安排用于廉租住房保障的资金和省级财政预算安排的廉租住房保障补助资金；四是中央预算内投资中安排的补助资金和中央财政安排的廉租住房保障专项补助资金；五是其他资金。包括廉租住房保障资金专户利息及社会捐赠的廉租住房保障资金等。市县财政每年在作预算安排时，应将筹集的前两项资金全部用于廉租住房保障。如果不足，还要根据财政承受能力，再从一般预算财力中安排一定资金加以弥补。

（三）保定市本级财政筹集资金情况分析

从保障性住房政策规定角度看，河北省财政厅、省发展改革委、省住房城乡建设厅明确要求各设区市：认真贯彻落实国家有关政策，进一步加大廉租住房和公共租赁住房资金统筹力度，加快推进全省保障性安居工程建设。一是各地对下达的中央和省级廉租住房保障专项补助资金，在确保完成当年廉租住房保障任务的前提下，经同级财政部门批准，可用于购买、新建、改建、租赁公共租赁住房。二是根据财政部《关于住房公积金财务管理补充规定的通知》（财综〔1999〕149号）的有关规定，决定自2011年起，改变住房公积金贷款风险准备金（不含利用住房公积金发放的保障性住房建设贷款）计提方式。各设区市住房公积金管理中心在增值收益分配时，不再按照住房公积金增值收益的60%计提住房公积金贷款风险准备金，改为按照年度住房公积金贷款余额的1%计提，累计计提住房公积金贷款风险准备金余额达到住房公积金贷款余额 1% 时,当年不再提取住房公积金贷款风险准备金。三是积极鼓励支持市场主体和社会机构从商业银行融资发展公共租赁住房。各市县积极探索采取贴息方式,支持市场主体和社会机构从商业银行融资发展公共租赁住房新途径。

各级政府安排的公共租赁住房资金,包括中央和省级补助公共租赁住房资金,均可用于公共租赁住房项目的贷款贴息。河北省财政厅将会同省发展改革委、省住房城乡建设厅研究制定河北省公共租赁住房贷款贴息管理办法。从 2011年起,实行保障性安居工程资金申报制度,对未申报或地方配套资金落实不力、中央和省级财政补助专项资金结余量较大的市县,省财政将暂缓或相应减少安排中央和省级财政保障性安居工程补助专项资金。

专栏 1:财政部、住房和城乡建设部《关于多渠道筹措资金确保公共租赁住房项目资本金足额到位的通知》

一是尽快将公共租赁住房建设任务分解落实到具体项目,确定投资模式并测算项目资本金需求。2011 年公共租赁住房建设任务重、时间紧,各地要按照签订的保障性安居工程目标责任书,积极开展各项工作,尽快将公共租赁住房建设任务分解落实到具体项目和地块的同时,对于不同的公共租赁住房项目,要尽快确定具体的投资模式和投资主体。按照《国务院关于调整固定资产投资项目资本金比例的通知》的规定,"保障性住房和普通商品住房项目的最低资本金比例为 20%"。为此,各地可按照 20% 比例,测算公共租赁住房项目资本金需求。二是按照公共租赁住房投资主体,分别由企业和政府解决项目资本金。按照现行政策规定,公共租赁住房投资可以有多种模式,包括政府直接投资建设、政府组建专门投资公司或利用已有国有房地产开发企业投资建设、在房地产开发项目中配建公共租赁住房由政府回购或无偿收回、政府通过优惠政策引导企业投资建设等。其中,在房地产开发项目中配建以及由企业投资建设的公共租赁住房,其项目资本金按照国家现行政策规定由相关企业自行解决,政府可以通过投资补助、贷款贴息等优惠政策予以支持。政府直接投资和政府组建投资公司建设的公共租赁住房,应当由政府注入项目资本金,其项目资本金资金来源可从中央补助资金、省级补助资金、市县政府公共预算安排的资金、土地出让收益安排的资金、住房公积金增值收益安排的资金,以及地方政府债券资金等渠道筹集。三是加大政府筹资力度,确保公共租赁住房项目资本金及时足额到位。各地要把公共租赁住房建设摆在优先突出位置，尽最大努力筹集资金，解决好应由政府投资的公共租赁住房项目资本金问题。按照《国务院关于解决城市低收入家庭住房困难的若干意见》确定的"省级负总责，市县抓落实"原则，县级筹资存在困难的，市级要帮助解决；市级筹资存在困难的，省级要帮助解决。在确保公共租赁住房项目资本金及时足额到位的前提下，各商业银行应严格按照国务院有关政策规定，加大金融支持力度，对符合条件的公共租赁住房建设项目及时发放贷款。四是按照工程进度支付建设资金，保障建设资金专款专用。市县财政部门、住房城乡建设部门要督促相关部门加快公共租赁住房项目审批，切实落实项目建设用地，做好项目前期准备和项目组织实施工作，确保按期开工建设。市县财政部门要根据项目工程进度及时支付由政府投资建设的公共租赁住房建设资金。同时，要加强对公共租赁住房建设资金使用情况的监督检查，按月检查项目工程进度，按月监控公共预算和政府性基金预算安排用于公共租赁住房的资金支出进度，保障建设资金专款专用，严禁挤占和挪作他用，确保顺利完成全年公共租赁住房建设目标任务。

资料来源：2011 年 7 月 1 日财政部、住房和城乡建设部文件。

同时，河北省进一步明确要求：要认真落实加快建设环首都经济圈战略部署，积极支持人才家园建设。根据河北省委、省政府有关加快建设环首都经济圈战略部署，为加快推进环首都人才家园建设，河北省环首都的 14 个县（市、区），对符合公共租赁住房政策标准建设的人才家园项目，可由设区市人民政府纳入当地公共租赁住房规划和年度计划，报省住房城乡建设厅会同河北省发改委、财政厅等部门审核，纳入全省公共租赁住房建设规划和年度计划。对于列入全省公共租赁住房年度建设计划的项目按照国家和省出台的公共租赁住房有关政策给予资金支持。

第一，保定市本级保障性住房资金累计筹集情况。保定市把政府支持和市场化运作有机结合，激活存量、拓宽保障性住房资金渠道，本级财政积极筹措保障性住房资金，截至 2011 年 11 月，2008 年至 2011 年市本级累计筹措保障性住房配套资金 86894 万元，其中：中央补助公共租赁住房专项资金 10965 万元，中央廉租住房保障专项补助资金 10324 万元，占筹集资金的 24.50%；土地出让总收入累计提取保障性住房建设资金 48824 万元，占筹集资金的 56.19%；住房公积金增值收益用于保障性住房资金 7781 万元，占筹集资金的 8.95%；政府地方债券 9000 万元，占筹集资金的 10.36%。

截至 2011 年 12 月共拨付资金 31787 万元，其中：兴华苑廉租住房小区建设资金 22765 万元，欣悦佳苑小区土地补偿款和前期费用 2250 万元，市区廉租住房租赁补贴 l782 万元，注入保定市保障住房投资有限责任公司注册资本金 5000 万元；保定市财政局账户余额 58185 万元。

表7　2011 年度中央补助保定市公共租赁住房专项资金表　单位：万元

市县名称	1 第一批（冀财综〔2011〕43 号）	2 第二批（冀财综〔2011〕55 号）	3 第三批（冀财综〔2011〕61 号）	4 追加（冀财综〔2011〕77 号）	5 = 1 + 2 + 3 + 4 合 计
保定市总计	7378	6666	9940	16488	40472
省直管县小计	4651	4202	6244	9695	24792
唐　县	224	202	351	545	1322
顺平县	143	129	154	239	665
博野县	175	158	231	358	922
曲阳县	268	242	460	714	1684
涞源县	141	127	129	200	597
阜平县	145	131	160	248	684
易　县	204	184	297	461	1146
定兴县	258	233	429	667	1587
容城县	234	212	351	545	1342
涿州市	856	773	732	1136	3497
涞水县	232	210	355	551	1348
高碑店市	146	132	160	248	686
雄县	207	187	279	434	1107
望都县	172	155	215	334	876
高阳县	177	160	217	338	892
蠡县	252	228	423	657	1560
安国市	245	222	381	592	1440
定州市	572	517	920	1428	3437
非直管县小计	2727	2464	3696	6793	15680
保定市本级	1652	1492	1913	4026	9083
徐水县	293	265	492	764	1814
安新县	250	226	433	672	1581
满城县	228	206	347	538	1319
清苑县	304	275	511	793	1883

第二，2011 年，市本级积极筹措保障性安居工程建设资金 31085 万元，其中：中央补助公共租赁住房专项资金 9083 万元，中央廉租住房保障专项补助资金 5583 万元，占筹集资金的 47.18%；土地出让收入提取保障性住房建设资金 4330 万元，占筹集资金的 13.94%；2010 年住房公积金增值收益用于保障性住房资金 3089 万元，占筹集资金的 9.93%；安排 2011 年地方政府债券 9000 万元，用于市本级保障性安居工程建设，占筹集资金的 28.95%。

（四）资金分配使用管理情况分析

2011 年以来，中央财政下达保定市公共租赁住房专项补助资金 40472 万元，其中：补助省直管县 24792 万元；补助市管县 15680 万元，其中市本级 9083 万元、市管县 6597 万元。中央财政下达保定市廉租住房专项补助资金 14992 万元，其中：补助省直管县 6430 万元；补助市管县 8562 万元，其中市本级 8370 万元、市管县 202 万元。市本级均按文件要求，及时拨付到各县（市）。补助资金实行专户管理，专款专用。

表 8   2011 年度中央和省级下达保定市廉租住房保障专项资金表   单位：万元

市县名称	1	2	3 = 1 + 2	4	5 = 3 + 4
	中央补贴	中央追加补贴	中央小计	省级补贴	合　计
保定市总计	11665	2822	14487	505	14992
保定市本级	6463	1627	8090	280	8370
省直管县小计	5202	1003	6205	225	6430
唐　县	318	61	379	14	393
顺平县	283	57	340	12	352
博野县	312	67	379	13	392
曲阳县	83		83	4	87
涞源县	111	18	129	5	134
阜平县	76		76	3	79
易　县	252		252	11	263
定兴县	103		103	4	107
容城县	58		58	3	61
涿州市	279	53	332	12	344
涞水县	338	74	412	15	427
高碑店市	507	116	623	22	645
雄县	51		51	2	53
望都县	204	39	243	9	252

续表

市县名称	1	2	3 = 1 + 2	4	5 = 3 + 4
	中央补贴	中央追加补贴	中央小计	省级补贴	合 计
高阳县	348	80	428	15	443
蠡县	653	157	810	28	838
安国市	620	141	761	27	788
定州市	606	140	746	26	772
非直管县小计		1819	1819		1819
保定市本级		1627	1627		1627
徐水县		53	53		53
满城县		93	93		93
清苑县		46	46		46

保定市人民政府根据省政府《关于加快保障性安居工程建设的实施意见》（冀政〔2011〕28 号）文件规定，自 2011 年起，从土地出让总收入中提取廉租住房保障资金，直接按宗提取的土地出让总收入的 5% 以上作为保障性住房建设资金，实行专户管理、专款专用，统筹用于保障性住房建设。2011 年 4 月至 9 月共收取土地出让金 5923.96 万元，按 5% 计提廉租住房保障资金 296.2 万元，已转入廉租住房保障资金专户，统一管理、统一核算。

表 9 　2011 年度中央、省下达保定市廉租住房保障资金分配情况表　单位：万元

项目　单位	实际保障户数	转移支付占可用财力比重（%）	转移支付占可用财力比重计算户数	省级分配数额	中央分配数额	省实际分配数额	中央实际分配数额	合计分配数额
南市区	1808	69.6	1258.37	89	2059	18	412	430
北市区	1926	52.6	1013.08	72	1658	14	332	346
新市区	1838	40.4	742.55	52	1216	5	243	248
高新区	13	61.9	8.05	1	13	1	3	4
清苑县	453	64.7	293.09	21	480	21	480	501
满城县	291	59.9	174.31	12	285	12	285	297
徐水县	441	56.4	248.72	18	407	18	407	425
安新县	322	65.6	211.23	15	345	15	345	360
市本级						176	3956	4132
合计	7092		3949.40	280	6463	280	6463	6743

表10　　　　　2010年度保定市公积金增值收益分配情况表　　　单位：万元

单位	实际归集余额	实际归集余额所占比重	实际分配额	实际拨款额
合计	515439.80	1.0000	5515.00	5515
市本级	288694.37	0.5601	3088.94	3089
涿州市	38892.91	0.0754	415.83	416
定州市	25065.66	0.0486	268.03	268
高碑店市	20987.74	0.0407	224.46	224
清苑县	10061.02	0.0195	107.54	108
曲阳县	6913.84	0.0134	73.90	74
易县	11857.46	0.0230	126.85	127
唐县	7442.48	0.0144	79.42	79
定兴县	7814.70	0.0152	83.83	84
蠡县	8208.88	0.0159	87.69	88
徐水县	9950.00	0.0193	106.44	106
高阳县	8590.49	0.0167	92.10	92
满城县	13101.92	0.0254	140.08	140
安新县	7152.18	0.0139	76.66	77
安国市	8391.96	0.0163	89.89	90
雄县	7140.91	0.0139	76.66	77
涞源县	8456.74	0.0164	90.45	90
涞水县	5615.11	0.0109	60.11	60
阜平县	3582.75	0.0070	38.61	39
容城县	3881.10	0.0075	41.36	41
望都县	6194.63	0.0120	66.18	66
博野县	4122.44	0.0080	44.12	44
顺平县	3374.51	0.0065	35.85	36

（五）住房保障租赁补贴资金发放情况

按照保定市人民政府《关于完善城市住房保障制度解决低收入家庭住房问题的实施意见》（保市政〔2007〕192号）和《政府工作报告》2010年工作落实方案要求，为人均建筑面积15平方米以下的低收入家庭提供廉租住房制度保障。2011年1~12月份，保定市南市区、北市区、新市区、高新区共四个市区低收入住房困难家庭保障对象共计23977户，56834人，按照文件规定的分担比例，由市级财政和区级财政提供廉租住房保障租赁补贴资金9978600.22元，其中：市本级负担5987160.14元，占租赁补贴资金的60%；区级财政负担3991440.08元，占租赁补贴资金的40%。另外，保定市切实加强廉租住房租金的"收支两条线"管理。政府购建廉租住房是国有资产的重要组成部分，明确廉租住房租金收入，要按照规定及时足额缴入地方同级国库，专项用于廉租住房的维护和管理。

表11　　2011年保定市区城市低收入家庭住房保障租赁补贴资金情况分析表

时　　间	保障户数（户）	保障人数（人）	补贴资金（元）	市本级财政负担（元）	区级财政负担（元）
2011 年 1～3 月	5268	13295	2338226.53	1402935.92	935290.61
2011 年 4～6 月	5238	13188	2323402.43	1394041.46	929360.97
2011 年 7～9 月	6357	15755	2711551.26	1626930.76	1084620.50
2011 年 10～12 月	6114	14596	2605420.00	1563252.00	1042168.00
总　计	23977	56834	9978600.22	5987160.14	3991440.08

专栏2：财政部、国家发展改革委、住房和城乡建设部
《关于保障性安居工程资金使用管理有关问题的通知》

　　一是切实落实各类保障性安居工程资金。按照现行规定，保障性安居工程实行"省级负总责，市县抓落实"。要严格按照国家规定的资金来源渠道，切实落实各类保障性安居工程资金，确保不因资金不落实、不到位而影响各类保障性安居工程建设进度。二是允许土地出让净收益用于发展公共租赁住房。三是允许住房公积金增值收益中计提的廉租住房保障资金用于发展公共租赁住房。四是提高中央财政廉租住房保障专项补助资金使用效率。按照现行规定，中央财政廉租住房保障专项补助资金在优先满足发放租赁补贴的前提下，可用于购买、改建或租赁廉租住房支出。其中，购买廉租住房可以购买旧房，也可以购买新房。为了进一步提高中央财政廉租住房保障专项补助资金使用效率，省级财政、住房和城乡建设部门要进一步明确本地区年度购买、改建或租赁廉租住房任务。从2011年开始，财政部、住房和城乡建设部在分配下达有关地区中央财政廉租住房保障专项补助资金时，不仅要考虑该地区当年租赁补贴任务完成情况，还要考虑该地区当年购买、改建、租赁廉租住房任务完成情况。在完成当年廉租住房保障任务的前提下，经同级财政部门批准，可以将中央财政廉租住房保障专项补助资金用于购买、新建、改建、租赁公共租赁住房。五是利用贷款贴息引导社会发展公共租赁住房。为充分调动市场主体和社会机构投资购买、新建、改建、租赁和运营公共租赁住房的积极性，降低社会资金投资公共租赁住房的融资成本，各地可以采取贴息方式，支持市场主体和社会机构从商业银行融资用于发展公共租赁住房。

四、地方政府保障性住房建设融资相关问题研究

保障性住房建设工程在有效保障和改善民生的同时，由于巨大的资金需求，也给政府带来了较大的财政压力。保障性住房不同于普通商品房的开发，建设运营期长，利润率较低，商业房地产企业参与动力不足，融资困难较大。河北省住房和城乡建设厅厅长朱正举认为，资金支持是完成保障房建设任务的关键。提取土地出让总收入的5%～10%以上作为保障性住房建设资金；保障性安居工程建设用地计划实行单列，预留一定土地使用指标，直接"点供"到项目上；凡挂牌出让的商品住房用地项目，须按项目总建筑面积的10%以上强制配建保障性住房，其中廉租住房5%，公共租赁住房5%。河北省实施多渠道投融资模式，采取政府投入、各类投资主体参与、鼓励房地产企业开发、推行政企共建和BOT、BT模式。资金瓶颈还可以通过吸引保险资金、发行债券、商业贷款、信托投资等多种渠道实现。同时配之以多元化产权政策，支持开发区、产业园区、企业、单位建设，优先解决本单位职工住房问题。

（一）地方政府保障性住房建设的资金来源

面对保障房建设任务，各地都有本难念的经。主要源于出售型和出租型的保障性住房具有低售价和低租金的公益性质，但是，由于出售型的保障性住房可以通过销售较快回收投入资金，实现建设资金短期内的自我循环，所以只要有企业和金融机构参与，政府给予必要的补贴和政策激励，一般不会存在资金问题。而出租型的保障性住房则不同，一次性投入大，投资回收主要依靠租金收入，而保障房的租金标准又远低于市场租金水平，投资回收和资金循环就面临着很大的问题。由于保障性住房投资利润率低、成本回收周期长、政府缺乏吸引社会力量参与的激励机制，企业等社会力量参与保障性住房建设的积极性不高。2004年实行分税制财政体制改革以后，中央财政收入占财政总收入的比重逐年提高，地方财政一度依赖于土地生财，土地出让收入成为地方政府相当可观的一笔收入。据统计，2010年全国土地出让收益累计高达27000亿元，相当于地方公共财政收入的70%。按照国家要求，地方政府必须将土地出让净收益的不低于10%投入保障性住房建设。如果地方政府可获得额按其中30%～40%为净收益来计算，保守估计也有约10000亿元。也就是说，至少有1000亿元土地出让净收益可以投入保障性住房建设。而这仅仅是2010年的数字，如果此前一直按照这样的思路配套建设保障房，那么保障房的问题就不会有今天这样突出的矛盾。但实际情况

是，2010 年，各地累计只有 100 多亿元土地出让收入用于保障房建设。许多土地出让收入大幅增长的城市，却没有完成 10% 的任务。国家要求和实际落实之间存在巨大落差。由于公共财政预算可供安排的财力有限，地方政府的固定资产投资主要依靠土地出让收入。按照国家要求，地方政府必须对保障房用地供应做到应保尽保，及时供应，这就意味着地方政府需要为保障性住房建设无偿或低于市场价提供土地。因此，当前地方政府加大保障房建设力度就面临两难选择：一方面保障性住房建设是必须完成的硬任务；另一方面保障性住房建设既需要投入大量资金，又将挤占商品房用地，导致土地出让收入下降，使本已紧张的地方财政更加捉襟见肘。

为中低收入家庭提供保障性住房是各级政府的责任，在保障性住房的建设上，各级政府的重视主要体现在各项政策的支持上，例如在办理开工建设手续的过程中，一路上大开绿灯。然而，政府必须进行必要的投入，并作为吸引和激励社会资本参与的条件。从目前情况来看，动员各方财力、物力、人力把保障性住房建好是关键。需要积极开辟保障性住房融资渠道，保障性住房融资主要有政府投入和社会参与渠道。

第一，政府投入渠道。一是中央和地方财政预算安排的专项资金。中央和地方各级财政部门根据年度保障性住房建设计划，将保障性安居工程建设支出列入本级公共财政预算安排。二是土地出让净收益。按照目前的规定，各地必须从土地出让净收益中按照不低于 10% 的比例安排保障性住房建设资金。该项资金由地方财政从土地基金预算中安排。三是住房公积金增值收益。住房公积金增值收益扣除计提的贷款风险准备金和管理费用后的全部余额，这块资金约为住房公积金增值收益的 50%。

目前，地方政府自筹资金主要体现在以下方面：一是地方政府预算资金安排一部分；二是地方政府获得的土地出让收入安排一部分；三是地方政府发行的大部分债务融资；四是地方政府确定房地产开发企业垫资。

第二，社会融资可以拓展的资金渠道。保障房性住房建设仅靠政府单方面的投入是远远不够的，以 2011 年 14000 亿元的投资来看，中央和地方政府只能提供约 2000 亿元的预算投入，还差 12000 亿元。缺口资金需要通过政府资本金注入、税费优惠、财政贴息、投资补助等各项措施，积极创新财政支持方式，筹集保障房建设资金，吸引社会力量参与保障性住房建设和运营。

①银行贷款。银行向政府保障性住房融资平台或直接向符合相关条件的保障性住房建设项目业主提供开发贷款。2011 年 8 月，由央行、银监会共同发布《关于认真做好公共租赁住房等保障性安居工程金融服务工作的通知》，允许商

业银行向资本金充足、治理结构完善、运作规范、自身经营性收入能够覆盖贷款本息的省级政府融资平台公司发放贷款。为银行贷款进入省级政府的保障房融资平台打开了大门，商业银行今后可能会较快提高向这些融资平台公司发放贷款的规模。

②住房公积金贷款。在优先保证缴存职工提取和个人住房贷款，留足备付准备金的前提下，各地可将 50% 以内的住房公积金结余资金用于发放保障性住房建设贷款。保障性住房的贷款期限一般 1~5 年。贷款利率按个人住房公积金贷款利率上浮 10% 执行，略低于银行贷款基准利率。公积金用于保障性住房建设，既提高了公积金的增值收益，也为保障性住房建设新增了一条稳定的资金渠道。

③企业债券。符合条件的地方政府投融资平台公司和其他企业，可以通过发行企业债券进行保障房项目融资。企业债券具有期限长、利率低的优势，是保障性住房项目市场融资的较好工具。

④社保基金。社保基金保障性住房贷款模式，是指通过信托公司贷款提供给保障性住房项目公司，银行为贷款提供担保，项目公司关联方再为银行提供反担保。社保基金贷款的第一还款来源包括保障房租售收入、商业配套收入和财政兜底；第二还款来源是银行担保，贷款到期时由银行贷款或者银行发放短期贷款归还。此模式将社保基金的风险降到了最低限度。

⑤保险资金。保险资金以债权投资计划的形式投资保障性住房建设。保险债权投资计划是指保险资产管理公司根据有关规定，发起并经保监会批准设立的一种投资产品，通过向保险公司募集资金，用于保障性住房项目。保险债权投资计划期限最长可达 10 年，利率低于银行同期贷款基准利率，具有期限长、融资成本低的特点。但是，保险资金进入保障性住房融资领域也面临投资收益较低且不稳定的困扰。

⑥BT 模式。即"建设—移交"模式，是指由投资人负责筹集保障性住房工程建设所需资金和项目建设，在工程验收合格后移交给政府，并由政府在约定时间内向投资人支付项目建设成本和投资收益。采用 BT 模式，通过公开招标的方式确定投资人，投资主体可以是投资公司、地产企业、建筑公司，可以是单独的投资人，也可以是多个企业组成的投资联合体，能够鼓励各种资本参与保障性住房建设，有效缓解保障性住房建设资金困难。

BT 模式实际上是房地产开发建设企业为地方政府的垫资模式。目前我国房地产行业的主要运作方式是由房地产建设企业对项目建设所需资金进行垫资，等项目完工之后再进行工程款核算，保障性住房也主要采取了这种方式。实际上是房地产建设企业向政府提供了一定数量的融资。同时，很多地方政府保障性住房建设是通过要求房地产开发企业在商品房建设过程中配建部分保障性住房的形式，一般商品房的开发企业要将不超过所开发商品房面积的20%～30%配建为保障性住房。此外，2011年6月，国家发展改革委发布《关于利用债券融资支持保障性住房建设有关问题的通知》，提出为了解决保障房建设中的资金问题，对于参与保障房建设的企业，可以通过发行企业债券进行项目融资，房地产企业发行企业债券融资开展保障房建设的渠道已经打通。在实际操作过程中，为了鼓励房地产建设企业向保障性住房建设提供融资，政府也在土地出让收入等方面对相应的开发商和建设企业进行了让利，在一定程度上提高了房地产开发和建设企业为保障房建设融资的积极性。

⑦房地产信托投资基金。是一种资产证券化的形式，通过信托方式，汇集公众投资者资金，通过将出租不动产所产生的收入以派息的形式分配给投资人，从而使投资人获取长期稳定的投资收益。从保障性住房来看，出租型的保障性住房比较适合做房地产信托投资基金，考虑到保障性住房的租金收益一般较低，为吸收更多的投资人，可以通过财政补贴或政府所持有的收益较高的商业地产整合到房地产信托投资基金产品中，以适当提高其整体收益。

⑧其他渠道。保障性住房融资还可通过中央代发地方政府债券、企业资金银行委托贷款、信托融资等等。2012年2月国家发展改革委《关于发展改革系统要继续加大工作力度切实做好2012年保障性安居工程建设工作的通知》指出："根据中央经济工作会议和全国住房保障工作座谈会的精神，为全面完成2012年保障性安居工程建设任务，发展改革系统要继续加大工作力度，加大保障性安居工程建设投资计划落实力度。2012年中央进一步加大了资金支持力度，地方政府也要加大资金筹措力度。各级发展改革部门要配合住房和城乡建设、财政、金融等部门做好建设资金平衡工作，积极协调落实政府财政性资金、企业债券、金融机构贷款等方面资金，加强建设资金统筹和组织实施工作，确保保障性安居工程年度建设任务的完成。要创新融资机制，充分发挥地方政府融资平台作用，通过直接和间接融资多渠道筹集保障性安居工程建设资金，鼓励引导社会力量参与建设保障性住房及配套设施。要按照确定的保障性安居工程目标任务和下达的年度投资计划，尽快将中央补助投资和省级配套资金分解下达到市、县，落实到项目。分解下达的计划要与已签订目标责任书相应的建设任务相衔接"。保定市进一步拓宽融资渠道、吸纳社会资金，加快建设保障性安居工程信息化平台，为保障性安居工程建设提供标准化技术支撑。

（二）地方政府保障性住房需要研究的问题

目前，保定市是让开发商配套建设一定数量的廉租房，政府则与其签署相关协议，承诺在建成后一定时间内向房地产开发商回购。

1. 地方政府保障性住房的实际成本范围

从实际操作过程分析，保障性住房的实际成本支出，并非只有建筑安装成本，至少还要包括土地的开发成本、征地拆迁的成本、市政交通配套的成本、园林绿化和能源供给的成本以及教育、医疗设施等一些配套成本。仔细算账，保障性住房成本，在目前没有准确界定，结算成本之外，还需要一些支出。如何计算保障性住房成本，政府保障性住房实际支付多少成本？涉及到保障性住房建设资金的需求量计算，涉及资金渠道的拓宽，怎样投融资满足保障性住房需求，需要地方政府认真对待，更需要相关部门认真研究和明确。

2. 合理确定廉租住房回购价格

目前，在政府投资项目中廉租住房是政府委托开发商代建性质，实行代建廉租住房回购，政府全额买单，回购价格就成为进行结算的关键。审核确定廉租房的回购价格核心，是价格构成要素，一般情况下包括：一是征地拆迁及青苗补偿费。在这个过程中应按规定落实有关补偿政策，不得突破标准确定，并核实实际发生额；二是配套设施费用；三是建造费用；四是建设单位管理费，应根据财政部《基本建设财务管理规定》建设单位管理费实行总额控制，分年度据实列支。建设单位管理费的总额控制数，以项目审批部门批准的项目投资总概算为基数，并按投资总概算不同规模分档计算。在有关部门核准以后，作为工程款的拨款依据。需要进一步明确廉租住房回购价格构成。

为此，河北省住房和城乡建设厅在 2011 年 10 月发出《关于开展全省保障性安居工程造价监督检查工作的通知》，按照全省住房城乡建设工作统一部署，为贯彻落实国家和省有关工程造价的政策规定，规范保障性住房工程计价行为，决定开展保障性安居工程造价专项监督检查。检查范围：全省在建的保障性安居工程，包括在建或配建的廉租住房、经济适用住房、公共租赁住房、限价商品住房，以及城市、国有煤矿、工矿棚户区改造项目，国有林场危旧房、国有垦区危房改造项目。检查内容：一是工程各阶段计价活动是否符合我省造价管理的有关规定，包括国有投融资建设项目计价活动是否按程序进行，是否按规定办理了最高限价备案和竣工结算备案，工程计价成果文件是否符合我省计价标准和计价办法的要求；二是合同价是否存在片面压价低于成本情况；三是按合同约定及时足额支付工程款；四是工期是否合理，是否存在压缩合理工期情况；五是建设、施工、参与保障性安居工程建设的造价咨询企业和注册从业造价人员的计价行为、工作质量。对检查中发现的问题，要认真记录，责令各责任主体制定相应措施进行整改，并依法进行处罚。对检查中发现的违法违规行为，按照法律法规规定要求责令整改后，逾期未整改或整改不到位的责任单位和责任人，要按照有关法律法规和规定实施行政处罚和处理。

3. 廉租住房回购存在问题

一是有关部门与开发商签订协议比较粗放。协议没有确定好廉租房的回购价格，可能会产生购买价格上的纠纷。由于物价原因，出现有关部门明确等待审计机关核定代建廉租住房回购价格后，双方另外签补充协议书对回购价格进行修正。然而，审计机关依据什么规定来核定价格，怎样核定却未明确规定。二是交房标准和交接程序比较粗放。如装修标准中厨房、卫生间地面采用国产防滑瓷砖；室内门窗采用普通木制夹板门窗，住宅分户门应按有关要求安装防盗门等。但是，国产产品的种类很多，价格与质量差异很大，容易产生歧义和纠纷。三是开发商确定每平方米价格计算依据"成本明细表"中：在土地拆迁补偿费用与实际账面发生额相差较大，存在不同程度虚报的问题。

4. 需要完善廉租住房政府管理方式

针对政府直接投资，土地、税费减免等优惠政策形成的隐性投资，社会捐助廉租住房形成的政府产权等不同情况，应采取措施实行政府投资的全口径核算，以便有效强化廉租住房建设项目政府投资的核算管理。

一是政府直接投资实行"收支两条线"管理。房地产开发企业承建廉租住房配建项目除廉租住房建设用地及政府因特定用途制定建设用地实行划拨方式供应外，其他用地均由开发企业按标的价格缴纳土地出让金，财政部门按规定以政府投入方式拨付廉租住房建设资金，应避免出现以减免土地出让收入代替政府直接投入方式的现象。

二是政府隐性投资缺乏科学量化。对开发企业以土地优惠协议价取得房地产开发项目并配建廉租住房或按照土地出让合同约定由开发企业提供建设廉租住房的项目，以土地取得价格与土地标的价值的差额作为政府投资登记入账；对按政策享受的行政事业性收费和政府性基金减免，依据计算数额作为政府投资登记入账；对政府以实物方式进行廉租住房建设项目投资时，以实际投入价值（或评估值）登记入账；对工程竣工决算价值超出政府投资部分，作为社会捐献收入入账，如决算价值低于政府投资，其差额收回财政，投入其他廉租住房项目。

三是社会捐助廉租住房需要明确产权。对由房地产开发企业建设、直接提供竣工房屋的项目，明确政府对房屋的所有权，按照财政部门审定的工程竣工财务决算转入固定资产，由房管部门按照国有资产管理办法进行管理。

（三）解决保障房资金短缺的对策建议

从上述保障性住房建设投融资情况分析可以看出，地方政府保障性住房，尤其是廉租住房和公共租赁住房是以政府直接回购或者是直接出资建设为主要方式。地方政府在建设保障性住房方面选择直接出资，与保障性住房收益率低、房地产开发市场投资意愿较低、地方政府责任和上级指令性要求直接相关。地方政府保障性住房建设一定程度上较少考虑经济实力是否能够偿还巨额借款的本息，主要是缘于采取留待将来再解决的方式，以地方政府主导的方式融入资金，缺乏事先偿还规划，源于促进地方经济快速发展的投资冲动和上级政府对地方政府下达的指令性计划，地方政府选择直接投融资方式，并非是解决保障性住房融资最有效率的方式，也不能从根本上解决保障性住房以后运营管理方面潜在的风险，然而，由于这种方式地方政府最能够把握，只要能够融入资金，就能够最快地实现开工建设的目的。

1. 完善廉租房成本定价支付方式

应由财政部门和建设部门统一制定政策界限和计算方法、标准。建议对所有廉租房定价作为重点检查项目，进行认真审计和调查核实确定廉租房成本，经财政部门会同审计机关审计核实所有廉租房底价，防止高估冒领。廉租房成本与定价支付差异较大时，在财政部门实际拨款以前，应及时进行调整更正。

2. 明确签订协议条款

财政专项资金支付要从程序上严格，签订协议条款要明确细化。建议对所有廉租住房协议不明确的条款，应重新签订协议或签订补充协议，应明确由谁对协议的执行进行监督和审计，明确审计的方法和标准，对于协议中容易产生歧义和纠纷的条款，要明确细化。建议上一级财政部门要进一步加强对财政专项资金的监管，进行事前、事中和事后的监控。

3. 租赁性保障房应作为主要提供方式

从根本上解决保障性住房建设所需资金，必须有针对性的按照不同类别进行融资。从保障性住房性质划分，可以区分为租赁房和产权房两大类，租赁房是指公共租赁住房和廉租住房，被保障对象主要是城镇中等偏下收入家庭、新就业职工、外来务工人员等"夹心层"和城镇人均建筑面积较低的低收入家庭，共同特点是以略低于市场价格租金出租给租户，获得的是租赁性质的保障性住房的权力。租赁性保障房，目的是向被保障对象提供低于市场价格的合格租赁住房，被保障对象只有使用权，只能满足其居住需要，是一种相对公平、合理的保障性住房提供模式，应该作为保障性住房的主要提供方式。租赁房所有权人不论属于政府，还是属于企业、单位，只要能够按照政策要求满足被保障对象住房需求，都能够实现以租赁方式达到完成保障性住房任务的目的。

4. 租赁性保障房融资模式

对于公共租赁住房，鼓励和引导民间资本进入保障性住房投资领域，在符合规划的情况下，鼓励一定规模的民营企业，利用自有土地建设公共租赁住房，面向社会公开配租，可优先解决职工过渡性住房需求。由于投资主体可以通过一定的经营管理获得比较高水平的租金，因此，可以考虑通过"建设—运营—转让（BOT）"的方式鼓励和引导社会资金进入这一领域；对于廉租房，把市场化运作的方式引入保障性住房建设。政府要参与，公司也要参与。政府可以通过街道社区参与，一定要对这部分投入，委托公司管理，用市场规律做，能够提高效率；政府保证提供一部分资金来源，使管理公司有微利可图。可以通过政策性安排，引导社会资金为廉租房建设提供支持，通过"建设—转让（BT）"的方式鼓励社会资金为政府建设保障性住房。

5. 制定符合实际的保障性住房财税政策

充分发挥财政资金"四两拨千斤"的作用，放大财政政策效能，通过采取财政贴息、政府资本金注入、税费优惠等措施，吸引社会参与保障性安居工程建设和运营，建立健全保障性安居工程的长效机制。

一是在中央财税政策的基础上完善省市优惠政策。如为社会资本投资建设租赁房过程中开展的融资活动提供财政贴息、贷款担保。为了鼓励社会资本进入租赁房建设与经营领域，规定如果社会资本进入租赁性保障住房领域，面临融资需求的时候，政府融资平台或者政府所有的政策性担保公司，可以为这些企业融资进行担保，并向其融入的资金进行财政贴息，降低社会资本的相关成本。

二是制定符合本地实际的财税政策。在保障性住房、棚户区改造住房和中小套型普通商品住房用地比例、公租房建设和运营中的多项税收政策优惠基础上，通过土地出让政策增加住房供应；通过增加保障性住房投入，改善各类住房结构；通过税收政策合理引导消费需求。对廉租住房和经济适用房以及公共租赁住房建设、城市棚户区改造、旧住宅区整治，一律免收各项行政性收费和政府性基金。严格落实保障性安居工程免缴土地出让金政策。廉租住房、城市棚户区改造中的安置住房、经济适用住房以及面向经济适用住房对象供应的公共租赁住房建设用地实行行政划拨方式供应，除依法支付土地补偿费、拆迁补偿费外，一律免交土地出让金。明确保障性安居工程的税收优惠政策。对廉租住房、经济适用住房、公共租赁住房以及城市和国有工矿棚户区改造分别从营业税、房产税、城镇土地使用税、土地增值税、印花税、契税等方面给予税收优惠政策。规范廉租住房和公共租赁住房租金管理。廉租住房和政府投资建设公共租赁住房的租金收入，严格按照政府非税收入管理规定缴入同级国库，实行"收支两条线"管理，专项用于廉租住房和公共租赁住房的维护、管理等支出。

三是直接给予财政补贴。由于政府对公租房的租金水平给予较为严格的限制，其收取的租金可能与公租房维修、公共服务管理、卫生清理等物业费用收不抵支。因此，政府可以给予公租房投资者或者运营者一定的财政补贴，实现公租房投资者的盈亏平衡。为公租房社会投资者与运营保障者，提供符合政府保障标准的服务，必须将财政补贴数量和标准，与被保障对象提供的服务水平挂钩，激励公共租赁住房投资者做好对被保障对象的物业服务。

四是制定保障性住房融资、建设、管理、分配、定价等一系列制度性操作规定。在分析保障性住房建设成本构成，土地成本所占建安成本比重，各种交易税费环节占建安成本比重的基础上。用制度约束相关参与各方的行为，制定具体操作规范，才能对整个保障性住房建设起到支撑作用。

6. 创新多种保障性住房资金筹集渠道

强化地方政府保障性住房投融资功能，努力引导地方经济社会资源配置效益最大化。一是做强地方保障性住房投融资平台，向社会资本要效益。整合资源、资产、资金、资本，地方财政要支持重点投融资机构加快发展，统筹运用贴息、融资平台等方式，发挥财政"四两拨千斤"的杠杆作用，打通保障性住房投融资的"瓶颈"，引导更多的社会资本投入保障性住房项目建设。同时，财政部门要积极加强对投融资平台的监管，控制负债率水平，避免过度举债，防范财政风险。二是做活金融投资系统，向金融资本要效益。配合有关部门制定促进金融业发展的财政政策，明确财政政策扶持保障性住房的方向和重点。进一步改进和完善金融贡献奖励政策，引导金融机构增加信贷投放，逐步建立多元化地方保障性住房金融体系。地方政府财政资金作为保障性住房的主要配套资金来源，除应加大地方财政保障性住房投入力度外，同时，在利用金融杠杆方面，可以采取各种金融创新的手段，包括发放各种用于保障性住房的各种长期低息的贷款、债券，采用一些金融创新的手段来解决保障房建设资金的问题；把出租和出售相结合，解决保障性住房封闭运行的问题，一部分保障性住房采用分期付款——产权房出售的方式，作为筹集资金的一种渠道。

"十二五"时期，为实现党的十七大提出的"住有所居"的宏伟目标，推进以公共租赁为主的保障性住房建设。要进一步扩大廉租住房覆盖面，规范和完善经济适用房的建设和管理，大力发展公共租赁住房，完善发展公共租赁住房的土地、财税、金融等支持政策，建立健全公共租赁住房建设和供应的管理体制和运行机制，积极鼓励和引导企业、个人等社会资本参与公共租赁住房的建设和供应，力争"十二五"时期公共租赁房的建设和供应获得快速发展，并迈上一个新的台阶。继续鼓励和支持各类开发区和工业园区、进城农民工和外来务工人员比较集中的区域，采取行政划拨和土地作价入股、税费优惠和招商引资等方式，推进面向进城农民工和外来务工人员的出租房或者低租金的公共租赁住房的建设。

参考文献

［1］王祖继．完善保障性住房投融资机制的初步研究．行政管理改革，2011（9）

［2］王炜，李刚．"保障房资金够不够：西部地区缺钱东部也不乐观"．《人民日报》，2011－6－16

［3］张达．"保障房融资需机制创新"．《证券时报》，2011－11－1

［4］姚江涛．"关于保障房融资体系的思考"．《学习时报》，2011－11－4

小城镇保障性安居工程供给分析
——以内蒙古 AS 县为研究个案

◎ 叶盛楠

住房是人类生存的基本需要，是重要的民生问题。随着我国经济的快速发展和城市化进程的加快，城市居民数量不断增多，住房需求不断增加，可与此同时，房地产市场却在大量投机因素的推动下陷入非正常发展状态。全国住房价格持续、高速上涨，住房供给价格水平与普通居民的购买力严重脱节。住房供给结构也不合理，中低价位、小户型住宅供应比例很低，与我国城镇中低收入家庭占全国城镇家庭总数 70% ~ 80% 的现状极不相符。据住房和城乡建设部对全国城镇低收入家庭住房困难状况测算，目前全国城镇低收入家庭中约有住房困难户近 1000 万户，占城镇家庭总户数的 5.5%。对于这部分城镇居民来说，他们根本没有能力通过市场来解决自身的居住问题。因此，如何完善保障性住房制度，为中低收入家庭更好地提供满足其基本生活需要的居住条件是构建和谐社会的重中之重，也是政府关注民生、履行公共服务职能的重要内容。

一、绪论

（一）研究目标和意义

本项目以内蒙古 AS 县为研究个案，通过个案分析，生动展现小城镇保障性安居工程供给的真实现状，分析保障性住房供给所存在的问题，探求导致问题产生的原因，在此基础上提出政策建议。通过详细的个案描述，着重对以下几个问

课题负责人：叶盛楠（内蒙古大学讲师）。课题组成员：许健、吴松阳、庄虔友、郭锦涛。本课题为中国发展研究基金会发展研究项目 2011 年度资助研究课题，项目编号 2011 基研字第 0015 号。

题做出回应：地方和中央的目标是否一致？地方是否有足够的财力实现目标？成果是否能真正落实到目标人群？面对依靠行政命令层层下压的建设指标，地方是如何应对的？如何才能真正完成建设任务，并实现相关的社会和环境目标？这对于完善我国保障性住房理论、完善相关的法律、法规和政策、合理优化住房资源配置、调整住房供给层次和结构、改善居民居住条件、促进城市化、维护社会公正和稳定、构建和谐社会具有重要意义。

（二）调研地点概况

AS 县位于内蒙古自治区中部，总辖地面积为 4353 平方公里，属乌兰察布市管辖，人民政府驻地七台镇。县境北部与锡林郭勒盟苏尼特右旗、镶黄旗接壤，南部与兴和县相邻，西接察哈尔右翼后旗，东靠化德县和河北省的康保、张北、尚义县。全县辖 6 镇 3 乡，211 个村民委员会。总人口约 34 万人，人均住房面积为 31 平方米。该县属于典型的农业县，近几年随着招商引资的不断深入，工商业发展也比较迅速。2011 年，全县财政收入突破 1 个亿。

（三）调研方案说明

1. 调研时间

本项目共进行了三次调研。第一次调研是在 2011 年 12 月 10 日～2011 年 12 月 30 日之间陆续完成的。第二次调研是在 2012 年 3 月 15 日～2012 年 3 月 25 日之间完成的。第三次调研是在 2012 年 4 月 20 日～4 月 30 日之间完成的。前两次调研主要是了解 AS 县保障性安居工程的具体供给情况，第三次调研主要是对调研报告撰写过程中所发现的问题的再次确认和补充。

2. 调研方法和内容

本项目所采用的主要研究方法是深度访谈，包括个人访谈和多人座谈。访谈的对象主要分为两部分：第一部分是 AS 县政府、房地产管理局、发改委、扶贫办的相关工作人员。通过与他们深入交流，我们对 AS 县保障性安居工程的类型、规划情况、建设情况、申请条件、申请程序、分配办法、建设资金和用地、管理制度、监督机制、所存在的一些问题等都获得了比较深刻的认识，掌握了大量的第一手资料。第二部分是当地居民。我们走访的居民共分为三类：一是已经入住保障性住房的；二是已经获批但还没有入住的；三是经申请目前还未获批准的。通过与他们交流，我们了解到了民众对保障性安居工程的一些看法、诉求以及当前保障性安居工程所存在的一些问题（具体访谈提纲参见附录）。

二、AS 县保障性安居工程供给状况

AS 县的保障性安居工程共有两种类型，即廉租住房与移民住房。廉租住房由房地产管理局分管，移民住房根据项目资金来源的不同，分属扶贫办和发改委两个部门分管。

（一）廉租住房

廉租住房是 AS 县保障性安居工程的重中之重，是政府民心工程的重要组成部分。廉租住房的直接分管部门为 AS 县房地产管理局，全面负责廉租住房的申请、审核、评议、受理、分配等工作。2007 年，AS 县房地产管理局成立了廉租住房保障管理中心，具体负责全县廉租住房工作。该中心现有工作人员 5 名，设主任 1 名，工作人员 4 名，其中 3 名工作人员常驻社区，宣传政策并随时了解各社区住房困难家庭住房情况，及时反馈信息。另派一名责任心强、懂业务的工作人员常驻廉租住房建设工地，具体协调解决工程建设过程中所遇到的各种问题，以保证建设工程保质、保量、按时完工。

按照中央和自治区的统一部署和要求，从 2007 年开始，该县开始开展廉租住房工作。2007 年和 2008 年这两年间，其主要工作是调查摸底，发放廉租住房租赁补贴。2009 年，廉租住房建设工程正式启动。截至 2011 年底，该县共投入建设资金 6060 万元，建设廉租住房 1512 套，建设总面积达 6.06 万平方米。

1. 廉租住房租赁补贴

（1）申请条件

申请廉租住房租赁补贴的家庭应同时符合下列两个条件：①家庭人均月收入符合当地城镇居民最低生活保障标准，并经同级民政部门批准，连续享受当地城镇最低生活保障 3 年以上的城镇低保家庭；②家庭人均住房建筑面积不足当地人均住房建筑面积 60% 的家庭。AS 县人均住房面积为 31 平方米，该县规定住房困难户的标准是人均低于 15 平方米。按照这一标准，全县共有 18000 人符合申请条件。

（2）申请程序

①申请人向所在社区居委会提出书面申请，填写《AS 县城镇廉租住房补贴申请审批表》，并提交下列材料：户口簿；身份证及复印件；结婚证明及复印件；申请人及配偶现住房情况证明；申请人及配偶的最低生活保障金领取证明。现住房情况证明由申请人及其配偶所在单位出具，如果申请人及其配偶无工作单位，

则由社区居委会出具。城镇居民最低生活保障证明则由民政局出具。提供相关证明的单位，可通过查档取证、入户调查、邻里访问、信函索证等方式对申请家庭的收入、人口、住房状况进行调查，并在《AS县城镇廉租住房补贴申请审批表》相应栏目内加盖单位公章。

②社区居委会对相关申请材料进行初审，经初审符合条件的在申请人所在社区进行公示，公示期限为7日。公示无异议的由社区居委会出具公示证明，然后将公示无异议的申请材料提交七台镇复审，并进行二次公示，公示时间为7日。

③二次公示结束后，七台镇将相关申请材料报房地产管理局。房地产管理局会同民政、劳动和社会保障、财政等部门组成审核组进行审核。审核结束后，将审核结果在新闻媒体上进行公示，公示期限为15日。公示无异议的，确定为廉租住房租赁补贴对象。

（3）补贴标准

AS县从2007年开始发放廉租住房租赁补贴。2007年发放补贴10万元，共301户；2008年共发放补贴资金32.3万元，共913户；2009年共发放补贴资金129万元，共1341户；2010年共发放补贴资金270万元，共1626户；2011年共发放补贴资金797万元，共4800户。截止到2011年底，该县共发放廉租住房租赁补贴1238.3万元，共有4800户家庭享受到了该项补贴。目前该补贴的标准是每人每月75元。以一个三口之家为例，每年可以得到2700元的住房租赁补贴。补贴每年年底发放一次，通过"一卡通"直接发放到申请家庭手中。

（4）退出制度

申请廉租住房的家庭必须是享受廉租住房租赁补贴的家庭，购买或租用廉租住房后，或者是家庭收入增加后就不得再领取租赁补贴。目前对家庭收入增长到什么标准取消租赁补贴还没有具体规定。

2. 廉租住房规划与建设情况

2009年，AS县开始了廉租住房一期工程建设。一期工程小区位于火车站东南，西邻县第三中学，东靠不冻河水库区。本期工程计划建设廉租住房500套，实际建设504套，总建筑面积为2.02万平方米。建筑规模为砖混7栋6层住宅楼，每层东、中、西三户。东户和西户面积为42.5平方米，共336户，中户面积为36.67平方米，共168户。该项目总投资为1818万元，其中，中央财政808万元，地方配套1010万元，目前资金已全部到位。廉租住房建设采取公开招标的形式，中标方为AS县商建公司，合同价、中标价为2016.68万元。合同约定开工时间为2009年5月1日，实际动工时间为2009年5月18日，合同约定竣工时间为2010年9月，实际竣工时间为2010年10月。目前水、电、暖全部配套，一期工程全面竣工。目前，部分居民已经搬迁入户，第一期廉租住房已经开始投入使用。

2010年，AS县进行了廉租住房二期工程建设。二期工程同一期工程处于同一位置。本期工程计划建设廉租住房500套，实际建设504套，总建筑面积为2.02万平方米。建筑规模为砖混7栋6层住宅楼，每层东、中、西三户。东户和西户面积为42.5平方米，共336户，中户面积为36.67平方米，共168户。该项目总投资为2121万元，其中，中央财政1010万元，内蒙古自治区投资179万元，地方配套932万元，目前，中央资金已全部到位，地方配套到位300万元。廉租住房建设采取公开招标的形式，中标方为AS县商建公司，合同价、中标价为2222.58万元。合同约定开工时间为2010年7月1日，实际动工时间为2010年7月20日，合同约定竣工时间为2011年8月30日。目前主体工程、外墙保温工程已经完成，现加紧完成供水、供电、供热配套。

2011年，廉租住房三期工程全面展开。三期工程小区位于七台镇西外环路东，西邻希森马铃薯公司、太美公司、南靠轻工业园区。本期工程计划建设廉租住房500套，实际建设504套，总建筑面积为2.02万平方米。建筑规模为砖混7栋6层住宅楼，每层东、中、西三户。东户和西户面积为42.5平方米，共336户，中户面积为36.67平方米，共168户。该项目总投资为2121万元，其中，中央财政949.8万元，内蒙古自治区投资152.5万元，地方配套1018.7万元，目前，中央和内蒙古自治区资金已到位500万元。廉租住房建设采取公开招标的形式，中标方为AS县商建公司，合同价、中标价为2510.09万元。合同约定开工时间为2011年6月25日，实际动工时间为2011年6月28日，合同约定竣工时间为2012年8月30日。目前基础部分已全部完工，正在建设主体第三层。预计2012年10月底可全部竣工，年底可交付使用。

从廉租住房的建设地点来看，基本上是处于县城的边缘地带和偏僻地带，距离中心城区有一定的距离，不过由于县城的生活半径与大、中城市相比较小，从县城边缘到中心城区骑自行车最多也就半个小时。而且，随着城市化进程的不断推进，在未来几年内，廉租住房的位置很快就会摆脱"边缘"与"偏僻"。

由于廉租住房的很多住户靠在工业园区的工厂里打工为生，对于他们来说，虽然周边的生活配套设施并不完备，但是上班却比较方便。不过，长期居住于工业园区、煤场、垃圾焚烧点附近，必然会对居民的身体和生活产生影响。目前，大多数的居民对于居住条件的改善比较满意，对周边环境如何似乎表现得并不是很在意。

从廉租住房的建设情况来看，由于其是层层下达的政治任务，所以不存在完不成任务的情况。但是，却存在着工期延误的现象。导致工期延误的主要原因有两个：一是建设资金不能及时、足量到位；二是当地的气候状况，当地冻土期很长，每年可以开工建设的时间仅为 5～10 月。在调研过程中，大多数居民对从预付房款到正式入住需要经历两年多的时间表示理解和接受。

3. 廉租住房申请条件

申请者必须以家庭为单位，并且需要满足以下三个条件：①持有七台镇城镇居民常住非农业户口满 3 年，并在当地居住生活的；②家庭人均收入在当地最低生活保障线以下，并经民政部门批准连续享受当地最低生活保障 3 年以上的家庭；③无住房户。

4. 廉租住房申请程序

（1）申请

符合廉租住房申请条件的家庭，凭户口簿、身份证到户口所在地的社区居委会领取《城镇廉租住房保障申请审批书》。申请廉租住房的家庭由户主或者指定具有完全民事行为能力的家庭成员作为申请人，按要求填写《城镇廉租住房保障申请审批书》，并准备相关的申报材料（申报材料包括居民身份证、户口本、贫困证明、低保证明），向户口所在地的社区委员会提出书面申请。社区委员会向《城镇廉租住房保障申请审批书》填写合格、申报材料齐全的申请人发放《申请廉租住房保障受理通知书》，受理申请。整个申请过程无需缴纳任何费用。

（2）初审（首次公示）

申请人所在地的社区居委会为申报材料的初审部门。自受理申请之日起 30 日内，社区居委会采取入户调查、邻里访问等方式对申请人的家庭人口、住房状况、收入资产等情况进行调查和评审，对申请人提交的证明材料进行初步审查。审查结束后，在申请人居住社区进行第一次张榜公示，公示时间不少于 7 天。对公示情况有异议的组织和个人，在公示期限内以书面形式向社区居委会提出，社区居委会自接到异议之日起 5 日内重新进行调查核实。公示结束后，社区居委会将公示期间无异议的或有异议经调查核实为投诉不实的申报材料报七台镇人民政府复审。

（3）复审（二次公示）

七台镇接到社区居委会初审材料后，在 2 个工作日内签署复审意见。复审结束后，申请人的相关情况在其居住社区进行二次张榜公示，公示时间不少于 7 天。公示期间有异议的，由初审单位进行核实。

（4）核准（三次公示）

七台镇将公示无异议的或经调查核实为投诉不实的申报材料报房管局廉租住

房保障管理中心。廉租住房保障管理中心会同县纪检、监察、民政、公安等部门进行核准，并通过新闻媒体进行第三次公示，公示时间不少于 7 天。对无异议或经调查核实为投诉不实的，确定为符合廉租住房分配条件的申请人，并将名单提交县政府进行联合评议。

（5）联合评议

县廉租住房分配领导小组召集县纪检、监察、建设、房管、民政、公安等有关部门及七台镇适时召开专题会议，对已确定的申请人和评审程序进行联合评议，最终确定分配对象并批准公布。

5. 廉租住房分配情况

根据《内蒙古自治区人民政府关于进一步做好城镇廉租住房保障工作的通知》（内政发〔2008〕4 号）、《乌兰察布市廉租住房租售并举指导意见》（乌政发〔2010〕119 号）和《AS 县廉租住房出售和租赁实施暂行办法》（党政办发〔2011〕48 号）等文件精神，AS 县在廉租住房的分配上采取"租售并举"的方式，即将当地的廉租住房留出 20% 用于出租，以保障孤、老、病、残等真正无生活来源的特困家庭，其余的 80% 全部低于成本价出售（据统计，一期廉租住房的成本价为 998 元/平方米，二期的成本价为 1100 元/平方米，三期的成本价为 1242 元/平方米）。购买廉租住房采取一次性预付款的方式，各楼层价格不同，一楼价格为 780 元/平方米，二楼与四楼价格为 830 元/平方米，三楼价格最高为 890 元/平方米，五楼为 780 元/平方米，六楼为 680 元/平方米。

在申请人多、廉租住房少的情况下，首先采取抽签的形式分期分批确定入住户。例如在申请人为 700 人，房源为 504 户的情况下，通过抽签来确定本期廉租住房的住户，剩余的 196 户则可以等待下期廉租住房的分配。然后按照申请人的年龄结构、残疾程度（以残疾证为依据）等来确定楼层。具体的分配办法是：年龄在 59 岁（包括 59 岁）以上的和肢、盲（视）残一、二级和军残的分配在 1~2 层；年龄在 41 岁至 58 岁的分配在 3~5 层；年龄在 40 岁（包括 40 岁）以下的分配在 6 层。

按照国家相关政策规定，廉租住房只能用来出租，不能用来出售。但是，在 AS 县的调研中我们可以看到，其 80% 的廉租住房都是用来出售的。对于这种"租售并举"的分配方式，我们访谈了政府部门的相关工作人员和当地民众，听到了支持与反对两种不同声音。

政府相关部门认为，之所以采取"租售并举"的方式主要是为了解决建设资金严重不足的问题，以实现廉租住房建设的良性循环。对于像 AS 县这样的贫困县来说，地方配套资金的能力极其有限，如果采取"租售并举"的方式，至少可以解决一大部分的配套资金，从而也就可以先解决一部分人的住房问题，否则，连这一部分问题也解决不了。他们认为中央制定的政策其目标是好的，但是，在实际的操作过程中，由于各种条件的限制，地方政府很难完全按照中央预先设定的轨迹来运行。除非中央政府可以全额拨款，专款专用。此外，他们还强调，这样的分配方式并不是县政府任意为之，而是有政策依据的。《内蒙古自治区人民政府关于进一步加强和改进城镇廉租住房保障工作的通知》和《乌兰察布市廉租住房租售并举指导意见（试行）》中，都明确指出要积极稳妥地推进"租售并举"，探索廉租住房产权多样化。

大部分民众对"租售并举"的分配方式同样持赞成的态度。他们认为，廉租住房的售价远远低于市场价格，一套住房的价格是三四万元，自己出一部分，再向亲戚、朋友借一部分，基本可以承受。而且当地居民的思想还比较保守，认为租的房子永远都是别人的，没有安全感，还是自己买的好。另一部分民众对"租售并举"持反对态度。他们认为这样的分配方式正是使得有钱人享受到了好处，而越穷的人则越被排除在外，因为他们没有购买能力。

6. 廉租住房建设用地与建设资金

廉租住房的建设用地由政府出面征地，统一划拨，征地价格按照市场价格进行，由政府与土地出让者协商解决。按照当地的市场行情，征地价格从几千元至几万元每亩不等。据相关部门工作人员介绍，由于当地土地并不很紧张，所以廉租住房的建设用地并没有什么问题。不过，这些住房基本上还是建在了县城边缘地区的空地上。这主要是因为靠近县城中心的土地价格比较高，而且还可能会涉及到拆迁，比较麻烦。

廉租住房建设资金供给模式是"中央投资＋自治区投资＋地方配套＋申请人自筹"。第一期廉租住房项目总投资为1818万元，其中，中央财政808万元，地方配套1010万元，目前资金已全部到位。第二期廉租住房项目总投资为2121万元，其中，中央财政1010万元，内蒙古自治区投资179万元，地方配套932万元，目前，中央资金已全部到位，地方配套到位300万元。第三期廉租住房项目总投资为2121万元，其中，中央财政949.8万元，内蒙古自治区投资152.5万元，地方配套1018.7万元，目前，中央和内蒙古自治区资金已到位500万元。在这一供给模式中，地方配套资金大部分不是来自于地方财政预算，而是申请人自筹资金，即廉租住房申请人一次性预交的购房款。

7. 廉租住房管理情况

廉租住房供暖由热力公司统一供暖，月暖气费为4.8元/平方米，比当地的市场价5元/平方米略低。当地供暖时间是从10月15日~4月15日，共6个月。

这也就是说，居住面积为 42.5 平方米的廉租住房，每年需要交纳暖气费为 1224 元，居住面积为 36.67 平方米的廉租住房，每年需要交纳暖气费 1056.96 元。对于特别困难的家庭，每户最多补贴 15 平方米的供暖费。每户的供水、供电采取单独充值刷卡，以避免因个别家庭不缴纳水电费而影响其他家庭的正常生活。物业管理费为 10 元/月，不论面积大小，廉租住房的住户每户每年需要支付物业管理费为 120 元。事实上，该县并没有正规的物业管理公司，其物业管理主要是雇两三个人，打扫一下小区卫生，看一下小区大门。至于小区维护、种花种草、保安等服务都无法提供。至于廉租住房的监管、住房资格年审、杜绝转租牟利等管理行为，相关政府部门表示，目前就是"建设容易、管理难"，慢慢地就会发展成"有人建，没人管"了。

8. 廉租住房退出机制

由于当地廉租住房分配实行"租售并举"的原则，对于 80% 的出售房屋，无论是当地政府还是住户本人都认为，既然是住户出钱购买廉租住房，那么房屋所有权理应归住户所有。即使日后住户的经济状况好转，不想再在这里居住下去，那么其房屋也只能是按照当时的市场价格出售给他人，而不会按照其购买价转让给更需要的人。目前，出售的廉租住房的房产证已经在办理过程中。对于这部分廉租住房，并未建立起有效的退出机制。

对于剩下的 20% 用于出租的廉租住房，租金为每月每平方米 1 元钱。这也就是说如果租一套 42.5 平方米的廉租住房，每年需要支付租金 510 元。按照相关政策规定，如果租房者有下列任何行为的，则取消其租住资格：①连续 6 个月以上未在廉租住房居住的；②擅自改变廉租住房用途的；③将承租的廉租住房转借、转租的；④家庭收入已达到不享受最低生活保障的。不过，到目前为止，这些规定并未真的付诸实施。相关部门也表示，现在面临的境况就是进入容易退出难。

（二）移民住房

AS 县的移民住房是与"AS 县易地扶贫搬迁扩镇工程"和"AS 县生态移民工程"紧密联系在一起的。

AS 县土地总面积 4353 平方公里，其中风蚀沙化面积为 2842 平方公里，特别是西北部的 394 个村庄土地全部沙化。据统计，上述村庄 1997～1999 年三年人均纯收入仅为 655 元，人均占有粮食为 174 公斤。而且多数村庄地理位置偏僻，交通不便，水资源匮乏，个别村庄未通电，居住房屋绝大部分是土房，破旧不堪，人均住房面积不足 5 平方米。对于这些不具备基本生活、生产条件的地区，即使是投入再多的扶贫资金，也很难实现脱贫致富。

为了解决上述人口的生活困境，使其脱贫致富，2000 年，AS 县抓住自治区实施易地扶贫搬迁试点工程的机遇，积极申请，在上级政府和主管部门的大力支持下，从 2001 年起开始实施"易地扶贫搬迁扩镇工程"，2004 年开始实施"生态移民工程"，陆续将西北部一些生态严重恶化，基本失去生存、生产条件的贫困户搬迁到七台镇。

移民工程主要经历了两个阶段，即 2001～2005 年的"有土安置"和 2006 年开始的"无土安置"。所谓"有土安置"，是指将移民搬迁到七台镇的"绿色蔬菜小区"，通过借地择业和开发种、养主导产业，帮助移民脱贫致富。所谓"无土安置"，是指移民搬迁到七台镇后没有土地可供耕种，移民住房也由原来的平房变成了楼房，移民主要靠在县城打工、做生意等方式谋生。

"有土安置"的移民工程由县扶贫办和发改委统一负责，在具体的操作中很难具体分清楚各自的职权范围。"无土安置"的移民工程其分工比较明确，根据项目资金来源的不同，240 套移民楼归扶贫办分管，975 套移民楼归发改委分管。下面为了论述方便，我们分别称其为"扶贫办移民楼"和"发改委移民楼"。

1. 移民搬迁的范围和条件

"有土安置"移民的搬迁范围是失去生产、生活条件的贫困乡、村。主要采取整村搬迁或部分搬迁两种形式。整村搬迁必须是严重风蚀沙化、人畜饮水困难、交通不便、信息闭塞、未通电、丧失了就地脱贫条件，1997～1999 年人均纯收入不足 800 元的贫困村。部分搬迁必须是 1995 年登记在册，家庭人口 3 人以上，具有一定劳力、智力的困难户。按照这个标准，从全县 9 个乡镇筛选出 54 个自然村作为重点搬迁区域。

"无土安置"移民的搬迁范围主要是县城北部风蚀沙化严重，失去基本生存条件的边远山区及人畜饮水难以解决的地区。"扶贫办移民楼"的具体申请条件为：申请人必须是农业户且不能为单户（即户口仅有其一人），必须是村、镇备案的贫困户，年龄需要在 55 岁以下，有劳动能力和一定的文化水平，且居住地被政府认定为生态恶化、不适合人类居住的地区。"发改委移民楼"的申请条件为：申请人必须是农业户，年龄需在 55 周岁以下，且必须有退耕还林证。

2. 移民搬迁的申请程序

"有土安置"的移民搬迁申请程序为：首先，贫困户自愿提交申请到其所在村委会，由村委会进行集中登记，并以户为单位建贫困卡，然后将所有申请材料集中上报所在乡镇审批，各乡镇审批后以乡为单位建贫困册，然后报县发改委备案，县发改委统一建贫困档案，并确定最终的搬迁户。

"无土安置"的移民搬迁申请程序为：首先，由申请人提交申请，然后由村、乡镇进行审核，审核后报县扶贫办或发改委。县扶贫办或发改委对乡镇上报的申请材料逐一进行审核，详细了解申请人的基本生活情况、自身条件和居住环境，最终确定申请人名单，并进行公示。

3. 移民住房规划和建设情况

（1）"有土安置"的移民住房

"有土安置"的移民安置方式主要以移民扩镇、集中安置为主，投靠亲友、插花安置为辅。集中安置在七台镇的移民户需是年龄在55岁以下，本人有劳动能力且自愿申请搬迁的贫困户。集中安置的移民户每户划拨土地3亩，建住房1间（28平方米平房），留宅基地2间，移民户可以自建。建圈舍1间（10平方米），建蔬菜大棚2个（每个200平方米）。供电、供水、道路、绿化等基础设施完备。

插花安置主要是针对那些年老体弱、无劳动能力的贫困户，他们如果通过投靠亲友的方式搬迁到七台镇，则享受相应的国家补贴；如果就近搬到其他乡村，安置乡村则为搬迁户划拨水浇地1亩/人，或旱作稳产田3～5亩/人。

从2001年到2005年，AS县共实施了三期移民工程，累计搬迁1651户，5788人。项目具体计划与完成情况如下。

2001年，计划安置规模为196户、655人。其中移民扩镇安置122户、488人；县内投亲靠友插花安置58户、151人；敬老院集中安置五保户16户、16人。本期移民工程计划总占地面积为366亩。其中生产、生活设施方面，计划建设住房122间、共3416平方米；建设标准化猪舍122间、共1220平方米；建设蔬菜大棚244座、共48800平方米。基础设施方面，计划新打深层机电井3眼，配套机泵3台，埋设输水管线8270米，检查井4眼，井房3处，安置变频调压设备1套，架设10KV架空线路1公里，0.4KV架空线路5公里，新增30KVA变压器2台，入户皮线电表122套。

2001年共完成搬迁户196户，其中移民扩镇安置122户，插花安置74户，共建住房123间、共3444平方米；建设标准化猪舍117间、共1170平方米；建设蔬菜大棚244座、共48800平方米，修建移民区道路2.472公里。其他基础设施供水、供电工程全部按计划完成。

2002年，计划安置规模为369户、1333人。其中移民扩镇安置243户、882人；县内投亲靠友插花安置126户、451人。本期移民工程计划总占地面积为715.5亩。其中生产、生活设施方面，计划建设住房243间、共6804平方米；建设标准化猪舍243间、共2430平方米；建设蔬菜大棚286座、共57200平方米。基础设施方面，建移民区道路4191.7米，架设10KV架空线路1.5公里，0.4KV架空线路4.23公里，高低压同杆线路1.2公里，安装S_{9-50}KVA变压器5台，打配机电井8眼。

2002年共完成搬迁户369户，其中移民扩镇239户，插花安置130户。建设住房241间、共6748平方米；建设标准化猪舍239间、共2390平方米；建设蔬菜大棚480座、共96000平方米。修建移民区道路4.7公里。其他基础设施供水、供电工程全部按计划完成。

2003年计划安置规模为526户、2000人。其中移民扩镇安置346户、1316人；县内投亲靠友插花安置180户、684人。生产、生活设施方面，计划建设住房346间、共9688平方米；建设标准化棚圈346间、共3460平方米；建设蔬菜大棚692座、共138400平方米。基础设施方面，建移民区道路5.7公里，打配机电井8眼，开发水浇地899.6亩，架设供电线路9.63公里，新建卫生、文化室280平方米，以及有线、照明等入户工程。

2003年共完成搬迁户526户，其中移民扩镇346户，插花安置180户。建设住房346间、共9688平方米；建设蔬菜大棚692座、共138400平方米。修建移民区道路5.7公里。其他基础设施供水、供电工程全部按计划完成。

2004年计划安置规模为310户、1000人。其中移民扩镇安置220户、777人；县内投亲靠友插花安置90户、223人。生产、生活设施方面，计划建设住房220间、共6160平方米；建设标准化牛舍220间、共2640平方米；建设蔬菜大棚440座、共88000平方米，开发水浇地572亩。基础设施方面，架设供电线路7.4公里，其中低压线路5公里，高低压同杆线路2.4公里。安装变压器4台，修建移民区道路2.1公里。

2004年共完成搬迁户310户，其中移民扩镇220户，插花安置90户。建设住房220间、共6160平方米；建设标准化牛舍220间、共2640平方米，建设蔬菜大棚440座、共88000平方米。修建移民区道路2.1公里。其他基础设施供水、供电工程全部按计划完成。

2005年计划安置规模为250户、800人。其中移民扩镇安置200户、657人；县内投亲靠友插花安置50户、143人。生产、生活设施方面，计划建设住房250间、7000平方米；建设标准化牛舍250处、3000平方米；建设蔬菜大棚500座、10000平方米，开发水浇地650亩。基础设施方面，架设供电线路7.4公里，其中低压线路5公里，高低压同杆线路2.4公里。安装变压器4台，修建移民区道路3.1公里。

2005 年共完成搬迁户 117 户。新建住房 117 间，共 3276 平方米。建社区服务中心一处。由于受当地气候条件影响，蔬菜大棚只能用于夏季种植蔬菜，到了冬天就闲置了，从而影响移民的经济收入。因此，2005 年的移民工程将原计划的蔬菜大棚和标准化猪圈改建成生产性"四位一体"温室——沼气池、卫生厕所、猪圈和温室。温室里一年四季都可以种植蔬菜，移民的年收入增加，同时暖棚育肥猪效果较好，而且一个沼气池所产生的沼气相当于普通煤气罐八罐气，移民的生活也得到了改善。2005 年，共建设生产性"四位一体"温室 117 座，完成林路配套工程 4.5 公里，架设高低压供电线路 6.6 公里，配置 100KVA、50KVA 变压器各一台，新打机电井 2 眼，铺设供水管道 12.6 公里，安装变频调压控制设备一套。

目前，"有土安置"的移民住房主要有以下几个移民区域：朱家村移民区、西大井移民区、北大井移民区、魏家村移民区、呼海大通道路东移民区、八苏木移民区。这些移民区主要位于七台镇的东部和北部。迁入区地势平坦，土质肥沃，地下水源丰富。附近村庄均以种植蔬菜为主要生活来源，菜农人均纯收入为 2700 元左右。在 2001 年开始实施移民扩镇项目的时候，这些地区均位于七台镇和周边村庄的交界处。随着小城镇建设步伐的加快，当初处于城镇边缘的移民区，目前大部分已经和城区连成一片。有些移民区于 2009 年已经拆迁，据当地居民讲，拆迁费是每户 60 万～90 万元。

（2）"无土安置"的移民楼

扶贫办的移民楼始建于 2006 年，计划建设 200 套，分两期完成，2006 年和 2010 年分别建设 100 套。实际建设 240 套。2006 年的移民楼位于政府办公大楼后不远处，2010 年的移民楼建在七台镇移民新村。移民楼共有两栋，每栋 8 个单元，每单元 5 层，每层分为东、中、西三户。中户面积为 51 平方米，东、西户面积为 48 平方米。中户户型格局为：进门一个小客厅，客厅向前是一间卧室，左侧为洗手间，洗手间前面是厨房。东户户型格局为：进门一个小客厅，客厅右侧为卧室，正对门的是洗手间，洗手间左侧是厨房。西户户型格局与东户正好相反。

发改委的移民楼始建于 2009 年，计划建设 915 套，其中 2009 年计划建设异地移民房 195 套，建设巩固退耕还林移民房 240 套；2010 年计划建设异地移民房 240 套，巩固退耕还林移民房 240 套。实际建设 975 套。2009 年和 2010 年的异地移民房位于工业园区，建设总面积分别为 9750 平方米和 12000 平方米，分别为 3 栋 5 层和 4 栋 5 层住宅，每栋 5 个单元，每层 3 户。2009 年巩固退耕还林移民房位于火车站南，建设总面积为 12000 平方米，为 3 栋 5 层住宅，每栋 5 个单元,每层3户。2010年巩固退耕还林移民房位于西外环路,建设总面积为12000平方米,为3栋5层住宅,每栋5个单元,每层3户。

4. 移民住房建设用地和资金

(1)"有土安置"的建设用地和资金

移民住房建设用地主要是将该工程纳入到小城镇建设的总体规划中,在七台镇集中连片一次性划拨土地4000多亩。其中有一大部分是耕地。由于当地气候恶劣,耕地基本为旱作地,农业收入很少。再加上移民项目开始时农业税费也比较重,很多土地都撂荒了,所以,当时征地的阻力很小,征地费用大约是2000元/亩。

移民住房建设资金以国家投资为主、县财政配套和移民自筹为辅。易地扶贫搬迁人均国家投资为4500元(生态移民工程人均国家投资为5000元)。如果按照户均3.8人计算,户均国家投资为1.71万元。可是从项目的实施情况来看,实际的户均投入为3.4万元,具体包括:移民住房1.2万元/间,蔬菜大棚0.6万元/户,供水工程户均0.4万元,供电工程户均0.3万元,道路及绿化工程户均0.2万元,征地费户均0.7万元。实际的户均投入比国家投入多出了1.69万元。这部分资金主要是靠地方配套和群众自筹资金来解决。由于当地政府财政收入有限,地方配套部分主要是靠银行贷款,群众自筹部分则由移民户一次性预付住房款项。从2001~2005年,AS县的移民扩镇工程共计投入建设资金3481.31万元,其中国家投资2710万元,地方配套和群众自筹资金供给771.31万元(见表1)。

表1　　　　2001~2005年AS县移民扩镇工程建设资金投入汇总表　　　单位:万元

金额　资金来源 年份	总投资	其中		
		国家投资	地方配套	群众自筹
2001	412.48	310	36.6	65.88
2002	791.27	600	186.41	4.86
2003	1137.26	900	237.06	
2004	572.3	500	26	46.5
2005	568	400	18	150
合计	3481.31	2710	771.31	

(2)"无土安置"的建设用地和资金

移民楼的建设用地主要是征用县城周边的土地,其性质主要属于耕地和菜地,征地补偿标准按照市场价格进行补偿。目前,该县的征地价格每亩从几千元到几万元不等。还有一部分移民楼的建设用地来自于城市发展的后备土地。近年来，随着土地价格的上涨，征地费用也是连年攀升，成为移民住房价格上涨的一个重要原因。

"扶贫办移民楼"投资总额为1400万元，其中中央财政投资600万元，地方配套560万元，移民自筹240万元。"发改委移民楼"的建设资金为中央财政每户补贴2万元，自治区财政没有补贴，地方政府提供建设用地，其余资金为移民户自筹。据住户反映，他们需要将房屋总价一次性预付清，总价为3万~4.5万元不等。不过这个价格要比当地的市场价低很多，目前，当地商品房的价格为1600~2500元/平方米。

（五）移民住房的分配方式

"有土安置"的移民住房采取统一安置的方式，以村、乡为单位，分别安置在不同的移民区中。

"无土安置"的移民楼的分配方式与廉租住房不同，主要是由移民按需购买。扶贫办的移民楼各楼层价格不同，一楼为620元/平方米，二楼为750元/平方米，三楼为820元/平方米，四楼为750元/平方米，五楼为500元/平方米。发改委移民楼均价2009年为900元/平方米，2010年均价为1000元/平方米。目前，该县房屋价格为1600~2500元/平方米，移民楼的价格显然要比商品房便宜很多。在实际的操作过程中，如果遇到有争议的，也会采用抽号的形式来确定楼号和楼层，当然在抽号结束后，也有人会私下进行调换，以满足各自不同的需求。

（六）移民住房的管理情况

"有土安置"的移民住房都是平房，独门独院，每家的供暖自己解决，有的直接生炉子，有的烧暖气。水、电由自来水公司和供电系统统一供给。移民楼的供暖由热力公司统一解决，水、电和廉租住房不同，并不是实行每户充值刷卡的方式，而是统一供给。暖气费和市场价相同，为每月5元/平方米。物业管理费为10元/月，政府没有任何补贴。其他的管理均处于缺失状态。

移民住房的性质虽然与商品房并不相同，但是，从移民顺利搬迁入住的那一天起，其与居住商品房相差无几，相关部门并没有建立起相关的管理制度。比如"有土安置"的移民住户主要是以种植蔬菜为生，水对他们来说特别重要。但是，有的小区供水特别紧张，每天只是中午、晚上各供水一小时，根本无法满足浇地的需求，这严重影响了菜农的经济收入。而有的小区供水特别好，可是有些住户却拒绝缴纳或者是无休止的拖欠水费，其行为得不到有效制止，导致其他住户纷纷向其看齐，从而陷入恶性循环。

（七）移民住房的退出机制

虽然国家对移民住房进行了补贴，地方政府也免费提供了建设用地，但是，对于移民住房的产权归属问题，无论是当地政府还是移民户本人都认为房屋的所有权理应归购买者所有。目前，该县的移民住房产权毫无异议，完全归移民所有，可以在市场上自由买卖。随着小城镇建设的发展，早期的许多移民住房都已经拆迁了。对于这部分保障性住房，并未建立起任何退出机制。

三、AS 县保障性安居工程存在的问题分析

（一）配套设施建设滞后

目前各类型的保障性住房基本都在建设过程中，虽然有些房屋已经交工，比如第一期廉租住房已经有部分住户于 2011 年底入住，部分住户正在进行装修，但是小区整体还未成形，二期工程还在建设当中，小区内的道路硬化、绿化、基础设施建设也还没有完成，周边的配套设施更是严重缺失，连最起码的日用品商店、菜铺都没有，这导致一部分保障性住房虽然已经完工，但是却无法入住，或者即使入住，其日常生活也极为不便。由于 AS 县的公共交通并不发达，仅有的4 路公交都只是在县城内运行，公交线路还没有延伸到保障性住房区域。目前当地主要的自由交通运营车辆是"电动三轮车"，从各保障性住房区域到达县城中心，乘坐一次"电动三轮车"的费用大约为 4、5 元左右，出行成本显著增加，居民出行极为不便。此外，很多保障性住房都离学校较远，特别是幼儿园和小学，孩子的上学问题成为一个大问题。

配套设施建设滞后是目前影响居民居住生活的一个大问题。据了解，之所以迟迟不能配套完备主要是因为目前保障性住房的建设地点均处于县城的边缘及相对偏僻的地方，周边原本就没有任何配套设施。大部分保障性住房的建设工程是从 2009 年才开始的，不到 3 年的时间，既要完成住房的建设、又要完成周边的配套，在时间上比较紧张，更重要的是建设资金严重不足。相对于配套设施，地方政府更注重房屋本身的建设，因为这是上级下达的建设任务，是必须要完成的，而配套设施则可以根据具体情况慢慢来完成。

（二）工程质量有待提高

受访住户对保障性住房的质量大都表示满意，认为性价比比较高，对自己能

够以远远低于市场价的价格购买到这样的住房表示满意，对政府此类工程表现出较高的认同。目前在房屋使用过程中，居民反映最多的问题就是下水管道堵塞严重。居民认为堵塞的主要原因之一是下水管道埋的比较浅，而当地冬天的气温又很低，所以造成结冰现象，形成堵塞；原因之二是下水管道质量不好或者太细，无法有效排出污水污物。

据相关部门工作人员介绍，目前在工程质量监管方面确实存在着很多不足。首先，工程质量仅靠承建方的自律是远远不够的。开发保障性住房和开发商品房相比，其利润相差甚远。房地产开发周期基本上需要 2 年的时间，这期间建筑成本、人力成本的上涨可能会超出原先合同规定的价格。而保障性住房的价格和销售对象又是由政府确定的，承建方没有涨价的空间。此外，在建筑工程方面，还存在着"违规分包、层层转包"的现象。在利润空间就那么大的情况下，每一级开发 AS 要赚钱，最终各级开发商为了压缩成本，必然会偷工减料，导致保障性住房质量堪忧。其次，监理机构形同虚设。目前保障性住房的监理人员都是一个人盯着好几个工地，由于缺乏甲方监督，只要是没有特别明显的质量问题，监理人员就不会有所作为。甚至在某些情况下，监理人员和开发商会达成共谋。再次，相关部门监管不到位。虽然相关部门都派专人到工地对工程质量进行把关，但由于其并不具备相关的专业知识，或者其与施工方信息的不对称，或者其本身的不负责任，最终导致监管效果很差。最后，上级的检查和督察很难有效。上级的检查和督察主要是针对工程进度、资金使用情况、保障覆盖范围、任务完成情况等，这种检查或督察并不会持续太长时间，一般情况下是开工、建设过程中、工程结束大体进行三次检查，而这种检查更多的是"汇报式检查"，很难起到应有的监管效果。

（三）供给总量不足，保障面狭窄

无论是廉租住房还是移民住房，都同样面临着供给总量不足，保障面狭窄的问题。从廉租住房供给来看，每年的建设任务都呈现出稳定态势，从 2009 年到 2011 年，共三期工程，每年完成504 套，三年共计完成建设任务1512 套。按照全县共有18000 人符合廉租住房租赁补贴的申请条件来计算，假设每户为 3 人，则共有 6000 户，那么按照目前每年建设504 套的建设速度来看，要满足这6000户的住房需求，则需要 11 年的时间。目前，在人多房少的情况下，凡是符合申请条件的民众只能通过抽签的形式来确定是否可以购买或承租。如果不幸没有抽中，则只能继续等下一批住房。从移民住房供给来看，当前 AS 县风蚀沙化面积为2842 平方公里，占全县土地总面积的65%，特别是西北部的394 个村土地全部沙化。而"扶贫移民工程"和"生态移民工程"所提供的移民住房数量远远无法满足移民搬迁的实际需要。

（四）建设资金严重不足

建设资金不足是 AS 县保障性安居工程实施过程中存在的首要问题。

第一，在保障性住房的建设过程中，征地、拆迁这些重要的前期工程需要投入大量的资金。随着城市化进程的不断推进，土地的价格也在逐年增长，据相关工作人员介绍，目前该县征地价格每亩从几千元到几万元不等。由于各类保障性住房的建设，在不冻河方向的土地价格近年来大幅度提升，基本达到 1.5 万元/亩。

第二，近些年来物价显著上涨，在建筑行业同样如此。在调研过程中我们发现，建材、人力成本的上涨成为开发商面临的重大问题。据当地开发商讲，08年的时候，建筑大工的工资约为 180 元/天，小工的工资约为 90 元/天。到 2010年，建筑大工的工资约为 300 元/天，小工的工资约为 120 元/天。保障性住房建设的合同价格逐年上涨正是对建筑成本和人力成本上涨的回应。

第三，目前，廉租住房的资金供给模式主要是"中央投资＋自治区投资＋地方配套＋申请人自筹"，移民住房的资金供给模式主要是"中央投资＋地方配套＋移民自筹"。中央投资一般可以占到投资总额的 40% 左右，自治区投资非常有限，剩下的 60% 资金则需要地方政府自行解决。从中央政府层面来看，尽管对于保障性住房的投入每年都在稳定增长，但是，相对于建筑成本和人力成本的急剧增长，其投资标准还是偏低。从地方政府层面来看，AS 县是一个贫困县，经济发展水平不高，地方财政收入非常有限，虽然在廉租住房的建设过程中，县政府也想实现建设资金的多渠道和多元化，但是实际效果却并不理想。目前，当地解决建设资金问题主要有以下四种方式：一是积极申请相关项目，争取上级政府更多的财力支持；二是向银行贷款；三是当地民众自筹资金；四是由开发商暂时垫资，政府分期分批逐步偿还。在地方配套资金严重不足的情况下，申请人自筹资金成为解决这一矛盾的主要方法，本着"谁受益，谁付费"的原则，申请保障性住房的民众需要一次性预付房款以弥补建设资金的不足。一方面，保障性住房就是为了解决低收入人群的住房问题，可另一方面，享受保障性住房需要预付 4 万元左右的房款，这就导致经济上真正非常贫困的居民，因为没有能力自筹资金，反倒无法申请到保障性住房。而对于申请到保障性住房的民众来说，其预付的购房款数额实际上就是保障性住房的合同价与各级财政投入差价的分摊。这也就是说，各级财政投入的越少，申请人则需要预付的金额越多。由于地方配套资金的严重不足，按照合同价与财政投入的差价分摊到每户居民身上的费用也进一步增加了其家庭负担，抵消了其家庭部分收入的增长。

（五）缺乏专门的住房保障机构

保障性安居工程是一项政策性、动态性、连续性很强的系统工程。从保障性住房的规划选址、资金筹措到申请人资格审查、住房分配、年度审核、退出工作，再到保障性住房的管理、维护等等，都需要专门的机构和人员负责实施。否则，由于其工作量大、人员少、部门之间衔接不好、相互推诿等原因将导致很多工作无法很好完成。当前，AS 县的廉租住房由房地产管理局分管，扶贫移民住房由扶贫办分管，生态移民住房由发改委分管。在这种多头管理，缺乏专门保障机构的情况下，经常面临着以下一些问题：第一，各个部门分管的保障性住房在规划选址上有交叉，同处一个小区，遇到问题很难界定该属哪个部门解决，最后往往是谁都不解决。第二，在目标人群上也存在重叠问题，有的移民本身既属于生态移民，又属于贫困移民，对于到底该属于哪个部门来保障其移民后的住房问题，各个部门之间也会出现互相推诿的情况。第三，在保障性住房申请人资格认定方面，前期最主要的审核工作是由社区居委会来完成的，由于工作量大、人员少，资金有限，多头领导局面混乱，很多工作都无法得到很好的落实。

（六）保障对象资格认定甄别难

从廉租住房保障对象资格认定方面来看，其主要是采用家庭实际经济收入核定方法来确定保障对象。由于目前还没有建立起完善的个人信用制度和个人收入申报制度，申请人的收入状况、住房状况等主要是依靠单位或社区出具的证明、群众举报等进行确认。单位或社区出具的收入证明很容易作假，而城镇很多居民人户分离的现状也使得群众举报难以发挥其有效作用。目前，居民的经济收入状况，特别是隐性收入的认定比较困难，从而导致在保障对象资格认定方面存在着一定的问题。

从移民住房保障对象资格认定方面来看，其问题就更加明显了。首先，具有申请移民住房资格的必须是在乡镇建立贫困档案的贫困户，因此，能否在乡镇建立贫困档案就成为了能否申请到移民住房的第一步。对于大多数乡镇，很多人都可以被列为贫困人口，可是各乡镇每年所分配的移民搬迁数量是有限的，是否能成为这搬迁户中的一员主要取决于乡镇如何上报。因此，在这一过程中，权力寻租不可避免地出现了。其次，作为保障性住房的主管部门——扶贫办和发改委，由于申请者人数众多，其很难通过实地调研对申请者的相关情况一一进行核实，主要还是按照乡镇上报的情况来确定最终的分配对象。由于主管部门在资格认定方面难尽其责，从而导致一部分真正的贫困者可能无法享受到保障性住房所带来的好处。最后，无论是扶贫移民还是生态移民，其保障的对象主要是具有劳动能力的，年龄在50或55周岁以下的人群，而那些已经丧失劳动能力、残障痴傻、年纪较大或者家庭极度贫困的人群却被排除在保障范围之外。而且，由于移民住房需要自筹资金的数额比较大，这就导致出现了真正贫困者由于无力自筹资金而无法购房，最终无法达到移民标准的怪现象。这与保障性安居工程的保障目标是相违背的。

（七）分配办法有待改进

从各类保障性住房的分配方案来看，移民住房的分配办法很笼统，只是符合资格的申请人按需购买即可。在实际操作过程中，如果遇到特殊情况，比如几个申请人都想购买同一楼层，也会采用抽号的方式来确定楼层和楼号。抽签结束后，个别申请人也会私下进行调换以满足各自不同的需求。但总得来说，移民住房的分配方式和选择商品房差不多，只不过是房屋价格比较便宜而已。

廉租住房的分配方案比较具体，首先是通过"租售并举"的方式将廉租住房的80%出售给申请者，然后再采取抽签的形式来确定每一期廉租住房的住户，最后按照申请人的年龄结构、残疾程度等来确定楼层。这样的分配方案基本上遵循了"公开、公平、公正"的分配原则，相关申请人对此分配原则也基本表示无异议。不过在实际的分配过程中，仍然存在着一些问题：第一，"租售并举"的分配办法使得只有20%的房屋是用于特殊困难家庭租住的，而其余80%的房屋则是出售给申请人。这也就是说，从2009年开始，当地共建设廉租住房1512套，真正可以用来出租的只有302套。按照国家相关政策规定，廉租住房应该是用来出租而不能出售的，这样的分配方式虽然有效的弥补了建设资金的不足，但是，同时也导致那些没有能力自筹资金购买廉租住房的民众无法享受到保障性住房的任何好处。而事实上这部分人才是真正需要得到保障的人群。第二，在房少人多的情况下，采取抽签的方式来确定每一期的住户从形式上看是公平的，但是，对于那些生活特别困难，居住条件非常差的申请人来说，若运气不好，抽签没有抽上，那么其相关权益也无法及时得到保障。第三，在分配过程中存在着一定的暗箱操作，比如经济条件比较好的一些人借用他人的申请资格购买到廉租住房，然后再高价出售。或者是不满足城镇低保条件的人群通过各种渠道先办理低保，然后再获得廉租住房申请资格等等。这严重损害了相关目标群体的利益。

（八）小区管理问题重重

保障性安居工程不仅仅是建好了、分配了就算万事大吉了。事实上，后期的管理和维护工作，包括物业管理、监管、住房资格年审、杜绝转租牟利等等才是保障性安居工程能否实现其保障目标的重要条件，是对政府能力的极大挑战。通过调研我们了解到，廉租住房的供暖是由热力公司统一供暖，水、电则是采用分户充值刷卡的供给方式，物业管理费无论平米大小，均为10元/月。"有土安置"的移民住房供暖由住户自己生炉子解决，水、电均由自来水公司和供电局统一供给，没有物业管理费。"无土安置"的移民楼由热力公司统一供暖，水、电均由自来水公司和供电局统一供给，物业管理费无论平米大小，均为10元/月。此外，没有任何的管理和服务。

由于居住保障性住房的为收入比较低的家庭，可能会出现交不起暖气费，或者是不愿意缴纳暖气费的住户，这必然会影响到其他住户的正常生活。对于物业费，虽然这项费用并不高，但是仍然有一些住户不愿意交纳，对于他们来说，与从前的生活环境相比，现在已经很好了，物业费似乎是一项不必要的开支，他们并不认为物业能带来什么好处，或者某些人也存在着"搭便车"的心理。在调研中我们发现，AS县并没有正规的物业公司，所谓的物业就是小区雇几个人，看看大门，打扫一下卫生，至于小区维护、绿化、安保等各种服务统统没有。那些去年已经交纳了物业费的受访者也纷纷表示对小区物业管理并不报太大奢望，他们甚至表示，如果大部分的人都不交，那他们以后也不交了，物业迟早也是关门大吉。由于居民的素质参差不齐，在小区卫生环境、公共设施等方面的维护上，也存在着一定的问题，乱扔垃圾的现象时有发生。而居民是否会合理、合法地使用保障性住房，相关部门的工作人员也表示目前还没有对此进行任何管理。

（九）居住成本显著增长

民众是否能承担得起保障性住房的居住成本，是保障性住房能否发挥其应有的政策效应所面临的又一问题。从保障性住房的居住条件来看，比申请人原来的居住条件要好的多，但是从保障性住房的居住成本来看，却比申请人原来的居住成本要高。当地保障性住房的暖气收费标准是4.8元/平/月，42.5平方米的住房每年需要交纳暖气费1224元，再加上每月的物业管理费、水费、电费、煤气费，其总的居住成本比原先居住平房要高。而当地政府又没有财政能力对保障性住房的居住成本进行财政补贴，因此，是否能住得起，成了保障性住房面临的又一问题。

（十）退出机制缺失

由于当地保障性住房大多是申请人出资购买，所以当地居民都认为房屋的产权应当归申请人所有，应当由申请人长期居住。即使申请人以后的经济条件好转，不愿意再居住在这里，也不会低价转让给别人居住。而应当按照市场价格出售给别人。而对于那20%用于出租的廉租住房，目前只是在相关的文件上提到了如果租房者有下列任何行为的，则取消其租住资格：①连续6个月以上未在廉租住房居住的；②擅自改变廉租住房用途的；③将承租的廉租住房转借、转租的；④家庭收入已达到不享受最低生活保障的。但是，在访谈中我们了解到，这些制度只是流于形式，目前还不会起到实质性的作用。当地政府部门对于退出机制的建立也并不关心，他们更关心的是建设任务能否按时、按量完成，在建工程能够解决多少人的住房问题。目前，该县已经在着手为入住居民办理房屋产权，退出机制建设则更无从谈起。

（十一）监督机制不完善

目前，监督机制的不完善主要体现在两个层面上。一是保障性住房作为一个系统工程，其从建设规划、到建设分配、再到管理维护，每一个环节都需要进行监督，以确保其按照既定的轨迹发展运行。二是各类保障性住房的主管部门都拥有很大的权力，如何有效进行监督，防止公共权力滥用，避免权力寻租是一个亟待解决的问题。可是从目前的监督机制来看，行政机关的内部监督并不得力，比如各主管部门对申请人资格的审查就有流于形式之嫌，对工程质量的监管也不到位，在房屋分配过程中也存在着一定的暗箱操作。上级部门虽然也会对相关工作进行检查和督导，但由于时间短、信息不对称，其效果也并不理想。民众作为保障性安居工程的受众，其对于保障性住房的政策执行状况应当最具有监督的积极性。但是，由于政府封闭化运作的倾向，大部分的信息都处于不公开、不透明的状态，从而无法有效发挥公民监督的力量。

（十二）相关法律、法规不完善

我国迄今为止还没有关于保障性安居工程的相关法律、法规。只有相关部委颁布的一些部门规章及规范性文件，其立法层次较低，远远不能满足保障性安居工程的发展需要。由于缺乏法律的硬约束，在保障性住房政策的执行过程中，一方面，地方政府往往趋向于"选择性执行"，即有利于自己的政策就执行，不利于自己的政策就不执行。另一方面，在政策执行过程中由于无法可依，面对很多问题，地方政府也会无所适从，无从下手。比如对于保障性住房的退出机制，虽然相关政策有明文规定什么情况下该退出，但是实际操作起来却相当困难，当已经不符合条件的家庭不愿意主动退出时，由于法律法规的缺失，地方政府执行政策的严肃性和威慑力也大打折扣。因此，对于这样一项全国性的系统工程，加快制定全国性的法律、法规迫在眉睫。

四、政策建议

（一）加快配套设施建设

1. 提升配套性基础设施建设

在提升配套性基础设施方面，首先要对小区内的道路硬化、绿化、水、电、暖、下水等基础入住条件进行改善和提升，加快推进此类基础性设施的安装、调试、检修、维护，将居民所反映的问题及时予以解决。而且保障性住房的水、电、暖等基本设施最好均能利用先进技术，实行独户充值刷卡，以避免由于个别人不愿交费而影响到其他住户的正常生活。其次，在小区周边生活设施的配备上，比如各种日用品商店、菜铺等等也要及时跟进，以方便居民的日常生活。但是这部分生活设施，没必要由政府统一出资修建，完全可以允许私人资本进入，或自建经营，或自建出售，或自建出租。政府可以制定统一的规划图，以确保其与周边的环境相协调。对于积极从事相关配套设施建设的商家，政府可以给予土地、税收、贷款等方面的优惠。

2. 加快公益性服务设施建设

在公益性服务设施建设方面，应着力解决目前入住居民关注的重点问题。第一，加快保障性住房周边道路建设，加快公交线路的设计与延伸，使之尽快扩展到保障性住房区域，以方便居民出行。第二，在路政设施上，政府要加大投入力度，加快对路灯、道路两旁的绿化等市政工程建设，为居民提供良好的人居环境。第三，在污染治理方面，要合理规划、设计，对小区附近的垃圾场、煤场等采取有效的治理措施，如搬迁煤场和垃圾场，采用新型垃圾处理设备等，最大程度地减少其对周边环境的污染。同时，要加强对白色污染的治理，使居民有一个良好的居住环境。

3. 强化社区服务规范性建设

在社区服务领域，重点要解决好物业服务问题。第一，要合理确定收费标准。由于保障性住房的特殊性，其暖气费、水费、电费、物业费等各项居住费用应当合理设定。在政府财政条件允许的情况下，应当对其进行一定的补贴。以保证居民可以住得起。第二，政府和物业公司需要通力合作对小区进行管理。物业公司主要是对小区的保洁、安全、维护等方面负责，政府对物业公司的服务进行监督，以确保其服务不会打折扣。同时政府要协助物业公司，对故意不缴纳相关费用、违规使用保障性住房的住户给予一定的惩处。

（二）拓宽融资渠道，实现建设资金多样化

1. 中央政府应加大对中西部贫困地区的建设资金投入

我国各地区之间的发展极不平衡，对于有些地区来说，地方财政能力非常强，中央投资加上地方配套就可以有效解决保障性住房的资金问题。可是对于像AS县这样的贫困县来说，其财政收入连自身运转都只是勉强维持，更不要说是拿出多余的资金来建设保障性住房了，因此，要想在这些贫困地区实现保障性住房的保障目标，中央政府的相关政策必须向其倾斜，投入更多的建设资金，才能确保保障性住房政策的有效落实。

2. 地方政府应积极拓宽融资渠道

第一，地方政府应积极申请相关项目，争取上级政府更多的财力支持。第二，地方政府可以向银行贷款以暂缓建设资金压力。第三，政府和开发商签订建设合同，可以由政府出资一部分，开发商垫资一部分，垫资部分，政府可分期分批逐步偿还。第四，鼓励民间资本介入，对于积极参与保障性住房建设的开发商，政府可以在其他建设项目、土地、税收、利率等方面给予优惠和支持。第五，申请人自筹一部分资金。在这种情况下，必须严格区分保障性住房的类型，比如移民住房，其自筹资金的比例可以略高，而廉租住房，其自筹资金比例则应该很低，而且要严格控制租售的比例。

（三）建立专门的住房保障机构

首先，改变目前多头管理的现状，建立专门的住房保障机构，对保障性住房的规划、建设、资金筹措、管理、使用、房屋建设、工程质量监管、申请人资格审查、复核、房屋分配、退出、管理维护等方面负全责。其次，由于保障性住房的基础性摸底、审核工作主要是靠社区居委会来完成的，因此，要对基层工作人员进行专业培训，使其对国家的相关政策、县政府的相关决定、具体操作办法能有一个系统的认识，以避免工作中出现各种不必要的错误。最后，基于保障性住房工作的长期性和系统性，需要将住房保障工作的办公经费纳入到年度财政预算当中。

（四）建立健全相关机制

1. 规范保障对象资格认定机制

第一，在现有条件下，应改变传统的仅仅凭各种申请证明和申请材料来认定保障对象的机制，应当将量化审查纳入到保障对象资格认定过程中来。具体的做法是：首先，制定一份详细的申请人资格审查明细表，该表应当涵盖申请人家庭成员数、家庭成员身体状况、收入来源、家庭人均收入、人均住房面积、邻里调查等各项指标。然后，科学制定一个评分标准，将每一个具体指标划分为若干个等级，每个等级分别对应一个相应的分数。在资格认定的过程中，首先，按照申请人的具体情况，对每个申请人的各项指标进行打分。然后，将各项指标的打分结果汇总起来，则为申请人的最终得分。最后，按照得分高低将所有申请人的资料按顺序排列，由此来确定最终的保障对象。当然，整个过程务必公开、公正，并且要将社区群众的评议等定性结论纳入到资格认定的参照标准中去。

第二，从长远来看，要利用先进的计算机和互联网技术，逐步整合民政、房地产管理、人力社保、工商、公安等各部门的信息，把分散的居民经济状况信息进行充分的整合和比对，建立高效的信用体系和个人收入申报体系。

2. 进一步完善保障性住房分配办法

第一，对于很多贫困地区来说，"租售并举"是解决廉租住房建设资金短缺的主要办法，否则就很难完成建设任务。但是，在租售的比例方面，则需要谨慎确定。毕竟廉租住房的主要保障目标是那些家庭收入非常少的人群。如果将大批的保障性住房出售，虽然建设资金的问题得以解决，但是其保障目标却无法得到有效实现。

第二，改变完全以抽签的方式来确定每期住户的分配办法。应当按照保障对象资格审查后各申请人所得分数的高低顺序进行排序，从上到下来确定每期的住户。在遇到申请人资格几乎相似的情况下，可以采取抽签的方式来作为补充。

第三，完善相关立法，对违规分配、违规获得保障性住房的行为应当进行严厉惩处。

3. 建立健全退出机制

首先，建立动态管理机制。相关部门对居民的收入水平和生活水平变化进行定期跟踪调查。当其已经达到退出标准时，则应当使其及时退出，将保障性住房让给更需要的人居住。当然要想掌握这些情况，靠居民的主动申报是不可能的，需要利用现代计算机和网络技术，将各相关部门数据共享，才能实现动态管理。

其次，实现进退有序。某些住户的家庭收入状况已经符合退出廉租住房的规定，但是，这并不意味着其经济收入已经很高，只能说是其经济收入已经改善。那么，在退出廉租住房之后，其应该具有申请其他类型的保障性住房的优先权。对于住户出资所购买的保障性住房，当住户达到退出标准时，可以按照其实际入住年限计算差额，退还部分房款，并且可以优先享有申请其他保障性住房的权利。

最后，完善相关法律、法规，明确各类型保障性住房的产权问题。当住户达到退出标准但不愿退出时，应当依法强制退出。

4. 建立健全责任追究机制

责任追究机制主要体现在两个方面。

第一，对政府相关部门和相关责任人的责任追究。首先，必须要明确责任主体，规范责任范畴。无论是决策还是执行，在哪个环节出现了问题，就要在哪个环节追究相关责任人的责任。其次，要加大责任追究力度，对超越法定权限、违反相关政策、法规的行为，要进行严肃处理。最后，要实行责任终身制。无论相关责任人的工作如何变换、职位如何升迁，只要其曾经负责的保障性住房的某一环节出现了问题，他就应该对此负责。

第二，对申请人的责任追究。对于申请人虚假申报经济状况、住房状况，提交虚假证明骗租、骗购保障性住房的，不仅要剥夺其享受保障性住房的权利，而且要将其骗租、骗购行为记入信用档案。根据其行为的严重程度，可以进行一定的经济处罚或者追究其法律责任。

5. 完善监督机制

第一，上级相关部门应当加大监督力度，在工程的建设情况、资金使用情况、申请人资格审查、分配、管理等各个方面进行定期、不定期的检查和督察。这种检查活动应当避免形式化和走过场，要听取汇报了解建设情况，更要深入建设现场进行调研。在检查组的组成人员方面应该有相关专家，以便对工程的各种情况作出客观评价。

第二，可以引入专业机构进行监督。对于工程质量等技术性比较强的问题，由于专业知识的缺乏、工作繁杂、人手紧缺等各种原因，相关部门很难监督到位。因此，可以引入专业机构进行监督。政府可以和专业机构签订合同，委托他们在某些方面进行监督，发现什么问题及时通报相关部门，并配合相关部门积极解决问题。对其所掌握的工程方面的情况，应当及时、如实向公众公开，为公众解答相关的疑虑，为公众与政府之间的顺畅沟通架起桥梁。

第三，应当拓宽民众监督的渠道。保障性安居工程的直接受众就是当地民众，对于这样一件与他们利益息息相关的事情，他们既具有监督的权利，也具有监督的积极性。因此，政府应当积极推行政务公开，提高权力运作的透明度，对保障性安居工程的建设情况及过程应当及时向公众公开，积极关注公众的反馈意见。同时，也可以鼓励民众成立监督小组，发现什么问题可以及时向有关部门举报，相关部门在收到举报后要及时展开调查，迅速将调查结果反馈给民众，使保障性安居工程变得更阳光、更透明。

（四）完善相关法律法规

首先，加强保障性安居工程的立法工作，尽快颁布全国性的保障性住房法律、法规，通过法律的形式对公民的居住权利、保障性住房发展计划和实施细则、政府预算支出、土地供应、保障方式和标准、融资途径、准入退出、奖惩措施等诸多方面进行明确规定。其次，要进一步完善保障性住房的配套法律、法规。比如修订房地产产权产籍管理法规，明确"保障房"的产权类别，并对其具体含义、管理内容作出规定。制定关于住房保障基金的管理规定，明确并保障住房保障资金的来源，并就其管理机构、管理职责、运行与增值处理、监管工作等分别作出规定等等。

参考文献

[1] 马智利. 我国保障性住房运作机制及其政策研究. 重庆：重庆大学出版社，2010

[2] 刘琳. 我国城镇住房保障制度研究. 北京：中国计划出版社，2011

[3] 马光红，田一淋. 中国公共住房理论与实践研究. 北京：中国建筑工业出版社，2010

[4] 姚玲珍. 中国公共住房政策模式研究. 上海：上海财经大学出版社，2009

[5] 刘晓君等. 廉租住房纵览. 北京：中国建筑工业出版社，2005

[6] 冯俊. 住房与住房政策. 北京：中国建筑工业出版社，2009

[7] 徐虹. 城市公共住房供应研究. 北京：经济科学出版社，2010

[8] 建设部课题组. 多层次保障住房体系研究. 北京：中国建筑工业出版社，2007

[9] 刘颖. 中国廉租住房制度创新的经济学分析. 上海：上海人民出版社，2007

[10] 建设部课题组. 住房、住房制度改革和房地产市场专题研究. 北京：中国建筑工业出版社，2007

[11] 郭玉坤. 中国城镇住房保障制度设计研究. 北京：中国农业出版社，2010

[12] 李雪. 北京中低收入阶层住房问题研究. 北京：清华大学出版社，2010

住房保障制度模式及成效的国际比较研究

◎ 郭丽岩　卞　靖

一、国际研究视角下住房保障的概念体系

（一）从不同角度厘清住房的相关概念

住房指的是纯粹用于人们生活居住的房屋，住房交易指的是住房的转让、租赁、抵押等行为，既包括现房交易也包括期房交易。一般认为，住房一级市场指的是土地出让市场，二级、三级市场分别指的是增量与存量市场，即新房与二手房市场。

根据产权所有者，可划分为公共住房、社会住房、私人住房。公共住房指的是中央政府、地方政府或其他公共部门拥有的住房；社会住房指的是非政府公共门、社会非营利组织拥有的住房；私人住房指的是营利性法人、居民个人拥有的住房。公共住房、社会住房、私人住房占住房总量的比例相加一般为100%。从用途角度，可划分为出售住房或租赁住房。无论何种产权的住房均可用于出售或出租，取决于产权所有者的收益率和政策导向。一般而言，住房自有化率与租赁率相加为100%。从收益角度，可划分为营利型或非营利型住房。私人住房以营利型为主，也不排除为了获得政府财税优惠而提供部分非营利型住房。公共住房或社会住房主要以非营利型为主，也不排除少数变相追求营利目的。可见，营利型与非营利型住房的划分是相对的，营利型住房的利润空间取决于市场条件和政策环境。考虑用途因素，可以划分为营利型租赁和非营利型租赁（成本型租

课题负责人：郭丽岩博士（国家发展和改革委员会经济研究所副研究员）。课题组成员：卞靖、王元、王彦敏、王宇鹏、黄卫挺。本文执笔：郭丽岩博士、卞靖博士（国家发展改革委宏观院助理研究员）。本课题为中国发展研究基金会发展研究项目2011年度资助研究课题，项目编号2011基研字第0038号。

赁）。从政策角度，可划分为保障性或非保障性住房，保障性住房又称福利住房，指的是政府为解决低收入家庭或者部分特殊困难家庭的住房问题而采取的社会性住房供给方式。这个概念与公共住房、非营利型住房在大多数情况下可以通用。住房保障制度兼具保险、福利和救济等社会功能，具体包括规划、建设、分配、补贴、协调等体制机制要素。

（二）保障性住房的多重属性

进入居民消费领域的住房可以划分为商品房和非商品房。商品房兼具消费和投资双重属性，消费是基础属性，即市场价格主要由使用价值决定，而投资是衍生属性，即商品房可用于保值增值。与此对应，商品房需求可分为自住或非自住需求。如果单纯用于满足自住需求，价格取决于供需关系，一般比较平稳。一旦被赋予投资属性，短期内非自住需求激增会导致供不应求，引发价格剧烈波动。当然，消费与投资属性无法截然分开，随着政策环境变化，两种功能可能发生转化。美国标准普尔和摩根士丹利全球行业分类标准（GICS）以及英国《金融时报》全球分类系统（GCS）将资本密集型的房地产业归于金融大类（崔裴，2003）①。

与商品房属于私人物品不同，保障性住房属于典型的非商品房，属于准公共品，具有"非竞争性和非排他性受限"的特征。以廉租房为例，"非竞争性受限"体现在某低收入家庭承租廉租房不会影响其他家庭，但一旦廉租房需求超过供给，就要排号等待；"非排他性受限"体现在廉租房对于符合政策要求的中低收入家庭是非排他的，但对于高收入家庭是排他的。由于利润空间有限，私人开发商不愿供给或无法大量供给非商品房，需要由政府参与供给或采取措施补贴私人供给。

保障性住房不仅具有商品属性还具有社会属性、公共属性。余南平（2010）强调，房屋是进行其他消费或享受服务的"中介产品"（见图1），临近工作岗位、学校、医院，能够为家庭成员提供工作机会、教育和医疗保障的住房是稀缺资源。近年来，学区房、养老房、地铁沿线住房更加稀缺。住房的这种属性受到越来越多的关注，同时也使得解决住房公平与效率问题要考虑更多家庭、社会性因素。

---

① 如 GICS 金融大类的代码为40，中类4040就是"real estate"（房地产），小类40401010是房地产信托投资公司（REITs），40401020是"从事拥有房地产、开发或管理房地产的公司"。针对资本市场的分类与针对产业体系的分类有所不同，在北美产业体系分类当中地产业是与建筑业、金融业等并列的大类，其包含房地产开发经营、物业管理、房地产中介服务和其他活动三个小类。房屋及其他建筑物工程施工被划入与房地产同级的建筑业中。我国《国民经济行业分类（GBT4754-2002）》的分类与此基本一致。参见崔裴：《中美房地产业比较研究：内涵、属性与功能》。

（三）住房保障制度建设的必要性

各国政府进行住房保障建设的必要性在于住房市场失灵，表现为住房建设与消费的外部性、市场垄断与信息不对称等问题。土地和住房市场属于区域性市场，存在级差地租，因具有不可移动性而造成自然垄断。住房用地作为稀缺资源，供给弹性较小，个别地区几乎无弹性。在发展中国家或欠发达地区，住房用地的市场交易价格远远高于通过特殊关系或协议受让的地价，构成住房市场进入的体制性壁垒。有的国家对房地产实行严格的准入制度，市场进入存在行政性壁垒。此外，开发商比购房者掌握更多权属、成本与质量信息，导致购房者由于信息不对称而被迫接受较高价格。不仅如此，开发商为了追逐超额利润而大量开发高档住房，住房供给结构的畸形引致房价非理性上涨。中低收入者需求弹性大于高收入者，其消费者剩余易因此被剥夺，如若政府不加以管理或干预，势必会引发不同程度的社会问题。

住房价格管理的必要性还在于住房的社会属性不断增强。住房既是消费品，又是投资品，这两种属性经常被提及，但是社会属性经常被经济决策部门忽略。事实上，住房是民众分享社会公共资源和服务的重要媒介。顺应住房社会属性增强的趋势，政府必须根据本国情况，通过住房保障建设，妥善地解决住房领域内的公平与效率问题，进而维持社会稳定，促进和谐发展。

（四）住房保障政策的目标、成效考核指标与政策工具

住房保障政策一般包括两重目标。一重目标是保障国民"居者有其屋"，不同国家或地区的具体目标差别较大，从保障规模来看，有的是保障全民居住，大多数是保障一定比例中低收入者的居住；从保障性质来看，有的是保障"居有定所"，有的则是保障有产权房居住。该目标一般用公共住房占存量或增量住房的比例、住房自有化率等指标来衡量。另一重目标是使住房价格维持在普通民众可以接受的范围，不至于过高影响大多数民众居住，不至于过低危及经济基本面。已有文献探讨住房价格波动的合理范围，参照不同国家或地区的宏观经济与人口结构、工业化与城市化进程，一般用房价实际变化率、房价收入比、租金售价比等指标衡量。

二、国别研究的分类依据及研究思路

本研究在对住房保障相关概念和理论梳理的基础上，对国外住房保障的发展

历程与制度安排进行分类研究。

（一）国别研究的分类方案

本报告选取 12 个典型国家，分别就其住房保障政策的发展演变、主要内容和主要经验进行系统、具体地分析和总结。对于这 12 个国家的分类方法有四种备选方案。

1. 以运作模式和地理位置为分类依据

这种分类方法比较常见，大多数研究住房保障的学者会采用此种分类。基本可以分成美国、加拿大为代表的北美发达国家，瑞典、英国、法国、德国为代表的欧洲福利国家，新加坡、日本、韩国、中国香港为代表的亚洲国家或地区，俄罗斯、东欧国家为代表的转型国家等几类。这种分类的依据是地缘特征会影响住房保障制度的选择。

2. 以住房价格波动和经济增长的关系为分类依据

Global property guide 网站对主要国家住房价格总水平特征进行分类研究，并据此分成四类国家。第一类是住房价格波动平稳的国家，如德国、新加坡。欧美国家当中德国房价的稳定性是首屈一指的。从 20 世纪 90 年代以来，德国房价每年平均上涨 1%，而物价水平每年平均上涨 2%，房价实际上在以每年 1% 的速度缩水。新兴工业化国家当中，新加坡房价的波动较为平稳。第二类是住房价格起伏较大，但未经历泡沫破灭的国家，如英国、韩国。第三类是住房价格大起大落，泡沫破灭引发危机的国家，如美国、日本。美国网络经济破灭后房地产成为拉动经济增长的重要力量，住房价格虚高以致吹起泡沫。2008 年次贷危机爆发，房价泡沫破灭，引发国际金融危机。20 世纪 90 年代初日本房地产泡沫破灭曾引发严重经济衰退，导致陷入"失去的十年"。第四类是发展中与转型国家房价波动比较复杂。中国、俄罗斯同属转型国家，体制转型难题和新兴市场发展难题同时折射到住房市场，土地和住房价格波动较大。

3. 以社会构造、政治价值理念为分类依据

余南平在《欧洲社会模式——以欧洲住房政策和住房市场为视角》（2009）中着重指出住房制度受制于不同国家社会构造、政治哲学理念差异性的影响。一个国家已经形成的、具有历史积淀的社会文化、制度继承、政治哲学价值对于住房政策和福利国家产生深远影响。其一，新自由主义主张最小化政府，致力于保护个人的财产权，典型国家如英国、爱尔兰、美国、加拿大等。其二，自由民主主义（社会民主主义）政治价值观，主张最大限度地改善社会不平等，较典型的是北欧福利国家瑞典。其三，社会主义政治价值观，认为应由国家而不是市场

来保障公民的住房，典型如前东欧国家的实践。其四，社群主义（法团主义）政治价值观，追求的社会团结是建立在主动责任基础上的，这是德国"先存后付"住房储蓄政策的文化价值起源，法国也归于此类。在欧洲，由于社会结构的快速变化如移民增加、人口结构的变化如老龄化、文化多元性的增加，社会福利模式已经从传统、单一、普遍服务模式向竞争性、市场化的模式进行转变。

4. 以住房保有权形式和供给方式作为分类依据

吉姆·凯姆尼在《从公共住房到社会市场——租赁住房政策的比较研究》（2010）中指出，1980 年代起美国和欧洲解除对抵押贷款市场的控制，将越来越多的边缘人群带入了住房所有者阶层，同时也带来了住房泡沫经济。住房市场崩溃是其后果之一，"猛增—崩溃"的循环此后发生了数次，在 1990 年和 2007 年格外严重。受影响最严重的是那些采取极端新自由主义经济和住房体制，采用"单一保有权体制"（Monotenural）的国家。例如，冰岛、波罗地海国家（尤其是拉脱维亚）、美国（尤其是加州）、英国、爱尔兰和地中海国家（尤其是希腊），还有意大利、西班牙和葡萄牙，这些国家都背负了巨大的债务。而受影响较小的是在住房领域实行"社会市场"（social market），鼓励多种住房保有权形式（包括营利性住房和非营利合作型住房）的国家，包括德国、奥地利、瑞士、荷兰、瑞但和丹麦，由于采取了不同的住房体制而损失较小。

吉姆·凯姆尼（2010）着重比较了租赁市场的二元制与单一制（见表 1）。首先，在二元体制中，成本型租赁住房是一种国家控制的、以命令型经济模式运行的公共住房；在单一制中，成本型租赁住房机构和私有租赁住房在一个逐渐解控的条件下进行竞争。其次，在二元体制中，私有的营利型租赁住房被放任自由竞争；而在单一制下，他们通常得到与成本型租赁住房平等或接近平等的帮助。再次，在二元体制中，私有住房是最受欢迎的住房保有形式；而在单一制下，对于住房保有权的中立态度是一个主要政策目标。

表1　　　二元化和单一化体制下私有住房和租赁住房的构成（%）

	住户私有住房	私人租赁住房	成本型租赁住房	公共租赁住房	合计
二元化体制					
英　国	66	7	3	24	100
爱尔兰	78	9	0.5	13	100
单一化体制					
丹　麦	58	21	18	3	100
德　国	37	38	25	0	100

资料来源：Power, 1993, p. 10, 表 1.1.

5. 本报告国家分类标准的选择

以上四种分类方法各有利弊。按地域划分的传统方法容易理解，让人容易接受，但是汗牛充栋的研究采用此方法，基本已经没有新意和提升的空间，很多的研究基本停留在资料性、描述性阶段。第二种方法的分类比较独特，有利于研究住房保障、住房价格和经济增长之间的关系，但是很难推进微观基础的研究。第三、四种分类方法背后的研究立意不容易理解，但是此类研究视角和路径，比单纯罗列国外住房政策，更有学术价值和现实意义。此类研究涉及经济学、政治学、社会学和历史学等多学科知识，需要有比较开阔的研究视野。第四种比第三种方法更抽象，而且只分成两类，不利于进行深入的、有针对性的比较。基于以上比较，本报告选择第三种分类方法，并在余南平研究的四类政治价值观基础上，增加威权主义价值观，以刻画亚洲赶超型国家的情况。

（二）研究方法与框架

1. 将国家分成若干类进行比较政治经济分析

采用比较政治经济分析的方法，重点关注不同国家住房领域政策行为背后的社会、政治根源，将不同国家的住房保障政策模式分成自由市场型、社会市场型、政府直接干预型和其他类型，并分析总结不同政策模式的特征。

2. 从横向和纵向两个维度进行比较研究

纵向比较发达国家、新兴工业化国家不同发展阶段住房领域面临的主要矛盾，研究世界范围住房保障制度的历史沿革。横向比较特定发展阶段不同国家在政策工具组合方面的差异，通过比较住房保障实施情况和住房价格波动情况评估主要政策工具的效果。选择的比较维度有四个：

①用于住房保障的土地供给与地价管理。土地市场是住房市场的一级市场，土地供给规模在一定程度上制约保障性住房的供给规模。住房用地价格和相关税费占住房价格的比重较高，高地价可通过产业链向下游房价传导。

②货币与金融政策对保障性住房建设的支持。住房金融市场的性质、结构及其与整个资本市场的关系，直接约束住房当期和远期的供给与需求，从而对住房保障政策的实施效果有直接影响。

③财政税收政策对保障性住房建设的支持。公共住房的供给规模和质量，出售或出租策略，政府对社会住房或私人住房供给的引导，住房补贴的用途与规模等，都将对保障性住房市场供给的数量与规模产生直接影响。

④保障性住房价格与租金管制。保障性住房价格与租金管制，有利于在住房

市场供应紧张的状况下保障居民基本需求，但也可能有损保障性房屋兴建、修缮与出租的积极性，不利于扩大保障性住房市场规模、提高住房质量与档次。

3. 采取点面结合的方法深入剖析典型个案

即使政策制度模式相近的国家，在政策工具组合与使用方面也会有具体差别，本报告在比较政策制度模式的基础上，还将针对主要模式下12个典型国家的个案进行深入剖析，以明确住房保障制度与政策发挥作用的深层次机理。

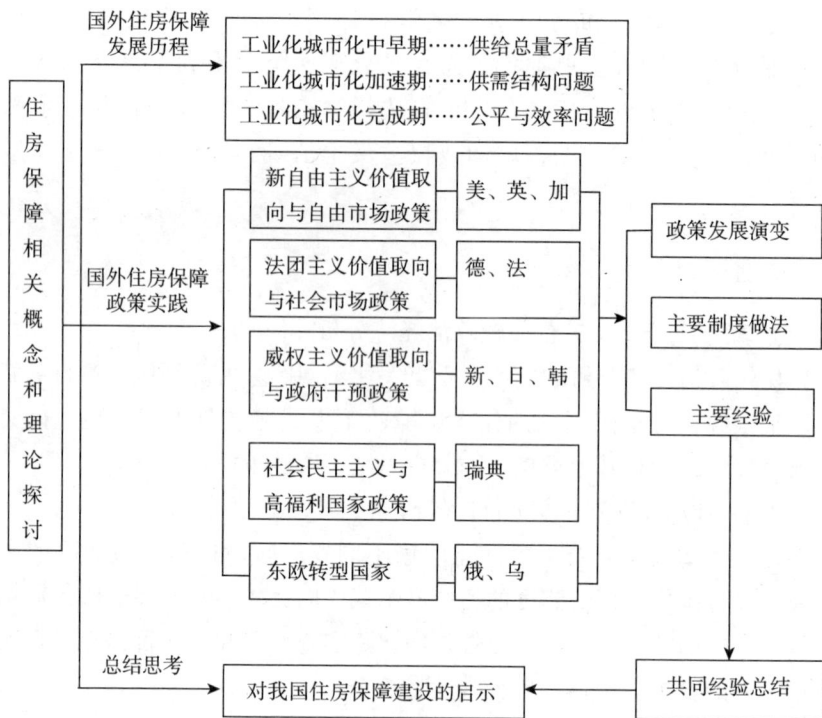

图1　研究路径

三、纵向比较：国外住房保障的发展历程

在住房领域，供给总量矛盾、供需结构矛盾和公平与效率矛盾等问题往往相伴而生，在工业化、城市化中早期、加速期和完成期，不同矛盾会占据主导地位。为解决不同主导矛盾，不同国家采取了不尽相同的政策制度模式，其背后有深刻的历史、社会和政治根源。

（一）工业化、城市化中早期供给总量矛盾突出，政府直接供给以平抑价格

第一次工业革命开始后，欧美国家需要大量有组织的劳动力，住房短缺成为严重的社会问题。人口大规模地涌向城市，城市住房数量根本无法满足人们的基本需求，加之两次世界大战和自然灾害的破坏，住房供给不足在相当长一段时间内是主要矛盾。战后，欧美国家多数受凯恩斯主义影响，不约而同地选择直接干预供给和价格管制，以公共部门直接建设公共住房提供保障为主，辅以补贴私营开发商建房，以缩小供给缺口、平抑房价。

（二）工业化、城市化加速期供需结构性矛盾激化，制度模式出现分化

经过相当长一段时期公共住房的快速建设，欧美国家住房供需总量基本平衡，为加速工业化和城市化提供了坚实的社会基础。但在加速工业化和城市化进程中，居民收入差距拉大，中高收入居民对住房的需求层次不断提高，中高端个性化住房短缺的结构性问题，引发住房价格高涨。面对保障房数量接近饱和，但质量短期内难以提高的窘境，主要发达国家的政策制度模式出现明显分化。

根据主要国家住房存量的所有权结构可分成四种情况。其一，住房自有化率高，公共住房或社会住房占比高，说明住房自有化率提高主要靠公共住房，如新加坡、中国香港；其二，住房自有化率高，公共住房或社会住房占比低，说明住房自有化率提高主要靠私人市场，如美国、英国；其三，住房自有化率低，公共住房或社会住房占比高，说明公共住房或社会住房主要用于租赁，如瑞典、丹麦（见表2）；其四，住房自有化率低，公共住房或社会住房占比低，说明依靠私人住房租赁解决居住问题，如德国、比利时（见表2）。结合各国住房价格的历史波动情况，可以发现第三、四种模式住房保障的成绩斐然，而另两种情况则引致较大幅度的价格波动。可见，公共住房或社会住房占比较高是发挥公共住房或社会住房对整个住房市场的价格发现作用的必要而非充分条件。

表2 欧盟主要国家住房存量的所有权结构（单位：%）

国家/地区	人均GDP	自有化率	私人租赁	公共租赁	租赁合计	其他类型
公共租赁住房比率超过欧盟平均水平						
荷兰	21300	47	17	36	53	
奥地利	25010	41	22	23	45	14

国家/地区	人均GDP	自有化率	私人租赁	公共租赁	租赁合计	其他类型
公共租赁住房比率超过欧盟平均水平						
瑞典	23270	43	16	22	38	19
丹麦	29010	50	24	18	42	8
私人租赁住房比率超过欧盟平均水平						
瑞士	36430	31	60	3	63	
德国	26000	38	36	26	62	6
卢森堡		67	31	2	33	
比利时	22260	62	30	7	37	
法国	23550	54	21	17	38	8
住房自有化率超过欧盟平均水平						
冰岛	15100	80	9	11	20	
西班牙	12500	76	16	2	18	
芬兰	20410	72	11	14	25	3
希腊	8400	70	26	0	26	4
意大利	18400	67	8	6	14	19
英国	18950	66	10	24	34	
葡萄牙	6900	65	28	4	32	3
挪威	26590	60	18	4	22	18
欧盟均值		56	21	18	39	5

说明：租赁包括公共租赁和私人租赁，其中私人租赁包括社会租赁。

资料来源：Balchin P. Housing Policy in Europe，London and New York. Routledge，1996。

（三）工业化、城市化完成期公平与效率问题愈发突出，政策模式自我修正

工业化、城市化完成期，主要发达国家住房供需结构性问题尚未完全解决的背景下，住房领域的公平与效率矛盾越发突出。现有制度模式没有一套是完美的，各自历史与传统的特征明显，在运行过程中的优劣互现（见表3）。自由市场模式下，低收入阶层依靠自身力量无法获得住房，中等收入阶层因支付能力较弱较难获得改善型住房，后工业化时代面临的主要挑战是提高住房保障比例和保障质量。政策制度模式修正的方向是加强房贷市场监管，控制社会风险。社会市场模式下，住房协会等社会非营利机构运行缺乏激励，个别营利化倾向明显。政策制度模式修正的方向是提高补贴激励强度，鼓励竞争性法团活动，探索对非营利机构的成本审查。政府直接干预或全能型国家模式下，公共支出负担巨大，公共部门效率低下，造成社会公共资源的浪费。政策制度模式修正的方向是严格监

管程序与手段，提高公共住房交易的透明度。

表3   主要政策模式的比较

	自由市场模式	社会市场模式	直接干预模式	福利国家	转型国家
政治价值取向	新自由主义	法团主义	威权主义	社会民主主义	自由化
社会发育程度	较低	较高	低	高	低
工会压力	较弱	较强	弱	高	弱
收入差距	较大	较小	较大	小	大
保障对象	低收入、弱势群体	全体民众	一定比例民众	全体民众	低收入、弱势群体
房地产对经济	双刃剑作用强	较弱	双刃剑作用强	弱	弱
公房市场与私房市场关系	两市场隔离、私房市场强大	两市场公开竞争、旗鼓相当	两市场有关联，公房市场强大	公房市场强大	从公房为主转向私房为主
公房存量	较大、超50%	较大、超50%	较大、超80%	较大、超70%	较大
公房增量	接近零	匀速	快速	减速	接近零
公房私有化率	70年代后提高	较低	较高（90%）	较低	较高
住房自有化率	较高90%	较低30%	较高80%	较低20%	较高90%
住房租赁比率	20%	70%	20%	80%	10%
成本型租赁比率	接近零	70%	70%	70%	接近零
公共或社会住房的价格稳定作用	较弱	较强	较强	较强	较弱
房价监管范围	公房	全部住房	公房	全部住房	全部住房

资料来源：【瑞典】吉姆·凯姆尼：《从公共住房到社会市场——租赁住房政策的比较研究》，王韬译，中国建筑工业出版社2010年6月版；余南平：《欧洲社会模式——以欧洲住房政策和住房市场为视角》，华东师范大学出版社2010年9月。表格条列由作者归纳整理。

四、横向比较：国外住房保障建设的政策实践及主要经验

本部分将在制度模式比较的基础上，针对典型国家个案进行深入剖析，以明确住房保障制度和政策体系发挥作用的深层次机理。

（一）新自由主义价值取向与自由市场政策模式

20世纪70年代，英美国家保守党当政，新自由主义成为当时社会的主流政治思潮。自由主义传统价值的回归，使得政府逐步承认收入差距，通过出售公共住房来大规模推进保障住房商品化，重新将资源配置权交还市场，鼓励住房与其他商品一样追求利润最大化。表现为新建公共住房速度放缓，既有保障房私有化

速度加快，导致住房自有率大幅提高。住房领域自由市场模式的建立与自然垄断部门解除管制改革是同步进行的，中高档住房消费的外部性导致住房价格总水平大幅升高，房地产部门成为拉动增长的高效部门。

与此同时，自由市场国家被迫建立一张隔绝于营利市场之外的保护社会弱势群体的住房安全网，在住房安全网内部政府将价格与租金控制在低收入群体、弱势群体可支付的水平，并提供救济性补贴。此类安全网的出现主要出于政党政治和社会需要，但在实践中，它的发展受到严格限制而且逐步萎缩，无法与营利型住房同台竞争，其对住房价格水平的影响微乎其微。20 世纪 90 年代以来，英美公共住房增量接近零，住房价格指数波动剧烈，可以佐证上述观点。除英国、美国之外的英语系国家或地区，如爱尔兰、新西兰、澳大利亚、加拿大以及亚非前英属殖民地都不同程度地受到自由市场模式的影响。

1. 美国的住房保障制度与政策

美国位于北美洲中部，国土面积为 983.2 万平方公里，人口为 3.07 亿，均位居世界第三。美国拥有高度发达的现代市场经济，其国内生产总值和对外贸易额均居世界首位。美国人的房屋自有率接近 70%，居住条件在世界上居前列。

（1）住房保障的主要制度和做法

①政策性住房金融体系。自 20 世纪 30 年代以来，美国政府事实上就一直对住房市场实施普遍的、间接性的干预。目前，以政策性金融体系为主体的普遍住房保障制度已经成为美国社会、经济和金融安全网的重要组成部分。在住房抵押一级市场上，美国政府依据《联邦住房法》分别于 1934 年成立了联邦住房管理局和 1944 年成立了退伍军人管理局，为中低收入家庭和退伍军人购房提供保险。在住房抵押二级市场上，政府主导着抵押贷款的证券化。第一，由政府出资设立企业或者成立政府发起设立企业，这些企业是指按政府特定的法律成立的、为公共目标服务的私营股份制公司，都是私营股份制公司、经营范围全国化、有专业化的信贷能力及拥有某种政府担保，这大大增强了这些企业的借贷能力。第二，这些有政府背景的企业通过担保和购买银行贷款来间接支持住房按揭贷款的发放银行，使之避免陷入流动性危机，并通过对贷款标准的规定来影响银行的经营行为，实现政府意图。第三，在资本市场出售包含政府信用的抵押支撑证券，以获得购买贷款的融资。

②出资兴建保障性住房。政府直接出资兴建保障性住房的典型代表是公共住房。1937 年美国联邦政府政策设立公共住房项目，是迄今为止美国资助规模最大的住房项目。这一项目最初由地方公共住房管理部门通过发行债券筹集资金开发，债券本息由联邦政府负责支付，1986 年后资金来源改为联邦政府拨款。

③补贴开发商兴建保障性住房。1961 年肯尼迪政府上台后，联邦政府开始对除公共住房以外的其他住房补助进行关注，开始热衷于和私有机构合作，为营利性开发商和私人投资者提供优惠政策从而鼓励他们为低收入家庭开发廉价房。支持低收入住房的开发被认为是推动经济发展的好办法。

第一，联邦政府为开发商提供低利率的贷款。低利率的贷款有两个来源：一是来自私人放贷商，利息差由联邦政府支付。另一个是来自免税债券发行筹集的资金。

第二，政府（主要是联邦政府）直接为开发商提供资金支持，主要用于第 8 条款新建和重大修缮项目。由联邦政府资助，直接为租户提供房租补贴来支付"公平市场房租"与租户调整后收入 25%（后提高到 30%）之间的差额，开发商可选择工程中任意比例的住房单元参与。

第三，由联邦政府给开发商提供低收入住房税收补贴（每获得 1 美元税收补贴可从联邦个人所有税中减去 1 美元），开发商通常将这种税收补贴"卖"给投资者，把获得的收益用于开发廉租住房。政府资助开发的私有出租房的房租通常由运营成本、贷款本息偿还和房主适度的利润组成，普遍高于公共住房的房租。

第四，包容性区划政策。"包容性区划"采取强制性要求或自愿性诱导的方式，要求或鼓励房地产开发商把部分新建住房单元服务于中低收入家庭。强制性要求方式不提供给房地产开发商任何形式的补偿，一般较少采用。自愿性诱导方式则通过密度奖励、免除开发与建设费用、减少停车用地面积要求、放宽设计标准、加速施工申请和规划变更处理过程等方式鼓励房地产开发商把他们开发的部分住房单元（5%~30%）提供给中低收入家庭。

④租房补贴政策。租房补贴政策的典型代表是租房券。1937 年，在《公共住房法》的立法讨论中首次提出租房券方案，但直到 20 世纪 70 年代这一方案才成为美国住房政策的一部分，在随后的 10 年时间里，迅速成为对低收入群体提供住房保障的重要模式。

1974 年，《住房法》设立了第一个全国租房券项目，被称为第 8 条款存量房项目。当时，第 8 条款现有住房项目为收入不高于地区平均水平的 80% 的住户提供房租凭证，该凭证将填补调整后的家庭收入的 25%（后提高到 30%）与公平市场房租之间的差值①。

1983 年，华盛顿设立了独立租房券项目，该项目是第 8 条款存量房项目的衍

---

① 全美 2600 多个住房市场的公平市场房租每年都被分别计算。起初他们被定义为最近出租公寓的房租中间值，根据公寓尺寸调整。1984 年，该定义变为最近出租公寓房租的第 45 个区间值，1995 年再次被调整为第 40 个区间值。2001 年，政府把 39 个最昂贵的住房市场的公平市场房租提高到第 50 个区间值。

生项目。该项目填补了住户收入的 30% 和支付标准之间的差值，在参与者愿意自己支付高出部分房租的前提下，允许他们选择租住比规定标准价格更高的住房。

1998 年，《质量住房和工作责任法案》将住房凭证和租房券项目合并成一个单独的项目，称为租房选择优惠券项目。该法案允许住房管理机构在同一都市区设立多项支付标准，以反映房租水平的内部变化——昂贵地区应获得更高的支付标准，而便宜地区支付标准应相对较低。

（2）住房保障的主要经验

①重视立法。美国在住房保障方面最具特色的，就是各项措施通过立法保障来落实、实施。联邦政府为解决低收入居民住房和贫民窟问题，国会于 1949 年通过了《全国可支付住房法》，之后又通过了《住房法》、《城市重建法》、《国民住房法》和《住房与社区发展法》等相关法律。1974 年 8 月的《住房与社区发展法》中，第 8 条的租金资助计划，其核心内容是要求任何家庭用于住房的支出不应超过家庭总收入的 30%。所有相关法律为扩大房屋抵押贷款保险、提供低利息贷款建房、提供较低租金公房、提供房租补贴、帮助低收入家庭获得房屋所有权及禁止住房中的种族和宗教歧视等措施的实施提供了最为强有力的法律依据和保障。

②政府主导。从资金来源看，美国公共住房主要由财政投资建造。联邦住房与城市发展部每年会编制约 150 亿美元的住房发展计划，资助建设大约 4400 套的住房，并向 400 万左右低收入家庭提供住房补贴。同时，政府还对包括地方政府建设的公共住房和私有营利或非营利机构建设的廉价住房建设提供补贴。此外，为刺激房地产业发展的同时，让低收入者拥有住房，美国政府采取了税收减免政策。在公共住房消费上，政府也实行补贴。美国政府将住房支出超过收入 30% 的标准认定为过度消费负担，并以此为参考对住房需求者进行补贴。

③金融配套。美国金融体系较为完善，房地产业金融也较为发达，金融机构积极地参与住房建设。美国私人金融机构和政府金融机构都经营房地产贷款，特别是个人住房的抵押贷款。在私人商业银行中，房地产抵押贷款证券化趋势突出，私人金融机构中的非银行储蓄机构，如储藏放款协会、信贷协会和互助储蓄银行等也经营房屋抵押贷款。美国政府也有专门的信贷机构，包括联邦住房放款银行委员会、联邦住房抵押贷款公司和联邦住房管理委员会等，其主要职能是为放款协会提供贷款二级市场，并为买房提供抵押贷款保险与资金。

④严格落实。美国政府在设立各种住房保障政策的同时，建立了严格的收入划分标准和资格审查制度，明确规定不同收入阶层所能享受的保障待遇，并在实

践中严格执行，从而限定不同政策和标准所保障的对象和范围，确保低收入居民成为真正的受惠群体。

2. 英国的住房保障政策

英国由英格兰、北爱尔兰、威尔士和苏格兰四国组成联合王国，国土面积为24.4万公平公里，人口为6184万，经济总量位居世界第六。英国是世界上最早完成工业革命的国家，也是最早面对住房问题的国家。据不完全统计，自1890年出台《工人阶级住房法》开始到1996年，英国共制定或修订了48部住房法，成为世界各国中最为频繁地修订住房法的国家。

（1）住房保障的主要制度和做法

①住房协会。英国的住房合作社具有很长的历史，早在1844年就已成立了住房协会，协会成立后，由一些慈善家和工业巨头等提供资金建造住房，以较低的价格向工资收入水平很低的工人们提供出租改良住房。英国的住房合作社主要有四大特点：首先，它是独立的法人实体，是一种长期的住房合作组织；其次，它是独特的行业协会，其住房合资的宗旨延续至今；第三，与大多数协会不同，该协会自己从事生产、经营活动；第四，该协会存在短期合作社、租户管理合作社、住房金融合作社等多种形式。正是由于英国政府将住房协会这一住房合作组织作为实现"居者有其屋"的主要住房提供者，才使得英国广大中低收入家庭建房、购房的愿望得以实现。

住房协会的一个重要作用体现在房租补贴方面。作为非盈利机构，住房协会向住户收取的租金低于私人出租房屋的租金；但作为私人合作性质的机构，要想通过租金收入维持其管理和维修住房等方面的支出，其住房租金就必须达到成本租金水平。而考虑到居民的承受能力，住房协会出台了房租补贴计划。

住房协会的另外一个重要作用体现在融资方面。住房协会不受政府财政赤字规模的制约，可通过贷款解决资金短缺问题，因而更有利于加快住房的建设和筹措维修资金。

②廉价自有住房政策。总体而言，英国的收入房价比较低，大约在1：2.93～1：3.15之间，但英国政府仍将住房价格控制在适宜价位作为一项重要的政策目标，对住房价格进行宏观调控。主要政策包括：第一，制定适宜价位住房的用地规划，政府提供低价土地，以保证低成本开发建设；第二，实施"持分所有权"政策。此外，英国还了提高出租住房租金，使房价与租金比趋于合理；公共出租住房产权转移给其他部门，以提高出租住房市场效率等政策。

③公房整体出售计划。随着租住公房居民"优先购买权"政策的实施，大约1/3的公房租赁者已经购买了住房，还有大约2/3的公房租赁者仍然租住在现

有公房中。英国政府鼓励将现行的、隶属于地方政府的管房机构，改造为私人合作及非盈利性质的住房协会，由住房协会整体购买现在管理的公房，成为社会性房产主，并依靠租金收入，对所拥有的公房进行维修和管理。

④多元文化、多元群体融合计划。分散建房是解决原有公房建设中存在的众多社会问题的重要途径，政府希望不同收入、不同文化背景的居民能够共同居住生活于同一社区。同时，政府通过规划手段，强制性要求新的住房建设项目必须有一定的低收入居民住房。这个比例一般占项目建设总量的15%～50%，从目前的实施结果看，平均占25%。

⑤可承受租金计划。近年来，由于租金上涨较快，英国相当多的居民仍然需要政府的住房帮助。政府为向低收入居民提供较低的、可以承受的租金的住房，资助的建房活动仍将是英国住房保障的重要方式。

（2）住房保障的主要经验

①明确政府责任。住房保障是政府义不容辞的责任，是社会稳定与发展的基石，应视为一项重要政策坚决执行不可动摇。但政府责任的大小又不是一成不变的，要随社会经济的变化和社会主要矛盾的转移而不断优化和创新。二战后，英国政府直接出资进行了大规模公共住房建设，主要在于当时住房短缺问题严重，私营企业和其他社会主体无力解决这一问题。20世纪70年代中后期，在经历了30余年的政府直接建房和居民收入的提高后，住房短缺的问题已不是主要矛盾，政府财政负担过重问题越来越突出，撒切尔政府进行了公房私有化的改革。但由于改革过于激烈，住房保障建设全面停止，在将三十多年住房保障成果和早期市场化政策的积极效应逐步释放完后，缺少了住房保障政策的过度住房市场化造成了严重的后果，使得后来的工党政府不得不下大力气大规模重返住房保障领域，重新承担起这一责任。

②以立法形式明确住房保障和住房权的地位。住房保障制度作为一项非常重要的社会政策，需要有效的法律支持。英国政府在法律上明确了政府在住房问题上的目标，并对政府调控的措施和内容进行了宏观指导，从而形成了综合的、行之有效的调控体系。

③鼓励私人投资进入保障性住房建设。政府本身不创造经济价值，只能利用其所掌握的公共权力通过财政和金融等政策来进行住房补贴。英国的住房保障工作不是简单的由政府来完成，而是在政府引导下，通过各类机构的共同参与完成的。政府通过委托和政策引导，使私营公司经营房屋管理、维护和支持、社区投资。

④通过分散建房促进社会融合。城市社区排斥问题是近年来许多国家关注的

一个焦点问题。英国政府要求在新建的大型住宅区内配建一定比例的社会住房，从而有效避免社会分异、促进社区融合。这种混居模式可促进阶层间接触与交往，防止教育、商业和环境等公共资源的不合理分布，同时可使不同阶层之间保持合适距离，实现功能互补、利益互惠，促进城市的和谐发展。

⑤建立有效监督保障机制，保证保障房系统良好运行。要由政府建立明确详细的保障房建设规划、建筑质量标准、利润限制等规范，否则很容易造成公房质量良莠不齐。只有在建立统一的规范和标准后引入竞争，才能既保证市场化的效率，又保证公民福利。英国政府分别设立住房与社区局（HCA）和租户服务管理局，前者负责建设，后者负责监督，将投资建设与监督管理的职能分开，避免一些质量上的差异以及分配过程中的公平公开问题。

3. 加拿大的住房保障政策

加拿大位于北美洲北部，国土面积为 998.5 万平方公里，位居世界第二，人口仅有 3374 万。根据联合国基于教育质量、国民收入、生活水平、健康状况等方面的综合评定，加拿大曾连续七年被评为世界上最适合居住的国家。加拿大是高福利国家的代表。其住房保障体系的涉及面相当广泛，从政府的公共住房建设到各种支助计划，以帮助加拿大人实现"人有所居"的基本权利。

（1）住房保障的主要制度和做法

二战以来，由于参与竞选的各党派必须提出选民所欢迎的政策，而让选民能够有更多的机会拥有住房，是一个较好的选择，因此在加拿大，扩大居民拥有住房的机会一直是政府住房政策的核心。

①房贷资金支持。二战以前，抵押贷款资金短缺是在加拿大建房和购房面临的主要问题。为解决这一问题，联邦政府于 1936 年通过了住房所有权法案，授权联邦政府为新建住房提供贷款，同时降低利率。在这一时期，加拿大政府推出了住房所有权法案（1936 年）、国家住房法案（1938 年）和国家住房法案修正案（1944 年）等一系列法律和法规来保障这一措施的实施，同时成立了中央抵押贷款和住房公司，成为加拿大抵押贷款和住房公司的前身。

1954 年，为降低抵押贷款首期付款比例，提高中低收入家庭买房支付能力，加拿大政府对国家住房法案进行了重大修改，首次允许银行为置业目的提供贷款，提高了新抵押贷款的额度限制。1967 年，加拿大政府对银行法进行了修改，删除了抵押贷款利率不超过 6% 的约束。在 1969 年抵押贷款利率上升至 9%，在随后的十年中抵押贷款利率在 9% ~ 12% 之间波动，1981 年曾一度高达 21%。1969 年，加拿大政府对国家住房法案进行了修改，缩短了抵押贷款期限，由过去的 25 年调整为 5 年。1970 年，加拿大政府批准私营抵押贷款保险项目，为中等收入家庭购买适当的房屋提供适度融资。1974年，加拿大政府推出登记地住房置业储蓄计划。该计划允许无房者每年在特定的资金中存入一定数量的资金，可连续存十年。

②支助住房置业计划。1973年，加拿大政府推出了援助住房置业计划，主要为中等收入家庭购房置业提供支助。该计划由中央房贷和住房公司负责管理，并制定受援助者的收入和可购住房的价格范畴。符合条件的家庭能够获得95%的抵押贷款，同时保证其住房支出（包括本金、利息和物业税）不超过家庭总收入的25%。该项贷款五年内不计息，如果贷款的总支出额仍超过置业者家庭总收入的25%，政府还将提供300元的补贴。

③支助已置业者计划。20世纪70年代末和80年代初，加拿大出现较为严重的通货膨胀。在这一背景下，住房抵押贷款利率也上升至20%，为有效削减已置业者每月的贷款偿还额，加拿大政府于1978年推出了抵押贷款递进偿付计划。1981年，住房抵押贷款利率仍在15%左右的高位徘徊，抵押贷款的更新相当困难。在这种情况下，联邦政府推出了抵押贷款更新计划，对每年符合条件的家庭补贴3000元。

④私有租赁住房计划。加拿大的住房政策重点不是私人租赁住房和租户，而是围绕着独立房屋的置业展开的，并扩大到共管公寓和一般公寓。

1954年，加拿大政府推出资本支出补贴计划，并于1981年和1987年进行了两次修改。该计划鼓励开发商建设更多用于出租的住房，同时允许房屋所有者以一定的比例将公寓建筑折旧（在1977年这一折旧率为5%）。

鼓励增加租赁住房的方法之一，是允许现有房屋业主在其房屋内创建第二个或附属的居住单元。由于加拿大的许多家庭在支付新住房时存在困难，开发商在开发建设时，就开发出一个独立的、可用于出租的居住单元，以帮助该家庭支付抵押贷款。

⑤公共住房计划。加拿大政府认为，公共住房是解决低收入家庭居住问题最重要的方法。中央房贷和住房公司于1946年成立了建筑部，该部门为20世纪50年代的大量建筑项目提供规划。

国家住房法案于1964年进行了修正，使得公共住房计划得以新生。在新计划中，中央房屋抵押贷款和住房公司提供90%的建设资金，同时大幅降低省级政府的分摊比例，运行费用则在联邦政府和省政府之间分摊，建成项目仍归省政府所有，这一变化使得计划得以顺利开展。

⑥特殊目的的社会住房。20世纪80年代早期，随着社会住房计划升级，出现了无家可归人数增长和对特别住房需求的问题。加拿大社会管理部门开始成立

非营利公司，以满足出狱人员、残障人、酗酒者和吸毒者、精神障碍者及需要特别照顾的老年人等特殊群体的住房需求。

加拿大各级政府针对该计划设定了不同的优先权，并从医疗和社会服务中划拨中一部分资金用于该计划的实施。随着 1986 年联邦和省政府之间的协议修改完成，各省政府同意将最高 10% 的支出用于特殊目的的社会住房。

（2）住房保障的主要经验

①政府为主体。加拿大政府是住房保障建设的主体，将完善住房保障体系视为政府保障公民基本居住权的重要责任和义务。加拿大政府与省政府和市政府合作，或建造低价住房，或提供住房补贴。在公共住房建设领域，联邦政府主要出资，省政府负责计划的实施和管理。在社会住房领域，省政府对社会住房承担较多的融资和管理职责。到了 20 世纪 70 年代，联邦政府成立了省级的住房管理机构，实施联邦援助项目的任务。2001 年联邦政府和省政府与地区政府之间，签订了《可支付住房计划》协定，共同出资，为中低收入家庭提供可支付的租赁房屋。

②法律为依托。加拿大政府的每一次重大住房政策推出，都伴随着相关法律法规的修订，以确保相关政策实施的合法性。如在住房置业计划中，为了扩大住房供给，政府推出了一系列相关法律和法规保障这一措施的实施，如 1936 年推出的住房所有权法案；1944 年在国家住房法案修正案基础上，成立了中央抵押贷款和住房公司；1954 年国家住房法案修正案中，首次允许银行为置业目的提供贷款，放松了新抵押贷款的额度限制，建立了新建住房的抵押贷款保险等；1964 年国家住房法修正案，提出公共住房计划等。

③多种形式融合。加拿大住房体系中，住房主要有三种基本形式：自有住房、合伙拥有住房和公共住房。针对不同类型住房形式，政府采取了不同的政策和措施。住房政策包括住房置业计划、公共住房计划、社会住房计划、私有租赁住房计划和住房补贴计划等多个计划。在多数住房政策以鼓励住房置业为主的实践中，发现中低收入的住房可支付性问题较为突出，立刻将政策重点转向发展房屋租赁市场。

④完善抵押保险制度。1936 年，加拿大联邦政府通过了住房所有权法案，授权联邦政府为新建住房提供低利率贷款。1954 年，国家住房法案修改，首次允许银行为置业目的提供贷款，放松了新抵押贷款的额度限制。同时建立了新建住房的抵押贷款保险，要求凡抵押贷款额度超过住房价值 70% 的贷款均必须进行保险，保险费由借款人支付，保险计划由中央房屋抵押贷款和住房公司负责管理。该抵押保险制度在提高住房自有率、扩大社会住房和廉租房建设、保障住房

市场和金融市场稳定发展等方面，发挥了重要作用。

（二）法团主义价值取向与社会市场政策模式

社会型市场（德文 Soziale Marktwirtschaft）发轫于 20 世纪 30 年代的德国，一批经济学家组成"奥多小组"，主张走极端自由主义与共产主义之间的第三条道路，既不是自由放任亦不是强制干预，而是通过建设性干预取得经济效益和社会福利之间的理性平衡。面对住房供需结构性问题日益严重的局面，社会市场国家并未效仿自由市场国家，推动已有公共住房私有化，并放缓公共住房建设。此类国家大规模发展以中高质量社会住房为主体的成本型租赁市场，鼓励成本型租赁和营利型租赁在同一个市场内进行公平竞争，以稳定全社会房价水平，建立化解供需结构性矛盾的长效机制，进而保障全民居住福利。

社会市场模式的代表国家是德国、法国、荷兰、比利时，其根基是欧陆法团主义推崇的"集体谈判"制度，将公民社会的组织化利益嵌入国家决策结构。具体到住房领域，体现为住房协会等社会非营利组织通过协商合作，长期控制房价。社会市场在世界房价居高不下的十年间（2000～2010 年）不仅没有出现房地产泡沫，个别国家（如德国）还出现了适度下跌，同时其人均住房水平在欧洲范围内也是首屈一指的。

1. 德国的住房保障政策

德国是欧洲经济体中综合实力最强的国家，经济实力居欧洲首位，是世界第四大经济体。国土面积为 35.7 万平方公里，人口为 8188 万。1991 年两德统一，成立新的联邦德国，原民主德国的住房政策按照原联邦德国的住房政策实行转轨。

（1）住房保障的主要制度和做法

①公共福利住房政策。公共福利住房是指由政府规定住房租金标准，供低收入家庭租住的福利性住房。德国的公共福利住房建造有两种情况：一种是运用联邦、州和行政区政府的住房建设基金建造的公共福利住房；另一种是房屋投资商或私人在自有资金达到项目投资总额的 15% 以上时，向政府申请免息或低息（利率仅 0.5%）贷款建造的公共福利住房。公共福利住房建成后，必须以成本价出租给低收入家庭居住，并由政府核定房租标准，一般为市场平均租金的 50%～60%。申请者必须向所在行政区（城市）政府住房局提供家庭收入、家庭人口、房租情况、现有住房状况、在所在城市工作或居住时间等资料。一般而言，申请租住公共福利住房的家庭，没有自有产权住房，家庭收入必须在国家规定的低收入线以下，并且在所在城市工作或居住一定年限以上（见表 4）。

表4   德国联邦政府规定的低收入线标准和保障标准

家庭成员数	低收入线标准（欧元/月）	保障面积（套内面积）
1 人	830	50 平方米
2 人	1140	60 平方米
3 人	1390	75 平方米
4 人	1830	90 平方米

申请家庭在政府住房局资料审核通过后，实行轮候制。享受公共福利住房政策的家庭，每年必须向政府住房局进行家庭收入申报资料，如果收入超过承租公共福利住房收入规定的标准，就要按市场租金向政府或经营商交纳房租，其增加的部分房租，要交给政府用以补充住房建设基金或发放住房补贴。

②混合居住政策。为促进不同阶层人群融合、缩小贫富差距、减少社会分歧，德国政府在规划之初，就将保障性住宅建设分散于城区的各个角落。尽管城市中心地段地价较高，但政府仍将保障性住宅选择在交通便利的城区内。同时，绿化公园、汽车站、儿童游戏场等配套设施都由市政部门来统一建设。在增加低收入人群就业机会、改善其生活条件的同时，减少了社会的不稳定因素，提高了医院、警察局、学校和消防局等各种社会资源的使用效率。

③房租补贴政策。德国对低收入家庭住房保障的主要方式之一是房租补贴。在德国，拥有自有产权住房居民的比例并不高，大部分家庭以租房居住为主。为保证每个家庭都有足够的房租支付能力，政府根据家庭收入、家庭人口和房租支出情况给予居民以适当补贴。《住房补贴法》规定，居民实际交纳租金与可承受租金的差额，由政府负担。其中，居民实际交纳租金要与家庭住房需求相结合，可承受租金额一般为家庭收入的25%。房租补贴的资金由联邦政府和州政府各承担50%。在低收入家庭申请房租补贴审核通过后，政府就对其发放房租补贴。

④住房储蓄制度。德国政府鼓励私人自建或购买住房以解决中低收入者的居住问题，其对低收入家庭住房保障的一个主要方式是住房储蓄。有购房需求的中低收入者可根据自己的收入储蓄情况和偿贷能力，与住房储蓄银行等相关金融机构签订储贷合同，先储蓄，后贷款，参加住房储蓄的低收入者可得到政府在利息或税收方面的奖励。同时，为防止居民住宅储蓄的购买力在数年后出现下降，政府还采取了一系列有效的住宅价格调控措施，维持其价格的稳定。

⑤公务员住房保障政策。德国公务员的住房保障主要是通过公务员住房联盟，采取自愿合作建房的方式解决公务员的住房问题。公务员住房联盟是由公务员组成的、争取共同利益的、不以盈利为目的的股份制法人协会。该协会负责住房的建造和维修，并以成本租金提供给联盟内部的公务员居住。公务员以自愿入

股的方式加入公务员住房联盟，每位公务员至少需购买 5 份股份，大约为 1300 欧元。公务员住房联盟包括股东大会、监事会和董事会。股东大会由联盟内的所有公务员组成，为联盟最高权力机构，监事会由股东大会选出，董事会则由监事会选出。公务员住房联盟可利用股金和国家银行提供的无息或低息（利率仅为 0.5%）贷款建造住房，以满足联盟内部公务员的居住要求。租金与公共福利住房的租金标准大至相当，但交通位置、房屋质量、周边环境、配套设施等都优于公共福利住房。同时，公务员住房联盟还会配套建设营业性商业用房，将其租金作为联盟的经营收益，用于再投资。

⑥以法律形式严惩暴利房价。大多数学者认为全球最为严苛的住房价格管制出现在德国，直接造就了世界上价格最稳定的住房市场。德国《经济犯罪法》规定开发商或房东制定的售价或租价若超过合理价格的 20%，则为超高价格，购房或租赁者可以向法院起诉，如果房价不立即降到合理范围内，出售或出租者将面临最高 5 万欧元罚款。如果开发商或房东制定的房价超过合理价格 50% 则为暴利房价，已经触犯《刑法》构成犯罪，出售或出租者将面临更高罚款甚至最高长达三年的刑期。定罪量刑的关键在于合理房价或租金的确定。

究其根源，德国住房价格稳定的根源不仅在于严苛的法律，更在于独特的社会经济制度。在战后住房短缺时期，德国曾采取房租管制，由各地政府根据区位和房屋状况制定租金指导价，作为房屋租赁的重要参考①。目前，德国《房租价格法》、《住房中介法》规定，各城市住房管理机构、租房者协会、住房中间商协会等对住房实施综合评估，制定各类房租价目表（被称为"房租明镜"），法院在判决有关住房租金纠纷时，会重点参照"房租明镜"，这是社会市场的典型特征。德国自有住房率为 42%，房屋出租率高达 58%②，政府加强对房屋租赁市场的监管有利于稳定购房需求，整体的房租水平与近期市场租金水平有着一段滞后期，能有效防范住房价格非理性上涨。

（2）住房保障的主要经验

①深入研究，合理确定不同阶段的住房保障方式。德国在住房保障方式上既有公共福利住房，又有房租补贴，不同时期侧重点不同。20 世纪 50 年代，前联邦德国《住房建设法》规定保障住房的建筑费用全部由政府投资（提供长达 100 年的无息贷款），凭低收入证书供应。当时，新增保障住房占比为 70%，住房短

① 李颖、高波："国外房租管制政策"，《价格月刊》，2002 年第 12 期。
② 夏正梅："德国房价 10 年不涨反缩水"，《黄海晨刊》，2008 年第 3 期。租赁市场中 98% 为私房，其中最多的是私人出租住房和合作社出租住房，分别占 66% 和 22%，还有 8% 是基金或保险公司出租住房，3% 为专业建房公司出租房，只有 1%～2% 为政府公房出租。

缺局面得到有效缓解，但却造成了极大的财政负担。到了 20 世纪 60 ~ 70 年代，德国住房供给政策发生变化，偏重于非营利社会组织（如住房协会）在政府税收和贷款优惠支持下提供高质量、个性化的住房。20 世纪 80 ~ 90 年代后，住房供求矛盾已大为缓解，政府又以房租补贴为主、公共福利住房为辅的方式来解决低收入家庭的住房问题。

②保障机制融入市场机制。与一些国家通过出售公共住房以提高自有化率的方式不同，德国政府限制公共住房私有化，依靠高质量、个性化的社会住房大力发展成本型租赁，并鼓励其与私人租赁住房展开竞争，使得租房市场的租金水平大幅下降，有效缓解了政府对租金的补贴压力，这与自由市场国家租金补贴数量不断增大但范围不断缩小形成鲜明对比。与此同时，大规模成本型租房市场有效地分流了较大比例的购房需求，建立了化解供求结构性矛盾、稳定住房价格的长效机制。

2. 法国的住房保障政策

法国的国土面积为 54.9 万平方公里，是西欧面积最大的国家，位于欧洲大陆西部，人口为 6228 万。领土呈对称的六边形，大部分领土都处于平原和丘陵之上，三边临海，三边靠岸，美丽的塞纳河从心脏地带流过。法国保障房建设已有 100 多年历史，已成为法国社会福利制度的一个重要组成部分。据统计，法国每 1000 人拥有 69.2 套福利性住房，约有 1000 万人租住在廉租房内。

（1）住房保障的主要制度和做法

①强化社会住房建设。法国社会住房也称低租金住房，其保障制度建设的理论基础是"天赋人权"，即无论是富人还是穷人，都享有住房的权利，包括住房的选择权和居住安全的权利。其大规模组织建设始于 1936 年，其时，住房概念是指低收入家庭都拥有一套基本住房，即家庭成员每人拥有一间 9 平米的房间（包括小孩），住房还应有相关配套设施，如厨房、会客厅、厕所、供暖设施等。

法国社会住房建设有专门的法律规定，即城市住房建设中必须有 20% 的面积用于社会住房，若少于 20% 或者没有，开发商或市政建设单位就需向政府上交相应数量的税金。

由于社会住房矛盾较为突出，法国政府于 2004 年出台了一个社会团结方案。即除每年建 50 万套社会住房外，还承诺帮助私房出租户将房子出租，价差由政府补贴。这个方案的出台，在一定程度上缓解了法国社会的住房矛盾。

②完善资金筹措渠道。法国社会住房建设资金的筹措和来源主要有三个方面：一是财政预算。即中央和大区政府每年按照一定比例将社会住房建设资金列入预算，专款专用。二是建立家庭住房储金。法国政府规定，企业职工必须将工

资收入的1%交给国家家庭住房基金管理处管理，用于住房建设。并且只有缴交了1%家庭住房建设基金的职工家庭才有权申请低租金住房。三是实行储蓄制度。法国政府设立了住房信贷局，专门承担社会住房建设的储蓄和贷款职能。储蓄与贷款以家庭为单位参与，实行存贷均低利率，让低收入者受益。

③社会住房的合理分配及住房补贴的适当发放。在社会住房分配方面，有三个基本条件：首先要求透明公开，上到部长下到普通百姓，只要申请社会住房，均应张榜公告；其次要出具家庭收入证明，证明家庭人均收入符合政府规定的条件，不可弄虚作假；第三是家庭人口和现住房状况必须符合和满足政府规定的条件。在满足上述三个条件后，按申报先后排序购买或应租。

在住房补贴发放方面，存在两种形式：一是政府将补贴资金贷给社会保险机构，由保险机构代替政府发放给低收入者；二是针对既无住房又无生活来源的居民，设立团结互助基金，开展住房补贴信贷。这部分人主要是有房租支付，但当前已失业；或小孩较多，家庭经济状况拮据；或生病，遭遇不幸的家庭。只有具备上述条件才可申请住房补贴信贷。

④廉租房配套管理体系完善。法国"廉租房"发展较早，数量也较多。全法大约有1/4的人住在"廉租房"里。与美国等国家不同的是，法国政府将"廉租房"的管理和审核权限下放到地方政府，使得申请人等待时间较短；并且租金固定，政府提供补贴较高，使得许多人支付较少的钱，就可以住进市区内的、舒适程度较高的住宅。

法国"廉租房"在建造过程中可得到中央政府的补贴，建成后则由各地方政府下属的"廉租房管理办公室"管理。该办公室一方面要严格控制房源，大部分"廉租房"只租不卖；另一方面要对社会公开"廉租房"出租情况，接受大众的监督。该政策除覆盖收入很低的移民家庭和家庭负担很重的多子女家庭外，其受益群体的"上限"还包括收入相对较少的低级别公务员。

（2）住房保障的主要经验

①促进居民住房自有化。法国主张居民住房私有化，通过市场手段和优惠政策及价格向中下收入阶层出售住房的方式，促使住房私有化。

②保障中低收入阶层住房。法国政府从立法、资金和土地等方面保障中低收入阶层住房，鼓励中低收入阶层购买自用住房和提供廉租房，保证了住房负担占居民家庭收入的比例在合理范围内。

③对高端市场不加干预。法国高收入阶层的住房完全由市场提供，政府基本不进行行政干预或调控。这样一方面遵循了市场经济规律，另一方面政府通过高端市场的收益和税收，为保障性住房提供补贴，为公共住房提供稳定的资金来源。

④保障资金来源多样化。法国社会住房建设资金的筹措和来源主要除了财政预算外，还积极发挥居民的力量，通过建立家庭住房储金和储蓄制度等多种方式，使企业职工每月强制小额储蓄，在基本不影响生活水平的情况下，逐步积累了一定规模的资金，确保了其持续发展。

（三）威权主义价值取向与政府干预政策模式

威权政体既不同于民主政体，也有别于独裁政体，是指引社会经济基础尚未发达的国家走向发达的政治过渡形态。20 世纪后期亚洲政治精英将威权主义付诸政治实践，通过强制性政治整合稳定秩序，以拉动经济增长、促进社会进步。韩国、新加坡、中国台湾、马来西亚等国家或地区比较典型。威权主义对应的经济发展模式被称为"挤压型发展模式"，具体到住房市场，表现为政府部门对供给和价格的直接干预政策模式。

1. 新加坡的住房保障政策

新加坡共和国地处马来半岛，国土面积为 682.7 平方公里，常住人口超过 400 万。人均 GDP 超过 30000 美元。新加坡政府大力发展公共组屋，成功地解决了居民的住房问题，人均居住面积在 20 世纪 90 年代初就已达到 21 平方米以上，平均每套住房约居住 3 人，是目前世界上居民住房问题解决得最好的国家之一，是东南亚地区解决住房问题的典范，新加坡因此也被联合国评为最适合人类居住的国家之一。

（1）住房保障的主要制度和做法

①政府提供组屋。新加坡的组屋类似于我国的经济适用房，组屋的投资、建设和分配由新加坡建屋发展局统一负责，有偿提供，价格由政府统一规定。组屋不是狭小低档房屋的代名词，它布局合理、设计科学、功能齐全、美观大方，底层全部架空，方便居民开展各种规模的休闲健身活动。组屋由建屋局建设并出售或出租给中低收入家庭，政府补贴组屋租金与市场租金的差价。从 1964 年到 1995 年，建屋局以"居者有其屋"为目标，共执行了七个五年计划，建设组屋近 80 万套。为了确保拥有组屋的机会均等，建屋局对申请者作出了严苛规定，申请者必须组成一个"家庭核心"，对申请者种族、年龄、收入、居住年限等皆有限制[①]。同时，还有一系列法规严格限制组屋转让，以杜绝组屋投机行为。目前，新加坡约 85% 的人口居住在组屋里，其中，约有 95% 的租户已购下所住

---

① 张恩逸："房价快速上涨情况下的政府选择——'日照模式'的适用条件及新加坡住房制度的启示"，《中国行政管理》，2007 年第 5 期。

房屋。

②住房公积金制度。新加坡能在几十年内成功解决住房问题，除政府大力支持外，还与其推行公积金制度密切相关。1955 年，新加坡设立公积金制度，经过不断的发展和完善，中央公积金已成为新加坡的基本社会制度之一，涉及到住房、教育、养老、医疗、投资等各个方面。新加坡实行强制性住房公积金制度，为了兼顾企业利润水平和雇员生活水平，政府采用小幅起步、逐渐增加的办法。

③组屋配售政策。组屋的分配早期是采用登记配售的办法，按照"先来后到"的原则，以申请者登记的时间顺序来分配。后期为实行更合理的定购制度，申请人先进行登记注册，在申请表中详细记载自己住房需求的具体情况，从而使房屋发展局可以更科学地制定建房计划、供应规模、规划布局，改进房屋设计、协调住房供应，不断完善公共住房政策。

④提供层次性的住房补贴。新加坡的住房政策对不同收入阶层实行差别对待，低收入者将享受更多的住房福利。本着最需要住房的家庭得到最多帮助的原则，新加坡政府会向这部分群体直接发放住房补贴，并以分级补贴的方式来减小贫富差异，体现住房分配的公平性。

（2）住房保障的主要经验

①政府主导。新加坡政府在住房保障中发挥了主导作用。由于国土狭小，土地资源有限，政府对资源调控的主导作用就显得十分必要。具体而言，政府设立专门的住房保障机构（建屋发展局），建立金融支持体系（公积金政策），为购房居民提供优惠贷款和财政补贴。由于收入差异的客观存在，必然造成众多中低收入者无法通过市场渠道获得住房，此时政府就应发挥其资源调控作用，弥补市场机制的不足，维护社会公平，为中低收入家庭提供住房。

②统一运作机制。新加坡从实施住房保障政策伊始，就设立建屋发展局这一专门机构来统筹全国的住房保障工作。从实施"居者有其屋"住房保障政策之初，其保障性住房就实行统一建设、统一分配和统一管理的运作机制。由于建屋发展局具有全权统筹的权利，因此可以进行统一协调。首先，能够使各有关职能部门按照职责分工，密切配合；其次，能够科学合理配置有限的住房资源，把住房资金、土地资源统一配置；此外，还能实现社会保障性住房的统一分配，有效遏制多头占房、分配不公的现象，从而将有限的社会保障性住房切实用于解决中低收入住房困难家庭的住房问题。

③保障性土地供应。城市住房供给的本质是土地问题，只要有了土地，住宅就可像其他普通商品一样大量供给。新加坡的土地资源非常有限，其通过合理的土地供应机制来维护土地的可持续发展。为防止因土地价格过高而造成住房价格

高涨，新加坡对土地使用的控制相当严格，全国所有土地划分为近千个小区，每一小区内都有详细的土地规划。新加坡政府于 1966 年颁布《土地征用法令》，规定政府有权征用私人土地用于国家建设，有权在任何地方征用土地建造公共组屋。被征用的土地由国家定价，任何人不得随意抬价，不受市场影响。征用土地无疑是政府财富和资源再分配的强制性措施，根据该项法令，建屋发展局能够以远低于市场的价格获得土地，保证了大规模公共住屋建设所需用地。

④良好的金融体系。公积金制度本是为养老保险而建立的，但在建立之后，其优越性随着时间的推移得到越来越明显的体现。因此，新加坡的公积金不仅在养老、医疗和教育等方面发挥了巨大作用，同时在解决住房问题上更是起到不可替代的作用。一方面，公积金为组屋建设提供了有效的资金筹措渠道，满足了进行大规模住房建设的资金需求；另一方面，公积金作为一种住房储蓄形式，为中低收入居民购买住房提供了资金保障。公积金制度使得新加坡在住房建设和住房购买方面都有了资金保障，形成了良好的住房资金循环体系。

2. 日本的住房保障政策

日本是一个四面环海的岛国，是典型的人多地少国家，国土面积为 37.8 万平方公里，人口达到 1.28 亿。日本住房历来紧张，尤其是二战后，日本面临更严峻的住房短缺问题，住房短缺达 420 万户，约 2000 万人无房可住，占到当时人口的 四分之一。日本作为后起的市场经济国家，社会保障起步较晚但发展迅速，保障水平已不亚于其他发达国家，住房保障在其社会保障中占有十分突出的地位。

（1）住房保障的主要制度和做法

①住房金融公库。1950 年，日本政府制定并颁布了《住宅金融公库法》，规定住房金融公库可为抵押品少、资质不符合贷款标准的，难从一般金融机构贷款购、建房的个人和单位提供贷款。1955 年颁布的《住宅融资保险法》，又增加了对金融机构发放住房贷款提供保险的服务。

②城市低价出售住房制度。1955 年，日本政府在《公营住房法》的基础上制定颁布了《住房公团法》，即由国家出资成立住房公团，进行城区改造，平整土地，并在大城市及周边修建住房。其实质是国家出资建房，直接面向中等收入群体进行出售或租赁。有资格入住公团住房的家庭收入一般在中等偏下范围（家庭月收入不超过 33 万日元），采取申请抽签制。

③城市廉租房制度。日本的廉租房包括公营住房、特定优良租赁住房和老年人优良租赁住房等三种方式。公营住房主要由日本地方公共团体通过自主建房和收购租赁民间住房的方式，将房屋廉价出租给低收入人群。特定优良租赁住房主

要由民间团体建设，建成后由地方公共团体购买再租给中等收入群体。老年人优良租赁住房由地方住房公团直接出资建设，或由地方住房公社或社会福利法人购买民间建设的房屋，然后租给当地的老年人。

④相关住房保障支持。财政补贴。日本财政补贴主要有两种方式：一种是政府财政拨款，该拨款一方面用于补贴低收入家庭租房和购房，另一方面用于资助公营住房建设；另一种是政府财政投资性贷款，该贷款对公团住房建设进行投资贷款，或将资金贷给住房金融公库，由其负责建设公共住房和向低收入者发放住房贷款。

金融支持。日本的金融支持政策采用官民混合型模式，即在央行领导下，以民间金融机构为主体，政策性金融机构为补充，官民结合的金融支持模式。此外，住房公团和住房金融公库还可以通过政府担保发行住房债券进行融资，财务省还通过邮政储蓄、国民年金筹集资金和保健年金等渠道，以 1% ~ 2% 的贴息向住房公团和住房金融公库提供贷款。

税收优惠。除财政补贴和金融支持政策外，日本政府还通过税收优惠政策来鼓励自建住房。此外，日本政府对不动产所得税、财产登记税和城市建设税实行减免政策，同时对住房资金中的赠款部分予以免交赠与税的优惠。

土地保障。日本土地均属私有制，解决住房问题首先解决土地供给问题。为有效保障土地供给，日本政府通过类似土地银行的做法购置大片住房建设用地，并通过等价交换制度、借受制度、民赁制度、特借制度等多种制度安排，妥善处理国家与土地所有者之间的关系，在将土地转化为国民住房用地的同时，避免引发新的社会矛盾。同时，通过这种市场化运作机制可以提高工作效率和土地利用率。

（2）住房保障的主要经验

①明确政府干预边界和模式选择。由于住房本身的二重属性，因此日本的住房政策和制度设计根据这一特点，将住房分为商品性住房和公共住房两部分。商品性住房完全通过市场机制进行资源配置，公共住房则由政府干预和市场调节动态结合进行配置，但不同阶段的侧重点是不一样的。二战后，日本住房绝对短缺，国民购买力又严重不足，政府采取直接干预方式扩大住房供给是必然选择。1968 年后，住房短缺问题得到很大缓解，日本政府适时调整了住房保障管理方式，从直接供给逐渐向间接干预转变，更加注重住房市场功能的发挥。这样，在不同发展阶段满足了不同主要利益诉求，既带有明显的经济属性，又具有显著的福利特征，在解决中低收入者住房难问题的同时，使商品房市场得到均衡发展。

②构建全面综合系统支持机制。日本政府在不同发展阶段，根据经济发展水

平和国民住房消费能力，动态调整出台了包括财政补贴、金融支持、税收优惠和土地保障等相关系统支持政策，并成立专门为住房困难家庭提供住房抵押贷款和保险的政策性金融机构，使得住房保障政策的配套性和互补性较强，覆盖面较广，同时较好地处理了政府与市场的关系。

③依法确立政府对住房弱势群体的居住保障义务。从经济学角度而言，政府天生具有增加财政收入和推动 GDP 增长的冲动，在缺乏规定和监督的情况下，易于忽视住房弱势群体的利益，鼓励开发商进行高利润的商品房开发。因此，依法确立政府的住房保障义务十分必要。日本政府通过出台《住宅金融公库法》、《住宅融资保险法》、《公营住房法》、《住房公团法》和《住房取得促进税制》等一系列法律法规，明确政府对住房弱势群体的居住保障义务，从法律层面对各项保障政策提供了支持。

④较为合理的土地征用制度。在土地归私人所有的日本，通过等价交换制度、借受制度、民赁制度、特借制度等多种制度安排，妥善处理国家与土地所有者之间的关系，较好地构建了对被征地一方的合理补偿机制，避免了引发新的社会矛盾，同时还保证了工作效率和土地有效利用。

⑤建立动态入居和退出制度。作为亚洲较早进入发达国家行列的日本，其信用体系非常完备，居民的家庭年收入和家庭资产在相关税务部门可以得到清晰有效地查询。一旦家庭收入提高，超过政策性住房的标准，该家庭便会在严格的动态监督下退出公营住房。这样，便形成了一个没有牟利空间的入居和退出的"内循环"机制，从而保证经济适用房和廉租房等政策性住房能够确实用于需要保障的人群。

3. 韩国的住房保障政策

韩国位于东北亚，国土面积 10 万平方公里，人口为 4875 万。自 20 世纪 60 年代以来，实行出口主导型战略，短短几十年，由世界上最贫穷落后的国家之一，一跃成为新兴的发达国家。20 世纪 60 年代，韩国政府将住房建设纳入国家发展规划，并作了相应的机构与制度设置，较好地解决了住房保障问题。

（1）住房保障的主要制度和做法

①公共保障住房制度。由政府出资建设、并以低廉价格出租给低收入家庭的公租房模式，是韩国解决低收入家庭住房问题的主要途径。韩国的公租房根据是否可以购买分成两大类：一类是通过国民住房基金提供低息贷款建设的可出售公租房。此类公租房由住房公社建设，租住此类公租房的低收入家庭可以在租期内进行住房储蓄，租赁期为 5~50 年，租赁期满后，租户可依靠住房储蓄和其他政策性金融支持购买该房的产权。另一类是由政府直接出资建设的永久性公租房。

这类住房始于 20 世纪 90 年代初期，主要面向占人口 10% 的最低收入家庭租用，只租不售，其租金水平非常低，大约每月只有 70 ~ 100 美元。

②多种形式的住房支持政策。

财政补贴。韩国《基本生活保障法》中明确规定，收入低于最低生活费用标准的家庭（四口之家的标准为每月收入 98.3 万韩元），当地政府要给予适当的住房补贴。

税收支持。韩国政府通过税收优惠的方式鼓励首次置业的低收入家庭购买小型住房。购买面积低于 40 平方米的住房，可免缴住房购置税和交易登记税；购买面积在 40 ~ 60 平方米的住房，可减半征收住房购置税和交易登记税。

租金优惠。在韩国，住房承租人在签订租赁合同时需支付较高的押金，在租赁期结束时押金返还承租人。亚洲金融危机后，为保持房地产市场稳定，同时减轻低收入承租人的住房负担，国民住房基金推出了两种针对低收入承租人的租房押金贷款方案。一种是无房的低收入劳工的贷款计划。对于年收入低于 3000 万韩元的劳工可获得相当于租房押金 50% 的贷款，年利率为 7%。另一种是城市低收入家庭押金贷款计划。贷款人在持有当地政府开具的证明文件后，可获得年利率仅为 3%、贷款额一般不超过 1000 万韩元的押金贷款。

购房优惠。韩国政府对低收入无房家庭购买小型住房时，给予了多方面的优惠。对于年收入低于 3000 万韩元的无房家庭，购买面积在 85 平方米以下的新建住房，可以获得 3000 万 ~ 5000 万韩元、年利率为 8.5% 的住房贷款支持；购置面积在 60 平方米以下的住房，可获得相当于全部房价 70% 的贷款支持，贷款年率也为 8.5%；购买面积在 85 平方米以下的公租房或二手房时，可以申请总额不超过 6000 万韩元的贷款，贷款年率在 7.75% ~ 9% 之间。

（2）住房保障的主要经验

①成立专门运营机构。韩国公共性住房是以政府为主导的，主要由三个层次的专门机构来执行完成。第一层次是国际住房政策审议委员会，该委员会负责制定和审批住房建设规划；第二层次是建设部，该部门负责实施管理政策；第三层次为韩国住房公社和大韩土地开发公社等隶属政府的机构，负责建设公共住房和具有操作性的住宅管理和维护规划。各个层次均有专门运营机构，责任明确，针对性强，较为有力地推进了韩国保障性住房建设的步伐。

②明确分层界定保障目标。韩国政府根据居民收入、家庭状况、居住状况和信用状况对社会阶层进行了细化分层，形成了绝对支援、部分支援和自立三个阶层，成为对不同阶层实施不同公共住房政策的依据。同时，建立了能够及时更新的、较为完善的个人情况动态信息库，可明确界定收入水平下位的中低收入阶层

的区间范围，从而非常明确地确定了住房保障的政策目标及适用范围。并可针对不同阶层的住房需求，采取提供公租房、低价房、税收优惠和低息贷款等多种保障措施，确保低收入居民家庭能够达到合理居住标准，并在未来逐步拥有属于自己的住房。

③注重中小户型住房供给。从韩国住房保障建设的成功经验看，尽管韩国已经成为发达市场经济国家，但政府仍将增加中小户型保障性住房供给视为解决中低收入家庭住房保障问题的关键，并通过财政、金融、税收补贴等多种住房福利政策加以支持。

4. 香港地区的住房保障政策

香港地区地处珠江口以东，与广东省深圳市相接，面积只有 1100 多平方公里，人口只有 700 万，但却是全球最具竞争力的经济体系，人均 GDP 近 50000 美元，经济自由度指数居世界首位。香港是国际重要的金融、服务业及航运中心，是继纽约、伦敦之后世界第三大金融中心，是全球最安全、富裕、繁荣和生活高水平城市之一。在住房保障方面，香港政府提出尽快为所有家庭以他们能支付得起的租金或价格提供适当的住房的目标，通过建造高层、高密度的公共住房和相关保障政策，目前香港地区约有 50% 的人口住在公营房屋中，并且申请入住公屋的轮候时间平均不超 3 年，香港的公屋制度被公认为有效保障居住的典范。

（1）住房保障的主要制度和做法

①系列住房保障计划。1970 年，香港第 25 任总督麦理浩爵士推出居者有其屋计划，为一些收入不足以购买私人楼宇，又不合资格或不愿意入住公屋的市民提供住房选择，该计划内兴建的屋苑称为居者有其屋屋苑，通称居屋。1973 年，麦理浩爵士又推出十年建屋计划，以增加公共屋宇的单位数量。

1978 年，政府免费拨出土地，为中低收入阶层建立居屋。首批居者有其屋的房屋售价大约为 12 万港元，是当时市场价格的一半。1987 年，香港政府又推出新的计划，提议动用 51.25 亿元资金，从 1987~2001 年间向市民提供低息贷款来支付楼价首期付款，买入 10.25 万个楼宇单位。

②公屋管理政策。由香港政府提供的住房包括政府出资兴建的出租住房、为老年人提供的长者房舍、政府补贴出售的居屋、为无家可归人提供的临时房屋和为单身贫民提供的丁屋等，总共占住房市场总量的近一半，政府对各类公共住房实施统一规划、统一建设、统一分配和统一管理。

统一规划。香港政府依据申请轮候公屋的人或家庭数量和土地供给状况等市场需求，来决定出租房屋的供给规划，包括五年和十年计划。

统一建设。香港政府为公共住房划拨土地、提供资金和组织施工。

统一分配。入住公屋的家庭主要是以下五类：一是受清拆、重建和天灾等影响的无家可归者；二是因体恤理由而需要房屋的安置者；三是初级公务员和退休公务员；四是调迁及舒缓挤迫居住环境；五是不能负担租住私人物业昂贵租金的家庭。这些需要在公屋轮候册上登记，并接受房委会对家庭收入和资产的审查。

统一管理。房屋署主要对公屋的物业和租务进行统一管理。物业管理包括小区环境卫生和房屋维护保养等。

③公屋租金政策。香港公屋的租金是按室内楼面面积计算的，除个别情况外，同一座楼的所有单位，不论层次和朝向，每平方米的租金都是统一的。而租金的确定既要考虑公屋坐落的地段、楼宇设备和交通设施等因素，又要考虑租房者的整体负担能力，确保租金维持在合理水平。

（2）住房保障的主要经验

①实行住房建设福利政策。政府大量投资建设公共住房，向中低收入家庭优惠出租和出售，其租金与香港一般市价的住房楼房相比，租金仅为市价的20%～25%，其购房价格也仅为市价的50%～60%，使广大居民实实在在受惠良多。

②实行统一的公屋管理体制。香港地区约有一半的住房为私营房地产商建造，这些楼房由商人自行管理，政府只负责宏观控制。另一半则为公共住房，由房屋委员会集中计划、建造和管理，实行统一计划、统一建设、统一分配和统一管理的"四统一"政策。

③政府、民间和私人机构共同推进。香港住房发展规划的实施不仅仅是政府主导，同时还充分调动了民间机构和私人发展商等各方面力量共同致力于住房问题的解决。香港政府设立房屋署负责策划、统筹并监察策略性房屋政策的推行，在解决居民住房问题中承担着重要职责。除此之外，作为非官方机构的香港房屋协会，负责提供质优和市民可负担的居所，在解决房屋需求方面也发挥着重要作用。随后，房委会提出私人机构参建居屋计划，通过发挥私人发展商的资源、经验和专业知识，辅助政府兴建公屋，缓解市民对居屋的需求，为更多家庭自置居所提供机会。

④政府的有效干预。香港政府积极干预住房市场，在住房市场上的切入点，是提供市场短缺的中小户型（45～50平方米）和中低价位的住房，以满足居民家庭基本的住房需求。同时划定标准，只提供给特定收入线以下、住房短缺的家庭，且有一套公开透明的收入和资产申报制度，辅以轮候制度和退出机制，保障了公屋分配的公开公正。香港政府除直接投资兴建公屋外，还利用优惠的土地（协议批租）、税收（税费减免）和金融等政策，以市场化手段引导私营部门优化住房供给结构，并通过制度建设和制度创新促进住房市场发展。

⑤公屋实现可持续发展。房屋署每年投入大量的建设资金，雇佣人数较多管理人员，而公屋的租金却十分低廉，且含管理费在内，似乎应入不敷出，但从房屋署近年的账面看却是略有盈余的，这主要是商业楼宇为房屋署带来了可观收入。房屋署在建造公屋小区时，由于规划合理，区内休闲、娱乐和教育等设施齐全，更建有大型的商场以满足小区内居民的购物需要，而商场和停车场产权都属于房屋署。因此，房屋署可根据区内对各行业的需求设定铺位，向社会公开招标，竞价出租，向承租者定期收取租金和管理费。香港房屋署的商铺空置率只有1.7%，远低于世界一般商铺10%以上的空置率水平。

（四）社会民主主义与高福利国家政策模式

除新自由主义、法团主义政治价值观深刻影响国外住房价格管理之外，社会民主主义价值观对欧洲住房政策的影响也比较明显。社会民主主义主张，通过国家行为最大限度地改善社会不平等。为此，执掌北欧福利国家的欧洲中左党团在住房政策上，更倾向于以高税收保障国家提供维持公民平等需要的基本生活保障，体现在公共住房供给、社会住房维护、租金管制等方面。

1. 瑞典的住房保障政策

瑞典王国位于北欧斯堪的纳维亚半岛的东南部，面积约45万平方千米，是北欧最大的国家。瑞典人口稀少，仅有900多万人。其中大约1/3的人口集中在首都斯德哥尔摩和南部的哥德堡、马尔默三个城市群。瑞典是以高工资、高税收、高福利著称的发达国家，国民享有高标准的生活品质，被视为具有社会自由主义倾向以及极力追求平等的现代化福利社会。按人口比例计算，瑞典是世界上拥有跨国公司最多的国家。与其他大多数国家住房政策针对弱势群体不同，瑞典的住房政策旨在保证所有的瑞典人都能达到舒适的住房标准。照任何国际标准，瑞典人民的居住条件都是一流的，早在1990，瑞典人均住房面积就达到40平方米以上，且数十年房龄的住房外部和内部保养得都非常好，热水和暖气供应充足。

（1）住房保障的主要制度和做法

①公共住房计划。20世纪50年代至60年代，瑞典政府大规模出资推进公共建造住房计划，即百万工程。在短短十几年的时间内为中低收入者建造了超过100万套的廉价住房，极大地缓解了当时住房紧缺的矛盾。

②住房信贷与保险计划。瑞典通过中央政府预算和税收制度等不同方式对住房成本进行补贴。对于所有新建住房和租户拥有的供出租的住房的更新改造都可以享受政府的利息补贴。这些补贴通过临时的投资拨款方式得以补充以刺激增加

租赁房建设。这种贷款利息课税减免的方式常常能减少住房所有者多达30%的利息支出。

③住房津贴与补助计划。20世纪90年代以后，住房信贷与保险计划的重要性在逐步下降，住房津贴发挥的作用则越来越大。住房津贴旨在帮助低收入家庭住进空间较大、质量较好的住房。住房津贴面向所有租房和买房的中低收入者。实践中，住房津贴的最多获得者是有孩子的单亲家庭。

④"发展和公平——21世纪城市政策"

20世纪90年代后期，同一些发达的欧美国家一样，瑞典也被"居住分异"的问题所困扰。特别是城市间居住群体的年龄、收入和种族等特性差异越来越明显，从而引发了城市间发展不均衡、城市格局失衡、不同收入阶层矛盾、低收入居民被排斥等现象进一步加剧。为了解决这一问题，瑞典政府于1997年提出"发展和公平——21世纪城市政策"的发展目标，希望在促进各城市持续发展的基础上，减少群体间、种族间和城市间的居住分异现象。为此，瑞典政府成立了一个由法律、金融、教育、社会事务、文化、工业和环境等七大部门组成的委员会，从就业、教育、文化融合、公共卫生和邻里关系等方面综合考虑，营造出一个平等公正和可持续发展的居住城市，以减少城市间的分异现象。

（2）住房保障的主要经验

①混合居住防范失衡。减小居住分异和降低城市间发展失衡，应成为住房保障政策的组成部分。瑞典政府在考虑制定住房政策时，不仅仅是局限在提高中低收入居民的住房可支付性和可达性等问题上，还同时考虑到减小居住分异和降低城市间发展失衡等方面。由于瑞典政府较早介入，从住房供应、补贴、城市规划和城市间的协调管理等方面出发，经过缜密筹划，最终制定出具有明确针对性和相互配套的调整政策。

②建立综合政策体系。瑞典的成功经验显示，住房保障是一项复杂的工程，仅仅依靠住房政策是远远不够的，应当建立一个涉及住房、土地、劳动力、文化传统和社会体系等全方位的政策体系。一个有效的住房政策，要有赖于整体社会保障政策的健全。住房政策是整个社会保障政策的一个重要组成部分，它不仅与作为物质的城市相关，更与居住在城市中的人密切相关。就这要求政策制定者不仅要对整个区域的发展有深入了解，更要对人们的需求愿望和面临的困难有全面掌握。

（五）东欧转型国家与转型后的住房保障政策

除上述政治价值观深刻影响国外住房价格管理之外，社会主义对住房保障政策的影响也比较明显。恩格斯在讨论未来社会主义国家解决住房问题时，提出由全能型的国家而不是市场保障公民住房。前苏联、东欧社会主义国家在政治体制转型前，住房建造与分配完全是国家的责任与权力，但公民无法通过市场谋求居住改善。东欧国家转型之后，住房保障政策开始借鉴西方国家成功经验，取得了一些成效。

1. 俄罗斯的住房保障政策

俄罗斯是世界上面积最大的国家，国土面积达 1709.8 万平方公里，人口为 1.42 亿。地域跨越欧亚两个大洲，与多个国家接壤。绵延的海岸线从北冰洋一直伸展到北太平洋，还包括了内陆海黑海和里海。

（1）住房保障的主要制度和做法

①完善法律体系。1991 年，俄罗斯议会通过了《俄罗斯联邦住房私有化法》；1992 年，俄罗斯政府颁布了《关于联邦住房原则》；1993 年，俄罗斯政府公布了《俄罗斯境内住房资源无偿私有化示范条例》；2004 年，俄罗斯国家杜马又通过了《住房法》和《城市建设法》等 17 项配套的法律文件，为发展国内住房市场及改善居民住房条件奠定了法律基础。此外，涉及俄罗斯住房政策的法律还有《城市建设法》、《土地法》和《不动产抵押法》等多项法律，分别规定了城建住房用地、个人建房用地以及个人住房抵押贷款规则。

②住房专项规划。2005 年，俄罗斯政府通过《2002～2010 年俄联邦住房专项规划》，设定了 2010 年的俄联邦住房专项目标：存量住房面积在 2004 年 28.5 亿平方米的基础上增加 1 倍；人均住房面积从 2004 年的 19.7 平方米增加至 21.7 平方米；新建住房建设面积达 8000 万平方米；减少公民等待公有社会住房的分配时间等。

2010 年，俄罗斯政府批准了《2011～2015 年俄联邦住房专项规划》，计划总投资 6206.9 亿卢布，五年间建造 3.7 亿平方米住房，其中经济型住房的比重不低于 60%；到 2015 年，俄罗斯将有 1/3 的家庭可以用个人积蓄和贷款买房；人均住房面积将提高到 24.2 平方米。

③保障住房融资政策。

住房按揭贷款市场。1997 年，俄罗斯政府成立了住房按揭贷款公司；1998 年，通过《不动产抵押法》；2000 年，推出俄罗斯住房按揭贷款体系发展构想。2010 年，俄联邦政府签署了《2030 年前住房按揭贷款发展战略》。该战略分 2010～2012 年、2013～2020 年、2021～2030 年三阶段实施。

住房抵押贷款再贷款体系。2003 年，俄罗斯政府通过《有价证券抵押法》，为住房抵押贷款再贷款提供了法律依据。具体措施有三项：一是允许银行发行住房抵押贷款证券，到公开市场上吸纳私人资金，以增强为公民提供贷款的能力；二是央行降低对商业银行发行抵押贷款债券的自有资金比例要求，可从14%降低到10%；三是政府借助住房抵押贷款公司，直接参与住房抵押贷款市场的运作。

土地抵押贷款融资方式。俄罗斯政府推出土地抵押贷款融资方式，规定私人、市政机构和法人均可将土地抵押获得贷款。土地拥有者可通过土地抵押获得贷款，并用所获贷款在该土地上修建住房公用设施；之后将已建好公用设施的土地再重新估价，从而获得新的贷款；再使用新的贷款建造房屋主体结构，然后将修好房屋主体结构的土地再次估价获得新贷款，进而用这笔新贷款完成房屋建造。

合作建房。合作建房即购房者与开发商签订预购商品房合同，类似于我国的商品房预售。2005年4月，俄罗斯开始实施第214号联邦法，对合作（集资）建房予以规范。2010年6月，俄罗斯对该法案进行修订，取消了开发商在签订合作建房协议时必须缴纳增值税的规定。

④特定群体住房保障政策。为五类人群提供社会住房或优先改善住房条件。为解决历史遗留问题，俄罗斯政府规定，从危房和从20世纪50～60年代建造的预制板结构楼中搬迁出来的居民；在自然灾害和其他事故中丧失居所的居民；法律规定有权获得住房补贴的公民，如现职军人和退役军人；从北极地区或者类似地区迁移出来的居民；核辐射事故及灾害救援人员，从拜加努尔迁移出的俄罗斯公民，卫国战争参战人员及孤儿院中的孤儿等五类人为国家承担法定义务的特定人群，政府通常给这五类人群提供记名有价的《国家住房证书》。持证者可在常住地获得一套标准住房或相当于标准住房成本的购房补贴。该项房款和补贴由联邦支付，住房标准和补贴面积为每个家庭成员18平方米。

为年轻学者提供住房补贴。2006年，俄罗斯斯政府通过第765号决议，提出要为年轻学者提供住房补贴。补贴对象为在科研机构从事科研工作5年以上的年龄不超过35岁的副教授和年龄低于45岁的博士。补贴方式也是发放记名有价的《国家住房证书》。

向低收入家庭提供住房公用事业收费国家补贴。根俄罗斯法律规定，如果住房公用事业收费在家庭收入中的比重超过22%，俄罗斯公民有权获得国家补贴。近年来，获得该项补贴的家庭占公寓房中居住家庭的比例一直保持在7%左右。

对享受多子女救助金的家庭提供住房支持。2009年，联邦预算支出263亿卢布，对享受多子女救助基金的家庭提供按揭贷款支持（约覆盖8.8万个家庭），并允许使用多子女救助基金偿还住房按揭贷款。2010 年，政府逐渐放宽用多子女补助金改善住房条件的限制。2011 年初，养老基金开始受理多子女补助金提取申请，自建和翻修住房的多子女家庭均可以申请。

⑤青年家庭住房保障制度。青年家庭是指夫妇双方至少有一人年龄不超过 35 岁的家庭，同时包括不完全家庭，即只有父子（女）或者母子（女）的家庭，其父（母）年龄不超过 35 岁。在俄罗斯，青年家庭很难在没有政府补助的情况下获得住房，即使是有能力支付抵押贷款的家庭也无法承担高额的住房首付。因此，政府为解决青年家庭的住房问题，给予青年家庭包括住房按揭贷款首付款、住房债务或自建住房费用等的住房补助。该制度对参与者的年龄有严格限制，并且要在地方自治管理机构登记排队。

（2）住房保障的主要经验

①保障机制的选择性较强。俄罗斯政府本着将有限的财力分配给最需要的人。因此，俄罗斯出台了《住房政策基础》、《俄罗斯住房、公共服务市场竞争和反垄断纲领》、《俄罗斯住房与公共服务改革指南》和《俄罗斯住房、公共服务项目改革与现代化行动纲领》等一系列法律法规，要求地方政府根据地方实际情况建立地方的住房改革法律法规。

俄罗斯政府并不是单纯地根据居民收入来划分保障对象，而是综合考虑年龄、职业、家庭拥有资产情况和还贷能力等各种情况，对符合上述条件的家庭进行有选择的住房保障。同时，俄罗斯政府对于那些不符合条件的低收入家庭，通过提供无偿免费住房或者低租金住房的形式进行保障。

②保障机制的连续性较强。这种连续性体现在两个方面：一是历史的延续性。早在苏联时期，就有针对青年的青年住房合作社，目前俄罗斯仍然保留着这种建房模式；二是"青年家庭住房保障"计划实施的连续性。根据"2002 ~ 2010 年住房"计划，青年家庭住房保障被分为三个阶段，每个阶段都有相应的计划目标和计划实施方案，而且个别地区还制定了更为长远的保障计划。这种分目标、分阶段地计划实施策略有效地提高了计划的实施效果。

③对青年群体住房问题非常关注。前苏联和俄罗斯一直对青年群体住房问题非常关注。1986 年，前苏联出台《关于青年住房建设合作社条例》，对青年群体参与住房合作社的权利和义务进行了规定。苏联解体后，俄罗斯政府出台青年家庭住房保障计划和青年家庭住房保障制度，有效地改善了青年家庭住房条件，缓解了青年的住房需求，较好地解决了青年购房资金不足的问题。

3. 乌克兰的住房保障政策

乌克兰位于欧洲东部，国土面积为 60.4 万平方公里，是欧洲除俄罗斯外面积最大的国家，人口为 4626 万。全国黑土面积居世界首位，占国土面积的 2/3。境内有大小河流 2.3 万条，湖泊 2 万多个，其中 3000 条河流长度超过 10 公里，116 条超过 100 公里。乌克兰成立至今的历史还不足 20 年，因此在这方面起步也稍晚。2006 年 1 月，乌克兰通过《社会救助住房基金法》，第一次从法律上界定社会房。为此，政府制定了 18 项相关配套的政策，使乌克兰社会房建设做到了有法可依，使部分特殊人群的住房有了法律保障。

根据《社会救助住房基金法》规定，"社会房"是指由地方和国家财政出资修建，无偿提供给社会低收入家庭和战争英雄、劳动英雄和残疾人等社会特殊人群居住的房屋。按照乌克兰国家住房建设标准规定，其所有住房分为商品房和"社会房"。商品房由房地产商开发经营，价格由市场决定。"社会房"由国家财政出资修建，价格由国家制定，通常大大低于市场价格。其法律规定，居住者不能将"社会房"出租、换置或买卖，如果居住者的收入状况改善，则应退还住房。

《社会救助住房基金法》还规定，有资格享受"社会房"的只能是低收入家庭。基本条件有三个：一是必须有当地户口，属住房困难户，且至少登记在册五年以上；二是家庭人均住房面积不足 7.5 平方米；三是家庭收入低，在实践评估中，还要考虑当地的房租价格水平以确定其家庭收入是否达标。如基辅的一居室住房租金为 300 美元，如果某个家庭的收入水平低于 300 美元，那么他就有资格申请"社会房"。

政府在登记时，还会根据各项综合指标分为特需户、急需户和缓需户三档。主要遵循两个原则：一是人均住房面积原则。社会低保人员和家庭的情况尽管不尽相同，但家庭人均住房面积的大小是可以直接比较的；二是社会公平原则。在同等情况下，收入水平是决定性因素，在收入基本相同情况下，还会考虑一些其他因素。如有一个年轻人和一个单亲妈妈，他们收入相当，都有资格申请"社会房"，在分配住房时，单亲妈妈可能更会得到同情而较早分配。

根据有关实施细则，"社会房"住户也可以出资 50% 的房价进行购买，另 50% 的房价则由地方财政补贴支付。这一政策有效地刺激了低收入水平者购买住房的潜力。

《社会救助住房基金法》实施以来，使得数万户住户住进了社会房，但与实际需求仍相去甚远。按乌克兰政府规定，人均居住面积需达到 14 平方米，许多家庭都不达标，加上近些年经济发展形势不好，贫困化现象加重，居民对国家社会保障性住房需求越来越大。可以预见，未来乌克兰住房保障制度建设仍任重道远。

五、国外住房保障建设的共同经验、发展趋势及对我国的启示

（一）国外住房保障的共同经验

不同住房保障制度具有各自的优势及问题，从以上各国的住房保障体系的比较研究可以看出，各国在住房保障体系建立和完善的过程中，存在着三大相似之处：一是住房保障动因和目标的相似性。发达国家均以政治、安定、公平作为建立住房保障制度的基本动因，以满足城市居民的基本居住需求、保障居民的基本生活需要作为建立住房保障制度的出发点。二是住房保障政策演进的相似性。各国最初的住房保障制度是由政府在金融和住房供应上进行大规模国家干预，政府直接投资或补贴建设公共住房。随着全国性住房短缺的缓解以至消失，转而鼓励运用市场机制解决大量的住房供应。三是住房保障责任和保障措施的相似性。各国住房保障重在建立公平社会，缩减贫富差距；实施过程强化、过程监管与干预，制定了一系列法律体系保障实施有效公平。进一步研究，各国在具体措施方面，存在着以下七大基本特征和共同之处。

1. 中央政府是负责主体

从以上 12 个国家和地区的住房保障经验来看，均存在着政府干预的普遍性。市场机制条件下，由于劳动能力的差别存在，一部分阶层的收入是无法承受其住宅支出的，这就在客观上需要政府提供住房保障。

2. 法律法规是必要保障

从以上 12 个国家和地区的住房保障经验来看，住房保障工作政策的出台和工作的开展，无一不与建立和修改相关法律法规密切相关。

3. 公房建设是核心政策

从以上 12 个国家和地区的住房保障经验来看，公共住房制度是各国住房保障体系的核心政策。政府只有直接掌控一定量的公共住房，才能在市场上拥有一定话语权，才能使财政、金融、土地等各种政策有效引导市场方向，从而切实保障中低收入者的住房问题。

4. 严格审查是重要环节

从以上 12 个国家和地区的住房保障经验来看，要想使保障性住房和相关优惠政策真正落在保障对象身上，必须建立严格的收入划分标准和资格审查制度，明确规定不同收入阶层应享受的保障待遇，同时要动态跟踪入住者收入和资产的变动情况，确保低收入居民成为真正的受惠群体。

5. 财政金融是有效支持

从以上 12 个国家和地区的住房保障经验来看，政府大规模投资建造公共住房和直接或间接的货币化补贴等政策，财政资金的有力支持必不可少。同时，需要有效的金融系统的支持，通过金融杠杆的放大作用，调动社会各种资源参与保障性住房建设。

6. 保障对象是动态变化

从以上 12 个国家和地区的住房保障经验来看，一些诸如新加坡、瑞典等国家的住房保障覆盖面超过全国人口的一半甚至更高，一些诸如美国、日本等国家的住房保障主要针对中低收入阶层。并且这种保障对象的划定是动态的，明显如英国，其住房保障对象的范围经历了由窄到宽、由宽到窄、再窄到宽的过程。并且，大多数国家在住宅紧缺的早期阶段，住房保障覆盖面较大，在后来的居住升级阶段，住房保障重点转向中低尤其是低收入家庭。

7. 居住分异须努力避免

从以上 12 个国家和地区的住房保障经验来看，大多数国家在住房保障建设过程中，都出现了不同程度的"居住分异"现象，形成穷人与富人之间、小区与小区之间、甚至城市与城市之间分化的现象，造成许多社会问题。

（二）国外住房保障建设的发展趋势

随着社会经济的发展、住房供求关系和居民住房情况的变化，各国审时度势，不断改进住房保障建设，从各国住房保障政策的调整来看，住房保障建设存在以下几方面的发展趋势。

1. 直接政策逐渐减少，政府倾向间接干预

住房保障建设初期，政府直接建房是主要方式之一，一般在住房短缺情况下更受各国（地区）政府的重视。这种直接干预的方式产生于住房供求矛盾尖锐、住房严重短缺的环境，通过设立专门机构，提供专项运营资金，在较短时期增加住房供给。当住房供求基本达到平衡时，众多政府对住房供应市场的直接干预转向以间接干预为主。政府对普通住房和私人住房投资提供长期低息或贴息贷款，并采取削减贷款利息等办法支持非营利机构发展低成本、低租金的公共住房，以保障中低收入居民的居住需求。随着住房难题缓解，大多数国家和地区的政府都全面退出了住房供给领域，而采取多种形式的间接干预政策。

2. 住房产权趋向私有，自有住房普遍提高

二战后各国为解决住房短缺问题，政府直接建造公共住房增加供给，并直接管理公共住房，这有利于缓解住房紧张，提高居民居住水平。20 世纪 70 年代以

后，世界范围内出现了政府以优惠的税收和贷款政策鼓励公房私有化的浪潮。尤其是在新自由主义执政理念指引下，发达国家政府达成一个共识，拥有住房财产的阶层是稳定阶层，有利于社会安定和政治民主。为了减轻政府在住房保障方面的资金压力，各国纷纷削减公共住房建设的预算，已有公共住房也开始出售给住户，公房管理权限逐步移交给社会自治性组织。在这种背景下，全球住房产权私有化趋势明显，各国住房自有率不断提高。

3. 补贴对象日趋减少，人头补贴成为方向

20 世纪 70 年代之后，各国政府逐步削减住房补贴，缩小社会住房保障的覆盖面，集中力量加强对低收入者的保障。各国相继制定了低收入者标准和申报批准程序，并由专门机构进行严格控制。对低收入者的补贴由"砖头补贴"转向"人头补贴"。房租补贴是面向低收入租房者的住房保障措施，发达国家和越来越多的发展中国家都青睐房租补贴政策，借此帮助支付能力有限的低收入家庭能够在住房市场上租到满足基本居住需求的住房。租金补贴数额一般按照标准住房租金与家庭可支付租金的差额确定，后者则以本地区平均房租收入比做参照。

4. 住房水平不断提高，舒适享受成为目标

二战后初期，主要国家面临住房紧缺状况局面，建设住房以一居和二居为主，主要解决有房居住的问题。20 世纪 70 年代，住房短缺问题基本解决，政策目标转向提高居住水平和居住质量。八九十年代以后，住房需求档次不断提高，舒适型、享受型住房比例不断增加，住房质量与人居环境都有明显改善。与此同时，住房政策的关注重点从兴建住房到既有住房改造与修缮。

5. 财政政策有所弱化，保障趋向金融支持

主要国家为实施住房保障，基本都建立了专门的住房金融体系，全面采取政策性住房资金支持。政策性住房资金基本上通过政府提供低息贷款或贴息方式进行，贷款资金来源于财政预算或财政担保的发放债券所得。此类金融政策手段是引导社会性资金向住房领域倾斜，鼓励私人开发商及非盈利机构参与兴建保障性住房的重要手段。与当年政府直接建房类似，政府主导的长期贴息住房政策需要持续的财力作为支持。

（三）对完善我国住房保障体系的重要启示

吉姆·凯姆尼（2010）曾指出，"中国作为世界最大、最快速增长的经济体，将在未来发挥关键性的作用，如果盲目效仿美国住房市场，中国将会加速世界经济泡沫的制造；采取'住房社会市场'策略，中国将会抑制或消减经济危机"。他希望他的研究有助于中国发展一个平衡的住房体制，从而避免重蹈将美

国带向衰退的极端新自由主义的覆辙。吉姆·凯姆尼的潜台词是中国住房政策选择的方向有错误，应当效仿德国的社会市场模式，而不是英美的自由市场模式。但是，吉姆·凯姆尼忽视了极为关键的问题：德国式的大陆法团主义传统和社会发展模式相当独特，不用说中国，在欧洲连德国的邻邦都难以复制。

国内有很多学者呼吁学习新加坡和香港，建立市场化和保障性住房并行的"双轨制"，认为政府应出面解决大部分人的住房问题，以此稳定房价和创造社会公平。这种观点也忽视了我国国情的特殊性。我国尚处在工业赶超时期，区域与城乡差异明显，居民收入水平差异较大，住房问题远比新加坡这类城市国家严重。反对"双轨制"的学者指出，以中国社会的现状，政府对住房问题涉及得越深，所制造的扭曲就会越大。这些年，围绕政策性住房的丑闻，从决策、建设、分配到管理，涵盖了整个链条，其数量和严重程度都令人震惊。从全世界范围看，不论是"双轨"特色比较明显的德国、香港、新加坡，还是市场程度高的美国、英国、澳大利亚，政府对住房市场都有或多或少的介入，但只要政府直接介入，就难以避免各种各样的"政府失灵"现象。以中国目前的法治水平，对此要引以为戒，深思慎行。

1. 要处理好住房保障与经济稳定可持续发展的关系

西方社会保障理论的发展与福利理论的发展存在着十分密切的关系，开始以老弱病残、失业人群为主要保障对象，后来从简单的社会救助扩展到广泛的社会福利，演变为福利型住房保障制度。20 世纪 70 年代，主要国家认识到住房保障是一柄"双刃剑"，既能促进经济发展，也能阻碍经济发展。在探讨社会住房保障制度改革时，西方主要国家开始更多考虑其与经济可持续增长之间的关系。未来，如何保证我国住房保障制度既不因政府财政支出过高而导致本国竞争力下降，又不会由于降低保障标准而导致社会不公，加剧社会不稳定，是值得审慎权衡的问题。

2. 要坚持量力而行、未雨绸缪的原则

西方福利国家住房保障制度陷入困境的现实，提醒我们在住房保障对象、范围、水平、方式的选择上，要坚持量力而行的基本原则。发达国家的住房保障体系是在金融市场和投资管理较为成熟的条件下，在全国人口年龄结构相对年轻时筹建的，基金积累充足而且结构完善。但是随着发达国家老龄化加剧，社会住房保障的负担也越来越大。我国即将步入老龄化社会，对此未雨绸缪。

同时，我国总体收入差距较大，大型和特大型城市中外来人口众多，因此在住房保障建设方面须尤为注意。可通过建设构建不同收入家庭相融合的社区、补贴让低收入家庭的租户分布在不同的区域、进行住房更新和改造，提高公共住房的环境等措施，努力避免产生居住分异问题。

3. 明确政府在住房保障中的主体地位

住房作为一种特殊的商品，具有价值大、使用期长的特性，加上房地产市场自身具有的不完全竞争性和信息不对称性等缺陷，住宅市场很容易出现市场失灵，许多居民尤其是为数众多的中低收入家庭，不可能仅通过市场来解决自身的住房问题，易引发社会的不安定。我国中低收入阶层的住房保障寄托于市场是不现实的，政府必须承担相应责任。特别是中央政府，担负着全面建设小康社会的职责，理应成为构建住房保障体系的主体。

4. 制订和完善住房保障法律法规

没有规矩不成方圆。各国政府在解决住房问题时，均制订和修改了众多法律法规，确保各项政策、规划有法可依。我国相关法律法规尚不完善，许多住房保障纠纷不得不依靠《物权法》、《合同法》和《城市房屋拆迁条例》等大法进行解决。未来，我国应尽快出台《住宅法》，一方面可依法成立专门机构来实施住房保障政策的各项保障措施，另一方面可以通过法律引导和规范相关主体行为，保证住房政策的有效执行和实施。

5. 加强住房保障政策体系的层次性

住房保障政策从某种意义上说，由是政府承担住房市场价格与居民支付能力差额的过程。由于住房保障对象的支付能力有差别，我国住房保障制度在建设和实施过程中，必须注意体现出住房保障的层次性。可根据不同的经济形式、住房发展阶段和居民住房需求，制定分级计划，建立适应不同收入水平居民的分层次住房保障体系，适应不同保障对象的具体需求和保障待遇。

6. 探索建立并运行契约式住房投融资互助体系

在我国，大量社会闲置资金无法投入实体经济，无节制地流向股市或楼市，此类投机需求也是导致我国大城市住房价格高涨的根源之一。近年来，住房投机需求的负外部效应越来越明显，与此同时，作为强制性储蓄的公积金制度因城镇居民收入差距过大而未能发挥应有作用，中低收入家庭大量依靠商业银行贷款的成本过高、风险较大，其购房的消费者剩余越来越小。根据我国目前投资渠道匮乏，住房融资来源较少的现状，建议我国政府借鉴国外经验，允许开展自愿契约式住房投融资互助体系的有益探索，以弥补现有公积金制度的不足。

7. 明确住房保障建设的长期性和持续性

从国际经验和我国当前的实际来看，住房保障制度必须以解决最低收入家庭住宅问题为核心进行设计。政府的经济政策、经济发展模式及其决定的政府保障能力、住宅发展阶段、低收入居民的住房保障需求等都是决定住房保障制度设计的重要因素。尽管保障制度本身也会随着具体情况的变化而不断发展，但在当前，我国处于经济体制转轨、结构调整时期，收入的低下使得城市中低收入群体住房问题非常严峻，解决他们的住宅问题是政府的重要职责。具体到廉租房的政策设计，究竟采取什么样的措施，是加强住宅供应还是使用租金补贴，这要结合我国的实际综合考虑。

8. 建立有效的住房保障管理机构

当前，我国一些地方特别是许多县区尚未设立保障性住房专门管理机构，许多工作人员为兼职，保障性住房建设管理、政策执行、资金管理和监管等存在多头管理等问题。未来，我国应建立专门的保障性住房管理机构，统一负责相关事务，提高保障房管理水平。

9. 建立住房保障分级和退出机制

许多国家和地区均有相似的住房保障分级制度，与不同经济发展阶段和居民收入水平相适应，满足不同收入水平居民的住房支付能力。未来，我国要在征信体系建设方面加快步伐，对保障性住房的申请者情况有效掌握。建立了严格的退出机制，在申请者入住公房后，仍对其进行监督，如果其工资收入和家庭资产超过相应标准时，有合适的退出或补偿机制，以保证保障性住房在中低收入居民中进行良性循环。

10. 建设租赁市场引导租房消费

目前，超大城市（北京、上海、广州、深圳）及部分大城市（东南沿海开放城市），因土地和住房供给不足、购房需求旺盛导致房价非理性上涨进而推高全国价格，但中西部二线城市、小城镇住房供需矛盾尚未激化，有望成为加速城镇化、管理城市住房价格的缓冲区。因此城乡住房价格管理不能"一刀切"，需要有的放矢，服务于城镇化不同发展阶段和不同地区的需要。超大城市保障中产阶层"居有权属"，大中型城市应保障社会保险所涉及人群的"居有定所"，二线中等城市、积极扩容的小城镇应根据具体情况扩大住房保障的对象范围，以分流部分大城市住房需求。

各级政府应当尊重城市化和人口迁徙规律，通过住房价格管理引导人口迁徙方向。应当着力完善房地产价值评估体系，扶植市场化的第三方评估机构成长，为保障性住房出售、出租、转让提供具有合同效力的基准价格，给住房租售价格监管提供决策依据。虽然由于制度文化的差异，无法像德国一样依靠社会住房和私人住房大规模发展成本型租赁市场，但是可以根据不同年龄层的消费特征，引导个性化、差异化消费，如引导新兴消费人群更多地接受租房消费模式。

参考文献

[1] 单克强. 对我国住房保障制度的探讨. 金融教学与研究, 2010 (3)

[2] 谢宏杰. 欧美国家公共住房制度比较研究及对我国的启示. 重庆建筑大学学报, 2008 (8)

[3] 李莉. 美国公共住房政策的演变. 博士论文, 厦门大学, 2008

[4] 段世霞. 国外住房保障制度与中国住房保障体系的构建. 中国国情国力, 2008 (9)

[5] 余南平. 欧洲社会模式——以欧洲住房政策和住房市场为视角, 上海: 华东师范大学出版社, 2010

[6] 李正全. 发达国家政府干预房地产市场的政策、演变趋势及其借鉴意义. 世界经济研究, 2005 (5)

[7] 金伊花. 日本的住房保障. 城乡建设, 2008 (6)

[8] 梁云芳, 高铁梅, 贺书平. 房地产市场与国民经济协调发展的实证分析. 中国社会科学, 2006 (3)

[9] 任鹏充, 任芃兴. 保障性住房制度的国际比较及经验借鉴. 河北金融, 2010 (4)

[10] 张文新, 蒋立红. 国外地价与房价关系及其启示. 中国土地科学, 2004 (3)

[11] 陈杰, 曾馨弘. 英国住房保障政策的体系、进展与反思. 中国房地产, 2011 (4)

[12] 白雪. 住房制度建设与改革的国际经验和启示. 北方经贸, 2010 (7)

[13] 刘琳. 住房保障制度的设计要适合国情. 中国投资, 2008 (11)

[14] 吕萍, 周淘. 土地城市化与价格机制研究. 北京: 中国人民大学出版社, 2008.

[15] 陈默. 前联邦德国的住房立法与住房建设. 中外房地产导报, 1995 (19)

[16] 德国施豪银行. 德国的住房储蓄制度. 国际金融研究, 1998 (8)

[17] 王雪峰. 日本房地产泡沫与金融不安全. 日本研究, 2007 (1)

[18] 李莉, 王旭. 美国公共住房政策的演变与启示. 东南学术, 2007 (5)

[19] 钱凯. 改革和完善我国住房公积金制度的观点综述. 经济研究参考, 2007 (24)

[20] 阎明. 发达国家住房政策的演变及其对我国的启示. 东岳论丛, 2007 (4)

[21] 李迎生. 让住房保障惠及城市中等收入层. 学习与实践, 2007 (9)

[22] 金三林. 建立适合我国国情的住房政策体系. 北方经济, 2007 (11)

[23] 伍冠玲. 我国住房保障模式的比较选择与思考. 中国房地产, 2007 (11)

[24] 朱冬传. 乌克兰新法首提社会房概念. 法制日报, 2007 年 3 月 30 日

[25] 王石泉. 论社会保障理论的历史演变. 毛泽东邓小平理论研究, 2004 (4)

[26] 李佳, 刘学东. 国外如何帮低收入者买房. 中国房地产金融, 2006 (5)

[27] 余数, 李凯. 转型时期俄罗斯青年家庭住房保障对我国的启示. 生产力研究, 2011 (5)

[28] 高晓慧. 俄罗斯住房制度改革及绩效. 俄罗斯中亚东欧市场, 2008 (8)

[29] 宋博通. 三种典型住房补贴政策的"过滤"研究. 城乡建设, 2002 (8)

[30] Renaud B. 城市高速发展时期的住房政策: 以国际视角看中国所面临的挑战, 国务院发展研究中心 – 世界银行 IFC 中低收入人群住房政策研讨会, 2007 年 7 月

[31] 王慧慧. 我国台湾住房保障体系及其特点. 理论探讨, 2011 (3)

[32] 詹浩勇, 陈再齐. 加拿大社会保障住房的发展及其启示. 商业研究, 2012 (4)

[33] 哈耶克. 通向奴役之路. 中国社会科学出版社, 1997

[34] 米尔顿·弗里德曼. 资本主义与自由. 商务印书馆, 2003

[35] 郑功成. 社会保障学. 中国劳动社会保障出版社, 2005

[36] 贾康, 刘军民. 中国住房制度改革问题研究——经济社会转轨中"居者有其屋"的求解. 北京: 经济科学出版社, 2007

［37］黄安永，朱新贵．我国保障性住房管理机制的研究与分析——对加快落实保障性住房政策的思考．现代城市研究，2010（10）

［38］赵红艳，施琳琳．他山之石可以攻玉——瑞典、美国、新加坡住房保障制度体系借鉴．城市开发，2007（12）

［39］崔裴．中美房地产业比较研究：内涵、属性与功能．北京：光明日报出版社，2010

［40］南平．欧洲社会模式——以欧洲住房政策和住房市场为视角．上海：华东师范大学出版社，2010

［41］吉姆·凯姆尼．从公共住房到社会市场——租赁住房政策的比较研究．北京：中国建筑工业出版社，2010

［42］吉姆·凯姆尼．公共住房到社会市场——租赁住房政策的比较研究．北京：中国建筑工业出版社，2010

［43］亚当·斯密．国富论．南京：译林出版社，2011

［44］余数．转型时期俄罗斯青年家庭住房保障对我国的启示．长春：吉林人民出版社，2011

［45］Taffin, C. Private & social rented housing: basic principles & overview of practices in Europe. 国务院发展研究中心—世界银行 IFC 中低收入人群住房政策研讨会，2007 年 7 月

［46］Renaud B. Learning from the Asian Crisis: Lowering Risks in Immature Real Estate Markets ［C］. Notes for Presentation at the Lunch Round Table, AREUEA – AsRES Joint Conference, Maui, 1999

［47］Aron, Janine and Muellbauer, John. Housing Wealth, Credit Conditions and Consumption ［D］. http://www.csae.ox.ac.uk/workingpapers/pdfs/ 2006 – 08text.pdf

［48］Abdullah Yabas. A Simple Search and Bargaining Modle of Real Estate Markets. Journal of the American Real Estate and Urban Economics Association. 1992（4）

［49］John Krainer. A Theory of Liquidity in Residenteal Real Estate Markets. Journal of Urban Economecs, 2001（49）

［50］John. Thornhill. 2010. Allocating Social Housing: Opportunities and Challenges. Chartered Institute of Housing. 2010

［51］Terry Grissom, James. L. Delisle. A multiple index analysis of real estate cycles and structural change. The Journal of Real Estate Research, 1999（8）

［52］Haibin Zhu. What Drives Housing Price Dynamics: Cross – Country Evidence ［J］. BIS Quarterly Review, 2004, 5: 65 – 78

［53］Jane Hinton（Responsible Statistician）. Affordable Housing Supply, England. 2009

［54］Newman M K L. Government Intervention in the Economy: A Comparative Analysis of Singapore and Hong Kong. Public Administration and Development, 2000, 20（5）

［55］A·C·Piguo, 1920. The Economics of Welfare. London: Macmillan

［56］Walker. Aboriginal self – determination andsocial housing in urban Canada: a story of con – vergence and divergence ［J］. Urban studies, 2008, 45（1）

［57］Bratt, R. G. Policy review. Housing Studies, 2003, 18（4）

［58］Grigsby, W. G. and Bourassa, S. C. Trying to understand low – income housing subsidies: lessons from the United States. Urban Studies, 2003, 40（5 – 6）

［59］Olsen, E. O. Housing programs for low – income households. NBER working paper 8208. 2001

［60］Maplezzi, S. and Vandell, K. Does the low – income housing tax credit increase the supply of housing. Journal of Housing Economics, 2002, 11 (4)

[61] Melendez, E, Schwartz, A. F. and Alexandra, M. Year 15 and preservation of tax – credit housing for low – income households: as assessment of risk. Housing Studies, 2008, 23 (1)

[62] Richard Harris. Housing and social policy: anhistorical perspective on Canadian – American differences – a comment [J]. Urban studies, 1999, 36 (7)

[63] Wood, G., Watson, R. and Flatau, P. Low income housing tax credit programme impacts on housing afford-ability in Australia: microsimulation model estimates. Housing Studies, 2006, 21 (3)

[64] Ohls, J. C. Public policy toward low income housing and filtering in housing markets. Journal of Urban Eco-nomics, 1975, 2 (2)

[65] Steve Pomeroy. Toward a Comprehensive Affordable Housing Strategy for Canada? 2001, 11

[66] Alex F. Schwartz. Housing policy in the United States [M]. New York: Routledge, 2010

可持续保障性住房建设的国际经验

◎ Richard Barkham　Claudia Murray

随着世界城市化的迅速发展，为低收入人群解决住房成为一个棘手的问题。中国也意识到这一点并开展了保障性住房建设项目。在保障性住房建设中，最重要的是可持续发展，包括经济可持续、环境可持续和社会可持续这三个方面。作者从全球的保障性住房建设项目中，精选了 8 个成功的项目，从可持续发展的三个方面进行了详尽的描述和分析。本期研究参考择其要点进行简介，供借鉴。

一、世界城市发展的趋势

2011 年，世界人口已超过 70 亿，并且仍然保持 1.2% 的年增长速度。尽管这一增长速度正在放缓，但全球城市人口已经超过了全球农村人口，现在已有超过 50% 的人们生活在城市里。人们对全球城市人口及其对地球生态环境影响的认识也不断深入。城市面积占据地球陆地总面积的 2%，二氧化碳排量占总排放量的 75%，能源消耗占全球 60% 至 80% 。同时，城市创造的产值占全球经济总产出的 80% 。由此可见，城市化具有创造更高 GDP 的优点，城市发展需要并且能够在支持经济增长的同时实现可持续发展。

现在城市的发展比以前要快得多。英国伦敦从 100 万人口增长到 1000 万，成为世界上第一个人口超过千万的特大城市用了 100 年的时间。二战之后，城市发展的速度大大提高，在短短几十年间，东京、墨西哥城和孟买已经成为拥有 3000 万人口的特大城市。300 万人口以下的中型城市也不断涌现，印度一些城市

Richard Barkham 博士，高富诺集团研究部主任、高富诺基金管理非执行董事。Claudia Murray 博士，英国雷丁大学教授、建筑师。

每年人口增长达30万人。到2030年之前，世界总人口的增长几乎全部发生在城市地区。

城市人口的增长同时意味着住房需求的膨胀和环境压力的加大。贫民窟居民的人口数量将从2001年占全世界城市人口的32%增加到2030年的41%，超过30亿人需要新的住房。在城市扩张中寻找住宅解决方案，对于避免一些国家当前面临的居住条件恶劣、质量低下的问题具有至关重要的意义。此外，住房的发展需要大规模建设城市基础设施和其他服务设施。当前城市产生的二氧化碳已占总排放量的75%，因此，所有新开发项目必须采取可持续的方式进行，以避免对环境的进一步破坏。

二、中国的城市化与保障性住房建设

经济产出快速增长常与城市化加速相伴，作为世界上人口最多的大国，中国明显体现了这一规律。过去20年里，中国见证了经济年均增长超过9%的高速度，同时，在全世界30个大城市中有4个属于中国：上海、北京、天津与深圳。由于放开了对城市化的一些控制，中国除了东部沿海城市群蓬勃发展外，在中西部地区不少大型城市也纷纷崛起，如郑州、武汉、成都等。这些城市的发展伴随着运输、道路网络与基础设施的发展，吸引了大量外国投资，给中国人民带来了巨大利益。

中国已部分放宽了其城市暂住证政策，预计该政策将在适当的时候完全废止，高达2.6亿流动人口将进入城市生活。在这一过程中，住房是最大的难题。在中国现行法规中，城市土地所有权仍然采取国有，开发商通过拍卖形式获得承租权并供应住房。部分城市家庭通过原公有住房改制获得住房，另一部分家庭通过贷款购买商品房获得住房，整体住房情况得到很大改善。然而，由于近年来房价持续上涨，中低收入群体出现购房困难，目前政府将关注点聚焦于保障性住房，力图通过保障性住房建设解决中低收入群体的住房难问题。

在中国保障性住房建设的过程中，不得不考虑资源和环境的压力。随着中国经济的高速增长，污染问题也日益严重。世界银行的资料显示，全球污染最严重的20座城市中有16座在中国，自1997年以来，北京汽车保有量增加了140%。中国是世界上最大的原材料消耗国和仅次于美国的第二大温室气体排放国，其环境恶化的代价很可能已经占其GDP的12%以上。中国政府已经宣布在5年内建成保障性住房3600万套，如此大型的建设项目，必须考虑其可持续性，尤其是对资源和环境的压力。

三、可持续保障性住房的评估体系

本研究一直致力于寻求一种适用于保障性住房①可持续发展的最佳的整体框架。在可持续城市开发方面，各个国家和地区已经花费了大量的时间和精力，并出台了各自的评估办法。本研究所关注的仅为针对保障性住房的可持续发展建立一套完整的评估体系。本研究认为，可持续发展应该包括三个方面的目标：

1. 经济可持续性目标：①有效降低项目成本；②多渠道筹集资金；③促进社区经济发展。

2. 环境可持续目标：①尽量减少对资源的使用；②尽量减少污染；③保护生物多样性。

3. 社会可持续性目标：①住房宜居、舒适，符合人们的需求；②提供足够的社会公共服务和设施；③促进社区各阶层、各人群的融合。

四、案例研究

根据以上评估体系，本研究从世界范围内保障性住房实践中选取了 8 个成功的项目进行了案例分析。这 8 个项目包括：英国 BedZed 项目、丹麦 8 House 项目、巴西 Cantinho de Ceu 项目、意大利 Via Gallarate 项目、智利 Qinta Monroy 项目、黎巴嫩 Tyre 渔民住宅、新加坡 Treelodge 项目和美国 Ironhorse 项目。

1. 经济可持续的案例

要想使保障性住房经济具有可持续性，必须在三个方面做足文章。

（1）有效降低成本

住房先天具有大宗、昂贵的特点，要想实现可持续发展，必须有效降低成本，让住户买得起、租得起，降低成本的手段包括：

其一，使用农地。大城市的土地价格往往非常昂贵，为了降低成本，可以将保障性住房安排在城市郊区的农业用地。如丹麦 8 House 项目，丹麦政府在 2004 年为保障性住房设置的成本上限是 2024 欧元/平方米，这一预算不足以在城区建设保障性住房，于是使用郊区农地建成了该项目。

---

① 英文称为"Social Housing"，直译应为"社会住房"，本文中为与国内习惯称谓相一致，一律译为"保障性住房"。

其二，低价征收土地。在意大利和新加坡，用于保障性住房的土地可以以低于市场价的价格来购买。征收的依据是相关立法和城市规划，并受到大众和媒体的监督。意大利 Via Gallarate 项目就是城市政府当局决定在一块工业用地开发保障性住房，进而通过征收的方式以低于市场价购买，降低了土地成本。

其三，提高容积率。英国 BedZed 项目通过减少 2500 平方米停车面积和道路面积，节省了 22.5% 的土地用来提高小区容积率。作为弥补，一方面提倡自行车等绿色出行方式，另一方面完善小区周边公共交通设施，减少居民出行不便。

（2）多渠道筹集资金

尽管采取多种手段来降低项目成本，由于住房本身具有大宗昂贵商品的特性，加上强化节能环保功能还会额外增加部分成本，保障性住房所需资金仍然是巨大的。在 8 个项目中，除了智利 Qinta Monroy 成本仅 1.1 万美元/套、黎巴嫩 Tyre 渔民住宅成本仅 2.2 万美元/套之外，其他均在 10 万美元/套以上，最高的是美国 Ironhorse 项目达到 42 万美元/套。要想实施这些项目，必须多渠道筹集资金，筹资手段包括：

其一，混合产权。丹麦 8 House 既为城市精英提供高端公寓，也为中低收入人群提供保障性住房，由前者的出售回笼资金，弥补保障性住房资金的缺口。英国 BedZed 项目也是混合产权，比例大致是 50% 商品房，25% 为有限产权保障性住房，25% 为租赁性保障性住房。

其二，不同层级政府之间的分担。政府在保障性住房建设上起着主导作用，财政资金是保障性住房资金的重要来源，一般市级政府承担了主要的资金压力，但在不同层级之间应合理分担。以巴西 Cantinho de Ceu 项目为例，61% 的资金来自于市级政府，15% 来自于州政府，24% 来自联邦政府。

其三，多主体参与。以美国 Ironhorse 项目为例，约 80% 资金为联邦政府 HOME 基金，其余为房地产开发商配套。一些国家的非营利组织也大量参与保障性住房建设和管理，如英国的住房协会、智利的"智利邻居"等，而黎巴嫩 Tyre 渔民住宅就是由 Tyre 渔民自己成立的住房合作社来完成的。

（3）促进社区经济发展

经济可持续性还体现在当项目完成并投入使用后，可以实现社区的持续繁荣发展，而这些需要在前期建设时就打好基础，手段包括：

其一，多数项目的建设经验表明，由居民楼、写字楼和零售店等组成综合型住宅区，不仅可以减少交通需求，而且可以促进本社区的发展，使之成为一个功能齐全、生活便利、创造就业的居住空间，英国 BedZed 项目和智利 Qinta Monroy 都是这方面的典范。

其二，景观建筑也大有可为。找出当地的自然景致所在，发掘其地方特色，可以成为休闲场所和新的增长点。如巴西 Cantinho de Ceu 项目，位于水库边上，本来是一个遭受洪灾威胁、污染严重的贫民窟，改造之后变成一处观光旅游、休闲度假的场所。

其三，通过节能设施有效降低长期生活成本。虽然节能环保设施会增加建设时的成本，但在长期投入使用后，可以充分发挥其节能效益，从而大大降低长期生活成本。如美国 Ironhorse 项目通过太阳能热水面板提供生活热水所需能量的60%和公共区域80%～90%的电力需求，大大降低了居民的生活成本，促进了社区的持续繁荣。

2. 环境可持续的案例

环境可持续包括减少资源利用、减少污染物排放等，随着建筑设计、建筑材料的发展，这方面的手段越来越多。其中，有一些通常的环保节能手段，仅需很少的额外费用便可带来很大的益处，包括：对流通风系统，无需昂贵的能源设备即可控制夏季高温；在采光与通风方面对建筑物朝向的优化设计；高度隔热的墙壁和窗户，避免冬季的热损失；树木与其他植物，减少城市的热岛效应；巧妙的景观设计，减少附近繁忙道路的噪声污染；就地取材，减少运输，降低成本与环境损害；本地传统建筑方法与创新、可持续方法相结合，节省了建筑材料与培训时间。

在新加坡 Treelodge 和 美国 Ironhorse House 项目中，采取了一些更为尖端的节能环保方法，不过，由于这些环保节能措施需要细化到各个单元房，也更为昂贵，这些手段包括：在各单元房安装内部再循环利用中心；在各单元和公共区域使用能源额定装置；使用节水设备，例如双冲水暨组合水池－马桶基座系统；收集和回收雨水，以减少公共区域的饮用水消耗。

3. 社会可持续的案例

社会可持续性的目标可因项目不同而迥异，应当根据社区位置、人群组成等情况进行恰当程度的社区融合，避免形成新的贫民区。一般来说实现社会可持续目标的途径包括：

其一，各阶层的混居融合。除了 Tyre 渔民住宅这样的贫民窟改造项目之外，多数项目都采取了各阶层混合居住的模式，将商品房、保障性住房混合建设，将商业精英、平民和相对贫困人口的住房穿插混合，有利于实现不同种族、民族、阶层之间的融合。

其二，设计和建造的参与。智利 Qinta Monroy 项目在设计开发之初就和相关家庭一起工作，了解其对自身居住的基本要求，告知其资金困难这一事实，邀请他们一起参与设计。

其三，充足的公共空间。如 BedZed 项目留有一个人行街道、一个小广场、一个运动场、几小块园地和一个社区中心。丹麦 8 House 项目设计为一个三维社区，一条公共道路从街道延伸到屋顶公寓，人们可以行走、跑步或者骑车到顶层，实现了全方位社交生活。

其四，丰富的社区活动。新加坡 Treelodge 项目安排定期研讨会和建筑群参观导览服务，向未来居民介绍如何成为生态、文明小区的一部分。开盘仅三个月，小区已经通过丰富多彩的社区活动实现了邻里、家庭之间的相互了解，创造了和谐的社区文化。